Gesundheitslexikon

Natürliche Heilmittel und die besten Tricks zur Beschleunigung der Genesung

Wir halten Sie gern über die neuesten Erkenntnisse auf dem Gebiet der Gesundheit, der angewandten Psychologie, der Naturheilkunde und der Persönlichkeitsentfaltung auf dem laufenden. Sind Sie daran interessiert, senden Sie bitte eine Karte mit Ihrem Namen, Ihrer Adresse und dem Vermerk »Neuerscheinungen« an folgende Adresse:

Reuille Verlag
Champ Colin 12
1260 Nyon
Tel. 022 994 51 10

Vielen Dank.

Titel der französischen Originalausgabe:
Dictionnaire des secrets et meilleurs trucs de santé

ISBN: 2-88181-057-8

Code: LSDSA

Redaktion der Monatszeitschrift
Praktische Ratschläge für Ihre Gesundheit

Gesundheitslexikon

Natürliche Heilmittel und die besten Tricks zur Beschleunigung der Genesung

éditions reuille

Inhaltsübersicht

Teil II: Therapeutischer Wegweiser von A bis Z

A

B

Einführung

Das größte Geheimnis der Medizin

Sind Sie der Meinung, es sei bei allen gesundheitlichen Problemen notwendig, einen Arzt aufzusuchen?

Da Sie sich dieses Buch gekauft haben, gehören Sie zweifellos zu dem immer größer werdenden Kreis derjenigen, die erkannt haben, daß sie fähig sind, selbst für die Erhaltung ihrer Gesundheit zu sorgen.

Ganz ohne Arzt geht es natürlich nicht. So benötigt man ihn zweifellos weiterhin, um z. B. schwierige Diagnosen zu stellen und komplizierte Operationen durchzuführen.

Ein Arzt muß aber nur dann hinzugezogen werden, wenn Sie Ihre Aufgabe nicht erfüllt haben. Mutter Natur selbst fordert uns auf, uns um unser Wohlbefinden zu kümmern.

Sie können durchaus selbst etwas tun, um Ihre Gesundheit zu erhalten! Beim Weiterlesen werden Sie feststellen, daß dieses Buch Ihnen dabei als Leitfaden dienen kann.

Sie selbst können besser als jeder Arzt beurteilen, inwieweit Sie in der Lage sind, die Lebensgewohnheiten zu ändern, die Ihre Gesundheit nach und nach ruinieren: schlechte Ernährung, übermäßiger Genuß von Zucker und Fett, Nikotin, minderwertiges Trinkwasser usw.

Wenn Sie auf Ihre innere Stimme hören und lernen, mit Ihrem Körper besser umzugehen, werden Sie weniger oft einen Arzt benötigen.

Und weshalb wissen Sie selbst am besten, was zu tun ist?

Weil Sie nie vergessen sollten, daß es um Sie selbst geht! Auch der einfühlsamste Arzt kann nicht so motiviert sein wie Sie, eine Lösung zu suchen und erste Weichen für einen Neubeginn zu stellen. Außerdem kann ein Arzt nie eine Heilung erlangen, wenn Sie nicht dazu bereit sind. Bei jedem Heilungsprozeß sind Sie selbst der entscheidende Faktor.

Wieso sollte es deshalb nicht möglich sein, für Ihre gesundheitlichen Probleme eine wirkliche Lösung zu finden? Es gibt auch dann eine Lösung, wenn der Arzt die schicksalhaften Worte sagt: *»Ihre Krankheit ist unheilbar, es bleibt Ihnen nur noch soundsoviel Zeit.«*

Der Wille, nach Lösungen für eine Heilung zu suchen, ist eine unabdingbare Voraussetzung, um scheinbar hoffnungslosen Fällen wirksam zu begegnen. Es gibt Patienten, die dadurch berühmt geworden sind. Wir möchten dies am Beispiel des Verlegers Norman Cousins deutlich machen, der an einer schmerzhaften Spondylitis ankylosans (einer zu Gelenkversteifung führenden Wirbelsäulenentzündung) litt und dessen Überlebenschancen 1:500 standen. Entgegen allen Erwartungen gelang es ihm, seine Beweglichkeit wieder vollständig herzustellen. Welch erstaunlichen und unkonventionellen Weg er beschritten hat ist unter der Rubrik *Lachtherapie* beschrieben.

Das Ziel der alternativen wie auch der klassischen Medizin ist es letztlich, in Ihnen selbst die Kraft zur Selbstheilung zu wecken.

Norman Cousins kannte Albert Schweizer, der zu jener Zeit in seiner Urwaldklinik in Lambarene in Afrika tätig war. Eines Tages fragte ihn Cousins, wie er es anstelle, sich mit dem Medizinmann des Ortes zu verstehen. Einen Moment lang schwieg der Urwalddoktor, als ob er zögerte, eine Antwort zu geben. Dann entgegnete er: *»Sie verlangen von mir, das größte Geheimnis der Medizin seit Hippocrates preiszugeben, aber ich werde es trotzdem tun. Der Medizinmann und ich verrichten dieselbe Arbeit, d. h. wir wecken in jedem Patienten seinen inneren Doktor. Letzten Endes ist es ja dieser innere Doktor, der die ganze Arbeit macht.«*

Dies ist also das große Geheimnis, das viele Ärzte ignorieren oder dem sie keine Beachtung schenken wollen. Oder sie weigern sich, dies dem Patienten zu gestehen!

Ja, Sie tragen einen Doktor in sich, der danach verlangt, sich zu entfalten und sich für Sie einzusetzen, und dies kostenlos! Dabei handelt es sich um Ihre körpereigene Abwehr, dieses Selbstverteidigungssystem, das immer bereit ist, Sie vor Eindringlingen zu schützen. Man muß sich darüber im klaren sein, daß die Aufgabe des Arztes lediglich darin besteht, die Selbstheilkraft zu wecken.

Was Dr. Paul Carton in seinem Buch »Les lois de la vie saine« (Die Gesetze eines gesunden Lebens) bereits im Jahre 1922 darlegte, hat nichts an Aktualität verloren: *»Auch wenn man die stärksten und spezialisiertesten Medikamente einsetzt, sind es dennoch die Lebenskräfte des Körpers, die auf Hochtouren arbeiten, um den Körper von schädlichen Substanzen zu reinigen und das Gleichgewicht wieder herzustellen. Der Arzt sollte nie vergessen, daß er zwar die Medikamente verschreibt, die Heilung an sich aber Sache der Natur ist.«*

Das zweite Geheimnis, auf dem die Medizin beruht

Im alten China wurde ein Arzt nicht bezahlt, um Kranke zu heilen. Er wurde nur bezahlt, wenn es ihm gelang, seine Patienten bei guter Gesundheit zu halten. Die chinesische Medizin setzt die Gesundheitsvorsorge an erste Stelle.

Als Sebastian Kneipp, der berühmte Vertreter der Naturheilkunde in Deutschland, sagte: *»Vorbeugen ist besser als Heilen«*, so bedeuteten diese Worte die Wiederentdeckung einer jahrtausendealten Weisheit. Man soll einer Krankheit nicht den Boden bereiten, auf dem sie wachsen kann. Dies ist das zweite Geheimnis, auf dem die Medizin beruht. Es ist daher Ihre Aufgabe, auf Ihren Körper zu achten und ihn wie einen Garten zu pflegen.

Vorher müssen Sie jedoch lernen, das »Unkraut« zu erkennen und es auszureißen, bevor es den Garten überwuchert. Dies ist ein weiteres Anliegen dieses Nachschlagewerks. Beachten Sie in diesem Zusammenhang vor allem die erstaunliche Technik des Fokussierens, die unter der Rubrik *Selbstdiagnose* aufgeführt ist, ferner die Rubriken *Ernährung zur Vorbeugung von Krankheiten* und *Ernährung zur Beschleunigung der Genesung*.

Bin ich dazu fähig?

Weshalb sollte es nicht einen Versuch wert sein, Mittel zu entdecken, die Ihre Selbstheilkraft wecken können? Doch vielleicht werden Sie sich fragen: *»Kann ich durch das Studium dieses Buches wirklich lernen, mich selbst zu behandeln? Haben Ärzte nicht jahrelang studiert, um dies zu erlernen?«*

Früher gab es kaum Bücher, und die meisten Leute waren des Lesens nicht kundig. Sich an jemanden zu wenden, der »Bescheid wußte« war die einzige Möglichkeit, sich zu informieren. Diejenigen, die über das nötige Wissen verfügten, wachten jedoch eifersüchtig darüber. Die Gründe dafür sind bekannt: Streben nach Macht und Reichtum sowie Geltungsdrang usw.

Heute können Sie durch Lesen Dinge über die Erhaltung der Gesundheit erlernen, die Ärzte und Naturheilkundige in früheren Zeiten im Laufe der Jahrhunderte entdeckt haben. Man muß aber wissen, wo diese Juwelen der natürlichen Heilkunst zu finden sind.

Unsere Mitarbeiter durchforschten stapelweise Bücher und Dokumente, um die einfachen und erprobten Heilmethoden ausfindig zu machen, die schon Millionen von Menschen vor Ihnen ausprobiert haben. Einige dieser Methoden sind bereits seit Jahrtausenden bekannt, andere wurden in unserer Zeit entdeckt. Oft wurde ihr Nutzen in wissenschaftlichen Untersuchungen bestätigt. Doch alle haben etwas gemein: ihre Anwendung ist einfach und risikolos.

Wußten Sie zum Beispiel, daß ...

... es unabhängig von Ihrem Gesundheitszustand eine Vielzahl gesundheitlicher "Tricks" gibt, die Ihnen das Leben erleichtern oder Ihre Abwehrkräfte stärken?

Haben Sie sich den Knöchel verstaucht? Die Anwendung eines einfachen, natürlichen und billigen Mittels ermöglicht es Ihnen, innerhalb von zwanzig Minuten wieder zu gehen. Sie können sogar auf dem Fuß hüpfen, den Sie vor wenigen Minuten nicht auf den Boden stellen konnten. Sie finden diesen Tip in Ihrem Ratgeber »Das ABC der Ersten Hilfe«.

Sind Sie allergisch gegen Katzenhaare? Wußten Sie, daß auch Sie problemlos eine Katze halten können? Es gibt zwei einfache Tricks, die amerikanische Forscher entdeckt haben. Damit können Sie die Substanz auf den Katzenhaaren, die bei Ihnen eine Allergie hervorruft, beseitigen. Schlagen Sie unter den Rubriken *Asthma* und *Allergien* nach.

Sie wollen keinen weißen Zucker mehr zu sich nehmen? Wußten Sie, daß Aspartam, das oft als Süßstoff benutzt wird, womöglich noch schädlicher ist als weißer Zucker? Glücklicherweise gibt es noch eine andere Möglichkeit. In Südamerika wächst ein Strauch, der einen Süßstoff enthält, der in Brasilien und Paraguay seit Jahrhunderten von den Einheimischen benutzt wird. Die moderne Forschung hat bewiesen, daß das daraus gewonnene Pulver unschädlich ist. Dieser Süßstoff besitzt noch einen Vorteil: 100 mg enthalten weniger als eine halbe Kalorie! Mehr dazu erfahren Sie unter der Rubrik *Zuckerersatzstoffe*.

Wußten Sie, daß Sie mit einem kühlen Gel, das Sie aus einer Ihrer Zimmerpflanzen gewinnen, schlimme Verbrennungen besser heilen können als mit bekannten Arzneimitteln? Diese Pflanze hat eine betäubende Wirkung und beschleunigt die Heilung. Dies haben Forscher des *Burn Center* der Universität Chicago herausgefunden. Die Haut erhält ihre Pigmentierung schnell wieder, und es bleibt fast oder gar keine Narbe zurück (siehe *Verbrennungen)*.

Reisen ohne Übelkeit, aber wie?

Für die verschiedenen Reisekrankheiten, unter denen Sie leiden können – Seekrankheit, Übelkeit beim Fliegen oder beim Autofahren –, gibt es viele natürliche Heilmittel, die Linderung bringen.

So hilft ein Löffel eines bekannten Gewürzes gegen Seekrankheit. Dieses Mittel wird von orientalischen Völkern seit Jahrhunderten verwendet. Schauen Sie unter *Seekrankheit* nach.

Bei Reisen mit dem Flugzeug finden Sie Hinweise dazu, welcher Gesundheitszustand für eine Flugreise erforderlich ist und welche Vorkehrungen Sie treffen müssen. Unter der Rubrik *Flugreisen* finden Sie die nötigen Angaben dazu, wann Sie eine Flugreise lieber vermeiden sollten. Übrigens ist es auch wichtig zu wissen, wie man sich beim Sinkflug zu verhalten hat, um den Druckunterschied weniger zu spüren. Außerdem finden sich in dieser Rubrik Ratschläge, wie dem *Jetlag* durch die Zeitverschiebung beizukommen ist.

Unter der Rubrik *Tropenkrankheiten* finden Sie Ratschläge, wie diese zu vermeiden oder zu behandeln sind.

Sicher wollen Sie Ihre Ferien genießen. Lesen Sie darum die Informationen über natürliche Wege zur Bekämpfung von Reisekrankheiten. Sie finden darin die nötigen Tips für die Reise, damit Sie für den Urlaub gewappnet sind und auch auf Reisen Ihr Lächeln nicht verlieren.

Ihr Kühlschrank ist eine Apotheke

Wußten Sie, daß Ihr Kühlschrank als Apotheke dienen kann?

- Mit einigen Gemüsearten lassen sich wunderbare Wickel machen.
- Mit Milch lassen sich Magengeschwüre lindern.
- Joghurt hilft bei vaginalen Infektionen so gut wie Antibiotika.
- Eis hilft bei Kopfschmerzen, Prellungen, Magenreizungen und Sportverletzungen. Wissenschaftliche Untersuchungen haben sogar den Beweis erbracht, daß Eis die Symptome einer verbreiteten Geschlechtskrankheit innerhalb von wenigen Stunden zum Verschwinden bringen kann.

Heilung durch Massage

Eine Massage wirkt so gut wie ein Schlafmittel, ohne jedoch dessen schädlichen Nebenwirkungen aufzuweisen. Auch bei Gelenkschmerzen ist eine liebevolle Massage eine Wohltat.

Anregend, ja lebensrettend kann eine Magnetismusbehandlung wirken, eine Heilbehandlung, die von jedermann ausgeführt werden kann. Durch Handauflegen werden die Magnetfelder des Körpers wieder in Einklang gebracht und neue Energie zugeführt, was bei starken Ermüdungserscheinungen hilft. Mehr darüber finden Sie in dem Kapitel *Das therapeutische Handauflegen*.

Eine große Auswahl weiterer Möglichkeiten!

Außerdem stehen Ihnen ätherische Öle, Magnesiumchlorid, Heilerde, Bäder, zahlreiche Heilpflanzen, bestimmte Gewürze, Bienenblütenpollen und andere traditionelle Heilmittel mit therapeutischer Wirkung zur Verfügung.

Mit etwas Kreativität und Einfallsreichtum können Sie die verschiedenen Methoden auch kombinieren, um gesundheitlichen Beschwerden schneller entgegenzuwirken oder diese zu heilen.

Was tun im Notfall?

Dieses Handbuch will natürlich nicht den Arzt und dessen kundigen Ratschläge ersetzen, wenn es sich um ernsthafte Erkrankungen handelt, die eine Einweisung ins Krankenhaus erforderlich machen. Doch gibt es manchmal Notfälle, bei denen sofortiges Handeln angezeigt ist – mit den Mitteln, die gerade zur Hand sind.

- Wie würden Sie beispielsweise vorgehen, wenn eines Ihrer Kinder sich gerade vergiftet oder einen Erstickungsanfall hätte? Wissen Sie, wie man einen Fremdkörper, der die Atemwege versperrt, entfernt?
- Was würden Sie tun, um jemandem zu helfen, der sich gerade ein Bein oder den Arm gebrochen hat? Wissen Sie, wie eine Schlinge gemacht wird? Könnten Sie den Verletzten richtig bewegen, ohne die Situation noch zu verschlimmern?
- Wie würden Sie sich verhalten, wenn einer Ihrer Angehörigen einen Herzinfarkt hätte?
- Was würden Sie tun, wenn Sie ein Kind vor dem Eintreffen in der Klinik zur Welt bringen müßten?
- Ist es wirklich nötig, jemandem, der einen epileptischen Anfall erleidet, etwas zwischen die Zähne zu legen?

All diese Fragen sind nicht immer leicht zu beantworten, erst recht nicht im entscheidenden Moment.

Natürlich bevorzugt dieses Werk Naturheilmittel. Sie sind leicht erhältlich, kosten wenig und haben keine Nebenwirkungen. Jedoch schließt dieser Ratgeber klassische Heilmittel wie zum Beispiel Magnesiumchlorid sowie bestimmte Techniken, die jeder gute Nothelfer kennen sollte, nicht aus.

Der Kampf gegen »unheilbare«Krankheiten

Die Schulmedizin ist allerdings manchmal bei bestimmten Krankheiten machtlos. Althergebrachte Heilverfahren sind in diesem Fall angezeigt. Oft können wir uns einfache Mittel zunutze machen, die jeder anwenden kann.

Mehrere amerikanische Ärzte, so Dr. Bernhard Siegel, Autor des Buches »Prognose Hoffnung, Liebe, Medizin und Wunder«, haben geschrieben, daß Visualisierungen geholfen haben, wo die Apparatemedizin versagt hat, vor allem bei verschiedenen Fällen von Krebs.

Durch Visualisierung können Sie lernen, Heilkräfte zu entwickeln. Wenn Sie sich darüber genauer informieren wollen, lesen Sie die Rubriken *Krebs* und *Visualisierung*. Erklärungen, wie Sie die Wirkung eines Medikaments oder Heilmittels durch Visualisierung und eine positive Haltung zu Ihrer Krankheit unterstützen können, finden Sie auch in der Rubrik *Medikamente und Heilmittel*.

Wie finden Sie sich in diesem Handbuch zurecht?

Teil I: Das ABC der natürlichen Heilmethoden

Im ersten Teil erhalten Sie Einblick in die natürlichen Heilverfahren, auf die sich der »therapeutische Wegweiser von A bis Z« (Teil II) bezieht.

Sie finden darin Erklärungen zu den verschiedenen Heilmethoden und wie Sie diese je nach Ihren Bedürfnissen selbst anwenden können. Lesen Sie diesen ersten Teil genau, um die speziellen Hinweise und Tips, die im zweiten Teil gegeben werden, zu verstehen. Es erleichtert Ihnen die Benutzung des therapeutischen Wegweisers.

Teil II: Therapeutischer Wegweiser von A bis Z

Im zweiten Teil finden Sie eine alphabetisch geordnete Zusammenstellung der verbreitesten gesundheitlichen Störungen, schwerwiegenden Krankheiten und chronischen Leiden.

Jeder Eintrag im therapeutischen Wegweiser ist wie folgt gegliedert:

Zuerst werden die Krankheitszeichen nach den neuesten wissenschaftlichen Erkenntnissen erklärt und kommentiert.

Unter dem Titel »Was Sie tun können« finden Sie eine Liste der möglichen Heilbehandlungen. In diesem Abschnitt sind die konventionellen Heilmethoden mit ihren positiven und negativen Aspekten beschrieben, gefolgt von Anregungen über Heilbehandlungen und -mittel, die Sie unabhängig von den eher konventionellen Heilmethoden anwenden können, oder auch um diese zu unterstützen.

Vergessen Sie jedoch nicht, daß diese Liste Ihnen das Spektrum der zur Verfügung stehenden Möglichkeiten beschreibt! Im Normalfall ist es also nicht notwendig, alle Tips zu befolgen. Wählen Sie einfach diejenigen aus, die Ihnen am geeignetsten erscheinen oder die am einfachsten anzuwenden sind.

Viele der im ersten Teil, dem »ABC der natürlichen Heilmethoden«, beschriebenen Verfahren können allgemein und bei fast allen Krankheitserscheinungen angewendet werden, wie zum Beispiel das therapeutische Handauflegen. In bestimmten Fällen kommt diesen Heilmethoden eine besondere

Bedeutung zu; in diesem Fall wird dies im therapeutischen Wegweiser besonders erwähnt. Die Anwendung wird im ersten Teil erklärt.

Allerdings werden die meisten Heilverfahren – zum Beispiel die Pflanzenheilkunde – je nach Krankheitsbild angewendet. Im zweiten Teil finden Sie die für das jeweils geeignete Heilmittel nötigen Angaben über Dosierung, Herstellungsart und Anwendungsintervalle. Haben Sie sich für eine Heilmethode entschieden, für deren Anwendung Erklärungen nötig sind, empfehlen wir Ihnen, im »ABC der natürlichen Heilmethoden« nachzuschlagen.

Der therapeutische Wegweiser enthält auch Rubriken von allgemeinem Interesse über gesunde Ernährung, Atemtechniken, Selbstheilung durch Visualisierung und Hinweise zu den Fragen, wie Sie Ihre Lebenskräfte wecken, länger leben und besser sehen können usw. Diese Themen dienen eher der Gesundheitsvorsorge. Möglicherweise findet sich unter einem Abschnitt zu einem bestimmten Problem ein Hinweis auf eine dieser mehr allgemeingültigen Ausführungen.

Die Naturheilkunde ist vor allem eine ganzheitliche Behandlungsmethode. Bei jeder Heilung muß der Mensch als Ganzes betrachtet werden. Oftmals sind einzelne gesundheitliche Störungen nur Symptome für ein umfassenderes Problem. Um eine dauerhafte Heilung zu ermöglichen, muß also vorwiegend die zugrundeliegende Krankheit behandelt werden.

Teil I

Das ABC der natürlichen Heilmethoden

1. Einführung in die Pflanzenheilkunde
2. Einführung in die Behandlung mit Heilerde
3. Einführung in die Wasserheilkunde
4. Einführung in die Magnettherapie
5. Einführung in die Aromatherapie
6. Einführung in die Behandlung durch Massage
   - Das ABC der klassischen Massage
   - Die Akupressur
   - Selbstmassage
   - Kenshi-Ho
   - Das therapeutische Handauflegen (Magnetismus)

1

Einführung in die Pflanzenheilkunde

Einer chinesischen Legende zufolge wurden angehende Mediziner bei der Abschlußprüfung in Feld und Wald ausgeschickt, um Pflanzen zu sammeln, die keinerlei medizinischen Nutzen haben. In den folgenden Tagen kam einer nach dem anderen zurück und legte seinem Meister eine Menge Pflanzen auf den Tisch – außer einem.

Am fünften Tag tauchte er endlich auf. Er war verzweifelt, denn er hatte nicht eine einzige solche Pflanze gefunden! Trotzdem schien der Meister sehr begeistert zu sein und sagte zu ihm: »*Sie sind der einzige, der den Weg der Pflanzen beschreiten kann.*«

Welchen Nutzen bringt Ihnen dieses Handbuch?

Die Pflanzenheilkunde, auch Phytotherapie genannt, ist eine Wissenschaft, die immer komplexer wird und daher eigentlich eine gründliche Ausbildung voraussetzt. Trotzdem befähigt Sie dieses Handbuch, sich bei den verbreiteten leichteren und schwereren Erkrankungen mit Pflanzenpräparaten selbst zu behandeln. Deshalb beschränkt sich dieses Gesundheitslexikon auf die bekanntesten Pflanzen, die Sie fast überall in der Natur oder bei einem Obst- und Gemüse- oder Kräuterhändler finden. Solche Kräuter und Pflanzen können Sie auch selber anpflanzen.

Neben den seit Jahrhunderten überlieferten Rezepten »nach Großmutterart« finden sich auch Beschreibungen über wissenschaftlich untersuchte pflanzliche Wirkstoffe, die mit komplizierten Verfahren weiterverarbeitet werden. In dem Ratgeber »Die Hausapotheke« finden Sie beispielsweise **»die zehn Heilpflanzen für alle Fälle«, »das Wundertrio«** sowie **»die vier Schlüsselpflanzen für die Frau«.** Es handelt sich dabei um pflanzliche

Substanzen, die bei vielen gesundheitlichen Störungen verwendet werden können. Und dies ohne Nebenwirkungen!

Sie werden außerdem feststellen, daß Ihr Gewürzschrank eine wahre »Arzneimittelfundgrube« ist. Auch werden Sie lernen, mit einfachen Zutaten Ihre eigenen Salben, Wickel, Lösungen und Kräutertees herzustellen, die Sie auf diese Weise stets griffbereit haben und die zudem Ihren Geldbeutel schonen.

Was ist aus unseren Pflanzen geworden?

In den westlichen Ländern sind Heilpflanzen nie gänzlich aus den Arzneibüchern verschwunden, obwohl die synthetisch hergestellten Medikamente die pflanzlichen allmählich verdrängten. Heute noch setzen sich mehr als 25 % der gängigsten Medikamente aus Bestandteilen zusammen, die aus pflanzlichen Substanzen gewonnen werden.

Ein klassisches Beispiel dafür sind die Digitalispräparate, deren Wirkstoffe aus den Fingerhutarten gewonnen werden. Sie werden sehr häufig zur Behandlung von Herzinsuffizienz und bestimmter Herzrhythmusstörungen eingesetzt. Bereits 1775 machte ein Arzt dieses Heilmittel bekannt. Er wollte wissenschaftlich untersuchen, welche Wirkungen der Fingerhut hat. Im Volksglauben war der Fingerhut damals als Mittel gegen Angina pectoris bekannt.

Ephedrin ist ein häufig verwendetes Alkaloid gegen Asthma, ein Mittel, das die Atemwege erweitert. Es wird aus der Ephedra gewonnen, einer Pflanze, die die chinesischen Ärzte seit Jahrhunderten kennen.

Heute wird wieder ein Wund- und Heilmittel verkauft, das aus der Sentella aziatica gewonnen wird. Diese aus Afrika stammende Pflanze wurde früher gegen Lepra eingesetzt. Die daraus gewonnene Substanz beeinflußt biochemische Reaktionen, die zur Verheilung der Haut führen. Als dieses Medikament eingeführt wurde, erklärte Dr. Panisset, der die darin enthaltenen Giftstoffe zu untersuchen hatte, daß eine synthetische Herstellung teurer wäre als der Pflanzenextrakt. Zusammenfassend erklärte er: *»Im allgemeinen schneiden die pflanzlichen Heilmittel bei den toxikologischen Untersuchungen besser ab.«*

Die Wissenschaft erinnert sich wieder an ihre Vergangenheit

Nachdem die Pharmazeutik zahlreiche Mißerfolge aufzuweisen hat (das tragischste Beispiel ist das Contergan), werden heute endlich die jahrtausendealten Erkenntnisse der Pflanzenheilkunde anerkannt.

Pflanzliche Substanzen haben im Laufe der Jahrhunderte unzähligen Männern und Frauen geholfen und ihre Wirksamkeit oder Giftigkeit bewiesen. Dank wiederholtem Gebrauch, genaueren Dosierungen und einem verbesserten Informationsaustausch verfügen wir heute über weitaus bessere Kenntnisse über ihre Eigenschaften und Wirkungen.

In gewissen Ländern wie China, Indien und Tibet stellen die Ärzte heute noch ihre Arzneimittel auf rein pflanzlicher Basis her. So erklärt es sich, daß 80 % der in China und in den Ländern der ehemaligen Sowjetunion verkauften Heilmittel pflanzlichen Ursprungs sind! Diese Länder verfügen über modernste Apparaturen für wissenschaftliche Untersuchungen, mit denen die wichtigsten pflanzlichen Substanzen eingehend erforscht und analysiert werden können.

Die Schweiz, Deutschland und Österreich sind heute führend in der Herstellung pflanzlicher Heilmittel. Säfte, Extrakte und Tabletten auf pflanzlicher Basis werden von dort aus in alle Welt exportiert. Es handelt sich dabei um Präparate, die Sie getrost verwenden dürfen. Vor allem im Notfall sind sie sehr praktisch.

Dies soll Sie jedoch nicht daran hindern, Ihre Heilmittel selbst herzustellen. So können Sie sich eine kleine Hausapotheke zusammenstellen, die Sie nicht viel kostet. Überdies entdecken Sie dadurch auf angenehme Art die faszinierende Welt der Pflanzen.

Die Zubereitung der Heilmittel

Verwenden Sie wenn immer möglich frisch gesammelte Pflanzen. Wie jede lebende Materie besteht auch die Pflanze aus dynamischen Kräften, die in Wechselwirkung zu den verschiedenen Systemen des menschlichen Organismus stehen, der wiederum selbst einem ständigen Wandlungsprozeß unterliegt.

Sie haben die Wahl zwischen Tees, heilenden Ölen, Umschlägen, Kompressen und anderen erstaunlichen Heilmitteln, die Sie auf einfache Weise einsetzen können.

1. Heilende Tees

Ein Tee ist ein Getränk, das eine schwache Dosis pflanzlicher Heilsubstanzen enthält. Einen Tee bereitet man zu, indem man die Pflanzenteile in Wasser ziehen läßt oder auflöst, einen Aufguß oder einen Absud herstellt.

Die Tees werden aus frischen oder getrockneten Pflanzenteilen zubereitet. Es ist die einfachste und sanfteste Heilmethode, die sich auch jeder leisten kann.

Tee kann als heißes oder kaltes Getränk, ungesüßt oder mit Honig gesüßt und mit etwas Zitrone abgeschmeckt getrunken werden.

Die Zubereitung heilkräftiger Tees

- Der Aufguß eignet sich für Blüten und zarte Pflanzenteile. Diese werden mit heißem, aber nicht mehr kochendem Wasser übergossen. Dann lassen Sie den Aufguß zugedeckt 5 bis 10 Minuten ziehen und seihen ihn ab.
- Der Absud kommt für harte Blätter, Rinden, Stengel und Wurzeln in Frage. Damit sich die aktiven Wirkstoffe im Wasser auflösen, werden die Pflanzenteile 10 Minuten in Wasser gekocht, es sei denn, es werden gegenteilige Angaben gemacht. Lassen Sie den Absud zugedeckt kochen, damit kein Dampf entweicht.
- Kaltwasserauszug (Mazeration): Einige Substanzen verlieren ihre Wirkung in heißem Wasser, deshalb muß man die Pflanzen ungefähr 10 Stunden in kaltem oder lauwarmem Wasser ziehen lassen. Im allgemeinen bereitet man den Auszug am Vorabend zu und läßt ihn die ganze Nacht ziehen.

2. Umschläge und Kompressen

- Ein Umschlag ist ein Brei aus medizinischen Substanzen, der auf die Haut aufgetragen wird. Die Pflanze wird gehackt, zerrieben oder zerdrückt, um den Saft zu extrahieren. Man kann sie auch kurz andämpfen. Danach wird diese Substanz direkt auf die kranke Stelle aufgetragen und mit einem Stück sauberen Stoffes und einem Verband umwickelt.

  Gewisse pflanzliche Substanzen können zu Hautrötungen führen. Entfernen Sie in diesem Fall den Wickel, und streichen Sie eine Ringelblumensalbe auf die gerötete Stelle.
- Für eine Kompresse benutzt man einen Aufguß oder einen abgeseihten Absud. Man tränkt darin ein Stück sauberen Stoffes und legt die Kompresse auf die kranke Stelle.

3. Öle für Heilzwecke

Füllen Sie ein Fläschchen mit Pflanzenteilen, ohne sie zusammenzudrücken, und übergießen Sie diese mit Mandelöl oder kaltgepreßtem Olivenöl. Verschließen Sie das Fläschchen, und lassen Sie es 2 Wochen an einem warmen Ort stehen, wobei Sie es jeden Tag schütteln.

Seihen Sie dann das Öl mit einem Stück sauberen Stoffes oder mit Filterpapier. Drücken Sie das Öl auch aus den gefilterten Pflanzenteilen, und gießen Sie es in ein dunkles Fläschchen. Kühl und im Dunkeln lagern.

Falls Sie dieses Fläschchen oft benutzen, füllen Sie den Inhalt in kleinere Fläschchen ab, damit das Öl nicht durch häufiges Öffnen mit dem Sauerstoff aus der Luft oxidiert.

4. Salben, Pomaden und Wachssalben

Es gibt mehrere Rezepte zur äußerlichen Anwendung von fetthaltigen Grundstoffen. Sie haben alle mehr oder weniger dieselbe Funktion. Dieses Nachschlagewerk macht keinen Unterschied zwischen Salbe, Pomade und Wachssalbe.

Ein einfaches Rezept für die Herstellung einer Salbe

Für die Verarbeitung zu einer Salbe muß der Schmalz zuerst vorbereitet werden. Entfernen Sie durch Kneten in der zwei- bis dreifachen Menge kaltem Wasser das ganze Salz aus dem Schmalz. Drücken Sie dann die fettige Masse aus, und gießen Sie das Wasser ab. Machen Sie nun die Masse im Wasserbad flüssig.

Erwärmen Sie 250 g gewaschenen und entsalzten Schmalzes zusammen mit einer Handvoll (wenn möglich frischen) Pflanzenteilen. Mischen, umrühren, von der Herdplatte nehmen und die ganze Nacht stehen lassen; am nächsten Morgen erneut flüssig machen, durch ein Stück Stoff seihen und in eine Dose abfüllen. Kühl lagern.

Hinweis

Da es sich um hausgemachte Salben handelt, die sich nicht lange aufbewahren lassen, empfehlen wir, nur kleine Mengen auf einmal zuzubereiten.

2

Einführung in die Behandlung mit Heilerde

Können Sie sich daran erinnern, wie sehr es Ihnen als Kind Spaß machte, sich im Lehm zu wälzen, sich mit der lehmigen Erde vollzuschmieren und Kuchen aus Dreck zu backen? Und auch daran, wie Ihre Mutter die Augenbrauen hochzog, als sie sah, daß Sie von oben bis unten bekleckert vom sonntäglichen Spaziergang zurückkamen, die schönen Kleider voll Schlamm, mit schmutzigen Haaren und schwarzen Fingernägeln? Hätte sie jedoch gewußt, wie gut Ihnen das getan hat, wäre sie Ihnen gegenüber vielleicht etwas toleranter gewesen.

Tatsächlich wird Lehm seit urdenklichen Zeiten zu Heilzwecken benutzt, um verschiedene Krankheiten zu behandeln. Die Ägypter benutzten Heilerde, um ihre Toten zu mumifizieren, da sie ihre reinigende Wirkung kannten. Bei Knochenbrüchen verwendeten die Griechen Gipse aus Lehm. Der römische Schriftsteller Plinius der Ältere widmete der Heilerde in seiner »Naturgeschichte« ein ganzes Kapitel. Noch heute wird sie bei den asiatischen Völkern täglich angewendet. In Indien wurde sie von dem berühmten Mahatma Gandhi als ergänzende Behandlungsmethode bei verschiedenen Erkrankungen empfohlen.

Unter dem Einfluß deutscher Heilpraktiker ist Heilerde in Europa wieder salonfähig geworden. In Frankreich verdanken wir es vor allem dem Wissenschaftler und Autor Raymond Dextreit, daß er der Heilerde in der Naturheilkunde wieder Beachtung verschafft hat.

Ruhr, Cholera, Brust- bzw. Rippenfellentzündungen, Bauchfell- und Unterleibsentzündungen, Blasenerkrankungen, Blinddarmentzündungen, Gallensteine, Würmer, Krebs, Arthritis, Asthma und Gicht wurden mit Heilerde behandelt. Russische Soldaten, die während des ersten Weltkriegs täglich eine Dosis Heilerde erhielten, sollen von der Cholera, die einen großen Teil der Truppen dezimierte, verschont geblieben sein.

Seit wann Heilerde therapeutisch angewendet wird, weiß man nicht. Möglicherweise beobachtete der prähistorische Mensch Tiere, die sich in der lehmigen Erde wälzten, und verstand intuitiv, daß Lehm zur Wundheilung und Linderung verschiedener gesundheitlicher Störungen verwendet werden konnte. Nach der ganzheitlich ausgerichteten Medizin hat Heilerde die Eigenschaft, die wirkenden Kräfte der anderen Grundelemente der Welt in sich aufzunehmen und sie dann auf den Organismus einwirken zu lassen.

In Wirklichkeit können die Forscher die Wirkungsweise der Heilerde noch nicht genau erklären. Ihre Eigenschaften liest man vor allem aus Erfahrungswerten ab. Heilerde ist reich an Mineralien und Spurenelementen, was ihre mineralisierende, harmonisierende und entgiftende Wirkung erklären kann. Die antibakterielle Wirkung wird dem Absorptionsvermögen der Heilerde zugeschrieben, d. h. dem Vermögen, Keime und Bakterien zu binden und damit unschädlich zu machen. Deshalb wird Heilerde bei Dick- oder Dünndarmentzündungen, Koliinfektionen, Lungenleiden und Darmparasiten verwendet. Heilerde wirkt in erstaunlichem Maße antiseptisch und beschleunigt die Verheilung von Wunden. Dadurch wird die Verbreitung von Krankheitskeimen und Erregern gehemmt und gleichzeitig der Wiederaufbau der Zellen unterstützt.

Der hohe Gehalt an Kieselerde erklärt die Wirksamkeit bei Arterienverkalkung und Tuberkulose sowie bei zahlreichen körperlichen Gebrechen und frühzeitigem Altern. All diese Krankheiten sind direkt mit einem Mangel an diesem Element im Körper verbunden.

Heilerde soll auch radioaktive Teilchen binden können. Deshalb ist sie ein willkommenes Mittel, um die bei Röntgenbehandlungen entstehende radioaktive Strahlung abzufangen. Desgleichen wird Heilerde verwendet, um Umweltbelastungen, die durch radioaktive Substanzen verursacht wurden, wirksam zu begegnen.

Heilerde reinigt auch das Blut, sie entsorgt Schadstoffe und bindet den freien Sauerstoff in den Zellen.

Heilerdesorten

Je nach Erdbeschaffenheit und Klima kann die Heilerde grün, rot, grau, gelb, weiß oder blau sein. Verschiedene Autoren empfehlen die eine oder andere Art für bestimmte Erkrankungen. Es scheint aber, daß je nach Neigung und persönlichen Bedürfnissen Heilverfahren mit bestimmten Erdearten bevorzugt werden.

Wir empfehlen Ihnen, die Heilerde zu verwenden, die in Ihrer Gegend verfügbar ist. Am besten probieren Sie verschiedene Sorten aus und wählen diejenige, die für Sie die geeignetste ist.

Wo findet man Heilerde?

In Steinbrüchen, im Bachbett und am Bachrand ist Heilerde reichlich vorhanden. Sie können sich dort die lehmige Erde holen. Suchen Sie sich die Orte aus, die am wenigsten verschmutzt und von Umweltschäden verschont geblieben sind.

Lassen Sie die lehmige Erde zuerst trocknen. Entfernen Sie dann Steinchen, Zweige usw., und lassen Sie die Erde durch ein Sieb rieseln. So erhalten Sie ein feines Pulver, das sich für die Anwendungen, die wir Ihnen vorschlagen, bestens eignet.

Dieses Pulver wird auch in Apotheken verkauft. Versichern Sie sich jedoch, daß es sich um unbehandeltes Pulver ohne Zusätze handelt.

Heilerde für Umschläge

Rühren Sie das Pulver mit Wasser an, und verarbeiten Sie es zu einem dicken Brei. Benutzen Sie dazu Glas-, Holz-, Steingut- oder Porzellanschüsseln, aber keine Behälter aus Kunststoff oder Metall, es sei denn, es handle sich um Edelstahl. Lassen Sie den Brei ein bis zwei Stunden stehen. So erhalten Sie einen dicken, homogenen Brei.

Kalte, lauwarme oder warme Umschläge?

Im allgemeinen sind kalte Umschläge für heiße, entzündete oder fieberige Körperstellen angezeigt, da sie eine kühlende Wirkung haben.

Wenn Sie dagegen eine stärkende und revitalisierende Wirkung wünschen, legen Sie einen warmen Umschlag auf die zu behandelnde Körperstelle. Erwärmen Sie die Heilerde im Wasserbad oder nahe einer Wärmequelle, und zwar jeweils nur die Menge, die Sie wirklich brauchen.

Zubereitung des Umschlags

Streichen Sie die lehmige Masse in einer Dicke von 0,5 bis 2 cm auf ein Tuch, möglichst in der Mitte. Die Heilerde sollte etwas über die zu behandelnde Stelle hinaus direkt auf die Haut aufgetragen werden. Da die Heilerde atmen muß, legen Sie keine Kunststoffolie auf da Tuch.

Handelt es sich nur um eine kleine Stelle, können Sie anstelle des Tuches auch ein Kohlblatt verwenden. So entfaltet sich auch die Heilwirkung des Kohls.

Die Anwendungsdauer und -häufigkeit ist von Behandlung zu Behandlung verschieden. Angaben dazu finden Sie in den einzelnen Abschnitten des therapeutischen Wegweisers.

Die äußerliche Anwendung von Heilerde

Äußerlich findet Heilerde eine mannigfache Verwendung: bei Wundsein, Wunden und Hautausschlägen, für eine Massage oder eine Gesichtsmaske.

Heilerde eignet sich nicht nur für Umschläge, sondern auch für Kompressen. Eine Kompresse ist in Wirklichkeit ein leichter Umschlag. Für eine Kompresse wird die Lehmmasse mit so viel Wasser verdünnt, bis daraus Lehmwasser wird. Tauchen Sie ein Stück Tuch in diese Lösung, und legen Sie es als Kompresse auf die betreffende Hautstelle.

Nehmen Sie regelmäßig Voll- oder Sitzbäder mit Heilerde.

Mit Vaginalspülungen oder Waschungen können Sie Weißfluß, Entzündungen der Scheide, der Gebärmutter, des Dickdarms und des Mastdarms und Parasitenbefall des Magen-Darm-Trakts behandeln. Verwenden Sie dazu 3 bis 4 Eßlöffel Heilerde pro Liter Wasser.

Die innerliche Anwendung von Heilerde

Rühren Sie 1 Teelöffel Heilerde (1/2 bei Kindern) in 1/2 Glas Wasser, und lassen Sie die Mischung über Nacht stehen.

Rühren Sie sie am Morgen nochmals um, und trinken Sie das Getränk auf nüchternen Magen. Sie sollten mindestens eine halbe, besser eine ganze Stunde warten, bevor Sie etwas anderes zu sich nehmen.

In den ersten Tagen dieser Behandlung können Sie auch nur das Wasser aus dem Glas trinken.

Jede Behandlung sollte mit einer dreiwöchigen Einnahme von Heilerde begonnen werden. Setzen Sie anschließend eine Woche aus, um Ihrem Körper Ruhe zu gönnen. Danach können Sie unendlich so fortfahren, indem Sie wochenweise zwischen Einnahme der Heilerde und Aussetzen abwechseln.

Mit Wasser oder Tee können Sie auch kleine Lehmkügelchen zubereiten, die Sie wie Bonbons oder Süßigkeiten lutschen.

Um Wasser zu sterilisieren, geben Sie einfach einige Prisen Heilerde pro Liter hinein.

Einige Ratschläge

- Verwenden Sie einen Umschlag nie mehrmals, da die Heilerde sich während des Absorptionsvorganges mit Giften anreichert.
- Führen Sie die Behandlung bis zum Ende durch. Da die Heilerde starke Kräfte freisetzt, tritt in der ersten Zeit häufig eine Verschlechterung des Zustands ein. Verringern Sie in diesem Fall die Dauer und die Häufigkeit der Anwendung. Unterbrechen Sie die Behandlung aber auf keinen Fall, da die freigesetzten Kräfte ihr Wirken zu Ende bringen müssen.

- Am besten gewöhnen Sie den Körper langsam an die Behandlung, indem Sie mit 1 bis 2 dünnen Umschlägen (0,5 cm) am Tag beginnen. Steigern Sie den Behandlungsumfang nach und nach, bis Sie auf 4 bis 6 Anwendungen täglich mit dicken Umschlägen (2 cm) kommen. Lassen Sie diese 1 bis 2 Stunden wirken.
- Vermeiden Sie die gleichzeitige Behandlung von zwei wichtigen Organen. Behandeln Sie besser eines nach dem anderen.
- Heilerde sollte nicht während der Menstruation angewendet werden. Auch sollten Personen, die unter Bluthochdruck leiden, keine Sitzbäder mit Heilerde nehmen.

3

Einführung in die Wasserheilkunde

Das »wundertätige« Wasser

Naaman, der Oberbefehlshaber einer mächtigen und siegreichen Armee, war leprakrank. Da er gehört hatte, daß der Prophet Elisäus Kranke heilen konnte, begab er sich in prunkvoller Aufmachung zu ihm. Der Prophet ließ sich von seinem Reichtum nicht beeindrucken. Er ließ Naaman ausrichten, er solle siebenmal im Jordan baden.

Über diesen Empfang war Naaman sehr beleidigt, stieß ein paar heftige Flüche aus und trat den Heimweg an. Glücklicherweise gelang es seinen Dienern, ihn von der Kur, die der Prophet ihm verschrieben hatte, zu überzeugen. Naaman wurde wieder gesund.

Diese Geschichte aus den »Büchern der Könige« aus dem Alten Testament zeigt, daß die Wasserheilkunde schon seit ewigen Zeiten existiert. Das ist aber nicht erstaunlich. Da der Mensch zu 70 % aus Wasser besteht, ist es nur natürlich, daß er seit jeher eine besondere Beziehung zu Wasser hat.

Hat übrigens das Leben nicht im Wasser begonnen, bevor es auf dem Festland Leben gab? Und wir selbst, sind wir nicht zuerst im Fruchtwasser groß geworden, bevor wir unseren Fuß auf »festen Boden« setzten?

Die Anwendung von Wasser zur Heilung körperlicher und seelischer Leiden ist in die traditionellen Heilungs- und Reinigungsrituale vieler Völker und Religionen eingegangen: das Wasser von Lourdes, das Weihwasser im Taufbecken, die Heiligen Wasser des Ganges ...

Heute kennen wir eisenhaltige, schwefelhaltige und andere Thermalquellen, die von den Ärzten zur Behandlung verschiedenster Leiden empfohlen werden. Es ist also keineswegs erstaunlich, daß die Wasserheilkunde oder Hydrotherapie zu einem medizinischen Spezialgebiet geworden ist. Sie ist manchmal sogar ein wichtiger Bestandteil des Heilungsprozesses.

Die Haut – Ort des Austausches

Alles, was mit der Haut in Berührung kommt, erreicht das Nervensystem und wirkt auf den Organismus. Man weiß zum Beispiel, daß eine schwere Verbrennung oder ein heftiger Scharlachausbruch Krämpfe, ein Delirium und sogar eine Lähmung der Nervenbahnen auslösen können.

Wie die Lunge atmet auch die Haut, nimmt Sauerstoff auf, gibt Kohlendioxid und Wasserdampf ab. Diese Funktion ist so wichtig, daß sie als lebensnotwendig bezeichnet werden kann. Die Lungenatmung reicht für den Gasaustausch nicht aus. Die Haut muß zur Atmung beitragen, denn ohne sie besteht die Gefahr, daß das Leben langsam erlischt.

Wie alle anderen Teile des Organismus verbraucht und erneuert sich die Haut immer wieder. Die Reste, die sich als kleine Schuppen oder Häutchen ablösen, vermischen sich mit der Fettsubstanz und dem Schweiß, die die Haut absondert, mit dem Staub in der Luft und dem leichten Flaum der Kleider. Das alles ergibt mit der Zeit eine zähe Schicht, die die Hautoberfläche mit einer wasserundurchlässigen Hülle versieht. Wenn diese nicht entfernt wird, atmet die Haut nicht mehr und ist auch nicht mehr in der Lage, das Gleichgewicht zwischen innen und außen zu halten. Dies hat mehrere Konsequenzen:

- die anderen Organe müssen mehr arbeiten,
- der menschliche Organismus arbeitet nicht mehr harmonisch,
- die Gesundheit leidet darunter.

Aus diesen Gründen sollte Wasser bei Ihren Heilanwendungen nicht fehlen. Wasser ist genauso wichtig wie Ernährung und Bewegung. Die Wassertherapie wirkt nicht nur äußerlich, indem sie den Austausch an der Hautoberfläche fördert und deren Wahrnehmungen schützt, sie wirkt auch innerlich, indem sie die Verdauung und den Stoffwechsel unterstützt.

Die Zubereitung eines therapeutischen Bades

In der Wasserheilkunde spielt die Beigabe von Heilsubstanzen eine wichtige Rolle. Es ist schon vorgekommen, daß sich Patienten nach einigen Bädern mit Thymian oder Salbei rasch erholten, während die Einnahme der gleichen pflanzlichen Substanzen keine wirkliche Erleichterung brachte. Deshalb enthält dieser Ratgeber zahlreiche Vorschläge für medizinische Bäder mit Pflanzenzusätzen, um verschiedene Erkrankungen zu behandeln. Probieren Sie es aus. Das Ergebnis wird Sie überraschen!

Bereiten Sie einen Auszug oder Aufguß mit 200 bis 500 g getrockneten Pflanzenteilen zu. Nach dem Filtrieren können Sie diesen dem Bad beigeben.

Badezusätze aus ätherischen Ölen und reinen Extrakten sind im Handel erhältlich und eignen sich hervorragend, um dem Körper seine Vitalität zurückzugeben. Zu erwähnen sind die Badezusätze der Firma Salus-Haus, die auf Heilpflanzen basieren. Geben Sie dem Badewasser einen Verschlußdeckel voll bei, und entspannen Sie sich! Dies kräftigt nicht nur den Organismus, sondern läßt in Ihrem Badezimmer auch einen wunderbaren Duft nach Feld und Wald zurück.

Wohltuende Wasseranwendungen zu Hause

Bäder mit therapeutischer Wirkung

Es ist wunderbar, in einem Kurort mit Thermalbädern eine Kur zu machen. Leider erlauben die Umstände dies nicht immer. Trotzdem können Sie bei sich zu Hause wohltuende Wasseranwendungen genießen, ohne ein Vermögen dafür auszugeben!

Das wichtigste Kriterium für die Wirkung der verschiedenen Bäder ist die Temperatur. Je nach Bedarf werden sie kalt, lauwarm, warm oder heiß sein. Die Temperatur bestimmt die Heilwirkung.

Kalte Bäder

Kalte Bäder haben eine Temperatur zwischen 15 und 25 Grad Celsius und dauern höchstens 20 Sekunden. Bevor Sie ins Wasser gehen, benetzen Sie Ihren Kopf, um den Organismus an diese Temperatur zu gewöhnen. Trocknen Sie sich gut ab, wenn Sie herauskommen, damit Sie sich nicht erkälten. Am besten nehmen Sie ein solches Bad am Morgen nach dem Aufstehen.

Solche Bäder werden bei lymphatischen Zuständen empfohlen, wie z. B. niedrigem Blutdruck, Kreislaufbeschwerden, Rheumatismus usw. Kalte Bäder sind auch hervorragend zum Streßabbau und bei Depressionen geeignet. Sie stärken das Immunsystem und beugen so einer Ansteckung mit Infekten vor (Schnupfen, Grippe usw.). Darüber hinaus hilft die regelmäßige Anwendung von kalten Bädern, die Herzfunktionen zu stärken.

Lauwarme Bäder

Lauwarme Bäder haben eine Temperatur zwischen 25 und 30 Grad Celsius und sind praktisch für jedermann geeignet. Ein lauwarmes Bad nimmt man vorzugsweise morgens.

Warme Bäder

Warme Bäder haben eine Temperatur von 30 bis 37 Grad Celsius. Sie entspannen die Haut und öffnen die Poren. Nach einem warmen Bad werden Sie sich wohl fühlen, da es eine beruhigende Wirkung hat. Das Bad darf höchstens 30 Minuten dauern, sonst wirkt es ermüdend.

Warme Bäder eignen sich vor allem für Kinder und geschwächte und empfindliche Menschen, die sich leicht erkälten, desgleichen für nervöse und leicht reizbare Personen, für alte Menschen, schwangere Frauen und stillende Mütter. Sie sind auch bei krankhaften Überreizungen, nervlich bedingten Erkrankungen sowie bei starken und chronischen Entzündungen angezeigt. Im letzteren Fall können die Bäder mehrere Stunden dauern.

Achten Sie darauf, daß Sie sich nach dem Bad nicht erkälten. Ziehen Sie einen Bademantel an, ohne sich abzutrocknen, und legen Sie sich für ein Stündchen ins Bett, um besser schwitzen zu können. Solche Bäder können zu jeder Zeit genommen werden.

Heiße Bäder

Heiße Bäder haben eine Temperatur von 37 bis 40 Grad Celsius. Sie dürfen nur nach Rücksprache mit dem Arzt genommen werden und sprengen den Rahmen dieses Buches. Bei diesen Bädern muß auf die Verträglichkeit geachtet werden, da die Gefahr von Blutungen oder eines Schlaganfalls besteht.

Empfehlungen

- Tauchen Sie den Ellbogen ins Wasser, um die Temperatur zu prüfen. Da der Stoffwechsel von Mensch zu Mensch verschieden ist, reagiert jeder Mensch auf unterschiedliche Temperaturen anders. Begriffe wie kalt, lauwarm, warm und heiß werden nicht von jedermann gleich empfunden.
- Nehmen Sie kein Bad, wenn Sie unter Durchfall leiden, verschwitzt oder außer Atem sind oder gerade gegessen haben.
- Der beste Moment, um ein Bad zu nehmen, ist morgens nach dem Aufstehen. Aber Sie können auch tagsüber ein Bad nehmen. Nach dem Essen ist es jedoch besser, ein paar Stunden zu warten, damit die Verdauung nicht darunter leidet.

Neben diesen »klassischen« Bädern gibt es eine Reihe weniger oft angewandter Bäderarten, deren Wirkung einzigartig ist. Diesen keine Beachtung zu schenken wäre ein großer Fehler.

Fußbäder

Oft zeitigen warme Fußbäder eine bessere Wirkung als Vollbäder, da sie durch die Kontrastwirkung die Durchblutung im ganzen Körper fördern. Legen Sie sich dann wie nach einem Vollbad sofort ins Bett, und schwitzen Sie. Nehmen Sie keine Fußbäder nach dem Essen, da dies die Verdauung stört.

Eine Variante sind kalte Fußbäder. Diese Art Bäder eignet sich für Kranke, die immer kalte Füße haben, und für Frauen, die ständig frösteln und immer eine Wärmequelle in der Nähe haben müssen. Reiben Sie nach dem Bad die

Füße gründlich ab, dies fördert die Durchblutung. Ziehen Sie sich warm an, um sich nicht zu erkälten.

Wadenbäder

Beim Wadenbad stehen Sie bis auf Wadenhöhe im Wasser; dies aktiviert und belebt den Kreislauf.

Handbäder

Während Fußbäder vor allem bei Erkrankungen im Kopf- und Halsbereich (Kopfschmerzen und Angina) Linderung bringen, sind Handbäder hauptsächlich bei Erkrankungen im Brust- und Herzbereich angezeigt. Das Vorgehen ist dasselbe wie bei einem Fußbad.

Sitzbäder

Sitzbäder wirken gegen Bauchbeschwerden und Unterleibserkrankungen, wie Harnblasenentzündung, Blasenkatarrh, Harnröhren- und Gebärmutterentzündung sowie Entzündung der zugehörigen Organe und Menstruationsausfall.

Sitzbäder haben wie warme Vollbäder eine Temperatur von 30 bis 37 Grad Celsius. Die Beine sind nicht im Wasser, und das Wasser sollte bis über die Nieren reichen. Bedecken Sie sich mit einer Decke, damit Ihr Körper nicht auskühlt. Dauer: 20 Minuten bis 1 Stunde.

Für Sitzbäder mit Heilpflanzenzusätzen brauchen Sie einen halben Eimer frischer Pflanzen oder 100 g getrocknete Pflanzen, aus denen Sie einen Auszug zubereiten, wobei Sie die Pflanzen wenn möglich eine Nacht lang ziehen lassen. Seihen Sie den Auszug ab, erwärmen Sie ihn, und geben Sie ihn dem Badewasser bei. Falls Sie kein Bidet besitzen, setzen Sie sich in Ihre Badewanne und strecken die Beine aus dem Wasser.

Nehmen Sie einmal im Monat ein Odermennig-Kräuterbad – mit 200 g Odermennigkraut pro Bad – und entspannen Sie sich. Ein solches Bad tut jedem gut, ob krank oder gesund, denn es regt den Organismus an.

Die täglichen Abreibungen oder Abwaschungen

Abwaschungen mit kaltem Wasser werden Ihnen sehr guttun. Solche Waschungen gehören zum Brauchtum vieler Völker, um morgens geistig wach zu werden, und das Bewußtsein aus den Träumen in den Körper zurückzuholen.

Bei der Berührung mit Wasser ändert sich der magnetische Zustand des Körpers. Das kalte Wasser aktiviert den Organismus und regt die Lebensvorgänge im Körper an. Dies ist notwendig, um wach zu werden.

Stellen Sie vor dem Schlafengehen eine Schüssel Wasser neben Ihr Bett, und legen Sie einen Waschlappen daneben. Nach dem Aufwachen tauchen Sie den Lappen ins Wasser, drücken ihn gut aus und reiben sich dann unter der Decke am ganzen Körper damit ab.

Beginnen Sie immer auf der linken Seite, in folgender Reihenfolge: Gesicht, Hals, Nacken, Hände, Arme und Achseln, dann die Füße, Waden, Knie, Oberschenkel, Rücken und Brust und Genitalien. Wenn Sie fertig sind, bleiben Sie noch fünf Minuten unter der Decke. Dann stehen Sie auf und machen sich die gewonnene Energie zunutze, um einen Spaziergang zu machen oder Ihre täglichen Gymnastikübungen zu absolvieren.

Dampfanwendungen

Dampfanwendungen sind Behandlungen in heißer, trockener oder feuchter Luft bei Temperaturen von 35 bis 70 Grad Celsius. Früher stellte man für eine trockene Dampfanwendung sieben bis acht Kerzen unter einen Stuhl und bastelte sich dann mit einer Decke ein Zelt.

Falls Sie keinen Zugang zu einer öffentlichen Sauna haben, können Sie dieselbe Technik verwenden, indem Sie die Kerzen durch ein kleines Heizgerät ersetzen und ebenfalls eine Decke als Zelt benutzen.

Dampfanwendungen in trockener Luft wirken gegen chronischen Rheumatismus, akuten Gelenkrheumatismus, chronische Brustkorb- und Unterleibserkrankungen, Wassersucht, Wundstarrkrampf und alle gesundheitlichen Störungen, bei denen Schwitzen wichtig ist. Bleiben Sie 30 bis 45 Minuten unter der Decke. Trinken Sie alle 10 Minuten ein halbes Glas Wasser, damit Sie besser schwitzen können.

Bei **Dampfanwendungen in feuchter Luft** benutzt man ebenfalls eine Decke als Zelt und stellt einen Topf mit heißem Wasser unter den Stuhl. Das Wasser sollte nicht heißer als 70 Grad Celsius sein.

Dampfanwendungen für den Unterleib oder den After wirken vor allem bei Erkrankungen der Geschlechtsorgane und bei Hämorrhoiden, helfen aber auch bei Fieber und Magenverstimmungen.

Bereiten Sie mit den gewünschten Kräutern oder Pflanzen einen Aufguß zu – 1 Tasse pro Liter Wasser –, seihen Sie dann den Aufguß ab, und lassen Sie ihn etwas abkühlen. Schütten Sie den Aufguß in eine kleine Schüssel aus Kunststoff, und stellen Sie diese in die WC-Schüssel. Die Kunststoffschüssel sollte teilweise im Wasser liegen, der Rand jedoch vom Toilettenbecken gehalten werden. Setzen Sie sich auf die Toilette, und lassen Sie dieses improvisierte Dampfbad ein paar Minuten wirken.

Dampfanwendungen für die Füße ermöglichen und aktivieren das Schwitzen der Füße. Hygiene und krankhafte Abscheu vor Körpergerüchen verleiten viele dazu, Fußschweiß um jeden Preis zu bekämpfen.

»Dies ist ein schwerwiegender Fehler und außerdem fahrlässig« heißt es in einem alten medizinischen Handbuch. *»Einige Personen erlitten nur*

deshalb schlimme Krankheiten, weil sie absichtlich oder aus mangelnder Vorsicht das normale Schwitzen der Füße unterbunden haben.«

Der große Récamier soll innerhalb kürzester Zeit chronische Krankheiten dadurch geheilt haben, daß er *»einfach die Gliedmaßen wieder zum Schwitzen gebracht hat, was früher selbstverständlich, nun aber aus irgendeinem unverständlichen Grund unterbunden worden war.«*

Bodenheizung ist sehr schlecht für die Fußsohlen, da diese dadurch austrocknen und hart werden. Somit sind die Poren verstopft und verhindern die Absonderung von Schweiß. Dampf hilft, die äußere Schicht der Hautoberfläche weich zu machen und *»die Poren zu öffnen, die nicht verschlossen bleiben dürfen, da sonst schlimme Folgen zu befürchten wären«*.

Für das Fußdampfbad brauchen Sie einen kleinen Bottich mit kochendem Wasser, eine Handvoll Holunderblüten, drei Stäbe und eine Decke. Setzen Sie sich vor dem Bottich, in den Sie das kochende Wasser gegossen haben, auf einen Stuhl, streuen Sie die Holunderblüten ins Wasser, legen Sie zwei Stäbe nebeneinander auf den Bottich, und stellen Sie Ihre nackten Füße auf diese Stäbe.

Bedecken Sie sich, den Stuhl, den Bottich und Ihre Füße vollständig mit einer Decke, so daß daraus ein Zelt wird. Der dritte Stab ist dazu da, das Blütenwasser umzurühren.

Führen Sie diese Behandlung während 15 bis 20 Minuten abends vor dem Schlafengehen oder morgens vor dem Frühstück durch. Nach dem Fußdampfbad trocknen Sie die Füße ab und wickeln sie in ein Baumwolltuch und eine Plastikfolie ein, damit sie gut schwitzen können.

Meerbäder

Von alters her weiß man, daß Salzwasser viele gesundheitliche Störungen heilen und den Organismus regenerieren kann. Wenn Sie nicht ans Meer fahren können, holen Sie das Meer zu sich nach Hause! Geben Sie dem Badewasser 10 (für Kinder) bis 20 kg Meersalz bei.

Führen Sie diese Behandlung einmal pro Woche durch. Sie werden sich wie neugeboren fühlen. Auch Sitz- oder Fußbäder sind als Salzbäder geeignet, streuen Sie in diesem Fall einige Handvoll Meersalz in den Zuber.

Achtung

Sollten Sie sich schwach, fieberig oder müde fühlen, nehmen Sie sowohl kalte wie heiße Bäder nur dann, wenn jemand anderes im Haus ist, denn Bäder können Reaktionen wie Übelkeit, Schwindel oder Herzklopfen auslösen.

4

Einführung in die Magnettherapie

»Die ersten Male war ich buchstäblich verblüfft. Ich erinnere mich noch, wie der Patient und ich uns mit ungläubiger Miene anschauten. Der schnelle Erfolg war mir fast peinlich, denn das grenzte an ein Wunder. Als sich aber die Erfolge systematisch wiederholten, wandte ich mich immer mehr dieser Therapie zu.«

Diese Aussage stammt von Dr. Philippe Orengo, einem Chirurgen, der wissenschaftliche Untersuchungen über Verstauchungen gemacht hatte.

Bei einer Verstauchung können Sie seiner Meinung nach dank der Anwendung von Mikromagneten (von 1'500 Gauß) nach 20 Minuten wieder gehen. Oft ist es sogar möglich, auf dem verstauchten Fuß zu hüpfen!

Wie Sie sehen werden, ist das nur eine der zahlreichen Anwendungsmöglichkeiten von Magneten.

Kennen Sie den Unterschied zwischen Magnettherapie und Magnotherapie?

Immer mehr Menschen machen sich die Kräfte von Magneten zunutze, um bei guter Gesundheit zu bleiben. Man nennt diese Methode Magnettherapie. Man sollte diese Methode nicht mit dem Magnetismus der Hände verwechseln, der weiter unten genauer besprochen wird.

Die Magnotherapie macht sich im Gegensatz zur Magnettherapie die Heilkraft pulsierender Magnetfelder zunutze, die von einem elektrischen Gerät produziert werden. Es handelt sich dabei um eine effiziente, aber teure Methode, für die man oft einen Techniker benötigt.

Die Herkunft des Magneten

Ein griechischer Schafhirt der Antike mit dem Namen Magnes ging wie gewohnt mit seinen Schafen auf die Weide. Plötzlich bemerkte er, daß das Eisen am Hirtenstab von einem Stein angezogen wurde, und es kostete ihn einige Mühe, das Eisenstück vom Stein loszureißen.

Intuitiv merkte er, daß er sich den Stein zunutze machen konnte. Aus dem Stein haute er Steinblätter und befestigt diese an seinen Sohlen. Von da an konnte er große Distanzen zurücklegen, ohne müde zu werden.

Dies ist eine der Legenden über die Ursprünge des Magnetits oder natürlichen Magnetsteins. Übrigens bedeutet Magnes auf deutsch »Magnet«, wovon der Begriff »Magnetismus« abgeleitet wird.

Der Magnetit oder Magnetstein faszinierte auch die großen Köpfe der Antike. So stellte Platon fest, daß der Magnetit seine Anziehungskraft auf Eisen überträgt. Er machte ein Experiment, bei dem er fünf Eisenringe an einen Magnetstein hängte, was nur funktionieren konnte, weil der Magnetit seine Anziehungskraft von Ring zu Ring weitergab.

Übrigens wandten Ärzte den Magneten seit der Antike für die Heilung verschiedener gesundheitlicher Störungen an. Galen, ein berühmter griechischer Arzt, empfahl, sich auch bei Verstopfung die Kräfte des Magneten zunutze zu machen. Im 18. Jahrhundert verstärkte der berühmte Magnetiseur Mesmer seinen »animalen« Magnetismus indem er einen mit Magneten bestückten Mantel trug. Um sich magnetisch aufzuladen, setzte er sich jeden Morgen auf einen mit Magneten besetzten Stuhl. (In dem Kapitel über das therapeutische Handauflegen wird der »animale« Magnetismus ausführlich erklärt.)

Die therapeutische Wirkung des Magneten wurde in der Neuzeit zuerst in den Ländern der ehemaligen Sowjetunion und in Japan untersucht. Während des Zweiten Weltkriegs verwendeten russische Ärzte Magneten, um die durch amputierte Glieder verursachten Phantomschmerzen der Soldaten zu lindern. Auch untersuchten sie die Möglichkeit des Einsatzes von Magneten, um die Wundheilung zu unterstützen.

Die Japaner waren ihrerseits die Pioniere in der Entwicklung moderner Magneten. Diese sogenannten **Dauermagneten** sind den natürlichen Magneten überlegen. Sie sind gleich stark, viel kleiner und verlieren ihre magnetische Kraft nur sehr langsam. Die Japaner waren mit der Entwicklung von Magneten aus Ferrit oder seltenen Erden nicht zufrieden und haben auf dem Gebiet der Magnettherapie sehr viel in die Forschung investiert. Heute ist die Magnettherapie vom Gesundheitsministerium in Japan offiziell anerkannt.

Frankreich hat in Europa eine führende Rolle in der Forschung auf dem Gebiet der Magnettherapie. Die Magnettherapie wird in mehreren großen

Krankenhäusern erforscht. Vor allem die französischen Professoren Henry Baron (von den staatlichen Forschungsbehörden CNRS) und Yves Rocard haben zuerst auf die Forschung der Japaner reagiert. Am Yves-Ponroy-Institut für biologische Forschung werden sogar Kurse in Magnettherapie für Ärzte gegeben.

Die Anwendung von Magneten

1. Die Wirkung der Magnetpole

Der amerikanische Forscher Davis stellte während drei Wochen eine Schachtel voller Regenwürmer gegenüber von Magneten auf. Je nachdem, ob die Würmer auf den magnetischen Südpol oder Nordpol ausgerichtet waren, reagierten sie verschieden.

Diejenigen, die auf den Südpol ausgerichtet waren, wurden viel aktiver und größer als jene, die auf den magnetischen Nordpol ausgerichtet waren. Die ersteren versuchten, die Kartonwand zu durchbohren, die auf den magnetischen Südpol ausgerichtet war. Nach drei Wochen waren sie um etwa ein Drittel gewachsen und hatten begonnen, sich zu vermehren!

Im Vergleich dazu machten die auf den magnetischen Nordpol ausgerichteten Würmer einen kümmerlichen Eindruck. Es schien, als bewegten sie sich nicht. Manche waren gestorben.

Andere Studien desselben Wissenschaftlers bezogen sich auf das Keimen von Samen. Die auf den Südpol gerichteten Samen keimten schneller als diejenigen, die auf den magnetischen Nordpol ausgerichtet waren.

Diese und andere Studien haben es ermöglicht, die spezifische Wirkung der beiden Pole zu bestimmen:

- **der Südpol belebt, aktiviert und tonisiert,**
- **der Nordpol entspannt und beruhigt.**

Verwertet man diese Eigenschaften auf vernünftige und maßvolle Art, können damit bestimmte Wirkungen auf den Organismus erzielt werden: Haben Sie zu wenig Energie, wirkt der Südpol anregend; haben Sie zuviel Energie, wirkt der Nordpol stabilisierend oder baut die Energie ab.

Zum besseren Verständnis hier eine Erklärung über den Magnetfluß im Inneren des Magneten: Die magnetische Energie im Inneren des Magneten fließt vom Südpol zum Nordpol. Äußerlich bildet sich ein Energiebündel, das am Nordpol austritt und zum Südpol zurückfließt, wo es sich sammelt und wieder in den Magneten eintritt. Beim Nordpol des Magneten läuft der Magnetfluß also auseinander und beim Südpol zusammen. Diese Feststellung erlaubt eine Bestimmung der therapeutischen Wirkung des Süd- und des Nordpols.

Zusammenfassung

- der Nordpol wirkt entspannend und beruhigend, indem er überschüssige Energie und Spannung zerstreut und abbaut
- der Südpol wirkt belebend; er beschleunigt die Wundheilung und zieht die Gefäße zusammen, da er eine verengende Wirkung auf das Gewebe und die Blutgefäße ausübt.

Das Experiment mit den Regenwürmern kann in bezug auf den Nordpol negativ ausgelegt werden. Der Nordpol hat aber keineswegs eine negative Wirkung. Vergessen Sie nicht, daß die Würmer einem im Vergleich zu ihrem Körper sehr großen Magneten ausgesetzt waren. Die Wirkung ist nicht dieselbe, wenn Sie einen kleinen Magneten auf Ihre Haut legen.

2. Welche Magneten sind für Heilzwecke geeignet?

Im Handel sind verschiedene Arten von Produkten für die Magnettherapie erhältlich. Jedes Produkt hat seine spezifische Wirkung, so daß sie für den jeweiligen Fall ausgesucht werden müssen.

Große und kleine Magneten

Jede Art Magnet ist für Heilzwecke geeignet, sofern er stark genug ist. Magnetische Kräfte werden in Gauß (Einheit der magnetischen Flußdichte oder Induktion) gemessen. Die sogenannten therapeutischen Magneten haben eine Stärke von 600 Gauß. Jedoch können gewöhnliche, schwächere Magneten von 200 Gauß ebenfalls eine therapeutische Wirkung entfalten. Wir empfehlen in diesem Fall aber, mehrere solcher Magneten zu verwenden.

Folgende therapeutische Magneten sind im Handel erhältlich:

- große Magneten ab 1'000 Gauß
- Mikromagneten von 600 bis 2'500 Gauß

Achtung!

Auch wenn gewöhnliche Magneten manchmal ihren Zweck erfüllen, ist es doch besser, therapeutische Magneten zu verwenden.

Der Vorteil der großen therapeutischen Magneten besteht darin, daß diese flach und nicht rund, länglich oder hufeisenförmig sind. Ihre beiden Pole sind großflächig. Im Unterschied zu vielen gewöhnlichen Magneten wirken therapeutische Magneten also auf eine größere Hautfläche ein.

Der Vorteil der Mikromagneten besteht vor allem darin, daß sie klein und unauffällig sind, so daß man sie jederzeit tragen kann. Da sie klein sind, können sie auch gezielter angewendet werden, vor allem im Zusammenhang mit den Akupunkturpunkten (mehr darüber auf den folgenden Seiten).

Magnetische Stirnbänder, Halsketten, Armbänder, Ohrringe und Korsetts

Neben den eigentlichen Magneten gibt es die verschiedensten Arten von magnetischem Schmuck und Accessoires zu kaufen.

Vor allem in Frankreich und in Japan sind manche davon auf ihre Wirkung hin untersucht worden. Diese Studien beweisen, daß die positive Wirkung der Magneten nicht der Phantasie entspringt. Alles hängt davon ab, um was für ein gesundheitliches Problem es sich handelt.

Wenn Sie unter Migräne leiden, so verwenden Sie **magnetische Stirnbänder** mit Klettverschluß. Diese bestehen lediglich aus einem Stoff- oder Lederband mit einer Reihe von Magneten.

Leiden Sie unter Nackenschmerzen, wird Ihnen eine **magnetische Halskette** helfen können. Sie können sie diskret unter dem Kragen tragen. Eine solche Kette hilft auch bei Migräne, wenn diese auf die Halswirbel ausstrahlt.

Es gibt sogar **magnetische Ohrringe**. Diese haben eine ausgleichende Wirkung auf die Gehirntätigkeit und wirken entspannend auf das Gemüt. Vergessen Sie nicht, daß sich auf den Ohrläppchen wichtige Reflexzonen befinden!

Bei Problemen mit Rücken und Wirbelsäule empfiehlt es sich, ein **magnetisches Korsett** zu tragen.

Matratzen oder Daunendecken mit einem magnetischen Gitternetz

Es sind auch Matratzen mit über die ganze Fläche verteilten Magneten und Daunendecken mit einem magnetischen Gitternetz erhältlich. Mit solchen Bettwaren verfügen Sie über einen wahren Kokon magnetischer Energie.

Zur Zeit sind diese Bettwaren in Japan sehr beliebt. Mehrere Firmen wie Japan Life Inc. beginnen, sich in den westlichen Ländern zu etablieren.

Nach übereinstimmenden Aussagen verhelfen diese Bettwaren:

- zu einem tieferen Schlaf,
- zu einer besseren Blutzirkulation (sie beugen vor allem kalten Händen und Füßen vor),
- zur Linderung von Rücken- und Gelenkschmerzen,
- zu mehr Vitalität.

3. Wie Sie magnetische Stirnbänder, Halsketten, Matratzen usw. selbst herstellen können

Einige der aufgezählten Produkte sind teuer. Mit kleinen Magneten können Sie glücklicherweise mit wenig Geld solche Dinge in gleicher Qualität selbst herstellen.

Für eine Halskette oder ein Stirnband benötigen Sie eine Rolle breites Klebeband. Wählen Sie die benötigte Länge, und kleben Sie die Magneten im Abstand von zwei bis drei Zentimetern darauf. Um einen Magnetfluß zu erzeugen, wechseln Sie Nord- und Südpole ab. Dann kleben Sie ein anderes Klebeband derselben Länge darauf – das ist alles.

Sie können ein Stirnband auch aus Stoff basteln, das längere Zeit hält. Achten Sie darauf, daß einer der Magneten zwischen beide Augen, an die Stelle des »dritten Auges« zu liegen kommt. Dort befindet sich ein wichtiger Energiemeridian.

Ein magnetisches Stirnband darf nicht zu lange getragen werden. Haben die Magneten eine Stärke von 1000 Gauß oder mehr, tragen Sie das Stirnband nicht länger als eine Stunde.

Magnetische Ohrringe sind sehr teuer. Mit je zwei kleinen Magneten für jedes Ohr können Sie dieselbe Wirkung erzielen. Achten Sie jedoch darauf, daß die magnetische Kraft mindestens 2000 Gauß beträgt. Legen Sie die Mikromagnete auf beide Seiten der Ohrläppchen. Die Anziehungskraft bewirkt, daß sie nicht rutschen. Sie können die Magneten auch mit einem Pflästerchen auf dem Ohrläppchen befestigen, was allerdings nicht sehr elegant ist. Sollten Sie künstlerisch begabt sein, so können Sie sich originelle Ohrringe mit eingesetzten Magneten selbst herstellen.

4. Wie man die magnetischen Pole bestimmt

Sie wissen nicht, welche Seite des Magneten der Nordpol und welche der Südpol ist. Mit einem Kompaß können Sie dies leicht feststellen.

Richten Sie eine Seite des Magneten auf den Kompaß aus. Sie können nun seine Polarität bestimmen, indem Sie darauf achten, ob das farbige Ende der Kompaßnadel (Nordpol) in die entgegengesetzte Richtung ausschwenkt oder nicht.

Dem Induktionsgesetz nach ziehen sich gegensätzliche Pole an, während gleiche Pole einander abstoßen.

Vergessen Sie jedoch nicht, daß der **geographische Nordpol** in Wirklichkeit ein **magnetischer Südpol** ist. Beim geographischen Südpol verhält es sich umgekehrt.

Dies ist alles etwas verwirrend. Jedoch wurden die Namen der geographischen Pole völlig willkürlich bestimmt. Um die magnetischen Pole zu bestimmen, legen Sie den Magneten vor einen Kompaß und schauen, wohin die Kompaßnadel zeigt:

- Schwenkt das farbige Ende der Kompaßnadel in die entgegengesetzte Richtung aus, so handelt es sich um den Nordpol des Magneten;
- Zeigt das farbige Ende der Kompaßnadel in die Richtung des Magneten, so handelt es sich um den Südpol des Magneten.

5. Die Anwendung von Magneten

Magneten können auf verschiedene Arten verwendet werden.

1. Legen Sie einen großen Magneten oder mehrere kleine Magneten auf die schmerzende Stelle oder den Akupunkturpunkt, der für Ihr gesundheitliches Problem angezeigt ist

Je nach der zu erzielenden Wirkung legen Sie die Seite mit dem Nordpol oder mit dem Südpol auf die zu behandelnde Stelle. Wenn Sie Mikromagnete verwenden, nehmen Sie mehrere und legen sie um die Stelle herum, die Sie behandeln wollen, aber nehmen Sie nicht zu viele.

Empfehlenswert ist es, die Nord- und Südpole abwechselnd anbringen. So erzeugen Sie einen Magnetfluß. Dies ist vor allem dann notwendig, wenn die zu behandelnde Stelle energetisch blockiert ist. Sie können in einem Teil Ihres Körpers den Energiefluß wieder in Bewegung bringen (Arm, Rücken, Hand, Beine, Hals usw.), um ihn von Schmerzen zu befreien oder wieder beweglich zu machen.

Bei **Ischias** ist die Erleichterung spürbar, wenn man die Magneten dem Ischiasnerv entlang legt.

Beachten Sie, daß es nicht immer nötig ist, die Magneten direkt auf die schmerzende Stelle zu legen.

Das **Tai Chi,** eine neue Methode, die aus Japan kommt, kombiniert auf geeignete Weise Akupunktur und Magnettherapie. Nach dieser Methode können Sie die Magneten folgendermaßen plazieren:

- auf die Akupunkturpunkte, die auf Ihr gesundheitliches Problem ansprechen oder
- auf die wichtigsten Punkte eines Energiemeridians (siehe das Kapitel *Die Akupressur* und die schematische Darstellung der zu behandelnden Stellen).

Eine andere Möglichkeit besteht darin, die Magneten sowohl auf die Akupunkturpunkte als auch auf die schmerzenden Stellen zu legen, die nicht unbedingt mit den Akupunkturpunkten übereinstimmen müssen.

2. Legen Sie die Hände oder die Füße auf große Magneten

Hier kommen wir auf die Grundsätze der chinesischen Medizin zu sprechen. Wie ein Magnet besitzt auch der Körper zwei Pole. Der linke Körperteil ist negativ geladen (Yin), der rechte Körperteil ist positiv geladen (Yang). Um eine energetische Polarität zu gewährleisten, müssen die Füße oder die Hände jeweils den entgegengesetzten Pol berühren. Legen Sie also

- die rechte Hand oder den rechten Fuß auf den Nordpol des Magneten,
- die linke Hand oder den linken Fuß auf den Südpol des Magneten.

Beim Auflegen der Hände oder der Füße werden Sie wahrscheinlich einen Energiefluß oder Wärme in sich aufsteigen fühlen. Diese geht in Ihre Beine oder Arme, was je nachdem als sehr anregend oder sehr beruhigend empfunden werden kann.

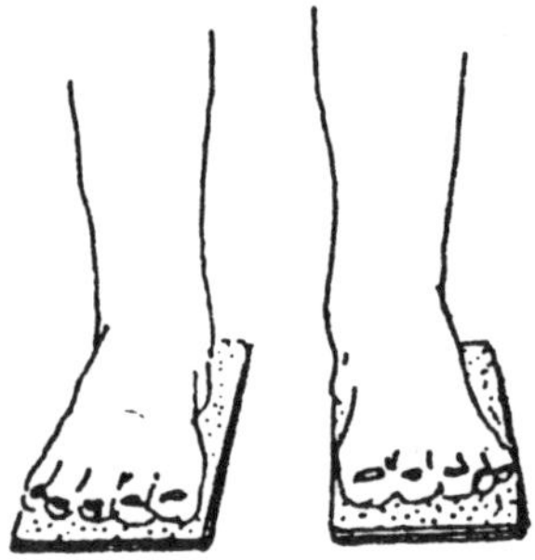

Wenn Sie den rechten Fuß auf den Südpol und den linken auf den Nordpol stellen, werden Sie die aufsteigende Energie in Ihren Füßen spüren.

Legen Sie die rechte Hand auf den Südpol eines Magneten und die linke auf den Nordpol.

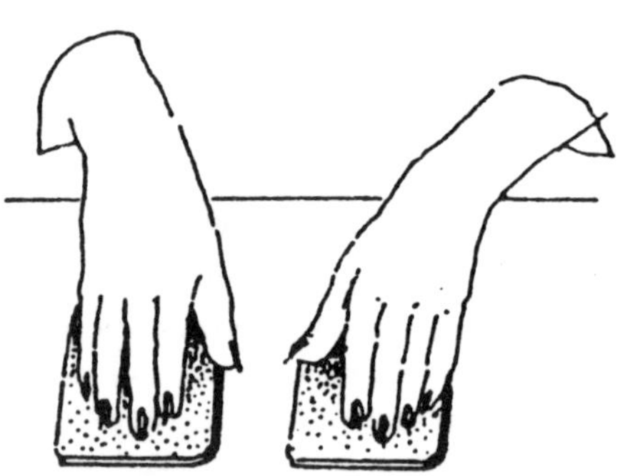

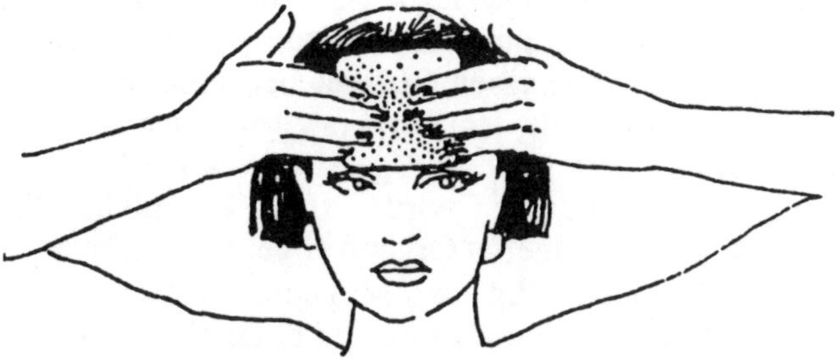

Wenn Sie den Nordpol des Magneten auf die Stirn legen, so hat dies eine beruhigende Wirkung und ist demzufolge ein ausgezeichnetes Mittel gegen Kopfschmerzen. Der Magnet ermöglicht auch das Aufsteigen der sexuellen Energie zum dritten Auge.

Drücken Sie nacheinander den Nord- und den Südpol eines Magneten auf das Handgelenk. Fällt Ihnen auf, daß Sie den Puls oder die Hand unterschiedlich wahrnehmen?

Sie können einen, zwei oder auch vier große Magneten verwenden. Am besten arbeitet man jedoch paarweise. Wenn beide Hände oder beide Füße (oder alle vier zusammen) einen Magnet berühren, erzeugen Sie so einen Magnetfluß vom einen Ende des Körpers zum anderen. Durch diese Polarisierung wird das Magnetfeld des Körpers (oder seine Energie) ins Gleichgewicht gebracht. Dadurch wird Ihr Energiehaushalt und die Funktionstüchtigkeit der inneren Organe allgemein verbessert.

Es ist also nicht notwendig, den Magneten immer auf die schmerzende Stelle zu legen. Durch Magnetisierung und Polarisierung der Hände und Füße kann auch die schmerzende Stelle sehr gut mitbehandelt werden.

Benutzen Sie Magneten jedoch nicht nur für Heilzwecke, sondern auch, um sich zu entspannen und um Ihre Vitalität wiederzuerlangen.

3. Sie haben auch die Möglichkeit, die Magnettherapie und das therapeutische Handauflegen zu kombinieren (siehe weiter unten), indem Sie gleichzeitig die Hände und die Magneten auflegen

Wie weiter oben beschrieben, soll der Nordpol des einen Magneten auf die rechte Handfläche gelegt werden, der Südpol des anderen Magneten auf die linke Handfläche. Die Verbindung des menschlichen Magnetismus mit dem Magnetismus von Magneten kann zu interessanten Ergebnissen führen.

Nutzen Sie die Wohltaten magnetisierten Wassers

Bei magnetisiertem Wasser handelt es sich um natürliches Wasser, das Ihnen guttun wird.

Verglichen mit Leitungswasser ist gereinigtes Wasser von besserer Qualität. Es ist aber auch nicht gerade das Non plus ultra, verglichen mit bestimmten Arten von Quellwasser. Gereinigtes Wasser besitzt wenig Sauerstoff und lebt darum nicht, die Moleküle sitzen zu dicht aufeinander.

Die Qualität von Quellwasser beruht vor allem auf dessen magnetischer Eigenschaft. Oft durchläuft das Wasser im Boden Gesteine mit starken magnetischen Feldern.

Außerdem erzeugen unterirdische Wasserströme elektrische Felder. Dadurch entsteht an diesen Orten ein stärkeres Magnetfeld; vor allem, wenn die tieferen Erdschichten eisen- oder kobalthaltig sind oder Magnetit usw. enthalten. Laut Professor Rocard könnte das die wunderbare Wirkung des Wassers einiger der bekanntesten Thermalkurorte erklären.

Neben diesen Heilwirkungen auf den Menschen bewirkt magnetisiertes Wasser das Wachstum der Pflanzen. Die Wirkung des Vollmonds auf das Wachstum der Pflanzen ist bekannt. Das Wachstum der Pflanzen hängt aber auch von den örtlichen erdmagnetischen Feldern ab.

Welche Heilwirkungen hat magnetisiertes Wasser?

- Es kann den Zucker-, Harn-, und Cholesterinspiegel herabsetzen;
- es ist harntreibend und löst Nierensteine auf;
- es entschlackt die Leber und löst Gallensteine auf;
- es beeinflußt den Blutdruck positiv;
- es beeinflußt den Magen-Darm-Trakt, ist also nützlich bei Verstopfung, Blähungen, Bauchschmerzen usw.;
- es wirkt auch sehr gut bei Fieber.

Die Zubereitung von magnetisiertem Wasser

Es gibt kleine Leitungsanschlüsse, mit denen man Wasser magnetisieren kann. Vor allem der Induktor von Dr. Donnet, der sich an den Wasserhahn anschrauben läßt, ist geeignet. Dieser Induktor besitzt innen verschieden polarisierte Magneten, die das Wasser beim Durchfluß magnetisieren.

Sie brauchen indessen nicht unbedingt einen Induktor. Mit der folgenden Methode des Inders Dr. Jayanarayan Jayaswal (aus dem Buch »Nature Cure in Health Disease with Magneto Therapy«) läßt sich das gleiche Ergebnis erzielen:

- Nehmen Sie zwei Tassen oder Schüsseln aus Metall, und füllen Sie diese mit Wasser.
- Dann stellen Sie die Schüsseln im Abstand von ungefähr 8 cm auf zwei einzelne Magneten, den einen mit dem Südpol, den anderen mit dem Nordpol nach oben. Decken Sie beide Schüsseln zu.
- Lassen Sie das Wasser etwa 24 Stunden ruhen.
- Dann gießen Sie den Inhalt beider Schüsseln in einen einzigen Behälter.
- Stellen Sie den Behälter mit dem Wasser in den Kühlschrank, und verwenden Sie es nach Belieben.

Im allgemeinen gilt: Trinken Sie davon drei- bis viermal täglich ein großes Glas voll. Damit können Sie einer Krankheit vorbeugen oder die verschiedensten Krankheiten heilen.

Schauen Sie in Teil II dieses Ratgebers nach, wie bei Ihrem Problem zu verfahren ist.

5

Einführung in die Aromatherapie

Philippe Mailhebiau, ein berühmter Aromatherapeut des Laboratoriums Sunârom, schrieb: *»Was für den Menschen das Denken, sind für die Pflanzen die Essenzen! Könnte der Mensch die Düfte und Essenzen richtig anwenden, so könnte er nicht nur seinen psychischen Zustand, sondern auch seine Gesundheit verbessern.«*

Pflanzenessenzen, bzw. ätherische Öle, können Ihnen bei vielen Problemen helfen, und ihre Anwendung ist sehr einfach. Wußten Sie beispielsweise, daß das Geraniumöl überaktive Kinder beruhigen kann? Oder daß die ätherischen Öle, die aus der Kiefer oder dem Eukalyptus gewonnen werden, gegen Grippe und beginnende Erkältungen eingesetzt werden können? Oder auch, daß zwei bis drei Tropfen Lavendelöl auf Ihrem Kissen ein Zaubermittel sind, um besser schlafen zu können?

Die Ursprünge der Aromatherapie

In Frankreich ist die Aromatherapie seit den Dreißiger Jahren bekannt. Damals prägte der französische Chemiker R. M. Gattefossé diesen Begriff. In seinem 1937 veröffentlichten Buch erläuterte der Parfüm- und Kosmetikspezialist zum erstenmal die therapeutischen Anwendungsmöglichkeiten der ätherischen Öle.

Ätherische Öle sind jedoch schon seit über fünftausend Jahren bekannt! Manche Mittelmeervölker verwenden sie seit der Antike.

Daß die Gewinnung von ätherischen Ölen aus Pflanzen technisch möglich wurde ist jedoch den Arabern zu verdanken, denen es gelang, die Destillationsmethode zu verbessern.

Seither werden ätherische Öle zur Heilung verschiedenster Krankheiten, als Parfum, als Schönheitsmittel für die Haut, als Massageöle und als Duftspender für Häuser und Wohnungen verwendet. Sie können sogar einen positiven Einfluß auf psychische Leiden ausüben und dadurch das seelische Wohlbefinden verbessern.

Um diese Anwendungsmöglichkeiten erneut bekannt zu machen, schrieb R. M. Gattefossé 1937 sein Buch.

Wissenschaftliche Untersuchungen haben inzwischen nicht nur bestätigt, sondern auch bewiesen, was die Völker der Antike seit jeher wußten. Seit diesen Untersuchungen weiß man, daß ätherische Öle eine desinfizierende, antibakterielle und entgiftende Wirkung haben. Einige stärken die Abwehrkräfte des Körpers, andere dienen als Mittel zur Hemmung der Blutgerinnung und wiederum andere beschleunigen den Heilungsprozeß der Haut oder dienen als Beruhigungsmittel usw.

Was sind ätherische Öle?

Bei den ätherischen Ölen handelt es sich um ölige Flüssigkeiten, die ohne Hinzufügen von chemischen Lösungsmitteln nicht wasserlöslich sind.

Ätherische Öle setzen sich aus aromatragenden Zellen zusammen. Deren Bestandteile und Wirkungen variieren von Pflanze zu Pflanze.

Die wichtigsten Bestandteile der ätherischen Öle sind Ketone, Phenole, Säuren, Äther, Ester, Terpene, Alkohole und Aldehyde. Die Zusammensetzung der Bestandteile ist von Öl zu Öl verschieden.

Die Wirkung eines ätherischen Öls ist von seiner Zusammensetzung abhängig. So kann es je nach seinem Aufbau entzündungshemmend, abschwellend, beruhigend usw. wirken.

Jedoch Vorsicht! Die Eigenschaften der ätherischen Öle entsprechen selten den Eigenschaften, die die Pflanzen in ihrer natürlichen Form haben! So hat beispielsweise das aus der Kamille gewonnene ätherische Öl nicht dieselbe Wirkung wie Kamillentee.

Die Gewinnung der ätherischen Öle

Die ätherischen Öle werden aus den verschiedenen Pflanzenteilen gewonnen: Blättern, Blüten, Knospen, Stengeln, Wurzeln und Rinden. Um ein qualitativ hochwertiges Öl zu gewinnen, werden die Pflanzenteile durch Wasserdampf destilliert und durch Kühlung vom Destillationswasser getrennt.

Reine ätherische Öle verändern sich nicht und können jahrelang in Fläschchen aus getöntem Glas an einem dunklen und trockenen Ort aufbewahrt werden.

Mit diesem Extraktionsverfahren lassen sich auch duftige Aromawässer herstellen, die ebenfalls für verschiedene Anwendungen geeignet sind (siehe folgende Seiten).

Bei der Extraktion ätherischer Öle mit Dampf legt man die Pflanzenteile in einen Destillierkolben und fügt Wasser hinzu. Es handelt sich dabei um das Destillationswasser. Nach dem Erhitzen steigt das wasserabstoßende ätherische Öl an die Oberfläche. So kann es problemlos getrennt werden.

Jede Pflanzenart ergibt ein eigenes ätherisches Öl

Alle Naturkostläden führen in ihrem Sortiment ätherisches Lavendel-, Thymian- und Rosmarinöl. Man muß jedoch wissen, welche Sorte man benötigt!

Im therapeutischen Wegweiser werden Sie feststellen, daß der Name der Pflanze häufig noch einen Zusatz hat. Thymian zum Beispiel gibt es als Thymian mit Thymol, Thymian mit Linalool, Thymian mit Geraniol, Thymian mit Cineol usw. Der Zusatz bezeichnet häufig einen wichtigen Bestandteil des ätherischen Öls.

In einigen Fällen ist auch der Name der Pflanzensorte angegeben, oft mit der lateinischen Bezeichnung. So gibt es beispielsweise den Echten Lavendel (lavandula vera), den Lavandin (lavandula hybrida), den Speiklavendel (lavandula spica), den Schopflavendel (lavandula stoechas) usw.

Diese genauen Angaben haben einen Sinn, denn jede Pflanzensorte, die zu einer Pflanzenfamilie gehört, unterscheidet sich von der anderen Art durch ihre chemische Zusammensetzung. Deshalb muß jede Pflanzenart innerhalb einer Pflanzenfamilie genau bezeichnet werden.

Natürlich haben die ätherischen Öle des Thymians und des Lavendels einige gemeinsame Eigenschaften, jedoch kann die besondere Eigenschaft einer Art von Bedeutung für die Behandlung eines speziellen Problems sein.

Man unterscheidet die verschiedenen Arten einer Pflanzenfamilie nach den chemischen Hauptkomponenten oder nach der lateinischen Bezeichnung.

Die Verwendung der Thymianart, die vor allem Thymol enthält, ist speziell für die Bekämpfung von Infektionen angezeigt. Die Thymianart, die mehr Linalool enthält, ist weniger stark und deshalb bei Grippeerkrankungen von Kindern geeignet.

Desgleichen beim Lavendel. Der Speiklavendel enthält mehr Ketone und Oxide als der Echte Lavendel und ist vor allem bei Infektionen angezeigt. Im Gegensatz zum Speiklavendel enthält der Echte Lavendel jedoch Ester. Daher hat der Echte Lavendel eine beruhigende und entzündungshemmende Wirkung und kann mit mehreren anderen Essenzen zusammen verwendet werden.

Um ein besseres Ergebnis zu erzielen, müssen Sie genau wissen:

- aus welcher botanischen Art das Öl, das Sie verwenden wollen, stammt;
- welches der Hauptbestandteil des ätherischen Öls ist (z. B. Cymol bei Thymian mit Cymol).

Im allgemeinen ist es besser, sich jeweils den lateinischen Namen zu merken. Dies ist vor allem bei der Verwendung ätherischer Öle aus ausländischer Produktion empfehlenswert. So entstehen keine Verwechslungen.

Was Sie beim Kauf von ätherischen Ölen beachten müssen

Die Aromatherapie ist sehr beliebt. Dies hat dazu geführt, daß verschnittene Essenzen auf den Markt kommen und verkauft werden. Dazu gehören häufig die ätherischen Öle von Melisse, Kamille, Ceylon-Zimt, Niaouli, Bohnenkraut, Cajeput und Weißdorn.

Übrigens sind gewisse Essenzen nicht hundertprozentig naturrein. Das heißt, sie werden mit natürlichen Substanzen gemischt, die das Aroma ungefähr, manchmal auch genau wiedergeben. Bei den Essenzen aus Niaouli und aus dem Cajeputbaum handelt es sich um Aromaessenzen, die zu 98 % künstlich hergestellt werden.

Seien Sie vorsichtig bei synthetisch hergestellten Essenzen. Sie dürfen auf keinen Fall eingenommen, sondern höchstens für die Parfumherstellung oder als Duftspender verwendet werden.

Das Problem der Pestizide und Unkrautvernichtungsmittel

Nicht alle Hersteller verwenden Essenzen aus biologisch angebauten Kulturen. In Großkulturen werden Pestizide und Unkrautvernichtungsmittel eingesetzt.

Daher sind die meisten Produkte arsenhaltig. Das Arsen bleibt in der Pflanze zurück und findet sich somit auch in den ätherischen Ölen nach der Destillation wieder.

In diesem Zusammenhang sei auf gewisse Lavendelfelder in der Provence hingewiesen. Bis zum Horizont nichts als violette Blumen, nirgends findet sich auch nur die leiseste Spur von Unkraut. Das ist der Beweis für die massive Verwendung von Unkrautvernichtungsmitteln.

Achten Sie auf die Herstellungsart

Angaben, auf welche Art und Weise ein Labor die ätherischen Öle herstellt und destilliert, sind wünschenswert. Die beste Art ist die Gewinnung durch Dampfdestillation bei niedrigem Druck. Sie allein garantiert hochwertige Essenzen.

Trotzdem werden viele ätherischen Öle, darunter Lavendelöl, industriell hergestellt. Durch die Destillation in riesigen Destillierkolben und mechanischen Pressen bei hohen Temperaturen entsteht ein Öl, das nur noch dem Namen nach eine Pflanzenessenz ist.

Sobald man die Zusammensetzung einer Pflanzenessenz verändert, ist das natürliche Gleichgewicht zwischen den verschiedenen Hauptbestandteilen gestört.

Die wohltuende Wirkung eines ätherischen Öls bleibt nur erhalten, wenn man seinen chemischen Aufbau nicht verändert. Bringt man das Ganze aus dem Gleichgewicht, entsteht ein neues Produkt, das weder die Eigenschaften noch die Wirkung der Originalessenz hat.

Eine Essenz, die nicht naturrein ist oder verfälscht wurde, kann nicht die gewünschte therapeutische Wirkung entfalten. Der Gesundheitszustand kann sich sogar verschlechtern, weil das ätherische Öl nicht die erwartete Wirkung hat. Dies kann Sie dazu bewegen, die Dosis zu erhöhen, was unangenehme Konsequenzen haben kann.

Daher ist es sehr wichtig, die Qualität der ätherischen Öle, die Sie kaufen, sowie die Zuverlässigkeit des Herstellerlabors zu kennen. Es geht um Ihre Gesundheit. Ätherische Öle bedeuten Leben, Wohlbefinden, Genesung. Informieren Sie sich also vor dem Kauf!

Die innerliche Anwendung von ätherischen Ölen

Die Art und Weise, wie ätherische Öle eingenommen werden, hängt von dem Temperament, dem Alter, der biochemischen Zusammensetzung des Organismus, der medizinischen Vergangenheit, dem Ausmaß der Schmerzen usw. ab. Aromatherapie ist keine Therapie von der Stange, sondern eine auf Sie persönlich zugeschnittene Methode.

Es handelt sich um eine äußerst wirksame Therapie. Seien Sie vorsichtig, und überschreiten Sie die vorgeschriebene Dosis nicht.

Testen Sie das Produkt zuerst

Wollen Sie ein ätherisches Öl einnehmen, reiben Sie am besten zuerst einen Tropfen auf der Innenseite des Handgelenks ein.

Warten Sie dann 24 Stunden, um sicher zu sein, daß Sie auf dieses Produkt nicht allergisch reagieren. Nehmen Sie nachher zuerst eine schwache Dosis; wenn alles gut geht, können Sie die Dosis erhöhen.

Die Dosierung richtet sich nach Ihrem gesundheitlichen Problem

- **Bei akuten gesundheitlichen Beschwerden,** wie zum Beispiel nach einer üppigen, schwer verdaulichen Mahlzeit oder bei Kopfschmerzen, nehmen

Sie 1 bis 2 Tropfen des ätherischen Öls auf 1/2 Stück Belloc-Kohle, die Sie langsam auf der Zunge zergehen lassen. Wenn Sie keine Belloc-Kohle haben, nehmen Sie das ätherische Öl mit 1 Löffel Honig ein. Dies sollte genügen, um das Problem zu lösen. Andernfalls nehmen Sie eine zweite Dosis.

- **Bei einem Infekt,** wie zum Beispiel Grippe, werden höhere Dosen eingenommen, jedoch nie mehr als 12 Tropfen pro Tag.

  Wenn je nach Diagnose die Wahl des ätherischen Öls feststeht (wobei 3 verschiedene Essenzen genügen), nehmen Sie 1 bis 2 Tropfen der Essenz auf 1/2 Stück Belloc-Kohle oder mit 1 Löffel Honig ein. Wiederholen Sie diese Behandlung in mehreren Etappen, ohne die Dosis von 12 Tropfen pro Tag zu überschreiten. Sobald Sie eine Besserung feststellen, nehmen Sie jeden Tag 2 Tropfen weniger. Die innerliche Anwendung von ätherischen Ölen sollte nie länger als zwei Wochen dauern.

  Manche Labors stellen fertige Mischungen von ätherischen Ölen her. Diese sind sehr wirkungsvoll. Die Dosis wird von ausgebildeten Aromatherapeuten bemessen. Handelt es sich um qualitativ hochwertige Produkte, können diese ohne Bedenken eingenommen werden.

- **Bei längerfristigen Behandlungen** geben Sie das ätherische Öl in ein Glas nicht erhitzten biologischen Honigs, der einen ausgezeichneten Grundstoff darstellt.

  So gehen Sie vor: Mischen Sie die gewünschten ätherischen Öle (nicht mehr als drei) in einem Fläschchen, das Sie gut schütteln und dessen Inhalt Sie dann in ein Glas Honig schütten. Rühren Sie alles gut um, bis der Honig eine klare Farbe annimmt. Lassen Sie die Mischung einige Tage ruhen, bevor Sie sie benutzen.

  Durchschnittlich genügen 40 Tropfen ätherischer Öle auf 500 g Honig. Es kommt nicht auf die Menge, sondern auf die Qualität an, da die aktiven Bestandteile immer vorhanden sind.

  Von dieser Mischung nehmen Sie jeden Morgen 1/2 Teelöffel auf nüchternen Magen. Lassen Sie den Honig unter der Zunge zergehen wie eine homöopathische Granula. So verteilt sich das ätherische Öl schneller. Da sich der Honig im Speichel auflöst und langsam in den Magen geht, besteht keine Gefahr von Sodbrennen. Im Laufe des Tages nehmen Sie zwischen den Mahlzeiten, zum Beispiel nachmittags oder vor dem Schlafengehen, nochmals zwei halbe Teelöffel.

  Diese Behandlung kann drei Wochen lang regelmäßig fortgesetzt werden. Nach einer Woche Unterbrechung können Sie dann damit fortfahren.

Vorsicht!

- Da ätherische Öle nicht wasserlöslich sind, nehmen Sie diese nicht mit einem Tee ein. Das Öl schwimmt auf dem Tee, und das Schlucken von ätherischen Ölen kann durch die Berührung mit der Magenschleimhaut zu Sodbrennen führen. Ab einer gewissen Menge kann das Schlucken von ätherischen Ölen auch einen Erstickungsanfall zur Folge haben.
- Folgende Essenzen sollten **während der Schwangerschaft** gemieden werden: Anis, Basilikum, Dill, Estragon, Lorbeer, Majoran, Myrrhe, Nelke, Rosmarin, Salbei, Thymian und Ysop. Auch andere Essenzen sollten während der Schwangerschaft innerlich gar nicht und äußerlich nur ab und zu verwendet werden. Kamille und Pfefferminze dürfen in den ersten Schwangerschaftswochen nicht angewendet werden.
- **Kleinkindern und Säuglingen dürfen ätherische Öle auf keinen Fall verabreicht werden**, denn sie sind zu stark.
  Aromawässer, sogenannte Hydrolate, sind geeigneter. Bei der Extraktion der ätherischen Öle bleibt Destillierwasser zurück, das mit pflanzlichen Ölen durchsetzt ist (Hydrolat). Hydrolate sind wasserlöslich. Dieses Aromawasser ist viel leichter, und es lassen sich damit dieselben Wirkungen erzielen. Achten Sie jedoch darauf, daß es sich um eine bei der Destillation einer Pflanzenessenz gewonnene Lösung handelt. Tatsächlich gibt es auch künstlich hergestellte Aromawässer, die Sie nicht verwenden sollten.
  Von reinen Hydrolaten können Sie jeden Morgen auf nüchternen Magen 1 Teelöffel in 1 Glas Wasser oder Kräutertee geben (im Gegensatz zu den ätherischen Ölen lösen sich diese im Wasser auf).

Die äußerliche Anwendung von ätherischen Ölen

Manche ätherische Öle, wie Eukalyptus, Niaouli und bestimmte Rosmarinarten, dürfen nur äußerlich angewendet werden.

Viele Menschen leiden unter Allergien oder haben eine schlechte Verdauung. Diesen bietet sich die äußerliche Anwendung fast aller ätherischer Öle an. Die Ergebnisse sind bemerkenswert.

Wo werden ätherische Öle aufgetragen?

Die Innenseite des Handgelenks und die Fußsohle eignen sich am besten für das Auftragen von reinen ätherischen Ölen. Diese können auch mit einem qualitativ hochstehenden Basisöl verdünnt werden. Verwenden Sie dafür am besten Sonnenblumen-, Haselnuß-, Macadamia- oder Süßmandelöl.

Eine Mischung von 5 bis 10 Tropfen eines ätherischen Öls auf 100 Tropfen Basisöl ergibt ein sehr wirksames Massageöl, mit dem Sie das ätherische Öl auf dem ganzen Körper verteilen können.

Welche Mengen werden für die äußerliche Anwendung benötigt?

Bei einem Infekt (Schnupfen, Grippe usw.) oder wenn Sie aus persönlichen Gründen keine ätherischen Öle einnehmen wollen, können Sie für die äußerliche Anwendung dieselbe Dosierung wie bei Einnahme verwenden: 12 Tropfen täglich und jeden Tag etwas weniger. Reiben Sie 2 Tropfen leicht auf der Innenseite des Handgelenks ein, damit das Öl eindringt, und wiederholen Sie den Vorgang im Laufe des Tages.

Ätherische Öle können auch an den Akupunkturpunkten eingerieben werden, wobei 1 Tropfen genügt. Mehr darüber erfahren Sie im Kapitel über die *Akupressur*.

Können dem Badewasser ätherische Öle beigegeben werden?

Wir raten Ihnen davon ab, pflanzliches Aromaöl als Badezusatz zu verwenden. Bestimmte ätherische Öle führen zu Hautreizungen und Reizungen der Schleimhäute, da das Öl im Badewasser obenauf schwimmen. Verwenden Sie stattdessen ein Säckchen mit Kräutern, und massieren Sie sich nach dem Bad mit einem Basisöl, dem Sie einige Tropfen ätherisches Öl beifügen.

Eine andere Lösung besteht darin, ein ätherisches Öl zu kaufen, das bereits verdünnt ist. Solche Präparate eignen sich bestens als Badezusätze, da sie wasserlöslich sind. Es sind die besten Badeöle.

Auch Hydrolate, das heißt mit destilliertem Wasser durchsetzte ätherische Öle, können als Badezusatz verwendet werden.

Stellen Sie Ihre Kosmetika selber her

Sie können Ihre Schönheitsprodukte, Ges'chtspflegeprodukte, Handcremen, Lotionen usw. selber herstellen. In der Apotheke sind neutrale Cremes erhältlich, die als Basiscreme dienen. Dieser Basissubstanz müssen Sie nur noch einige Tropfen eines ätherischen Öls beifügen (für 40 ml genügen 5 Tropfen).

In Frankreich ist die »galenische« Zubereitung von Cremes möglich. Dabei kann man in der Apotheke individuelle Verordnungen auf der Basis der Coldcreams der Firma Galénic herstellen lassen.

Angenehm sind auch die oben beschriebenen duftenden Hydrolate. Verwenden Sie diese für die Körperpflege anstelle von Kölnischwasser oder zur Massage eines Körperteils (Arme, Beine usw.) oder von Körperstellen, die sich über einem bestimmten Organ befinden (Leber, Nieren usw.).

Hydrolate sind sowohl für die innerliche als auch für die äußerliche Anwendung geeignet. Es entstehen weder Hautrötungen noch werden die Schleimhäute angegriffen. Diese Lösungen ergänzen die Wirkungsweise der ätherischen Öle. Sie können diese in bestimmten Fällen auch ersetzen, so zum Beispiel bei der Behandlung von Kindern und alten Menschen, aber auch bei allergieanfälligen Patienten und solchen, die unter Ekzemen oder Verdauungsbeschwerden leiden.

Bestimmte Kosmetikhersteller vertreiben Aromawässer, die mehrere Hydrolate beinhalten. Es handelt sich dabei um qualitativ hochstehende Produkte, deren Anwendung sehr angenehm ist. Da sie keinen Alkohol enthalten, sind sie für jedermann geeignet.

Beachten Sie die Dosierungsangaben genau!

Ob für die innerliche oder äußerliche Anwendung – beachten Sie die Dosierung genau, soweit Angaben vorhanden sind. Ist ein ätherisches Öl von guter Qualität, so heißt das nicht, daß die Qualität noch besser wird, wenn man die Dosis erhöht. Nimmt man zuviel davon, so kann auch die gegenteilige Wirkung erzielt werden.

Ätherische Öle, die Ketone enthalten, haben beispielsweise bei niedriger Dosierung (1 bis 2 Tropfen pro Tag) eine schmerzstillende Wirkung. Bei hoher Dosierung kann sehr schnell das Gegenteil eintreten. Dies ist vor allem beim Echten Salbei (salvia officinalis) der Fall. Dieser hat bei niedriger Dosierung eine beruhigende, bei hoher Dosierung aber eine aufpeitschende Wirkung. Deshalb dürfen Sie von ätherischen Ölen, die Ketone enthalten, höchstens 10 Tropfen pro Tag nehmen. Diese Dosis gilt bei vielen ätherischen Ölen.

Das Inhalieren von ätherischen Ölen

Es bieten sich Ihnen verschiedene Möglichkeiten:

- Sie können einfach am Fläschchen riechen und die Essenz einatmen. Sollte die Wirkung zu stark sein, bedecken Sie die Flaschenöffnung mit einem Papiertaschentuch.
- Zum Inhalieren können Sie auch 3 Tropfen eines ätherischen Öls in eine Schüssel mit warmem Wasser geben. Das ist alles. Das Öl wird an der Oberfläche bleiben, jedoch verbreitet sich der Duft und entfaltet seine Wirkung.
- Sie können das Angenehme mit dem Nützlichen verbinden und das ätherische Öl in ein Diffusionsgerät geben. Auf diese Weise verbreiten Sie in Ihrem Haus oder Ihrer Wohnung einen angenehmen und gleichzeitig desinfizierenden Duft. Einige Tropfen Eukalyptusöl reinigen die Luft, vor allem im Winter.

  Einige Düfte, wie zum Beispiel der Weihrauch, haben eine beruhigende Wirkung, sind aber im Gegensatz zu vielen anderen Duftspendern zur Verbesserung der Raumluft ungiftig.

  Es gibt verschiedene Diffusionsgeräte. Die besten sind jene, die den Duft als ganz kleine Tröpfchen versprühen, ohne das Öl zu verbrennen.

- Wenn Sie kein Diffusionsgerät zur Hand haben, nehmen Sie einen Wassertopf und erwärmen darin langsam das Wasser. Dann fügen Sie einige Tropfen eines ätherischen Öls hinzu. Damit es nicht an den Topfwänden verbrennt, geben Sie das Öl am besten ins Wasserbad.
- Geben Sie kein ätherisches Öl auf brennende Glühbirnen, eine Praxis, die weit verbreitet, jedoch nicht zu empfehlen ist. Das ätherische Öl verbrennt und wird dadurch verfälscht, was einen unangenehmen Geruch bewirken kann. Außerdem verbleiben auf der Glühbirne Verbrennungsrückstände. Bei der nächsten Verwendung werden Sie weniger wohlriechende, ja seltsame Düfte einatmen müssen.

Liste der ätherischen Öle, die mit Vorsicht zu verwenden sind

Ätherische Öle, die lichtempfindlich sind (sie hinterlassen Flecken auf der Haut)

- Bergamotte, Zitrone (citrus limonum), Angelikawurzel.

Gefährliche ätherische Öle (für Kinder verboten. Erwachsene dürfen nicht mehr als 1 Tropfen pro Tag nehmen)

- Zimt, Ysop, Sellerie (apium graveolens), schwarzer Pfeffer, Angelikawurzel, Schopflavendel (lavandula stoechas) und Lebensbaum (Thuya).

Vorsichtig zu dosierende ätherische Öle (für Kinder verboten. Erwachsene dürfen höchstens 2 Tropfen pro Tag nehmen)

- Thymian mit Thymol, Bergbohnenkraut (satureja montana), Gewürznelke, Pfefferminze, Rosmarin (mit Kampfer) und Echter Salbei (salvia officinalis).

Ätherische Öle, die zu Hautreizungen führen können (ihr Gehalt darf nicht mehr als 3 % in einem Basisöl betragen)

- Niaouli, Thymian mit Thymol, Sellerie (apium graveolens), Kiefer (pinus sylvestris), Majoran (origanum compactum), Bohnenkraut, Lemongras (cymbopogon citratus) und Heiligenkraut (Santolina).

Ätherische Öle, die nur äußerlich angewendet werden dürfen

- Eucalyptus globulus, Eucalyptus radiata und Palmarosa (cymbopogon martini).

6

Einführung in die Behandlung durch Massage

Eine Massage kann lebenswichtig sein

Wie die Autoren des Buches »Les racines du sexe« (Die Wurzeln des Sex, im Verlag Presses de la Renaissance erschienen) berichten, waren es wahrscheinlich die Säugetiere, die die Massage »erfunden« haben. *»Bei den meisten Säugetieren leckt das Weibchen das Neugeborene sofort nach der Geburt, dies auch lange Zeit danach, wenn das Kleine heranwächst. Dieses Gelecktwerden ist für den Nachwuchs von lebenswichtiger Bedeutung. Reflexbedingt steuert dies die Darm- und Blasentätigkeit und regt das junge Gehirn an. Werden neugeborene Hunde und Katzen nicht von ihrer Mutter geleckt, sterben sie infolge von Darmverschluß und Urinverhaltung, da sie den Darm und die Blase nicht entleeren können. Umgekehrt überlebt ein neugeborenes verwaistes Kätzchen, wenn man mit einer Feder seinen Bauch streichelt.«*

Eine am Jackson Memorial Universitätskrankenhaus in Miami durchgeführte Studie erhärtet diese Behauptung. Sie hat gezeigt, daß sich bei zu früh geborenen Babys erstaunliche Ergebnisse erzielen lassen, wenn man sie dreimal am Tag 15 Minuten lang leicht massiert. Zum einen wuchsen die Babys, die massiert wurden, um 47 % schneller als jene, die im Brutkasten waren, zum anderen wurden die ersteren auch schneller aktiv und konnten das Krankenhaus in der Regel vor den anderen verlassen. Die Wissenschaftler dieses Krankenhauses sind der Meinung, die Berührung wirke auf das Gehirn und rege das körperliche und geistige Wachstum an.

Die Geschichte der Massage

Eine Massage fördert das Wohlbefinden des ganzen Körpers, sowohl bei den Tieren wie bei den Menschen. Für die Affen gehören gegenseitiges Reiben, Kratzen, Abtasten und sich berühren bei der Fellpflege zu den schönsten

Vergnügen. Die gegenseitige Körperberührung als Ausdruck der Zuwendung und Fürsorge ist ein Reflex, der genetisch bedingt ist.

In allen Kulturen hat die Massage seit alters her Tradition. Spuren führen uns bis in die ferne Vergangenheit. Aus den Schriften der Chinesen geht hervor, daß die wohltuende Wirkung der Massage schon vor 3'000 Jahren bekannt war. Im alten Rom und im antiken Griechenland hoben die größten Ärzte der Antike die wertvollen Wirkungen der Massage hervor. Galenus (129-199 n. Chr., Leibarzt des römischen Kaisers) verfaßte ein ganzes Buch darüber. Der griechische Arzt Hippokrates schrieb: *»Ein Arzt muß viele Dinge wissen, aber wenn es etwas gibt, worüber er Bescheid wissen muß, so ist es die Massage, denn mittels Massage lassen sich steife Gelenke lockern. Umgekehrt ist es auch möglich, schlaffe Gelenke zu massieren und auf diese Weise zu stärken.«*

Leider führte die Verdammung des Körpers der christlichen Tradition dazu, daß Massage bei uns lange Zeit nur noch in Bordellen betrieben wurde.

Die Wirkung der Massage

Beim Massieren eines schmerzenden Muskels wird das Blut mit Sauerstoff versorgt. Verspannte Muskeln sind auf Toxine (beim Zerfall von Bakterien entstehende organische Giftstoffe), vor allem Milchsäure, zurückzuführen. Durch den Streß im täglichen Leben und bei sportlichen Leistungen werden übermäßig viele Streßhormone, wie zum Beispiel das Adrenalin, ausgeschieden. Diese Streßhormone bewirken, daß sich die Blutgefäße zusammenziehen. Dies hemmt die Blutzirkulation. Dadurch wird den Muskeln nicht genügend Sauerstoff zugeführt.

Der therapeutische Wert der Massage

Regelmäßige Massagen fördern Ihre Gesundheit in erheblichem Maß, da die roten Blutkörperchen den Sauerstoff besser transportieren können, der Blutkreislauf anregt und dadurch die Verheilung von Wunden und Knochenbrüchen beschleunigt wird.

Massage bewirkt auch ein rasches Gleiten in einen meditativen Zustand und führt zur Entspannung. Innere Unruhe (Angst, Depressionen, Hyperaktivität) vergeht. Massage wirkt schmerzlindernd (bei Migräne, Nervenschmerzen und schmerzhaften Entzündungen), verhilft zur Wiedergewinnung der Beweglichkeit der Glieder nach einer Verletzung oder bei Arthritis, wirkt gegen körperlich und seelisch bedingte Verspannungen (eine Art passives Yoga), beugt durch Aufwärmen und Entspannen der Muskeln Verletzungen vor und macht müde Muskeln wieder fit, was für Leistungssportler, die bei Wettkämpfen mitwirken, besonders wichtig und vorteilhaft ist.

Das ABC der klassischen Massage

Voraussetzungen

Sorgen Sie vor Beginn der Massage dafür, daß Sie nicht gestört werden. Schaffen Sie gute Voraussetzungen. Der Raum sollte gut geheizt, das Licht möglichst gedämpft sein. Der Masseur muß sich frei bewegen können, um von jeder Seite her massieren zu können. Leise Musik schadet nicht.

Verwenden Sie nach Möglichkeit ein Öl. Das Öl nährt die Haut, und die Massage läßt sich dadurch leichter durchführen. Es ist jedoch sinnlos, ein spezielles Massageöl zu kaufen. Ein solches Öl verursacht lediglich unnötige Kosten. Ein Alltagsöl, wie wir es für die Küche brauchen, genügt vollauf. Die ayurvedische Medizin, bei der die Massage eine wichtige Rolle spielt, bestätigt, daß Sesamöl für jedermann und bei jeder seelischen Verfassung geeignet ist.

Sie können das Öl mit ein paar Tropfen ätherischen Öls mischen. Je nach Art der Beschwerden verwendet man bestimmte Kombinationen ätherischer Öle. Angaben dazu finden Sie an der betreffenden Stelle in Teil II dieses Buchs.

So gehen Sie vor

- Reiben Sie die Hände, um sie zu erwärmen und magnetisch aufzuladen.
- Atmen Sie tief ein und aus, und fordern Sie die zu massierende Person auf, dasselbe zu tun. Mit einer richtigen Atemtechnik läßt sich konzentrierter und entspannter arbeiten.
- Nehmen Sie sich die nötige Zeit, um die Massage durchführen zu können. Eile hat keinen Zweck. Es ist weniger Ihr technisches Können als Ihre Energie, die die Massage zu einem angenehmen und therapeutischen Erlebnis macht.
- Massagebewegungen sollten regelmäßig und ohne Unterbrechung ausgeführt werden. Sie können schnellere oder langsamere Bewegungen ausführen, diese sollten jedoch immer allmählich schneller oder langsamer werden und harmonisch sein.
- Lassen Sie sich von Ihrer Intuition leiten. Ihre Hände sollten wie Antennen sein, die die geringste Verspannung der Muskeln wahrnehmen.
- Sie können entweder eine Ganzkörper- oder eine Teilmassage durchführen, je nach Bedürfnis der zu massierenden Person und je nach der Zeit, die Ihnen zur Verfügung steht. Führen Sie eine Teilmassage aus, massieren Sie nie nur einen Arm, eine Hand oder ein Bein, ohne den anderen Arm, die andere Hand oder das andere Bein ebenfalls zu massieren, denn eine Massage sollte ausgleichend wirken. Wenn möglich sollten Sie die betreffenden Gliedmaßen gleichzeitig massieren.

Welche Massagetechniken stehen zur Verfügung?

1. Streichmassage

Bei der Streichmassage handelt es sich um leichtes Reiben und sanfte Druckbewegungen. Führen Sie sie mit den Handflächen oder Fingerkuppen aus. Sie können diese leichten Berührungen auch nur mit den Fingerkuppen ausführen, wobei Sie beide Hände abwechselnd einsetzen.

Diese leichten Massagebewegungen vermitteln ein angenehmes Gefühl. Im allgemeinen wirkt das langsame Streichen beruhigend. Es kann sogar einschläfernd wirken und Menschen, die unter Schlaflosigkeit leiden, beim Einschlafen helfen.

Streichmassage

2. Druckmassage

Bei der Druckmassage sollte die Bewegung in die Tiefe, und nicht auf die ganze Oberfläche des Körpers, wirken. Mit locker zur Faust geballten Händen, mit den Fingerkuppen oder den Ellbogen drücken Sie fest auf die verspannten oder schmerzenden Körperpartien. Lassen Sie nach einer langen Druckbewegung mit dem Druck allmählich nach.

Beklagt sich die massierte Person, Sie verspüre deshalb Schmerzen, sagen Sie ihr, dies sei normal. Erklären Sie ihr, dies sei sogar notwendig, um die Verspannung zu lösen und den Muskel vollends zu lockern. Beklagt sich die massierte Person weiterhin über Schmerzen, nehmen Sie ein wenig Druck weg und verstärken ihn nachher allmählich wieder.

Diese Technik wirkt gleichzeitig stimulierend und entspannend. Sie wird oft bei der Akupressur angewandt, einer Methode, die wir später noch kennenlernen werden.

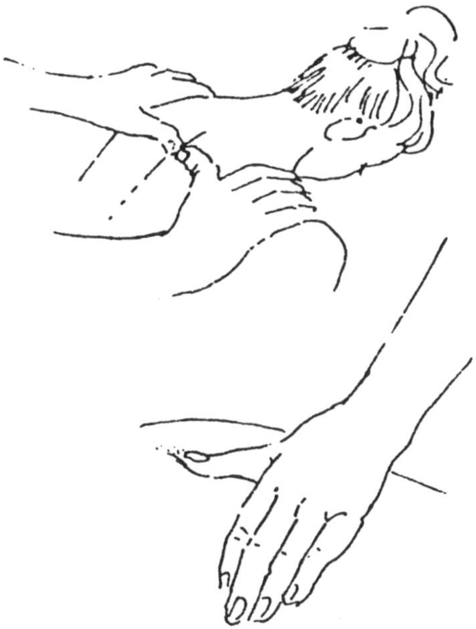

Druckmassage

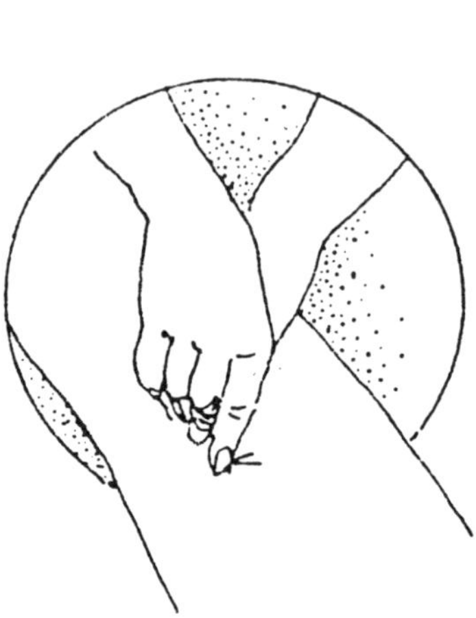

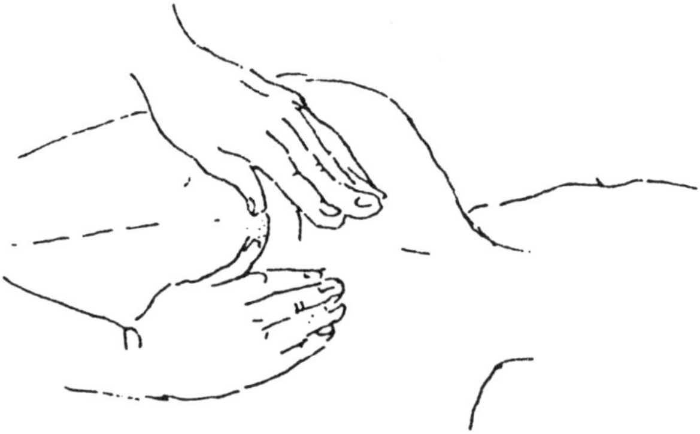

Druckmassage

3. Knetmassage

Die Knetmassage besteht aus in der Tiefe wirkenden Bewegungen. Hier müssen Sie die Muskeln und die Haut »kneten« wie einen Brotteig. Es gibt verschiedene Knettechniken. Sie können die Haut oder die Muskels leicht zwicken oder so stark kneten, als wenn Sie die Haut »ablösen« wollten.

Dieses Durchwalken bewirkt eine tiefe Entspannung.

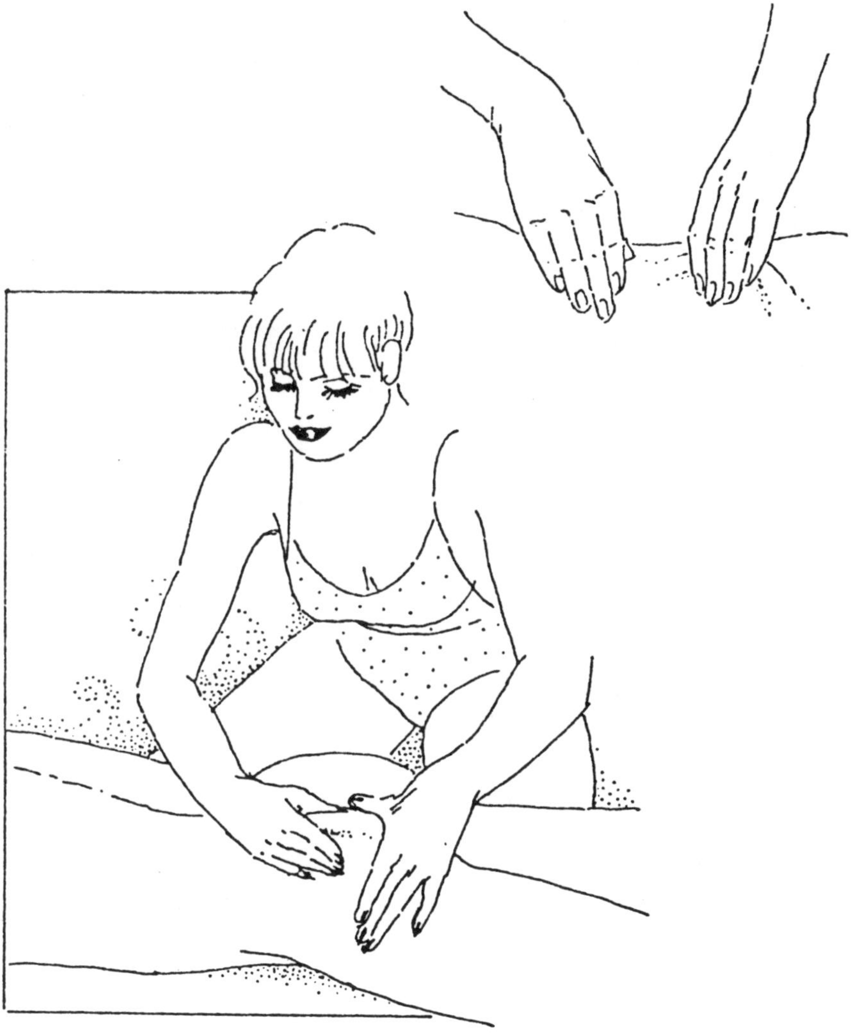

Knetmassage

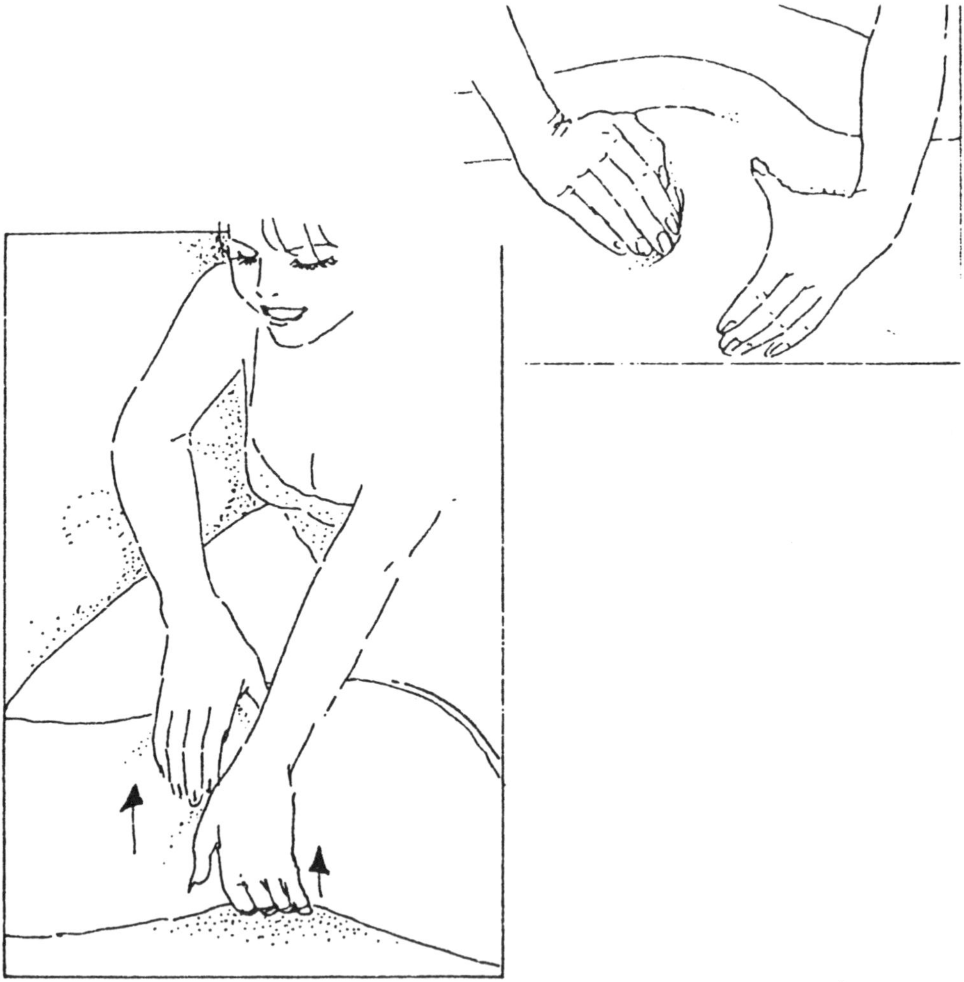

Knetmassage

4. Klopfmassage

Bei der Klopfmassage wird der Körper mit den Fäusten, den Handkanten oder den Ellbogen abgeklopft. Ob Klopfen oder leichtes Hämmern, das Prinzip ist immer dasselbe. Es handelt sich um ein »Trommeln« auf den zu behandelnden Körperpartien. Führen Sie die Behandlung mit raschen Bewegungen durch, und wechseln Sie zwischen »crescendo« und »diminuendo« ab.

Die Klopfmassage hat im Gegensatz zu den bereits besprochenen Techniken eine sehr anregende und stimulierende Wirkung.

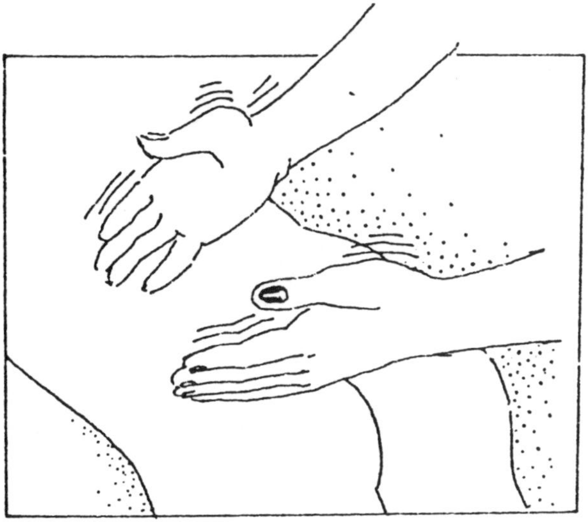

Hacken

Hämmern

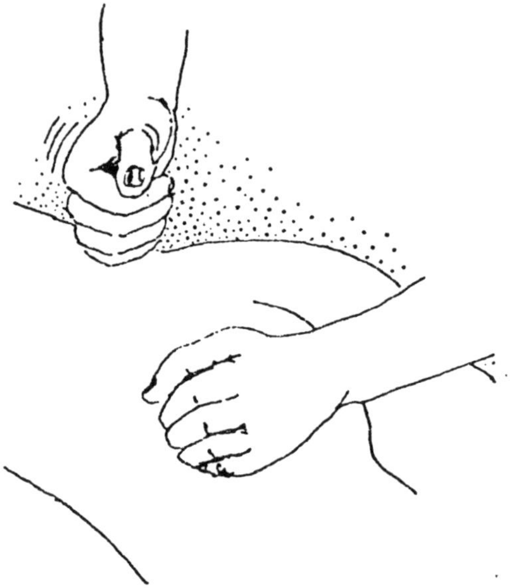

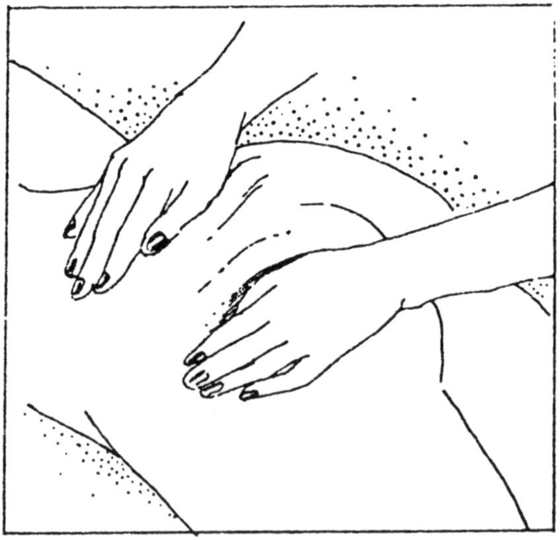

Klatschen

Vorgehensweise beim Massieren

Ideal ist es, bei Massagen den Haupt-Energieströmen zu folgen, um die Zirkulation der Energieströme und des Blutes zu fördern.

- Massieren Sie einen Arm, müssen die Bewegungen vom Herzen oder von der Rückenmitte ausgehen (je nachdem, ob Sie eine Rücken- oder eine Brustmassage ausführen). Folgen Sie dann dem Energiestrom an der Innenseite des Armes entlang nach unten und auf der Außenseite des Armes wieder hinauf.
- Massieren Sie den Rücken, streichen Sie aufwärts entlang der Wirbelsäule, danach streichen Sie an den Seiten abwärts bis zum Gesäß. Sie können dazwischen auch die Arme massieren (siehe oben), bevor Sie den Rücken wieder abwärts massieren.
- Bei der Beinmassage beginnt der Energiestrom beim Schritt und verläuft an der Innenseite der Beine bis zu den Füßen und an der Außenseite wieder beinaufwärts. Führen Sie mehrere Massagebewegungen beinabwärts und -aufwärts aus.
- Sie können auch die verschiedenen Teilmassageabschnitte miteinander kombinieren und den ganzen Körper durch gleichmäßige und rhythmische Bewegungen massieren. Streich- und Klopfmassagen sind für Ganzkörpermassagen besonders geeignet.
- Beenden Sie die Massage am besten auf dem Bauch. Verharren Sie dort eine Weile mit den Händen, damit sich die Energie der massierten Person auf diesem Bereich zentriert und eine gewisse Stabilität erreicht.

So gehen Sie bei einer Ganzkörpermassage vor:

- 1. Etappe: Rücken, Hals, Arme;
- 2. Etappe: Gesicht, Oberkörper, Beine, Füße (massieren Sie die Füße ausgiebig);
- 3. Etappe: massieren Sie die Beine aufwärts, und lassen Sie Ihre Hände eine Weile auf dem Bauch.

Die Akupressur

Bei der Akupressur handelt es sich um eine der ältesten und wirksamsten Therapien. Sie wurde jahrtausendelang in Indien, Tibet, China und Japan angewandt.

Bei dieser Heilmethode wird auf bestimmte Punkte Druck ausgeübt, um eine Heilung zu erzielen, wobei diese Punkte zum Teil ganz woanders liegen als die zu behandelnde Erkrankung. **Akupressur ist die logische Vereinfachung der Akupunktur, wobei aber keine Nadeln sondern lediglich die Fingerspitzen eingesetzt werden.**

In der traditionellen auf der Lehre von den energetischen Leitbahnen des Körpers basierenden Medizin wurden sehr komplizierte Systeme entwickelt, und es braucht viele Jahre, um diese zu erlernen. Jedoch werden Ihnen einige sehr einfache Erklärungen helfen, diese von heute an zu praktizieren. Sie werden feststellen, daß Ihre Vorurteile, sofern Sie welche haben, sehr schnell widerlegt werden.

Zuerst werden wir Ihnen erklären, wie Sie die zu massierenden Punkte, die mit dem schmerzenden Körperteil in Verbindung stehen, finden können. Dann folgt eine Anleitung, wie Sie diese Punkte am besten massieren, um Ihre Schmerzen zu lindern.

Sind Sie zu einem Experiment bereit?

Suchen Sie durch sorgfältiges Abtasten eine schmerzende Stelle an einem Arm oder an einem Bein. Tasten Sie dann den Arm oder das Bein der Länge nach ab, von der betreffenden Stelle an immer derselben Linie entlang aufwärts und abwärts.

Mit etwas Gefühl und Aufmerksamkeit werden Sie auf dieser Linie eine ganze Reihe empfindsamer Punkte entdecken, die schmerzen, wenn Sie Druck ausüben. Sie werden auch merken, daß die Punkte entlang dieser Linie nach dem Massieren weniger schmerzen. Wahrscheinlich haben Sie einen Akupunkturmeridian entdeckt, d. h. eine der Energiebahnen Ihres Körpers.

Wie Sie die heilenden Punkte finden

Es gibt drei Methoden, anhand derer Sie die Punkte finden können. Eine der Methoden basiert auf der chinesischen Akupunktur, eine andere auf der Reflexzonenbehandlung und eine dritte auf der Methode der drei Verbindungsebenen.

1. Die chinesische Akupunktur

Von der chinesischen Medizin lernen wir, daß Energie in spezifischen Bahnen, die man Meridiane nennt, durch unseren Körper läuft. Einige verlaufen im Inneren des Körpers, andere an der Oberfläche.

Jeder Meridian ist mit bestimmten Organen verbunden. Üben Sie auf die Akupunktur- oder Akupressurpunkte Druck aus, regen Sie auf diese Weise den Energiestrom der Organe an oder bringen deren Energie ins Gleichgewicht. Aufgrund der jahrtausendealten Erfahrung lassen sich diese Punkte genau definieren und deren Wirkungsweise präzise bestimmen.

Die östlichen Massagetechniken konzentrieren sich vor allem auf die energetischen Punkte und Meridiane. Die Existenz dieser Meridiane ist inzwischen auch von der modernen Wissenschaft anerkannt, da sie mit bio-elektrischen Untersuchungen nachgewiesen werden konnten. Ein New Yorker Arzt bemerkte dazu folgendes:

»Ich habe mir elektrophysiologische Studien über Akupunkturmeridiane angesehen. Diese haben in der Tat eine nachweisbare elektrophysiologische Existenz. Überdies entsprechen die wissenschaftlichen Aufzeichnungen der Akupunkturpunkte und -meridiane zu 80 bis 90 % jenen der chinesischen Überlieferung. (...) Werden die betreffenden Akupunkturpunkte stimuliert, hat dies neuroendokrinologische Ausscheidungen und meßbare physiologische Veränderungen zur Folge. Die Stimulierung bewirkt auch Veränderungen, die ebenso wie elektrische Impulse auf der Hirnrinde mit einem Elektroenzephalogramm aufgezeichnet werden können.«

In diesem Nachschlagewerk finden Sie die für Sie wichtigsten Punkte. Von 1000 registrierten Punkten haben wir dreiundvierzig ausgewählt. Diese wurden von 1 bis 43 in willkürlicher Reihenfolge numeriert, um Ihnen das Auffinden der Druckpunkte zu erleichtern.

Für jede Erkrankung nennen wir Ihnen einige wichtige Punkte, die Ihnen helfen können. Um diese zu finden, schauen Sie sich die einzelnen Darstellungen und die Auflistung der Akupressurpunkte an, die Ihnen anhand der anatomischen Bezeichnungen genügend Hinweise geben, um die einzelnen Punkte zu finden. Am Anfang wird es Ihnen schwer fallen, aber verlieren Sie den Mut nicht, das Ergebnis wird Sie begeistern.

Da jeder Mensch anders gebaut ist, stimmen die angegebenen Maße nur ungefähr. Stimmen Sie sie auf Ihren Körper ab, wenn Sie sich selbst massieren, oder auf den Körper des anderen, den Sie massieren wollen.

Steht beispielsweise: der Punkt Nr. 24 befindet sich zwei Daumenbreit über der Falte des Handgelenks, so bezieht sich das auf die Daumenbreite der zu massierenden Person.

Zwei Fingerbreit bedeutet, daß der Abstand die Breite zweier Finger, d. h. des Mittelfingers und des Zeigefingers, beträgt. Drei Fingerbreit bedeutet: Zeigefinger, Mittelfinger und Ringfinger zusammengenommen, was zwei Daumenbreit entspricht.

Bei der Angabe vier Fingerbreit wird zusammen mit dem kleinen Finger auf der Höhe von dessen zweiten Glied gemessen, was der Breite von drei Daumen entspricht. Man geht dabei immer von der Fingergröße der zu massierenden Person aus.

Sollten Sie unsicher sein, seien Sie unbesorgt. Kein Körper gleicht dem anderen. Nehmen Sie sich die nötige Zeit, die in Frage kommende Körperpartie abzutasten, bis Sie den Punkt finden, der am empfindlichsten auf den Druck Ihres Fingers reagiert.

2. Die Reflexzonenbehandlung

Bei der Reflexzonenbehandlung geht man davon aus, daß in jedem Teil des Körpers das Ganze enthalten ist. Und die Erfahrung hat gezeigt, daß dieses Prinzip diagnostischen und therapeutischen Zwecken dienen kann!

Forschungsergebnisse aus früheren Zeiten wie auch aus der heutigen Zeit zeigen, daß bestimmte bevorzugte Körperpartien das energetische Bild des ganzen Körpers widerspiegeln.

Denken Sie an Ihre Zellen, so werden Sie dieses Prinzip besser verstehen. Jede einzelne Zelle enthält dasselbe genetische Programm wie die anderen. Dies bedeutet, daß jede Zelle das genaue Abbild des ganzen Körpers in sich trägt.

Die Reflexzonenbehandlung ist anhand der Fuß-Reflexzonen-Massage am besten erklärbar. Schauen Sie beide Fußsohlen an, und gehen Sie davon aus, daß jeder Körperteil seine Entsprechung an einem bestimmten Punkt des Fußes findet. Der Kopf findet seine Entsprechung auf den Zehen, die Brust auf dem Fußballen, der Bauch in der Wölbung in der Fußsohlenmitte und die Beine im Bereich der Ferse.

Empfinden Sie an einer bestimmten Stelle im Körper Schmerzen, tasten Sie die Fußzone ab, die diesem Körperteil entspricht. Sie finden dort bestimmt einen empfindlichen Punkt. Indem Sie diesen Punkt massieren, entlasten Sie den entsprechenden Körperteil.

Auf die gleiche Weise kann man die verschiedenen Körperteile auf der Handfläche wiederfinden. Es gibt auch eine auf das Gesicht und eine auf die Ohren bezogene Reflexzonenbehandlung.

3. Die Methode der drei Verbindungsebenen

In jedem Körper sind die Punkte auf drei Ebenen miteinander verbunden: auf der vertikalen (senkrechten), der horizontalen (waagerechten) und der Ebene, die die Punkte auf der vorderen Körperhälfte mit denen der hinteren Körperhälfte verbindet. Dank den drei miteinander in Verbindung stehenden Ebenen sind die Punkte leicht und schnell auszumachen.

Um die obere Körperhälfte zu behandeln, massieren Sie die untere Körperhälfte. Die linke Körperseite wird auf der rechten und die rechte Körperseite wird auf der linken behandelt. Der vordere Teil des Körpers wird auf dem hinteren und der hintere Teil des Körpers auf dem vorderen behandelt.

So gehen Sie vor:

Vertikale Ebene: Massieren Sie jeden druckempfindlichen Punkt, den Sie durch Abtasten auf einer senkrechten Linie auf dem Oberkörper, dem Hals, dem Kopf, den Armen und Beinen finden können.

Eine andere Vorgehensweise, die auf dem gleichen Prinzip beruht, besteht darin, bei Kopfschmerzen den Fuß und bei Fußschmerzen der Kopf zu massieren; der Ellbogen wird massiert, wenn das Knie schmerzt, und das Knie, wenn der Ellbogen schmerzt, usw.

Horizontale Ebene: Massieren Sie den entsprechenden Punkt auf der gegenüberliegenden Körperseite. Verspüren Sie Schmerzen unterhalb der zweiten Rippe, massieren Sie die gleiche Stelle auf der anderen Körperseite. Haben Sie das rechte Fußgelenk verstaucht, massieren Sie das linke, und zwar genau den Punkt, an dem beim gegenüberliegenden Gelenk die schmerzende Stelle liegt.

Dritte Verbindungsebene: Um Schmerzen auf der Vorderseite des Körpers zu lindern, massieren Sie den Punkt, der sich auf einer waagerechten Linie, die Sie sich quer durch den Körper verlaufend denken, gegenüber der schmerzenden Stelle auf der Rückseite des Körpers befindet. Schmerzen die Augen, massieren Sie den Schädel an den gegenüberliegenden Punkten, die sich auf einer horizontalen Linie am Hinterkopf befinden. Ist es die Leber, die Probleme bereitet, massieren Sie den Rücken genau auf der Höhe der Schmerzempfindung.

Diese auf der Polarität basierende Technik ist diejenige, die sich am leichtesten erlernen läßt – und es ist auch die wirksamste. Sie ist so einfach, daß man sie oft fallen läßt, um kompliziertere Methoden anzuwenden. Probieren Sie diese einfache Methode aus. Sie werden es bestimmt nicht bereuen.

Lernen Sie, die Akupressurpunkte zu massieren

Rufen Sie sich immer das alte chinesische Sprichwort in Erinnerung: *»Wille und Atem sind die Könige, Fleisch und Knochen die Knechte«*. Mit anderen Worten, das Wichtigste ist, daß Sie sich oder einem anderen Menschen helfen wollen. Dabei kommt es nicht so sehr darauf an, ob Sie nun genau den richtigen Punkt massieren. Wichtig ist der Wille zur Heilung und die Richtung, die Sie den Energieströmen auf diese Weise geben.

Nehmen Sie beim Einatmen die ganze Energie auf, die Sie umgibt, und lenken Sie diese in Ihren Unterleib unterhalb des Bauchnabels. Beim Ausatmen lassen Sie die Energie in Ihre Hände und dann auf die Körperstelle fließen, die Sie behandeln möchten.

In diesem Handbuch wird häufig davon gesprochen, ein Punkt sei zu **»tonisieren«** oder zu **»sedieren«**.

Um den Energiefluß zu **tonisieren**, massieren Sie den entsprechenden Punkt durch Druck und mit relativ schnellen Bewegungen. Sie können rhythmischen Druck ausüben, pro Sekunde ungefähr einmal drücken. Sie können auch kreisende Bewegungen im Uhrzeigersinn ausführen.

Den Energiefluß zu **sedieren** bedeutet, daß Sie allmählich Druck ausüben, tiefer unter die Haut gehen, nur wenige Bewegungen ausführen und länger auf dem entsprechenden Punkt verharren. Kreisende Bewegungen sind hier im Gegenuhrzeigersinn auszuführen.

Wenn nur von **massieren** oder **stimulieren** die Rede ist, so bedeutet dies, daß keine speziellen Anweisungen gegeben werden und daß die Entscheidung, welches das geeignetste Vorgehen ist, bei Ihnen liegt. Reagiert die massierte Person bei einem Punkt auf den Druck, bedeutet dies, daß Sie richtig vorgegangen sind; die Muskeln dürfen sich dabei jedoch nicht verkrampfen!

Die massierte Person wird sich etwa wie folgt dazu äußern: *»Es schmerzt etwas, aber es ist auch ein angenehmes Gefühl, es tut mir gut«* oder *»es wirkt entspannend.«* Das ist es, was zählt, egal ob wir die Anweisung »tonisieren« oder »sedieren« geben. Das richtige Maß ist dasjenige, das guttut.

Behandeln Sie jemanden, der Ihnen nahesteht, mittels Akupressur, so ist dies ein Zeichen, daß Sie diese Person seelisch unterstützen wollen, ein Ausdruck der Liebe. Das Paradoxe dabei ist, das es dem Gebenden genauso guttut wie dem Nehmenden.

Liste der 43 Akupressurpunkte

Nr. 1 Halten Sie sich gerade, machen Sie einen langen Nacken und ziehen Sie Ihr Kinn etwas ein. Der Punkt befindet sich dann genau auf dem höchsten Punkt des Schädels.

Nr. 2 befindet sich etwas oberhalb des inneren Augenwinkels in einer kleinen Knochenmulde.

Nr. 3 Drücken Sie auf die Einbuchtung unter der Nase, zwischen der Nase und dem Oberlippenrand.

Nr. 4 liegt direkt über dem Adamsapfel, im Winkel, der durch den Hals und das Kinn gebildet wird.

Nr. 5 liegt in der Mulde am unteren Halsrand über dem Brustbein.

Nr. 6 liegt unter dem Schlüsselbein vor dem Schultergelenk, in der Mulde, die sich vertieft, wenn Sie die Schulter vorziehen.

Nr. 7 Ziehen Sie eine senkrechte Linie zwischen der Brustwarze und dem Schlüsselbein, fahren Sie vom Schlüsselbein abwärts Richtung Brustwarze über eine Rippe. Der Punkt befindet sich in der Mulde zwischen dieser und der nächsten Rippe. Frauen sollten aufrecht stehen, um diesen Punkt gut finden zu können, sonst verschiebt sich die Brustwarze seitwärts.

Nr. 8 Ziehen Sie liegend eine horizontale Linie zwischen beiden Brustwarzen. Sie finden den Punkt auf dieser Linie in der Mitte des Brustbeins.

Nr. 9 liegt auf der Vertikalen in der Mitte zwischen Brustbeinkante und Bauchnabel. Massieren Sie mit dem Finger den empfindlichsten Punkt über oder unter dieser Stelle.

Nr. 10 Sie finden diesen Punkt zwei Daumenbreit in waagerechter Linie neben dem Bauchnabel.

Nr. 11 Üben Sie mit dem Daumen oder dem Zeigefinger einen starken Druck auf den Punkt aus, der sich eineinhalb Daumenbreit unter dem Bauchnabel befindet. Sie können auch die Handfläche auf diese Stelle legen, wobei sich der Bauchnabel im Winkel zwischen dem Daumen und dem Zeigefinger befindet.

Nr. 12 liegt vier Daumenbreit unter und vier Daumenbreit neben dem Bauchnabel auf dem Beckenknochenrand.

Nr. 13 Suchen Sie die Mitte der oberen Schambeinkante, gehen Sie zwei Daumenbreit seitwärts, der Punkt liegt über dem äußeren Winkel dieses Knochens.

Nr. 14 befindet sich auf der Mittellinie an der oberen Schambeinkante.

Nr. 15 Auf der Außenseite des Beines, drei Fingerbreit unterhalb der Kniescheibe befindet sich ein harter Buckel, der Wadenbeinkopf. Es handelt sich um den Punkt darunter, er liegt vor der großen Sehne, die sich dort befindet.

Nr. 16 Strecken Sie das Bein, legen Sie Ihre Hand genau unter die Kniescheibe, und messen Sie auf dem Schienbein vier Fingerbreit nach unten ab. Nachher messen Sie einen Fingerbreit gegen außen, dort befindet sich ein Punkt, der auf starken Druck empfindlich ist.

Nr. 17 befindet sich vier Fingerbreit über dem höchsten Punkt des inneren Knöchels, an der äußeren Kante des Schienbeins.

Nr. 18 liegt in der Mulde unter dem inneren Knöchel.

Nr. 19 In der Mitte der Fußwölbung, zwischen dem großen Zehen und der Ferse, an der Nahtstelle der Haut zwischen Fußsohle und Fußrücken, spüren Sie einen knöchernen Vorsprung. Drücken Sie auf diesen Höcker von vorne nach hinten und in Richtung der Fußinnenseite.

Nr. 20 Fahren Sie vom Zehenansatz zwischen den beiden ersten Zehen ausgehend die Mulde zwischen den Knochen des Mittelfußes hoch: Fahren Sie bis zu der Stelle, an der beide Knochen zusammenkommen und die Furche schließen. Der Punkt liegt in der Mulde direkt davor.

Nr. 21 Diesen Punkt finden Sie auf dem Fußrücken. Beginnen Sie beim Ansatz der beiden kleinsten Zehen, und streichen Sie wie bei Punkt Nr. 20 dem vierten und fünften Mittelfußknochen entlang bis zu der entsprechenden Mulde.

Nr. 22 befindet sich auf der Fußsohle in der Wölbung, die entsteht, wenn man die Zehen krümmt.

Nr. 23 Beugen Sie die Hand nach innen; der Punkt liegt auf der Handgelenksfalte in der Verlängerung des kleinen Fingers. Massieren Sie den Kopf des Unterarmknochens, der sich an dieser Stelle befindet.

Nr. 24 Suchen Sie die Mitte der inneren Handgelenksfalte. Der Punkt liegt zwei Daumenbreit oberhalb dieser Falte zwischen den beiden Knochen des Unterarms.

Nr. 25 Gehen Sie von der inneren Handgelenksfalte unterhalb des Daumens eineinhalb Daumenbreit in Richtung Ellbogen. Der Punkt liegt an der äußeren Kante der Speiche, auf der Innenseite des Unterarms, praktisch an der Nahtstelle zwischen Innenarm und Außenseite. Sie erkennen ihn aufgrund der großen Druckempfindlichkeit an dieser Stelle.

Nr. 26 Üben Sie auf der Mittellinie unter dem Schädelknochen einen Druck in Richtung Kopfmitte aus.

Nr. 27 Streichen Sie von Punkt Nr. 26 ausgehend seitwärts dem Schädelknochen entlang. Den Punkt finden Sie in einer Mulde zwischen den beiden Hauptmuskelbändern an der unteren Kante des Schädelknochens, d. h. zwischen dem Trapezmuskel und dem Muskelbündel, das an das Brust- und Schlüsselbein anschließt. Drücken Sie in Richtung Kopfmitte.

Nr. 28 Drücken Sie am obersten Punkt der Schulter auf die vordere Kante des dicken Muskels, der sich dort befindet, wo die Nackenrundung beginnt. Üben Sie mit den Daumen einen Druck nach unten aus.

Nr. 29 Neigen Sie den Kopf nach vorne. Am Rücken vor der Beugung des Nackens steht ein Wirbel vor. Dies ist der siebte Halswirbel. Der Punkt befindet sich an der unteren Kante zwischen dem siebten Halswirbel und dem ersten Rückenwirbel, der sich unten anschließt.

Nr. 30 Gehen Sie zur oberen inneren Kante des Schulterblattes. Sie finden den Punkt etwas weiter oben, in einer Mulde des Trapezmuskels, unter dem Punkt Nr. 28.

Nr. 31 Gehen Sie unter der Achsel durch nach hinten bis zum Winkel zwischen Armknochen und Schulterblatt. Üben Sie auf der druckempfindlichen Stelle einen Druck in Richtung Schulterblatt aus.

Nr. 32 Gehen Sie zu Punkt Nr. 29, um den ersten Rückenwirbel zu finden. Fahren Sie zum dritten Rückenwirbel hinunter. Der Punkt befindet sich eineinhalb Daumenbreit von der Mittellinie entfernt auf der Innenseite der Muskeln, die sich der Wirbelsäule entlangziehen.

Nr. 33 liegt eineinhalb Daumenbreit von der Mittellinie entfernt auf Höhe des siebten Rückenwirbels, der sich ungefähr auf Höhe des unteren Endes des Schulterblatts befindet. Orientieren Sie sich an den Punkten Nr. 29 und 32, um den siebten Wirbel zu finden.

Nr. 34 Legen Sie auf Höhe des Bauchnabels horizontal einen Gürtel an, dieser kommt genau auf dem Punkt der Wirbelsäule zu liegen, den Sie suchen; er befindet sich genau am unteren Ende des zweiten Lendenwirbels.

Nr. 35 Messen Sie eineinhalb Daumenbreit von Punkt Nr. 34 gegen außen. Der Punkt befindet sich auf der Innenseite des Muskelbandes, das sich der Wirbelsäule entlangzieht. Sie können auch auf einen Punkt drücken, der sich drei Daumenbreit von der Mittellinie entfernt am Außenrand des Muskels auf der anderen Seite des Muskelbandes befindet. Diese beiden Punkte wirken zusammen.

Nr. 36 Fahren Sie der oberen Kante des Hüftbeins entlang nach hinten bis zur Wirbelsäule. Der Punkt befindet sich genau im Winkel zwischen Wirbelsäule und Hüftbein.

Nr. 37 liegt unter dem Wirbelsäulenansatz zwischen Steißbein und After.

Nr. 38 befindet sich genau in der Mitte der Kniebeuge auf der Beinrückseite.

Nr. 39 liegt in der Mulde direkt unter dem äußeren Fußknöchel.

Nr. 40 Lassen Sie die Arme hängen, beugen Sie die Ellbogen im rechten Winkel, Daumen nach oben. Drücken Sie auf das äußerste Ende der Ellbogenfalte, im Gelenkwinkel.

Nr. 41 liegt zwei Daumenbreit von der Mitte der äußeren Handgelenksfalte entfernt zwischen den beiden Unterarmknochen; direkt gegenüber von Punkt Nr. 24, der sich auf der Innenseite des Unterarms befindet.

Nr. 42 Legen Sie eine Hand auf den Tisch. Schauen Sie auf den Handrücken. Die beiden Knochen, die beim Ansatz des Daumens und des Zeigefingers beginnen, bilden einen Winkel in Richtung Handgelenk. Üben Sie mit dem Daumen der anderen Hand einen Druck auf den weichen Teil in diesem Winkel in Richtung Zeigefinger aus.

Nr. 43 Betrachten Sie die Handkante, die Stelle unter dem Grundgelenk des kleinen Fingers. Drücken Sie gegen den Knochen in der kleinen Mulde, die sich direkt über dem Gelenk zwischen der Hand und dem kleinen Finger befindet.

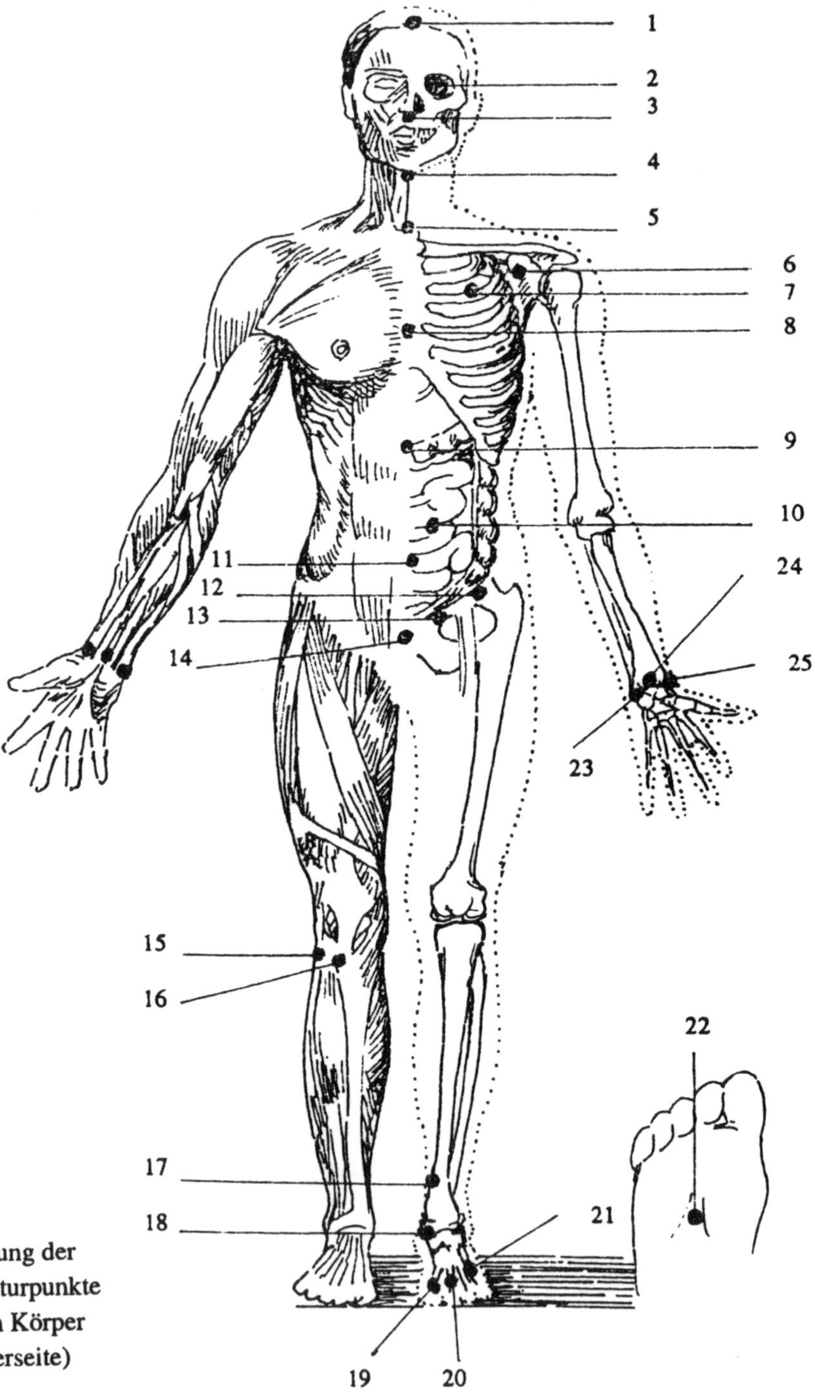

Verteilung der
Akupunkturpunkte
auf dem Körper
(Vorderseite)

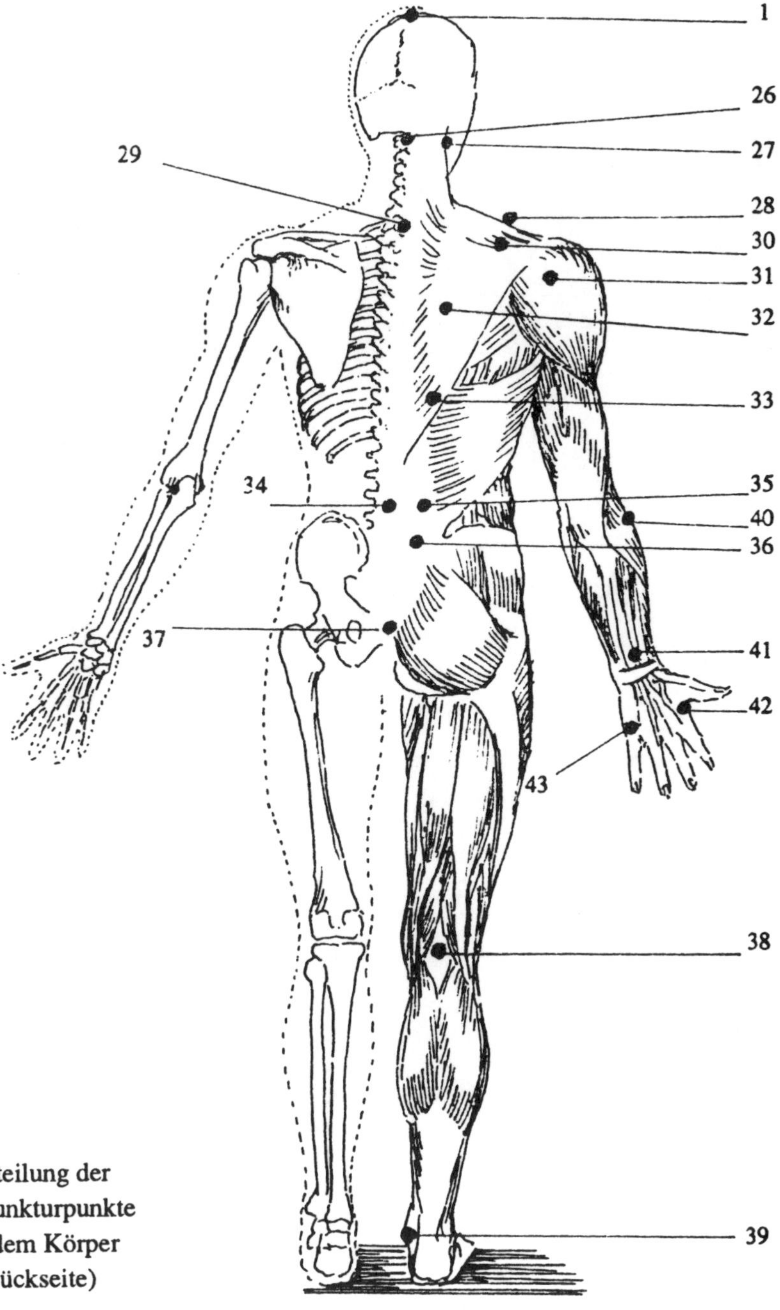

Verteilung der
Akupunkturpunkte
auf dem Körper
(Rückseite)

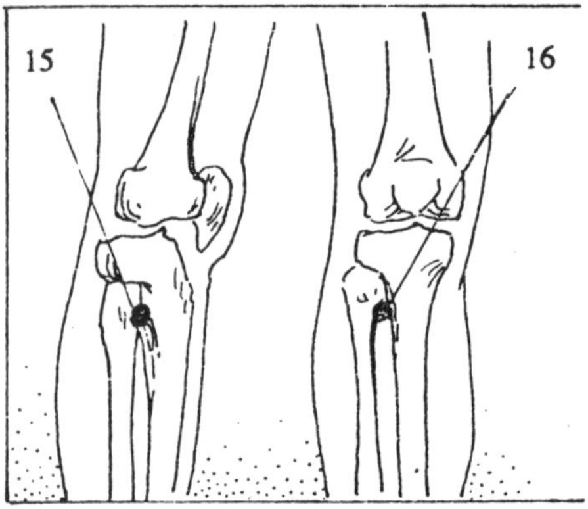

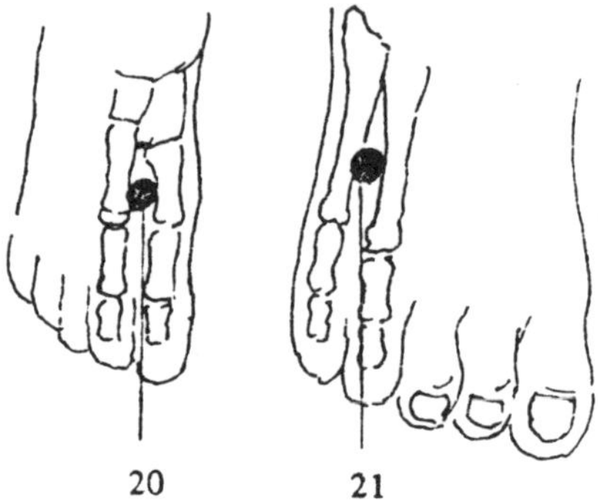

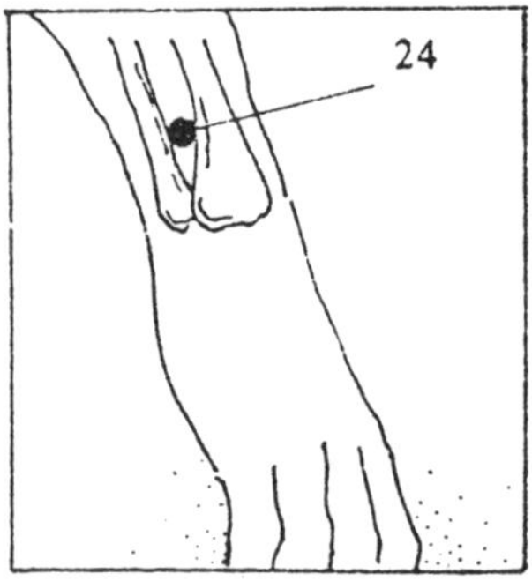

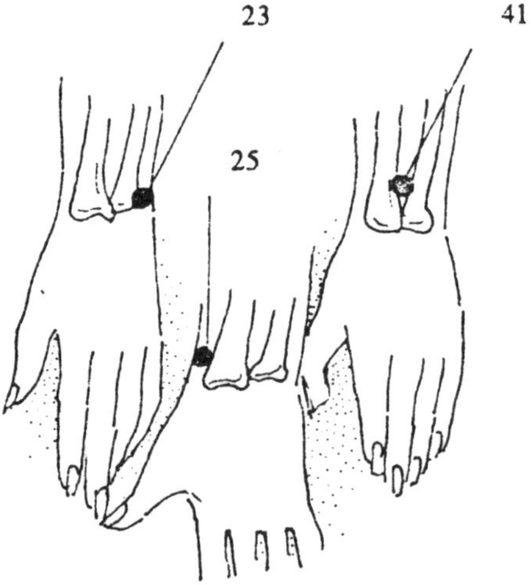

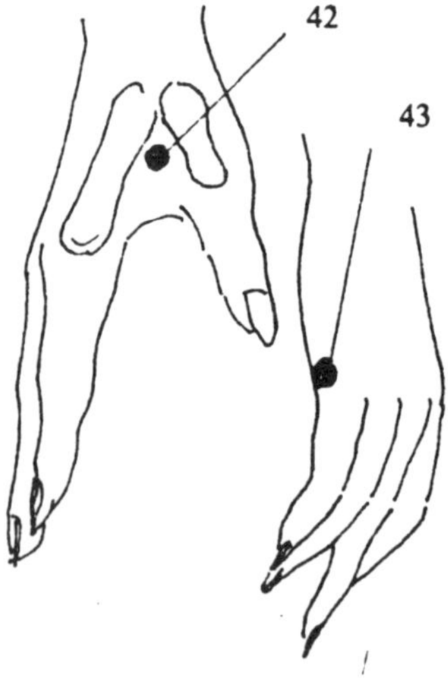

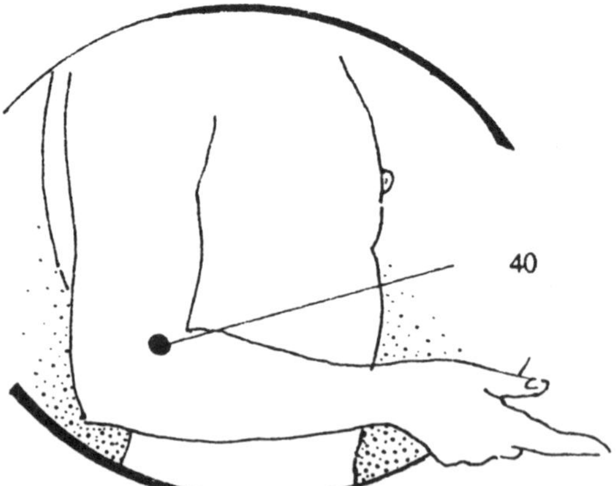

Detaillierte Darstellung
bestimmter Punkte

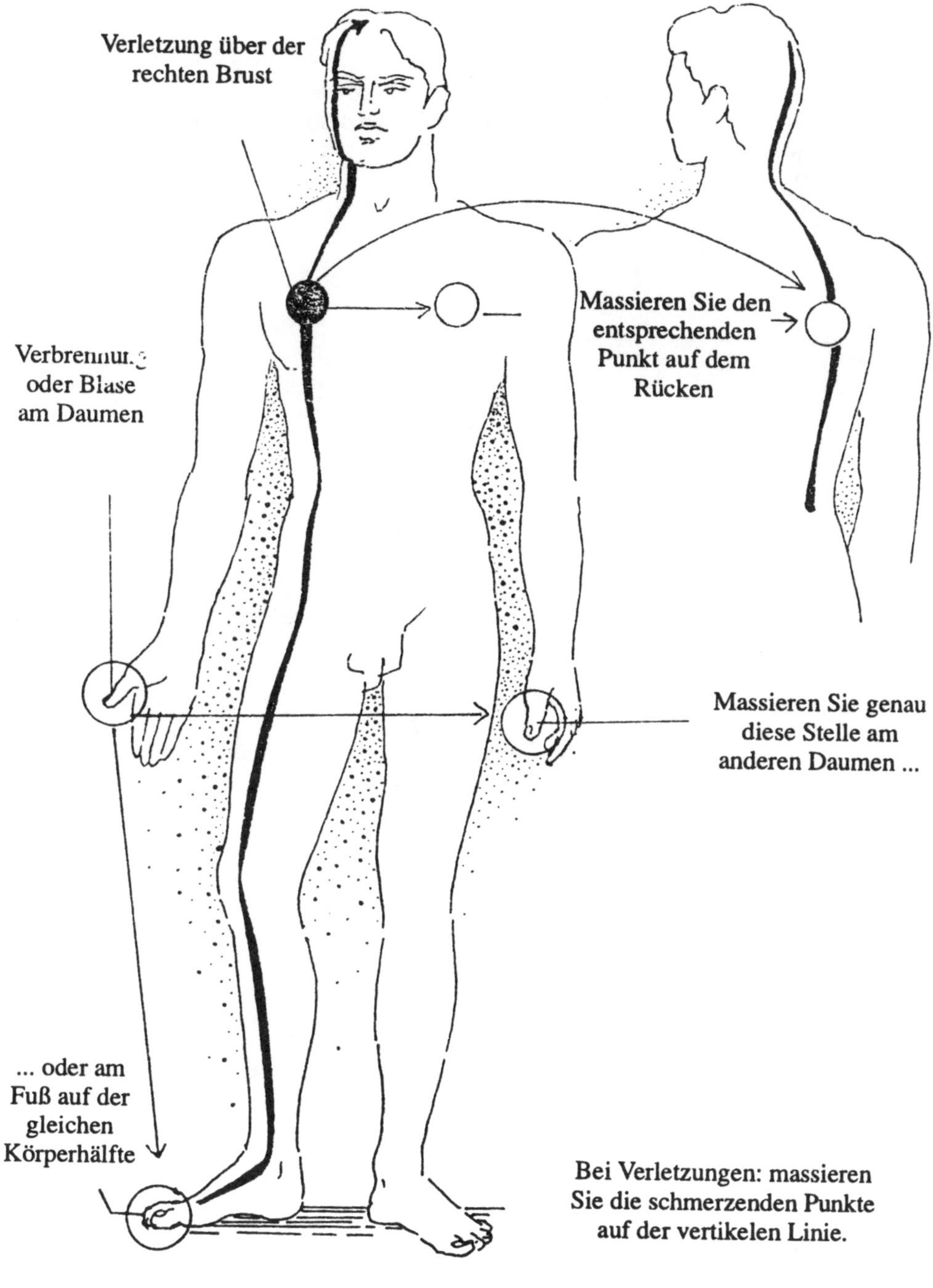

Verletzung über der rechten Brust
Verbrennung oder Blase am Daumen
Massieren Sie den entsprechenden Punkt auf dem Rücken
Massieren Sie genau diese Stelle am anderen Daumen ...
... oder am Fuß auf der gleichen Körperhälfte
Bei Verletzungen: massieren Sie die schmerzenden Punkte auf der vertikelen Linie.

Punkt hinter dem Muskelbündel, das zwischen
Brust- und Schlüsselbein sowie dem
Warzenfortsatz verläuft, auf Höhe des Unterkiefers

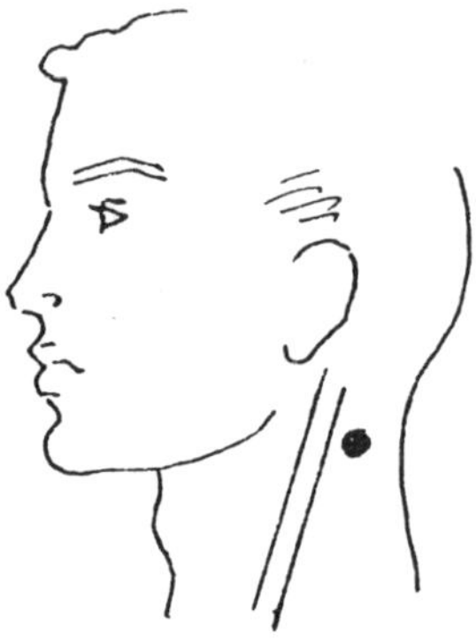

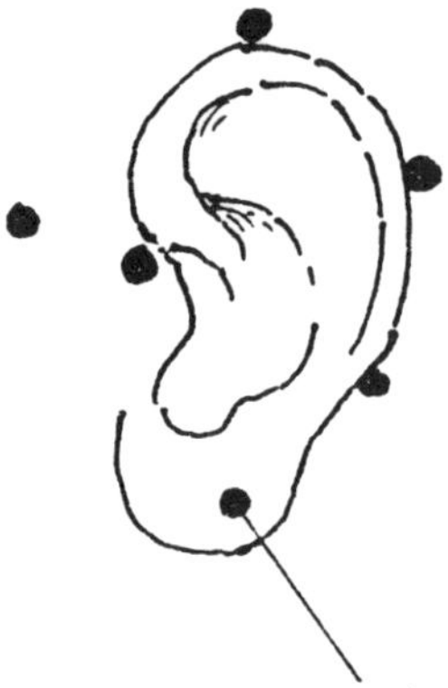

Unter dem Ohrläppchen zwischen dem
Unterkiefer und dem Warzenfortsatz

Punkte zur Behandlung von Ohrensausen und anderen Hörstörungen

Spezialpunkte für die Augen

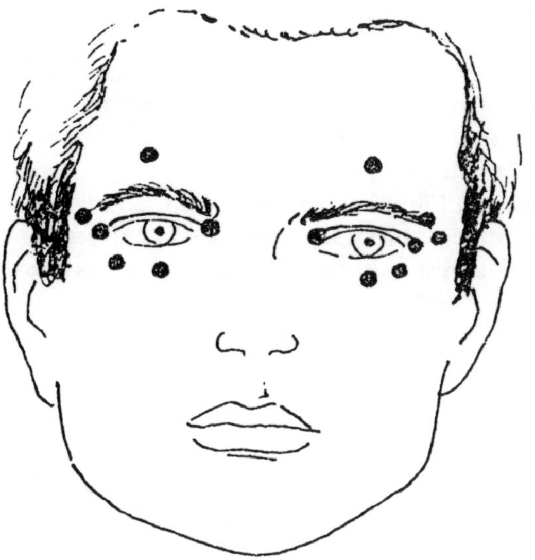

Spezialpunkt bei Nahrungsmittelallergie

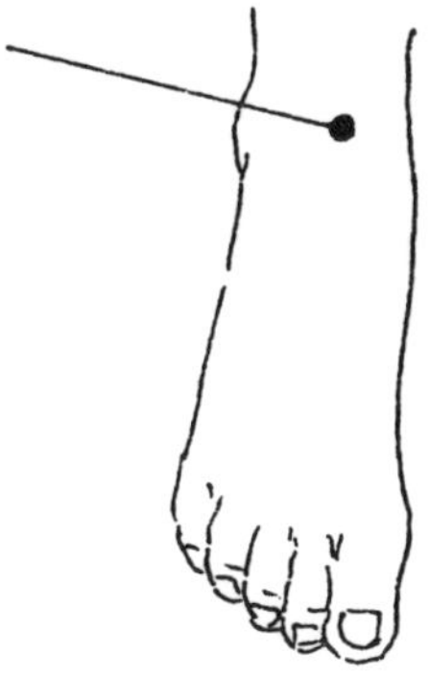

Andere Massagetechniken

Die Selbstmassage

Natürlich findet sich nicht immer jemand, der bereit ist, Ihnen eine Massage zu verabreichen. Aber Sie können sich mit Ihren Händen, Fingern oder sogar mit Ihren Füssen selbst massieren. Das instinktive Kratzen, Reiben, Betasten ist bereits der Anfang einer Selbstmassage.

Auch wenn man sich mit dem Finger an die Stirn tippt und versucht, sich an etwas zu erinnern, ist dies eine Art Massage nach östlicher Tradition. Auf der Mitte der Stirn befindet sich ein Akupunkturpunkt, der das Gedächtnis anregt und die Konzentration fördert.

Vorteile der Selbstmassage

Mittels Selbstmassage können Sie Ihren Körper entdecken und verschiedene Massagetechniken ausprobieren. Dies ist der offensichtlichste Vorteil der Selbstmassage. Die Selbstmassage ist auch der beste Einstieg für Menschen, die sich scheuen, andere zu massieren, und mit Sicherheit der beste Weg, um Experte auf diesem Gebiet zu werden.

Überdies erhalten Sie durch die Massage wieder ein Gefühl für den Körper als Ganzes..

Die Gehirnforschung hat entdeckt, daß jeder Körperteil seine Widerspiegelung im Gehirn findet. Was dabei auf großes Interesse gestoßen ist und Verwunderung hervorgerufen hat, ist die Tatsache, daß die Entwicklung dieser Gehirnzonen von einem Lernprozeß abhängig, also nicht von vornherein vorhanden ist. Ein Mensch ohne Arme, der mit seinen Füßen malt, entwickelt jene Gehirnzone, die mit den Füßen in Zusammenhang steht, in erheblichem Maße, während die Gehirnzone, die den Händen entspricht, überhaupt nicht entwickelt ist.

Noch erstaunlicher ist die Tatsache, daß der Teil der Gehirnzonen, der mit unserem Leben in der Gemeinschaft, unserem äußeren Erscheinungsbild und der Arbeit verbunden ist, überentwickelt ist. Somit sind vor allem unsere Hände und unser Gesicht stark repräsentiert, während jener Teil, der mit unseren Emotionen und unserem seelischen Gleichgewicht zu tun hat, in dramatischer Weise unterentwickelt ist.

Zu dieser »Dritten Welt« der Sinne gehören unsere Füße, das Becken, der Damm und der untere Teil des Rückens.

Durch Selbstmassage werden Sie Ihre Sinne besser entwickeln und abwechslungsreichere und intensivere Empfindungen verspüren können. Gleichzeitig wird Ihr inneres Gleichgewicht verbessert. Sie werden sich rundum wohler fühlen. Sie werden lernen, Ihren Körper so zu akzeptieren, wie er ist, und ihn zu pflegen. Zehn Minuten täglich genügen, und Sie werden sehen, daß die Selbstmassage das beste Mittel zur Selbstheilung und Persönlichkeitsentfaltung ist.

Wie Sie sich selbst massieren können

1. Grundtechniken

Die bereits erwähnten Techniken können auch für die Selbstmassage angewandt werden: Klopfen, Kneten, Akupressur usw. Der ganze Körper kann miteinbezogen werden. Zum Beispiel können Sie sich sitzend mit der Ferse das andere Bein massieren. Sie können dabei auch noch die Hände zu Hilfe nehmen. Sie können sich auch mit den Fäusten den unteren Teil des Rückens massieren.

Seien Sie kreativ. Probieren Sie Neues aus. Versuchen Sie, Ihrem Körper die verschiedensten Empfindungen zu entlocken. Wichtig ist, den ganzen Körper auf mindestens zwei verschiedene Arten zu massieren:

- Beklopfen Sie ihn mit den Fingerkuppen, der Handfläche, mit der zur Faust geballten Hand, mit den Fingergliedern.
- Führen Sie dann mit der ganzen Handfläche Knetmassagen aus, fahren Sie mit den Fingerkuppen zwischen die Muskeln und Knochen, in die verschiedenen Muskelbündel. Massieren Sie den ganzen Körper so gut und so ausgiebig wie möglich. Die einzige Regel, die es zu beherzigen gilt: es soll Ihnen guttun.

2. Hilfsmittel für die Selbstmassage

Sie können für die Selbstmassage auch verschiedene Hilfsmittel verwenden:

- Benutzen Sie das stumpfe Ende des Kugelschreibers, um wie bei der Akupressur die reflexologischen Punkte zu stimulieren.
- Eine glühende (!) Zigarette kann die Akupressurpunkte auch anregen. Diese Methode gleicht der Moxibustion, einem Heilverfahren, das in Tibet und China als eine Art Akupressur durch Setzen örtlicher Hitzequellen mit Brennkegeln (Moxa) angewandt wird.
- Es gibt auch Geräte, mit denen elektrische Impulse auf die Akupunkturpunkte abgegeben werden können.
- Legen Sie sich auf den Boden, und plazieren Sie einen Tennisball an der schmerzenden Stelle unter Ihrem Rücken. Bewegen Sie sich langsam, um diese Stelle zu massieren.
- Sie können auch eine chinesische Holzrolle verwenden. Spezialisierte Geschäfte führen davon eine große Auswahl. Das Prinzip ist dasselbe wie beim Tennisball, nur teurer.

3. Die Selbstmassage Schritt für Schritt

Hier eine Massagefolge, die auf den Prinzipien der chinesischen Medizin aufbauend dem Energiestrom im Körper folgt.

- Beginnen Sie die Massage stehend mit der Innenseite der Füße und Beine, streichen Sie dann aufwärts über den Bauch und die Brust bis zum Hals.
- Massieren Sie Ihre Arme von der Vorderseite der Schulter her, zuerst die Innenseite und die innere Handfläche, dann aufwärts über den Handrücken und den Arm.
- Massieren Sie das Gesicht, den Schädel und den Nacken.
- Massieren Sie die seitlichen Körperpartien von der Achsel bis zur Hüfte.
- Massieren Sie die Schultern und die obere Rückenpartie, soweit Sie diese über die Schultern hinweg erreichen.
- Massieren Sie die untere Rückenpartie und die Wirbelsäule, vom unteren Ende der Schulterblätter bis zum Gesäß und zum Steißbein. Vergessen Sie nicht, die Aftergegend, den Beckenboden und die Genitalien zu massieren.
- Massieren Sie die Beine von oben nach unten auf drei Linien: auf der Vorderseite bis zum Fußrücken, auf der Hüftseite bis zum äußeren Knöchel und auf der Hinterseite vom Gesäß bis zur Ferse.
- Zum Schluß setzen Sie sich hin und massieren Ihre Füße.

Kenshi-Ho

Diese alte japanische Technik hat viel mit der Shiatsu-Massage gemeinsam, jedoch läßt sich das Kenshi-Ho schnell erlernen und verlangt nicht viel Kraft, während das Shiatsu ein längeres Studium erfordert und Kraft braucht.

Ein Kind kann das Kenshi-Ho ohne Schwierigkeiten erlernen und eine erwachsene Person massieren. Beim Kenshi-Ho wird hauptsächlich mit den Füßen massiert. Dies ermöglicht den Einsatz des Körpergewichts, um Druck auszuüben.

Halten Sie sich einige Sekunden aufrecht und gerade. Verschränken Sie die Hände hinter dem Rücken. »Zentrieren« Sie sich, und atmen Sie tief ein. Während der Massage bleiben Ihre Hände hinter dem Rücken verschränkt.

Der Partner legt sich zuerst auf den Bauch. Drücken Sie mit dem Fuß leicht auf Beine und Rücken, um festzustellen, wie stark die Muskelverspannungen sind. Fragen Sie Ihren Partner, ob er irgendwo Schmerzen verspüre.

Beugen Sie seine Beine nach hinten, eines nach dem anderen, wobei Sie die Fersen so weit wie möglich an das Gesäß annähern. So läßt sich seine Beweglichkeit bestimmen. Die zu massierende Person kann übrigens die Hände zwischen Gesäß und Ferse hindurchgleiten lassen und so den Unterschied vor und nach der Massage feststellen.

Dann legt sich der Partner auf den Rücken. Heben Sie seine Beine – eines nach dem anderen – zwei- bis dreimal in die Höhe. Fragen Sie ihn, welches schwerer sei.

Danach legt sich der Partner in die Seitenlage, streckt das schwerere Bein aus und zieht das andere Bein angewinkelt an. Der Rücken muß einen rechten Winkel zum Boden bilden.

Mit den Füßen massieren Sie nun zuerst das schwerere Bein, und dann das andere. Massieren Sie die Innenseite der Schenkel, die Knieregion und die Waden besonders kräftig.

Daraufhin legt sich der Partner wieder auf den Bauch. Massieren Sie die Beine noch einmal, wie immer mit den Füßen, dann das Gesäß, den Rücken, die Schultern und die anderen Körperpartien, die Ihr Partner massiert haben möchte.

Mit den Füßen lassen sich zwei verschiedene Drucktechniken anwenden:

- ein schneller, aber rhythmischer oberflächlicher Druck;
- ein langsamer und tiefer Druck, den Sie mit dem ganzen Körpergewicht ausüben, wobei Sie den Druck allmählich wieder lösen (als ob Sie mit dem Fuß etwas ansaugen möchten).

Wählen Sie die Technik je nach den Bedürfnissen der zu massierenden Person aus.

Vergessen Sie nicht, die Fußsohlen zu massieren.

Das therapeutische Handauflegen (Magnetismus)

Die Behandlung durch den Magnetismus der Hand ist eine ganz neue Technik. Sie ist der magnetischen Behandlung von Mesmer oder dem »Handauflegen« der Jünger Jesu sehr ähnlich. Tatsächlich handelt es sich um den »animalen« Magnetismus von Mesmer, den man aus der Mottenkiste geholt und heutigen Bedürfnissen angepaßt hat.

Eine amerikanische Krankenschwester, Dolores Krieger, sorgte für die wissenschaftliche Anerkennung dieser modernisierten Technik. Tatsächlich erwies sich diese Methode in mehreren amerikanischen Studien als wirksam.

Seither wird die Magnetismusbehandlung an den Schwesternschulen in Amerika gelehrt, vor allem an der New Yorker Universität, wo Dolores Krieger einen Lehrstuhl innehat. Außerdem wird sie in amerikanischen Krankenhäusern immer mehr anerkannt und von den Krankenschwestern immer häufiger eingesetzt.

Es ist wissenschaftlich erwiesen, daß keine außergewöhnlichen heilenden Talente nötig sind, um das therapeutische Handauflegen durchzuführen. Wichtig ist der Wille, anderen zu helfen.

Bei dieser Methode nimmt man weniger Einfluß auf den physischen als auf den biomagnetischen (oder energetischen) Körper. Der Masseur verwendet sein eigenes biomagnetisches Feld, um das biomagnetische Feld des anderen ins Gleichgewicht zu bringen (siehe *Energie*).

Diese Methode hat viel mit der Philosophie der chinesischen Heilkunde zu tun, die Krankheiten von einer Gleichgewichtsstörung der Energie des Körpers ableitet. Gemäß der chinesischen Überlieferung bedeutet die alleinige Pflege des physischen Körpers, daß nur die Symptome bekämpft werden. Wirkt man jedoch auf den energetischen Körper ein, so behandelt man die Ursache.

Ein kleines Experiment, um den Magnetismus kennenzulernen

1. Schritt

Um die folgenden Techniken zu beherrschen, müssen Sie sich der magnetischen Polarisierung Ihrer Hände bewußt sein. Beginnen Sie mit der Akkordeonübung:

- Reiben Sie die Hände aneinander, schütteln Sie die Hände kräftig, klatschen Sie in die Hände.
- Sind die Hände schön warm und offen für Empfindungen, drücken Sie die Hände mit den Handflächen gegeneinander.
- Dann ziehen Sie die Hände ein bis zwei Zentimeter auseinander.
- Fühlen Sie, wie die Energie von einer Hand zur anderen fließt. Wie weit können Sie die Hände auseinanderhalten und die Wärme zwischen ihnen noch wahrnehmen? Seien Sie unbesorgt, wenn Sie am Anfang nicht viel spüren, fahren Sie dennoch mit dieser Übung fort.
- Dann beginnen Sie langsam, mit dem Energiefeld zwischen Ihren Händen »Akkordeon« zu spielen. Ziehen Sie die Hände auseinander, und führen Sie sie wieder zusammen. Vergrößern Sie nach und nach den Abstand zwischen Ihren Händen, um zu sehen, bis zu welcher Entfernung Sie die Kraft der biomagnetischen Anziehung noch spüren.

2. Schritt

Nach einer Weile Akkordeonspiel mit Ihren Händen, versuchen Sie herauszufinden, ob Sie dasselbe empfinden, wenn Sie Ihrem Freund, Ihrer Freundin oder Ihrem Kind die Hände langsam auflegen:

- Bei welcher Distanz ist die Empfindung am stärksten?
- Empfinden Sie an jeder Stelle des Körpers dasselbe oder gibt es solche, bei deren Berührung Sie weniger oder auch mehr empfinden?
- Empfinden Sie bei jeder Person dasselbe?

Haben Sie diese Übungen mit Erfolg durchgeführt, beginnen Sie den Magnetismus der Hände zu entdecken.

So wird das therapeutische Handauflegen durchgeführt

Nach der letzten Übung wissen Sie nun über die magnetischen Kräfte im Menschen Bescheid. Nun können Sie den energetischen Körper behandeln, um diesen wieder ins Gleichgewicht zu bringen und zu heilen. Gehen Sie wie folgt vor:

- Bevor Sie mit der Behandlung beginnen, versuchen Sie, sich zu entspannen und zu konzentrieren. Konzentrieren Sie sich zum Beispiel auf die Flamme einer Kerze oder auf Ihre Atmung (sehen Sie unter der Rubrik *Atemtechniken* im therapeutischen Wegweiser nach).
- Reiben Sie kräftig die Hände, und nehmen Sie die Energie zwischen ihnen wahr, indem Sie sie auseinanderziehen und wieder zusammenführen.
- Die zu behandelnde Person kann sitzend, liegend oder stehend behandelt werden, je nach Gesundheitszustand und je nachdem, welcher Körperteil behandelt werden soll. Sagen Sie ihr, sie solle die Augen schließen und langsam atmen.
- Fahren Sie über ihren gesamten energetischen Körper, indem Sie **Ihre Hände ungefähr 2 cm über dem Körper bewegen.**
- Bewegen Sie Ihre Hände langsam und regelmäßig.
- Beginnen Sie wenn möglich beim Bauchnabel, der den Schwerpunkt des energetischen Körpers darstellt; bewegen Sie Ihre Hände dann langsam und gleichmäßig den großen Linien des Körpers entlang. Kommen Sie immer zum Bauchnabel zurück, als Zentrum ist dieser zugleich Ausgangs- und Endpunkt.
- Während Sie auf diese Weise über den energetischen Körper fahren, versuchen Sie zu spüren, ob der Energiefluß im Körper an einem bestimmten Punkt gestört ist. Ist die Energie blockiert, sollten Sie eine Art feinen Widerstands spüren. Wenn Sie dies nicht wahrnehmen können, seien Sie unbesorgt. Das kommt mit der Zeit. Die behandelte Person kann Ihnen auch mitteilen, was sie empfindet.
- Wenn Sie wissen, an welcher Stelle die von Ihnen behandelte Person Schmerzen empfindet, führen Sie über dieser Stelle kreisende Bewegungen aus.
  - Um zu tonisieren: immer kleiner werdende kreisförmige Bewegungen nach rechts
  - Um zu sedieren (entspannen): immer größer werdende kreisförmige Bewegungen nach links
- Beenden Sie die Magnetismusbehandlung, indem Sie nochmal über den ganzen energetischen Körper fahren.

Durch Auflegen beider Hände
wird der zu behandelnde
Körperteil energetisch
aufgeladen.

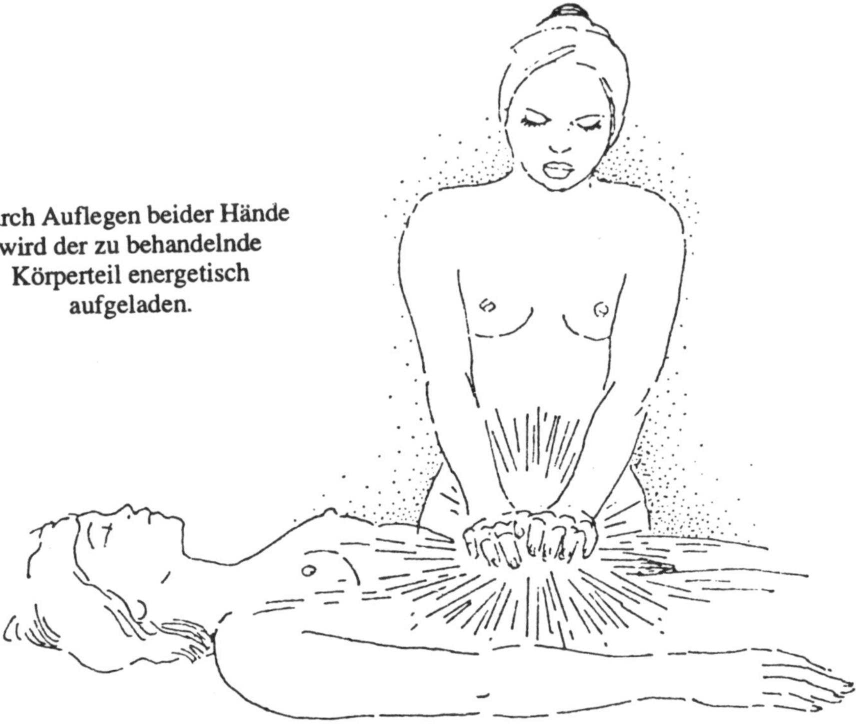

Ihre Hände sind wie
Magnete. Eine Hand
ist dabei der
magnetische Nordpol,
die andere der
magnetische Südpol.
Durch die
Polarisierung der
Hände wird ein
Energiestrom
zwischen den Händen
erzeugt, der dem
behandelten

So können Sie einen Bereich des Körpers neu polarisieren

Hatten Sie schon einmal das Gefühl,

- in zwei Teile »gespalten« zu sein?
- mit Ihren eigenen Bewegungen nicht übereinzustimmen?
- bestimmte Teile Ihres Körpers nicht wirklich zu »bewohnen«?
- an einem bestimmten Punkt Ihres Körpers einen Energieüberschuß oder ein Kribbeln zu verspüren?

Der Grund dafür ist ein gestörter Energiefluß. In diesem Fall ist es das Beste, die Energie neu zu polarisieren.

Um diese erstaunliche Technik anzuwenden, gehen Sie davon aus, daß jeder Mensch magnetische Kräfte und Pole besitzt, einen positiven Yang-Pol und einen negativen Yin-Pol. Die Hand ist beides, positiv Yang und negativ Yin.

Mittels dieser Technik läßt sich die Energie der massierten Person dank der natürlichen Polarität der Hände wieder ins Gleichgewicht bringen.

In diesem Fall genügt es jedoch nicht, die Hände in zwei Zentimeter Entfernung über den energetischen Körper zu führen, sondern Sie legen Ihre Hände über »strategischen Punkten« direkt auf die Haut und lassen sie dort eine Weile ruhen.

Wo befinden sich die strategischen Punkte?

Zuerst gilt es, die Körperstelle ausfindig zu machen, an der ein Überschuß oder ein Mangel an Energie herrscht. Fragen Sie die Person, die Sie massieren, wo das Problem liegt.

Dann legen Sie Ihre rechte Hand ungefähr 25 cm oberhalb und Ihre linke Hand ungefähr 25 cm unterhalb dieser Stelle auf ihren Körper. Der Punkt befindet sich somit genau in der Mitte.

Zwei Beispiele

1. So gehen Sie bei einem Energiemangel oder bei einer Energieblockade vor

Nehmen wir an, es bestehe ein Energiemangel oder eine Energiesperre im Bereich des rechten Ellbogens.

Fordern Sie die Person, die Sie behandeln, dazu auf, den Arm zu strecken. Dann legen Sie die eine Hand auf die Schulter und die andere auf das Handgelenk. Zwischen beiden Händen entsteht so ein magnetischer Energiefluß, der die durch eine »Energieleere« getrennten Körperteile wieder zusammenführt.

2. So gehen Sie bei einem Energieüberschuß vor

Um eine Stelle mit einem Energieüberschuß zu entlasten, braucht es eine andere Technik.

Legen Sie die eine Hand auf die entsprechende Körperstelle und die andere auf die Stelle, wo die Energie hingelenkt werden soll.

Bemerkung

Dies ist die ideale Technik, wenn Sie sich nicht wohl in Ihrer Haut fühlen oder an bestimmten Körperstellen eine »Energieleere« haben.

Diese Art Massage ist wirklich so einfach, daß Sie auch eine ungeübte Person auffordern können, sie bei Ihnen anzuwenden. Wichtig ist, daß diese Person über genügend Lebenskraft verfügt und in Form ist.

Bevor Sie sich mit einer solchen Massage einverstanden erklären, stellen Sie sich selbst die Frage: *»Bin ich damit einverstanden, daß die Energie dieser Person auf mich übergeht?«*

A

Abszeß

Ein Abszeß ist eine Eiteransammlung im Gewebe oder in den Organen. Liegt keine akute Entzündung vor, handelt es sich um einen sogenannten kalten Abszeß. Ein heißer Abszeß hingegen geht mit einer akuten Entzündung einher, bei der das Gewebe sich rötet, anschwillt und heiß wird.

Ursachen

Der Abszeß wird von verschiedenen Bakterien verursacht. Abszesse entstehen vor allem dann, wenn das Immunsystem geschwächt ist. In folgenden Fällen sind Sie besonders anfällig dafür:

- wenn Sie unter Blutarmut leiden, sehr müde oder schlecht ernährt sind;
- wenn Sie unter degenerativen Krankheiten wie z. B. Diabetes leiden;
- wenn Sie gerade entbunden haben.

Was Sie tun können

Wenn Sie Ihr Immunsystem nicht stärken, damit es eine wirksame Abwehr gegen die Krankheitskeime entwickeln kann, werden sich die Abszesse häufen. Deshalb sollten Sie Ihr Immunsystem durch eine vernünftige Lebensweise und gute Ernährung stärken. Damit wäre bereits eine erste vorbeugende Maßnahme getroffen.

Die Medizin behandelt Abszesse mit Antibiotika und warmen Kompressen. Sie können die medizinischen Behandlungsmethoden mit verschiedenen natürlichen Anwendungen ergänzen. Im Anfangsstadium eines Abszesses können Sie auch durch die alleinige Anwendung von Naturheilmitteln hervorragende Ergebnisse erzielen. Die Naturheilmethoden sind zweifellos zu bevorzugen, wenn Sie Antibiotika schlecht vertragen. Selbstverständlich sollten Sie einen Arzt aufsuchen, wenn die Infektion sich ausbreitet und weitere Abszesse bildet.

Umschläge

Zunächst einmal können Sie einfach in Streifen geschnittene Kohlblätter oder Maismehl auflegen (verrühren Sie 15 bis 25 g Mehl in 1/2 l Wasser, und bringen Sie die Flüssigkeit zum Kochen, damit sie eindickt).

Noch besser wäre allerdings Aloe-vera-Gelee. Tragen Sie es oft auf. Die antibakteriellen, adstringierenden und betäubenden Eigenschaften der Aloe vera wurden von russischen und amerikanischen Forschern nachgewiesen. Die adstringierenden Eigenschaften der Pflanze sind hier besonders wirksam, da durch das Zusammenziehen des Gewebes der Eiter hinausgedrückt wird. Ihre betäubenden Eigenschaften können außerdem die Hautreizung lindern.

Kompresse für die Nacht

Machen Sie eine Kompresse mit Heilerdewasser, und erneuern Sie sie einmal.

Salbe

- Tragen Sie, wenn der Abszeß nicht mehr eitert, großzügig Ringelblumensalbe auf (zur Herstellungsweise siehe *Einführung in die Pflanzenheilkunde).*
- Tragen Sie eine aus der Wurzel der Teufelskralle gewonnene Lösung auf (die Zubereitung finden Sie unter *Arthritis und Arthrose).*

Heilerde

Im Wechsel zu der Behandlung mit pflanzlichen Heilmitteln wird die Anwendung von 1 bis 2 cm dicken Heilerdeumschlägen empfohlen, die zwei- bis dreimal täglich jeweils 1 Stunde lang aufgetragen bleiben. Trinken Sie zudem jeden Morgen 1/2 Glas Wasser mit Heilerde (siehe *Einführung in die Behandlung mit Heilerde).*

Empfehlungen

- Vorsicht bei Abszessen im Gesicht, besonders wenn sie an Oberlippe und Nase auftreten. Diese Körperregion ist durch ein Netz von gemeinsamen Adern direkt mit dem Gehirn verbunden.
- Den Abszeß nicht ausdrücken oder aufstechen; es besteht die Gefahr, daß sich weitere Abszesse bilden.

Afterjucken (Pruritus ani)

Afterjucken ist eine der häufigsten Formen von Pruritus. Die Betroffenen leiden unter starkem Juckreiz oder Brennen. Diese Art von chronischem Afterjucken ist meist während der Nacht und bei heißem Wetter am schlimmsten.

Afterjucken ist in erster Linie auf zuviel Feuchtigkeit und eine empfindliche Haut im Afterbereich zurückzuführen. Außerdem spielen folgende Faktoren eine Rolle:

- allergische Reaktionen auf Seife, auf das Material der Unterwäsche oder auf Toilettenpapier;
- die Einnahme von Antibiotika zur Behandlung anderer Krankheiten;
- das Alter (seniler Pruritus);
- Analfissuren, Hämorrhoiden usw.

Außerdem leiden Menschen mit psychischen Problemen häufiger an Afterjucken als andere.

Was Sie tun können

Afterjucken ist nicht einfach zu behandeln, denn die Ursachen sind selten bekannt. Der Pruritus kann scheinbar ohne Grund von einem Tag auf den anderen auftauchen oder verschwinden, was bei allergischen Reaktionen oft der Fall ist.

Meist tappt der Arzt völlig im Dunkeln und kann nicht mehr tun, als Cortison zu verschreiben. Auf lange Sicht ist von dieser Behandlung aber abzuraten.

Maßnahmen zur Vorbeugung von chronischem Juckreiz

- Kratzen Sie nicht. Auf diese Weise verschlimmern Sie den Juckreiz mit Sicherheit. Außerdem besteht die Gefahr einer Infektion.
- Nach der Stuhlentleerung muß der After mit einem feuchten Tuch gründlich gewaschen werden.
- Verwenden Sie keine Seife. Gewisse in der Seife enthaltenen Stoffe können Hautreizungen verursachen. Seife kann die Haut außerdem austrocknen und so den Juckreiz verschlimmern.
- Bei Menschen mit psychischen Problemen kann eine Psychotherapie helfen. Allergische Reaktionen haben oft psychosomatische Ursachen.
- Wechseln Sie Ihre Unterwäsche jeden Tag. Sie sollte nicht aus synthetischen Materialien, sondern aus Baumwolle sein.

Maßnahmen zur Linderung des Juckreizes

Verschiedene natürliche und ungiftige Substanzen helfen in vielen Fällen. Es ist jedoch möglich, daß Sie nicht auf alle Mittel ansprechen. Da Pruritus oft rätselhafte Ursachen hat, müssen Sie Schritt für Schritt herausfinden, was Ihnen guttut. Nachfolgend also einige Mittel zur Linderung des Juckreizes.

Heilpflanzen

- Verwenden Sie **Aloe vera** in Form einer im Handel erhältlichen Salbe oder als Gelee der frischen Pflanze. Sie wirkt sowohl betäubend als auch desinfizierend.
- **Apfelessig** scheint geradezu Wunder zu wirken. Wenn Sie keinen Apfelessig haben, können Sie auch gewöhnlichen Essig mit Wasser verdünnen und die betroffenen Stellen damit waschen. Tragen Sie danach Süßmandelöl auf, um den Heilungsprozeß zu unterstützen.
- **Kamille** eignet sich bestens zur Linderung von Juckreiz im Analbereich, der oft sehr unangenehm ist. Bereiten Sie mit 50 g Kamillenblüten pro Liter Wasser einen konzentrierten Aufguß zu. Seihen Sie ihn, und waschen Sie die juckenden Stellen damit.

Vitamine (äußerliche Anwendung)

Verwenden Sie eine Creme auf der Basis von Vitamin E. Sie können auch Kapseln mit flüssigem Vitamin E aufstechen und den Inhalt auf die Haut geben.

Bäder

Vor dem Schlafengehen sind kalte Sitzbäder empfehlenswert. Wenn Sie es aushalten, können Sie sogar Eis auf den After legen. Das ist eine sehr effiziente »Roßkur«.

Ätherische Öle

Äußerliche Anwendung: Legen Sie mit Kamillen- (Römische Kamille) oder Lavendelhydrolat (lavandula officinalis) befeuchtete Kompressen auf.

Weitere Maßnahmen

- Klären Sie ab, ob Sie Darmparasiten haben.
- Verzichten Sie auf Lebensmittel, die säurebildend sind oder chemische Zusätze enthalten.

Akupressur

- Tonisieren Sie die Punkte Nr. 34, 36 und 37, und wärmen Sie das Kreuzbein, indem Sie es mit den Fingern beider Hände reiben.
- Tonisieren Sie auch die Punkte Nr. 1 und 26 auf dem Kopf und die Punkte Nr. 13 und 14 auf dem Schambein.
- Spannen und entspannen Sie so oft wie möglich die Muskeln von Beckenboden, Geschlechtsorganen und After. Machen Sie diese Übung mindestens zweimal täglich jeweils etwa 30mal.

AIDS

Der größte Teil der Forscher ist sich darüber einig, daß das Aidsvirus ein Virus aus der Familie der Retroviren ist, HIV (Human Immunodeficiency Virus) genannt. Das Virus trägt diesen Namen, weil es das Immunsystem schwächt und den Körper geringsten Infektionen ausliefert.

Die Übertragung erfolgt vor allem über das Blut, das Sperma und die Scheidensekretionen.

Sie sollten jedoch wissen, daß sich über die Theorie der Verbindung zwischen dem HIV-Virus und dem Ausbrechen von AIDS nicht alle einig sind. Einige zuverlässige und anerkannte Forscher sind der Meinung, daß AIDS eine viel komplexere Krankheit ist, als bisher angenommen wurde. Nach deren Meinung ist AIDS von verschiedenen Ursachen abhängig. Und auch wenn das HIV-Virus einen unerläßlichen Faktor darstellt, ist dies nicht unbedingt ausreichend.

Was bedeutet es, HIV-positiv zu sein?

Der Begriff »HIV-positiv« kann irreführen. Mit HIV infiziert zu sein bedeutet nicht, AIDS zu haben. Es besagt nur, daß man diese Krankheit entwickeln kann. Dies kann innerhalb weniger Monate oder auch im Laufe von 10 Jahren geschehen. Das hängt vom Gesundheitszustand des Infizierten ab.

Die Zahl der Aidskranken steigt jedoch weltweit ständig an, und die Aidsfälle beschränken sich heute nicht mehr auf die »Risikogruppen« (Homosexuelle, Drogensüchtige), sondern treten in allen Bevölkerungsgruppen und unter beiden Geschlechtern gleichermaßen auf.

Was Sie tun können

Die offizielle Medizin sieht bisher nur die Möglichkeit, den Krankheitsverlauf zu verlangsamen und die Lebensqualität der Aidskranken zu verbessern.

Doch auch sanfte Heilmethoden und Joga bieten HIV-infizierten und aidskranken Menschen sehr interessante und ermutigende Möglichkeiten! Akupunktur, bestimmte Heilpflanzen wie Ginseng, eine strenge Diät und Vitamine in hohen Dosierungen können Ihre Lebensqualität verbessern und Ihr Immunsystem stärken, um die Aktivierung des Virus zu verzögern bzw. Ihr Leben zu verlängern.

Neben den erschreckenden Berichten, die uns die offiziellen Medien mitteilen, wird in den alternativen Medien (vor allem in den Vereinigten Staaten) immer häufiger über positive Erfahrungen von Aidskranken berichtet. Auch wenn darin nicht von Heilung die Rede ist, zeigen uns diese Berichte dennoch, daß an Aids erkrankte Menschen ihrem Leben einen neuen Sinn gegeben haben. Einige gelangen sogar trotz der Unumkehrbarkeit ihres Zustandes zu einer beneidenswerten inneren Ruhe.

Diese Fälle beweisen, daß es möglich ist, mit AIDS besser zu leben. Damit wird noch einmal bewiesen, daß der beste Arzt der ist, der in Ihnen steckt.

Was Dr. Paul Carton bereits 1922 in seinem Buch «Die Gesetze des gesunden Lebens« schrieb, hat heute immer noch Gültigkeit: *»Selbst bei Anwendung der wirksamsten und spezifischsten Mittel sind es nach wie vor die gezielt angeregten vitalen Kräfte, die die Reinigung des Körpers vornehmen und das Gleichgewicht des Organismus wieder herstellen. Der Arzt darf nie vergessen, daß er nur für die Medikation, die Natur aber für die Heilung zuständig ist.«*

So schützen Sie sich vor AIDS

- Verwenden Sie bei jedem Geschlechtsverkehr ein Präservativ, und haben Sie keinen ungeschützten Oralverkehr, wenn Sie eine Infektion oder Verletzung im Mund aufweisen (siehe *Scheidenentzündung).*
- Ein vor kurzem durchgeführter Aidstest besagt keineswegs, daß Ihr neuer Partner nicht HIV-positiv ist. Das Virus ist erst nach einigen Wochen erkennbar. In dieser Zeit kann die Person das Virus bereits weitergegeben haben.
- Lernen Sie Ihren neuen Partner besser kennen. Stellen Sie diskrete Nachforschungen über seine Lebensweise an. Nimmt er oder sie Drogen? Wechselt er oder sie häufig den Partner? (Personen, die häufig den Partner wechseln, gehören in einem gewissen Maße einer Risikogruppe an). Unter *Infektion* finden Sie einen Test, mit dem Sie feststellen können, ob Ihr Partner ein zu hohes Risiko darstellt.

Akne

Auch wenn die Aknepickel recht klein sind, können sie große psychologische Probleme bereiten oder zumindest ein Ärgernis sein. Vor allem, da sie oft gehäuft auftreten und mit Vorliebe an bedeutenden Tagen auftauchen.

Akne tritt vor allem bei Jugendlichen von 14 bis 18 Jahren auf, wobei Jungen stärker betroffen sind als Mädchen. Akne kann auch gelegentlich bei Erwachsenen auftreten.

Da Akne schwerwiegende psychologische Probleme mit sich bringen kann, muß sie behandelt werden, sobald das gewöhnliche Maß überschritten ist.

Ursachen

Akne bei Jugendlichen hat nichts mit Selbstbefriedigung, sexueller Frustration oder falscher Ernährung (»Fast food«, Schokolade, Süßigkeiten) zu tun. Erklärungen dieser Art gehören ins Reich der Legenden und entbehren jeder wissenschaftlichen Grundlage.

In Wirklichkeit wird Akne vor allem durch eine hormonale Umstellung verursacht. In diesem Wachstumsstadium werden die Talgdrüsen durch die verstärkte Produktion von männlichen Hormonen zur Produktion von mehr Fett angeregt (auch bei jungen Mädchen, allerdings in geringerem Maße!).

Durch die verstärkte Fettproduktion werden die Hautporen vergrößert, so daß den Bakterien auf der Hautoberfläche Tür und Tor geöffnet werden. Diese können sich dann in das Fett mischen und lokale Entzündungsherde bilden. So kommt es zu den bekannten Pickeln.

Leiden Sie im Erwachsenenalter an Akne, sind nicht immer die Hormone der einzige Grund dafür. Versuchen Sie also, die Ursachen zu klären. Dazu folgende Fragen:

- Schlafen Sie zu wenig? Müdigkeit und Streß können Ihr Hormonsystem aus dem Gleichgewicht bringen.
- Leiden Sie unter Verstopfung? In diesem Fall werden Gift- und überschüssige Fettstoffe ungenügend ausgeschieden. Diese finden sich dann auf Ihrem Gesicht wieder.
- Essen Sie häufig raffinierte Lebensmittel, Zucker, Schokolade, Wurstwaren oder Fritiertes? Da es sechs Monate dauert, bis Ansammlungen von Fett und Unreinheiten in den Hautporen Aknepickel bilden, werden Sie nicht gleich Pickel bekommen, wenn Sie einmal Schokolade essen.

  Zeigten sich tatsächlich Pickel, so wäre es purer Zufall, wie eine Studie der Universität von Missouri zeigt. In dieser Studie aßen Menschen 48 Stunden lang Schokolade in großen Mengen, ohne einen einzigen Pickel zu bekommen.

  Wenn Sie allerdings jeden Tag eines der genannten Lebensmittel konsumieren, bilden Sie einen Nährboden für Akne. Es reicht aus, längere Zeit Fritierfette um sich zu haben, wie es bei Leuten, die in Restaurants arbeiten, der Fall ist, um die Entstehung von Akne zu begünstigen.
- Essen Sie viel Brokkoli, weiße Zwiebeln, Spargel oder Algen? Diese Nahrungsmittel enthalten Jodverbindungen, die ebenfalls Akne verursachen können.
- Haben Sie ein reges Sexualleben? Sie scheiden mit dem Sperma hohe Mengen Zink aus ...
- Verwenden Sie zu fetthaltige Cremes? Langfristig verstopfen diese die Poren Ihrer Haut.

- Sind Sie schwanger? Verläuft Ihre Menstruation manchmal besonders schmerzhaft? Hormonschwankungen bei Frauen können Akne auslösen.
- Nehmen Sie Medikamente wie die Antibabypille oder Lithium ein? Das sind zum Beispiel Medikamente, die allergische Reaktionen auslösen können.
- Stellen Sie sich die Frage: *»Mag ich mich wirklich?«* Akne bei Erwachsenen ist oft auch psychosomatisch bedingt. Manche suchen unbewußt Ablehnung und machen sich auf die eine oder andere Art häßlich. Meist sind »unheilbare« Fälle mit dem psychosomatischen Faktor zu erklären!

Was Sie tun können

Zunächst einmal ein wichtiger Punkt: soll man Aknepickel ausdrücken? Einige können der Versuchung nicht widerstehen. Sollten sie besser darauf verzichten?

Das ist nicht sicher. In der Medizin herrscht in dieser Frage offenbar keine Einigkeit. Sehr häufig ist zu hören, daß durch das vorzeitige Ausdrücken des Aknepickels die Entzündung verschlimmert und das Risiko der Narbenbildung erhöht wird. Andere Spezialisten dagegen erklären, daß ein fachgerechtes Ausdrücken der Pickel die Heilung beschleunigt und der Narbenbildung im Gesicht entgegenwirkt.

Wie Sie Ihre Aknepickel ausdrücken sollten

1. Der beste Moment zum Ausdrücken eines Pickels ist gekommen, wenn Sie schon einige Tage zuvor ein gelbliches Zentrum ausgemacht haben. Wenn Sie auch nur ein bißchen quetschen müssen, hören Sie auf. Warten Sie ab, bis der Pickel »reif« ist.
2. Waschen Sie den betroffenen Bereich gut mit Wasser und Seife. Eine gewöhnliche Seife reicht völlig aus.
3. Halten Sie Ihr Gesicht über einen Topf mit kochendem Wasser, in das Sie Heilpflanzen wie z. B. Kamille gegeben haben, und bedecken Sie Ihren Kopf mit einem Handtuch. Durch dieses Kamillen-Dampfbad werden die Poren erweitert und Ihre Haut weicher.
4. Reinigen Sie Ihre Fingerspitzen und -nägel gründlich, bevor Sie den Pickel ausdrücken.
5. Für ein schnelles Verheilen wenden Sie anschließend eine der natürlichen Heilmethoden an, die im folgenden Abschnitt beschrieben werden.

Wie können Sie der Entstehung von Akne vorbeugen?

Versuchen Sie zunächst, die oben genannten Faktoren auszuschließen. Meiden Sie säurebildende Nahrungsmittel und vor allem Zucker. Essen Sie viel

Rohkost. Ersetzen Sie Butter, Margarine, tierische Fette und gesättigte Öle durch kaltgepreßtes Öl aus erster Pressung.

Des weiteren können Sie eine der folgenden Methoden ausprobieren:

1. Vorbeugende Maßnahmen zur äußerlichen Anwendung

Kompressen mit Arnikatinktur

Mischen Sie 1 Teil Arnikatinktur mit 5 Teilen Wasser, tauchen Sie einen Wattebausch in die Flüssigkeit, legen Sie ihn auf die betroffene Hautpartie, und bedecken Sie ihn mit einem Tuch.

Lotion

Waschen Sie sich das Gesicht mit lauwarmer Milch oder frischem Kohlsaft.

Heilerde

Tragen Sie dreimal pro Woche Heilerdewasser oder lehmige Erde auf, lassen Sie sie trocknen, und waschen Sie sie nach 20 Minuten ab.

Umschläge

Machen Sie Umschläge aus geraspelten Karotten, weißen Rüben oder aus Kohlblättern. Dies sind gängige Produkte, die Sie nur kurz dämpfen müssen und die sich so hervorragend für Umschläge eignen.

Sie können aber auch Aloe-vera-Gel verwenden (als Creme oder direkt aus den frischen Blättern gewonnen): das ist ein ganz besonderes Heilmittel. Dank seiner adstringierenden Eigenschaften werden die Poren verengt. Auch wirkt es der Bakterienbildung in den Entzündungsherden entgegen. Es fördert zudem die Zellneubildung und trägt so dazu bei, daß durch Aknepickel entstandene Rötungen und wunde Stellen abheilen.

Hat die Akne bleibende Male hinterlassen, kann Aloe vera die Narben erheblich mildern oder sogar völlig verschwinden lassen.

Kamillen-Dampfbad

Inhalieren Sie regelmäßig Kamillendämpfe (wie oben unter Punkt 3 beschrieben), um der Entstehung von Akne vorzubeugen. Diese Dampfanwendungen wirken Wunder für die Haut und sind außerdem sehr entspannend.

Ätherische Öle

Äußerliche Anwendung: Mischen Sie ätherischen Eukalyptus- (eucalyptus radiata) oder Lavendelöl (lavandula officinalis) im Verhältnis von 3:100 mit süßem Mandel- oder Olivenöl. Reiben Sie Ihre Haut damit zwei- bis viermal täglich ein.

2. Vorbeugende Maßnahmen zur innerlichen Anwendung

Da Akne im allgemeinen durch zu viele Giftstoffe im Organismus oder durch Störungen der Nierenfunktion ausgelöst wird, ist die Behandlung mit blutreinigenden Pflanzen, die eine allgemeine Entgiftung des Körpers bewirken, zu empfehlen.

Im folgenden werden einige Beispiele von Heilmitteln vorgestellt, die entweder kombiniert oder einzeln angewandt werden können.

Absud

Lassen Sie 50 g Löwenzahnwurzeln und -blätter in 1 Liter Wasser 2 Minuten kochen und 10 Minuten ziehen; trinken Sie 3 Tassen täglich.

Kräutertee gegen Akne

Mischen Sie 40 g Gemeiner Frauenmantel, 30 g Blüten der Weißen Taubnessel und 30 g Blüten des Gewöhnlichen Stiefmütterchens. Nehmen Sie 1 bis 2 Teelöffel der Mischung pro Tasse, und trinken Sie 3 Tassen täglich.

Spezielles Heilmittel gegen Hautkrankheiten – auch bei hartnäckigen Leiden

125 g Klettensamen werden durch die Kaffeemühle gedreht und mit 1 Liter lauwarmem Whisky vermischt. Lassen Sie die Mischung 3 bis 4 Wochen lang an einem warmen Ort ziehen, wobei sie jeden Tag umgerührt werden muß. Nehmen Sie dreimal täglich 1 Eßlöffel vor dem Essen. Die Behandlung sollte über mehrere Monate hinweg durchgeführt werden.

Ätherische Öle

Innerliche Anwendung: Nehmen Sie Orangenöl (aus den Blättern des Citrus auranthium) oder Öl der Römischen Kamille mit etwas Honig ein.

Ernährung

- Machen Sie eine Traubenkur.
- Trinken Sie regelmäßig Löwenzahn- und Artischockensaft.

Heilerde

Trinken Sie jeden Morgen 1/2 Glas Wasser mit Heilerde (siehe *Einführung in die Behandlung mit Heilerde).*

Nahrungsergänzungen

Propolis und Bienenblütenpollen.

Alkoholismus

Neben den Herz- und Gefäßkrankheiten, Krebs und Geistesgestörtheit ist der Alkoholismus die vierte Geißel unserer westlichen Zivilisation.

Alkoholmißbrauch ist häufig die Ursache von Autounfällen und Selbstmord. Er mindert die Lebenserwartung durchschnittlich um elf Jahre (vor allem durch die von ihm verursachten Leberkrankheiten). Ganz zu schweigen von den verheerenden Folgen für das Erbgut.

Sieht man von den sozialen Aspekten oder den Erbanlagen ab, so ist der unmäßige Hang zu alkoholischen Getränken in den meisten Fällen die Folge einer biologischen Störung.

Eine in den USA durchgeführte Untersuchung an Ratten ist in diesem Zusammenhang bezeichnend. Die Ratten wurden ausschließlich mit denaturierten Lebensmitteln (raffinierten Kohlehydraten usw.), Sodawasser und Kaffee ernährt. Nachdem die Ratten dieser »zeitgenössischen« Diät eine Zeitlang ausgesetzt waren, wandten sie sich spontan von ihrem Wassernapf ab und tranken nur noch Whisky; zuvor hatten sie sich in bezug auf die Getränke genau umgekehrt verhalten!

Alkohol ist ein Kohlenhydrat. Seine Aufnahme bewirkt einen starken Anstieg des Blutzuckerspiegels. Daher kommt der geistige Erregungszustand und das Gefühl des Wohlbefindens. Als Reaktion auf diesen Zustand aber sinkt der Blutzuckerspiegel leider schnell wieder ab, was die Hypoglykämie des Alkoholikers, d. h. das Absinken seines Blutzuckerspiegels unter den normalen Wert, verschlimmert.

Nimmt man Alkohol in großen Mengen zu sich, entzieht dieser dem Körper Nährstoffe, Vitamine, notwendige Mineralstoffe usw. Dagegen erhöht er den Blei- und Eisengehalt im Gewebe (1 Liter Rotwein enthält 2 bis 16 mg Eisen).

Sollte man also Alkohol in jeder Form meiden?

Nicht unbedingt. Einige Untersuchungen versuchen zu beweisen, daß sich Alkohol, in Maßen und am besten zum Essen genossen, positiv auf die Gesundheit auswirken kann.

Er soll vor allem das Risiko, an Herzkrankheiten zu sterben, um etwa 30 % verringern. Er wirkt nämlich zum einen der Gerinnselbildung im Blut entgegen, indem er der Anhäufung von Blutplättchen entgegenwirkt. Außerdem erhöht er den Anteil an HDL (dem »guten« Cholesterin) im Verhältnis zum LDL (dem »schlechten« Cholesterin). Schließlich beruhigt er durch seine entspannende Wirkung das Herz. Abgesehen davon bereitet der Alkohol den Magen auf die Nahrungsaufnahme vor und fördert die Verdauung.

Aber was ist für die Experten gemäßigter Alkoholgenuß?

Lucien Campeau, einem Herzspezialisten des Kardiologischen Instituts von Montreal zufolge sollte man nicht mehr als 1/4 Liter Wein oder zwei normalstarke Bier oder 60 ml Schnaps täglich trinken (diese Mengen variieren etwas je nach Geschlecht; siehe unten).

Übrigens sagt derselbe Forscher: *»Raucher haben keine Vorteile zu erwarten. Rauchen wirkt der Produktion des HDL- Cholesterins entgegen.«*

Was Sie nicht tun sollten

Schmerz- und Beruhigungsmittel erleichtern zwar den Verzicht auf Alkohol, aber die Einnahme solcher Medikamente würde nur bedeuten, eine Droge durch eine andere zu ersetzen.

Mitunter wird Alkoholikern, die versuchen, Ihre Sucht in den Griff zu kriegen, auch geraten, immer Süßigkeiten oder ein Stück Schokolade in Reichweite zu haben. Manche Forscher jedoch halten das für das Schlimmste, was man machen kann, wenn die Alkoholsucht mit einer Form von Hypoglykämie (vermindertem Blutzuckerspiegel, siehe oben) einhergeht.

Wenn manche Menschen nämlich Zucker essen, produziert ihr Körper zuviel Insulin. Dadurch werden dem Körper nicht nur der Zucker, der vom Insulin in den verschiedensten Formen aufgenommen wird, sondern auch die Blutzuckerreserven, die für das richtige Funktionieren des Organismus notwendig sind, entzogen. Da das Gehirn dieser Menschen bereits durch Glukosemangel in Mitleidenschaft gezogen ist, sind Störungen des Nervensystems die Folge.

Was Sie tun können

Sie können Ihren Zustand beträchtlich verbessern, indem Sie keinen raffinierten Zucker mehr und möglichst wenig Kohlenhydrate zu sich nehmen. Die Diät sollte hauptsächlich aus viel Eiweiß, rohem Gemüse und Obst bestehen.

Eine gute Ernährung ist besonders wichtig, damit die enormen Verluste an notwendigen Nährstoffen ausgeglichen werden, die der Alkoholismus bewirkt.

Achten Sie auf Ihre Ernährung, damit Sie Kräfte sammeln können. Das wird Ihnen sehr dabei helfen, auf die Beine zu kommen.

Lassen Sie sich zudem von einem Arzt oder Naturheilpraktiker folgende Vitamine und Mineralstoffe verschreiben:

- vor allem Vitamin B3, aber auch B1, B2, B6, B7, B9, B12, B15, Cholin, C und E;
- Zink, Mangan, Chrom, Phosphor, Kalzium und Magnesium.

Außerdem täte es Ihnen sehr gut, Sport zu treiben. Sportliche Betätigung wirkt sich auf den Glukosespiegel im Blut aus und kann so den Blutzuckerspiegel stabilisieren.

Einige besonders »berauschende« Sportarten wie Jogging können dazu beitragen, Sie von der Alkoholsucht zu befreien. Diese euphorisierenden Sportarten versetzen Sie in einen natürlichen Rauschzustand und verjagen depressive Stimmungen. Auch werden Sie dadurch Ihr Selbstwertgefühl steigern, was sehr wichtig ist. Fehlendes Selbstwertgefühl ist oft einer der Hauptgründe für psychologisch bedingte Alkoholsucht!

Allergien (Katzenhaarallergie, Heuschnupfen usw.)

Inhalationsallergien (Blütenstaub, Hausstaub, Tierhaare)

Da diese Allergien oft die Folge von kaum identifizierten inneren Ursachen sind, kann man sie nur schwer gezielt behandeln. Ernährung, Streß und Umweltverschmutzung werden von Spezialisten oft als Ursachen angeführt.

Ein zu hoher Anteil an giftigen Metallen wie Kadmium, Blei, Arsen und Aluminium im Organismus ist ebenfalls verantwortlich für den Anstieg der Allergien in den Industrieländern.

Und dann gibt es natürlich die Katzenhaare.

Wenn Katzen sich putzen, benetzen sie ihr Fell mit bestimmten Proteinen, die in ihrem Speichel enthalten sind. Es kann Jahre dauern, bis diese Proteine aus Teppichen oder Polstermöbeln verschwunden sind. Eben diese Proteine verursachen sehr bekannte allergische Reaktionen: Asthmaanfälle, gerötete und tränende Augen, verstopfte Nase, Niesen.

Was Sie tun können

Entgiften Sie Ihren Körper. Gewisse Faktoren helfen, die allergische Reaktionsbereitschaft zu mindern: gesunde Ernährung (biologisch angebautes Obst und Gemüse, Körner, Joghurt, Fleisch in Maßen), positive Einstellung, Entspannung, Spaziergänge an der frischen Luft, erholsamer Schlaf, genügend Abstand zu Industriezentren mit hoher Luftverschmutzung, Verwendung milder Reinigungsmittel und Seifen.

Entfernen Sie aus Ihrer Wohnung Pestizide, Chemikalien-Zerstäuber sowie scharfe Reinigungsmittel, und ersetzen Sie sie durch Mittel, die keine Allergien hervorrufen.

Regelmäßige Kuren mit abführenden Aufgüssen helfen, die Giftstoffe auszuscheiden, die oft Allergien verursachen (1 Monat lang zum Jahreszeitenwechsel).

Das Auftragen von Ringelblumensalbe beseitigt nicht unbedingt die Ursache, ermöglicht es aber zumindest, den Juckreiz und die lästigen Schwellungen zu lindern, die meist im Zusammenhang mit einer Allergie auftreten. Aloe vera hilft in diesem Fall auch gut.

Nachtkerzenöl ist ebenfalls bekannt für seine Wirksamkeit bei der Behandlung zahlreicher Allergien. Sie können dieses Öl am einfachsten in Kapselform einnehmen. Nachtkerzenöl-Kapseln sind in Drogerien und Reformhäusern erhältlich (befolgen Sie die Dosierungsanleitung auf der Packungsbeilage).

Neuere Untersuchungen haben ergeben, daß Propolis (Kittharz der Bienen), Bienenblütenpollen und Gelee royale die allergische Reaktionsbereitschaft bedeutend mindern. Durch Einnahme unterschiedlicher Blütenpollen außerhalb der kritischen Zeit können Sie sich desensibilisieren, d. h. für Allergene unempfindlich machen.

Beginnen Sie mit täglichen Dosierungen, die so schwach sind, daß sie bei Ihnen keine allergischen Reaktionen hervorrufen. Erhöhen Sie langsam die Dosis. Nehmen Sie mindestens einen Monat lang die Höchstdosis, bei der keine allergischen Reaktionen auftreten.

Unter *Asthma* finden Sie ebenfalls zwei hervorragende Tips, um allergischen Reaktionen auf Katzenhaare entgegenzuwirken.

Altern

Die rasanten Fortschritte der Wissenschaft haben zweifellos zu einer erheblichen Steigerung unserer Lebenserwartung geführt. Aber, wie immer mehr Menschen, sind vermutlich auch Sie der Meinung, daß das allein nicht genügt. Sie spüren sehr wohl, daß man, dem Leitsatz der Amerikanischen Gerontologischen Gesellschaft folgend, *»die Jahre mit Leben und nicht das Leben mit Jahren füllen muß«*.

Nun gibt es 6 Faktoren, die die Qualität und die Dauer Ihres Lebens entscheidend beeinflussen können. Wenn Sie sich diese Faktoren ab sofort zu Herzen nehmen, können Sie den Alterungsprozeß hinauszögern. Und auch nach Überschreiten der Sechzig werden Sie Ihr Leben als höchst lebenswert empfinden.

Wie Sie richtig altern

1. Ihre Ernährung im Alter

Wie sieht nun die richtige Ernährung aus, die eine hohe Lebenserwartung fördert?

Unter der Rubrik *Ernährung zur Vorbeugung von Krankheiten* finden Sie hierauf bereits eine Teilantwort. Wir möchten aber an dieser Stelle einige Details hinzufügen, die sich speziell auf das hohe Lebensalter beziehen.

Für den amerikanischen Arzt Roy L. Walford ist die beste Methode, sein Leben zu verlängern, *»die Unterernährung ohne Fehlernährung«*. Mit dieser widersprüchlichen Aussage will der amerikanische Wissenschaftler sagen, daß man wenig, aber gut essen soll. Seiner Meinung nach ist die ideale Ernährung kalorienarm, aber reich an Vitaminen, Ballast- und lebenswichtigen Aufbaustoffen.

Zudem sollte man nach Möglichkeit von Zeit zu Zeit eine Mahlzeit überspringen oder sogar einen Tag pro Woche fasten. Mit einer solchen Ernährungsweise können wir theoretisch sogar über 120 Jahre alt werden. Diese Art der Ernährung ist natürlich nicht leicht zu verwirklichen. Halten Sie sie aber trotzdem so weit wie möglich ein.

Wenn Sie dennoch weiterhin sehr kalorienhaltig essen, sollten Sie »zur Schadensbegrenzung« folgende Grundregeln beachten:

- Essen Sie frische und natürliche Nahrungsmittel (was für jedes Alter gilt, gilt auch für ältere Menschen);
- Wenn Ihnen ein Fasttag pro Woche zu beschwerlich ist, lassen Sie zumindest gelegentlich eine Mahlzeit aus;
- Essen Sie jeden Tag viel Gemüse;
- Kochen Sie Ihre Speisen nicht zu lange, und ziehen Sie Rohkost vor;
- Reduzieren Sie Ihren Fleischverzehr, ohne jedoch streng vegetarisch zu leben; essen Sie vor allem Fisch;
- Kombinieren Sie die Speisen einer Mahlzeit richtig, unabhängig davon, was Sie essen (siehe *Ernährung zur Vorbeugung von Krankheiten);*
- Betätigen Sie sich körperlich stärker, sobald Sie Ihre Kalorienzufuhr erhöhen;
- Kauen Sie gut, und entspannen Sie sich beim Essen.

2. Gesundes Wasser trinken

Die Qualität des Wassers, das Sie trinken, kann Ihrer Lebenserwartung und Gesundheit ebenfalls förderlich sein. Leitungswasser ist zwar trinkbar, aber mehr nicht. Es gibt wesentlich bessere Alternativen.

Am besten trinkt man ein nach anerkannten Verfahren gereinigtes Wasser (Hyperfiltration, Destillation, Aktivkohle usw.).

Es wurden bereits Menschen durch Trinken von reinem Wasser von ernsthaften und chronischen Krankheiten geheilt. Reines Wasser ist auch für die Behandlung von Arthritis und verschiedenen Degenerationskrankheiten hervorragend geeignet.

Weitere Information hierzu finden Sie unter der Rubrik *Wasser*.

3. Ein erfülltes Sexualleben ist in jedem Lebensalter möglich!

Ein erfülltes Sexualleben in jedem Lebensabschnitt ist ein weiterer Garant für eine lange Lebensdauer. Bei älteren Menschen hält die sexuelle Aktivität nicht nur die Lebensfreude aufrecht, sie fördert auch die allgemeine Vitalität.

Tatsächlich weist alles darauf hin, daß die sexuelle Energie die Quelle der Lebensenergie ist. Die chinesischen Philosophen behaupteten dies bereits vor mehreren tausend Jahren (siehe insbesondere »Das Tao der Sexualität« von Dr. med. Stephen T. Chang, erschienen im Reuille Verlag), und die heutigen wissenschaftlichen Erkenntnisse bestätigen diese Theorie immer mehr.

Lesen Sie die Rubrik *Liebe im Alter,* wenn Sie mehr zu diesem Thema wissen wollen. Sie werden feststellen, daß der Schlüssel zu einem langen Leben die Kunst ist, das innere Verlangen nicht versiegen zu lassen.

4. Halten Sie sich fit durch Bewegung

Die ältere Generation hat sich schnell an einen bewegungsarmen Lebensstil gewöhnt. Aber alle Energie, die wir über die Sonne, die Nahrung und die Atmung aufnehmen, ist nur in der Bewegung verwertbar.

Das Leben ist Bewegung.

Alle Volksstämme, die uns für ihre lange Lebensdauer bekannt sind – Greise werden bei guter Gesundheit oft über 120 Jahre alt –, leben im Hochgebirge, wo frisches Obst und Gemüse im Überfluß vorhanden sind, das Wasser rein ist, die frische Luft und die Kraft der ständigen Sonne beleben und Energie spenden.

Es sind die Kaukasier, die Hunza im Himalaja und die Indianer in den Anden von Ecuador. Die Unwegsamkeit ihres Landes zwingt sie zu langen Gebirgsmärschen und somit zu einem bewegungsreichen, aktiven Leben.

Wenn Sie Ihre Energie nicht aktivieren, stirbt diese Energie, und ein Teil von Ihnen stirbt in gewisser Weise mit. **Nehmen Sie sich täglich zwanzig Minuten Zeit für Gymnastikübungen, und Sie sind zehn Jahre länger aktiv als Ihr Nachbar!**

In allen energetischen Lehren (siehe *Energie)* gibt es eine Vielzahl einfacher Übungen, die auf einem ganzheitlichen Verständnis des Menschen beruhen.

Hier sind einige Beispiele aus der Lehre des Qui Gong aufgeführt, eine Reihe energieaktivierender Übungen, die der taoistischen Tradition Chinas entstammen. Die Chinesen praktizieren diese Gymnastikübungen auch heute noch in den verschiedensten Lebenssituationen, weshalb man sie in Krankenhäusern, Schulen, am Arbeitsplatz und auch in der Kriegskunst antrifft.

Übung 1

Stellen Sie sich gerade hin, die Füße etwas auseinander, so daß der Abstand zwischen Ihren Füßen dem Abstand Ihrer Schultern entspricht. Die Innenkanten der Füße bilden zwei parallele Linien.

Beugen Sie die Knie leicht nach vorne, und kippen Sie das Becken nach hinten, so als ob Sie sich setzen würden. Ziehen Sie dabei das Kinn leicht an. Diese gleichzeitige Becken- und Kinnbewegung läßt Sie ganz deutlich spüren, wie sich Ihre Wirbelsäule streckt.

Kreisen Sie mit der Wirbelsäule nach rechts und links; holen Sie den Schwung hierfür aus den Füßen und Beinen. Die Arme hängen nach unten, und Ihr Blick ist auf einen möglichst weit entfernten Punkt gerichtet.

Führen Sie diese Übung täglich zehn Minuten lang durch. Sie hält Ihre Wirbelsäule jung und beweglich. Und mit einer jungen Wirbelsäule bleiben Sie auch jung.

Übung 2

Stellen Sie die Füße etwas weiter auseinander. Beugen Sie die Knie etwas stärker, bis Sie sich richtig mit dem Boden verhaftet fühlen.

Stellen Sie sich vor, ein Feind stehe Ihnen gegenüber.

Nehmen Sie die geschlossenen Fäuste in Höhe der Taille an die Seite. Die Innenseite der Hand muß nach oben zeigen.

Drehen Sie die Hände in Körperrichtung, und schlagen Sie Ihren Gegner mit ausgestrecktem Arm auf die Brust, und zwar abwechselnd mit der rechten und linken Faust.

Wenn die eine Faust zuschlägt, zieht sich die andere energisch an die Taille zurück. Entspannen Sie sich zwischen den Schlägen. Bei jedem Schlag stoßen Sie einen Schrei aus, und in Ihren Blick legen Sie Ihren ganzen Zorn.

Diese Übung ist hervorragend geeignet, wenn Sie Frustrationen abarbeiten wollen. Sie können damit aber auch Ihre Energien wieder mobilisieren, wenn Sie sich deprimiert fühlen.

Übung 3

Stellen Sie die Füße zusammen, die Arme sind eng am Körper angelegt. Halten Sie Kopf und Wirbelsäule gerade, spannen Sie die Bein- und Bauchmuskeln an.

Nehmen Sie die ausgestreckten Arme in einer schnellen Bewegung seitlich nach oben, und klatschen Sie die Hände über dem Kopf zusammen. Atmen Sie dabei jedesmal tief durch die Nase ein. Atmen Sie durch den Mund aus, wenn Sie die Arme nach unten zurücknehmen.

Führen Sie diese Atemübung siebenmal hintereinander durch, und wiederholen Sie die Serie dreimal.

Diese Übung regt sowohl die Atmung als auch die Durchblutung an. Sie empfiehlt sich besonders, wenn Sie unter Krampfadern leiden oder ein Ödem im Knöchelbereich haben.

Natürlich können Sie auch andere Bewegungsübungen durchführen, die uns in den verschiedenen Lehren überliefert wurden und deren bekanntesten Formen in der westlichen Hemisphäre wohl Tai Chi und Hatha-Joga sind.

Denken Sie auch daran, daß das bloße Gehen im Grunde bereits eine vollständige Bewegungsübung ist. So wurde zum Beispiel festgestellt, daß die Überlebenschance von Krebspatienten erheblich stieg, wenn diese täglich eine Stunde kraftvoll marschierten.

5. Haustiere

Bei älteren Menschen kann sich die Anwesenheit eines kleinen Haustiers sehr vorteilhaft auswirken, unabhängig davon, ob sie allein leben oder nicht.

Ein Haustier wirkt nicht nur den negativen Aspekten des Alleinseins entgegen, es kann auch – wenn es gesund und kräftig ist – seine Vitalität an den Menschen weitergeben.

Viele alte Menschen, die krank und depressiv waren, wurden wieder gesund und fanden zu ihrer Lebensfreude zurück, sobald sie ein Haustier hatten.

Lesen Sie unter der Rubrik *Zootherapie* nach, wenn Sie mehr über die therapeutische Wirkung von Tieren wissen wollen.

6. Ein erfülltes geistiges Leben

Skeptischen Geistern mag dies mißfallen, aber auch die Ausübung einer Religion kann sich positiv auf Lebensdauer und Gesundheit älterer Menschen auswirken. Dies haben zumindest die neuesten soziologischen Untersuchungen ergeben.

Wissenschaftler erklären dieses Ergebnis damit, daß die Religion Grund zur Hoffnung gibt und dem Leiden und Altern einen Sinn verleiht.

Es wäre aber absurd zu behaupten, daß nur gläubige Menschen darauf hoffen können, lange und in Gesundheit zu leben. Auch ein Atheist kann ein sehr intensives geistiges Leben führen und sich selbst eine Quelle der Hoffnung und des Optimismus sein.

Wenn die traditionelle Religion Sie nicht anspricht, sollten Sie andere Wege der Hoffnung und inneren Heiterkeit finden. Ein Beispiel wäre Joga.

Joga kann vor jedem religiösen Hintergrund ausgeübt werden. Wenn wir hier von Joga sprechen, meinen wir nicht nur den Gymnastikteil dieser Lehre. Es gibt eine Form des Joga ohne »Posen«, die Ihnen den Zugang zu Ihrem Inneren öffnet und Ihnen hilft, eine wunderbare Kraft in Ihnen zu wecken.

Lesen Sie unter *Energie* oder *Visualisierung* nach, wenn Sie mehr über diese Form des Joga wissen wollen. Sie werden feststellen, daß Joga in erster Linie eine Geisteshaltung ist. Ob Sie nun die körperlichen Übungen bevorzugen oder sich mehr von den Energie- und Visualisierungstechniken angezogen fühlen, das Ziel ist immer dasselbe: ein Streben nach Weisheit, Lebensfreude und Gesundheit. Und das eine ist ohne das andere nicht möglich.

Alzheimer-Krankheit

Die Alzheimer-Krankheit ist eine schwere Form der geistigen Degeneration. Sie geht mit Gedächtnisschwund, einer bedenklichen Abnahme der geistigen Fähigkeiten und einer progressiven Veränderung des Verhaltens einher.

Die Ursache dieser Krankheit ist immer noch unklar; sie ist daher schwer zu behandeln. Laut Meinung vieler Wissenschaftler wird sie durch einen Rückgang der Acetylcholinreserven im zentralen Nervensystem hervorgerufen.

Acetylcholin ist ein wichtiger Neurotransmitter, d. h. eine Substanz, die Erregungen im zentralen Nervensystem weiterleitet. Wenn das Gehirn nicht ausreichend Acetylcholin produziert, bilden sich die Nervenenden zurück und Erregungsimpulse werden nicht mehr normal zwischen den Nervenzellen übertragen.

Außerdem sind sich zahlreiche Wissenschaftler darin einig, daß Blei-, Aluminium- und Kupfervergiftungen mögliche Mitverursacher sein können. Es lohnt sich also, die Aufnahme dieser Metalle so weit wie möglich einzuschränken. Besonders wenn man bedenkt, daß mehrere Spezialisten, darunter Professor Mac Lachlan, der Meinung sind, daß jeder Fünfte an Alzheimer erkranken kann.

Blei findet sich in Autoabgasen (und damit in den in Straßennähe angebauten oder verkauften Produkten), Flaschenweinen, Bonbonpapier, Weißblechkonserven, Zigaretten, Zahnpasta, Haarfärbemitteln, Insektenvertilgungsmitteln, Geschirrglasur, Farben, Gips usw.

Eine Aluminiumvergiftung kann durch Küchengeräte sowie Verpackungen oder Getränkedosen aus Aluminium verursacht werden. Wußten Sie, daß Aluminiumsulfat zur Trinkwasseraufbereitung benutzt wird? Wußten Sie, daß Aluminium in Tafelsalz, weißem Mehl, bestimmten Schmelzkäsesorten, Antacida (Magensäure neutralisierende Medikamente), gepreßtem Aspirin, Zahnpasta, normalen Deodorants, Amalgam für Zahnfüllungen, Zigarettenfiltern, Waschpulver, Farbsprühdosen (Aerosole) usw. enthalten ist?

Wie verhindert man eine Metallvergiftung?

Waschen Sie das Gemüse wie Möhren, Kartoffeln, Radieschen, Rettich usw. gut, um nicht zuviel Aluminium über die Nahrung aufzunehmen.

Sie können Ihre Essensreste oder Butterbrote mit Alufolie einwickeln, sofern es sich nicht um zu säurehaltige Nahrungsmittel handelt, die mit dem Aluminium reagieren könnten.

Töpfe aus Aluminium haben einen schlechten Ruf. Sie sollen angeblich während des Kochvorgangs Aluminium freisetzen. Das heißt aber nicht, daß Sie jetzt Ihr ganzes Kochgeschirr aus Aluminium wegwerfen müssen. Professor Mac Lachlan versichert, daß Töpfe aus Aluminium nur dann Aluminium freisetzen, wenn man Rhabarber oder andere derart säurehaltige Nahrungsmittel darin kocht.

Es gibt ebenso viele Möglichkeiten, sich mit Kupfer zu vergiften: Küchengeräte, Wasserleitungen, Kupfersulfat, das man Tieren zur Wachstumsbeschleunigung verabreicht oder zur Verhinderung eines zu starken Algenwuchses in Wasserreservoiren oder Schwimmbädern einsetzt, Getränke aus Getränkeautomaten, pharmazeutische Stärkungsmittel, Antibabypillen, Spirale usw.

Was Sie tun können

Wie Sie wissen, behauptet die Medizin offiziell, gegen Alzheimer machtlos zu sein. Immer mehr Wissenschaftler glauben jedoch, daß der Schlüssel zu dieser schweren Krankheit in der Ernährung liegen könnte.

Der französische Arzt Dr. F. Abalan hat festgestellt, daß Menschen, die an Alzheimer leiden, alle Symptome einer Mangelernährung (Malnutrition) aufweisen. Ihr Gesicht ist ausgemergelt, und sie erkranken immer wieder an den unterschiedlichsten Infekten. Außerdem leiden sie an einem Vitaminmangel (B2, B6, B12, Folsäure und C), und ihr Blut weist einen niedrigen Gehalt an Albumin, Eisen, Glukose, Hämoglobin und Triptophan auf.

Dr. Abalan ist der Meinung, daß diese Mangelernährung in Wirklichkeit nicht auf einer unausgewogenen Ernährung, sondern auf einer schlechten Nährstoffaufnahme (Malabsorption) beruht. Seiner Meinung nach wird die mangelhafte Nährstoffaufnahme durch eine Allergie gegen bestimmte in Getreide, insbesondere in Weizen und Roggen enthaltene Stoffe ausgelöst.

Eine nicht festgestellte Malabsorption kann außerdem die Aufnahme von Aluminium ins Blut fördern. Das würde den abnormen Aluminiumgehalt erklären, den man im Gehirn von Alzheimer-Kranken festgestellt hat.

Was kann man also gegen Alzheimer tun?

Der kanadische Arzt Dr. Stefan Kuprowsky meint ohne Zögern: *»Es ist schwer feststellbar, ob die durch die Alzheimer-Krankheit verursachten neu-*

rologischen Veränderungen über die Ernährung rückgängig gemacht werden können. Eine Umstellung der Ernährungsweise verbessert aber zumindest die Lebensqualität der Alzheimer-Patienten.«

Er rät besonders zur Einnahme von Nährstoffpräparaten, um Mangelerscheinungen zu verhindern. Lassen Sie sich zusätzlich zu den obengenannten Vitaminen noch folgende Mineralstoffe verschreiben: Cholin, Kalzium, Magnesium, Mangan, Phosphor, Molybdän und Zink.

Kalzium schützt den Körper vor einem Aluminiumüberschuß. Bei Kalziummangel nimmt der Mensch vermehrt Aluminium auf. Sie sollten also besonders viele Milchprodukte und andere Produkte, die viel Kalzium enthalten, zu sich nehmen. Kalzium ist generell sehr hilfreich, insbesondere aber zur Vorbeugung von Osteoporose. Sie schlagen also zwei Fliegen mit einer Klappe.

Die Einnahme von **Cholin** scheint besonders sinnvoll. Wissenschaftler haben festgestellt, daß die Alzheimer-Krankheit nicht nur in Zusammenhang mit einem Acetylcholinmangel auftritt, sondern auch von einem Mangel an dem Enzym begleitet wird, das die Acetylcholinproduktion fördert. Mit der Einnahme von Cholin würde der Patient also eine weitere Abnahme seiner Acetylcholinreserven verhindern.

Man kann auch Lezithinpräparate einnehmen, denn Lezithin – ein Fett, von dem normalerweise im Gehirn reichlich vorhanden ist – enthält 10 % Cholin.

Achten Sie auf die Qualität und die Zubereitung Ihrer Nahrungsmittel!

Generell hilft all das, was den Alterungsprozeß bremst, auch den Ausbruch der Alzheimer-Krankheit zu verhindern. Immer mehr Wissenschaftler sind der Meinung, daß degenerative Krankheiten mit einer Beschleunigung des Alterungsprozesses in Verbindung stehen. Dieser natürliche Prozeß wird insbesondere von den freien Radikalen (freie chemische Atomgruppen) bewirkt, die Oxidationsreaktionen auslösen.

Gesunde und frische Nahrungsmittel sowie richtige Zubereitung können also eine wichtige vorbeugende Rolle spielen. Zu fette, nicht mehr ganz frische, zu stark gekochte oder frittierte Lebensmittel sind Auslöser von Oxidationsreaktionen.

Bei bereits an Alzheimer erkrankten Personen fördert eine gesunde Ernährung die Tätigkeit der Neurotransmitter. Sie ermöglicht folglich die Aufrechterhaltung einer gewissen Hirntätigkeit.

Andere natürliche Behandlungsmöglichkeiten

Mehrere Studien haben gezeigt, daß Ginseng äußerst geeignet ist, die Hirntätigkeit anzuregen. Bei gesunden Menschen erhöht Ginseng die intellektuelle Leistungsfähigkeit bedeutend. Bei älteren Menschen verbessert er das Erinnerungsvermögen und die Konzentrationsfähigkeit. Außerdem wirkt er Depressionen entgegen und macht dynamischer.

Ginseng kann sich also bei Alzheimer-Krankheit als nützlich erweisen, denn sie ist eine schwerwiegende Form der Senilität.

Zur Erhaltung motorischer Reflexe sind Bewegung und Physiotherapie wichtig. Zudem fördert Bewegung die Durchblutung des Gehirns, was die Sauerstoffzufuhr erhöht.

Geistige Übungen (Gedächtnistraining, Visualisierungsübungen) sowie Konzentrationstraining können dem Patienten auch helfen, eine gewisse geistige Leistungsfähigkeit zu erhalten. Es geht darum, sich auf die bestmögliche Art und Weise derjenigen Nervenbahnen zu bedienen, die nicht so stark in Mitleidenschaft gezogen wurden.

Wichtig

- Es ist bekannt, daß bestimmte Medikamente den Zustand von Alzheimer-Patienten verschlimmern können. Hierbei handelt es sich unter anderem um bestimmte bei Herzkrankheiten und Darmkrämpfen verabreichte Medikamente sowie um Schlaf- und Beruhigungsmittel, die Flurazepam enthalten.
- Es besteht immer das Risiko, daß der Patient in Niedergeschlagenheit und Depressionen versinkt. Und das verschlimmert natürlich die Symptome. Man hilft dem Patienten besonders, indem man ihn mit einfachen Aufgaben, bei denen er sich nicht zu viel merken bzw. zu stark konzentrieren muß, in Bewegung hält.
- Sorgen Sie für Ordnung im Haushalt, damit der Kranke eine gewisse Eigenständigkeit behalten kann. Vermeiden Sie es, Sachen an einen anderen Platz zu räumen, damit der Patient nicht ständig etwas dazulernen muß. Erstellen Sie Listen, die es ihm erleichtern, sich im »Labyrinth« des Alltags zurechtzufinden.

Analfisteln

Analfisteln sind winzig kleine Kanäle, die direkt von der äußeren Haut des Afters zur Wand des Analkanals führen. Der ständig aus den Fisteln austretende Eiter reizt die sehr empfindliche Haut des Afters und führt zu Juckreiz (siehe *Juckreiz*).

Im allgemeinen sind Analfisteln die Folge eines Abszesses im After. Dieses eher seltene Leiden kann aber auch durch schwere Darmentzündungen oder Dickdarmkrebs hervorgerufen werden. Man findet Analfisteln auch bei Tuberkulosekranken.

Was Sie tun können

Die einzige medizinische Behandlungsmethode besteht in einem chirurgischen Eingriff. Überlegen Sie es sich aber gut, bevor Sie sich zu einem solchen Eingriff entscheiden.

Analfisteln sind oft ein natürlicher Abwehrmechanismus des Körpers und ermöglichen die Ausscheidung von Giftstoffen, die im After vorhanden sind. Deshalb ist es wichtig, zuerst die eigentliche Ursache der Analfisteln zu behandeln.

Es folgt nun eine Reihe von natürlichen Maßnahmen, die es sich auszuprobieren lohnt:

- Essen Sie nicht zuviel Obst, und gehen Sie mit Gewürzen sparsam um.
- Lassen Sie sich von einem Arzt oder Heilpraktiker die Vitamine A, B, C, E, F sowie Zink verschreiben.
- Nehmen Sie Blütenpollen und Bienenharz.
- Trinken Sie 15 Minuten vor dem Frühstück 5 Eßlöffel Kartoffelsaft, 15 Minuten vor dem Mittagessen 5 Eßlöffel Karottensaft und 15 Minuten vor dem Abendessen 5 Eßlöffel Kohlsaft.
- Nehmen Sie Schachtelhalm-Kapseln.
- Schneiden Sie 1 ungeschälte Quitte in Scheiben, und kochen Sie sie in 1 Liter Wasser, bis die Hälfte davon verdampft ist. Gießen Sie die Flüssigkeit durch ein Sieb, und fügen Sie 50 g Honig dazu. Verwenden Sie diese Mischung für Sitzbäder.
- Trinken Sie Aloe-vera-Saft. Die Forschungsarbeiten des berühmten amerikanischen Ernährungswissenschaftlers Jeffrey Bland haben gezeigt, daß Aloe vera die Darmflora wieder ins Gleichgewicht bringen kann.
- Der Verzehr von milchsäurehaltigem Gemüse (Sauerkraut usw.) hat ebenfalls eine heilsame Wirkung. Insofern die Analfisteln von einer Störung der Darmflora herrühren, können solche Produkte eine beachtliche Verbesserung bewirken.

Angina

(Siehe *Mandelentzündung* oder *Halsentzündung*)

Angst

Angst – sei sie existentiell, spontan, begründet oder lächerlich – bleibt doch immer Angst mit all ihren typischen Symptomen: stockende oder im Gegenteil sehr schnelle Atmung, beschleunigter Herzrhythmus, Verengung der Arterien, Schwindelgefühl, getrübtes Sehvermögen usw.

Die Angst kann dumpf und dauerhaft sein. Hierbei spricht man eher von einem Zustand der Beklemmung oder Furcht. Angst kann aber auch spontan und mit unerwarteter Heftigkeit auftreten. In diesem Fall handelt es sich um Panik, Nervenzusammenbrüche oder Angstzustände. Die Person hat das Gefühl zu sterben, die Kontrolle über sich zu verlieren oder daß eine Katastrophe unmittelbar bevorsteht.

Was Sie tun können

Bevor Sie zu Valium greifen, sollten Sie sich immer zuerst auf Ihre Atmung konzentrieren – unabhängig davon, ob es sich um Angstausbrüche, Lampenfieber oder einen Zustand der Beklemmung handelt. In einem Notfall ist dies noch immer die Technik, die am einfachsten anzuwenden ist. Selbstverständlich ist bei einem Anfall von Panik eine andere Atemtechnik anzuwenden als bei einfachem Lampenfieber. •

Was tun bei Panik?

Das typische Merkmal für einen akuten Anfall von Panik ist die Hyperventilation, d. h. die übermäßige Steigerung der Atmung. Hyperventilation erhöht die Alkalität des Blutes (pH), der Anteil basischer Stoffe nimmt zu. Dadurch entstehen die charakteristischen Symptome für Panik: geistige Verwirrung, weiche Knie usw. Das Auftreten dieser Symptome verstärkt die Angstgefühle zusätzlich. So entsteht dann ein Teufelskreis.

Gleichwohl wurde von Psychiatern beobachtet, daß von den an Panikanfällen leidenden Menschen diejenigen ihren Anfall am besten unter Kontrolle bekamen, die aus eigener Initiative die Hyperventilation anwandten.

Paradox, nicht wahr? Und dennoch, es funktioniert. Denn diese Menschen können lernen, die Auswirkungen der Hyperventilation zu beobachten, indem sie sich freiwillig in den Zustand der Hyperventilation versetzen. Daher gelingt es ihnen, den Teufelskreis, der von der Hyperventilation zur totalen Panik führt, zu durchbrechen.

Diese Technik wird heute von den Psychiatern in Neuseeland und Australien empfohlen. Die Forscher raten, sie folgendermaßen anzuwenden: 20 Sekunden den Atem anhalten, anschließend 6 Sekunden schnell atmen.

Was ist im Fall von Furcht oder Lampenfieber zu tun?

Früher oder später leidet jeder Mensch einmal unter Lampenfieber oder Furcht. Das kann vor einer Prüfung, vor einer öffentlichen Rede oder vor einem Bewerbungsgespräch sein. Dieser Zustand ist nicht krankhaft, sondern lediglich etwas unangenehm. Aber es gibt Wege, in derartigen Situationen wieder zur Ruhe zu finden und die Leistungsfähigkeit zu steigern.

Entspannung

Zunächst atmen Sie tief und langsam ein und aus (siehe *Atemtechniken)*. Ein tiefes Durchatmen ermöglicht eine Beruhigung des überreizten sympathischen Nervensystems.

Kreative Visualisierung

Visualisieren Sie nach der unter *Visualisierung* beschriebenen Methode die Situation in positiver Sicht. Vergegenwärtigen Sie sich mit der größtmöglichen Vorstellungskraft einen zufriedenstellenden und erfreulichen Ablauf des Ereignisses.

Handelt es sich um eine Prüfung, stellen Sie sich ruhig und lächelnd im Prüfungssaal sitzend vor. Stellen Sie sich vor, Sie sitzen entspannt vor einem Prüfungsfragebogen und gehen die Fragen mit klarem Kopf an.

Anschließend versetzen Sie sich in die Situation, wenn der Prüfer einige Tage später die korrigierten Fragebögen zurückgibt. Auf dem Blatt, das er Ihnen überreicht, bemerken Sie sofort Ihre Note in großer roter Schrift. Visualisieren Sie eine hervorragende Note, die Ihren wirklichen Fähigkeiten entspricht. Die Note sollte angemessen sein, jedoch dürfen Sie sich dabei auf keinen Fall unterschätzen.

Dies ist eines von vielen Beispielen. Führen Sie sich ein an die jeweilige Situation angepaßtes Bild vor Augen. Im Idealfall üben Sie diese Visualisierungspraktiken einige Tage vor dem Ereignis, vor dem Sie Angst haben.

Wenn Sie während Ihrer Visualisierung nicht vollkommen überzeugt sind, ist dies nicht weiter schlimm. Sie säen Keime des Erfolges, die in der Dunkelheit Ihres Unterbewußtseins wachsen werden.

Möchten Sie sich von dem erstaunlichen Erfolg des positiven Denkens bei der Beherrschung von Angst überzeugen lassen?

Versuchen Sie die folgende Übung. Füllen Sie einen Sack mit schweren Gegenständen (Wörterbüchern, Kartoffeln usw.). Der Sack muß so schwer sein, daß Sie ihn nur noch mit einiger Mühe hochheben können. Versuchen Sie nun, den Sack mit ausgestrecktem Arm so hoch wie möglich zu heben. Merken Sie sich, wie hoch Sie den Sack heben konnten. Wenn Ihnen dies zu einfach erscheint, beschweren Sie den Sack mit einigen weiteren Gegenständen.

Beginnen Sie nun dieselbe Übung noch einmal von vorne. Aber diesmal visualisieren Sie vor und während der Übung eines der unangenehmsten Ereignisse in Ihrem Leben. Gelingt es Ihnen, Ihren Arm so hoch wie beim ersten Mal zu heben?

Nun wiederholen Sie die Übung ein letztes Mal. Diesmal visualisieren Sie einen der erfreulichsten und positivsten Augenblicl Ihres Lebens. Fällt Ihnen der deutliche Unterschied auf?

Vergessen Sie nicht, zwischen den einzelnen Übungen eine kurze Ruhephase einzulegen, da sonst Ihre Muskeln zu schnell ermüden.

Andere Möglichkeiten, um Angst und Lampenfieber zu bekämpfen

Wenn Sie kurz vor einer wichtigen Prüfung oder Begegnung stehen, sollten Sie unbedingt den Konsum von Kaffee vermeiden. Kaffee würde Ihren Herzrhythmus beschleunigen und Ihren Streß verstärken. Dies mag wie eine Binsenweisheit klingen, aber häufig läuft es nämlich so ab, daß man alles daransetzt, seinen Streß noch zu verstärken. Trinken Sie nur dann Kaffee, wenn Sie sich depressiv oder vollkommen »am Boden zerstört« fühlen.

Um das allgemeine Wohlbefinden zu verbessern und wieder klar denken zu können, sollten Sie eher einen Pfefferminz- oder Ingwertee mit Honig trinken.

Bäder

Lassen Sie 100 bis 200 g frische Baldrianwurzel in 1 Liter kaltem Wasser 10 Stunden ziehen, erwärmen Sie anschließend den Kaltauszug, und geben Sie ihn dem Badewasser bei. Nehmen Sie gleichzeitig 15 bis 20 Tropfen Baldriantinktur in 1 Glas Wasser zu sich.

Vitamine und Spurenelemente

Streß und Angstzustände bewirken einen bedeutenden Verlust an Vitaminen. Die Vitaminpräparate gegen Streß sind genau dosiert, um derartige Verluste zu kompensieren.

Aufguß

- 2 Teelöffel getrocknete Weißdornblüten pro Tasse 10 Minuten ziehen lassen; trinken Sie 3 bis 4 Tassen täglich.
- 5 g Passionsblumenblüten pro Tasse 15 Minuten ziehen lassen und eine Stunde vor dem Schlafengehen trinken.

Ätherische Öle

Die ätherischen Öle von Lorbeer (laurus nobilis) und Ylang-Ylang sind sowohl bei nervösen Angstzuständen als auch bei Panikanfällen besonders wertvoll. Nehmen Sie 2 bis 3 Tropfen eines dieser Öle mit 1 Löffel Honig ein.

Um eine schnelle Wirkung zu erzielen, halten Sie das Fläschchen mit dem ätherischen Öl einige Zentimeter unter die Nase und atmen den Duft langsam ein. Wenn Ihnen der Geruch zu stark ist, bedecken Sie das Fläschchen mit einem Papier- oder Stofftaschentuch.

Da zahlreiche Nerven in der Nasenwand enden, wirkt das ätherische Öl direkt auf das zentrale Nervensystem. Zudem ist das Zentrum für den Geruchssinn direkt mit dem Zentrum für das Wohlbefinden verbunden. Die beruhigende Wirkung tritt sofort ein.

Zur äußerlichen Anwendung mischen Sie ätherisches Lavendel- (lavandula officinalis) oder Kamillenöl (Römische Kamille) im Verhältnis von 3:100 mit Süßmandel- oder Sonnenblumenöl und massieren damit den Solarplexus.

Aphrodisiaka

Seit jeher ist der Mann um seine sexuelle Potenz besorgt. Jede Zivilisation hat eine Vielzahl von Mitteln und Rezepten gefunden, die die Potenz erhalten oder steigern. Heute erscheinen uns einige dieser Mittel völlig aus der Luft gegriffen, so zum Beispiel das Horn des Rhinozeros.

Andere Mittel hingegen haben sich seit Jahrhunderten bewährt, und es ist ihnen sogar aus wissenschaftlichen Kreisen Beachtung und Bedeutung beigemessen worden. Dies ist der Fall bei Austern, deren aphrodisische Wirkung häufig gepriesen wird. Forscher haben entdeckt, daß sie sehr zinkhaltig sind. Man weiß heute, daß mit dem Sperma große Mengen von Zink abgegeben werden und daß Zinkmangel die sexuelle Potenz beeinträchtigen kann.

Moderne Mittel wie z. B. das berühmte Papaverin sind auf den Markt gekommen. Papaverin, wenn es durch Injektion verabreicht wird, löst garantiert eine Erektion aus. Nur hat Papaverin auch einen »kleinen« Nachteil. Eine zu hoch dosierte Injektion von Papaverin kann eine derart starke Erektion auslösen, daß diese möglicherweise die letzte gewesen sein könnte.

Bevor Sie erfahren, welche Behandlungsmethode in Ihrem Fall die richtige ist, müssen Sie wissen, ob Ihre Impotenz organischen (50 % der Fälle), psychischen (20 % der Fälle) oder gemischten (30 % der Fälle) Ursprungs ist. Wenn Sie nachts eine Erektion haben, ist das ein gutes Zeichen. Die Ursache ist dann zweifelsohne ausschließlich psychologischer Natur. Gegebenenfalls spielen auch Faktoren wie Müdigkeit und Streß eine gewisse Rolle (gemischt bedingte Impotenz).

Bei diesen beiden Typen (gemischt und psychisch bedingte Impotenz) kann eine mentale Neuorientierung kombiniert mit einer vitalisierenden und aphrodisischen Ernährung eine beachtliche Hilfe für Sie sein. In nicht wenigen Fällen können Sie sogar auf die Beratung durch einen Sexualtherapeuten verzichten (mehr dazu unter *Sexuelle Funktionsstörungen* und *Impotenz).*

Ist die Impotenz hingegen organischen Ursprungs, empfiehlt es sich, zuerst einmal die Situation mit Hilfe eines Arztes zu analysieren. Medikamente gegen Bluthochdruck, Diabetes, Chemotherapie, Kreislaufprobleme und übermäßiger Alkohol- und Tabakkonsum sind alles Faktoren, die mit Ihrem Körper zu tun haben und die in letzter Folge zu Impotenz führen können.

Aber nicht nur der Mann kann von der Wirkung von Aphrodisiaka profitieren. Auch für Frauen, die ernsthafte sexuelle Probleme haben oder die vorübergehend unter mangelndem sexuellen Lustempfinden leiden, sind Aphrodisiaka von unschätzbarem Wert (siehe auch *Frigidität).*

Auf jeden Fall sollten Sie streng zwischen aphrodisischen Nahrungsmitteln und sexuell anregenden Arzneimitteln (Stimulanzien) unterscheiden.

1. Aphrodisische Nahrungsmittel

Im allgemeinen gilt, daß jedes Nahrungsmittel, das in besonderem Maße den Appetit anregt, ebenfalls geeignet ist, sexuelle Lustgefühle zu entfesseln. Ist Ihre mangelnde Lust auf einen allgemeinen Müdigkeitszustand (Asthenie, Burnout) zurückzuführen, können Sie das gewünschte Ergebnis mit großer Wahrscheinlichkeit erzielen, indem Sie Mahlzeiten mit hohem tierischen und pflanzlichen Eiweißgehalt zu sich nehmen.

Diese vitalisierende Kost sollte zu jeder Mahlzeit mindestens einige der folgenden Nahrungsmittel enthalten: Fleisch, Fisch, Eier, Soja, Tofu, Algen, Milch, Butter, nicht pasteurisierter Honig, Kürbiskerne, Ölfrüchte, Lauch.

Verzichten Sie auf Alkohol, Kaffee, Zucker, übermäßig viel Obst, Amphetamine (Stimulanzien), Rausch-, Beruhigungs- und blutdrucksenkende Mittel. Hüten Sie sich auch vor Aluminium- und Bleivergiftungen.

Zu den spezifischen Aphrodisiaka zählen folgende Nahrungsmittel:

- **Meeresfrüchte** (Austern usw.) aufgrund ihres hohen Zinkgehaltes (siehe oben);
- **Knoblauch, Zwiebeln:** Ihre aphrodisische Wirkung ist so offensichtlich, daß in einigen Klöstern die Tradition den Nonnen und Mönchen das Essen von Knoblauch und Zwiebeln verbietet;
  - Essen Sie die Zwiebeln roh oder einige Stunden in Olivenöl eingelegt, gehackt in Milch oder Brühe oder einige Stunden in heißem Wasser eingeweicht;

- Sie können auch einen Zwiebelwein herstellen (330 g gehackte Zwiebeln, 100 g flüssiger Honig und 600 g Weißwein 48 Stunden ziehen lassen und abseihen; 3 bis 4 Eßlöffel täglich);

- **Weizenkeime** enthalten viel Vitamin E, das für die sexuelle Potenz unbedingt erforderlich ist;
- **Vietnamesische Nuoc Cham-Soße, Schwalbennestersuppe, geröstete Nüsse** (Pistazien, brasilianische Nüsse, Erdnüsse), besonders wenn sie richtig gewürzt sind, denn nicht umsonst ißt man sie häufig zum Aperitif;
- **Sesamsamen** enthalten ebenfalls Vitamin E; **Halva,** eine Leckerei aus dem Vorderen Orient, die aufgrund ihrer aphrodisischen Wirkung sehr geschätzt und aus Sesamsamen und Honig hergestellt wird;
- **Bienenblütenpollen und Gelee Royale** sind im allgemeinen empfehlenswert und eignen sich ebenfalls als potenzfördernde Mittel;
- **Andere Mittel mit aphrodisicher Wirkung:** Kapuzinerkresse (frische Blüten im Salat oder Früchte und Blütenknospen in Essig mariniert); Pimpernellblätter im Salat; roher Kohl; frischer Selleriesaft oder Selleriescheiben (roh oder gekocht); Vanille im Dessert.

2. Sexualstimulanzien

- Die **Kolanuß** ist ein gutes sexuelles Stärkungsmittel. Sie ist als Extrakt in Apotheken und als Samenkorn in Kräuterhandlungen erhältlich. Nehmen Sie täglich 4 bis 8 g zerkleinerte Samenkörner.
- Der gute Ruf von **Ginseng** und seinem aus Sibirien stammenden Verwandten **Eleutherokokkus** ist durchaus berechtigt. Russische Studien haben gezeigt, daß Ginseng und Eleutherokokkus die sexuelle Potenz anregen können. Sie sollten jedoch berücksichtigen, daß diese Pflanzen keine sofortige Erektion erzeugen. Sie wirken langfristig, indem sie den Körper in seiner Gesamtheit stärken. Um ein zufriedenstellendes Ergebnis zu erzielen, müssen Sie täglich mindestens 2'000 mg einnehmen.
- In hochdosierter Form regt **Ingwer** den Blutkreislauf an. Ein entscheidender Vorteil, wenn man weiß, daß die Erektion von einer gesunden Durchblutung der Gefäßnetze im Glied abhängt. Allgemein hat Ingwer eine energiespendende Wirkung auf den gesamten Organismus. Chinesische Arzneibücher ordnen Ingwer und Ginseng den aphrodisischen Pflanzen zu. Rezept: Geben Sie 2 gehäufte Eßlöffel Ingwer in heißes Wasser. Fügen Sie Milch und Honig zum Süßen hinzu. Trinken Sie zwei- bis dreimal täglich davon.
- Sie können auch einen **aphrodisischen Likör** zubereiten: Lassen Sie 45 g Zitronenschale, 35 g Thymiankraut, 20 g Zimt, 15 g Vanille, 10 g Koriander und 10 g Muskatblüten 2 Wochen lang in 2 Litern 40prozentigem

Alkohol ziehen, und fügen Sie Sirup hinzu, den Sie aus 2 kg Zucker und 1 Liter Wasser herstellen. Gut mischen und abseihen.

Hinweis

Meiden Sie Kantharide (Spanische Fliege) und Yohimbin (aus der Rinde des tropischen Yohimbebaums). Diese Produkte erzielen zwar eine gewisse Wirkung, sind jedoch hochgradig giftig.

3. Weitere Tips

Aphrodisisches Bad

Mischen Sie 50 g zerkleinerte Muskatnuß und je 500 g der folgenden Pflanzen: Rosmarin, Salbei, Dostenkraut, Minze und Kamillenblüten. Gießen Sie diese Zutaten mit kochendem Wasser auf, und lassen Sie sie 12 Stunden ziehen. Seihen Sie die Flüssigkeit, fügen Sie 100 g Wacholderbeeren- und 100 g Gewürznelkentinktur hinzu, und geben Sie diese Mischung in Ihr Badewasser.

Ätherische Öle

Nehmen Sie dreimal täglich 2 bis 5 Tropfen Ceylon-Zimt, Pfefferminze oder Ylang-Ylang mit Honig ein.

Sonnenbäder

Es ist nicht erstaunlich, daß frischvermählte Paare ihre Flitterwochen mit Vorliebe an den sonnigen Plätzen dieser Erde verbringen. Die Sonne ist ein sehr wirkungsvolles Aphrodisiakum. Laut Dr. R. J. Reiter von der Universität in Texas hat Sonnenlicht einen direkten Einfluß auf die Produktion von Melatonin, ein von der Zirbeldrüse freigesetztes Hormon. Wenn die Tage lang sind und hinreichend Sonnenlicht vorhanden ist, sinken im Blut die Melatonin-Werte. Das führt bei beiden Geschlechtern zu einem gesteigerten sexuellen Verlangen.

Um die Lust zu stimulieren, ist es nicht unbedingt erforderlich, ausgedehnte Sonnenbäder zu nehmen oder am Strand schöne sonnengebräunte Körper zu betrachten. Allein die Tatsache, daß Ihnen die Sonne an langen und sonnenreichen Tagen ins Gesicht scheint, ist schon ausreichend.

Aphten

(Siehe auch *Mundhygiene*)

Aphten sind Bläschenausschläge, die sich gelegentlich im Mundbereich bilden. Diese leicht störende Erscheinung tritt insbesondere an der Innenseite der Wangen, dem Zahnfleisch, der Zunge und dem Gaumen auf. Am häufigsten sind Jugendliche und junge Erwachsene betroffen.

Aphten treten hauptsächlich dann auf, wenn Sie gestreßt oder erschöpft sind, und verheilen erst nach ca. 10 Tagen. Das Geschwür an sich stellt kein größeres Problem dar. Es ist auch kein Zeichen dafür, daß größere gesundheitliche Probleme vorliegen. Sollten die Aphten dennoch allzu häufig auftreten, weist dies auf Verdauungsprobleme hin.

Was Sie tun können

Das unangenehme Reizgefühl, das Ihnen Aphten bereiten, können Sie mit Hilfe einiger einfacher Tips verhindern.

Linderung der Reizung und Desinfektion

- Tragen Sie Aloe-vera-Gelee, Salz oder Natriumbikarbonat auf die betroffenen Stellen auf.
- Kauen Sie ausgiebig Bienenpropolis.
- Machen Sie häufige und lange Mundspülungen mit Aloe-vera-Saft.
- Gurgeln Sie mit ätherischem Öl: Geben Sie dazu einige Tropfen Basilikumöl oder des Hydrolats von Minze (mentha viridis) und Thymian (mit Linalool) in ein Glas Wasser.

Wenn die Aphten schlecht abheilen oder regelmäßig wiederkommen

- Meiden Sie allzu säurehaltige Nahrungsmittel: Fleisch, Nahrungsmittel mit hohem Fettgehalt, scharf gewürzte Speisen, Alkohol.
- Nehmen Sie ebenfalls die Vitamine B2 und B3 (befolgen Sie die Dosierungsanleitung des Herstellers).
- Sie können auch einen Molke-Drink zu sich nehmen (lösen Sie 1 Teelöffel Molkepulver in einem Glas Wasser auf).

Wenn sich die Aphten ausbreiten und im Mund vermehren oder wenn sie bluten

Tragen Sie Aloe-vera-Gelee auf. Sie werden von den guten Ergebnissen, die Sie damit erzielen, überrascht sein.

Texanische Zahnärzte verwenden Aloe vera sogar in schweren Fällen von Zahnfleischentzündungen. Amerikanische Ärzte benutzten es ebenfalls, um Geschwüre im Mundbereich zu behandeln, die in den dreißiger Jahren von Röntgenstrahlen verursacht wurden.

Für den Fall, daß Sie keine Aloe vera zur Verfügung haben, seien im folgenden einige andere Mittel genannt:

- Bereiten Sie mit 1 Teelöffel Nußbaumblättern pro Tasse einen Aufguß zu, und gurgeln Sie damit mehrmals täglich.

- Betupfen Sie die Wunden mit Zitronen- oder Zwiebelsaft.
- Kauen Sie Heidelbeeren (oder Thymian oder frisches Basilikum), und spucken Sie sie wieder aus.

Appetitlosigkeit

(Siehe *Magersucht*)

Arterienverkalkung (Arteriosklerose)

Bei Arterienverkalkung kommt es zu einer Verengung mit anschließender Verhärtung der Arterien. Dieser Vorgang ist auf Ablagerungen von Kalk und Cholesterin an der Innenwand der Arterien zurückzuführen. Verengung und Verhärtung der Arterien führen zu Durchblutungsstörungen.

Betreffen die Durchblutungsstörungen das Herz, können sie einen Herzinfarkt oder eine Angina pectoris auslösen. Ist die Durchblutung des Gehirns beeinträchtigt, kann dies zu einem Hirnschlag führen. Bei verengten Nierenarterien besteht die Gefahr von Bluthochdruck oder Niereninsuffizienz. Sind die unteren Gliedmaßen betroffen, kann sich eine Arterienentzündung ergeben, die ein Absterben der Gliedmaßen zur Folge haben kann.

Ursachen

Zu den Risikofaktoren gehören insbesondere das Rauchen, Alkohol, Antibabypille, Bewegungsmangel, Übergewicht sowie unausgewogene, raffinierte und zu fette Ernährung. Auch Streß und Erbanlagen spielen eine wichtige Rolle.

Kennen Sie den Unterschied zwischen gutem und schlechtem Cholesterin?

Allgemein wird Arterienverkalkung mit einer cholesterinfreien Ernährung bekämpft. Tatsächlich ist Cholesterin an und für sich nichts Schlimmes, der Organismus braucht Cholesterin – man muß dabei nur zwischen gutem und schlechtem Cholesterin unterscheiden. Schlechtes Cholesterin wird dabei aber erst bei zu wenig gutem Cholesterin zur Gefahr.

Das läßt sich folgendermaßen erklären:

Die Leber sondert bestimmte, für das gesunde Funktionieren des Organismus notwendige Fette ab, und durch den Blutkreislauf werden die Zellen dann mit diesen Fetten versorgt. Es handelt sich dabei um Lipoproteine, die vor allem aus Cholesterin bestehen. Diese Lipoproteine treten in zwei Formen auf:

als LDL-Lipoproteine (low density lipoproteins) und als HDL-Lipoproteine (high density lipoproteins).

Gewiß liefern die ersteren (LDL) den Zellen durchaus wesentliche Stoffe, nur bleiben dabei langfristig auch die Schlagadern verengende Fettablagerungen zurück. Dagegen haben die anderen Lipoproteine (HDL) die Funktion, diese Fettüberschüsse wieder einzusammeln und zwecks Ausscheidung oder Weiterverwertung zur Leber zurückzutransportieren.

Was Sie tun können

Jetzt wissen Sie, daß die ganze Kunst richtiger Ernährung darin besteht, gutes und schlechtes Cholesterin im Gleichgewicht zu halten. Keinesfalls besteht also allein bei einem hohen Gesamtcholesterinspiegel bereits die Gefahr von Herzstillstand – wichtig ist vielmehr das Konzentrationsverhältnis zwischen LDL und HDL im Blut.

Daher empfiehlt es sich, die Ernährung unter diesem Gesichtspunkt neu zusammenzusetzen.

Nahrungsmittel, die den Gesamtcholesterinspiegel senken

- Mehrfach ungesättigte Öle aus Mais oder Sonnenblumen.
- Fisch, der mehrfach ungesättigte Omega-3-Fettsäuren enthält.
- Lezithin, das Fette bearbeitet und auflöst.
- Pektin, das die Verdauung der Fette verlangsamt und die Aufnahme des Cholesterins beeinträchtigt.
- Haferkleie, die die besten Fasern zum Cholesterinabbau enthält (diese Fasern hängen sich im Darm an das Cholesterin und führen es ab).
- Auberginen, Zwiebeln, Karotten und Soja.
- Joghurt, im Gegensatz zu Milch.

Nahrungsmittel, die den HDL-Spiegel erhöhen

Knoblauch ist ein klassisches Mittel gegen Cholesterin, dessen Wirksamkeit von Wissenschaftlern immer mehr anerkannt wird. Durch seine günstigen Wirkungen auf den ganzen Magen-Darm-Trakt, insbesondere bei Verdauungsstörungen, normalisiert Knoblauch den Blutdruck – besonders bei schwankenden Werten. Außerdem wirkt er auf die Cholesterinablagerungen in den Blutgefäßen ein und setzt so die Gefahr der Erkrankung an Arterienverkalkung herab.

Nehmen Sie jeden Morgen rohen Knoblauch zu sich (1 bis 2 Zehen täglich). Sie können auch geruchsneutrale Kapseln verwenden (beachten Sie die Gebrauchsinformation des Herstellers).

Bestimmte Nahrungsmittel erhöhen den HDL-Spiegel und senken gleichzeitig den LDL-Spiegel. Das gilt besonders für Olivenöl.

Nahrungsmittel, die den Gesamtcholesterinspiegel erhöhen

- gesättigte tierische Fette, wie Fleisch, Milch, Käse usw.
- weniger bekannt und nicht so offensichtlich: gesättigte Fettsäuren, die in pflanzlichen Ölen wie Kokosöl und Palmöl enthalten sind.

Vorsicht bei sogenannten cholesterinfreien Produkten!

Wenn es darum geht, Arterienverkalkung zu bekämpfen, denkt man im allgemeinen an eine cholesterinfreie Ernährung. Daraus hat sich eine geradezu krankhafte Angst vor Cholesterin mit absurden Ausmaßen entwickelt. Immer mehr Produkte werden als »cholesterinfrei« bezeichnet, obwohl sie ohnehin kein Cholesterin enthalten. Bekanntlich ist Cholesterin nur in Produkten tierischen Ursprungs enthalten.

Es versteht sich also von selbst, daß Produkte aus Getreide, Hülsenfrüchten oder Gemüse kein Cholesterin enthalten. In vielen Fällen ist die Zusicherung der Cholesterinfreiheit nur ein Trick, um den Verbraucher zum Kauf zu bewegen.

Weitere Behandlungsmöglichkeiten

Heilerde

- Legen Sie lauwarme Heilerdeumschläge (1 cm dick) auf Nacken und Unterleib. Lassen Sie sie bei guter Verträglichkeit 2 Stunden einwirken.
- Trinken Sie täglich 1/2 Glas Wasser mit Heilerde (siehe *Einführung in die Behandlung mit Heilerde).*

Aufguß

- 2 Teelöffel Weißdornblüten pro Tasse oder 15 g Beeren pro Liter; 2 bis 3 Tassen täglich (Weißdorn unterstützt die Durchblutung der Herzkranzarterien und wirkt blutdrucksenkend.)
- 20 g Salbeiblätter und -blüten pro Liter; 3 Tassen täglich.
- Teufelskralle (für die Zubereitung siehe *Arthritis und Arthrose).*

Misteltinktur

Die Mistel normalisiert den Blutdruck. Nehmen Sie zwei- bis dreimal täglich 15 bis 20 Tropfen in etwas Wasser ein (um den mit Arterienverkalkung einhergehenden Erscheinungen wie Schwindel, Verwirrung, Hyperaktivität und Blutdruckschwankungen, vorzubeugen).

Drei auf einen Schlag: Im Handel sind Tabletten erhältlich, die die Extrakte von Knoblauch, Weißdorn und Mistel enthalten. Dabei handelt es sich um eine ideale Zusammenstellung pflanzlicher Wirkstoffe, die gemeinsam eine ausgezeichnete Wirkung auf das Herzsystem ausüben.

Ätherische Öle

Rosmarin (mit Verbenon), Karotte.

Akupressur

- Bei einem Herzanfall kneifen Sie die Nagelwurzel des kleinen Fingers; tonisieren Sie den Punkt in der Vertiefung direkt unterhalb der Nase, und tonisieren Sie kräftig den Punkt Nr. 22 an der Fußsohle.
- Bei Bluthochdruck stimulieren Sie die Punkte Nr. 40, 42 und 20 sowie den Punkt in der Mitte der inneren Handgelenksfalte.
- Bei niedrigem Blutdruck stimulieren Sie die Punkte Nr. 16, 17, 23 und 11.
- Bei Herzrhythmusstörungen massieren Sie den Punkt Nr. 23 und die gesamte innere Handgelenksfalte.
- Bei Störungen des Blutbilds und zu hohem Cholesterinspiegel massieren Sie den Punkt Nr. 33 in der Rückenmitte. Sie können die Massage auf gleicher Höhe in Richtung Wirbelsäule und in Richtung der unteren Kante des Schulterblatts ausdehnen.
- Die Massage des Punktes Nr. 38 in der Kniekehle trägt dazu bei, das Blut von den Abfallstoffen des Stoffwechsels zu reinigen.

Yoga

Der an der Universität von Kalifornien tätige Forscher Dean Ornish hat festgestellt, daß Yoga bei Problemen der Herzkranzgefäße sehr heilsame Wirkungen hat, wenn es neben vegetarischer Ernährungsweise und ausreichend Bewegung betrieben wird. Der Cholesterinspiegel im Blut sinkt deutlich, wie auch der Grad des Arterienverschlusses.

Demgegenüber fielen die Ergebnisse mit Yoga bei einer Kontrollgruppe mit Patienten, die nur Diät gehalten und Medikamente genommen hatten, weniger gut aus.

Arthritis und Arthrose

Zahlreiche Menschen leiden an mehr oder weniger schwerwiegenden Gelenkerkrankungen – und niemand ist dagegen gefeit. Anders als man vielleicht annehmen könnte, sind keineswegs nur alte Menschen davon betroffen. Arthritische Leiden können bereits im Kindesalter auftreten (z. B. akute rheumatoide Arthritis oder Polyarthritis).

Was ist Arthritis?

Arthritische Erkrankungen befallen hauptsächlich die Gelenke oder die sie umgebenden Muskeln, Sehnen und Bänder.

Aus verschiedenen Gründen dringen Säurekristalle durch die das Gelenk umkleidende Synovialmembran und ballen sich zusammen. Allmählich kommt es zur Auflösung des Gelenkknorpels, was wiederum fortschreitende Bewegungseinschränkung nach sich zieht. Schließlich wird der gesamte Organismus in Mitleidenschaft gezogen – selbst schwere Herzkomplikationen können die Folge sein.

Mit Arthritis werden zahlreiche Formen entzündlicher, akuter, chronischer oder degenerativer Gelenkkrankheiten bezeichnet. Die Einteilung der Gelenkerkrankungen ist undurchsichtig und willkürlich. Im allgemeinen stehen bei einer mit »-itis« endenden Krankheitsbezeichnung die akuten oder entzündlichen Aspekte im Vordergrund, während mit der Endung »-ose« die chronischen oder degenerativen Aspekte betont werden.

Zu den arthritischen Erkrankungen und den damit einhergehenden Erscheinungen gehören insbesondere Ischias, Hexenschuß, Osteoporose, Rheumatismus, Sehnenentzündung, Gicht, Epikondylitis (Tennisellbogen), Fußballen- und Schleimbeutelentzündung, Spondylarthritis ankylosans (zu Versteifung führende Wirbelsäulenentzündung) usw.

Ist Arthritis heilbar?

Die Schulmedizin behauptet kategorisch, Arthritis sei nicht heilbar. Nach den Aussagen ihrer Vertreter können die Symptome im besten Fall mit entzündungshemmenden und schmerzstillenden Arzneimitteln unter Kontrolle gehalten werden. Die hohe Giftigkeit dieser Arzneiverordnungen führt jedoch häufig zu sehr schweren Nebenwirkungen an Nieren, Leber und Magen.

Der französische Chirurg Philippe Orengo äußert sich folgendermaßen dazu: *»Bekanntlich hängen mehr als 15 % aller Nierenkrankheiten mit der Einnahme von entzündungshemmenden Medikamenten zusammen. Es heißt auch, daß mehr als 30 % der Magengeschwüre durch diese Medikamente verursacht würden. Das ist enorm! So verursachen die in der Rheumatologie eingesetzten Medikamente nur wiederum neue Krankheiten.«*

Glücklicherweise gibt es ungeachtet des »offiziellen« Pessimismus auch Vertreter unter den Ärzten, die zeigen, daß natürliche und ungiftige Mittel bei arthritischen Erkrankungen nicht nur die Schmerzen lindern, sondern sogar eine mehr oder weniger vollständige Ausheilung bewirken können.

Hierbei kommt es natürlich darauf an, wie weit die Degeneration der Gelenke bereits fortgeschritten ist. Wird das Problem aber rechtzeitig angegangen, besteht berechtigte Hoffnung.

Was Sie tun können

Einige der hier aufgeführten natürlichen Methoden wurden bereits in ernstzunehmenden Studien untersucht. Aufgeführt sind auch Methoden, die vielleicht merkwürdig anmuten oder verwundern können, jedoch schon in vielen Fällen wirksam waren. Warum sollten sie nicht weiteren Patienten helfen? Schließlich ist bei den arthritischen Leiden vieles noch ungeklärt. Es wird vermutet, daß psychosomatische Faktoren eine wichtige Rolle spielen können, und zwar sowohl bei der Entstehung als auch bei der Verschlimmerung der Erkrankung.

Bei der Wahl der Behandlungsmethode kommt es allein darauf an, daß sie Ihnen hilft.

1. Ernährung

Außer bei Gichterkrankungen geht die Schulmedizin prinzipiell davon aus, daß Arthritis mit einer speziellen Diät nicht geheilt werden kann – obwohl zahlreiche Studien zeigen, daß eine fettfreie Diät Wunder wirken kann.

So haben sich im Rahmen einer an der *Wayne University Medical School* durchgeführten Studie sechs an rheumatoider Arthritis leidende Personen sieben Wochen lang fettfrei ernährt. Ihre Symptome verschwanden vollständig. Als sie wieder zu ihren alten Ernährungsgewohnheiten übergingen, traten die Symptome nach drei Wochen wieder auf.

Verzichten Sie also auf säurebildende Nahrungsmittel wie Fleisch, Fisch, Eier, Weizen, Roggen, Hülsenfrüchte, Ölfrüchte, gekochtes Obst, Pflaumen, Kiwi, weißen Zucker, Schokolade, Butter, Käse mit hohem Fettanteil, Spargel und Hefe.

Begleitend zu jeder äußerlichen Rheumabehandlung sollte der Körper von innen entgiftet werden, denn Arthritis weist häufig auf eine ungenügende Ausscheidung von Giftstoffen hin.

Die Ausscheidung kann mit folgenden Obst- und Gemüsesorten unterstützt werden: Artischocken, Knoblauch, Karotten, Sellerie, dicke Bohnen, Zwiebeln, Petersilie, Lauch, Radieschen, Haferwurzel, Tomaten, Kirschen, Zitronen, Erdbeeren, Himbeeren, Johannisbeeren, Birnen und Äpfel.

Empfehlenswert ist der regelmäßige Genuß folgender Nahrungsmittel:

- Machen Sie eine 12tägige Diät mit Sellerie, Knoblauch oder Lauch. Sie können auch eine Traubendiät machen (siehe *Ernährung zur Beschleunigung der Genesung)*.
- Trinken Sie dreimal täglich 1 Glas Sellerieabsud.
- Essen Sie 1,3 kg ungeschälte, im Backofen gebackene Kartoffeln am Tag (keine Pommes frites oder Salzkartoffeln).
- Nehmen Sie außerdem folgende Nahrungsergänzungen: Vitamine B3, B6, B15 und C sowie Kalzium, Magnesium, Zink, Mangan, Schwefel, Jod und Molybdän. Ziehen Sie einen in Oligotherapie spezialisierten Naturheil-

praktiker zu Rate, um sich die für Ihre Form von Arthritis geeignete Dosierung verschreiben zu lassen.

Der französische Arzt Henry Picard hat als einer der Pioniere der Oligotherapie durch die Verabreichung von Spurenelementen bei Patienten mit rheumatoider Arthritis und Spondylitis (Wirbelsäulenentzündung) beachtliche Erfolge erzielt (50 % bei rheumatoider Arthritis und 95 % bei Spondylitis).

2. Fasten

Auch Fasten führt zu erstaunlichen Erfolgen. Der schwedische Forscher Rasmussen hat gezeigt, daß Fasten aufgrund der Verlangsamung der Darmtätigkeit die Krankheitssymptome bei rheumatoider Arthritis (Morgensteifigkeit usw.) wesentlich vermindern kann.

Laut Rasmussen reagiert der Darm bei bestimmten Menschen anormal auf Substanzen wie das Gluten im Getreide und das in der Milch enthaltene Kasein. Dies führt zu einer allergischen Reaktion, die bewirkt, daß Antigene die Darmwand angreifen. Die Antigene treten in den Blutkreislauf ein, woraufhin die Antikörper reagieren. Diese »verrückte« Immunreaktion verschlimmert die arthritischen Symptome.

Die Studie von Rasmussen bestätigt die Annahme, daß Arthritis eine Autoaggressionskrankheit ist – was bedeutet, daß der Organismus so reagiert, als ob er gegen einen nicht vorhandenen Feind von außen kämpfte. Letztlich kämpft er dabei gegen sich selbst.

3. Psychotherapie

Psychologisch gesehen wird diese Autoaggression von verschiedenen Seiten als eine Form von Gewalt betrachtet, die der Patient unbewußt gegen sich selbst richtet.

Tatsächlich wird bei Arthritikern häufig die Verdrängung von Wut, Schuldgefühlen oder Groll beobachtet. Es kommt auch vor, daß die ersten arthritischen Krankheitszeichen nach einem Schockerlebnis auftreten, so zum Beispiel nach dem Tod eines geliebten Menschen, einer Enttäuschung, extremem Streß usw.

Kann die Gewalt nicht an die Außenwelt abgegeben werden, richtet sie sich gegen den eigenen Organismus!

Marie-Lise Labonté beschreibt in ihrem Buch »S'auto-guérir, c'est possible« (Québec-Amérique Verlag), wie sie sich von Rollstuhl und Krücken befreien konnte, indem sie lernte, sich selbst zu lieben und zu akzeptieren. Von dem Tag an, an dem sie sich ihrer gegen sich selbst gerichteten Haßgefühle bewußt wurde, fühlte sie sich wesentlich besser. Sie mußte ungefähr vier Jahre lang an sich arbeiten, bis sie sich nicht mehr als »häßliches kleines Entlein«

fühlte – um es mit ihren eigenen Worten zu sagen – und sich endlich als den schönen weißen Schwan sehen konnte, der sie wirklich war.

Sollten Sie sich in diesem Beispiel wiedererkennen, so kann sich die Hilfe eines Therapeuten bei der Beurteilung Ihrer Gefühle als sinnvoll erweisen. Sie können jedoch bereits sehr viel erreichen, indem Sie in sich gehen, Ihre unausgesprochenen negativen Gefühle zum Ausdruck bringen und lernen, sich selbst zu akzeptieren.

4. Körperliche Betätigung

Marie-Lise Labontés Beispiel zeigt auch, wie wichtig Bewegung für Arthritiker ist. Neben der Selbstanalyse hatte sie ausschließlich Anti-Gymnastik nach Thérèse Berterat betrieben. Die sanften Bewegungen der Anti-Gymnastik halfen ihr, wieder ein Gespür für ihren Körper zu entwickeln und ihre Selbstheilkräfte zu wecken. Ohne eine Änderung ihrer Ernährungsgewohnheiten und ohne Arzneimittel haben ihre Gliedmaßen auf diese Weise ihre volle Funktion zurückgewonnen – heute betreibt sie sogar Jogging.

Arthritiker neigen dazu, sich immer weniger zu bewegen. Lassen Sie sich aber unterkriegen, verschlechtern Sie Ihren Zustand weiter. Tägliches Training dagegen kann eine zufriedenstellende Beweglichkeit aufrechterhalten. Lassen Sie sich so wenig wie möglich helfen. Es gibt tausend Möglichkeiten, Lebensenergie durch die Gliedmaßen fließen zu lassen. Finden Sie sie heraus.

Renoir beispielsweise, dessen Finger mit zunehmendem Alter aufgrund von Arthritis steif wurden, jonglierte mit Bällen, um weiter malen zu können.

Die Übungen müssen weder anstrengend noch langweilig sein. Zur Anregung des Blutkreislaufs und Aufrechterhaltung einer gewissen Gelenkigkeit genügen langsame und graziöse Bewegungen mit abwechselnder An- und Entspannung. Sie können sie überall durchführen, sobald Sie über ein paar Minuten Zeit verfügen, z. B. beim Fernsehen usw.

Unter der Rubrik *Arthritische Schmerzen* finden Sie verschiedene Tips zur Aufrechterhaltung der Beweglichkeit auch unter schlechten Voraussetzungen.

5. Selbstmassage

Die Versteifung der Muskeln kann mit einigen einfachen Techniken der Selbstmassage gelindert werden:

Zur Entspannung der Schultern

Legen Sie die Hände hinten an der Schulter auf, und drücken Sie die Finger in die Schulter. Den Druck eine Minute lang ausüben, dann wegnehmen.

Zur Entspannung von Hals und Nacken

- Falten Sie die Hände hinter dem Nacken, üben Sie mit den Handflächen Druck auf die Nackenmuskeln aus, und führen Sie die Ellbogen zusammen.
- Nachdem Sie die Hände hinter dem Nacken gefaltet haben, können Sie die Arme auch einfach mit ihrem ganzen Gewicht herunterhängen lassen.
- Auch die alte chinesische Schildkrötenübung lohnt einen Versuch. Setzen Sie sich auf einem Stuhl gerade hin, und lassen Sie den Kopf ganz locker hängen, ohne die geringste Muskelkraft aufzuwenden.

Zur Linderung verschiedener arthritischer Schmerzen

Üben Sie einen zunehmendem Druck auf die schmerzhafte Stelle aus, und halten Sie den Druck eine Minute lang aufrecht. Anschließend nehmen Sie den Druck langsam wieder zurück. Falls Sie dies als zu schmerzhaft empfinden, drücken Sie auf die entsprechende Stelle auf der anderen Körperseite.

Akupressur

Üben Sie einen leichten, tiefen und stetigen Druck auf folgende Punkte aus: Nr. 25, 24 und 41 am Handgelenk; Nr. 18, 39 und 19 am Knöchel. Die Massage der Punkte Nr. 21 und 43 kann weitere Erleichterung bringen.

6. Magnettherapie

Dr. Philippe Orengo hat zur Behandlung schwerwiegender und lähmender Gelenkerkrankungen früher häufig zum Skalpell gegriffen, bis er sich zu Beginn der 80er Jahre aufgrund der Ergebnisse japanischer Forschungen für die Wirkung von Magneten zu interessieren begann.

Seine Forschungen sowie diejenigen des Institutes für biologische Forschung Yves Ponroy haben die außergewöhnliche Heilkraft der Magneten bei vielen Gelenkerkrankungen eindrücklich bestätigt. In manchen schwereren Fällen kann sogar eine Neubildung von Knochen und Knorpel beobachtet werden!

Ebenso wie schmerzlindernde und entzündungshemmende Medikamente lindert die Magnettherapie die Schmerzen und sorgt für Beweglichkeit. Anders als die klassischen Behandlungen blockiert die Magnettherapie die Entzündungsreaktion aber nicht. Obwohl sie bewegungshemmend wirkt, ist die Entzündung eine »gesunde«, den Knorpel schützende Reaktion.

Wie Sie Magneten am besten anwenden, erfahren Sie in der *Einführung in die Magnettherapie* im ersten Teil dieses Ratgebers.

In sehr schweren Fällen müssen die Magneten unter Umständen mehrere Monate getragen werden.

7. Pflanzenheilkunde

Die antiarthritischen Wirkungen bestimmter Pflanzen sind erstaunlich:

Teufelskralle (Harpagowurzel)

Zubereitung: Wärmen Sie die Teekanne vor, und geben Sie 1 Teelöffel getrocknete Teufelskrallenwurzel hinein. Gießen Sie sie mit 1/2 l kochendem Wasser auf, und achten Sie darauf, daß es so langsam wie möglich abkühlt (indem Sie die Teekanne beispielsweise neben die Heizung stellen). Lassen Sie den Aufguß die ganze Nacht über ziehen. Abseihen und täglich 3 Tassen trinken.

Die Wurzel der Teufelskralle ist ein ganz besonders wirksames pflanzliches Heilmittel zur Behandlung von Arthritis. Sie ist auch in Tablettenform erhältlich (Dosierungsangaben des Herstellers beachten). Eine ausführliche Beschreibung dieser Pflanze finden Sie in Ihrem Ratgeber »Die Hausapotheke«.

Zur Linderung von Gelenkschmerzen können Sie sich eine sehr wirksame Salbe mit der Wurzel der Teufelskralle machen und bei Bedarf auftragen:

- Füllen Sie ein Einmachglas locker mit Teufelskrallenwurzel.
- Geben Sie Süßmandelöl hinzu, und lassen Sie das Ganze 1 bis 2 Wochen ziehen. Dann seihen Sie das Öl und geben 40 ml warmes flüssiges Wachs pro halben Liter Mandelöl hinzu.
- Gut mischen und in Behälter mit großer Öffnung gießen.
- Tragen Sie diese Salbe auf die schmerzenden Gelenke auf. Sie ist außerordentlich wirksam.

Brennessel

Bereiten Sie mit 1 bis 2 Teelöffel Brennesselblättern und -wurzel pro Tasse einen Aufguß zu, und lassen Sie ihn 15 Minuten ziehen. Trinken Sie höchstens 3 Tassen täglich (nicht über längere Zeit nehmen).

Brennessel wirkt leicht diuretisch, antirheumatisch und durchblutungsfördernd. Aus den jungen Blättern und Trieben können Sie ein sehr schmackhaftes Wildgemüse zubereiten. Die Blätter eignen sich auch für Wildpflanzensalate (beim Waschen werden die Brennhaare zerstört) und für Kräutersaucen.

Quecke

Auch dieses Gartenunkraut kann eine sehr gute Heilwirkung haben. Die Quecke erleichtert die Ausscheidung von Giftstoffen, da sie harntreibend und blutreinigend wirkt.

Der Absud wird in zwei Schritten zubereitet:

- Lassen Sie 30 g Queckenwurzel 1 Minute lang in Wasser kochen.

- Gießen Sie das Wasser ab, zerstoßen Sie die Wurzeln, und lassen Sie sie noch einmal in 1 1/2 Litern Wasser kochen, bis die Flüssigkeit auf 1 Liter reduziert ist. Abseihen und nach Belieben trinken.

8. Hydrotherapie

Bäder haben bei Rheumatismus den Stellenwert, den Chinin bei Fieber hat.

Nehmen Sie also beliebig häufig Bäder, denen Sie je 500 g der folgenden Heilkräuter einzeln oder als Mischung zugeben: Wacholderbeeren, Kiefernknospen, Rosmarin, Salbei, Holunderblüten (siehe *Einführung in die Wasserheilkunde).* Sie können auch 4 bis 5 g ätherisches Thymian-, Dostenkraut-, Rosmarin- oder Lavendelöl in das Badewasser geben.

Zur Behandlung von Rheumatismus verwenden die Indianer in ihren Dampfbädern Lorbeerblätter.

9. Weitere Tips

- In Deutschland werden für Rheumatiker spezielle Matratzen mit Kiefernadeln hergestellt.
- Legen Sie auf die von Rheumatismus betroffenen Stellen kalte Essigkompressen, die Sie mit einer Kunststoffolie abdecken, damit der Essig nicht verdunstet.
- In manchen Gegenden Rußlands wird chronischer Rheumatismus heute noch mit Kochsalz behandelt. Dabei werden die schmerzhaften oder geschwollenen Stellen mit leicht angefeuchtetem Kochsalz eingerieben. Diese Einreibungen dauern 15 Minuten und werden zwei- bis dreimal täglich durchgeführt. Anschließend wird ein Wolltuch um das kranke Glied gewickelt.

  Sie können stattdessen auch feuchte Kompressen mit angefeuchtetem Kochsalz auflegen und mit einem Wolltuch abdecken. Erneuern Sie die Kompresse alle 4 Stunden. Im allgemeinen tritt die Heilung nach dreiwöchiger Behandlung ein.
- Machen Sie Umschläge aus zerstoßenem Knoblauch oder zerdrückter Zwiebel, aus frischen, in Stückchen geschnittenen und in ein Stoffsäckchen gepackten Farnwurzeln, Kohlblättern oder Thymiankraut. Dämpfen Sie die Pflanzen kurz an, und legen Sie sie so heiß wie erträglich auf.

  Diese Umschläge wurden im Laufe der Jahrhunderte mit Erfolg angewandt. Probieren Sie aus, welcher Umschlag für Sie der geeignetste ist.

Arthritische Schmerzen

Maßnahmen zur Vermeidung arthritischer Schmerzen im Alltag

Für viele von Arthritis geplagte Menschen scheinen die alltäglichsten Arbeiten unüberwindbare Hürden darzustellen. Gilt dasselbe auch für Sie, so finden Sie nachstehend einige sehr einfache Tips, wie Sie unnötige Schmerzen vermeiden können. Sie wurden von amerikanischen Rheumatologen der Universität Vanderbilt zusammengestellt:

- Verwenden Sie zum Massieren der Kopfhaut beim Haarewaschen einfach eine Haarbürste. Sie schonen auf diese Weise die Fingergelenke.
- Halten Sie im Badezimmer immer doppelkohlensaures Natron auf Lager. Geben Sie davon ins Badewasser, damit sich an der Badewanne keine Schmutzränder ansetzen. Sie müssen sich dann nicht bücken und die Badewanne reinigen.
- Wenn Sie ein Auto fahren, stützen Sie Ihr Kreuz mit einem zusätzlichen Kissen.
- Wenn Sie Ihre Uhr nur mit Mühe aufziehen können, lassen Sie den Knopf über eine rauhe oder gekerbte Oberfläche rollen, zum Beispiel über einen Pingpong-Schläger.
- Zum Wärmen der Handgelenke verwenden Sie alte Kinderstrickjacken. Schneiden Sie die Ärmel ab, und stülpen Sie sie über Ihre Handgelenke.
- Halten Sie immer eine große Stricknadel in Reichweite. Sie leistet Ihnen beim Heranziehen von Gegenständen, beim Telephonieren oder auch beim Kratzen nützliche Dienste.
- Verwenden Sie eine Wäscheklammer oder eine gewöhnliche Klammer zum Drehen des Schlüssels im Schloß, zum Drehen der Knöpfe am Fernsehapparat oder an verschiedenen Haushaltsgeräten. Die Klammer erweist sich auch bei vielen anderen Gelegenheiten als nützlich, wo Sie Schwierigkeiten haben, die Fingerspitzen zu gebrauchen: zum Beispiel beim Öffnen einer Milchpackung oder dem Entfernen eines Joghurtdekkels.
- Wenn Sie Mühe haben, den Deckel einer Konservenbüchse zu öffnen, bohren Sie mit Hilfe eines Hammers und eines Schraubenschlüssels ein Loch. Es ist dann viel einfacher, den Deckel abzuschrauben. Zum Frischhalten kleben Sie ein Stück Klebepapier darüber.
- Verschließen Sie Plastiksäcke mit Wäscheklammern. Sie sind viel praktischer als die üblichen Verschlüsse.
- Vermeiden Sie zu langes Halten von Gegenständen. Wenn Sie zum Beispiel Gemüse schälen, dehnen und strecken Sie Ihre Finger häufig, damit sie sich erholen können.

- Um ein Geldstück aus einem Automaten oder einem öffentlichen Telefonapparat zu nehmen, verwenden Sie einen Bleistift, und zwar mit dem Ende, an dem der Radiergummi angebracht ist.
- Haben Sie Mühe, mit den Fingern Lampen- oder Fernsehknöpfe zu drehen, können Sie größere Knöpfe anbringen lassen. Man findet sie in Haushaltsgeschäften.
- Wenn Sie den Waschlappen nur schwer ausdrücken können, versuchen Sie es mit der flachen Hand.
- Zum Auswringen der Wäsche rollen Sie sie um den Wasserhahn und lassen das Wasser ablaufen, indem Sie mit der Handfläche darauf drücken.
- Lehnen Sie sich nicht vornüber, wenn Sie an einem Pult oder Tisch schreiben. Bleiben Sie aufrecht, und neigen Sie den Hals nur ein klein wenig. Oder verwenden Sie einen Zeichentisch, dessen Neigungswinkel Sie einstellen können.
- Tragen Sie Knieschoner, wenn Sie sich für Reinigungs- oder Gartenarbeiten hinknien müssen. Sie finden sie in jedem Sportgeschäft.
- Um Ihre Kräfte beim Herausnehmen der Wäsche zu schonen, stellen Sie einen kleinen Tisch ungefähr 1 Meter vor den Wäschetrockner. Setzen Sie sich auf einen Stuhl, während Sie die Kleidungsstücke aus dem Trockner nehmen. Falten und sortieren Sie sie auf dem Tisch.
- Belassen Sie die am häufigsten verwendeten Töpfe und Pfannen so nahe wie möglich beim Herd, entweder direkt über dem Herd oder in einem niederen Schrank. Sie sollten sie vor allem nicht von einem hohen Regal holen müssen.
- Verwenden Sie immer ein Sieb, damit Sie schwere Töpfe nicht mit Nahrung und Kochwasser heben müssen. Sie können auf diese Weise nur das Gemüse herausnehmen und das Kochwasser später abschütten.
- Bewahren Sie Mehl, Zucker oder Salz in der Küche in praktischen Behältern auf, aus denen Sie die notwendigen Mengen entnehmen können, ohne jedesmal schwere, unhandliche Packungen in die Hand nehmen zu müssen.

Diese lange Liste mit Tips könnte beliebig verlängert werden. Sie ist jedoch ausführlich genug, um Sie zu weiteren Tricks anzuregen, damit Sie unnötige Schmerzen verhindern und Zeit und Energie sparen.

Lassen Sie Kreativität und Erfindergeist spielen. Indem Sie die Grenzen des Möglichen nach und nach ausdehnen, werden Sie gegenüber Ihren Angehörigen zunehmend selbständiger.

Asthenie (Kraftlosigkeit)

Asthenie macht sich dadurch bemerkbar, daß man sich sehr schwach, ohne Energie und Vitalität fühlt. Mit dieser Kraftlosigkeit gehen Gefühle von Traurigkeit, Depressionen, Mattigkeit und Arbeitsunfähigkeit einher.

Asthenie kann Merkmale von Vagotonie zeigen (schwacher Puls, niederer Blutdruck, Neigung zu Ohnmacht, Schweißausbrüche usw.).

Auch das Geschlechtsleben ist beeinträchtigt. Bestimmte Formen sexueller Impotenz können als sexuelle Asthenie bezeichnet werden. Dabei sind die Störungen häufiger auf eine allgemeine Körperschwäche als auf psychische, arzneimittelbedingte oder drüsenbezogene Ursachen zurückzuführen.

Ursachen

Asthenie beruht auf nervlich-seelischen Störungen, die durch schlechte Lebensgewohnheiten, Bewegungsmangel, Mangelernährung oder ungesundes Klima verursacht werden. Es handelt sich dabei überwiegend um einen Mangel an Lebenskraft und weniger um seelisch bedingte Schwierigkeiten. Beispielhafte Fälle sind etwa Niedergeschlagenheit wegen Arbeitsplatzverlust, Liebeskummer usw.

Indem Sie über Ihr Leben nachdenken, können Sie selbst feststellen, was Ihre Nerven- oder Lebenskraft beeinträchtigt.

- Verdrängen Sie vielleicht bestimmte Gefühle, lassen Sie tiefe, verborgene Wut nicht heraus, oder gestehen Sie sich den Überdruß am Beruf nicht ein?
- Sind Ihre Arbeitsbedingungen annehmbar? Bei Klimaanlagen am Arbeitsplatz ist die Luft unter Umständen sehr ungesund. Liegen die Büros oben in einem Hochhaus, können die Sie Opfer des Faraday-Effekts sein (siehe *Umweltbedingte Krankheiten*).
- Ist Ihre Wohnung »gesund«? Ist sie zu dunkel? Befinden sich ein Sicherungskasten oder viele elektronische Geräte im Schlafzimmer? Steht das Haus vielleicht auf einem negativen erdmagnetischen Knotenpunkt? Ist das Bett richtig ausgerichtet?

Was Sie tun können

Bei einigen Arten von Depressionen bleibt den Betroffenen ein gewisses Maß an Lebenskraft erhalten. Der Astheniker dagegen gibt sich von vornherein geschlagen (mit dem Vorwand, daß er es doch nie hätte schaffen können). Die Menschen in seiner Umgebung müssen ihn daher ständig neu motivieren.

Das allein nützt aber nichts, wenn dem Astheniker nicht eine gesunde Ernährung und geeignete Lebensbedingungen für eine tiefgreifende Kräftigung zuteil werden.

Heilpflanzen

Der wunderbare Ginseng

In China wird bei Asthenie seit jeher Ginseng eingesetzt. Zweifellos ist seine Wirkung in diesem Bereich am spektakulärsten, und seine Anwendungen sind gut dokumentiert. Ginseng kann selbst teilnahmslosen alten Menschen neuen Auftrieb geben. Des weiteren wird zur Bekämpfung sexueller Asthenie und allgemeiner Müdigkeit in China auch ein Ginsengtee gekocht, dem zu gleichen Teilen (1 Teelöffel pro Tasse) Lein- und Wegerichsamen zugegeben werden.

Weitere kräftigende Heilpflanzen

In unserer westlichen Kultur gilt der **Salbei** als Pflanze, die zu einem langen Leben verhilft.

- Bereiten Sie mit 20 g Salbeiblättern und -blüten pro Liter Wasser einen Aufguß zu, und trinken Sie davon täglich 3 Tassen.
- Auch Salbeiwein ist sehr wirksam:
  - 60 g Salbeiblätter in 1 Liter Rotwein geben,
  - eine Woche lang ziehen lassen,
  - abseihen und 300 g Honig daruntermischen.
- Ein weiteres bemerkenswertes Kräftigungsmittel sind **Kolasamen** (4 bis 8 g täglich). Zusammen mit Ginseng eingenommen können sie Wunder wirken.

Bäder

200 g Kräuter pro Bad, insbesondere Rosmarin, Thymian oder Salbei.

Heilerde

- Legen Sie Umschläge mit lauwarmer Heilerde (1 cm dick) auf Nacken und Unterleib, und lassen Sie sie bei guter Verträglichkeit 2 Stunden einwirken.
- Nehmen Sie 2 bis 4 Wochen lang täglich 1 Teelöffel Heilerdepulver in 1/2 Glas Wasser zu sich.

Ätherische Öle

Nehmen Sie 2 bis 3 Tropfen ätherisches Kamillen- (Römische Kamille) oder Salbeiöl (salvia officinalis) mit Honig ein.

Akupressur

- Tonisieren Sie in allen Fällen von Depressionen die Punkte Nr. 22, 19, 11, 34 und 35.
- Bei vorübergehender Müdigkeit oder Schwäche stimulieren Sie kräftig den Punkt Nr. 16 und kneifen die Nagelwurzel des kleinen Fingers. Üben Sie

mit dem spitzen Ende eines Bleistifts einen Druck auf den Punkt Nr. 3 in der Vertiefung direkt unterhalb der Nase aus (verletzen Sie sich dabei nicht!). Dieser Punkt ist sehr empfindlich und kann selbst Ohnmächtige wieder zum Leben erwecken.

- Ist die Niedergeschlagenheit auf ein schmerzliches Ereignis wie den Tod eines Freundes oder eine Trennung zurückzuführen, legen Sie einen Finger oder die Handfläche sanft auf den Punkt Nr. 8. Sie können auch vorsichtig die Punkte Nr. 6 und 25 massieren. So gelingt die Überwindung eines Schicksalsschlags leichter, ohne jedoch die Gefühle zu unterdrücken, was sehr wichtig ist, um infolge einer solchen Prüfung wachsen zu können.
- Auch die Massage der Wirbelsäule mit einem aus 2 Teilen Kampferöl (aus dem Reformhaus oder der Apotheke) und 1 Teil Knoblauch zusammengesetzten Öl kann helfen.

Asthma

Kennzeichnend für Asthma sind Atemprobleme, besonders beim Ausatmen. Die Atmung des Asthmatikers ist geräuschvoll und pfeifend, sein Husten ist hart und trocken.

Bei einem akuten Asthmaanfall leidet der Betroffene unter hochgradiger Atemnot. Die Atemfrequenz und der Puls steigen.

Wirken die Heilmittel nicht oder handelt es sich um den ersten Anfall, muß der Patient ins Krankenhaus.

Ursachen

Es gibt verschiedene Formen von Asthma.

Bei <u>Bronchialasthma</u> werden die Atembeschwerden durch eine starke atemwegsverengende Reaktion auf verschiedene, meistens inhalative Reize ausgelöst.

Bei <u>Herzasthma</u> wird die Atemnot durch eine Lungenstauung als Folge einer Herzinsuffizienz ausgelöst. Die Anfälle treten mit Vorliebe nachts auf und gehen mit starkem Husten einher.

Man spricht von <u>nervösem Asthma,</u> wenn die Anfälle von heftigen Gemütsbewegungen oder Streß ausgelöst werden.

<u>Allergisches Asthma</u> wird durch eine allergische Reaktion auf verschiedene Substanzen ausgelöst: Staub, Pollen, Tierhaare usw. Die meisten Asthma-Erkrankungen sind allergischen Ursprungs.

Viele Kinder haben Asthma. Mit dem Alter verschwindet diese Erkrankung aber häufig.

Was Sie tun können

Die geeignete Behandlung hängt natürlich von der Form des Asthmas ab. Im folgenden sind jedoch zunächst einige für alle Asthmatiker geeignete Behandlungsweisen aufgeführt. Anschließend folgen Behandlungsmethoden für bestimmte Erkrankungsformen.

Zigaretten gegen Asthma!

Tollkirsche, Stechapfel, Fingerhut, Bilsenkraut (diese Pflanzen dienen oft als Grundlage für Arzneimittel).

Zur Herstellung von Zigaretten für Asthmatiker drehen Sie einfach kleine Stückchen Huflattich oder Salbei wie eine Tabakzigarette.

Wegerich- und Thymianaufguß

Gießen Sie 1 Teelöffel der Kräutermischung pro Tasse mit heißem Wasser auf, lassen Sie sie 1 Minute ziehen, geben Sie einige Tropfen Zitronensaft dazu, und trinken Sie jede Stunde 1 Tasse.

Bäder

- 200 g Thymiankraut pro Bad, ein Bad täglich.
- 200 g Kiefernknospen pro Bad (Sie können auch ätherisches Kiefernöl verwenden).

Umschläge

Legen Sie Umschläge mit lauwarmer Heilerde (1 cm dick) auf Rücken und Brust, und lassen Sie sie 2 bis 4 Stunden täglich einwirken.

Ernährung

Essen Sie täglich Knoblauchsuppe oder 1 bis 2 Knoblauchzehen. Nehmen Sie auch rohe Zwiebeln oder selbst hergestellten Zwiebelhonig zu sich. Dazu geben Sie feine Zwiebelscheiben in einen Teller, bedecken sie mit Honig und lassen sie über Nacht stehen. Am nächsten Morgen schaben Sie den Honig von den Zwiebeln und nehmen davon drei- bis viermal täglich 1 Teelöffel ein.

Ätherische Öle

- Innerliche Anwendung: Nehmen Sie 3 Tropfen ätherisches Salbeiöl (salvia officinalis) mit etwas Honig ein (für Kinder nicht geeignet).
- Äußerliche Anwendung: Mischen Sie Lavandin- (lavandula hybrida) und Niaouliöl im Verhältnis von 3:100 mit Süßmandelöl, und massieren Sie damit den Rücken.

Spezifische Behandlungen und Heilmittel

Zur Behandlung von Asthmaanfällen verweisen wir Sie auf Ihren Ratgeber »Das ABC der Ersten Hilfe«.

Bei Asthma psychosomatischen oder nervösen Ursprungs

- Bei dieser Form von Asthma hat sich schon oft die Hypnose bewährt, manchmal verschwanden die Anfälle sogar gänzlich. Hypnose und Selbsthypnose helfen, mit den mit Asthmaanfällen einhergehenden Angstgefühlen besser fertigzuwerden.
- Lassen Sie 100 g Baldrianwurzel 12 Stunden in 1 Liter kaltem Wasser ziehen, und trinken Sie von diesem Auszug täglich 2 bis 3 Tassen über einen Zeitraum von 10 Tagen. Setzen Sie die Behandlung anschließend 2 bis 3 Wochen aus (Baldrian bewirkt eine gewisse Gewöhnung).
- Nehmen Sie 3 Tropfen ätherisches Kamillenöl (Römische Kamille) mit etwas Honig ein. Zur äußerlichen Anwendung mischen Sie ätherisches Lavendelöl (lavandula vera) im Verhältnis von 1:20 mit Süßmandelöl.
- Meiden Sie Zucker und Milchprodukte. Auch bestimmt Getreidesorten können Allergien auslösen.

Bei Herzasthma

Wenden Sie bei dieser Form von Asthma Akupressur an.

- Massieren Sie die unter *Arterienverkalkung* empfohlenen Akupressurpunkte. Ihre Behandlung trägt bei Herzasthma zur Herzkräftigung bei.
- Hinweise zur Regulierung des Blutdrucks finden Sie ebenfall unter *Arterienverkalkung*.
- Unterstützen Sie Ihren Organismus beim Ausscheiden der in den Arterien angesammelten Giftstoffen wie folgt:
  - Beginnen Sie mit dem Punkt Nr. 17. Massieren Sie kräftig die Punkte, die sich 2 bis 3 Daumenbreit oberhalb des höchsten Punktes des inneren Fußknöchels neben dem Schienbein befinden, besonders die schmerzhaften Punkte in diesem Bereich.
  - Stimulieren Sie ebenfalls die Punkte Nr. 42 und 16. Massieren Sie häufig den gesamten Bereich der Kniegelenksfalte (Kniekehle).

Bei allergischem Asthma aufgrund einer Katzenhaarallergie

Es ist tatsächlich möglich, Katzen zu halten, ohne eine Allergie befürchten zu müssen! Befolgen Sie dazu die beiden folgenden wissenschaftlich untersuchten Ratschläge:

Erster Tip

Amerikanische Ärzte haben herausgefunden, wie man eine durch Katzenhaare verursachte Allergie vermeiden kann: Sie brauchen Ihre Katze einfach nur jeden Monat zu baden.

Ist die Katze das Gebadetwerden nicht von klein auf gewöhnt, muß sie dazu von einem Tierarzt betäubt werden.

Zweiter Tip

Die amerikanischen Fachärzte Jeffrey D. Miller und Thomas A.E. Platts-Mills haben den Nachweis dafür erbracht, daß sich auch die Wirkung der allergieauslösenden Stoffe im Speichel von Katzen (siehe *Allergien)* mit einem Hausmittel aufheben läßt:

Mischen Sie Gerbsäure im Verhältnis von 3:100 mit Wasser, geben Sie diese Mischung in einen Zerstäuber, und sprühen Sie damit Teppiche, Möbel sowie den gesamten Aufenthaltsbereich der Katzen ein.

Schon nach dem ersten Einsprühen sind unter Umständen bereits 94 % der allergenen Stoffe verschwunden. Weil sich diese Stoffe immer wieder neu ansammeln, muß das Verfahren öfters wiederholt werden.

Bei allergischem Asthma aufgrund einer Lebensmittelallergie

- Meiden Sie Milchprodukte.
- Nehmen Sie keine Nahrungsmittel mit chemischen Zusätzen zu sich.
- Weitere Maßnahmen siehe unter *Lebensmittelallergie*.

Atemtechniken

Wie wollen Sie atmen ... und leben?

Sauerstoff ist der wichtigste Nährstoff. Sie können tagelang ohne Essen und lange Zeit ohne Flüssigkeit auskommen, aber können Sie fünf Minuten ohne einen Atemzug aushalten?

Die Atmung ist Ihnen das ganzes Leben lang ein treuer Begleiter. Ihr Leben beginnt und endet mit einem Atemzug.

Die Atmung paßt sich übrigens sofort Ihrer Gemütsverfassung an. Fühlen Sie sich traurig oder ängstlich, wird Ihre Atmung unregelmäßig und oberflächlich; fühlen Sie sich hingegen offen und voller Selbstvertrauen, ist Ihre Atmung tief und harmonisch.

Ihre Atmung beeinflußt zudem Ihre Gefühle und Gedanken. Indem Sie Ihre Atmung verbessern, wirken Sie gleichzeitig positiv auf Ihr Gemüt und Ihre geistigen Fähigkeiten ein.

Im folgenden Abschnitt lernen Sie das ABC einer richtigen Atmung kennen. Wenn Sie diese Ratschläge befolgen, können Sie eine solche Atmung auch in Ihren Alltag einbauen und so Ihre Lebensqualität verbessern.

Das Geheimnis der Yogi-Atmung

Die Yogi-Atmung, auch vollständige Atmung genannt, besteht aus drei aufeinanderfolgenden Atmungsphasen: Bauchatmung, Brustatmung und Schlüsselbeinatmung.

Hier nun eine Beschreibung dieser drei Phasen.

Bauchatmung (Zwerchfellatmung)

Zur besseren Wahrnehmung der Bauchatmung führen Sie diese am besten auf allen Vieren (in der Stellung der Katze) oder auf dem Rücken liegend aus, wobei Sie die Hände auf den Unterleib legen.

Lenken Sie den Atem beim Einatmen in den unteren Teil der Lungen. Das Zwerchfell weicht dadurch nach unten aus und übt Druck auf die Bauchhöhle aus. Die Bauchdecke dehnt sich.

Beim Ausatmen wird das Zwerchfell nach oben gezogen und die Organe in der Bauchhöhle werden etwas angehoben, während sich die Lunge entleert.

Der ganze Ablauf ist mit dem Aufblasen (Einatmen) und Luftablassen (Ausatmen) eines Ballons vergleichbar.

Die Bauchatmung ist ein hervorragendes Mittel zur Entspannung des Körpers und regt die vitalen Körperfunktionen an. Durch die Auf- und Abbewegung des Zwerchfells werden die Organe in der Bauchhöhle massiert und der Kreislauf wird angeregt.

André Van Lysebeth, der die wohltuende Wirkung der Atmung eingehend erforscht hat, beschreibt die Wirkung der Bauchatmung auf den Kreislauf folgendermaßen: *»Die Bauchatmung stellt, neben ihrer entspannenden Funktion, einen der aktivsten Motoren des Kreislaufs dar. Das Zwerchfell wirkt wie ein zweites Herz, da die kolbenartige Bewegung die Lungenbasis füllt, die so große Mengen venösen Blutes ansaugt. Durch die Beschleunigung des venösen Blutkreislaufs wird das Herz hervorragend mit Blut versorgt: eine wesentliche Verbesserung des gesamten Kreislaufs.«*

Brustatmung (Rippenatmung)

Die zweite Phase der vollständigen Atmung wird Brustatmung genannt.

Bei der Brustatmung dehnt sich die Lunge im Brustkorb nicht nach unten aus, wie dies bei der Bauchatmung der Fall ist. Die Rippen dehnen sich seitlich aus, und die Brust wird angehoben.

Legen Sie beide Hände an die Seiten des Brustkorbs, um die seitliche Ausdehnung (während des Einatmens) und das Einsinken des Brustkorbs (während des Ausatmens) bewußt wahrzunehmen. Achten Sie darauf, daß sich Ihre Schultern nicht bewegen.

Die Brustatmung öffnet das Herz. Liebesseufzer sind oft mit einer Öffnung des Herzens verbunden. Diese Atmung verwandelt Gefühle von Angst, Wut oder Haß in Liebe und innere Ruhe.

Schlüsselbeinatmung (obere Atmung)

Setzen Sie sich auf die Fersen, und legen Sie eine Hand flach auf den oberen Teil des Brustkorbs, dort wo Schlüsselbein und Brustbein zusammentreffen.

Atmen Sie ganz leicht ein, wobei Sie den oberen Teil der Lungen mit nur wenig Luft füllen. Unter Ihrer Hand spüren Sie, wie sich der obere Teil des Brustkorbs leicht bewegt. Ausatmen.

Sie werden sicher feststellen, daß diese Art der Atmung nicht sehr angenehm ist. Dem Körper wird zu wenig Sauerstoff zugeführt. Aber gerade diese flache Atmung wenden wir allzu oft an.

Die Schlüsselbeinatmung ist jedoch eine wichtige Phase der Yoga-Atmung. Sie stellt die Ergänzung zu den beiden vorangegangenen Phasen der Bauch- und Brustatmung dar und schließt die vollständige Atmung ab.

Ablauf der drei Phasen der vollständigen Atmung

Ein gebräuchliches »Yogi«-Bild zur Verdeutlichung des Mechanismus der vollständigen Atmung ist die Flasche. Stellen Sie sich eine Flasche vor, die Sie mit Wasser füllen. Das Wasser bedeckt zuerst den Boden, dann den mittleren Teil und schließlich den Hals der Flasche. Wenn Sie nun die Flasche leeren wollen, drehen Sie sie um. Zuerst entleert sich der Boden, dann der mittlere Teil und zuletzt der Hals.

Bei der vollständigen Atmung verhält es sich genauso. Beim Einatmen füllen Sie zuerst den unteren Teil Ihres Körpers (den Bauch) mit Luft, dann den mittleren (die Brust) und schließlich den oberen (Schlüsselbeinregion). Dieselbe Folge ergibt sich während des Ausatmens.

Diese Atemgymnastik mag Ihnen zu Anfang etwas kompliziert erscheinen. Versuchen Sie, sich während der Übung zu entspannen! Je besser Ihnen dies gelingt, desto leichter und angenehmer können Sie atmen.

Das Erlernen der richtigen Atmung ist für einige eine Frage von Wochen, für andere von Monaten oder gar von Jahren. Alles hängt von Ihrer derzeitigen Verfassung ab. Wie dem auch sei, forcieren Sie Ihre Atmung nicht. Um richtig atmen zu können, »müssen« Sie sich zuerst entspannen.

Augenschmerzen oder müde Augen

(Siehe *Bindehautentzündung*, *Gerstenkorn* und *Sehkraft*)

B

Bettnässen (Enuresis)

Bettnässen beim Kind

Unwillkürliches Bettnässen kommt ganz offensichtlich in erster Linie im Kindesalter vor. Im Normalfall hören 50 % der Kinder im Alter von ca. drei Jahren auf, ins Bett zu machen. Unter den Sechsjährigen finden sich noch 10 % Bettnässer, unter den Zwölfjährigen sind es nur noch 3 %.

Wenn Ihr Kind älter als 5 Jahre ist und immer noch ins Bett macht, sollten Sie sich über Ihre grundsätzliche Einstellung zu Ihrem Sohn oder Ihrer Tochter befragen. Die Kinder werden meist im Alter von ein bis zwei Jahren sauber, ein weiter anhaltendes Bettnässen ist oft ein Zeichen für mangelnde Zuwendung, insbesondere von seiten der Mutter. In einigen Fällen ist es notwendig, sich an einen Psychotherapeuten zu wenden.

Unter keinen Umständen darf man sich jedoch über das Kind lustig machen oder es hart bestrafen. Vergessen Sie nicht, daß Bettnässen das Selbstwertgefühl des Kindes in hohem Maße beeinträchtigt.

Beim Kind hat dieses Problem in erster Linie zwei mögliche Ursachen:

- eine Blasenschwäche, die oft durch eine Unterkühlung hervorgerufen wird. Babys, die zu lange in ihrem Urin liegen, oder Kinder, die mehrere Stunden im feuchten Gras gesessen haben, sind dafür sehr anfällig.
- eine Entzündung der Nerven, die den Schließmuskel der Blase steuern.

In einigen Fällen wird das Bettnässen durch einen parasitären Befall des Darms hervorgerufen. Auch ein Mangel an Mangan und Kupfer kann die Ursache sein.

Eine erst kürzlich gemachte Entdeckung wirft jedoch ein ganz neues Licht auf das alte Problem. Der dänische Wissenschaftler Dr. Jens Peter Norgaard hat herausgefunden, daß bettnässende Kinder nicht genügend ADH produzieren. ADH ist ein antidiuretisches Hormon, das die in der Nacht produzierte Urinmenge reguliert. Die Urinproduktion schwankt normalerweise im Laufe des Tages. Am Nachmittag ist sie ist am höchsten, während der Nacht am geringsten.

Bei vielen bettnässenden Kindern übersteigt die Urinproduktion die für die Nacht übliche Menge. Ausgehend von diesem Prinzip verabreichte man den

Kindern vor dem Schlafengehen antidiuretische Hormone. Die Erfolgsquote lag bei 70 %.

Bettnässen beim Erwachsenen

Auch bei Erwachsenen und alten Menschen tritt dieses Leiden auf. Man hat herausgefunden, daß 1 % der Kinder, die ins Bett machen, diese Angewohnheit auch im Erwachsenenalter beibehalten.

Liegt die Ursache dieses Problems nicht in vorzeitiger Senilität, verschiedenen nervös bedingten Störungen oder den Folgen einer Operation, so kann es sich auch um eine angeborene Schwäche oder um eine Schwächung der Harnröhrenmuskel handeln.

Frauen, die unlängst entbunden haben, leiden häufig an einer vorübergehenden Blasenschwäche. Wenn die Vagina sich im Moment der Geburt zu stark ausdehnt, so erschlafft der Muskelstrang zwischen Steißbein und Schambein (musculus pubococcygeus). Es wird für die Frau schwieriger, den Urinfluß zurückzuhalten.

Was Sie tun können

Ganz gleich, ob es sich um ein Kind oder einen Erwachsenen handelt, man vergißt zu häufig die Bedeutung einer guten urogenitalen Muskulatur. Das systematische Training des betroffenen Muskelstrangs kann wahre Wunder bewirken (lesen Sie dazu auch die Rubriken *Geburtsvorbereitung, vorzeitiger Samenerguß* oder *Wechseljahre.)*

Wenn zwischen dieser Körperregion und dem Gehirn eine Nervenverbindung besteht, so funktioniert die Kontrolle ganz automatisch. Bei manchen Menschen hat das Nervennetz, das die nervlichen Impulse normalerweise weiterleitet, nie wirklich seinen Zweck erfüllt. Es ist daher wenig funktionstüchtig, an einigen Stellen sogar unterbrochen. Das Ziel der weiter unten beschriebenen Übung ist die Reinigung und Reaktivierung dieses Nervennetzes.

Diese Form des Trainings eignet sich sowohl für Kinder als auch für Erwachsene. Selbstverständlich braucht ein Kind jemanden, der mit ihm arbeitet und es motiviert.

Erwähnenswert ist, daß diese Übung ebenfalls zur Verhinderung des vorzeitigen Samenergusses beiträgt. Zwischen Bettnässen, vorzeitigem Samenerguß und allzu häufigen erotischen, den sogenannten »feuchten« Träumen besteht nämlich ein Zusammenhang, der in der Schwäche des PC-Muskels (musculus pubococcygeus) begründet liegt.

Bevor man auf eine therapeutische Behandlung oder sogar auf antidiuretische Hormone zurückgreift, empfiehlt sich also die weiter unten beschriebene

Übung. Dafür spricht auch, daß die Behandlung mit antidiuretischen Hormonen nicht unbedingt eine dauerhafte Wirkung verspricht. Der kanadische Urologe Yves Homsy hat in diesem Zusammenhang bemerkt: *»Sobald man mit der Behandlung aufhört, kehrt das Problem in Windeseile zurück, es sei denn, das Kind hat das entsprechende Entwicklungsstadium erreicht oder das Problem reguliert sich auf natürliche Art und Weise.«*

Übung zur Stärkung des PC-Muskels

1. Spannen Sie die Gesäß- und urogenitalen Muskeln an, abwechslungsweise in längeren Abständen und schnell aufeinanderfolgend. Erzwingen Sie dabei aber nichts. Die Übung soll angenehm bleiben. Sie können sie im übrigen überall durchführen.
2. Wenn Sie das Bedürfnis verspüren, Wasser zu lassen, trainieren Sie Ihre urogenitalen Muskeln wie folgt: Unterbrechen Sie beim Urinieren mehrmals ganz bewußt den Wasserstrahl, und halten Sie ihn einige Sekunden zurück, bevor Sie fortfahren. Wenn Sie sich daran gewöhnen, sich selbst bei starkem Harndrang zurückzuhalten, wird Ihnen dies automatisch auch während der Nacht gelingen.

Vorbeugende Maßnahmen

- Vermeiden Sie den Genuß von raffiniertem Zucker und den übermäßigen Verzehr von Salz und Obst.
- Trinken Sie weniger während des Abendessens.
- Lüften Sie gründlich. Halten Sie Ihre Füße warm während des Schlafens!
- Verzichten Sie bei Ihrem Kind auf einen Matratzenschutz. Es könnte den Eindruck haben, daß sein Problem unvermeidbar und unheilbar sei. Es empfiehlt sich vielmehr, es gegen 1 oder 2 Uhr morgens zu wecken, damit es seine Blase entleeren kann.

Natürliche Heilmittel

Heilpflanzen

- Verabreichen Sie dem Kind täglich 1 Tasse **Schafgarbentee.** Diese Pflanze ist reich an Mineralsalzen und Gerbstoffen und hat eine entspannende Wirkung auf verkrampfte Harnwege. Außerdem kräftigt sie generell den gesamten Organismus. Verwenden Sie für den Aufguß 30 g Schafgarbenblüten auf 1 Liter Wasser.
- Da das Problem des Bettnässens häufig mit einer Verarmung des Körpers an Mineralien einhergeht, sollten Erwachsene täglich 1 Glas und Kinder 1 bis 2 Eßlöffel **Schachtelhalmtee** einnehmen: Lassen Sie 50 bis 100 g

frisches oder 20 g getrocknetes Schachtelhalmkraut in 1 Liter Wasser 30 Minuten lang kochen. Sie können anstelle des Absuds auch den im Handel erhältlichen Schachtelhalmextrakt verwenden.

Sitzbäder

Bereiten Sie für sich oder Ihr Kind jeden Morgen ein kaltes Sitzbad zu, das beim Kind nicht länger als 5 Minuten und beim Erwachsenen nicht länger als 10 Minuten dauern sollte. Kalte Sitzbäder gehören zu den wirksamsten Mitteln gegen Bettnässen. Jedoch muß man bereit sein, sie über einen gewissen Zeitraum hinweg anzuwenden.

Heilerde

Trinken Sie vor dem Frühstück 1/2 Glas Wasser mit Heilerde (siehe *Einführung in die Behandlung mit Heilerde).* Ergänzend dazu können Sie einen Umschlag mit Heilerde machen, den Sie vor dem Schlafengehen auf den unteren Teil des Bauches legen.

Akupressur

- Massieren und erwärmen Sie die Muskeln auf beiden Seiten der Wirbelsäule, ausgehend von den letzten beiden Rippen bis auf Taillenhöhe. Massieren Sie auf die gleiche Art und Weise das Kreuzbein und das Steißbein. Tonisieren Sie die Punkte Nr. 16 und 17.
- Massieren Sie bei seelischen Problemen den Punkt Nr. 1 auf dem Scheitelpunkt des Kopfes und den Punkt Nr. 20 auf dem Fußrücken.

Weitere Möglichkeiten

Wie oben beschrieben, kann Bettnässen auch durch eine Entzündung der Nerven hervorgerufen werden, die für den Schließmuskel der Blase verantwortlich sind. Lesen Sie in diesem Fall die Rubriken *Nervosität* und *Schlaflosigkeit,* die Hinweise für eine geeignete Behandlung des Nervensystems im allgemeinen enthalten.

Bindehautentzündung (Konjunktivitis)

Konjunktivitis ist die Entzündung der Augenbindehaut, das heißt der Schleimhaut, die das Innere der Lider und den sichtbaren Teil des Augapfels bedeckt. Normalerweise dauert eine Bindehautentzündung ein bis zwei Wochen. Sie können sie mühelos an folgenden Zeichen erkennen:

- Sie haben den Eindruck, etwas im Auge zu haben;
- Ihre Augen brennen, ohne aber wirklich zu schmerzen;
- das Innere Ihrer Lider ist geschwollen und sehr rot;

- der weiße Teil des Augapfels ist blutunterlaufen;
- dazu kommt eine reichliche Absonderung von gelblichem Eiter.

Konjunktivitis zeigt sich besonders beim Aufwachen. Der Ausdruck »morgens nicht die Augen aufbekommen« ist dann völlig berechtigt. Aufgrund des reichlichen Eiters kleben die Lider buchstäblich aneinander. Das ist ein sicheres Zeichen dafür, daß es sich tatsächlich um eine Bindehautentzündung handelt.

Ursachen

Meistens ist eine Konjunktivitis die Folge einer Infektion. Diese kann durch Taschentücher oder schmutzige Hände hervorgerufen werden. Doch eine Bindehautentzündung kann auch allergischen Ursprungs sein und durch den Kontakt mit einem frisch gewaschenen Tuch, giftigen Dämpfe, Pollen, Kosmetika usw. verursacht werden. Fremdkörper, Verletzungen oder Staub sind weitere mögliche Ursachen einer Bindehautentzündung.

Was Sie tun können

Selbst wenn es sich um ein harmloses Problem handelt, versäumen Sie auf keinen Fall, es zu behandeln. Wenn es sich um eine infektiöse Bindehautentzündung handelt, sind häufig Antibiotika angezeigt. Doch können einige begleitend angewandte Naturheilmittel sehr hilfreich sein. Im Fall einer allergischen Bindehautentzündung genügen diese Mittel manchmal für eine Behandlung ohne Antibiotika. Zumindest beschleunigen sie die Heilung und tun Ihnen gut.

Umschläge

- Legen Sie **Heilerde** zwischen zwei Gazestreifen auf das geschlossene Auge (1 bis 2mal täglich bis zur Heilung).
- Machen Sie Umschläge mit **Klatschmohnblüten.**

Augenbäder und -waschungen

Wenden Sie häufig Augenbäder an, die Sie wie folgt zubereiten:

- Lassen Sie 40 bis 60 g **Wegerichblätter** pro Liter Wasser 1 Minute kochen und die ganze Nacht über ziehen;
- Lassen Sie 1 Eßlöffel **Kamillenblüten** pro Tasse 1 Minute kochen und 10 Minuten ziehen;
- Geben Sie zwei- bis dreimal wöchentlich 1 Tropfen **Zitronensaft** in jedes Auge.

Ätherische Öle

Legen Sie mit Kamillenhydrolat (Römischer Kamille) befeuchtete Kompressen auf.

Aloe-vera-Gelee

Wenn Sie eine Aloe-vera-Pflanze haben, dann profitieren Sie davon!

Dr. Derry Lawrence hat im Korrespondenzteil des *New England Journal of Medecine* vom 9. August 1984 berichtet, wie gut Aloe vera Bindehautentzündungen heilt: *»Ich bin nicht nur Arzt, sondern schmeichle mir auch, Schweißer zu sein. Ich konnte also an meinen eigenen Augen feststellen, wie schmerzhaft gelegentliche Bindehautentzündungen sein können. Ich hatte noch nie von einer wirksamen Behandlung gehört, obwohl ich mehrere ausprobierte. Vor einigen Jahren nun entdeckte ich eine sehr wirksame Behandlung, die ich Ihnen empfehlen möchte.*

Das Gelee aus frischen zerrissenen oder zerschnittenen Blättern von Aloe vera ist steril und lindernd. Trägt man es ein- bis zweimal direkt auf das betroffene Auge auf, so läßt es alle Symptome sehr schnell abklingen und scheint die Heilung zu beschleunigen.«

Aloe vera ist sowohl bei akuter als auch bei chronischer Konjunktivitis sehr wirksam. Sie können Tropfen oder das frische Gelee der Pflanze benutzen.

Akupressur

- Massieren Sie die Punkte Nr. 42 und 20. Wenn Sie das bei einer anderen Person machen, können Sie die beiden Punkte gleichzeitig behandeln.
- Halten Sie den Kopf ganz gerade, und suchen Sie die Punkte am Hinterkopf, die genau auf der horizontalen Linie Ihrer Augen liegen, das heißt 4 Fingerbreit hinter der Ohrenspitze. Sie können sie leicht an ihrer Empfindlichkeit erkennen.
- Massieren Sie mit einer Hand den Punkt Nr. 27, während Sie mit der anderen die schmerzhaften Stellen rund um das Auge, direkt gegen den Augapfel und auf den Augenhöhlenknochen massieren.

Empfehlungen

- Sollten die Naturheilmittel nach einigen Tagen keinen Erfolg zeitigen, suchen Sie möglichst schnell einen Augenarzt auf.
- Widerstehen Sie der Versuchung, sich die Augen zu reiben.
- Waschen Sie sich sorgfältig die Hände, bevor Sie Ihre Augen berühren, um sie zu untersuchen oder zu behandeln.
- Wenn Sie eine Allergie vermuten, meiden Sie natürlich den allergenen Faktor.

– Bei Säuglingen muß man unverzüglich den Arzt aufsuchen, um Komplikationen für die Augen zu vermeiden.

Blähungen (Flatulenz)

Alle, ob groß oder klein, haben schon einmal »einen fahren gelassen«. Dies wird unter Umständen von der Umwelt mit Gelächter und Heiterkeit aufgenommen, kann aber für den Betroffenen auch sehr peinlich sein. Dieses Phänomen ist so verbreitet, daß sich selbst große Dichter dazu geäußert haben.

Voltaire sagte beispielsweise:

»Besser noch ein klangvoller Furz mit Getöse,
als ein stiller, der einen verrät ganz böse.«

Sie können natürlich auch anderer Meinung sein!

Auch wenn solche Erscheinungen bisweilen Anlaß zu Heiterkeit geben, können sie doch ernster sein, als es den Anschein macht. Krankhafte Blähungen können das soziale Leben eines Menschen stark beeinträchtigen. Zudem gibt es Fälle, in denen die Gase im Darm eine solche Explosionskraft haben, daß sie die Darmwand zerreißen können.

Der kanadische Arzt W. Gifford-Jones führt das Beispiel eines Patienten an, der sich im Hinblick auf die Entfernung eines Grimmdarmpolypen einer Darmspiegelung unterziehen mußte. Entgegen den Empfehlungen des Arztes ließ er vor der Untersuchung keinen Einlauf machen. Folge: Während der Untersuchung führte die Gasansammlung zu einer Explosion, die die Darmwand auf einer Länge von 15 cm platzen ließ.

Ursachen

Laut Dr. Gifford-Jones bestehen 99 % der Darmgase aus einer Mischung von Sauerstoff, Stickstoff, Methan-, Wasserstoff- und Kohlendioxid, die allesamt geruchlos sind. Der unangenehme Geruch ist auf winzig kleine Mengen von Gasen zurückzuführen, die während des Gärungsprozesses entstehen. Einige dieser Gase haben einen so intensiven Geruch, daß man sie noch riechen kann, wenn sie nur im Verhältnis von 1:1 Million vorhanden sind.

Die Gase, die im Magen entstehen, müssen einen Ausgang finden, sei dies durch den Mund oder durch den After. Aber nicht nur Nahrungsmittel können zur Bildung von Gasen führen. Auch die Art, wie man ißt, kann dazu beitragen. Es mag zwar seltsam erscheinen, doch wenn man beim Essen Luft mitschluckt, so führt auch dies zur Bildung von Darmgasen.

Kohlensäurehaltige Getränke, Bier, Kaugummi, zu schnelles Essen oder gleichzeitiges Trinken, eine schlecht sitzende Zahnprothese – all dies kann Gase verursachen.

Was die Ernährung betrifft, so bestätigen neuere Untersuchungen die alten Vorsichtsmaßregeln. So zeigte die moderne Wissenschaft auf, daß dicke Bohnen Zuckerverbindungen enthalten, die von den Enzymen nicht umgewandelt werden können. Ihre Blähwirkung ist zehnmal stärker als die von grünen Bohnen. Weitere blähende Nahrungsmittel sind Kohl, Zwiebeln, Blumenkohl, Rosenkohl, Brokkoli und Roggen.

Übrigens fehlt es jedem fünften Menschen an einem bestimmten Enzym zur Verdauung von Milchzucker, wie er in der Kuhmilch vorkommt. Dies ist ebenfalls eine der Hauptursachen für Blähungen. Wahrscheinlich leiden genau diese Personen am häufigsten unter Blähungen.

Was Sie tun können

Auch wenn Sie häufig Blähungen haben, so ist das kein Grund zür Beunruhigung. Sie sind deswegen nicht »krank«, sondern es geht vielmehr darum, sich von einer peinlichen oder unangenehmen Erscheinung zu befreien.

Trotzdem können häufig auftretende Blähungen ein Hinweis für eine Störung der Darmflora sein. Möglicherweise haben sich Schlackenstoffe in den Eingeweiden angesammelt, was langfristig der Gesundheit abträglich sein kann, weil der Stoffwechsel dadurch beeinträchtigt wird. Eine Darmspülung ist in vielen Fällen angezeigt.

Aber vorher empfiehlt es sich, die folgenden Ratschläge zu berücksichtigen:

Ernährung

- Versuchen Sie, die Ursachen für Ihre Blähungen ausfindig zu machen. Ist es die Milch oder Ihre Essensweise, dann ändern Sie Ihre Ernährungsgewohnheiten.
- Die Wirkung von blähenden Nahrungsmitteln, wie zum Beispiel dicke Bohnen und Kohl, kann verringert werden. Legen Sie die dicken Bohnen einige Stunden in Wasser ein, und schütten Sie das Wasser weg, bevor Sie sie kochen. Ersetzen Sie das Kochwasser nach ein paar Minuten durch frisches Wasser. Beim Kohl nützt das Einweichen nichts. Schütten Sie das Kochwasser nach 3 bis 4 Minuten weg, und ersetzen Sie es durch frisches Wasser.

Heilpflanzen

- Gegen den Gärungsvorgang im Darm hilft **Löwenzahnaufguß** (50 g Wurzeln und Kraut pro Liter Wasser). Trinken Sie davon 3 Tassen täglich jeweils vor den Mahlzeiten.
- Auch die **Heidelbeere** wird erfolgreich gegen den Fäulnisprozeß im Darm eingesetzt. Essen Sie die ganz reifen Beeren, frisch, als Gelee oder Konfi-

türe. Sie können auch einen Absud zubereiten, indem Sie 1 Eßlöffel Heidelbeeren pro Tasse Wasser aufkochen. Trinken Sie 2 bis 6 Tassen täglich.

- Versuchen Sie es mit dem folgenden Likör zur Vorbeugung und Vermeidung von Wind:

  Legen Sie während 1 Woche 60 g gepulverte Engelwurzwurzel, 60 g Korianderfrüchte, 8 g Anisfrüchte, 8 g Fenchelfrüchte und den Saft von 4 bis 5 Zitronen in 2 Liter Alkohol (Brandy oder Gin) ein. Auspressen, abseihen und 500 g Zucker hinzufügen, den Sie zuvor in 1/2 Liter Wasser aufgelöst haben. 2 Tage ruhen lassen, abseihen und in Flaschen abfüllen. Trinken Sie 1/2 bis 1 Glas vor oder nach den Mahlzeiten.
- Falls keine Besserung eintritt, versuchen Sie es mit pflanzlicher Kohle, Heilerdewasser, Aloe sucotrina in homöopathischer Dosis oder Aloe-vera-Saft.

Akupressur

- Bei Darmgasen: Massieren Sie den Bauchnabel sowie die Punkte Nr. 34 und 35 am Rücken.
- Bei Blähungen: Massieren Sie die Punkte Nr. 10, 11 und 36.
- Massieren Sie in beiden Fällen ausgiebig die Innenseite des Schienbeins zwischen Knöchel und Knie. Schlagen Sie auch unter *Verstopfung, Durchfall, Magen-Darm-Katarrh* und *Verdauungsträgheit* nach.

Blasen (die durch Reibung entstehen)

Es gibt wohl kaum etwas Unangenehmeres als eine Blase an der Hand oder am Fuß. Diese Blasen bilden sich unter der Haut durch Ansammlung von organischer Flüssigkeit. Sie entstehen durch wiederholte Reibung beim Gehen oder beim Hantieren mit Werkzeugen.

Sie können die Bildung von Blasen vermeiden, indem Sie passendes Schuhwerk oder Schutzhandschuhe tragen. Hierbei handelt es sich um einfache Vorsichtsmaßnahmen, die man leider oft außer acht läßt.

Menschen mit vermehrter Schweißabsonderung oder zu trockener Haut sollten besonders vorsichtig sein. Bei starkem Fußschweiß zieht man am besten zwei Paar Strümpfe aus Naturfaser an. Sie nehmen den Schweiß auf, und die Reibung entsteht vor allem zwischen den Strümpfen. Diesen Trick sollte man besonders bei langen Wanderungen anwenden.

Bei trockener Haut tragen Sie am besten ein gute Creme, wie beispielsweise Vaseline auf.

Wenn es Ihnen nicht gelungen ist, die Bildung einer Blase zu verhindern, müssen Sie sie sofort behandeln. Zum Glück verheilen Blasen dann meist ohne Komplikationen. Bestimmte Naturheilmittel können den Heilungsprozeß jedoch beschleunigen.

Was Sie tun können

Stechen Sie kleine Blasen nicht auf. Am besten lassen Sie sie austrocknen. Legen Sie zum Schutz einen dicken Wattebausch um die Blase, und befestigen Sie darüber ein Mullpflaster.

Dicke Blasen sollte man mit Hilfe einer Nadel aufstechen. Sterilisieren Sie die Nadel vorher mit Alkohol oder über einer Flamme. Am besten stechen Sie die Blase am Rand auf; so kann die Flüssigkeit leichter abfließen.

Drücken Sie mit einem sauberen oder sterilisierten Stück Stoff auf die Blase, damit die Flüssigkeit herausfließt. Wenn die Blase schon zum Teil aufgeplatzt ist, können Sie die noch verbleibende Flüssigkeit auf die gleiche Art entfernen. Säubern Sie die Wunde gründlich mit Wasser und Seife.

Danach haben Sie die Wahl: Mit Hilfe von Naturheilmitteln können Sie den Heilungsprozeß beschleunigen oder eine Narbenbildung vermeiden.

Fußbäder

Mit Ackerschachtelhalm (siehe *Einführung in die Wasserheilkunde).*

Umschläge

- Wenn Sie in freier Natur sind, legen Sie sich frische Wegerich- oder Huflattichblätter in die Schuhe, um die Bildung von neuen Blasen zu verhindern oder die bereits entstandenen auszutrocknen. Wenn Sie zu Hause sind, nehmen Sie zerriebene Kohlblätter. Das hilft genauso.
- Ausgezeichnete Ergebnisse erzielt man auch mit der Anwendung von Aloe vera, die man alle halbe Stunde wiederholt (handelsübliches Aloe-Gelee oder direkte Auflage eines Pflanzenblatts). Aloe wirkt nicht nur desinfizierend und heilend, sondern auch schmerzlindernd. Wenn die Haut sich wieder neu bildet, aber aufgrund von natürlicher Reibung eine Reizung bestehen bleibt, sollten Sie weiterhin Aloe auftragen.

Ätherische Öle

Äußerliche Anwendung: Mischen Sie ätherisches Karottensamen- (daucus carota) oder Orangenöl (aus den Blättern des Citrus aurantium) im Verhältnis von 3:100 mit Weizenkeimöl.

Blasenentzündung (Zystitis)

Verspüren Sie einen dauernden Harndrang und kommt jedesmal nur wenig Urin? Haben Sie Schmerzen bei oder nach dem Wasserlassen? Ist in Ihrem Urin Eiter oder Blut? Riecht der Urin sehr stark? Dann haben Sie wahrscheinlich eine Blasenentzündung. Bei dieser Krankheit können auch Fieber und Unterleibsschmerzen in der Blasengegend auftreten.

Ursachen

Zystitis ist eine Entzündung der Blasenschleimhaut, die von einer bakteriellen Infektion der Harnröhre herrührt. Frauen sind sehr viel häufiger davon betroffen als Männer, da Frauen eine kürzere Harnröhre haben. Die Erreger können also schneller in die Blase gelangen.

Übrigens gibt es kaum Frauen, die nicht irgendwann einmal an einer Blasenentzündung leiden. Besonders schwangere Frauen sind sehr anfällig dafür. Blasenentzündung ruft bei der Frau einen so großen Harndrang hervor, daß sie ihn manchmal nicht unterdrücken kann.

Bei Männern und Frauen kann die Infektion von einer Geschlechtskrankheit herrühren. Doch die Infektionserreger können auch aus den Nieren oder dem Darm kommen.

Was Sie tun können

Eine Blasenentzündung kann vorübergehend (akut) oder chronisch sein. Bei einer akuten Blasenentzündung wird ein Arzt die Entzündung in wenigen Tagen mit Antibiotika beheben. Wenn es sich um eine chronische Blasenentzündung handelt, ist die Medizin häufig nicht imstande, das Leiden wirklich auszumerzen. Dann sollten Sie sich den Naturheilmitteln zuwenden. Diese Mittel gelten auch für die akute Blasenentzündung. Wenn Sie nicht zu Antibiotika greifen wollen, können Sie also diese Mittel ausprobieren, bevor Sie einen Arzt aufsuchen.

Äußerliche Behandlung

Beginnen Sie die Behandlung bei den ersten brennenden Schmerzen beim Wasserlassen, und treffen Sie die üblichen Vorsichtsmaßnahmen:

- Ziehen Sie saubere Unterwäsche an, möglichst aus Baumwolle.
- Versuchen Sie, bei jedem Wasserlassen Ihre Blase ganz zu entleeren. Entleeren Sie die Blase nach jedem Geschlechtsverkehr (besonders die Frauen).
- Schlafen Sie nicht mit angewinkelten Beinen, damit in der Blase kein Urin zurückgehalten wird.

Umschläge

Machen Sie jeden Tag 2 Umschläge mit Heilerde, die Sie jeweils 2 bis 4 Stunden einwirken lassen. Nicht kurz vor den Mahlzeiten auflegen.

Akupressur

- Am Fußknöchel massieren Sie die Punkte Nr. 17 und 18.
- Am Unterleib massieren Sie die Punkte Nr. 11, 12, 13, 14 sowie die Gegend über dem Punkt Nr. 14 bis zum Punkt Nr. 11.
- Massieren und erwärmen Sie das ganze Kreuzbein und das Steißbein, besonders den Punkt Nr. 37 an der Spitze des Steißbeins.
- Eine Blasenentzündung ist häufig mit Schmerzen an der Hinterseite des Beines und im Rücken verbunden. Nehmen Sie sich die Zeit, die schmerzenden Stellen herauszufinden und zu massieren. Das wird Ihnen Erleichterung verschaffen und die Entzündung schneller abheilen lassen. Halten Sie Ihren Körper warm. Sie haben jetzt Ruhe, Entspannung und Sicherheit nötig.

Innerliche Behandlung

Wasser

Ob Ihre Blasenentzündung chronisch oder akut ist, trinken Sie sehr viel Wasser. Das gilt auch dann, wenn Sie eine Behandlung mit Antibiotika durchführen.

Vitamine

A, B6, C. Besonders Vitamin C ist hilfreich bei chronischer Blasenentzündung (wie auch bei mehreren anderen Krankheiten!). Nehmen Sie bis zu 6'000 mg Vitamin C täglich.

Moosbeersaft

Moosbeersaft ist ein erstaunliches Heilmittel. Man nimmt ihn mit ausgezeichnetem Erfolg und ohne die mit Antibiotika verbundenen Nebenwirkungen. Er ist besonders bei chronischer Blasenentzündung angezeigt.

Sie werden sich schnell an den etwas bitteren Geschmack des Moosbeersaftes gewöhnen, wenn Sie merken, wie gut er Ihnen tut.

Lange hat man geglaubt, daß seine antibakterielle Wirkung auf seiner säurebildenden Eigenschaft beruht. Doch einige neuere Forschungen zeigen, daß seine Wirkungsweise noch komplexer ist. Die Moosbeere soll insbesondere Substanzen enthalten, die die Bakterien daran hindern, sich an den Wänden der Blase festzusetzen.

Ernährung

Bei chronischer Blasenentzündung sollten Sie eine Fastenkur mit Wasser durchführen (siehe auch *Ernährung zur Beschleunigung der Genesung).* Wenn Ihnen das nicht zusagt, beachten Sie die folgenden Ernährungsregeln:

- Reduzieren Sie zumindest Ihre Ernährung auf grünes Gemüse, roh oder gekocht.
- Vermeiden Sie es, Saisongemüse zu essen (besonders Tomaten).
- Lassen Sie eine Zeitlang Alkoholgetränke, Tee und Kaffee wegfallen. Diese Getränke reizen die Harnwege besonders und erhöhen den Harndrang.
- Essen Sie Bohnen: Azuki, schwarze Bohnen (sie stärken die Nieren).
- Trinken Sie Zwiebelaufguß.

Knoblauch und Echinacea

Nehmen Sie bei akuter Blasenentzündung täglich mindestens 10 **Knoblauchkapseln.** Die antibiotischen Eigenschaften von Knoblauch sind erwiesen.

Kombinieren oder wechseln Sie mit Echinaceaextrakt (purpurea oder angustifolia) in Tablettenform ab, wobei Sie die Hinweise des Herstellers befolgen.

Diese beiden Substanzen haben sowohl eine vorbeugende wie auch eine heilende Wirkung.

Ätherische Öle

Dank ihrer desinfizierenden Wirkung sind mehrere Essenzen bei der Behandlung von Blasenentzündung wirksam: Pfefferminze, Muskatellersalbei (salvia sclarea), Sandelholz, Bohnenkraut (nehmen Sie sie mit Honig ein).

Blutarmut (Anämie)

Blutarmut äußert sich durch eine ganze Reihe von Symptomen wie Schwäche, Müdigkeit, Gefühllosigkeit der Gliedmaßen, Reizbarkeit, Herzklopfen, Konzentrationsschwäche, Gedächtnislücken, Kurzatmigkeit, Ohnmachtsanfälle usw.

Dieses Leiden geht auf einen bedeutenden Rückgang der Hämoglobinmenge bzw. der roten Blutkörperchen im Blut zurück.

Es gibt drei Arten von Blutarmut

1. Eisenmangelanämie

Eisenmangel verursacht Hämoglobinmangel. Hämoglobin ist ein Eiweiß, das den Sauerstoff bis in das Gewebe transportiert. Bei Eisenmangel sind die roten

Blutkörperchen kleiner und blasser und transportieren nicht genügend Sauerstoff zu den Zellen: die Muskeln ermüden, die geistige Leistungsfähigkeit nimmt ab, Depressionen drohen.

Dieser Eisenmangel wird allerdings eher von einer schlechten Aufnahme als von einer zu geringen Einnahme von Eisen verursacht. Ihrem Blut fehlt es an Eisen; aber in Ihrem Gewebe können gefährlich hohe Anreicherungen mit Eisen vorhanden sein.

Sie müssen wissen, daß die in vielen industriell hergestellten Getränken sowie im Kaffee enthaltene Phosphorsäure die Bindung von Eisen hemmt. Außerdem wirkt anorganisches Eisen verstopfend. Wenn Eisen und Vitamin E gleichzeitig eingenommen werden, heben sich ihre Wirkungen gegenseitig auf.

Natürlich kann Blutarmut auch durch großen Blutverlust verursacht werden: starke oder zu lange Regelblutungen, Krebs usw. Großer Blutverlust ist übrigens eine der häufigsten Ursachen für Eisenmangel.

2. Perniziöse oder Vitamin-B12-Mangelanämie

Durch einen Vitamin-B12-Mangel verursachte Blutarmut ist weniger häufig und wird perniziöse Anämie genannt. Eigentlich ist es schwierig, an Vitamin-B12-Mangel zu leiden. Der Körper braucht tatsächlich nur sehr geringe Mengen dieses Vitamins, und normale Nahrungsmittel enthalten sehr viel davon.

Sie könnten allerdings an einem solchen Mangel leiden, wenn Sie Vegetarier sind, denn es gibt kein pflanzliches Nahrungsmittel, in dem Vitamin B12 enthalten ist.

Sie sollten sich deshalb allerdings nicht sonderlich beunruhigen. Prinzipiell kann es bis zu 20 Jahre dauern, bis Ihr Körper seine in der Leber gespeicherten Vitamin-B12-Reserven aufbraucht.

Wie kann es dann zu einem Vitamin-B12-Mangel kommen, werden Sie fragen.

Manche Menschen können das Vitamin B12 schlecht aufnehmen und brauchen auf diese Weise ihre ganzen Reserven an diesem Vitamin auf. Nur mit Hilfe eines von der Magenschleimhaut gebildeten enzymähnlichen Stoffes (Intrinsic factor) kann das Vitamin B12 im Dünndarm resorbiert, d. h. aufgenommen werden.

3. Blutarmut in Verbindung mit chronischen Krankheiten

In diesem Fall sind meist die verabreichten Medikamente an sich die Ursache. So zum Beispiel bei einem Medikament, das zur Behandlung von AIDS verwendet wird.

Was Sie tun können

Zur Behebung von Eisenmangel über die Ernährung

Essen Sie rohen Brokkoli, Spinat, Erbsen, Hühner- oder Rinderleber, dicke Bohnen, Mandeln, Aprikosen, Sonnenblumenkerne, Luzerne und Petersilie.

Vitamine und Spurenelemente

- Vitamine B6, B9, B12 und C. Bei perniziöser Anämie besonders die Vitamine B12 und B9.
- Zink und Mangan.

Heilerde

- Machen Sie während mehrerer Stunden täglich Umschläge mit lauwarmer Heilerde auf Nacken und Unterleib.
- Trinken Sie 2 bis 3 Wochen lang täglich 1/2 Glas Wasser mit Heilerde (siehe *Einführung in die Behandlung mit Heilerde).*

Kaltauszug

Lassen Sie 30 g Enzianwurzel in 1 Liter Wasser über Nacht ziehen, und trinken Sie 1 Tasse vor den Mahlzeiten.

Wein

Lassen Sie 50 g frische Nußbaumblättern in 1 Liter Wein eine Woche ziehen, seihen Sie den Auszug, und trinken Sie 1 Likörglas voll vor den Mahlzeiten.

Ätherische Öle

Nehmen Sie 3 Tropfen Karottensamen- (daucus carota) oder Salbeiöl (salvia officinalis) mit Honig zu sich.

Vorbeugung und Behandlung von Anämie bei Vegetariern

Wenn Sie Vegetarier sind, müssen Sie aufpassen. Ihre natürlichen Vitamin-B12-Reserven sind nicht unerschöpflich. Früher oder später werden Sie dem ins Auge sehen müssen.

1989 berichtete die amerikanische Zeitschrift *East West,* daß Wissenschaftler einen bedenklichen Mangel an Vitamin B12 bei Vegetariern festgestellt haben, die sich makrobiotisch (d. h. hauptsächlich mit Getreide und Gemüse) ernährten.

Diese Studie stellte außerdem den Vitamin-B12-Gehalt der makrobiotischen Produkte wie z. B. Miso, Tempeh und bestimmter Algen, die in Vegetarierkreisen für ihren Vitamin-B12-Gehalt bekannt sind, stark in Frage. Gemäß dieser Studie soll es sich bei dem in diesen Produkten enthaltenen

Vitamin B12 in Wirklichkeit nur um ein chemisch gleich aufgebautes Element handeln, das dem Vitamin B12 tierischen Ursprungs ähnelt. Dies wiederum bestätigt die Meinung der Mehrheit der Wissenschaftler, gemäß der das Vitamin B12 in keiner Pflanze enthalten ist.

Die Forscher (selber Vegetarier) rieten daraufhin den Vegetariern zu einem verstärkten Konsum von Fisch, Eiern und Milchprodukten oder aber zur Einnahme von Vitamin-B12-Präparaten in Kapselform.

Ein anderer wichtiger Punkt: Bei einer schwangeren Vegetarierin kann ein Vitamin-B12-Mangel zu Störungen der körperlichen und geistigen Entwicklung ihres Kindes im Mutterleib führen. Ein erwachsener Vegetarier wird seine Vitamin-B12-Reserven kaum innerhalb weniger Jahre erschöpfen. Bei einer schwangeren Vegetarierin sieht das allerdings anders aus, da ihre Reserven ausreichend groß sein müssen, um auch ihr Kind mit der nötigen Menge an Vitamin B12 zu versorgen.

Ein Fötus oder ein Säugling, der gestillt wird, bedarf einer direkten Vitamin-B12-Zufuhr über die Ernährung der Mutter. Angesichts der bisherigen wissenschaftlichen Erkenntnisse sollten daher schwangere Vegetarierinnen auf tierische Quellen des Vitamins B12 (Eier oder Fisch) oder notfalls auf Vitaminpräparate zurückgreifen.

Verminderter Blutzuckerspiegel (Hypoglykämie)

Leiden Sie unter häufigen Stimmungsschwankungen? Bezeichnen Ihre Nächsten Sie als launisch oder gar neurotisch? Kennen Sie tagsüber regelmäßig wiederkehrende Phasen geistiger Verwirrtheit? Leiden Sie unter plötzlichem Leistungsabfall, der mit einem Gefühl von Niedergeschlagenheit einhergeht? Haben Sie die Angewohnheit, sehr viel Zucker (in welcher Form auch immer) zu sich zu nehmen? Stopfen Sie sich mit Süßigkeiten voll, sobald Sie sich schlecht fühlen?

Jeder Mensch durchlebt täglich Hochs und Tiefs, das ist ganz normal. Sind diese Stimmungsschwankungen aber zu ausgeprägt, sollten Sie prüfen, unter welchen Umständen sie auftreten. Gibt es dafür offensichtliche Gründe, wie zum Beispiel Übermüdung oder ernsthafte Probleme? Oder treten sie ohne ersichtlichen Grund auf?

Hat Ihre Unausgeglichenheit keine eindeutige Ursache, dann leiden Sie vielleicht unter Hypoglykämie.

Mit Hypoglykämie wird das Absinken des Blutzuckerspiegels unter den Normalwert bezeichnet. Tritt dieser Zustand ein, so fühlt sich der Betroffene plötzlich sehr schwach, und er versucht, diesen Energiemangel durch die Aufnahme von Zucker auszugleichen.

Hier setzt der Teufelskreis ein. Indem er Zucker zu sich nimmt, erhöht der Betroffene seinen Blutzuckerspiegel zwar kurzfristig, was ihm sogleich einen Energieschub beschert. Dieser ist jedoch nur von kurzer Dauer, und sein Blutzuckerspiegel fällt kurz darauf auf einen noch tieferen Wert als zuvor.

Was Sie tun können

Die Lösung liegt in der richtigen Ernährung, der körperlichen Betätigung und einem ausgeglichenen Lebensstil.

Ernährung

- Essen Sie viel Gemüse und proteinhaltige, aber kohlenhydratarme Nahrungsmittel. Verwenden Sie nur wenig Fett oder Öl.
- Verzichten Sie auf Fruchtsäfte, weißen Zucker, Tabak, Alkohol und Kaffee.
- Nehmen Sie täglich mehrere leichte Mahlzeiten zu sich.
- Lassen Sie sich von einem Arzt oder Naturheilpraktiker die auf Ihre Bedürfnisse abgestimmten Mengen folgender Nahrungsergänzungen verschreiben: Cholin, Vitamine A, B1, B3, B6, B15, C; Kalzium, Magnesium, Zink, Phosphor, Mangan und Chrom.
- Verwenden Sie den natürlichen Zuckeraustauschstoff Steviosid. Dieser Extrakt aus den Blättern einer Tropenpflanze (Stevia rebaudiana) ist 300mal süßer als weißer Zucker. Er enthält nicht nur sehr wenige Kalorien, sondern reguliert auch den Blutzuckerspiegel (siehe auch *Zuckerersatzstoffe*).

Achten Sie auf versteckten Zucker!

Viele Menschen glauben, ihren Zuckerkonsum verringert zu haben, übersehen jedoch den in vielen Nahrungsmitteln enthaltenen »versteckten Zucker«.

Wußten Sie beispielsweise, daß ein Glas reinen Apfelsafts fünf Teelöffeln Zucker entspricht? Trotzdem sind diese Fruchtsäfte sehr gute Vitamin- und Nährstoffquellen. Wenn Sie jedoch Ihren Zuckerkonsum reduzieren wollen, sollten Sie möglichst wenig davon zu sich nehmen oder diese Säfte wenigstens mit anderen Nahrungsmitteln kombinieren.

Andererseits können viele Lebensmittel, die weder nach Desserts noch nach Süßigkeiten aussehen, große Mengen Zucker enthalten. Hierunter fallen vor allem Fertigsaucen und -suppen sowie die meisten Fertiggerichte. Um die Aufnahme von zuviel Zucker zu vermeiden, sollten Sie daher die Liste der Inhaltsstoffe genau prüfen. Dabei werden Sie feststellen, daß mehr als dreiviertel der Fertigprodukte einen hohen Zuckergehalt aufweisen.

Körperliche Betätigung

Verschaffen Sie sich täglich Bewegung. Durch körperliche Ertüchtigung wird die Blutzuckerproduktion reguliert. Sobald Sie spüren, daß Ihre Energie nachläßt, sollten Sie einige einfache Übungen machen, die Ihren Blutkreislauf in Schwung bringen. Ihr Verlangen nach Zucker wird dadurch verschwinden.

Lebensführung

Wer an Hypoglykämie leidet, sollte versuchen, seine Zeit gut einzuteilen und unnötigen Streß zu vermeiden. Entspannungs- und Visualisierungstechniken sind besonders wohltuend, denn sie helfen, Energie- und Stimmungsschwankungen zu vermeiden.

Bronchitis

Auf dem Weg in die Lungen geht die Atemluft zuerst durch die Luftröhre, die sich in eine rechte und eine linke Bronchie teilt. Diese wiederum teilen sich in Bronchiolen, die in die Lungenbläschen münden. Es kann vorkommen, daß die Bronchienschleimhaut vorübergehend oder chronisch entzündet ist. Je nachdem spricht man von akuter oder chronischer Bronchitis.

Beide Formen von Bronchitis zeichnen sich durch folgende Symptome aus: schleimiger Husten mit mehr oder weniger starkem Auswurf, kurzer oder pfeifender Atem, Fieber, Schmerzen im oberen Bereich der Brust (besonders schmerzhaft beim Husten).

Eine akute Bronchitis dauert ein bis zwei Wochen.

Eine chronische Bronchitis ist nicht leicht zu erkennen. Ein Verdacht darauf besteht, wenn:

- Sie morgens regelmäßig Hustenanfälle mit Schleimauswurf haben (besonders nach einer Grippe oder nach einer schlimmen Erkältung).
- das Problem mehrere Monate anhält (starke Raucher werden vermuten, daß der morgendliche Husten vom Rauchen herrührt. Sie sollten einen Arzt konsultieren, um sicher zu gehen, daß es sich nicht um eine Bronchitis handelt).

Ursachen

Jeder Mensch kann zu irgendeinem Zeitpunkt in seinem Leben an Bronchitis erkranken. Doch manche sind gefährdeter als andere: Asthmatiker, Raucher, Menschen mit Herzproblemen oder solche, die in Gegenden mit hoher Luftverschmutzung leben. Diese Menschen erkranken vielfach wiederholt an Bronchitis.

Einige Formen von Bronchitis können auch von einer Soorinfektion (Candida albicans) verursacht werden.

Gewöhnlich ist Bronchitis eine Komplikation, die nach einer Erkältung oder einer Grippe auftreten kann. Normalerweise entwickelt sie sich parallel zu der zugrundeliegenden Infektion und verschwindet gleichzeitig mit dieser.

Was Sie tun können

Bei einer akuten Bronchitis werden Ihnen einige einfache Maßnahmen helfen, die Krankheit ohne allzu große Probleme zu überstehen:

- Bleiben Sie zu Hause, halten Sie sich warm, ohne jedoch das Bett zu hüten. Wichtig ist, daß Sie sich richtig ausruhen und Streß vermeiden.
- Verwenden Sie einen Luftbefeuchter, oder legen Sie feuchte Tücher auf die Heizkörper. Das wird Ihnen helfen, die Nase und die Bronchien zu befreien.
- Versuchen Sie nicht, den »produktiven« Husten zu unterdrücken. Er hilft, die Bronchien zu reinigen. (Handelt es sich um einen trockenen oder nervösen Husten, sehen Sie unter der Rubrik *Husten* nach, wo Sie verschiedene Rezepte für Hustensirup finden.)
- Wenn es Ihr Allgemeinzustand zuläßt, machen Sie Gymnastik an der frischen Luft.

Umschläge

Machen Sie 1 cm dicke, lauwarme Umschläge mit Heilerde auf Rücken und Brust, und lassen Sie sie während 2 bis 4 Stunden täglich einwirken.

Bäder

Nehmen Sie vor dem Schlafengehen ein Bad mit Thymian (200 g pro Bad).

Aufguß

- Kochen Sie 1/4 Liter Wasser mit 1 Zitronenscheibe kurz auf, nehmen Sie den Topf vom Feuer, und fügen Sie 1 Teelöffel **Spitzwegerich** und **Thymian** zu gleichen Teilen hinzu. Lassen Sie den Aufguß 1 bis 2 Minuten ziehen, und trinken Sie davon täglich 2 bis 4 Tassen möglichst heiß.
- Gießen Sie 20 g Salbeiblätter- und blüten mit 1 Liter heißem Wasser auf. Trinken Sie davon 3 Tassen täglich.

Empfehlung

Süßen Sie den Aufguß mit Pinienhonig. Dieser Honig unterstützt die Wirkung der Heilpflanzen in der Behandlung von Atemwegerkrankungen.

Ernährung

Essen Sie einige rohe Zwiebelscheiben, oder inhalieren Sie den Dampf einer gekochten Zwiebel. Nehmen Sie drei- bis viermal täglich 1 Teelöffel Zwiebelsaft mit etwas Wasser verdünnt zu sich.

Nahrungsergänzungen

Nehmen Sie reichlich **Propolis** zu sich. Dieser Baustoff der Honigbiene hat eine antibakterielle und stärkende Wirkung.

Ätherische Öle

- Innerliche Anwendung: Nehmen Sie 2 bis 3 Tropfen Orangen- oder Speiklavendelöl mit Honig ein.
- Äußerliche Anwendung: Mischen Sie ätherisches Eukalyptusöl (eucalyptus globulus) im Verhältnis von 1:5 mit Haselnußöl, und reiben Sie damit den Brustkorb ein.
- Inhalation: Geben Sie einige Tropfen Kiefern- oder Eukalyptusöl in eine Schüssel mit heißem Wasser, und inhalieren Sie den Dampf zwei- bis dreimal täglich während 1 bis 2 Wochen.

Akupressur

- Stimulieren und erwärmen Sie den Punkt Nr. 32 sowie alle schmerzhaften Punkte im oberen Rückenbereich.
- Legen Sie eine Hand auf die Brust, wo es schmerzt oder wo ein Geräusch zu vernehmen ist. Die andere Hand legen Sie auf der gleichen Höhe auf den Rücken. Fühlen Sie, wie Sie Licht und Wärme in den Körper des Kranken abgeben.
- Tonisieren Sie die Punkte Nr. 9, 8, 5 und 4. Auch die Punkte Nr. 6 und 25 sind sehr nützlich.

Maßnahmen zur Vorbeugung einer chronischen Bronchitis

Beachten Sie folgende Ratschläge, wenn Sie oft an Bronchitis leiden:
- Achten Sie darauf, daß Ihre Wohnung gut geheizt ist. Meiden Sie kalte und feuchte Wohnungen.
- Arbeiten Sie nicht in kalten, feuchten und – von Staub oder giftigen Dämpfen usw. – verschmutzten Räumen. Ein Stellenwechsel kann sich als notwendig erweisen.
- Rauchen ist besonders für Männer ein erheblicher Risikofaktor (Männer leiden dreimal mehr an chronischer Bronchitis als Frauen). Die Kinder von starken Rauchern neigen vermehrt zu Bronchitis.

- Bevorzugen Sie eine entschlackende Ernährung: meiden Sie weißen Zucker und Milchprodukte.
- Nahrungsergänzungen: Lassen Sie sich von Ihrem Arzt oder einem Heilpraktiker die Vitamine A und C sowie Selen verschreiben.
- Bei wiederholter Bronchitis kann die Schleimhaut der Bronchien Schaden nehmen! Mit der Zeit ziehen sich die Bronchien zusammen. Zudem werden die Symptome infolge der Schleimansammlung und der durch den Husten hervorgerufenen Muskelkontraktionen noch verschlimmert.
- Wenn Sie leicht frieren, waschen Sie sich zur Abhärtung morgens und abends Brust und Rücken mit kaltem Wasser.

Bulimie

(Siehe *Heißhunger)*

D

Darmwürmer

Neben Mikroorganismen können auch verschiedene Parasitenarten ins Körperinnere eindringen. Zu den bekanntesten gehören die Maden-, Band- und Spulwürmer.

Im allgemeinen heften sich die Würmer an der Darmwand fest, sie können aber auch in andere Körperteile wandern. Der Madenwurm beispielsweise kann in den Blinddarm eindringen.

Der Bandwurm ist zweifellos der »berühmteste« dieser Parasiten. Wenn es sich um einen Rinderbandwurm handelt, befindet sich oft nur ein einziger davon im Darm. Dieser Wurm kann bis zu 10 m lang werden! Daher auch der Name »Bandwurm«.

Während seines Wachstums trennen sich seine Glieder und werden oft von selbst durch den After ausgeschieden. Sie sind im Stuhl oder in den Laken an ihrem Aussehen erkennbar: schmale, weißliche Bänder.

Im allgemeinen können Sie das Vorkommen von Darmwürmern vermuten, wenn Sie auf eines oder mehrere der folgenden Symptome aufmerksam werden: Afterjucken, Gewichtsverlust, Bauchschmerzen, Übelkeit, Erbrechen, Gereiztheit, Verdauungsstörungen, angespannte Züge, Ringe unter den Augen usw. Trotzdem ist eine Analyse des Stuhls immer notwendig, um eine korrekte Diagnose stellen zu können.

Der Wurmbefall ist meistens auf den Genuß ungenügend gebratenen Fleisches zurückzuführen. Besondere Vorsicht ist bei Pferde-, Rind- und Schweinefleisch angebracht.

Aber auch rohes Gemüse und Wasser können Spulwurmeier enthalten, die sich im menschlichen Darm zu Würmern weiterentwickeln.

Spul- und Bandwürmer können auch durch den Kontakt mit Hundespeichel übertragen werden.

Madenwürmer sind im Embryonalstadium manchmal im Staub vorhanden. Schmutzige Hände oder das Einatmen von Staub genügen also, sie in den Organismus eindringen zu lassen.

Was Sie tun können

Im allgemeinen sind diese Würmer schwierig zu bekämpfen, wenn der Patient bei schlechter Gesundheit ist. Eine wirksame Therapie muß also mit einer guten Ernährung, Fitneßtraining usw. beginnen.

Die Naturheilkunde bietet in allen Fällen ausgezeichnete Mittel zur Bekämpfung von Darmwürmern.

Gegen sämtliche Würmer

Zerquetschen Sie die Kerne, Schale und das Fruchtfleisch 1 Zitrone, und lassen Sie das Ganze 2 Stunden in 1 Glas Wasser mit etwas Honig ziehen. Trinken Sie dies vor dem Zubettgehen. Sie können die Würmer auch austreiben, indem Sie einen Absud aus der ganzen Frucht trinken.

Heilpflanzen

Knoblauch wirkt gegen sämtliche Würmer.

- Bereiten Sie einen Knoblauchabsud zu: lassen Sie 25 g Knoblauch pro Liter Wasser 20 Minuten kochen. Trinken Sie bei abnehmendem Mond während 4 Tagen 2 Tassen täglich. Wiederholen Sie die Behandlung jeden Monat.
- Kochen Sie Knoblauch, Zwiebel und Meerrettich in Milch auf, und trinken Sie diese Mischung so heiß wie möglich. Oder verrühren Sie 20 g Knoblauchsaft in 200 g lauwarmer Milch, und trinken Sie dies auf nüchternen Magen.
- Gegen Bandwürmer: Kochen Sie eine geriebene Knoblauchzehe 20 Minuten in Milch. Trinken Sie dieses Getränk jeden Morgen auf nüchternen Magen, bis der Wurm ausgeschieden ist. Essen Sie erst am Mittag.

Ätherische Öle

Zimt (sehr wenig), Speiklavendel.

Akupressur

Auch wenn es noch so unglaublich erscheinen mag, so ist es doch möglich, Darmparasiten mit Hilfe von Akupressur loszuwerden!

Zahlreiche Akupunkteure bestätigen die Wirksamkeit der Punkte, die wir Ihnen hier angeben: sie sind nicht nur gegen sämtliche Darmwürmer wirksam, sondern auch gegen andere Parasiten wie die mikroskopisch kleinen Hautpilze oder Pilze im Darm- und Scheidenbereich.

- Tonisieren Sie den äußeren Winkel des Nagelbettes der kleinen Zehe sowie Punkt Nr. 17 und den unmittelbar darunterliegenden Bereich bis auf Höhe des inneren Fußknöchels.

- Massieren Sie die Punkte Nr. 8, 9, 10, 11 und 12.

Gegen Bandwürmer

- **Haselnußöl** ist eines der besten Mittel gegen Bandwürmer: Nehmen Sie 2 Wochen lang jeden Morgen 1 Eßlöffel davon.
- Die Wurzel des **Wurmfarns** ist ebenfalls ein klassisches Naturheilmittel gegen Bandwürmer. Sie wird als Extrakt eingenommen. Eine Dosis von ca. 10 g ist notwendig, um den Bandwurm auszuscheiden.
  Sie dürfen allerdings seit dem Vorabend nichts gegessen haben. Die Dosis wird am Morgen in zwei Portionen im Abstand von 20 Minuten eingenommen. Danach nehmen Sie ein Abführmittel, damit der Wurm ausgeschieden wird.
  Wurmfarn muß mit Bedacht verwendet werden. Respektieren Sie die Dosis, und trinken Sie zum Schutz der Leber gleichzeitig einen Löwenzahnaufguß.

Gegen Spulwürmer

Spulwürmer sind besonders schwierig loszuwerden. Darum nimmt die Behandlung zweifellos einige Tage in Anspruch.

Hier bedarf es mehrerer Dosen Wurmfarnextrakts, die immer mit einem Löwenzahnaufguß eingenommen werden.

Vervollständigen Sie die Behandlung mit Knoblauchkapseln.

Vorsichtsmaßnahmen

- Braten Sie Fleisch, insbesondere Schweine-, Rind- und Pferdefleisch sowie Wildbret, stets gut durch.
- Bei Aufenthalten im Ausland ist beim Essen und Trinken besondere Vorsicht geboten. Trinken Sie in warmen Ländern nur abgekochtes Wasser oder kohlensäurehaltige Getränke. Trinken Sie keine Milch.
- Sobald ein Familienmitglied infiziert ist, ist eine strenge Hygiene für die gesamte Familie unerläßlich.
- Vorsicht vor der Autoinfektion. Sind Sie an Darmwürmern erkrankt, waschen Sie sich gründlich die Hände und reinigen die Fingernägel. Bei Kindern, die an Afterjucken leiden, ist die Gefahr der Autoinfektion am größten. Sie dürfen sich auf keinen Fall kratzen und die Hand dann zum Mund führen.
- Düngen Sie Ihren Garten auf keinen Fall mit den Exkrementen infizierter Tiere. Das Obst oder Gemüse, das Sie ernten, ist mit großer Wahrscheinlichkeit auch infiziert.

Diabetes

(Siehe *Zuckerkrankheit)*

Dickdarmentzündung (Kolitis)

Die Kolitis oder Entzündung der Dickdarmschleimhaut ist eine ziemlich häufige Krankheit. Ungefähr 15 % der Menschen sind davon betroffen. Und wenn Sie eine Frau sind, ist Ihre Chance, daran zu leiden, doppelt so groß wie bei den Männern.

Das Krankheitsbild wird vor allem durch unerklärliche Unterleibsschmerzen charakterisiert. Zu diesen häufig sehr starken Schmerzen kommen der wiederholte Wechsel von Durchfall und Verstopfung, Blähungen sowie das Vorhandensein von Häuten im Stuhl.

Ursachen

Dickdarmentzündung ist ein ziemlich geheimnisvolles Syndrom, für das die Forscher bisher noch keine befriedigende Erklärung gefunden haben. Viele Ärzte glauben, es handle sich um eine psychosomatische Krankheit. Und da sie sich unfähig fühlen, ihren Patienten zu behandeln, schicken sie ihn einfach zum Psychiater. Tatsächlich sind viele Menschen mit einer Dickdarmentzündung ängstlich und depressiv.

Dieses Zusammentreffen gibt in der Tat zu denken. Doch es erklärt nicht, warum Menschen, die weder ängstlich noch depressiv sind, ebenfalls an Kolitis leiden.

Kürzlich erfolgte amerikanische Forschungen werfen endlich ein neues Licht auf die Frage. So hat Dr. Michael Gershon von der Columbia Universität entdeckt, daß diese Darmstörungen in Wirklichkeit von der Überempfindlichkeit des Nervensystems herrühren, das die Darmfunktionen reguliert. Nach ihm ist *»der Darm das einzige Organ, das sein eigenes Nervensystem besitzt, welches unabhängig vom Gehirn und vom Rückenmark funktioniert.«*

Nach dieser Theorie gibt es bei einigen Menschen eine Überreaktion der Nerven auf Nahrung oder Streß. Dann besteht die Möglichkeit, daß die Nahrung den Darm zu langsam (Verstopfung) oder zu schnell (Durchfall) passiert oder Krämpfe verursacht. Danach gäbe es also eine sehr körperliche Ursache für die Neigung gewisser Menschen zu dieser Krankheit.

Was Sie tun können

Dieses geheimnisvolle Übel ist schwierig zu behandeln. Selbst wenn die Ärzte jetzt den Mechanismus etwas besser verstehen, so haben sie doch noch keine wirksamen Medikamente zur Verfügung.

Die Ärzte empfehlen deshalb ihren Patienten, »das Übel mit Geduld zu ertragen« und einige Vorbeugungsmaßnahmen zu ergreifen. Wie Dr. Marvin Schuster bemerkt: *»Wir können die Symptome verändern, aber wir haben kein Mittel zur Heilung ... Die Patienten müssen lernen, mit ihren Symptomen zu leben.«*

Glücklicherweise sind die von den Ärzten vorgeschlagenen Vorbeugungsmaßnahmen häufig sehr wirksam. Sie bestehen vor allem darin

- eine Diät einzuhalten, die Ihren Bedürfnissen und besonderen Allergien entspricht;
- zuviel Streß und Aufregung zu vermeiden, die oft Urheber von akuten Schüben sind.

Wählen Sie die richtige Diät

Im allgemeinen werden Sie gute Erfolge erzielen, wenn Sie die folgende 7-Punkte-Diät einhalten:

1. Nehmen Sie viele Ballaststoffe (Fasern) zu sich. Sie erleichtern den Durchgang der Nahrung durch den Darm und ersparen diesem Arbeit.
2. Ersetzen Sie Obst und Gemüse durch Obst- und Gemüsesäfte und Weißbrot durch Vollkornbrot.
3. Vermeiden Sie starke Gewürze, Senf usw.
4. Verringern Sie Ihren Verzehr von Milchprodukten, besonders von Milch.
5. Kauen Sie die Nahrung ausgiebig.
6. Nehmen Sie folgende Nahrungsergänzungen: Bienenblütenpollen, Propolis und Vitamine des B-Komplexes.
7. Achten Sie darauf, wie Ihr Körper auf die Nahrungsmittel und Getränke reagiert, die Sie zu sich nehmen. Verzichten Sie auf alles, was Ihnen nicht bekommt. Machen Sie sich auch die Mühe, die Nahrungsmittel genau zu registrieren, die mit einem akuten Schub zusammenzuhängen scheinen.

Wählen Sie die richtige Einstellung

Diesen diätetischen Maßnahmen sollten Sie eine psychische »Arbeit« hinzufügen. Versuchen Sie, die psychischen Bedingungen zu bestimmen, unter denen die Schübe erfolgen. Sind es vielleicht Reisen, erregte Diskussionen, gewisse Arten von Filmen, Prüfungsängste usw.?

Richten Sie es so ein, daß Sie solchen ungünstigen Bedingungen aus dem Weg gehen. Wenn das unmöglich ist, versuchen Sie wenigstens, die Auswirkungen in Grenzen zu halten, indem Sie eine Entspannungs- oder Meditationstechnik anwenden.

Maßnahmen zur Schmerzlinderung und Symptombekämpfung

Parallel zu den Vorbeugungsmaßnahmen können Sie die Symptome bekämpfen, wenn diese erscheinen.

Heilpflanzen

Die Forschungen des amerikanischen Arztes Jeffrey Bland haben gezeigt, daß **Trinkgel von Aloe vera** bei Kolitis hilfreich sein kann. Einerseits kann Aloe-vera-Gel den Zustand der Darmflora beträchtlich verbessern. Andererseits lindert Aloe vera dank ihren schmerzstillenden Eigenschaften innerhalb kurzer Zeit die Schmerzen.

Ätherische Öle

Nehmen Sie 3 bis 4 Tropfen Basilikum- oder Salbeiöl (salvia officinalis) mit etwas Honig ein.

Massage

Die Massage ist ein wirksames Mittel, um Unterleibsschmerzen zu lindern oder die Gedärme zu »entstopfen«. Dazu genügt es, Ihren Unterleib gründlich mit beiden Händen zu massieren.

Sie können auch jemanden bitten, magnetische Passes über Ihrem Unterleib auszuführen (siehe *Das therapeutische Handauflegen* im ersten Teil).

Andere Behandlungsmöglichkeiten

Legen Sie Eis oder eine in kaltes Wasser getauchte Serviette auf Ihren Bauch. Dieses Mittel ist etwas »brüsk«, aber sehr wirksam.

Empfehlung

Lassen Sie sich von einem Arzt untersuchen, besonders, wenn Ihr Zustand sich nicht bessert. Die Unterleibsschmerzen könnten auch auf Darmkrebs oder eine andere sehr ernsthafte Erkrankung zurückzuführen sein.

Durchfall

Gehen Sie sehr oft auf die Toilette? Ist Ihr Stuhl sehr weich oder sogar flüssig? Dann leiden Sie unter Durchfall. Glücklicherweise dauert diese anomale Stuhlentleerung gewöhnlich nur ein bis zwei Tage.

Durchfall ist kein ernsthaftes Problem. Er kann bei jeder gesunden Person auftreten.

Nehmen Sie die Angelegenheit bei einem kleinen Kind jedoch sehr ernst. Suchen Sie umgehend einen Arzt auf. Durchfall kann das Kind schwächen, ihm zuviel Wasser sowie verschiedene wichtige Mineralstoffe entziehen.

Bei einem Erwachsenen ist Durchfall ernster zu nehmen, wenn er allzu häufig vorkommt. Man spricht dann von chronischem Durchfall. In diesem Fall ist ein Arztbesuch ebenfalls notwendig.

Ursachen

Verschiedene Faktoren können – einzeln oder in Verbindung mit anderen – **vorübergehenden Durchfall** auslösen:

- Nahrungsmittel wie Pflaumen oder dicke Bohnen sowie jedes andere Nahrungsmittel, gegen das Sie allergisch sind;
- Einnahme von verschmutzter Nahrung oder unreinem Wasser (wie dies in warmen Ländern oft der Fall ist);
- emotionaler Streß;
- bestimmte Medikamente (Abführmittel, Antibiotika usw.);
- verschiedene Krankheiten (Magen-Darm-Katarrh, Dickdarmkatarrh, Ruhr, Nierenleiden usw.).

Chronischer Durchfall ist viel komplexer und rätselhafter, auch wenn dieselben Faktoren eine Rolle spielen können. Häufig gelingt es den Ärzten nicht, die Ursache herauszufinden und Sie dementsprechend zu behandeln.

Durchfall kann insbesondere mit dem Syndrom des gereizten Grimmdarms in Zusammenhang stehen (siehe *Dickdarmentzündung*). Dabei handelt es sich um eine eher unerklärliche Krankheit, der die Ärzte nicht allzuviel entgegenzusetzen haben. In diesem Fall versuchen Sie es am besten mit natürlichen Heilmitteln.

Was Sie tun können

Bei vorübergehendem Durchfall

Viel trinken!

Da Durchfall dem Körper viel Wasser entzieht (vor allem bei Kindern, die über weniger Flüssigkeit als Erwachsene verfügen), ist es notwendig, viel Flüssigkeit zu sich zu nehmen.

- Trinken Sie Schwarztee (stopfende Wirkung!)
- Trinken Sie Karottensuppe und Reiswasser. Reiswasser ist ein altes Heilmittel, das an Durchfall leidenden Patienten seit undenklichen Zeiten verschrieben wird. Nehmen Sie 20 bis 25 g Reis pro Liter Wasser, das Sie auf kleiner Flamme eine Stunde lang unter weiterer Zugabe von Wasser kochen lassen, und trinken Sie nach Belieben davon.

Ernährung

- Essen Sie während der kritischen Zeit nur wenig. Wenn sich eine Besserung einstellt, beginnen Sie folgende Nahrungsmittel mit stopfender Wirkung zu essen: Bananen, Reis (wenn möglich Vollkornreis), Toast. Gut kauen.
- Meiden Sie stark eiweißhaltige oder ballaststoffreiche Nahrungsmittel und gebratene Speisen. Verzichten Sie auch auf rohes Obst und Gemüse, Milchprodukte und Süßwaren. Mit anderen Worten auf alles, was den Darm reizen könnte.

Ätherische Öle

Nehmen Sie 1 bis 2 Tropfen Zimt- (Ceylon) oder Gewürznelkenöl mit etwas Honig ein. Bei starken Schmerzen massieren Sie 1 Tropfen Salbeiöl (salvia officinalis) auf dem Handgelenk ein.

Kompressen und Umschläge

- Machen Sie warme Kompressen auf dem Unterleib, Ihre Darmkrämpfe werden vergehen.
- Machen Sie Umschläge mit kalter Heilerde, die Sie zweimal täglich jeweils für 2 Stunden auflegen.

Maßnahmen zur Behandlung des akuten Durchfalls bei Kindern oder der sogenannten »Touristen-Diarrhöe« bei Erwachsenen

In der Dritten Welt fallen dem Durchfall jährlich 4 Millionen Kinder zum Opfer. Durchfall hat einen bedeutenden Salz- und Flüssigkeitsverlust zur Folge. Werden diese nicht rasch ersetzt, treten Funktionsstörungen im neuromuskulären und Herzgefäßsystem auf. Durchfall kann deshalb bei einem Kind innerhalb weniger Stunden tödlich verlaufen!

Am besten gleicht man diesen schwerwiegenden Salz- und Flüssigkeitsverlust mit intravenösen Injektionen aus. Man hat versucht, diese Injektionen durch eine Mischung aus Zucker, Wasser und speziellen Salzen zu ersetzen. Leider ist diese Mischung kostspielig und kann daher nicht in genügender Menge für den enormen Bedarf der Entwicklungsländer produziert werden. Außerdem bringt sie nicht immer den gewünschten Erfolg.

Wissenschafter aus Bangla Desh haben eine bessere Lösung gefunden! Es genügt, den kleinen Patienten Salz und Wasser zusammen mit Reis, Bananen, Kartoffeln oder Mais zu verabreichen.

Erwachsene, die in tropische oder subtropische Länder reisen, handeln sich oft Durchfall ein (nicht ohne Grund nennt man ihn in Mexiko »la turista«). Auch sie nehmen mit Vorteil eine derartige Zubereitung.

Empfehlungen

Rufen wir nochmals in Erinnerung, daß vor allem während der ersten Tage Ihres Aufenthalts bei der Einnahme von Wasser und Nahrungsmitteln in diesen Ländern Vorsicht angebracht ist. Ist kein abgekochtes Wasser erhältlich, trinken Sie am besten Sodawasser oder kohlensäurehaltige Getränke wie Coca-Cola oder Pepsi.

Bei chronischem Durchfall

- Nehmen Sie nach den Mahlzeiten Knoblauch zu sich (roh oder in Kapselform, wenn Sie schlechten Atem befürchten).
- Sie können morgens nach dem Aufstehen 1/2 Glas Wasser mit Heilerde trinken (siehe *Einführung in die Behandlung mit Heilerde).*
- Essen Sie täglich 1 Kilogramm geraffelte Äpfel. Der Apfel reguliert die Darmfunktion dank seiner Fähigkeit, im Darm vorhandene Gifte und Bakterien zu absorbieren. Seine Heilwirkung ist so verbreitet, daß ihm die Engländer das berühmte Sprichwort »an apple per day keeps the doctor away« (ein Apfel pro Tag den Arzt fernzuhalten vermag) gewidmet haben.
- Nehmen Sie pflanzliche Kohle mit Kräutern (Eucarbon): die darin enthaltenen Fenchel- und Pfefferminzessenzen haben eine beruhigende Wirkung auf den Darmtrakt. Sie lösen rasch die üblicherweise mit Durchfall einhergehenden Krämpfe.
- Versuchen Sie es mit verschiedenen Diäten: fasten Sie, streichen Sie einige bevorzugte Lebensmittel. Beim Experimentieren entdecken Sie vielleicht ein Nahrungsmittel (oder ein Medikament), auf das Sie allergisch reagieren.

Akupressur (bei vorübergehendem und chronischem Durchfall)

- Der wichtigste Punkt bei Durchfall ist der Punkt Nr. 36, im Lendenbereich, der die Dickdarmregulierung unterstützt. Auch die Punkte Nr. 34 und 35 sind nützlich.
- Stimulieren Sie die Punkte Nr. 9, 10, 11 und 12 am Bauch.
- Bei Fieber fügen Sie die Punkte Nr. 40 und 42 hinzu.
- Bei Erbrechen nehmen Sie den Punkt Nr. 41 und insbesondere den Punkt Nr. 9 dazu.
- Im Fall von Krämpfen massieren Sie wenn möglich gleichzeitig die Punkte Nr. 20 und 42 am Fuß und an der Hand.

E

Eileiterentzündung (Salpingitis)

Jede dritte Frau ist von dieser sich immer weiter verbreitenden Krankheit betroffen, die zu ernsten Folgeerscheinungen führen kann: ständige Bauchschmerzen, Eileiterschwangerschaft, Sterilität.

Eine Eileiterentzündung ist schwer erkennbar und kann bis zu ihrer Diagnose viel »Schaden« anrichten. Wird sie zu spät diagnostiziert, kann sie dauernde Sterilität zur Folge haben.

Sobald Sie Unterleibsschmerzen oder ungewöhnliche Blutungen haben, an Rückenschmerzen und Fieber leiden, sollten Sie einen Arzt aufsuchen. Diese Symptome, ob sie nun einzeln oder gemeinsam auftreten, ermöglichen eine Früherkennung der Erkrankung.

Ursachen

Eine Eileiterentzündung ist keine ansteckende Geschlechtskrankheit, allerdings liegt ihre Ursache meistens in einer nichterkannten oder nichtbehandelten Geschlechtskrankheit. Die häufigsten Erreger sind Gono-, Strepto-, Staphylokokken und Tuberkelbakterien, die beim Geschlechtsverkehr übertragen werden.

Andere mögliche Ursachen einer Eileiterentzündung können eine Abtreibung oder Entbindung (insbesondere bei schlechten hygienischen Verhältnissen), eine Ausschabung der Gebärmutter oder das Einsetzen einer Spirale sein.

Grundsätzlich kann jeder chirurgische Eingriff im Bereich der Gebärmutter und der Eileiter eine Infektion hervorrufen, die eine Eileiterentzündung auslösen kann.

Was Sie tun können

Die oben aufgeführten Symptome können auch durch andere Krankheiten hervorgerufen werden. Deshalb sollten Sie gegebenenfalls mehrere Ärzte konsultieren und auf eine Laparoskopie (Bauchspiegelung) bestehen, um Klarheit zu bekommen. Die Laparoskopie ist der einzige Test, bei dem mit Sicherheit jede Anomalie der Eileiter festgestellt werden kann.

Da die Diagnose und Behandlung einer Eileiterentzündung besonders schwierig ist, erhält die Vorbeugung eine besondere Bedeutung. Dies um so mehr, als in 25 % der Fälle diese Erkrankung wiederholt auftritt.

Vorbeugende Maßnahmen

- Benutzen Sie ab Beginn Ihres Sexuallebens Diaphragmen oder Präservative (immer mehr junge Frauen, die häufig den Partner wechseln, leiden an dieser Erkrankung).
- Suchen Sie im Fall ungewöhnlicher Symptome nach einer Entbindung, Abtreibung, dem Einsetzen einer Spirale oder einem medizinischen Eingriff im Bereich der Eileiter oder der Gebärmutter sofort einen Arzt auf.
- Wenn Sie schwanger sind und schon einmal an Eileiterentzündung erkrankt waren, sollten Sie alle nötigen Tests durchführen lassen, um ein Wiederauftreten der Erkrankung auszuschließen. In diesem Fall könnte es nämlich zu einer Eileiterschwangerschaft kommen.

Im übrigen können einige natürliche Heilmittel Ihre Schmerzen lindern und Ihren gesundheitlichen Zustand verbessern:

Ernährung

Eine sehr gesunde Ernährung sowie eine Frucht- oder Obstsaftkur werden dazu beitragen, Ihre Vitalität zu stärken und Rückfälle zu vermeiden (siehe *Ernährung zur Vorbeugung von Krankheiten* und *Ernährung zur Beschleunigung der Genesung).*

Heilpflanzen

Nehmen Sie **Echinacea**tinktur (Tinktur aus Rotem Sonnenhut oder Purpursonnenhut), um Ihr Immunsystem zu stärken.

Umschläge

- Machen Sie in Höhe der Eileiter Umschläge mit Kohlblättern, die Sie am besten die ganze Nacht über einwirken lassen.
- Legen Sie ebenfalls regelmäßig kalte Heilerde auf Ihren Unterleib auf, und trinken Sie zusätzlich jeden Morgen 1/2 Glas Wasser mit Heilerde auf nüchternen Magen (siehe *Einführung in die Behandlung mit Heilerde).*

Bäder

Nehmen Sie jeden Morgen ein kaltes Sitzbad.

Akupressur

Massieren Sie ausgiebig alle schmerzhaften Stellen über dem Kreuzbein sowie am Rücken die Punkte Nr. 34, 35, 36 und 37 und am Bauch die Punkte Nr. 10, 11, 12, 13 und 14.

Ekzem

Das Ekzem ist eine der weitest verbreiteten Hautkrankheiten. Es tritt sowohl bei Säuglingen als auch bei Erwachsenen auf. Es handelt sich dabei um eine Hautentzündung, die je nach Typ des Ekzems eine Vielfalt von Symptomen hervorruft. Dazu gehören gerötete, leicht juckende Hautstellen, eine von Verfärbung begleitete Verdickung der Haut, Schuppen, kleine Bläschen, äußerst lästiger Juckreiz, verstärkte Schweißbildung usw.

Ursachen

Die einzelnen Ekzemarten haben unterschiedliche Ursachen.

Bei dem **atopischen Ekzem** kann die gesamte Hautoberfläche in Mitleidenschaft gezogen werden. Diese Form des Ekzems ist erblich und tritt zuweilen bereits im Säuglingsalter auf. Das atopische Ekzem ist nicht chronisch, aber es kann lebenslang in gewissen Abständen immer wieder in Erscheinung treten. Zu den häufigsten Ursachen gehören Verdauungsstörungen, Infektionen und Lebensmittelallergien. Bei Kleinkindern wird ein Ekzem oft durch eine Impfung verursacht. Auch Streß und emotionale Belastungen stellen wichtige Faktoren beim plötzlichen Ausbruch eines atopischen Ekzems dar.

Das Ekzem kann sich aber auch auf einzelne Körperstellen konzentrieren und nur an Krampfadern auftreten. In diesem Fall handelt es sich um ein **variköses Ekzem.**

Von **Kontaktekzemen** können all jene betroffen sein, die mit allergenen oder toxischen Substanzen in Kontakt geraten. Auch die Berührung einer Qualle kann den Ausbruch eines Ekzems bewirken. In diesen Fällen spielt eine ererbte Neigung zur Ekzembildung keine Rolle.

Was Sie tun können

Die Medizin ist auf diesem Gebiet recht erfolgreich, und an Ekzemen leidende Patienten können durchaus auf eine vollständige Heilung hoffen. Allerdings sind Rückfälle nie ganz auszuschließen. Daher muß ein Patient, der bereits an einem Ekzem erkrankt war, stets auf alle Faktoren achten, die zu einer erneuten Ekzembildung führen könnten.

Wie Sie Kontaktekzeme vermeiden können

- Tragen Sie bei der Hausarbeit Baumwollhandschuhe und darüber Gummihandschuhe, vor allem wenn Sie Arbeiten verrichten, bei denen Sie mit giftigen oder hautreizenden Produkten in Berührung kommen.
- Die Körperpflege kann ebenfalls eine Quelle allergischer Reaktionen sein. Trocknen Sie Ihre Hände nach dem Waschen stets gründlich ab. Meiden Sie Seife, insbesondere industriell hergestellte Seifen, die stark parfümiert sind und voller chemischer Stoffe stecken. Sie sollten auch auf die Inhaltsstoffe der von Ihnen benutzen Cremes achten. Bevorzugen Sie Naturprodukte.
- Der Gebrauch von Kosmetika (Lippenstifte usw.) sollte ebenfalls vermieden werden.
- Einige in der Natur vorkommende Pflanzen können ebenfalls der Grund für das plötzliche Auftreten eines Ekzems sein, so z. B. das Flohkraut.
- Wer an einem atopischen Ekzem leidet, sollte keinen Beruf ergreifen, der einen ständigen Kontakt mit auch nur geringfügig allergenen oder toxischen Stoffen erforderlich macht.
- Auch Textilien können Allergien auslösen, insbesondere wenn es sich um neue, synthetische oder sehr rauhe Stoffe handelt.
- Ekzeme können auch durch Uhren, Armbänder, Ohrringe, zu enge Kleidung oder neue Schuhe ausgelöst werden.

Wie Sie einen durch eine Lebensmittelallergie ausgelösten Ekzemschub vermeiden können

Streichen Sie nach und nach diejenigen Nahrungsmittel von Ihrem Speiseplan, auf die Sie Ihrer Meinung nach allergisch reagieren

So können Sie eindeutig feststellen, welche Nahrungsmittel Sie meiden sollten. Zu diesen Nahrungsmitteln gehören im allgemeinen Fleisch- und Wurstwaren, Fettgebackenes, tierische Fette, raffinierter Zucker, Milchprodukte, säurebildende Nahrungsmittel, Schokolade sowie Getreide. Hüten Sie sich ganz besonders vor industriell hergestellten Nahrungsmitteln. Die chemischen Zusätze, die sie enthalten, rufen oft allergische Ekzeme oder andere Allergien hervor.

Achten Sie auch auf die Zusammenstellung Ihres Speiseplans. Nahrungsmittel, die für sich genommen keine negative Wirkung haben, können in Verbindung mit anderen Lebensmitteln zu Allergenen werden.

In vielen Fällen wird eine vegetarische oder semivegetarische Ernährung empfohlen. Wenn Sie dennoch auch weiterhin nicht auf Fleisch verzichten wollen, so bevorzugen Sie möglichst Geflügel. Verzehren Sie zudem viel Rohkost, und trinken Sie reichlich Gemüsesäfte.

Nichts hält Sie davon ab, Nahrungsmittel von Ihrer Einkaufsliste zu streichen, die für niemanden empfehlenswert sind. Dazu gehören beispielsweise Schokolade und Wurstwaren.

Bevor Sie jedoch auf ein gesundes Nahrungsmittel verzichten (Getreideprodukte usw.), fragen Sie bitte Ihren Arzt. So können Sie sicher sein, daß Ihnen kein lebenswichtiger Stoff in der Ernährung fehlt. Der Spezialist wird Ihnen Nahrungsmittel oder Nahrungsergänzungen empfehlen, mit denen eventuelle Mangelerscheinungen ausgeschlossen werden können.

Weitere Ernährungsempfehlungen

- Spargel wirkt harntreibend und blutreinigend. Gleichzeitig verflüssigt er das Blut. Diese Eigenschaften machen aus ihm ein bevorzugtes Gemüse bei allen Erkrankungen, die mit einer Überlastung des Organismus an Giftstoffen verbunden sind. Genießen Sie ihn so oft wie möglich roh, vor allem im Frühling, wenn er noch voller hochwertiger Stoffe steckt.
- Machen Sie, je nach Saison, eine Rüben-, Karotten-, Kohl-, Kresse-, Löwenzahn- oder Rettichkur zur Entgiftung Ihres Organismus. Oder halten Sie so lange wie nötig eine Diät, bei der Sie ausschließlich Apfelmus zu sich nehmen.
- Mit dem Samenöl der Nachtkerze erzielt man außergewöhnliche Erfolge bei diesen Leiden, die oft mit einem Mangel an essentiellen Fettsäuren einhergehen. Im Handel finden Sie diesen Wirkstoff in Form von Kapseln (Efamol). Beachten Sie dabei stets den Beipackzettel.
- Bei nässenden Ekzemen sollten Sie die den Anteil an Kohlenhydraten auf Ihrem Speiseplan reduzieren.
- Bei trockenen Ekzemen sollten Sie weniger Proteine zu sich nehmen.

Heilpflanzen

Vor einigen Jahren wurde ganz zufällig die Entdeckung gemacht, daß die Birke bei Ekzemen, die auf keine andere Behandlung ansprachen, als Heilmittel eingesetzt werden kann. Bereiten Sie mit 2 Handvoll Birkenblättern oder 40 bis 50 g Birkenrinde pro Liter Wasser einen Absud zu. Lassen Sie alles 10 Minuten kochen, und seihen Sie den Absud. Waschen Sie die betroffenen Stellen damit, und legen Sie Kompressen auf.

Ätherische Öle

- Innerliche Anwendung: Karotten- oder Basilikumöl.
- Äußerliche Anwendung: Lavendel- (lavandula officinalis) oder Karottenöl. Mischen Sie das ätherische Öl im Verhältnis von 1:20 mit Süßmandelöl.

Heilerde

Nehmen Sie jeden Morgen vor dem Frühstück 1/2 Glas Wasser mit Heilerde zu sich (siehe *Einführung in die Behandlung mit Heilerde).*

Machen Sie auch Umschläge mit Heilerde auf die betroffenen Stellen. Entfernen Sie die Heilerde, sobald sie fest geworden ist, und waschen Sie die Haut mit gesalzenem Wasser oder Zitronenwasser.

Um den Juckreiz zu lindern, mischen Sie Heilerdepulver mit Mandel- oder Johanniskrautöl und tragen diese Pomade auf die betroffenen Stellen auf.

Akupressur

- Massieren Sie bei Ekzemen die Punkte Nr. 20, 40 und 42.
- Für alle Hautprobleme, die mit einer Hitzebildung an den betroffenen Körperstellen einhergehen, können Sie auch den Punkt Nr. 25 massieren. Indem Sie diesen Punkt tonisieren, geben Sie Wasser auf das Feuer und löschen es. Dieser Punkt kann Ihnen Erleichterung verschaffen, wenn Sie an Kontaktallergien gegen chemische Produkte leiden.

Energie als Heilpotential

Ist Ihnen schon einmal aufgefallen, wie häufig Sie im Alltag das Wort Energie benutzen? *»Das Kind sprüht vor Energie«* oder *»Ich bin kaputt, ich habe keine Energie mehr«* oder *»Iß ein wenig, das wird dir Energie geben«*.

In diesen Redensarten ist der Ausdruck Energie gleichbedeutend mit Gesundheit, Vitalität, Kraft.

An diese Bedeutung denken wir auch, wenn wir die traditionellen Heilverfahren des Orients (China usw.) als energetische Heilverfahren bezeichnen. In der Tat dienen diese Heilverfahren vor allem dazu, die Lebenskraft des Patienten zu erhalten bzw. ihn damit zu versorgen.

Mit den hier aufgeführten Informationen werden Sie Ihr Wissen über Energie vertiefen. Außerdem finden Sie in diesem Kapitel

- praktische Verfahren zur Steigerung Ihres energetischen Potentials;
- Anleitungen zum positiven Denken, das Ihnen dabei hilft, die Lebenskraft zu Ihrer eigenen Heilung und zur Heilung Ihrer Freunde und Angehörigen einzusetzen.

Kennen Sie Ihr energetisches Potential?

Alle wissenschaftlichen Untersuchungen bestätigen übereinstimmend, daß jedes Lebewesen über eine spezifische bio-elektromagnetische Energie verfügt. Die alten Chinesen nannten diese Energie Chi, die Inder bezeichneten sie als Prana.

Das Gesetz der Wissenschaft ist unumstößlich. Jedes Phänomen des Lebens ist durch genau definierte biochemische Reaktionen gekennzeichnet, die zu einem Austausch von elektrischer Spannung führen und somit Spannungsunterschiede nach sich ziehen. Aus diesem Grund bildet sich durch die Gesamtheit der biochemischen Reaktionen eines Organismus ein meßbares elektromagnetisches Feld.

Der russische Forscher Kirlian hat ein fotografisches Verfahren – das bisher aufsehenerregendste Verfahren zur Entdeckung dieses Feldes – zur Vollendung gebracht. Diese Methode wird in zunehmendem Maße auch von Ärzten zur Diagnose des Energiefeldes eines Patienten mitsamt seinen Anomalien angewandt. Man kann diese energetische Medizin ruhigen Gewissens auch als die Medizin der Zukunft bezeichnen.

Sie können sich Ihr Energiepotential bewußt machen

Um die menschlichen Energiefelder nachzuweisen und wieder ins Gleichgewicht zu bringen, benötigen die Wissenschaftler hochentwickelte und kostspielige Apparaturen. Die alten Chinesen dagegen hatten dieses Phänomen bereits durch die Kunst der Introspektion entdeckt, d. h. indem sie in ihren eigenen Körper hineinblickten.

Dies bedeutet, daß auch Sie selbst in der Lage sind, Ihre Lebensenergie zu entdecken. Sie müssen nur Ihre Sensibilität gegenüber den energetischen Phänomenen schärfen. Und dies ist einfach. Alles, was Sie dazu brauchen, ist etwas Zeit und Aufmerksamkeit.

Im folgenden finden Sie ein Experiment, daß Ihnen den Weg zu einem aufregenden Abenteuer zeigt. Dieses Experiment soll die Rolle hervorheben, die das Bewußtsein in Ihrem energetischen Gleichgewicht spielt.

- Legen Sie sich bequem hin, und entspannen Sie sich.
- Tasten Sie mit Ihrem Bewußtsein das Innere Ihres Körpers ab, so wie Sie mit dem Lichtkegel einer Taschenlampe ein dunkles Haus abtasten würden, um es zu erforschen.
- Kundschaften Sie so, angefangen beim rechten Fuß, ganz langsam die gesamte rechte Seite Ihres Körpers aus. Wandern Sie durch das Bein, die Hüfte, das Gesäß, den Bauch, den Arm und die Brust bis hin zum Scheitelpunkt des Kopfes. Bleiben Sie dabei immer in der rechten Seite.
- Vergessen Sie alles andere, und beobachten Sie im Inneren Ihres Körpers den Unterschied zwischen der rechten und der linken Seite. Welche Seite ist geräumiger, wärmer, vielleicht sogar farbiger?

Um Ihr Gleichgewicht wiederzufinden, wird es in Ihrem Interesse sein, ganz schnell mit der linken Seite ebenso zu verfahren. Falls Sie das nicht tun, könnten Sie für einige Minuten Probleme haben, geradeaus zu gehen. Aber seien Sie ganz unbesorgt, weder Ihre Gesundheit noch Ihr geistiges Gleichgewicht sind in irgendeiner Weise gefährdet.

Dieser soeben beschriebene Versuch unterstreicht die Bedeutung Ihres Körperbewußtseins in bezug auf Ihren Energiekreislauf und Ihre Gesundheit. Wußten Sie, daß in vielen Fällen eine Krankheit vor allem dadurch entsteht, daß es Ihnen überall oder an der einen oder anderen Stelle an Körperbewußtsein fehlt?

Wie können Sie Ihr Energiepotential aufrechterhalten oder steigern?

Die vitale Energie ist eine praktische, von der Wissenschaft nachgewiesene Realität. Sie kann ständig durch Ihr Bewußtsein beeinflußt werden.

Des weiteren können Sie Ihr Energiepotential steigern und Ihren Energiekreislauf zugunsten Ihrer Gesundheit und Ihrer Lebensfreude verbessern. Sie müssen sich nur darüber bewußt werden, daß Sie ein Element des Universums sind. Sie sind ein Teil eines immensen Energiespiels, eines immensen Feuerwerks, bei dem Sie einen Funken verkörpern. Wenn Sie das verstanden haben, so haben Sie das Tao erreicht. Tao ist ein chinesischer Ausdruck, der der letzten Realität, dem Unergründlichen, dem Geheimnis des Daseins einen Namen gibt.

Sich durch Energie zu heilen bedeutet vor allem, mit den Kräften des Universums wieder in Kontakt zu treten und seinen Platz inmitten der Natur wiederzufinden.

Darauf folgt die Öffnung des Haras.

Die orientalische Medizin betrachtet das Hara als das zentrale Kraftwerk des menschlichen Körpers. Es ist gleichzeitig der Schwerpunkt des Körpers, dort befindet sich seine wärmste Stelle und der Ort der persönlichen Kraft.

Das Hara, das 4 cm unterhalb des Bauchnabels liegt, ist ein alchimistisches Zentrum, in dem Sie Nahrung und Sauerstoff verarbeiten. Das Hara fällt ungefähr mit dem Zentrum des Dünndarms zusammen, der für die Weitergabe der Nährstoffe in das Blut und in die Lymphe verantwortlich ist.

Die im Hara umgewandelte Energie gelangt daraufhin über verschiedene Kanäle in den gesamten Körper. Das Blut fließt in die Venen und Arterien. Die elektromagnetische Energie dagegen fließt durch die sogenannten Akupunktur-Meridiane.

Die folgende Übung hilft Ihnen, sich Ihres Haras bewußt zu werden und es zu stärken:

1. Setzen, stellen oder legen Sie sich hin, und legen Sie beide Hände auf die untere Hälfte des Bauches.

2. Atmen Sie ein, bis sich die Brust hebt. Schlucken Sie Ihren Speichel, lenken Sie die Luft in die untere Hälfte des Bauches, und weiten Sie Ihren Bauch so weit wie möglich aus. Dies erreichen Sie, indem Sie die Brust anspannen. Spannen Sie gleichzeitig die Muskeln des Perineums (Brücke zwischen After und äußeren Geschlechtsteilen), der Geschlechtsorgane und des Afters an.
3. Halten Sie die Luft so lange wie möglich an, und atmen Sie dann ganz langsam aus. Spüren Sie dabei, wie sich die Energie in Ihrem gesamten Körper bis zu den Finger- und Zehenspitzen ausdehnt.
4. Sie können die Wirkung dieser Atemübung noch steigern, indem Sie sich bewußt machen, daß Sie beim Einatmen die Energie aufnehmen, die direkt aus dem Universum, der Erde, der Sonne, den Bäumen, der Flüsse, des Windes, der Sterne usw. kommt. Leiten Sie diese Energie mit der Kraft Ihrer Gedanken direkt ins Hara.

Wenn Sie diese Übung zweimal täglich mit jeweils zehn Atemzügen durchführen, so werden Sie sofort ihre wohltuende Wirkung spüren. Die Wirkung kann vom einfachen Gefühl, fester auf dem Boden zu stehen und selbstbewußter zu sein, bis zur Heilung physischer Krankheiten wie Verstopfung oder Hämorrhoiden reichen.

Lassen Sie die Energie in Ihrem Körper fließen

Sie sind nun mit dem nötigen Wissen ausgestattet, das zum Verständnis, zur Entdeckung und sogar zur Steigerung Ihrer Lebensenergie notwendig ist. Betrachten wir nun, durch welche Faktoren diese Energie blockiert und geschwächt werden kann und wie man diesen Faktoren Abhilfe schaffen kann.

Haben Sie schon einmal ein kleines Kind beobachtet? Es ist ständig in Bewegung. Die Erde ist für so ein kleines Wesen ein Spielplatz, auf dem das kleinste Fädchen, das winzigste Insekt eine Quelle der Inspiration und des Staunens ist. Wie ist es gekommen, daß wir diese naive Spontaneität verloren haben?

Die körperlichen Beeinträchtigungen erklären nicht alles. Die moderne Psychologie zeigt mit den Fingern auf einen anderen Schuldigen: die Erziehung.

Als Sie auf die Welt kamen, trieb Ihre Lebenskraft Sie dazu, Ihre Bedürfnisse ganz natürlich zu befriedigen, und Sie taten stets das, woran Sie Gefallen fanden. Aufgrund der Verpflichtungen, die das Leben in der Gesellschaft, in der Familie, in der Schule und später im Beruf mit sich bringt, mußten Sie lernen, Ihren Emotionen wie Angst, Tränen, Lachen, Wut und Frustration nicht freien Lauf zu lassen. Diese Schule des Lebens in der Gesellschaft wird nicht immer bewußt und bereitwillig durchlaufen. Sie haben gelernt, Ihre Wut zu unterdrücken und zu lächeln, um das zu erreichen, was Sie erreichen wollten. Sie durften kein Gezeter veranstalten oder schreien.

All diese psychologischen Faktoren hinterlassen ihre Spuren in Ihrem Organismus und hemmen oder blockieren ohne Ihr Wissen Ihren Energiekreislauf. Diese nicht freigesetzten oder in unbewußte Sphären verdrängten Kräfte machen sich später in Form von Krankheiten bemerkbar. So äußern sich Traurigkeit und Melancholie häufig in Krankheiten der Atemwege, Wut führt zu Leberschäden, und Angst und Streß schlagen sich auf Nieren und Blase nieder.

Es ist aber in der Tat möglich, den Kreislauf Ihrer Gefühle und Kräfte nach und nach freizugeben. Sie benötigen dazu ein wenig Zeit und Mut, doch Sie werden dafür belohnt werden.

Wie Sie Ihre Lebenskraft aktivieren oder reaktivieren

Es geht darum, Ihre Spontaneität und Ihre kindliche Freude wiederzufinden. Einige bewährte Methoden werden Ihnen dabei helfen.

Erste Methode: das Spiel der Wahrheit

Diese erste Methode ist eher eine Einstellung als eine Methode. Es handelt sich um das Spiel der Wahrheit, das Sie mit Ihrem Partner, Ihren Eltern, Ihren Kindern oder Ihren Freunden spielen können.

1. Ich versuche, mich den Gefühlen, die ich in diesem Moment empfinde, zu öffnen. Fühle ich Freude, Traurigkeit, Zufriedenheit, Frustration, Angst usw.?
2. Ich gehe das Risiko ein, meine wahren Empfindungen mit jemandem zu teilen und mich bei meinem Handeln von ihnen leiten zu lassen.
3. Ich stelle mich den Folgen meiner Worte und meines Handelns, und das Spiel beginnt von neuem. Welche Auswirkungen hat dies auf mich? Ich bringe meine Gefühle zum Ausdruck, ich handle dementsprechend und so weiter.

Zweite Methode

Sie besteht aus vier Übungen, die jeweils 15 Minuten dauern:

1. Sprechen Sie in einer Phantasiesprache. Seien Sie laut, gestikulieren Sie, lassen Sie all die Verrücktheiten, die Sie sich sonst nie erlauben würden, mit Hilfe von Worten aus sich heraus, die keinen Sinn ergeben.
2. Brechen Sie in Gelächter aus, einfach so, ohne Grund. Zu Beginn werden Sie sich ein bißchen dazu zwingen müssen. Auf Band aufgenommenes Gelächter kann Ihnen dabei helfen.
3. Stöhnen und weinen Sie. Auch bei dieser Übung werden Sie sich am Anfang ein wenig zwingen müssen, aber danach geht es wie von selbst.

4. Setzen Sie sich oder legen Sie sich ausgestreckt hin. Bewegen Sie sich nicht.

   Lassen Sie während der vier Phasen dieser Methode die Augen geschlossen. Diese Methode ist äußerst wirksam. Sie berührt alle Ihre noch so gut versteckten Gefühlsregungen. Sie ermöglicht es Ihnen, Ihre Verrücktheiten, Ihre Freude und Ihre Leiden an die Oberfläche zu holen und sich ihnen diesmal bedingungslos zu stellen.

   Vergessen Sie nicht, daß die vierte Phase, bei der Sie völlig still bleiben, für das Gleichgewicht der Methode unerläßlich ist.

Dritte Methode

Diese Methode basiert auf einem sehr einfachen Sachverhalt: Jede nicht nach außen gelassene Emotion wird am Körper durch eine Veränderung der Körperhaltung und eine Eingrenzung des von ihm vereinnahmten Raumes sichtbar.

Um sich von der Richtigkeit dieser Aussage zu überzeugen, versuchen Sie jeweils, durch Ihre Haltung die folgenden Emotionen auszudrücken: ohnmächtige Wut, Angst, Herausforderung, das Gefühl der Verlassenheit.

Und nun zur Methode selbst: Stehen Sie mit geschlossenen Augen, und spüren Sie den Raum, der sich unter Ihren Füßen bis in die Tiefen der Erde ausdehnt. Öffnen Sie nun die Augen, und erforschen Sie, wie Sie sich in Ihrem Körper fühlen, wenn Sie gehen, sich bewegen, tanzen. Richten Sie dabei nach wie vor Ihre volle Aufmerksamkeit auf Ihre Füße.

Verfahren Sie genauso mit dem Raum über Ihrem Kopf, dem Raum vor Ihnen, hinter Ihnen sowie rechts und links von Ihnen. Erforschen Sie jedesmal Ihre Empfindungen, und wagen Sie es, sich langsam in die Richtungen auszudehnen, die Sie als die schwierigsten empfinden.

Vierte Methode

Zum Abschluß stellen wir Ihnen noch eine schöne Methode vor: Schließen Sie die Augen, lassen Sie im Geiste Ihre Organe und Körperteile eines nach dem anderen an sich vorüberziehen, und laden Sie sie zum Lächeln ein. Bringen Sie Ihre Hände, Ihre Knie, Ihr Herz usw. zum Lächeln. Geben Sie ihnen Liebe!

Wenn Sie diese Übung beendet haben, bleiben Sie einige Minuten ganz still. Kosten Sie ein wenig von der Freude, die Sie erfüllt, wenn Sie ganz offen sind und sich mit dem Universum in Harmonie befinden.

Stellen Sie sich dann folgende Frage: *»Wenn ich ja zu meinen Kräften sage, welche Bedeutung hat das für mein künftiges Handeln?«* Werden Sie den Mut aufbringen, die Antwort wirklich zu hören und jeden Augenblick so intensiv wie möglich leben?

Anmerkung
Es gibt zahlreiche andere Methoden, die Ihnen dabei helfen, Ihre Emotionen und Energien frei fließen zu lassen, wie z. B. Bioenergie, Akupunktur, Shiatsu. Im ersten Teil dieses Buches finden Sie insbesondere nähere Angaben über die Akupressur und verwandte Heilverfahren. Lesen Sie auch die Rubrik *Visualisierung*.

Wie Sie anderen mit Ihrer Lebenskraft helfen können

Diese Art und Weise der Entdeckung der eigenen Energie ist nicht nur für Sie selbst von Interesse. Je empfindsamer und offener Sie sind, um so mehr können Sie diese Energie nutzen, um zur Heilung Ihrer Familienangehörigen und Freunde beizutragen.

Dazu das Beispiel einer Heilbehandlung, die sich dieses Ansatzes bedient. Die kranke oder sich unwohl fühlende Person legt sich auf den Rücken. Sie setzen sich rechts von ihr oder hinter ihren Kopf. Praktizieren Sie die Atmung in das Hara, so wie weiter oben beschrieben.

Spüren Sie jedesmal beim Einatmen ganz bewußt, daß Sie die Energie des Universums einatmen. Leiten Sie diese Energie bei jedem Ausatmen in Ihre Hände. Sobald Sie merken, daß Ihre Hände vibrieren, energiegeladen und warm sind, legen Sie sie auf die erkrankten Körperteile und lenken mit Ihren Gedanken die Energie Ihrer Hände, um diese Stellen zu heilen.

So werden Sie zum Kanal zwischen den Energien des Universums und der Person, die Sie heilen wollen.

Lesen Sie diesen Abschnitt aufmerksam durch. Vor allem sollten Sie die Übungen, die hier beschrieben sind, auch praktizieren. So werden Sie das bessere Verständnis der Energie mit ihrer Nutzung für Ihre Gesundheit und die Gesundheit anderer verbinden können.

Epilepsie

(Lesen Sie dazu auch die entsprechende Rubrik in Ihrem Ratgeber »Das ABC der Ersten Hilfe«)

Vor manchen Schlachten gab Cäsar seine Befehle mit einer ungewöhnlichen Hast. Einige Minuten später wurde er Opfer einer seiner epileptischen Anfälle und wälzte sich am Boden. Und noch während der Schaum vor seinen Mund trat und er sich zusammenkrümmte, begannen die Kämpfe bereits zu toben.

Auch andere geschichtliche Persönlichkeiten litten unter Epilepsie. Diese Krankheit hat ihren Adelsbrief und war dazu angetan, die intellektuellen Größen immer wieder zu inspirieren. Denken wir nur an Dostojewski. Er bekannte ganz offen, daß es durchaus wert sei, die Qualen der Epilepsie durchzumachen, dafür aber auch die erstaunlichen geistigen Offenbarungen zu erleben, die ihm diese Krankheit bescherte.

Epilepsie ist keine Geisteskrankheit, außerhalb der Anfälle ist die betroffene Person absolut normal. Alles scheint darauf hinzuweisen, daß Epilepsie eine vorübergehende physiologische Störung ist, vergleichbar mit einer ganz gewöhnlichen Ohnmacht.

Bei einem epileptischen Anfall durchläuft eine übergroße elektrische Ladung die Wege des Nervensystems. Die Ladung ist so hoch, daß der Betroffene das Bewußtsein verliert und von Zuckungen geschüttelt wird. Seine Bewegungen sind sehr unkontrolliert, man sollte daher alle Vorsichtsmaßnahmen treffen, um Verletzungen des Betroffenen zu vermeiden.

Verdrehte Augen und Schaum vor dem Mund geben einem epileptischen Anfall einen dramatischen Charakter. Nicht umsonst interpretierte man früher diese Krankheit als eine Besessenheit durch den Teufel.

Um die Wahrheit zu sagen, gibt es dafür bis heute noch keine zufriedenstellende Erklärung. Bei zwei Dritteln der Epileptiker können die Ärzte keinerlei Anomalien im Gehirn feststellen. In den meisten Fällen wird der Kranke einfach lernen müssen, mit seinem Leiden zu leben.

Was Sie tun können

In Ihrem Ratgeber »Das ABC der Ersten Hilfe« finden Sie Methoden, um Kranken bei einem epileptischen Anfall zu helfen. In diesem Kapitel finden Sie eher Mittel, um diesen Anfällen vorzubeugen und ihre Häufigkeit zu verringern.

Maßnahmen gegen Streß

Die Medikamente, die man Epileptikern im allgemeinen verabreicht, sind sehr wirksam, um Anfälle zu vermeiden und ihnen ihre Heftigkeit zu nehmen. Trotzdem leben Epileptiker häufig in der Furcht, von einem weiteren Anfall übermannt zu werden.

Diese ständige Furcht ist ein psychologischer Faktor, der den geringsten Streß immens verstärken kann. Streß ist also in vielen Fällen ein Auslöser für epileptische Anfälle. Ist es in diesem Zusammenhang nicht bezeichnend, daß Julius Cäsar von seinen Anfällen stets vor einer Schlacht heimgesucht wurde?

Um diese Anfälle zu vermeiden, ist es also von großer Wichtigkeit, Mittel zu finden, die den Kranken von Angst und Streß befreien. Dies gilt sowohl für Kinder als auch für Erwachsene.

Der Epileptiker sollte sich also um einen möglichst streßfreien Lebensstil bemühen. Des weiteren sollte er eine Form von Entspannungstraining betreiben. Im allgemeinen wird sehr wenig Wert auf Entspannungsübungen gelegt, was bedauerlich ist. Diese Übungen können einerseits zur Vorbeugung dienen und andererseits die Stärke des Anfalls mindern und bei der Erholung helfen.

Heilpflanzen

Baldrian ist aufgrund seiner beruhigenden Wirkung auf das gesamte Nervensystem sehr empfehlenswert.

Legen Sie 100 g Baldrianwurzel 12 Stunden in 1 Liter lauwarmes Wasser. Seihen Sie den Auszug, und trinken Sie täglich 3 Tassen zwischen den Mahlzeiten.

Da diese Art der Zubereitung etwas aufwendig ist, können Sie Baldrian auch als Extrakt in der Apotheke kaufen. Das Baldrianwurzelpulver wird in Form von Kapseln in einer Tagesdosis von 2 bis 10 g verabreicht.

Ernährung

Neben den Methoden zur Streßbekämpfung sollte sich der Epileptiker an eine natürliche und semivegetarische Ernährung halten, die frei von chemischen Zusätzen ist. Man sollte den Aspekt der Ernährung auf keinen Fall vernachlässigen, vor allem dann nicht, wenn die Krankheit von allergischen Reaktionen begleitet wird.

Bei einer Behandlung von Epilepsiefällen ist es auch wichtig, auf eine uneingeschränkte Nierentätigkeit zu achten. Lesen Sie zu diesem Thema auch die Rubrik *Nierenbeschwerden.*

Weitere vorbeugende Maßnahmen

Lernen Sie es, die Vorzeichen eines epileptischen Anfalls zu erkennen. Bei manchen treten die Zeichen einige Minuten vor dem Anfall auf. Bei anderen zeigen sich die ersten Hinweise manchmal schon einige Stunden zuvor.

Die Vorzeichen äußern sich in Unwohlsein und körperlichem Angespanntsein. Der Kranke kann auch sonderbare Wahrnehmungen feststellen: er sieht alles verzerrt, hört seltsame Geräusche, hat Déja-vu-Erlebnisse usw.

Wenn Sie es lernen, diese Vorzeichen zu erkennen, haben Sie die Zeit, sich von Gegenständen zu entfernen, an denen Sie sich verletzen könnten. Sie können auch Tätigkeiten unterbrechen, die während eines Anfalls für Sie lebensgefährlich werden können (wenn Sie beispielsweise auf einer Leiter stehen).

Zur Vorbeugung können Sie sich auch kalte Kompressen auf den Kopf legen, sobald Sie merken, daß sich eine ungewohnte Hitze im Kopf breit macht.

Kindern, die an epileptischen Anfällen leiden, sollte man unbedingt diese Vorzeichen bewußt machen. Dies erreicht man, indem man ihnen Fragen stellt, die sie dazu zwingen, sich an das zu erinnern, was vor dem Anfall passierte.

Erbrechen

(Siehe *Reisekrankheit* und *Erbrechen* in dem Ratgeber »Das ABC der Ersten Hilfe«)

Erkältung

Wenn Sie sich erkältet haben, ist das Abwehrsystem Ihres Körpers geschwächt. Ihr Körper kann sich nicht mehr ausreichend gegen Krankheitserreger wehren.

Feuchtigkeit verstärkt Kälteeinwirkungen. Meist ist eine extreme trockene Kälte leichter zu ertragen als eine geringe, aber sehr feuchte Kälte. Plötzliche Temperaturschwankungen sind im übrigen eine größere Belastung für den Körper als große Kälte.

Eine Erkältung kann verschiedene leichte oder schwere Krankheiten nach sich ziehen: Schnupfen, Grippe, Rheuma, Angina usw.

Was Sie tun können

Den Mythos, daß heißer Alkohol den Körper erwärmt, wollen wir hier ein für allemal berichtigen. Sicher wird Ihnen ein Glas Whisky oder Gin ein Gefühl von Wärme vermitteln, das jedoch nur kurz anhalten wird. Ab einem gewissen Punkt bewirkt Alkohol gerade das Gegenteil, nämlich einen Wärmeverlust.

Bei Kaffee gehen die Meinungen auseinander. Manche sind der Ansicht, eine oder zwei Tassen Kaffee würden die Körperwärme für mehrere Stunden anheben. Das ist keine bloße Spekulation. Sogar das Militär interessierte sich für die wärmenden Eigenschaften von Koffein! Und es sind sogar Anti-Kälte-Tabletten aus Koffein und Ephedrin im Handel.

Doch nicht alle teilen diese Ansicht. Probieren Sie es selbst aus. Sie werden am ehesten die Wirkung des Koffeins auf Ihren Körper beurteilen können. Um die Wirkung besser abzuschätzen, trinken Sie zum Vergleich eine Tasse heißes Wasser.

Bis Sie Ihre Testreihe beendet haben, können Sie jedoch auf einige bewährte Mittel zurückgreifen:

Heilpflanzen

- **Zimt** ist seit dreitausend Jahren als Erkältungsmittel bekannt und verdient Ihre besondere Aufmerksamkeit. Chinesische Ärzte, die etwas auf sich hielten, sollen niemals ein Rezept ohne Zimt ausgestellt haben.
  Als sehr wirksame Vorbeugung gegen Schnupfen und Erkältung können Sie aus 10 bis 15 g Zimtpulver pro Liter Wasser einen Aufguß zubereiten.

Verwenden Sie wenn möglich Zimtstangen anstelle von Zimtpulver, dessen aktiven Bestandteile sich verflüchtigen können.
- Bei den ersten Anzeichen einer Erkältung bereiten Sie mit 1 **Thymianzweig** pro Tasse einen Aufguß zu, und trinken täglich 3 bis 4 Tassen.

Vitamin C

Jacques Leblanc, ein kanadischer Arzt und Spezialist der Anpassung des Körpers an die Kälte, hat entdeckt, daß Vitamin C die Widerstandskraft gegen Kälte erhöht. Die kanadische Armee nahm seine Forschungen so ernst, daß heute Vitamin-C-Kapseln mit einer Dosis von 500 mg zum Überlebenspack der Soldaten zählen.

Bäder

Ein heißes Thymianbad wird Ihnen bei der Bekämpfung einer nahenden Grippe ebenfalls gute Dienste erweisen (für die Zubereitung siehe *Einführung in die Wasserheilkunde)*.

Ernährung

Bereiten Sie eine Rotkohlsuppe mit etwas Honig zu, die Sie heiß essen. Und nehmen Sie so oft wie möglich rohen Rot- oder Grünkohlsalat zu sich.

Umschläge

Machen Sie während 2 bis 4 Stunden täglich warme Heilerdeumschläge auf Brust und Rücken.

Akupressur

- Wärmen Sie die Schädelbasis, indem Sie die Punkte Nr. 26 und 27 tonisieren. In der chinesischen Medizin werden diese beiden Punkte »Windteich« genannt. Durch sie kann der Wind in den Körper eindringen.
- Wärmen Sie Ihre Füße, insbesondere die Zehen, und massieren Sie die Punkte Nr. 22, 18, 19 und 39 am Unterleib.
- Um die Wärmeproduktion Ihres Organismus anzuregen, tonisieren Sie die Punkte Nr. 34 und 35 im Lendenwirbelbereich, den Nabel und die Punkte Nr. 11, 13 und 14 am Unterleib.
- Bei den ersten Anzeichen eines Schnupfens oder einer Grippe stimulieren Sie die Punkte Nr. 32, 41, 6 und 23.

Das beste Mittel, um Ihre Abwehrkräfte gegen Kälte zu erhöhen

Wenn Sie frieren, so sollten Sie das Zittern nicht unterdrücken. Ihr Körper versucht auf diese Weise, die Wärmeproduktion zu steigern, um den Wärmeverlust über die Haut auszugleichen.

Sie können sich aber auch mit einem stärkeren Mittel abhärten. Der Kältespezialist André Vallerand meint dazu: *»Fünfmal pro Woche in eiskaltes Wasser eintauchen ist die beste Methode, um den Menschen gegen Kälte unempfindlich zu machen.«*

Zwei gute Tips, die Sie beim Skifahren anwenden können

Es gibt eine »Wundersalbe«, die Ihre Füße und Hände automatisch erwärmt, wenn Sie bei extremer Kälte Ski fahren. Genaue Angaben finden Sie unter der Rubrik *Kalte Gliedmaßen.*

Für Skilanglauf existiert ebenfalls eine überraschend einfache Methode. Umwickeln Sie Ihre Langlaufschuhe mit einer Plastiktüte, und ziehen Sie Langlauf-Überschuhe darüber. Diese sind an beiden Ende offen, und Sie können so Ihre Skier mühelos anschnallen. Aufgrund ihrer isolierenden Eigenschaft schützt Sie die Plastiktüte auch bei stundenlangem Skifahren vor der Kälte.

Achtung!

Ziehen Sie beim Skilanglauf niemals eine Plastiktüte in Ihren Schuhen an. Ihre Füße schwitzen dann zu stark, und Sie bewirken genau das Gegenteil der gewünschten Wirkung. Beim Abfahrt-Ski können Sie unter Umständen eine Plastiktüte in Ihren Schuhen anziehen. Gewöhnlich schwitzen die Füße dabei nicht so stark.

Hinweis

Visualisierungstechniken gegen Kälte finden Sie unter der Rubrik *Kalte Gliedmaßen.*

Ernährung während der Schwangerschaft

Für eine wissenschaftlich fundierte Studie über die genauen Auswirkungen einer Unterernährung der Mutter auf den Fötus müßte man Tausende von werdenden Müttern hungern lassen und gleichzeitig über eine Kontrollgruppe mit ausreichend ernährten schwangeren Frauen verfügen. Anschließend müßten die Kinder dieser beiden Gruppen miteinander verglichen werden, und schließlich wäre sogar der Gesundheitszustand der Großkinder dieser Mütter zu untersuchen.

Diese schreckliche Erfahrung wurde jedoch in Holland während des letzten Kriegswinters im Zweiten Weltkrieg bereits gemacht. In jenem Winter wurde die Versorgung der holländischen Bevölkerung mit Lebensmitteln drastisch eingeschränkt, weil sie die Fallschirmtruppen der Alliierten unterstützt hatte.

Aufgrund dieses tragischen Geschehens konnten die Auswirkungen einer Unterernährung in den verschiedenen Phasen der Schwangerschaft genau untersucht werden. Es waren sogar Vergleiche mit einer »Kontroll«-Gruppe möglich, die aus gut ernährten Frauen aus besser gestellten Kreisen bestand.

Diese »Studie« hat das ergeben, was jedermann bereits vermutete: gewisse Nährstoffe sollten während der Schwangerschaft in größerer Menge konsumiert werden. Außerdem hat sich gezeigt, daß eine Mangelernährung der Mutter Auswirkungen bis in die zweite Generation hat.

Wie kann nun sichergestellt werden, daß sowohl der Organismus der Mutter als auch jener des ungeborenen Kindes mit allen notwendigen Nährstoffen versorgt wird? Dies erreicht man sicherlich nicht, indem man einfach doppelt soviel ißt, sondern vielmehr, indem man sich doppelt so ausgewogen ernährt.

In einer ersten Phase sollten Sie sich möglichst abwechslungsreich und mit natürlichen Lebensmitteln ernähren. Sehen Sie dazu unter der Rubrik *Ernährung zur Vorbeugung von Krankheiten* nach. Wenn Sie die dort aufgeführten Ratschläge befolgen, ist eine gesunde Grundernährung garantiert. Während der Schwangerschaft haben Sie jedoch noch zusätzliche Bedürfnisse.

Für welche Nährstoffe besteht während der Schwangerschaft ein erhöhter Bedarf?

Proteine

Der normale Bedarf liegt bei 50 bis 60 Gramm pro Tag und steigt bei schwangeren Frauen auf etwas 80 Gramm pro Tag. Die Proteine sind für die Bildung des Zellgewebes des Fötus notwendig.

Ein Proteinmangel führt zu Müdigkeit und einem Heißhunger nach Süßigkeiten. Sehen Sie für jede Ihrer Mahlzeiten eine bestimmte Menge an Proteinen vor. Die folgenden Nahrungsmittel sind die wichtigsten Proteinlieferanten: Fleisch, Fisch, Eier, Milchprodukte, Nüsse, Hülsenfrüchte und ihre Nebenerzeugnisse sowie Vollgetreide.

Essen Sie mit Maß gut durchgebratenes rotes Fleisch, meiden Sie jedoch Wurstwaren. Diese weisen einen zu hohen Fettanteil auf, sind zu salzig und schwer verdaulich. Nehmen Sie auch keine gebratenen Hähnchen und kein Fleisch, das in Butter oder Margarine gebraten wurde, zu sich.

Ein- bis zweimal pro Woche können Sie Kalbsleber essen. Leber ist reich an Proteinen und Eisen, enthält jedoch auch viele Giftstoffe. Vergessen Sie nicht, daß die Leber der Filter des Organismus ist.

Wenn Sie gern Eier mögen, können Sie 4 bis 5 pro Woche essen. Sie sind nicht nur reich an Proteinen, sondern enthalten auch Eisen und Kieselsäure – zwei weitere Stoffe, die für die Ernährung von schwangeren Frauen wichtig sind. Konsumieren Sie wenn möglich Eier von Hühnern, die unter natürlichen Lebensbedingungen gehalten werden.

Was Käse anbelangt, so sollten Sie jene Käsesorten bevorzugen, deren Fettgehalt nicht allzu hoch ist. Käsearten, die erst im überreifen Stadium in den Handel kommen, sollten Sie nur gelegentlich zu sich nehmen.

Kalzium

Schon in den ersten Tagen nach der Zeugung des Kindes steigt der Kalziumbedarf von 800 mg auf 1'200 mg pro Tag. Dieser Mehrbedarf wird praktisch vollständig für die Bildung der Knochen und Zähne des Kindes benötigt. Der Rest des Kalziums (ca. 2 %) wird für den Blutaufbau verwendet.

Brüchige Nägel, Krämpfe, Kreuzschmerzen, eine erhöhte Knochenbrüchigkeit und Kariesanfälligkeit sowie ein zu hoher Blutdruck sind Hinweise auf einen Kalziummangel.

Die folgenden Nahrungsmittel sind die wichtigsten Kalziumlieferanten: Milchprodukte, Tang, Dosenfisch (mit Gräten), Kresse, Brokkoli, weiße Rüben, Karotten, Spinat, Petersilie, Tofu, Nüsse, Sesamsamen, Zitronen, Trauben, Äpfel, Birnen, Pfirsiche, Erdbeeren und Feigen.

Wird Kuhmilch in Form von Kefir, Joghurt, Frisch- oder Hüttenkäse konsumiert, kann sie vom Körper besser verarbeitet werden. Die Bakterienkulturen, die bei der Umwandlung dieser Produkte verwendet werden, wirken verdauungsfördernd.

Auch Ziegenmilch kann vom Körper besser verarbeitet werden als Kuhmilch. Zudem enthält sie mehr Vitamin A und ist weniger fetthaltig.

Ein recht hoher Prozentsatz der Frauen weist einen Kalziummangel auf. Wenn Sie der Meinung sind, daß dies bei Ihnen auch der Fall ist, sollten Sie eine Ernährungsberaterin aufsuchen. Diese wird Ihnen zeigen, wie Sie Ihren Organismus mit mehr Kalzium versorgen können.

Eisen

Während der Schwangerschaft nimmt der tägliche Eisenbedarf einer Frau mit durchschnittlichem Gewicht kontinuierlich von 15 auf 24 mg zu. Eisenmangel führt zu Frühgeburten und Babys mit zu geringem Gewicht.

Er kann auch Blutarmut zur Folge haben, die in großer Müdigkeit und rascher Erschöpfung bei der geringsten Anstrengung zum Ausdruck kommt. Eisenmangel ist bei Frauen recht häufig, insbesondere bei solchen, die starke Monatsblutungen haben.

Deshalb ist es wichtig, daß Sie Ihren Hämoglobinspiegel zu Beginn der Schwangerschaft überprüfen lassen. Damit kann festgestellt werden, ob bei Ihnen ein Eisenmangel vorliegt oder nicht.

Zu den wichtigsten Lieferanten von natürlichem Eisen gehören die folgenden Nahrungsmittel: rotes Fleisch (insbesondere Leber), Petersilie, Weizenkeime, Eigelb, Datteln, Melasse, Hefe, grünes Gemüse, Hülsenfrüchte, Tofu usw.

Im Bedarfsfall wird Ihnen Ihr Arzt zweifellos Eisen in Tablettenform verschreiben. Aber Vorsicht! Sie müssen sich bewußt sein, daß eine Eisentherapie oft mit Komplikationen verbunden ist. Eisentabletten können zu Verstopfung und Hämorrhoiden führen. Überdies haben sie laut Adele Davis, einer bekannten amerikanischen Ernährungswissenschaftlerin, eine Zerstörung von Vitamin E zur Folge, wodurch ein Vitaminmangel entstehen kann.

Falls Sie eine Behandlung mit Eisentabletten benötigen, ist es vorteilhafter, wenn Sie sich für organisches Eisen wie beispielsweise Floradix, ein Produkt des Unternehmens Flora, entscheiden.

Zink

Kleinste Mengen von Zink sind für die einzelnen Phasen der Entwicklung von Leben, einschließlich jenes des Fötus, unabdingbar. Zinkmangel kann zu Mißbildungen beim Fötus, zu Fehlgeburten sowie zu einem geringem Geburtsgewicht führen.

Bei schwangeren Frauen tritt ziemlich häufig ein Zinkmangel auf. Achten Sie deshalb gut auf Ihre Ernährung. Nehmen Sie regelmäßig Hefe, Milchprodukte, Leber, Pilze, Nüsse, Kürbiskerne, Sardinen und Sojabohnen zu sich.

Die Vitamine der B-Gruppe

Folsäure (Vitamin B9) ist wichtig für eine gute Aufnahme von Eisen. Sie trägt zu einem normalen Verlauf der Schwangerschaft und zu einem guten Funktionieren der Plazenta bei. Wie Kalzium und Vitamin K ist sie für die Blutgerinnung unerläßlich.

Das Abwehrsystem der Haut des Fötus und die Schilddrüse können nur dann richtig funktionieren, wenn ausreichend Thiamin (B1) über die Nahrung aufgenommen wird.

Riboflavin (B2), Pyridoxin (B6) und Folsäure (B9) beugen beim Fötus der Bildung einer Gaumenspalte vor.

Zu den wichtigsten Lieferanten von Vitaminen der B-Gruppe gehören die folgenden Nahrungsmittel: Vollgetreide, Bierhefe, Obst und Gemüse. Fleisch, Fisch und Milchprodukte sind die einzigen Lieferanten von Vitamin B12. Achten Sie darauf, daß Sie frisches Obst und Gemüse zu sich nehmen, denn Vitamine gehen rasch verloren, wenn ihre Träger zu lange aufbewahrt werden.

Welche Nahrungs- und Genußmittel sollten schwangere Frauen unbedingt meiden?

Alkohol

Die schädlichen Auswirkungen von Alkohol auf die Entwicklung des Fötus sind heute jedermann bekannt. Die medizinische Forschung liefert immer neue Erkenntnisse über die negativen Folgen des Alkoholkonsums.

Zu den verheerenden Folgen, die am häufigsten beobachtet werden, gehören: Verminderung der geistigen Fähigkeiten, Mikrozephalie (Verkleinerung von Umfang und Inhalt des Schädels aufgrund einer abnormen Entwicklung), bestimmte Mißbildungen der Gelenke, ungenügende Entwicklung der Knochen und verschiedene Formen der Mißbildung des Herzens.

Zucker

Ein übermäßiger Zuckergenuß zerstört die Vitamine der B-Gruppe und Mineralstoffe wie Kalzium und Magnesium und führt außerdem zu einer Übersäuerung des Körpers sowie zu erhöhter Nervosität bei Mutter und Kind.

Kaffee und Tee

Wie Zucker sind Kaffee und Tee säurebildende Nahrungsmittel. Sie zerstören bestimmte alkalische Mineralien wie Kalzium und Magnesium und führen zu Nervosität, Sodbrennen und manchmal sogar zu Rheumatismus und Arthritis. Während der Schwangerschaft ist von einem Konsum dringend abzuraten.

Ernährung zur Beschleunigung der Genesung

»Sage mir, was du ißt, und ich sage dir, ob du gesund bist, an welchen Krankheiten du leidest oder leiden wirst.« Tatsächlich hat das, was Sie täglich zu sich nehmen, (sofort oder später) einen direkten Einfluß auf Ihren Gesundheitszustand.

In der Rubrik *Ernährung zur Vorbeugung von Krankheiten* finden Sie die prinzipiellen Regeln einer guten Ernährung, das heißt einer Ernährung, die Sie bei guter Gesundheit erhält und Krankheiten vorbeugt.

Auf den folgenden Seiten werden Sie sich mit der Trophotherapie vertraut machen (griech. trophe bedeutet Nahrung). Sie werden erfahren, wie man mit Hilfe der Ernährung Krankheiten bekämpfen und seine Gesundheit wiedererlangen kann.

Hören Sie auf, Ihre Krankheiten zu nähren!

Wenn Sie an einer akuten Krankheit leiden, verspüren Sie meist keinen Hunger mehr. Diese Reaktion Ihres Organismus ist sehr heilsam. Sie erlaubt es Ihnen, Ihre gesamte Lebensenergie, die sonst für die Verdauung benutzt würde, auf die wichtigere und dringendere Aufgabe der Entgiftung zu richten.

Widersetzen Sie sich also dieser Reaktion Ihres Körpers nicht. Fühlen Sie sich nicht gezwungen, sich zu ernähren. Und wenn es sich zum Beispiel um Ihre Kinder handelt, zwingen Sie sie nicht zur Nahrungsaufnahme, damit sie »wieder zu Kräften kommen«. Diese unpassende Ernährung vergrößert nicht etwa ihre Abwehrkräfte, sondern kann im Gegenteil den natürlichen Selbstheilungsprozeß verlangsamen oder sogar hemmen.

Freiwilliges Fasten

Sie können auch aus freien Stücken fasten, d. h. sich dazu entschließen, eine Zeitlang auf jegliche Nahrung zu verzichten.

Wenn Sie weder essen noch trinken, praktizieren Sie ein »trockenes« Fasten. Diese Art Fasten ist ziemlich selten, da es nicht länger als 3 bis 4 Tage durchgehalten werden kann und vor allem, weil seine Durchführung, um sicher zu sein, ziemlich kompliziert ist.

Das »feuchte« Fasten ist dagegen populärer. Es wird besonders von den Hygienikern und ihrem führenden Mann, dem Amerikaner Shelton, empfohlen. Bei dieser Art des Fastens essen Sie nichts, trinken aber destilliertes Wasser, das Sie entpolymerisieren und polarisieren können, um seine Ausbreitung in den Geweben zu erleichtern. Dazu brauchen Sie das destillierte Wasser nur in die Sonne zu stellen, es in einem Sauerstoffstrom zu schlagen oder einige Tropfen Meerwasser oder Aromaessenz hineinzugeben.

Was bewirkt ein solches Fasten?

Zunächst einmal führt die Tatsache, daß Sie nichts Festes zu sich nehmen, zu einer physiologischen Erholung, dank deren Ihr Organismus leichter wieder gesund werden kann. Das gilt besonders für die Fälle, bei denen die Verdauungsorgane betroffen sind, wie bei einem Magengeschwür beispielsweise.

Außerdem zwingt das Fasten Ihren Organismus dazu, sich von seinen Reserven zu ernähren. Die Fettdepots werden so in Glukose umgewandelt, und die fettlöslichen Stoffwechselabfälle, die dadurch wieder in das Blut eingeschleust werden, können ausgeschieden werden.

Welche Vorsichtsmaßnahmen müssen Sie beachten?

Diese entgiftende Wirkung des Fastens ist natürlich sehr interessant. Denn Krankheiten jeder Art finden in einem mit Giften belasteten Körper einen wunderbaren Nährboden, der sie blühen und gedeihen läßt. Diese Entgiftung setzt jedoch voraus, daß die fastende Person gut funktionierende Ausscheidungsorgane besitzt – sonst könnte es zu Unfällen kommen. Besonders, wenn Sie an einer Niereninsuffizienz leiden, ist Fasten nichts für Sie.

Beachten Sie außerdem, daß Medikamente während des Fastens besser vom Körper aufgenommen werden. Unter Beizug Ihres Arztes sollten Sie also die Dosen verringern.

Bedenken Sie schließlich, daß während des Fastens die wasserlöslichen Vitamine, Mineralien und Spurenelemente mit dem Urin ausgeschieden werden. Nach dem Fasten müssen Ihre Reserven also wieder aufgebaut werden. Je länger Sie fasten, desto wichtiger wird dieser Aspekt.

Ein wirkliches Fasten wird jedoch niemals nur für kurze Zeit durchgeführt. Denn in den ersten 3 bis 8 Tagen ist der Organismus lediglich damit beschäftigt, Giftstoffe auszuscheiden. Erst nach dieser Zeit beginnt die eigentliche Entgiftung der Zellen, und man kann unmöglich die Dauer dieser aktiven Phase vorhersagen.

Mit dem Fasten hört man auf:

- sobald die Heilung eingetreten ist: die Zunge wird rosa, der Atem frisch, und der Appetit stellt sich wieder ein;
- wenn sich der Zustand des Kranken verschlechtert;
- wenn die Reserven des Körpers verbraucht sind, selbst wenn keine besonderen Ergebnisse vorliegen. Die fastende Person liefe sonst Gefahr, an Entkräftung zu sterben, was normalerweise erst nach einem Fasten von 60 bis 80 Tagen passieren kann.

Auf jeden Fall sollte man das Fasten nur unter der Aufsicht kompetenter Fachleute durchführen. Diese werden nicht nur den Verlauf des Fastens beobachten, sondern können Sie auch auf das Fasten vorbereiten und Sie bei der Wiederaufnahme der Ernährung am Ende des Fastens beraten.

Kuren und Mono-Diäten

Wenn die Aussicht auf eine Fastenkur Sie ein wenig erschreckt, so können Sie auch die Vorteile des Fastens wahrnehmen, ohne die Nachteile zu erleiden. Dazu brauchen Sie nur eine Kur oder Mono-Diät zu machen.

Bei den Kuren und Mono-Diäten beschränken Sie Ihre Ernährung eine Zeitlang auf eine einzige Art Nahrung. Die Nahrungszufuhr ist gewährleistet und der Darmtransit bleibt erhalten. Die Verdauung wird dadurch jedoch beträchtlich erleichtert.

Zitronensaftkur

Unter den Obstkuren ist die Zitronensaftkur sicher die bekannteste. Ihre Wohltaten sind vielfältig. Sie wird bei Rheumatismus, Arteriosklerose,

Krampfadern sowie Steinleiden des Harnapparats (nur bei Harnsäure-, nicht bei Kalksteinleiden) und der Gallenblase empfohlen.

So gehen Sie vor: Am ersten Tag trinken Sie den Saft zweier reifer Zitronen, am zweiten Tag den Saft von 4 Zitronen, am dritten Tag den Saft von 6 Zitronen usw. bis zu 14 Zitronen am siebten Tag, dann reduzieren Sie die Menge im gleichen Rhythmus.

Anschließend schalten Sie eine Pause von 8 bis 10 Tagen ein, bevor Sie 1 bis 2 weitere Kuren durchführen.

Selbstverständlich dürfen Sie diese Kur nicht machen, wenn Sie einen empfindlichen oder übersäuerten Magen haben. Wenn Sie über keine gute Lungenkapazität verfügen, sollten Sie ebenfalls von der Zitronenkur Abstand nehmen.

Traubenkur

Eine andere sehr populäre Kur ist die Traubenkur. Während 1 bis 2 Wochen nehmen Sie täglich 3 Traubenmahlzeiten im Abstand von etwa 5 Stunden ein. Beginnen Sie mit 50 bis 100 g Trauben pro Mahlzeit, gehen Sie allmählich bis auf 2 kg und dann wieder herunter. Fahren Sie so 2 Monate lang fort.

Kauen Sie die Haut sorgfältig, und schlucken Sie sie nur zum Teil herunter. Schlucken Sie die Kerne nicht herunter. Wenn Sie Durchfall bekommen, hören Sie mit der Kur auf.

Die Traubenkur führt zu ausgezeichneten Ergebnissen bei den meisten Hautproblemen und allgemein bei allen Störungen des Darms, der Leber, der Gallenblase und der Bauchspeicheldrüse.

Apfelkur

- Wenn Sie an Magenstörungen oder einem Magengeschwür leiden, können Sie eine Apfelkur mit rohen geschälten und fein geriebenen Äpfeln machen. Zu Beginn essen Sie 1 Apfel pro Tag zusammen mit einigen glutenhaltigen Zwiebäcken, dann gehen Sie allmählich auf 5 Äpfel über.
- Um Ekzeme zu bekämpfen, ist die Apfelkur, diesmal mit Bratäpfeln, besonders wirksam.

Pfirsichkur

Anämie können Sie mit einer Pfirsichkur besiegen (trinken Sie 1/2 Liter frischen Saft aus rohen Pfirsichen pro Tag).

Hinweis

Wenn Sie zu Hypoglykämie (vermindertem Blutzuckerspiegel) neigen, sind Obstkuren natürlich nichts für Sie. Weichen Sie in diesem Fall auf Mono-Diäten mit Gemüse aus.

Karottensaftkur

Bei Durchfall – insbesondere bei Kindern -- sowie bei Kraftlosigkeit (Asthenie), Blutarmut (Anämie), Lungenleiden, Leber- und Gallenblaseninsuffizienz oder Hautkrankheiten können Sie eine Mono-Diät mit Karottensaft machen, von dem Sie jede Stunde trinken.

Reiskur

Wenn Sie an Bluthochdruck, Diabetes, einem Magen- oder Darmgeschwür leiden, kann die Mono-Diät mit weißem Reis sehr hilfreich sein. Garen Sie den Reis im Dampfkochtopf ohne Salz oder Fett, und süßen Sie ihn mit Honig. Essen Sie 300 bis 500 g Reis (Trockengewicht) täglich.

Wenn Sie diese Diät 2 bis 3 Monate lang einhalten, trinken Sie zwischen den Mahlzeiten auch 1/2 Liter frischen Obstsaft täglich, damit Sie die nötigen Vitamine erhalten.

Vollweizenkur

Die Mono-Diät mit Vollweizen wird empfohlen, um Magengeschwüre zu heilen, Zellulitis zu beseitigen und den Teint zu klären.

Lassen Sie 1 kg Vollweizen 5 Stunden auf kleinem Feuer in 1 Liter Wasser kochen. Um die Körner auszusondern, filtern Sie den feinen Brei, der auf diese Weise entstanden ist, süßen ihn mit Honig und essen davon 1 bis 4 Wochen lang (oder länger) 4 Teller täglich.

Empfehlungen

Ob es sich um eine Obstkur oder Gemüse-Mono-Diät handelt – wenn Sie Ihren Erfolg sichern wollen, müssen Sie unbedingt darauf achten, daß die Wiederaufnahme einer normalen Ernährung allmählich vonstatten geht. Am Ende der Kur oder der Mono-Diät beginnen Sie damit, als Übergang andere rohe Früchte oder Gemüsesorten zu essen. Dann fügen Sie Käse hinzu und zum Schluß gekochte Nahrungsmittel. Tierisches Eiweiß sollten Sie frühestens nach 2 Monaten essen.

Korrigieren Sie Ihren pH-Wert

Wenn Sie bei guter Gesundheit sind, ist der pH-Wert Ihres Blutes leicht alkalisch und schwankt zwischen 7,38 und 7,41. Der ph-Wert Ihres Urins ist leicht sauer und beträgt etwa 6,8.

Wenn Sie dagegen krank sind, steigt der Säuregehalt. Diese Übersäuerung (Azidose) führt zu einem Verlust von alkalischen Mineralien (Kalzium, Magnesium, Natrium, Kalium usw.), was chronische Müdigkeit, Neigung zu Osteoporose usw. hervorruft.

Wenn Ihre Gewebe zu sauer sind, bedeutet das, daß Sie an Sauerstoffmangel leiden oder zuviel Streß ausgesetzt sind. Es ist aber auch möglich, daß in Ihrer Nahrung der Anteil säurebildender Lebensmittel überwiegt. Um dieses Ungleichgewicht auszugleichen, brauchen Sie also nur Ihren Speiseplan im Hinblick darauf zu ändern.

Was zählt zu den säurebildenden Nahrungsmitteln?

Säurebildende Nahrungsmittel sind hauptsächlich aus Chlor, Phosphor, Schwefel, Kohlen- und Stickstoff zusammengesetzt. Dazu gehören:

- Fleisch, Fisch, Eiweiß
- Zucker, Honig, Marmelade
- Alkohol, Kaffee, Gewürze
- Getreide, Roggen, Mais, Hafer
- Butter, fette Käse, Pflanzenöle, Mayonnaise
- Hülsenfrüchte, Samenkörner
- Baumnüsse, Erdnüsse, Oliven
- Rhabarber, Sauerampfer, Beete, Spinat, Kresse, Pilze
- Pflaume, Aprikose, Kiwi, Heidel-, Preiselbeere
- gekochtes Obst
- Bierhefe.

Was zählt zu den alkalisierenden Nahrungsmitteln?

Alkalisierende Nahrungsmittel dagegen enthalten hauptsächlich Kalzium, Magnesium, Natrium, Kalium und Silizium. Dazu gehören:

- Eigelb
- Reis, Buchweizen, Hirse, Sago, Gerste
- Milch, Joghurt, Sahne
- Mandeln
- Kartoffel, Rübe, Karotte, Sellerie, Steckrübe, Rettich, Knoblauch, Zwiebel, Lauch, Artischocke, Spargel, Aubergine, Kohl, Gurke, Kürbis, Zucchini, Gartenkürbis, grüne Bohnen, Chicoree, Lattich, Kopfsalat, Rapunzel, Löwenzahn
- Zuckermelone, Wassermelone, Dattel, Feige, Traube, Apfel, Banane, Erdbeere, Johannisbeere, Birne, Pfirsich, Kirsche
- Orange, Clementine, Mandarine, Zitrone (trotz ihres säuerlichen, nicht sauren Geschmacks), Grapefruit, Ananas, Granatapfel, Tomate (nur wenn Sie bei körperlichen Übungen gut atmen können, sonst sind diese Früchte säurebildend).

Ernährung zur Vorbeugung von Krankheiten

Wußten Sie, daß Gesundheit nicht auf Zufall beruht? Gesundheit hat nichts mit Glück zu tun, z. B. dem Glück, daß Sie gegen die heimtückischen Attacken von Mikroben und Viren gefeit sind.

Wenn Sie sich guter Gesundheit erfreuen, dann bedeutet das, daß Ihr Körper gesund ist. Und wenn Ihr Körper gesund ist, dann heißt das, daß Sie gesund leben, daß Sie also einige Faktoren beachten – die Gesundheitsfaktoren.

Was sind Gesundheitsfaktoren?

Sie sind sehr zahlreich. Die Luft, die Sie atmen, der Lärm um Sie herum, Ihre Gedanken und Gefühle, Ihre körperliche Betätigung, die Ruhe, die Sie sich gönnen usw. Neben diesen Faktoren spielt auch die Ernährung eine wichtige Rolle für die Gesundheit.

Viele Menschen achten nicht darauf, was und wie sie essen. Und sie machen sich nicht klar, daß hier die Erklärung einer Vielzahl ihrer Beschwerden und Krankheiten liegt. Diese Menschen kämen nie auf die Idee, Sand in den Tank ihres Autos zu schütten. Aber sie haben keine Hemmungen, Produkte in ihren Körper zu stopfen, die zur Ernährung völlig ungeeignet sind.

Möchten Sie dauerhaft gesund bleiben oder es werden? Sie haben es wohl verstanden, aber wir können es gar nicht oft genug betonen: Gesundheit hängt in erster Linie von einer gesunden Ernährung ab.

Welche Produkte sollten Sie wählen?

Verwechseln Sie bei Lebensmitteln nicht Reinheit und Raffination. Weiß ist nicht gleichbedeutend mit qualitativ hochwertig, ganz im Gegenteil. Raffinierte Produkte enthalten keine Vitamine und Spurenelemente mehr; diese aber sind für Ihre Gesundheit unentbehrlich.

Geben Sie deshalb Vollwertprodukten den Vorzug, die Sie entweder kaufen oder auf der Basis von unraffinierten Rohstoffen selber herstellen können: aus Meersalz, Vollkornreis, Vollkornmehl usw.

Seien Sie in diesem letzten Punkt besonders vorsichtig. Vollkornmehl wird aus Korn hergestellt, das mit Schale gemahlen wird, und ist nicht zu verwechseln mit raffiniertem Mehl, dem nachträglich Kleie zugesetzt wurde.

Meiden Sie auch den weißen Zucker. Er ist Gift für Ihren Organismus. Wissen Sie, wie er hergestellt wird? Der Rübensaft wird erst mit Kalk, dann mit Kohlendioxid gemischt. Diese Mischung wird mit Schwefeldioxid gereinigt und dann durch kalzidierte (durch Erhitzen behandelte) tierische Knochenabfälle gefiltert. Anschließend wird der Zucker gekocht und schließlich mit Hilfe von Isopropylsäure oder Natriumacetat raffiniert ...

Ohne zu übertreiben: Sie sollten dem Zucker, ob raffiniert oder nicht, die hervorragenden Möglichkeiten vorziehen, die Ihnen die Natur als Ersatz bietet (siehe *Zuckerersatzstoffe*).

Allgemein sollten Sie möglichst viele naturbelassene Produkte zu sich nehmen, d. h. Lebensmittel ohne chemische Zusätze. Bevorzugen Sie deshalb biologisch angebaute Produkte (ohne chemischen Dünger oder Pestizide). All diese Substanzen schaden Ihrem Organismus. Sie beschleunigen den Alterungsprozeß und begünstigen die sogenannten Zivilisationskrankheiten.

Übrigens sind Lebensmittel, die die Bezeichnung »natürlich« tragen, nicht unbedingt biologisch angebaut. Diese Bezeichnung bedeutet nur, daß das Lebensmittel nicht künstlich verändert bzw. verarbeitet wurde, was keineswegs heißt, daß es nicht voller Pestizide stecken kann.

Tierische Produkte oder vegetarische Ernährung?

Wenn Sie sich nur von reinen, naturbelassenen Lebensmitteln ernähren wollten, dürften Sie eigentlich die meisten tierischen Produkte, die heute zum Kauf angeboten werden, nicht essen. Die Tiere nämlich werden mit chemisch behandelter Nahrung gefüttert. Ihnen werden Antibiotika verabreicht, und ihr Wachstum wird mit Hormonen beschleunigt. Die Lebensmittel, die daraus entstehen, enthalten deshalb eine hohe Konzentration von Pestiziden, Medikamenten usw.

Das ist zum Beispiel bei Milch der Fall.

Außerdem kommt es vor, daß Milch ab dem Alter von fünf Jahren immer schwerer verdaut wird. Sie sollte deshalb mit Zichorienpulver oder -saft gemischt oder durch Joghurt und Käse ersetzt werden. Wählen Sie vorzugsweise nichtpasteurisierte Produkte. Viele Menschen wissen gar nicht, daß pasteurisierte Milch 12 bis 48 Stunden nach der Pasteurisierung insgesamt mehr Bakterien enthält als unbehandelte Milch (Rohmilch)!

Es sind auch, entgegen der herrschenden Meinung, die entrahmten Produkte nicht besonders zu empfehlen. Durch die Entrahmung werden ihnen nämlich wertvolle Vitamine und Spurenelemente entzogen.

Außerdem sollten Sie wissen, daß Milch ein Hormon enthält, das die Tätigkeit der Hypophyse (Hirnanhangdrüse) hemmt. Die Folge ist vor allem ein Hang zur Korpulenz.

Fleisch ist genauso stark belastet. Hormone, Antibiotika, Unkraut- und Insektenvernichtungsmittel konzentrieren sich besonders im Fett. Die Abfallprodukte des Stoffwechsels hingegen sammeln sich in der Leber an.

Fisch- und Muschelfleisch schließlich ist mit Schwermetallen verseucht. Denken Sie nur an das Quecksilber der Chemie- und der Papierindustrie.

Müssen Sie wirklich auf Fleisch verzichten?

Der menschliche Verdauungsapparat ist nicht zum Fleischverzehr geeignet! Sehen Sie sich die fleischfressenden Tiere an. Ihr Darm ist so kurz, daß es nicht zu Verwesungsprozessen kommen kann, und ihre Nieren können Harnabfallstoffe abbauen. Auf den Menschen aber trifft das nicht zu.

Sollte man also auf Fleisch verzichten und sich ausschließlich von pflanzlichem Eiweiß ernähren?

Zunächst einmal sollten Sie Ihre Ernährungsgewohnheiten nur schrittweise ändern. Tauschen Sie nicht von heute auf morgen Ihre zwei Steaks am Tag gegen ein Kilo Salat ein!

Auch ist es nicht ratsam, sich völlig auf vegetarische Kost umzustellen, wenn Sie über 40 Jahre alt sind. Ihr Organismus wird nur noch schwer ganz ohne tierisches Eiweiß auskommen können.

Ihrer Gesundheit zuliebe sollte Ihre tägliche Kalorienration in jedem Fall nur zu höchstens fünf Prozent aus Eiweiß bestehen. Eine eiweißreiche Mahlzeit am Tag reicht folglich völlig aus. Und da ist es kaum von Bedeutung, ob dieses Eiweiß tierischen oder pflanzlichen Ursprungs ist! Ihr Körper kann normalerweise alle Eiweiße verwerten. Fürchten Sie also keinen Eiweißmangel. Krankheiten entstehen meist durch zuviel Eiweiß in der Nahrung, nicht durch Eiweißmangel.

Sie sollten auch nicht außer acht lassen, daß Sie sich sehr gut mit Ernährung auskennen müssen, wenn Sie streng vegetarisch leben wollen. Die berühmte amerikanische Ernährungswissenschaftlerin Angela Davis äußerte sich sehr skeptisch in Bezug auf die Frage, ob jedermann streng vegetarisch leben kann. Ihr zufolge waren *»einige der berühmtesten Sportler und manche weltweit bekannte Gelehrte Vegetarier. Aber im Normalfall wird aus einem Vegetarier, wenn er auf dem Gebiet der Ernährung nicht gerade Experte ist, ein Kranker.«*

Informieren Sie sich deshalb gut.

Kampf dem Fett?

Viele Menschen halten Fett für einen Feind, den es zu bekämpfen gilt. Fette verursachen in der Tat viele verschiedene Gesundheitsprobleme, vor allem im Bereich der Herz- und Gefäßkrankheiten.

Aber man darf nicht alle Fette unbesehen schuldig sprechen! Manche sind wirklich schädlich. Andere hingegen leisten Ihnen wertvolle Dienste.

Schädlich sind alle tierischen Fette (Butter, Schmalz usw.) sowie Produkte, die solche Fette enthalten, vor allem Wurstwaren.

Die pflanzlichen Fette gliedern sich in die beiden folgenden Gruppen:

- die hydrierten Fette (Margarine, durch Wärmebehandlung oder mit Hilfe von chemischen Lösungsmitteln gewonnene Öle)

- die nicht hydrierten Fette (kaltgepreßte Öle aus erster Pressung).

Erstere sind zu meiden, während letztere für Ihre Gesundheit unentbehrlich sind (siehe dazu auch *Arterienverkalkung).*

Roh oder gekocht?

Der Mensch ist heute das einzige Lebewesen, das sich von gekochten Lebensmitteln ernährt. Also sollten Sie wissen, daß das Kochen für Ihre Gesundheit schädlich sein kann.

Die Bedeutung des Kochens

In erster Linie ermöglicht Ihnen das Kochen, Lebensmittel zu essen, die Sie sonst nicht zu sich nehmen könnten.

Das gilt für Fleisch, denn die Zähne des Menschen sind nicht dazu geeignet, es in rohem Zustand zu zerkleinern. Weiter trifft es auf Getreide und Hülsenfrüchte zu. Die Vögel, die sich hauptsächlich davon ernähren, haben einen Kropf, in dem die Nahrung keimt und vorverdaut wird, bevor sie in den Magen gelangt.

Der Mensch wurde von der Natur nicht mit einer solchen Keimbox ausgestattet und kann diese Lebensmittel nur gekocht aufnehmen. Machen Sie sie nicht zum Hauptbestandteil Ihrer Ernährung.

Die Nachteile des Kochens

Die Nahrung wird beim Kochen verändert. Der Kochvorgang mindert ihren Nährwert und nimmt ihr eine ganze Reihe von Substanzen, die für Ihre Gesundheit unbedingt nötig sind, wie Vitamine, pflanzliche Hormone, Enzyme, Aromastoffe usw.

Es gibt verschiedene Kochweisen, die mehr oder weniger schädlich sind. Sie sollten Ihre Lebensmittel bei möglichst niedrigen Temperaturen kochen, auch wenn dann die Kochzeit länger ist. Kochen Sie nicht in Wasser, da die Mineralien nachher zusammen mit dem Wasser fortgeschüttet werden. Dämpfen oder schmoren Sie die Speisen lieber. Vorsicht ist auch beim Grillen geboten, da Gegrilltes ebenso wie geräucherte Produkte krebserregende Stoffe enthalten.

Sollten Sie immer roh essen?

Die Nachteile des Kochens sind nicht zu leugnen. Aber müssen Sie deshalb gleich alles roh essen? Sicher nicht.

Es gibt nur wenige Fälle, in denen Menschen geheilt wurden, indem sie nur rohe Lebensmittel aßen. Rückfälle sind dagegen häufig. Zudem kann das Essen von rohen Lebensmitteln zu ernsthaften Problemen führen, insbesondere bei älteren Menschen. Vor allem kann es zu bedenklichen Gewichtsverlusten kommen.

Auch hier ist der goldene Mittelweg der beste. Wenn Sie bei guter Gesundheit bleiben wollen, achten Sie darauf, daß etwa die Hälfte Ihrer Nahrung aus Rohkost besteht, wobei Sie den Rohkostanteil im Sommer erhöhen und im Winter senken sollten.

Gewöhnen Sie sich an, die Rohkost zu Beginn Ihrer Mahlzeit zu essen. Dadurch wird einerseits die Bildung von weißen Blutkörperchen verstärkt und somit das Risiko von Vergiftungen vermindert. Andererseits sorgen die in der Rohkost enthaltenen Enzyme für eine bessere Verdauung der gekochten Nahrung.

Wie sollte die Nahrung zusammengestellt werden?

Die Verdauung ist eine komplexe Folge chemischer Reaktionen. Die Zufuhr einer bestimmten Art von Lebensmitteln löst die Absonderung bestimmter Verdauungssäfte und anderer Substanzen aus. Diese fördern die Verdauung, können aber beim Kontakt mit einer anderen Art von Lebensmitteln auch schlecht für deren Verdauung sein.

Eine richtige Nahrungszusammenstellung ist also von Vorteil, damit die Verdauung optimal verläuft und die Nahrung bestmöglich aufgenommen wird. Aber auch, um Blähungen oder Mundgeruch zu vermeiden!

Eine vernünftige Lebensmittelkombination kann sogar zur Notwendigkeit werden, wenn Sie jemals das Pech haben sollten, unter Störungen Ihres Verdauungsapparates zu leiden. Wenn Sie sich dann nicht peinlich genau an die Regeln für eine optimale Nahrungszusammenstellung halten, werden Sie sehr wahrscheinlich mit langen Verdauungszeiten zu kämpfen haben.

Normalerweise dauert die Verdauung zwei bis drei Stunden. Wenn die Lebensmittel schlecht zusammengestellt sind, kann sie bis zu sechs, zehn, zwölf Stunden oder noch länger dauern. Eine so lange ununterbrochene Verdauung hat schlimme Folgen.

Die vier Regeln für eine gute Nahrungszusammenstellung

1. Zunächst einmal sollten Früchte immer separat gegessen werden, da sie nicht im Magen, sondern im Darm verdaut werden. Wenn Sie Ihre Früchte zusammen mit anderen Lebensmitteln essen, werden sie im Magen festgehalten. Dort verzögern sie die Verdauung und lösen Gärungs- und Verwesungsprozesse aus. Diese wiederum verhindern ihrerseits eine reibungslose Verdauung. (Übrigens gehören auch Tomaten und Gurken von ihrer chemischen Zusammensetzung her zu den Früchten.)
2. Grünes Gemüse (Salat, Lauch, Spinat, Brokkoli, Spargel, Zucchini, grüner Paprika usw.) kann mit stärkehaltigen Lebensmitteln (Karotten, Kürbissen,

Kartoffeln, weißen Rüben Getreide, Brot, Nudeln usw.) oder mit eiweißhaltigen Lebensmitteln (Fleisch, Fisch, Eiern, Milchprodukten, Hülsen-, Ölfrüchten usw.) kombiniert werden.
3. Dagegen dürfen stärkehaltige Lebensmittel nicht mit eiweißhaltigen Lebensmitteln kombiniert werden.
4. Essen Sie nie Getreideerzeugnisse zusammen mit Zucker. Diese Verbindung führt im Körper zu Alkoholbildung.

Wissen Sie, wie man richtig ißt?

Die Qualität der Produkte, die Sie verzehren, ist von größter Bedeutung. Aber auch die Menge der Lebensmittel, die Sie zu sich nehmen, ist wichtig. Wie können Sie also die für Sie angemessene Menge bestimmen? Quälen Sie sich auf keinen Fall mit Präzisionswaagen und -meßgeräten herum. Fangen Sie auch nicht an, pausenlos Kalorien zu zählen. Ihr Organismus ist kein Dampfkessel, der sich mit jedem beliebigen Brennstoff zufriedengibt. Ihr Organismus braucht Lebensmittel, die von seinen Zellen aufgenommen und umgewandelt werden können!

Aber wie können diese Lebensmittel optimal aufgenommen und umgewandelt werden?

Beachten Sie einfach folgende sechs Grundregeln:
1. Richtig essen bedeutet in erster Linie, nicht ununterbrochen zu essen. Wenn Sie pausenlos an etwas knabbern, belasten Sie unnötig Ihren Verdauungsapparat.
2. Schlucken Sie Ihre Nahrung nicht sofort hinunter, sondern achten Sie darauf, sie lange zu kauen. Die Nahrung muß zu einem richtigen Brei werden, bevor sie in Ihren Magen gelangt.
   So entfaltet sich erst richtig der Geschmack der Lebensmittel. Außerdem kann Ihr Organismus auf diese Weise alle Bestandteile der Nahrung aufnehmen.
   Ihr Magen erhält durch das lange Kauen fein zermahlene Teilchen, mit denen die in Ihrem Speichel enthaltenen Substanzen bereits komplizierte chemische Reaktionen vorgenommen haben, wodurch spätere Gärungsprozesse verhindert werden.
3. Sie müssen auch wissen, daß Sie diese positiven Auswirkungen, die das lange Kauen für Ihren Organismus hat, noch um ein Vielfaches steigern können, wenn Sie beim Kauen tief durchatmen.
4. Um nicht zu wenig und nicht zuviel zu essen, sollten Sie sich angewöhnen, immer mit einem leichten Hungergefühl vom Tisch aufzustehen. Wenn Sie sich bemühen, richtig zu essen, essen Sie weniger und haben doch das Gefühl, genug gegessen zu haben. Und das ist keine Einbildung!

5. Essen Sie in aller Ruhe. Lassen Sie Ihre Leidenschaften und Sorgen vor der Tür Ihres Eßzimmers oder des Restaurants zurück. Gestikulieren Sie nicht wild herum, und reden Sie nicht pausenlos.
6. Schließlich sollten Sie sich beim Essen völlig auf die Mahlzeit konzentrieren. Lesen Sie nicht beim Essen. Der Mensch ist so veranlagt, daß er zwei verschiedene Tätigkeiten auf einmal nicht optimal ausführen kann.
   Starren Sie allerdings nicht die ganze Zeit auf Ihren Teller. Schauen Sie lieber um sich, aber sehen Sie nicht fern. Betrachten Sie die Natur, die Ihnen die lebenswichtige Nahrung liefert.

Denken Sie daran, daß Sie, genau wie alle anderen Elemente der Natur, zum Kosmos gehören. Und genießen Sie schon im voraus die Gewißheit, künftig in Harmonie mit dem Kosmos, für Ihren Körper die besten Voraussetzungen für ein gesundes Leben zu schaffen.

Eßsucht

(Siehe *Heißhunger)*

F

Falten

Als klassisches Alterungsmerkmal sind Falten für viele Menschen eine wahre Zwangsvorstellung. Und in unserem Zeitalter perfekten Aussehens, das uns die Medien übermitteln, wird dieses Problem noch akuter. Auf unseren Fernsehbildschirmen wimmelt es von Stars, die von Schönheitschirurgen »geliftet« wurden oder deren Haut von mehreren Schichten Kosmetika bedeckt ist. Nur wenige Menschen wissen zum Beispiel, daß der Vertrag mit Joan Collins, dem »Vamp« des »Denver Clan«, eine Klausel enthielt, der Nahaufnahmen ihres Gesichts untersagte.

Diese schönen und oft illusorischen Fernsehbilder wecken unerfüllbare Erwartungen. Und sie eröffnen Verkäufern kosmetischer Träume einen riesigen Markt. Mit einem Schönheitsprodukt kaufen Sie tatsächlich auch ein Stück Traum. Den Traum von der ewigen Jugend. Den Traum, eine Haut zu haben, die einem See ähnelt, dessen Oberfläche nie vom Wind gekräuselt wird.

Viele Menschen gewinnen aber erst im Alter an Schönheit, als ob Falten manchem Gesicht mehr Ausdruck verliehen. Paul McCartney ist hierfür ein gutes Beispiel. Das amerikanische Magazin *Longevity* hob in einem Artikel hervor, daß die Falten und grauen Haare dem Gesicht des Ex-Beatles mehr Charakter und Reife verliehen. Das Gesicht des jungen McCartney war dagegen eher fade und pausbackig.

Der Alterungsprozeß wirkt sich auf den gesamten Organismus aus. Die Haut bildet da keine Ausnahme. Verschiedene Faktoren erklären jedoch den unterschiedlich schnellen Alterungsprozeß der Haut einzelner Menschen. Die Kenntnis dieser Faktoren ermöglicht es Ihnen, Ihre Haut vor vorzeitigem Altern zu bewahren.

Maßnahmen zur Vorbeugung von Falten

Die Vorstellung, den Alterungsprozeß aufhalten zu können, ist immer noch eine Utopie. Dennoch können Sie ihn erheblich verzögern (siehe auch *Altern)*. Auch im Alter von 70 oder 80 Jahren muß Ihre Haut nicht unbedingt einem verschrumpelten Apfel ähneln. **Aber die Lösung ist eher in den richtigen Lebensgewohnheiten als unter Wunderprodukten zu suchen!**

So versetzt einen der bewundernswerte Teint mancher Nonnen immer wieder ins Staunen. Obwohl sie nie auch nur ein Schönheitsprodukt benutzen, besitzen sie einen Teint, der viele Frauen neidisch stimmen könnte, die mit unzähligen Cremen die im Laufe der Jahre entstandenen irreparable Schäden zu reparieren suchen. Dem Beispiel der Nonnen, auf die die Zeit keinen Einfluß zu haben scheint, können Sie einige Prinzipien entnehmen.

Eine glatte Haut ist jedoch nicht nur den Menschen vorbehalten, die der Welt entsagen. Viele Männer und Frauen, die ein aktives Leben führen, bewahren auch über das sechzigste Lebensjahr hinaus eine schöne Haut. Aber wie die Nonnen befolgen sie aus eigenem Antrieb folgende fünf Prinzipien:

1. Vermeiden Sie Streßfaktoren, und entwickeln Sie ein reiches und friedliches inneres Leben

Ein ruhiges Leben ist sicher eine der wichtigsten Voraussetzungen für eine bleibend schöne Haut. Ein streßreiches und unangenehmes Erlebnis läßt Ihre Haut innerhalb kurzer Zeit altern. Früher oder später werden Streß und Leid Ihr Gesicht zeichnen.

Tiefer und ausreichender Schlaf sowie Entspannung sind wichtige Voraussetzungen dafür, daß Ihre Sorgen und Gefühle in Ihrem Gesicht nicht allzu große Spuren hinterlassen. Im Spiegel haben Sie sicher schon bemerkt, daß Falten deutlicher werden, wenn Sie wenig geschlafen haben. Ein ausgeruhtes Gesicht erscheint immer jung und frisch.

2. Achten Sie auf eine gesunde und fettarme Ernährung

Immer mehr Forschungsergebnisse belegen, daß die Ernährung den Zustand der Haut beeinflußt. Eine gesunde und fettarme Ernährung ist hier von Vorteil. In der Rubrik *Ernährung zur Vorbeugung von Krankheiten* finden Sie Ratschläge für eine ausgewogene Ernährung.

3. Reduzieren Sie den Genuß von Alkohol, Kaffee und Tabak

Die Erfahrung zeigt, daß ein Übermaß dieser Genußmittel den Zustand der Haut auf lange Sicht stark beeinträchtigt.

4. Setzen Sie Ihre Haut nicht zu oft der Sonne aus

Es ist allgemein bekannt, daß die Sonne für eine steigende Zahl von Hautkrebserkrankungen verantwortlich ist (siehe auch *Sonnenempfindlichkeit)*. Besonders allzu häufige Sonnenbäder oder ungenügender Sonnenschutz tragen zu einer frühzeitigen Alterung der Haut bei.

5. Schränken Sie den Gebrauch von Schönheitsprodukten ein

Der Großteil der im Handel erhältlichen Schönheitsprodukte enthält Substanzen, die der Haut auf lange Sicht schaden. Der amerikanische Hautarzt Joseph P. Bark weist in seinem Buch »Skin Secrets« (Geheimnisse der Haut) darauf hin, daß Kosmetika eine der häufigsten Ursachen von Akne sind.

Selbst die natürlichen Mineralöle weisen große Nachteile auf. Sie verhindern die Ausscheidung von Giftstoffen über die Haut und stören das Gleichgewicht der Haut.

Verwenden Sie also vorzugsweise pflanzliche Öle, deren Aufbau dem der Haut sehr ähnlich ist.

Maßnahmen zur Entspannung der Gesichtsmuskeln

Die Fähigkeit, sich zu entspannen, ist für den Hauttonus von großer Bedeutung. Aber auch die gezielte Entspannung der Gesichtsmuskulatur ist sehr wichtig. Die folgende Übung sollten Sie wenn möglich einmal täglich durchführen:

Erster Schritt

Beginnen Sie damit, Grimassen zu schneiden und all das mit Ihrem Gesicht auszudrücken, was Sie sonst aus Gründen des Anstandes unterdrücken: Angst, Wut, Trauer, körperliche Schmerzen usw. Wenn es sein muß, verziehen Sie das Gesicht in alle möglichen Richtungen.

Reißen Sie den Mund auf, als ob Sie ein Löwe oder eine Löwin wären, und brüllen Sie, wenn es die Umstände zulassen.

Bearbeiten Sie insbesondere die Stellen, an denen sich »Ausdrucksfalten« bilden. Diese treten häufig um die Augen- und Mundpartie herum auf. Diese Falten entsprechen den Gesichtsausdrücken, mit denen Sie Ihre Worte bekräftigen oder die Sie gebrauchen, um sich anderen gegenüber zu behaupten. An diesen Stellen können sich daher Muskel- oder Hautverhärtungen bilden.

- Zur Entspannung der Mundpartie spitzen Sie die Lippen und bewegen sie dann so weit wie möglich nach links und rechts, ohne den Kopf zu drehen.
- Zur Entspannung der Augenpartie kneifen Sie die Augen langsam, aber fest zusammen. Sperren Sie sie dann so weit wie möglich auf, bis Sie den Eindruck haben, sie würden Ihnen aus dem Kopf fallen. Versuchen Sie dann mit den hervorstehenden Augen möglichst weit nach oben und unten sowie auf beide Seiten zu blicken, ohne den Kopf zu bewegen.

Zweiter Schritt

Während Sie Ihr Gesicht in alle Richtungen verziehen, massieren Sie mit den Fingerkuppen Nacken und Hals. Dabei werden Sie sicher bestehende Muskelverspannungen im Nacken und zu beiden Seiten des Halses wahrnehmen.

Diese Übung löst unsichtbare Verspannungen im Bereich der Gesichtsmuskeln. Das ist sehr wichtig, denn unbewußte Muskelkontraktionen wirken wie ein Knebel auf die Gesichtsvenen. Die Gesichtshaut wird nicht mehr richtig durchblutet und nicht mehr ausreichend mit wichtigen Nährstoffen versorgt.

Dank dieser »Gesichtskatharsis« wird Ihre Haut also besser durchblutet und geschmeidiger.

Dritter Schritt

Nach dieser Entspannung der Gesichtsmuskeln ist eine Gesichtsmassage ratsam, um die Durchblutung der gesamten Gesichtsoberfläche anzuregen. Auch das Fettgewebe wird dadurch gelockert.

Einige spezifische Akupressurpunkte vervollständigen die Gesichtsmassage, die Sie so oft wie möglich durchführen:

- Massieren Sie den Punkt Nr. 2 am inneren Augenwinkel sowie den äußeren Augenwinkel und das sogenannte dritte Auge.
- Massieren Sie den Punkt, der sich 2 cm oberhalb der Augenbrauen und senkrecht über der Pupille befindet, sowie die gesamte Linie, die vom Auge gerade zum Mundwinkel hinabführt.
- Massieren Sie ebenfalls die Vertiefung unterhalb der Backenknochen und die Kiefermuskeln, insbesondere im Winkelbereich des Unterkiefers.

Vierter Schritt

Nach abgeschlossener Gesichtskatharsis und -massage setzen Sie sich hin und atmen ruhig ein und aus. Wenden Sie die Technik des inneren Lächelns an, wie sie unter *Lachtherapie* beschrieben ist.

Die wirksamsten pflanzlichen Mittel gegen Falten

Mutter Natur hält eine unvorstellbare Vielfalt an Hilfsmitteln zur Glättung von Falten bereit. Natürlich ist die Hautalterung unvermeidlich. Aber dank der regelmäßigen Anwendung verschiedener Gesichtsmasken auf der Basis von bestimmten Obstsorten, Gemüse- und Gewürzpflanzen wird Ihre Haut mit wichtigen Nährstoffen versorgt und gestrafft.

- Als einfaches, aber edles Gewächs wird Ihnen die **Karotte** hervorragende Dienste erweisen. Sie verjüngt das Gewebe, wirkt wundheilend und tonisierend und wird daher von einigen Naturheilpraktikern mit Recht als Nahrungs- und Heilpflanze bezeichnet.

Essen Sie Karotten roh, gekocht, als Saft oder Püree usw. Und waschen Sie Ihr Gesicht so oft wie möglich mit Karottensaft. Er wirkt der Faltenbildung entgegen.

- **Frische Gurken-, Lattich,- Tomaten- und Erdbeersäfte** werden ebenfalls empfohlen, um das Erscheinen und die Entwicklung von Falten zu verzögern oder zu bremsen. Die in Scheiben geschnittene Gurke können Sie auch direkt auf die Haut geben.
- Die **Zitrone** hat zusätzlich noch die Eigenschaft, den Teint aufzuhellen und Ihrem Gesicht ein frisches Aussehen zu verleihen. Waschen Sie Ihr Gesicht zweimal wöchentlich mit Zitronensaft.
- **Ringelblumen,- Weizenkeim-, Aloe- und Jojobacreme** straffen die Haut.
- Mit zunehmendem Alter nimmt der Kieselsäuregehalt der Haut ab, was den Elastizitätsverlust der Haut zum Teil erklärt. Nehmen Sie daher täglich einen **Schachtelhalmaufguß** zu sich: nehmen Sie 50 bis 100 g frisches oder 10 bis 20 g getrocknetes Kraut pro Liter Wasser.
  Sie können auch den im Handel erhältlichen Schachtelhalmextrakt in Pulverform verwenden. Dank seinem Kieselsäuregehalt wird Ihre Haut straff und geschmeidig bleiben.

Empfehlung

Machen Sie vorzugsweise dicke Umschläge auf den Falten, die Sie die ganze Nacht über einwirken lassen.

Fieber

Als Reaktion auf einen Fieberschub produzieren die weißen Blutkörperchen Polysaccharide, die auf den Hypothalamus einwirken, der das Fieber auslöst. Unter dem Einfluß der Wärme platzen die Lysosomen (Zellorganellen) und setzen Enzyme frei, die Viren, Bakterien und Giftstoffe verdauen.

Fieber ist gewöhnlich ein Signal dafür, daß das Immunsystem im Einsatz ist. Am besten geben Sie dem Körper die Chance, sich selber zu verteidigen. Trotzdem ist Vorsicht geboten, denn Fieber kann auch eine Begleiterscheinung von ansteckenden Krankheiten, Vergiftungen, Entzündungen der Harnwege, einer Ohrenentzündung, Typhus, Sumpffieber (Malaria) usw. sein.

Was Sie tun können

Tritt das Fieber nicht zusammen mit einer schweren Krankheit auf, sollten Sie die Natur walten lassen. Solange das Thermometer nicht auf über 40 Grad Celsius ansteigt, unternehmen Sie am besten nichts dagegen.

Beachten Sie auch die folgenden Ratschläge:

- Nehmen Sie keine feste Nahrung zu sich, denn aufgrund des Fehlens von Enzymen (sie wurden durch die erhöhte Temperatur zerstört) ist die Verdauungsfunktion gestört.
- Trinken Sie viel Fruchtsaft, vor allem mit Wasser verdünnten und mit Birnensaft gesüßten Zitronensaft. Bereiten Sie sich eine Zitronenlimonade zu, indem Sie den Saft von 1 Zitrone in 1 Glas Wasser geben und warm trinken. Dieses Getränk ist nicht nur erfrischend, sondern enthält auch Vitamin C, das das Immunsystem stärkt. Früher verschrieb man gegen Fieber auch Zitronenkerne.
- Nehmen Sie viel Vitamin C (mindestens 2'000 mg).
- Mit der Einnahme von Echinaceatinktur oder -Kapseln können Sie Ihr Immunsystem unterstützen (siehe auch *Infektion*).

Maßnahmen zur Fiebersenkung

Heilpflanzen

- Ein Aufguß mit den Blättern des Eukalyptusbaums, den man zu Recht »Fieberbaum« nennt, wird seit Jahrhunderten bei fiebrigen Erkrankungen angewendet. Erst kürzlich haben Experimente mit Mikrobenkulturen die keimtötende Wirkung bewiesen, die in der Volksmedizin bereits bekannt war. Nehmen Sie 3 bis 4 Eukalyptusblätter pro Tasse, und trinken Sie 4 Tassen täglich.
- Rosmarin, Salbei, Eisenkraut und Kamille sind ausgezeichnete fiebersenkende Mittel. Bereiten Sie sich mit einer dieser Pflanzen einen Aufguß zu (1 Teelöffel pro Tasse), und trinken Sie 3 Tassen täglich. Sie können auch die im Handel erhältlichen Teebeutel verwenden.
- Würzen Sie Ihre kalten oder warmen Mahlzeiten mit Knoblauch, Petersilie und Thymian.

Umschläge und Kompressen

- Legen Sie kalte Kompressen auf Nacken und Stirn.
- Legen Sie abwechslungsweise warme (während 3 Minuten) und kalte (während 30 Sekunden) Kompressen auf den Bauch. Wiederholen Sie dies fünfmal, und schließen Sie die Behandlung mit einer warmen Kompresse ab. Falls notwendig, beginnen Sie nach 40 Minuten von neuem.
- Legen Sie während 30 Minuten rohe Zwiebelscheiben auf die Fußsohlen, und zwar in die Socken hinein!
- Machen Sie auf dem Bauch während 40 Minuten bis 1 Stunde einen lauwarmen Umschlag mit grüner oder grauer Heilerde. Erneuern Sie den Umschlag falls notwendig.

Akupressur

- Um hohes Fieber zu senken, massieren Sie die Punkte Nr. 40 und 42 am Arm und an der Hand und den Punkt Nr. 29 oberhalb der Wirbelsäule.
- Die Schilddrüse spielt bei der Temperaturregulierung eine wichtige Rolle. Ihre Funktion ist mit derjenigen eines Schalters für den Luftabzug bei einem Holzofen vergleichbar. Sie können sie unterstützen, indem Sie den Adamsapfel auf beiden Seiten sowie die Punkte Nr. 4 und 5 am Hals, Nr. 23 am Handgelenk und das untere Brustbeinende massieren.
- Bei einem heißen Kopf hilft eine gute Fußmassage, insbesondere der Zehen, die Energie in den unteren Teil des Körpers zu leiten.

Fissuren

Fissuren sind kleine Hauteinrisse, die an verschiedenen Stellen des Körpers auftreten können. Sie sind die Folge einer Hautreizung durch Kälte, Reibung oder allergene Substanzen.

Fissuren infolge eines Ekzems

Fissuren treten häufig auf, wenn die Haut übermäßig trocken ist. Wenn Ihre Haut dazu neigt, sich zu schälen (vor allem auf den Händen und Füßen), leiden Sie wahrscheinlich an einem trockenen Ekzem.

Was Sie tun können

Befeuchten und ölen Sie Ihre Haut täglich an den Stellen, die sich schälen, und achten Sie darauf, täglich essentielle Fettsäuren zu sich zu nehmen. (Unter der Rubrik *Ekzem* finden Sie weitere Behandlungsmöglichkeiten.)

Fissuren an den Händen

Diese Fissuren sind wahrscheinlich die häufigsten. Sie treten bei Menschen auf, die aufgrund ihrer Arbeit häufig mit Wasser oder Reizstoffen in Berührung kommen, und können mit einem Ekzem in Verbindung stehen.

Was Sie tun können

Der Gebrauch von Handschuhen wird dem Übel großenteils abhelfen. Außerdem wird eine Aloe-vera- oder Vitamin-E-Salbe leicht auch mit den hartnäckigsten Fissuren fertig.

Wenn Sie keine solche Salbe zur Hand haben, legen Sie zerquetschte frische Aloe-vera-Blätter oder den Wurzelbrei von Karotten auf. Oder machen Sie einen Umschlag mit kalter Heilerde, den Sie 1 bis 2 Stunden einwirken lassen und dann mit Salzwasser abwaschen. Danach können Sie eine in Heilerdewasser getauchte Kompresse auflegen.

Fissuren an den Brustwarzen

Diese treten bei 30 % der Frauen auf, die ihre Kinder stillen. Doch man braucht das Stillen nicht zu unterbrechen.

Was Sie tun können

- Bestreichen Sie die Brustwarze mit verschiedenen Ölen (zum Beispiel Sonnenblumenöl) oder mit flüssigem Vitamin E (stechen Sie dazu eine Vitamin-E-Kapsel auf);
- Streichen Sie den frischen Saft von Schafgarbe auf die Brustwarzen (diese Pflanze ist ein ausgezeichnetes Wundheilmittel).

Fissuren im Analbereich

Man merkt beim Stuhlgang, ob man Analfissuren hat. Der Stuhlgang wird schmerzhaft, und es können Blutungen auftreten. Es handelt sich dabei um eine Geschwürbildung oder Fissur der Analschleimhaut. Die rissige Haut kann sich um so leichter infizieren, als der Stuhl verschiedene Bakterien enthält.

Diese Art von Fissuren sind die Folge einer Ausweitung der Analöffnung. Diese tritt meist im Fall einer Verstopfung auf, bei der der Stuhl härter und voluminöser ist.

Oft werden Analfissuren auch von einem Vitaminmangel verursacht.

Was Sie tun können

Um Analfissuren loszuwerden, essen Sie mehr Ballaststoffe und schmieren den Afterbereich mit einem geeigneten Öl ein. Führen Sie Aloe-vera-Zäpfchen ein (die Zubereitung finden Sie unter *Hämorrhoiden).*

Fissuren an den Fersen

Diese kommen ziemlich häufig vor und entstehen durch die Reibung mit dem hinteren Teil des Schuhs. Kalte Temperaturen und wasserdurchlässige Schuhe können diese Fissuren verschlimmern.

Was Sie tun können

Die erste Maßnahme besteht offensichtlich darin, für eine Zeitlang die Schuhe oder Stiefel zu wechseln.

Nach gründlicher Reinigung streuen Sie schwarzen Pfeffer auf die Ferse, bestreichen sie Honig und legen einen Verband an.

Sie können auch Reispuder gebrauchen, der aufweichend wirkt. Bepudern Sie damit die gereizten Zonen, oder machen Sie Umschläge damit.

Flugreisen

Bei Flugreisen sollte man immer bestimmte vorbeugende Maßnahmen treffen. Sauerstoffknappheit und niedriger Luftdruck können zu manchmal sehr schweren Gesundheitsstörungen führen. Darum ist es wichtig, vor Antritt einer Flugreise körperlich und geistig fit zu sein.

Haben Sie also im Sinn, eine Flugreise zu unternehmen, sollten Sie sich vor Reiseantritt fragen, ob Ihre körperliche Verfassung die Reise zuläßt und welche vorbeugenden Maßnahmen eventuell zu ergreifen sind.

Außerdem ist es nützlich zu wissen, wie Sie die Auswirkungen des Sinkflugs beim Landen abschwächen können und wie Sie es vermeiden, unter der Zeitverschiebung zu leiden.

Maßnahmen vor Antritt einer Flugreise

Bei Problemen mit dem Herzen

Nach einem Herzanfall sollten Sie während mindestens vier Wochen keine Flugreise unternehmen. Der Zustand des Herzens muß sich zuerst wieder weitgehend stabilisiert haben.

Bei Lungenbeschwerden wie Bronchitis, Emphysem und Asthma

Hier muß individuell abgewogen werden. Können Sie 50 Meter gehen und anschließend mehrere Treppenstufen hochsteigen, ohne außer Atem zu geraten und zu schwitzen, haben Sie nichts zu befürchten. Andernfalls muß die Fluggesellschaft im voraus benachrichtigt werden, damit sie an Bord Sauerstoff bereitstellt, was den Flugpreis natürlich etwas erhöhen wird. Besprechen Sie die Reisepläne auf jeden Fall mit Ihrem Arzt.

Nach einer schweren Operation

Um Komplikationen zu vermeiden, sind meistens zwei bis vier Wochen Flugpause einzuhalten.

Bei ausgeprägter Blutarmut

Aufgrund des niedrigen Hämoglobingehalts können sich bestimmte Schwierigkeiten ergeben, da das Hämoglobin den Sauerstoff von der Lunge zu den

Zellen transportiert. Auch Patienten mit abnormen Hämoglobinen ist von Flugreisen abzuraten. Fragen Sie auch hier Ihren Arzt um Rat.

Bei eingegipsten Gliedmaßen

Durch die Luftdruckveränderung können sich die Luftbläschen ausdehnen und zum Bruch des Gipsverbands führen.

Bei schwerer Erkältung, Ohrenentzündung oder Stirnhöhlenentzündung

Derartige Erkrankungen können beim Landeanflug Komplikationen zur Folge haben.

Beschwerdefreiheit beim Landeanflug

Viele Menschen haben beim Landeanflug Beschwerden. Ganz selten nur sind Menschen so flugtauglich, daß sie beim Landen nie Ohrenschmerzen haben.

Die Ohrenschmerzen lassen sich folgendermaßen erklären: Erreicht das Flugzeug seine Flughöhe, bewirkt der niedrige Luftdruck die Ausdehnung der Luft im Mittelohr. Der Fluggast empfindet dann ein Druckgefühl im Ohr. Glücklicherweise erweitert sich die Ohrtrompete, so daß der Luftdruck im Ohr ausgeglichen wird und das Druckgefühl verschwindet.

Beim Sinkflug nimmt der Luftdruck dagegen zu, die Luft im Mittelohr zieht sich zusammen. Die so entstehende Leere spannt das Trommelfell, was wiederum einen Druckschmerz hervorruft. Normalerweise öffnet sich der innere Gehörgang, um Luft abfließen zu lassen und so für Druckausgleich im Mittelohr zu sorgen. Andernfalls könnte das Trommelfell platzen.

Was Sie tun können

Schreien die Säuglinge an Bord, ist bei ihnen jedenfalls alles in Ordnung – bei Säuglingen öffnen sich die inneren Gehörgänge durch das Schreien.

Den anderen Fluggästen ist häufiges Schlucken, Kaugummikauen oder Bonbonlutschen zu empfehlen. Ist der Druck zu hoch, halten Sie bei geschlossenem Mund und möglichst weit aufgeblasenen Backen die Nase mit den Fingern zu.

Fluggäste mit Erkältung oder geschwollenen Atemwegen müssen ein abschwellendes Mittel in Tablettenform oder als Spray verwenden, um die Höhenveränderung ohne Beschwerden überstehen zu können.

Folgende Symptome können auf ein geplatztes Trommelfell deuten: Druckgefühl im Ohr, Ohrensausen und ein kurzer, stechender Schmerz, der daraufhin abklingt. Geraten Sie nicht in Panik, aber suchen Sie gleich nach der Ankunft einen Arzt auf.

Beschwerdefreiheit bei Zeitverschiebung

- Mit Hilfe der Akupressur können Sie das durch die Zeitverschiebung durcheinandergebrachte Gleichgewicht zurückgewinnen. Massieren Sie dazu möglichst gleichzeitig die Punkte Nr. 20 und 42.
- Mit Ginseng kann die Müdigkeit wirksam bekämpft und außerdem die Fähigkeit zu klarem Denken unterstützt werden. Nehmen Sie während einigen Tagen täglich 1'000 bis 2'000 mg Ginseng.

Frauenheilkunde

Heilpflanzen

Siehe das Kapitel *Die vier Schlüsselpflanzen für die Frau* in Ihrem Ratgeber »Die Hausapotheke«.

Heilerde

Machen Sie es sich zur Gewohnheit, jeden Morgen 1/2 Glas Wasser mit Heilerde zu trinken. Dies hilft bei allen Entzündungen im Genitalbereich sowie bei Geschlechtskrankheiten.

Während der Menstruation sollten Sie jedoch auf eine Behandlung mit Heilerde verzichten. Vor allem Umschläge würden den Menstruationsfluß übermäßig anregen.

Siehe auch *Blasenentzündung, Sexuelle Funktionsstörungen, Frigidität, Infektion, Geburtsvorbereitung* und *Scheidenentzündung*.

Frigidität

Frigidität hat im allgemeinen nicht so schwerwiegende psychische Folgen wie Impotenz. Das Unvermögen der sexuellen Lustempfindung ist aber ein ernstzunehmendes Problem, das nicht nur das Gefühlsleben, sondern auch die Lebenskraft der Frau untergräbt.

In den schlimmsten Fällen kann Frigidität als »Behinderung« empfunden werden. Die betroffene Frau läuft dann Gefahr, in eine Identitätskrise zu geraten oder in schweren Depressionen zu versinken.

Die Statistiken bezüglich der Verbreitung von Frigidität sind eher vage und variieren zwischen 50 und 90 %. Alle Anzeichen weisen aber darauf hin, daß dieses Problem im Rückgang begriffen ist. Hier darf man den Einfluß der sexuellen Liberalisierung und die großen Fortschritte der Psychotherapie nicht unerwähnt lassen.

Zu den am häufigsten genannten Gründen für Frigidität gehören die sexuellen Schwierigkeiten des Partners.

Eine grobe Annäherung ohne Zärtlichkeit ist ein weiterer wichtiger Faktor, der die vorübergehende oder bleibende Frigidität vieler Frauen erklärt.

Männliche Ungeschicklichkeit ist jedoch nicht immer die alleinige Ursache von Frigidität. Ein männlicher Partner, der seine Erektion lange halten kann und sehr zärtlich ist, genügt nicht immer, um eine Frau zu befriedigen. In diesem Fall muß die Frau die Ursache der Frigidität in ihren eigenen Hemmungen suchen. In anderen Fällen handelt es sich um ein Gefühl der »lokalen Betäubung« im Bereich der Genitalien.

In dem einen wie in dem anderen Fall würde es nichts nützen, einen heimlichen Groll zu hegen oder den »idealen« Partner zu suchen. Dies würde die Frau nur von ihrem eigentlichen Problem ablenken.

Was Sie tun können

Bevor Sie etwas unternehmen, müssen Sie unterscheiden, ob es sich um eine vorübergehende oder bleibende Frigidität handelt. Das Problem ist vielleicht viel weniger »ernst«, als Sie denken.

Es gibt die sogenannte primäre Frigidität, die seit Beginn des Sexuallebens besteht. In den schwersten Fällen kann eine davon betroffene Frau nicht einmal bei der Masturbation einen Orgasmus erleben.

Es kommt auch vor, daß eine Frau mit einem normalen, lustvollen Sexualleben plötzlich aufgrund eines negativen Erlebnisses frigide wird. Dies ist die sogenannte sekundäre Frigidität.

Die meisten Frauen, die im allgemeinen keine sexuellen Probleme haben, leiden irgendwann einmal in ihrem Leben an vorübergehender Frigidität. In diesem Fall spricht man von falscher Frigidität. Diese hängt von verschiedenen Faktoren ab: Monatszyklus, Müdigkeit, Beziehungsproblemen in der Partnerschaft, Geldsorgen oder Arbeitsüberlastung.

Hier besteht kein Grund zur Beunruhigung. Es bedarf auch keiner speziellen Behandlung. Ausgiebige körperliche Betätigung, Erholung und anregende Nahrungsmittel (siehe *Aphrodisiaka)* werden Ihnen helfen, Ihren Unternehmungsgeist und Ihre sexuelle Erregbarkeit schnell wieder zurückzuerlangen.

Neben den Introspektionstechniken, die häufig nur mit Hilfe eines Therapeuten durchgeführt werden können, gibt es verschiedene Techniken, die Sie selber anwenden können. Diese werden in zwei Kategorien eingeteilt:

- Entspannungs- und Visualisierungstechniken,
- Sensibilisierungstechniken.

Wie Sie feststellen werden, lassen sich beide sehr gut miteinander kombinieren, wodurch ihre Wirksamkeit gesteigert wird.

1. Entspannungs- und Visualisierungstechniken

Entspannungs- und Visualisierungstechniken vor dem Koitus sind bemerkenswerte Mittel, um die Sinne für das volle sexuelle Lustempfinden zu öffnen. Ohne einen Spezialisten zu Rate ziehen zu müssen, können Sie so die intellektuellen und emotionellen Reflexe, die Ihre Orgasmusfähigkeit blockieren, überwinden.

Die Angst, die Sie während des Geschlechtsverkehrs empfinden, läßt Ihre körperlichen Empfindungen gefrieren. Die Muskeln ziehen sich zusammen, wodurch der Blutkreislauf behindert wird. Sie bekommen kalte Hände oder Füße. Die Vagina wird mit zu wenig Blut versorgt.

Durch dieses Zusammenziehen der Muskeln wird auch die Erregungsübertragung durch die Nerven, insbesondere im Bereich der Wirbelsäule und des Nackens, gestört. Dadurch wird die Weitergabe der »Lustbotschaften« zwischen Hirn und Becken stark behindert.

Deshalb ist es wichtig, daß Sie lernen, sich vor und während des Koitus zu entspannen.

Am besten führen Sie außerhalb der sexuellen Beziehungen regelmäßig Entspannungsübungen durch. Dadurch wird es für Sie einfacher, sich zu entspannen, wenn es »soweit« ist.

Versuchen Sie, sich während des Koitus so gut wie möglich auf Ihre Atmung zu konzentrieren, ohne sie jedoch systematisch unter Kontrolle halten zu wollen. Und lassen Sie sich nicht von negativen Gedanken ablenken.

Neben den Entspannungsübungen können Sie auch die Visualisierung praktizieren. Unter der Rubrik *Visualisierung* finden Sie die Grundtechnik zur Durchführung von Visualisierungsübungen.

Im Fall der Sexualität geht es darum, das Bild, das Sie von Ihren sexuellen Beziehungen haben, neu zu »programmieren«. Visualisieren Sie jeden einzelnen Schritt des Geschlechtsverkehrs – vom Vorspiel bis zu der letzten Phase nach dem Orgasmus – in einem positiven Licht.

Sie werden dabei wahrscheinlich feststellen, daß gewisse Phasen negative Eindrücke in Ihnen wachrufen. Diese lassen sich nicht visualisieren und sind sehr schwierig zu verdrängen. Es mag auch unmöglich erscheinen, sie durch angenehme Eindrücke zu ersetzen. Dies bedeutet, daß die negative Gedankenverbindung zu tief in Ihrem Gedächtnis verankert ist. Versuchen Sie, diese Schwierigkeit zu überwinden, indem Sie angenehme Erinnerungen wachrufen, die nichts mit Sexualität zu tun haben.

Nehmen wir einmal an, daß allein die Vorstellung des Eindringens des Penis in Ihnen Ekel und Angstgefühle hervorruft. Anstatt zu versuchen, sich ein angenehmes sexuelles Gefühl vorzustellen, visualisieren Sie beispielsweise eine Landschaft im Sommer. Stellen Sie sich vor, daß Sie sich an einem

Strand befinden. Sie sind gerade am Sonnenbaden und fühlen die angenehme Wärme der Sonne auf Ihrer Haut. Sie können sich auch einen wunderschönen Sonnenaufgang vorstellen.

Dies sind nur ein paar Vorschläge. Lassen Sie Ihre Erinnerungen an nicht-sexuelle Lustgefühle wach werden, um positive Gedankenverbindungen zu schaffen. So werden Sie jeden Schritt des Koitus mühelos in einem positiven Licht nachvollziehen können.

Üben Sie regelmäßig, wenn Sie allein sind oder auch während des Geschlechtsverkehrs. Mit etwas Ausdauer wird sich Ihr Sexualleben bald von Grund auf ändern.

2. Sensibilisierungstechniken

Wie wir bereits gesehen haben, ist Frigidität bei manchen Frauen auf ein Gefühl der »lokalen Betäubung« im Bereich der Genitalien zurückzuführen. Dies bedeutet, daß die Sensibilität der Nerven an dieser Stelle beeinträchtigt ist.

Die Kommunikation zwischen der Vagina und den Lustzentren im Gehirn scheint nicht zustande zu kommen. Die Empfindungen im Bereich der Vagina werden kaum wahrgenommen oder breiten sich nicht im ganzen Körper aus.

Unter Umständen empfinden Sie etwas Lust, wenn Sie sich streicheln, aber Sie »heben« nie wirklich »ab«.

Die weiter oben aufgeführten Techniken können bereits zu einer Verbesserung beitragen. Gleichzeitig können Sie aber Ihre Fortschritte mit Sensibilisierungsübungen beschleunigen.

Die Kegel-Übung

Dr. Kegel berichtet, daß frigide Frauen ein normales Sexualleben führen konnten, nachdem sie die Übungen durchgeführt hatten, die nach ihm benannt sind.

Ursprünglich hatte er diese Übungen schwangeren Frauen empfohlen (siehe *Geburtsvorbereitung),* um die während der Niederkunft stark strapazierte Scheidenmuskulatur zu stärken. Dr. Kegel stellte jedoch fest, daß seine frigiden Patientinnen dank diesen Übungen auch ihre Orgasmusfähigkeit wiedererlangten!

Die Untersuchungen, die er daraufhin anstellte, ließen ihn erkennen, daß frigide Frauen oft eine schwache Beckenmuskulatur haben, was von neueren Untersuchungen bestätigt wurde.

Die »meditative« Masturbation

Wir haben bereits auf die Bedeutung der Entspannung während des Geschlechtsverkehrs hingewiesen. Um das Erwachen Ihrer Sinnlichkeit zu fördern, können Sie die Entspannung auch bei der Masturbation anwenden.

1. Beginnen Sie damit, sich während ein paar Minuten mit einer geeigneten Technik zu entspannen.
2. Sobald Sie entspannt sind, gehen Sie dazu über, wie üblich zu masturbieren.
3. Um das Lustgefühl voll auszukosten, dürfen Sie jedoch nicht so schnell wie möglich und auf direktem Weg einen Orgasmus zu erreichen versuchen. Verlängern Sie das Streicheln in einer entspannten Atmosphäre.
4. Sobald Sie das Herannahen des Orgasmus spüren, halten Sie kurz inne. Konzentrieren Sie sich auf Ihre Atmung, und bemühen Sie sich gleichzeitig, die Lustempfindung in Ihrem ganzen Körper zu verbreiten.

Die Wellentechnik

Die Wellentechnik ist eine ideale Ergänzung zu der vorhergehenden Übung. Sie ermöglicht es Ihnen, Ihre sexuelle Energie besser in Ihrem Körper zu verteilen.

1. Legen Sie sich bequem hin, und konzentrieren Sie sich auf Ihre Atmung.
2. Bei jedem Einatmen heben Sie das Becken an und versuchen, die sexuellen Empfindungen in Richtung Herz und dann in Richtung Kopf zu »ziehen«.
3. Während Sie so langsam wie möglich wieder ausatmen, senken Sie das Becken ganz langsam und »stoßen« die Empfindungen des Genitalbereiches in die Beine bis hinab zu den Füßen.
4. Denken Sie während dieser Übung immer an das Kommen und Gehen einer Welle an einem Strand. Daher stammt auch der Name dieser Technik, die die Verbreitung des sexuellen Lustempfindens im ganzen Körper fördert.

Diese Technik ermöglicht es Ihnen auch, nicht nur den durch die Stimulierung der Klitoris erzeugten Orgasmus, sondern auch den vaginalen Orgasmus zu erleben. (Trotz aller Vorbehalte hat sich diese alte Unterscheidung bis heute gehalten!)

Die Stimulierung des G-Punktes

Über den berühmten G-Punkt, der das Eingangstor zum siebten Himmel der Liebe sein soll, wurde bereits viel geschrieben. Leider gelingt es aber vielen Frauen nicht, dieses Tor zu öffnen.

Das ist meistens darauf zurückzuführen, daß sie nicht die richtige Methode anwenden oder zu wenig ausdauernd sind.

Der G-Punkt (die sogenannte Gräfenberg-Zone) liegt in der Mitte der Scheidenvorderwand, etwa 4 cm vom Scheideneingang entfernt. Er ist ungefähr erbsengroß und vergrößert sich etwas, wenn er stimuliert wird.

Obwohl er bei manchen Frauen durch Berührung fast nicht geortet werden kann, bedeutet das nicht, daß diese Frauen keinen G-Punkt-Orgasmus erleben können.

Der G-Punkt-Orgasmus gesellt sich zum »normalen« vaginalen Orgasmus und ist von ungewöhnlicher Intensität. Bei manchen Frauen führt er zur Absonderung einer reichlichen Menge Flüssigkeit. Es handelt sich dabei nicht um Urin, was die Sexualforscher dazu bewogen hat, von einer »weiblichen Ejakulation« zu sprechen.

Um Ihren G-Punkt zu erforschen, gehen Sie am besten wie folgt vor:

1. Das erste Mal setzen Sie sich mit Vorteil auf eine Toilette. Wenn Sie das Bett vorziehen, breiten Sie vorher ein Plastiktuch darauf aus und legen ein Handtuch darüber. Das ist nötig, weil es zu Beginn der Stimulierung des G-Punktes durchaus möglich ist, daß Sie einen großen Drang zum Urinieren verspüren (was nichts mit der weiblichen Ejakulation zu tun hat).
2. Wenn Sie den G-Punkt gefunden haben, beginnen Sie damit, ihn zu stimulieren. Manchmal ist starker Druck notwendig. Auch dürfen Sie nicht vergessen, sich ganz auf diese Körperzone zu konzentrieren.
3. Vermeiden Sie wenn möglich eine gleichzeitige Stimulierung der Klitoris, denn so können Sie die vom G-Punkt ausgelösten Empfindungen in ihrer ganzen »Reinheit« erfahren.

Wahrscheinlich werden mehrere solche Stimulationsübungen notwendig sein. Geben Sie nicht auf!

Wenn Sie dazu bereit sind, können Sie den G-Punkt mit Hilfe Ihres Partners stimulieren. Neben der Masturbation und der Massage ist die Penetration von hinten die beste Methode zur Aktivierung des G-Punktes.

Hinweis

Alle hier aufgeführten Techniken eignen sich nicht nur für Frauen, die an Frigidität leiden, sondern auch für alle anderen, die ihre Sexualität bereichern und ihre Orgasmusfähigkeit steigern wollen.

Furunkel

In den kleinen Hautöffnungen (Follikeln), in denen die Haare wachsen, können Bakterien eine Entzündung auslösen. Um diese Bakterien unschädlich zu machen, greifen weiße Blutkörperchen ein, was die Bildung von Eiter zur Folge hat.

Dieser »heiße Kampf« äußert sich zunächst in der Bildung eines roten Punktes, der in der Folge schnell anschwillt und schmerzhaft wird. In den nachfolgenden Tagen gibt er kleinere Mengen Eiter ab, die schließlich einen Eiterpfropf (Furunkel) bilden.

Was Sie tun können

Normalerweise ist ein Furunkel komplikationslos und heilt nach ein paar Tagen spontan ab. In mindestens fünf Fällen sollte aber ein Arzt konsultiert werden:

- wenn der Furunkel seit mehr als zwei Wochen besteht;
- wenn der Furunkel deutlich größer als üblich ist;
- wenn bei Ihnen häufig Furunkel auftreten (Gefahr einer Diabetes);
- wenn Sie eine schwache Gesundheit haben (Diabetes, Blutarmut, Leberbeschwerden usw.);
- wenn der Furunkel im Gesicht auftritt und ein gewisses Ausmaß annimmt (Gefahr einer Blutvergiftung, Thrombose in den Hirnblutgefäßen, Staphylokokken usw.).

In allen anderen Fällen aber können Sie versuchen, den Furunkel selber zu behandeln. Dabei sollten Sie jedoch folgende Vorsichtsmaßnahmen beachten:

- Drücken Sie an dem Furunkel nicht herum, insbesondere nicht im Gesicht.
- Ziehen Sie das Duschen dem Baden vor, um eine Übertragung der Infektion auf andere Körperteile zu vermeiden.
- Da sich die Erreger des Furunkels auf der Haut befinden können, sollten Sie Nahrungsmittel nur mit gewaschenen Händen anfassen.

Unter Berücksichtigung dieser Vorsichtsmaßnahmen können Sie den Furunkel wie folgt behandeln:

Umschläge

- Machen Sie täglich 4 bis 6 Umschläge mit Kohlblättern, gekochtem Sauerampfer oder geraffelten Karotten auf dem Entzündungsherd.
- Umschläge mit reifen, zerstoßenen Oliven sind ein wunderbares Mittel, um den Reifungsprozeß des Furunkels zu beschleunigen.
- Warme Umschläge mit gekochten Lattichblättern resorbieren den Furunkel.
- Machen Sie Umschläge mit einer dicken Schicht Heilerde, die Sie etwa 1 Stunde wirken lassen. Wiederholen Sie dies so oft wie möglich, und setzen Sie die Behandlung auch dann fort, wenn der Furunkel nicht mehr eitert, um die Wundheilung zu unterstützen. (Nehmen Sie während der akuten Phase morgens und abends auch je 1 Glas Heilerde zu sich.)

Ernährung

- Nehmen Sie entschlackende Nahrung mit viel rohem und gekochtem grünem Gemüse zu sich.
- Machen Sie eine Traubenkur zur Entgiftung des Körpers: Essen Sie während ein paar Tagen ausschließlich 1 bis 2 kg frische Trauben täglich.

Fußpilz

Das ideale Klima für Fußpilz ist schnell geschaffen. Übermäßiges Schwitzen an den Füßen im Sommer, Socken, die kaum Feuchtigkeit aufnehmen oder zu selten gewechselt werden, Schuhe, die das Verdampfen der Feuchtigkeit verhindern – all diese Faktoren sind für Fußpilz verantwortlich.

Bei Sportlern ist dieses Problem häufig anzutreffen. Eine kanadische Studie hat gezeigt, daß 15 % der Personen, die Sportzentren besuchen, Fußpilz haben.

Der Pilz, der *Epidermophytia pedum* (wissenschaftlicher Name für Fußpilz) verursacht, hat so seine Launen. Aus ziemlich unerfindlichen Gründen befällt er mit Vorliebe Männerfüße und läßt sich vor allem zwischen der 4. und der 5. Zehe nieder. Manchmal ist er jedoch auch in der Leistengegend anzutreffen.

Was Sie tun können

Die im Handel erhältlichen Produkte sind oft, aber nicht immer nützlich. Hier einige natürliche Mittel, die eine ausgezeichnete Wirkung entfalten:

Heilpflanzen

- Tragen Sie **Aloe vera** auf. Diese Pflanze desinfiziert und lindert gleichzeitig den Juckreiz.
- Auch **Knoblauch** kann Fußpilz merklich lindern. Schälen Sie 1 Knoblauchzehe, zerdrücken Sie diese fein, streichen Sie den Brei auf die betroffenen Stellen, und legen Sie ein Tuch darüber. Gegen übermäßiges Schwitzen an den Füßen, oft ein Hauptgrund für die Bildung von Fußpilz, zerdrücken Sie 1 Knoblauchzehe in 1 Tasse mit heißem Wasser und tragen diese Lotion täglich in Form von Umschlägen auf.
- Gegen Fußschweiß können Sie auch eine Salbe zubereiten: Mischen Sie 300 g gesiebten Gurkensaft mit 400 g gereinigtem Fett. Bestreichen Sie die betroffenen Stellen mit der Salbe. Diese ist nicht lange haltbar und muß deshalb im Kühlschrank aufbewahrt werden.
- Verwenden Sie regelmäßig **Süßmandelöl.** Es vermindert nicht nur das Schwitzen an den Füßen, sondern bekämpft auch die meisten Hautkrankheiten.

Umschläge

Machen Sie Umschläge mit frischen Wegerichblättern.

Bäder

Nehmen Sie 20minütige Fußbäder. Lassen Sie dazu 4 Teelöffel Walnußbaumblätter in 1 Liter Wasser über Nacht ziehen. Dann seihen Sie die Lösung und gießen sie zum Fußbadewasser.

Anstatt Walnußbaumblättern können Sie auch Schachtelhalm (100 g pro Liter Wasser) verwenden.

Sie können Ihre Füße auch einfach in einer Essiglösung baden.

Heilerde

Machen Sie dünne Umschläge mit Heilerde auf den wunden Stellen. Lassen Sie diese an der Luft trocknen, und entfernen Sie die Heilerde, wenn sie hart geworden ist. Waschen Sie die Füße dann mit Salz- oder Zitronenwasser. Wiederholen Sie die Behandlung so oft wie nötig.

Ätherische Öle

Äußerliche Anwendung: Lavendelöl (lavandula hybrida), das Sie im Verhältnis von 1:20 mit Haselnußöl mischen, oder Niaouliöl (sehr wenig).

Akupressur

In der Akupressur geht man davon aus, daß sich Fußpilz in einem Organismus entwickeln kann, dem es an innerer Wärme, am inneren Feuer, mangelt. Wir empfehlen Ihnen deshalb, die folgenden Punkte zu tonisieren und zu wärmen:

- Am unteren Teil des Rückens die Punkte Nr. 34, 35 und 36, außerdem alle Punkte an den Knöcheln und Füßen. Massieren und wärmen Sie Ihre Füße so oft wie möglich, vor allem zwischen den Zehen. Halten Sie Ihre Füße trocken und warm, und führen Sie ihnen genügend frische Luft zu.

Maßnahmen zur Vorbeugung von Fußpilz

Nach Ansicht von Dr. Danielle Marcoux, die maßgeblich an der oben erwähnten Studie beteiligt war, haben offensichtlich nicht nur Sportler Fußpilz: *»Alle, die an öffentlichen Orten barfuß gehen, gehören zur 'Risikogruppe': zum Beispiel Soldaten, Fabrikarbeiter und Schüler. Dieser Pilz ist auch kein Beweis für mangelnde Sauberkeit, denn schon eine einzige infizierte Person kann die Wirksamkeit von Desinfektionsmitteln zunichte machen, selbst wenn diese täglich verwendet werden.«*

Es ist auch möglich, daß jemand unwissentlich während Jahren Träger des Pilzes ist, die Krankheit aber nicht ausbricht. Deshalb ist es sehr wichtig, an solchen Orten Sandalen zu tragen: *»Sandalen sind sozusagen die Präservative gegen Fußpilz. So wird vermieden, daß die Füße den Boden berühren und mit den Sporen in Berührung kommen.«*

G

Gallen- oder Lebersteine

Gewisse mineralische Substanzen können sich nach und nach in der Leber ansammeln und Ablagerungen oder Steine bilden. Diese Steine können ohne weiteres so klein wie ein Sandkorn bleiben – dann werden sie in den Zwölffingerdarm abgeführt und stellen kein Problem dar.

Es kommt jedoch vor, daß sie die Größe kleiner Steine erreichen. Diese Steine können dann gegebenenfalls den Gallengang zum Zwölffingerdarm blockieren. In diesem Fall wird sich zuviel Galle in der Gallenblase ansammeln.

Die häufigste Folge einer solchen Blockierung ist eine Gallenkolik. Die Dehnung der Gallenblase führt zu Phasen heftigster Schmerzen, die von Ruhephasen unterbrochen werden. Der Schmerz tritt hauptsächlich in der Unterleibsregion auf. Außerdem fühlen Sie sich elend, es ist Ihnen übel, Sie müssen sich übergeben und haben Fieber.

Normalerweise verschlimmern sich die Symptome während einiger Stunden; danach werden sie wieder schwächer. Der Schmerz hört auf, wenn der Stein in die Gallenblase zurückkehrt oder in den Darm abgeführt wird.

Wenn die Blockierung des Gallenganges länger anhält, können weitere Probleme auftauchen: Leberentzündung, Entzündung oder Infektion der Gallenblase, Bauchspeicheldrüsenentzündung.

Wenn das Problem nicht behandelt wird, schädigt schließlich die gestaute Galle die Leberzellen, so daß sich das Risiko einer Leberzirrhose ergibt.

Ursachen

Die Galle enthält viele fetthaltige Substanzen in Form von Cholesterin, Bilirubin usw. Wenn eine dieser Substanzen im Vergleich mit den anderen überhandnimmt, kommt es zur Bildung eines oder mehrerer Steine.

Wenn Sie unter Gallensteinen leiden, so ist das wahrscheinlich die Folge langdauernder Ernährungsfehler, die Ihrer Leber geschadet haben. Es ist auch möglich, daß Ihr Problem von einer Unzulänglichkeit der Schleimdrüsen des Zwölffingerdarms herrührt.

Was Sie tun können

Im Fall einer akuten Gallenkolik legen Sie sich zu Bett, essen nichts und begnügen sich damit, klares Wasser zu trinken. Wenn der Schmerz länger als drei Stunden anhält, suchen Sie den Arzt auf.

Wenden Sie je nach Bedarf eines der folgenden Mittel an:

Maßnahmen zur Schmerzlinderung bei einer akuten Gallenkolik

Umschläge und Kompressen

- Machen Sie kalte Umschläge mit Heilerde auf der Lebergegend, und lassen Sie sie 2 Stunden lang einwirken. Fangen Sie mit dünnen Umschlägen an; bei guter Verträglichkeit können Sie nach einigen Tagen dickere Umschläge machen.

  Wechseln Sie mit Kohlblättern ab, die den Schmerz lindern und die Ausscheidung begünstigen. Alle 4 Stunden erneuern, außer nachts.
- Geben Sie 200 g gestoßene Leinsamen in einen Stoffbeutel, den Sie 10 Minuten lang in einem (gut geschlossenen) Topf mit kochendem Wasser aufhängen. Leicht abkühlen lassen und eine darin getränkte Kompresse dort auf die Haut legen, wo der Schmerz am stärksten ist (so heiß wie möglich, ohne daß es unangenehm ist). Umwickeln Sie den Unterleib mit einem Wolltuch, und lassen Sie die Kompresse 30 Minuten lang einwirken.

  Nehmen Sie auch 250 g Oliven- oder Sonnenblumenöl mit einer lauwarmen Bouillon ein.

Bäder

Nehmen Sie ein heißes Bad, und bleiben Sie darin so lange wie möglich.

Massage

Bei einem akutem Anfall, der dadurch verursacht wird, daß ein Stein den Ausführgang der Gallenblase zu passieren versucht, massieren Sie die Gegend zwischen den Rippen, die etwa 8 cm unter der Brustwarze liegt. Massieren Sie ebenfalls die Partie des Rückens, die auf derselben horizontalen Linie liegt.

Ätherische Öle

Bei heftigen Schmerzen massieren Sie die Gallenblase täglich mit 1 Tropfen Ysopöl.

Um die Steine abgehen zu lassen

Heilpflanzen

- Trinken Sie Teufelskrallenaufguß (siehe *Arthritis und Arthrose)*. Sie können auch Tabletten mit Teufelskrallenextrakt nehmen.
- Ein Aufguß mit folgenden Heilpflanzen hilft bei Gallensteinen: 30 g Pfefferminzblätter, 20 g Kornblumenspitzen, 20 g Melissenblätter, 20 g Erdrauch und 10 g Wermut.

Ernährung

- Trinken Sie täglich 60 bis 150 g **Kressensaft,** mit Wasser oder kalter Bouillon verdünnt. Das ist eine wahre Entgiftungskur für Ihren Organismus.
- Mischen Sie 1/2 Glas rohen **Kartoffelsafts** mit etwas Honig und Karottensaft. Trinken Sie davon täglich 4 bis 5 Glas.
- Essen Sie so oft wie möglich **Artischocken, Spargel** und **Auberginen.** Sie regen die Funktion der Leber, der Gallenblase und der Bauchspeicheldrüse an.
- Folgende Früchte haben eine positive Wirkung auf die Gallenblase: **Ananas, Kirschen, Erdbeeren** und **Weintrauben.**

Akupressur

Folgende Punkte werden Ihnen sehr hilfreich sein, besonders, wenn Sie versuchen, die Gallensteine auf natürliche Weise aufzulösen und abgehen zu lassen. Für den Fall, daß eine Operation notwendig sein sollte, werden Ihnen dieselben Punkte zu einer schnelleren Heilung verhelfen.

- Tonisieren Sie die Punkte Nr. 15 und 21. Sie können auch die Punkte Nr. 42 und 16 stimulieren.
- Massieren Sie den unteren Rand des Brustkorbs senkrecht unter der Brustwarze sowie das äußerste Ende der beiden falschen Rippen, rechts und links.

Maßnahmen zur Vorbeugung von Gallensteinen

- Es ist wissenschaftlich erwiesen, daß **Löwenzahn** die Bildung neuer oder die Weiterentwicklung bestehender Gallensteine verhindern kann. Machen Sie zweimal jährlich während jeweils 6 bis 8 Wochen eine Kur mit dem Absud von Löwenzahnblättern und -wurzeln: 50 g pro Liter Wasser, 2 Minuten kochen und 10 Minuten ziehen lassen. Trinken Sie 3 Tassen täglich.
- **Rettich** bewirkt die Entleerung der Gallenblase.

Machen Sie eine 6wöchige Kur mit Rettichsaft. Beginnen Sie damit, 100 g morgens auf nüchternen Magen zu trinken. Dann erhöhen Sie die Dosis im Verlauf dreier Wochen allmählich bis auf 400 g täglich und verringern sie allmählich wieder während der letzten 3 Wochen.
Wenn Sie Rettich nicht als frischen Saft trinken, dann nehmen Sie ihn als Extrakt ein. Es gibt mehrere Präparate im Handel. Achten Sie jedoch darauf, eines zu nehmen, das aus rohem Rettich hergestellt wird.

- Trinken Sie den Saft 1/2 **Zitrone** jeweils 1/2 Stunde vor jeder der drei Mahlzeiten.
- Nehmen Sie morgens auf nüchternen Magen 1 Eßlöffel **Olivenöl** ein, aber nur während einiger Tage.
- **Achten Sie auf Ihre Ernährung.** Essen Sie frisches Gemüse oder stärkehaltige Nahrungsmittel, würzen Sie mit frischen Kräutern. Meiden Sie weißen Zucker und erhitzte Fette. Meiden Sie Milchprodukte.

Geburtsvorbereitung

Schwangerschaftsjoga

Wußten Sie, daß viele Frauen während ihrer Schwangerschaft mit Joga beginnen? Das ist keineswegs erstaunlich, denn Joga hilft dem Körper, die verschiedenen Abschnitte der Schwangerschaft zu bewältigen und bereitet ihn auf die Geburt vor. Außerdem können die Jogabewegungen und -stellungen von den meisten Frauen gefahrlos ausgeübt werden.

Joga eignet sich sehr gut, um körperliche Beschwerden während der Schwangerschaft zu vermeiden oder zu lindern. Es kann Ihnen in dieser Zeit auch zu einem positiven Lebensgefühl verhelfen. Davon abgesehen verstärkt es die Bindung zwischen der Mutter und dem ungeborenen Kind.

Schwangerschaftsjoga lernen Sie am besten in einem Kurs. Das geübte Auge eines Lehrers ist manchmal unerläßlich, um falsch ausgeführte Stellungen oder Bewegungen zu korrigieren. Außerdem kann Sie die Stimmung im Kurs bereichern, Sie treffen andere Mütter und können gemeinsame Erfahrungen austauschen.

Es ist jedoch nicht immer möglich, in der Nähe einen Jogakurs zu besuchen. Für diesen Fall beschreiben wir Ihnen nachfolgend einige Grundtechniken, die Sie gefahrlos allein üben können.

Dammkontraktionen (Kegelübung)

Nach Ihrem Erfinder, dem deutschen Arzt Dr. Kegel, sind die Dammkontraktionen auch unter dem Namen Kegelübung bekannt. Die regelmäßige Ausführung dieser Übung ist mit zahlreichen Vorteilen verbunden:

Dammkontraktionen (Kegelübung)

Nach Ihrem Erfinder, dem deutschen Arzt Dr. Kegel, sind die Dammkontraktionen auch unter dem Namen Kegelübung bekannt. Die regelmäßige Ausführung dieser Übung ist mit zahlreichen Vorteilen verbunden:

- Die Muskulatur des Beckenbodens wird gestärkt und stützt so die Organe des Unterleibs optimal (die Geburt kann eine Blasen- oder Gebärmuttersenkung verursachen, wenn der Beckenboden zu schwach ist).
- Vorbeugung gegen Verstopfung und Hämorrhoiden.
- Die Scheide wird gestärkt, wenn sie zu schlaff ist, und gedehnt, wenn sie zu eng ist.
- Die sexuelle Energie und die Lebenslust werden gesteigert.
- Wie Dr. Kegel bemerkte, ist diese Übung auch das beste Mittel gegen Frigidität nach der Geburt.

Die Dammkontraktionen werden wie folgt ausgeführt:

1. Kauern Sie sich mit lockeren Knien nieder (Sie können sich wenn nötig auch an eine Wand lehnen), wobei Sie den Oberkörper aufrecht halten und das Becken nach vorn pressen. Die Übung kann auch im Schneidersitz durchgeführt werden.
2. Lassen Sie Ihr Bewußtsein zum Beckenboden hinabgleiten (der Beckenboden besteht aus Muskeln an der Beckenbasis. Er wird vom After, Scheide und Harnröhre durchzogen).
3. Atmen Sie bewußt.
4. Ziehen Sie den Beckenboden beim Einatmen so stark wie möglich zusammen, und entspannen Sie die Muskeln beim Ausatmen wieder. Wiederholen Sie diese Übung fünf Minuten lang. Achten Sie darauf, daß Sie dem Lösen der Muskeln ebenso viel Bedeutung beimessen wie dem Zusammenziehen.

Der Katzenbuckel

1. Knien Sie auf allen Vieren. Die Hände liegen flach auf dem Boden, genau unter den Schultern.
2. Strecken Sie den Kopf leicht nach vorne.
3. Atmen Sie tief ein, wobei Sie einen Hohlrücken machen und den Kopf hochhalten.
4. Atmen Sie tief aus, wobei Sie einen Buckel machen und den Kopf hängenlassen.
5. Führen Sie diese zwei Bewegungen während einiger Minuten abwechselnd aus.
6. Entspannen Sie sich.

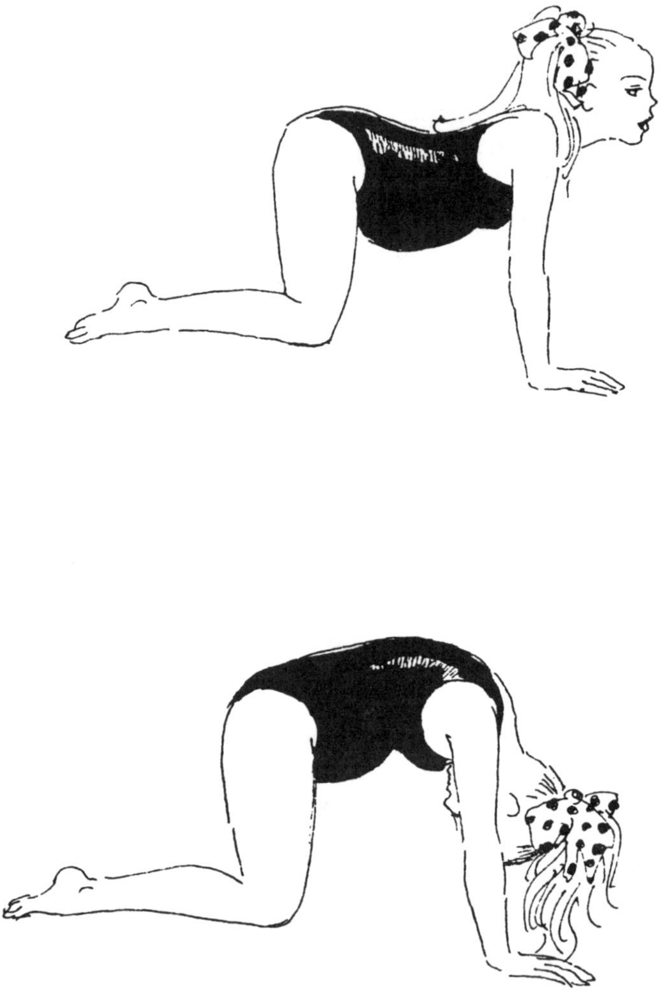

Der Katzenbuckel

Die Stellung des verbundenen Winkels

In der Stellung des verbundenen Winkels werden die Geschlechtsorgane gut durchblutet und somit revitalisiert. Diese Position bereitet das Becken auf die Geburt vor.

Zuerst werden die Lendenwirbel zusammengedrückt, anschließend wieder entspannt. Das Zusammendrücken stimuliert alle Nervenenden zwischen den Lendenwirbeln. Die Stellung des verbundenen Winkels fördert somit die Tätigkeit von Darm, Damm, Geschlechtsorganen und Harnapparat.

Die Übung wird wie folgt ausgeführt:

1. Setzen Sie sich auf den Boden, so daß sich die Fußsohlen berühren.
2. Umfassen Sie mit den Händen Ihre Knöchel oder Fußspitzen.
3. Halten Sie den Rücken gerade. Drücken Sie die Schultern nach hinten, und öffnen Sie den Brustkorb.
4. Atmen Sie etwa fünfzehnmal tief durch, und entspannen Sie sich.

Die Stellung des verbundenen Winkels

Entspannung und Atmung

Frauen, die bewußt atmen, finden schnell heraus, wie sie während der verschiedenen Geburtsphasen am besten atmen. Sie verlieren den Bezug zur Wirklichkeit weniger und können sich den Wehen besser hingeben.

In manchen Fällen kann das »Atmen mit Hingabe« eine fast schmerzlose Geburt ermöglichen oder zumindest bewirken, daß Schmerzen nicht als solche empfunden werden. Die Grenze zwischen Schmerz und Lust scheint sich dann aufzulösen, die Frau erlebt ekstatische Gefühle höchster Intensität.

Weitere Informationen dazu finden Sie unter *Atemtechniken*.

Spazieren

Spazieren ist eine einfache, aber sehr gesunde körperliche Betätigung. Ganz besonders, wenn Sie durch eine schöne Landschaft oder dem Meer entlang spazieren können. Für die schwangere Frau ist Spazieren eine sehr geeignete Geburtsvorbereitung. Ohne allzu große Anstrengung werden dabei alle Muskeln des Körpers trainiert.

Andere Geburtsvorbereitungen

Damit die Geburt möglichst genau Ihren Vorstellungen entspricht, sollten Sie sich über Ihre Wünsche im Klaren sein und diese mit den beteiligten Personen besprechen.

Eine Geburt kann auf viele verschiedene Arten vor sich gehen. Jede Klinik hat ihre eigene Geburtsphilosophie. Dasselbe gilt auch für die Ärzte. Einige neigen schneller zu Eingriffen, während andere einen möglichst natürlichen Ablauf anstreben. Sammeln Sie daher bereits zu Beginn der Schwangerschaft Informationen über die vorhandenen Möglichkeiten, und wählen Sie jene aus, die Ihren Wünschen entsprechen.

Es ist auch nützlich, wenn Sie sich über die gängigsten Geburtseingriffe und deren mögliche Folgen informieren. Sollte es Komplikationen geben, wird Ihnen der Arzt oder die Hebamme die eine oder andere dieser Techniken vorschlagen. Wenn Sie und Ihr Partner darüber Bescheid wissen, können Sie das Für und Wider eines Eingriffs erwägen, darüber diskutieren und schließlich eine Entscheidung treffen.

Was erwarten Sie von Ihrem Partner während der Geburt? Besprechen Sie gemeinsam die Aufgaben, die er während der Geburt übernimmt. Bei welchen Stellungen kann er Ihnen behilflich sein? Üben Sie diese gemeinsam.

Probieren Sie auch einige Massagetechniken aus. Manche Frauen finden es sehr angenehm, sich während der Wehen den unteren Teil des Rückens massieren zu lassen (andere dagegen möchten überhaupt nicht berührt werden).

Ihr Partner kann Sie auch bei der Atmung führen. Bitten Sie ihn, Sie wenn nötig freundlich in die Wirklichkeit zurückzuholen.

Neben Ihrem Partner können Sie vielleicht noch jemand anderen auswählen, der bei Ihrer Niederkunft dabei ist (besprechen Sie das mit Ihrem Arzt). Falls diese mehrere Stunden dauert, kommt es oft vor, daß der Vater eine Pause braucht. Dann kann diese zweite Person bei Ihnen sein.

Entscheiden Sie sich für jemanden, den Sie gut mögen. Diese Person sollte während der Geburt zu einer gelösten Stimmung beitragen und sich um Sie kümmern können.

Wie Frédéric Leboyer, Michel Odent und andere gezeigt haben, ist eine entspannte Atmosphäre während der Niederkunft sehr wichtig.

Für das Neugeborene ist die Geburt der erste direkte Kontakt mit der Außenwelt. Schaffen Sie mit Ihren Freunden eine liebevolle und vertrauenerweckende Stimmung für dieses Kind, das so viel sensibler ist als wir. Ein warmherziger Empfang wird sein ganzes Leben positiv beeinflussen.

Hinweis

Informationen zur Ernährung während der Schwangerschaft finden Sie unter der Rubrik *Schwangerschaft und Ernährung*.

Gedächtnisstörungen

»Wozu soll man alles lernen, was in den Büchern steht, wo es doch in den Büchern steht?«, fragen sich viele. Und doch ist es sicher praktischer, wenn man behalten kann, was man liest oder hört.

Gedächtnisschwäche ist in unserer Gesellschaft geradezu eine Behinderung. Wir wissen ständig mehr, und wer sich nicht auf dem laufenden hält, verliert den Bezug zur Wirklichkeit.

Gedächtnisschwund kommt sowohl bei älteren als auch bei jüngeren Menschen vor und kann entweder das Kurz- oder das Langzeitgedächtnis betreffen.

Gedächtnisstörungen sind oft vorübergehend und harmlos. Dies ist der Fall, wenn sie auf extreme Müdigkeit oder eine psychische Überbelastung (Burnout, Epilepsie usw.) zurückzuführen sind. Hingegen können schwere Unfälle einen vollständigen und langanhaltenden Gedächtnisschwund zur Folge haben. Gewöhnlich erholt sich das Gedächtnis jedoch schließlich von selbst.

Andererseits gibt es auch Fälle völlig rätselhaften Gedächtnisverlustes, was die folgende Anekdote veranschaulicht:

Ein amerikanischer Familienvater verließ an einem Weihnachtsabend das Haus, um Einkäufe zu besorgen. Aus unerklärlichen Gründen verlor er plötzlich das Gedächtnis. Er konnte sich weder an seinen Namen noch an seinen Wohnort erinnern und reiste in eine andere Stadt, wo er eine neue Stelle antrat. Auf den Tag genau ein Jahr später erinnerte er sich schließlich wieder daran, wer er war. Und am Weihnachtstag tauchte er zur Freude seiner kleinen Familie wieder auf, genauso geheimnisvoll wie er ein Jahr zuvor verschwunden war.

Doch ein Gedächtnisverlust nimmt nicht immer einen so glücklichen Ausgang wie in diesem Fall. Bei Senilität oder Alzheimer-Krankheit (siehe *Alzheimer-Krankheit)* nimmt er chronische Ausmaße an und ist äußerst schwierig oder überhaupt nicht zu behandeln.

Normalerweise können Sie jedoch in jedem Alter Ihr Gedächtnis verbessern oder es wieder zum Funktionieren bringen.

Was Sie tun können

Meistens gibt es für Gedächtnisschwächen physische und psychische Gründe. Deshalb müssen Sie auf diesen beiden Ebenen arbeiten.

Machen Sie sich keine Sorgen, wenn Sie öfter als gewöhnlich wichtige oder belanglose Einzelheiten vergessen. Auch das Gefühl, verwirrt oder zerstreut zu sein, ist kein Grund zur Beunruhigung. Das heißt nämlich nicht, daß Sie dabei sind, »den Verstand zu verlieren« oder bereits an der Alzheimer-Krankheit leiden. Es kann vielmehr bedeuten, daß

- Sie zuviel arbeiten und zu wenig schlafen;
- der Leistungsdruck Ihr Denkvermögen lähmt;
- Sie falsch oder zu wenig essen.

Bevor Sie gleich an das Schlimmste denken, versuchen Sie, die folgenden Ratschläge zu befolgen:

- Verlangsamen Sie Ihren Arbeitsrhythmus, gönnen Sie sich Erholung, und schlafen Sie richtig aus. Lernen Sie, sich zu entspannen und nicht 24 Stunden am Tag perfekt sein zu wollen.
- Essen Sie viel tierisches und pflanzliches Eiweiß. Meiden Sie Gerichte, die zu viele Kohlenhydrate enthalten (Kartoffeln, Teigwaren usw.).
- Nehmen Sie daneben noch bestimmte Vitamine zu sich, insbesondere die Vitamine der B-Gruppe (gemäß Angaben des Herstellers). Greifen Sie auch auf Cholin-Präparate zurück. Diese Substanz spielt im Gehirn eine wichtige Rolle (siehe *Alzheimer-Krankheit)*.
- Trainieren Sie Ihr Gedächtnis. Sie können damit dem Gedächtnisschwund vorbeugen oder ihn verringern. Oft ist er nämlich zu einem guten Teil durch geistige Faulheit bedingt. Genauso wie der übrige Körper muß auch das Gedächtnis durch regelmäßiges Training in Form gehalten werden.

Heilpflanzen

Zur Behandlung von Gedächtnisschwäche kommen verschiedene Pflanzen in Frage. Sie können diese auch kombinieren. Wir empfehlen Ihnen insbesondere die Mischung Ginseng/Ginkgo biloba.

Ginseng beeinflußt das Gedächtnis sehr günstig. Forschungen des englischen Biologen und Gerontologen Stephen Fulder haben deutlich gezeigt, daß Ginseng das Gedächtnis und die Konzentrationsfähigkeit von älteren Menschen verbessert. Die Verabreichung von Ginseng bewährte sich laut Fulder auch bei Menschen mittleren Alters, die unter besonders schwierigen Lebensbedingungen (Nachtarbeit usw.) lebten.

Dank seiner stimulierenden Wirkung auf die Durchblutung des Gehirns kann **Ginkgo biloba** dazu beitragen, Gedächtnisschwund zu verringern, der auf eine schlechte Durchblutung zurückzuführen ist. Im Handel ist standardisierter 24%iger Extrakt in Tablettenform erhältlich. Seine Wirkung ist oft verläßlicher als jene der in Kräuterhandlungen erhältlichen getrockneten Pflanzen. Beachten Sie die Gebrauchsanweisung des Herstellers.

Akupressur

- Massieren Sie die Finger und Zehen, vor allem auf der Oberseite: die Ansatzstelle, das Nagelbett sowie die Finger- und Zehenspitzen.
- Massieren Sie die Vorderseite des Beins, vom Punkt Nr. 16 ausgehend bis zur Mitte des Fußrückens.
- Stimulieren Sie an der Wirbelsäule die Punkte Nr. 26, 29, 34 und 37 sowie den Punkt Nr. 1.
- Auch die Punkte Nr. 7, 12 und 19 können helfen.

Gelenkversteifung (Ankylose)

Ankylose ist der medizinische Fachausdruck für eine knöcherne oder kapsuläre Gelenkversteifung. Diese ist die Folge einer Komplikation bei Gelenkentzündungen oder eines durch einen schweren Unfall verursachten Knochenbruches.

Wer an Ankylose leidet, ist unter Umständen vollkommen bewegungsunfähig. Dies ist zum Beispiel bei Spondylitis ankylosans (einer zu Gelenkversteifung führenden Wirbelsäulenentzündung) der Fall.

Was Sie tun können

Ankylose ist eine ernsthafte Erkrankung. Ein chirurgischer Eingriff wird zweifelsohne dann notwendig, wenn es sich um eine totale Gelenkversteifung handelt. In vielen Fällen hat die Heilbehandlung durch Bewegungstherapie hervorragende Ergebnisse erzielt.

Sie können indessen zusätzlich auch auf weniger bekannte Heilmittel zurückgreifen, um den Heilungsprozeß zu beschleunigen und die Schmerzen zu lindern:

- Reiben Sie die betroffenen Stellen mit einem flüssigen Einreibemittel aus Kampfer ein (aus dem Reformhaus oder der Apotheke).
- Sie können auch ätherisches Rosmarin- (mit Cineol) oder Lavandinöl (lavandula hybrida) im Verhältnis von 1:20 mit Haselnußöl mischen und die betroffenen Stellen damit einreiben.

Früher wurde Ameisensäure erfolgreich angewandt, um ein versteiftes oder gelähmtes Glied wieder zu beleben. Die Ameisensäure wurde zu 50 % mit Wasser verdünnt und auf den betroffenen Körperteil aufgetragen, was eine Rötung hervorrief und ein Gefühl verursachte, als wäre man in Brennesseln gefallen. In Deutschland stellte man zu diesem Zweck einen Weingeist her, indem man Ameisen in verdünntem Alkohol destillierte.

Lotionen und Umschläge

Lein-, Reis- oder Maismehl.

Magnettherapie

In Rußland und in den Vereinigten Staaten durchgeführte Studien haben gezeigt, daß das Auflegen des Südpols eines Magneten auf die betroffene Stelle den Wiederaufbau des Knochens fördert.

Die Studien des französischen Chirurgen Philippe Orengo haben ebenfalls ergeben, daß in 70 % der Fälle durch das Auflegen eines magnetischen Südpols bei Knochenbrüchen die Schmerzen in erstaunlichem Maße gelindert werden. Der Magnet wird auf das Zentrum des Bruches aufgelegt.

Visualisierung

Visualisierung ist sehr hilfreich, wenn es darum geht, ankylotische Glieder wieder beweglich zu machen. Diese Methode ist besonders angezeigt bei Ankylosen, die von Gelenkentzündungen herrühren (Arthritis), denn hierbei spielt die psychosomatische Komponente häufig eine sehr wichtige Rolle.

Ob es sich um einen Knochenbruch oder um ein arthritisches Problem handelt, wenden Sie in beiden Fällen eine der folgenden Visualisierungen an:

- Stellen Sie sich zwei- oder dreimal täglich ein intensives weißes Licht vor, das die erkrankte Körperpartie durchflutet.
- Visualisieren Sie sorgfältig jeden Teil des betroffenen Gelenks oder Knochens, indem Sie sich von Anatomie-Tafeln oder Ihren Röntgenbildern inspirieren lassen.

1. Visualisieren Sie das Gelenk oder den Knochen zunächst in erkranktem Zustand.
2. Dann stellen Sie sich den betreffenden Körperteil im Wiederaufbaustadium vor.
3. Schließlich sehen Sie sich, wie Sie das betroffene Glied ganz normal bewegen können.

Anmerkung
In der Rubrik über die therapeutischen Auswirkungen des Lachens (siehe *Lachtherapie)* ist ein längerer Abschnitt dem berühmten Fall von Norman Cousins gewidmet. Der amerikanische Journalist und Verleger Norman Cousins litt mehrere Monate lang an ankylotischer Spondylarthritis. Er war nahezu bewegungsunfähig. Indem er sehr hohe Dosen Vitamin C einnahm und viele Komödien im Fernsehen anschaute, schaffte er es, seine Gliedmaßen wieder normal zu bewegen, obwohl er nur eine Chance von 1:500 hatte, wieder auf die Beine zu kommen. Sein Fall zeigt, daß es immer Hoffnung gibt.

Gerstenkorn

In den Lidern gibt es kleine Drüsen, die eine ölige Flüssigkeit produzieren. Sie können sich infizieren, woraufhin sich Eiter in der oder den infizierten Drüse(n) ansammelt.

Dies führt zunächst zu einer kleinen Wucherung, die jedoch bald zu einer beträchtlichen Größe heranwächst. In diesem Stadium nimmt das Gerstenkorn eine deutlich rote Farbe an und fängt an zu schmerzen. Nach einiger Zeit kann es auch zu einem eitrigen Ausfluß kommen.

Was Sie tun können

Beginnen Sie die Behandlung mit folgenden Maßnahmen:
- Machen Sie mehrmals täglich während 10 Minuten feuchte, lauwarme Kompressen.
- Vermeiden Sie es, sich Staub und anderen Reizstoffen auszusetzen.
- Berühren oder drücken Sie das Gerstenkorn nicht aus, selbst wenn es Sie danach drängt. Lassen Sie der Natur ihren Lauf.

Treten keine Komplikationen auf, so ist es nicht notwendig, nach Medikamenten zu greifen. Sie können den Heilungsprozeß jedoch mit natürlichen Mitteln beschleunigen:

Heilpflanzen

- Legen Sie mehrmals täglich Aloe vera auf. Aloe vera hat eine blutstillende und desinfizierende Wirkung.

- Damit das Gerstenkorn ausreift, legen Sie Umschläge aus Kamillenblüten, Leinsamenmehl (Sie können die Leinsamen mit der Kaffeemühle mahlen) oder Klatschmohnblüten auf. Sie können auch ein Baumwoll- oder Leinensäckchen nähen, das Sie mit einer dieser Substanzen füllen und auf die Augen legen.

Heilerde

Machen Sie abwechselnd Umschläge mit Heilerde und Kohlblättern. Schlagen Sie auch unter den Rubriken nach, die sich mit der Behandlung der Augen befassen.

Akupressur

- Massieren Sie sanft das andere Auge, besonders den Punkt Nr. 2. Berühren Sie nie das entzündete Auge, und waschen Sie sich vor und nach der Massage sorgfältig die Hände, damit Sie die Infektion nicht übertragen.
- Massieren Sie sorgfältig die beiden Punkte, die den Augen auf der Schädelrückseite unmittelbar auf der horizontalen Linie bei geradegehaltenem Kopf gegenüberliegen.
- Massieren Sie den Punkt Nr. 27 am Nacken, die Punkte Nr. 41, 42 und 24 an der Hand, die Punkte Nr. 20, 21 und 22 am Fuß sowie die Punkte Nr. 6, 7, 10, 12, 13 und 14 auf der Vorderseite des Rumpfes.

Gesundheitstagebuch

Wußten Sie, daß ein gesunder Körper ein Körper ist, den man »vergißt«? Ein Organismus, der aus dem Gleichgewicht geraten ist, nimmt hingegen unsere ganze Aufmerksamkeit und unsere Person in Anspruch. Der berühmte deutsche Naturheilkundige Sebastian Kneipp sagte bereits: *»Vorbeugen ist besser als heilen«*.

Beobachten Sie sich daher gut – ob Sie krank oder bei guter Gesundheit sind! Am besten tun Sie dies mittels eines Gesundheitstagebuches, in dem Sie alle Details über Ihre Krankheiten und Beschwerden festhalten: Symptome, medizinische Diagnosen, verwendete Heilpflanzen, Dosierungen, Häufigkeit, Dauer der Behandlung, Reaktionen, Ergebnisse usw.

Tragen Sie auch Ihre Gefühle und Eindrücke ein sowie Fragen, die Sie Ihrem Arzt stellen möchten oder »Tricks«, von denen Sie gehört haben.

Wer weiß, vielleicht benötigen Sie eines Tages bestimmte Angaben, die Sie schon längst vergessen hatten. All diese Details können bei einer Untersuchung sehr wichtig sein.

Frauen sollten besonders genau alles festhalten, was an Unregelmäßigkeiten während ihrer Periode auftritt. Selbst kaum wahrnehmbare Zeichen können bei einer Diagnose hilfreich sein. Sie sollten ebenfalls die üblichen Symptome festhalten, das genaue Datum, an dem die Blutung einsetzt und endet usw. Die regelmäßige gynäkologische Untersuchung wird dadurch nur präziser.

Dieses Tagebuch ist eine wertvolle Hilfe zur Selbsterkennung. Und jeder Schritt, bei dem Sie sich besser kennenlernen, ist ein Schritt hin zu einer besseren Gesundheit.

Gicht

Gicht gehört zu der Kategorie der arthritischen Erkrankungen (siehe auch *Arthritis).* Dieses Leiden steht vor allem mit einer übermäßigen Harnsäureproduktion oder einer ungenügenden Harnsäureausscheidung im Zusammenhang. Die Harnsäure sammelt sich in den Gelenken, den Nieren, der Haut und insbesondere in den großen Zehen.

Gichtanfälle treten plötzlich auf und sind sehr schmerzhaft. Manchmal verursacht bereits der leichte Druck eines Bettlakens oder einer Decke fast unerträglich Schmerzen.

Gicht ist oft eine Erbkrankheit. Männern sind zwanzigmal häufiger davon betroffen wie Frauen. Sie tritt hauptsächlich gegen Ende des vierzigsten Lebensjahres auf.

Ursachen

- falsche Ernährung (übermäßiger Genuß von säurebildenden Nahrungsmitteln);
- Einnahme von harntreibenden Medikamenten, die den Harnsäurespiegel im Blut erhöhen;
- übermäßiger Genuß von Alkohol, Kaffee und Tee (hauptsächlich aus den gleichen Gründen);
- emotionelle Aufregungen.

Was Sie tun können

Grundsätzlich glaubt die Schulmedizin nicht, daß eine geeignete Diät arthritische Beschwerden lindern kann. Wie Sie bereits unter der Rubrik *Arthritis* lesen konnten, wird dieser Standpunkt durch die Erfahrung widerlegt.

Was Gicht anbetrifft, so sind sich jedoch alle einig. Die Schulmediziner haben erkannt, daß eine entsprechende Diät den Heilungsprozeß entscheidend beeinflussen kann. Naturheilkunde und Schulmedizin arbeiten also wenigsten einmal Hand in Hand. Ein Grund mehr, bei der Behandlung von Gicht der Ernährung besondere Aufmerksamkeit zu schenken.

Wie Sie möglicherweise bereits wissen, sollten Sie auf gebratene und fritierte Speisen sowie auf Alkohol verzichten. Meiden Sie auch säurebildende Nahrungsmittel (siehe *Ernährung zur Beschleunigung der Genesung).*

Maßnahmen zur Linderung der Schmerzen

Die **Kirsche** soll vielen Berichten zufolge die Schwellungen zum Verschwinden bringen und die Schmerzen lindern.

Vor 30 Jahren berichtete Dr. Ludwig W. Blau, ein Arzt, der selbst an Gicht litt, in der medizinischen Fachzeitschrift *Prevention,* daß der Genuß von Kirschen bei ihm und mehreren seiner Bekannten eine wundersame Wirkung gehabt habe. Die Kirsche habe tatsächlich nicht nur eine abschwellende, sondern auch eine schmerzlindernde Wirkung gezeigt.

Die Redaktion von *Prevention* erhielt daraufhin über einen Zeitraum von mehr als 15 Jahren Tausende von Leserbriefen, dank denen die geeigneten Dosen festgelegt werden konnten:

- Begonnen wird mit 15 bis 25 Kirschen pro Tag, bis die Genesung eintritt.
- Danach genügen 10 Kirschen pro Tag, um Rückfällen vorzubeugen. Nehmen Sie vorzugsweise frische Kirschen. Alles scheint jedoch darauf hinzuweisen, daß auch mit eingemachten Kirschen gute Ergebnisse erzielt werden.

Umschläge

- Mischen Sie zerkleinerte Kletten- und Kohlblätter sowie gedämpftes Dostenkraut (ganze Pflanze). Legen Sie die Mischung auf die erkrankten Stellen, und umwickeln Sie sie mit einem warmen Tuch.
- Machen Sie täglich 2 Umschläge mit Heilerde, die Sie 2 bis 4 Stunden einwirken lassen, oder 1 Umschlag, den Sie die ganze Nacht über einwirken lassen.

Bäder

Nehmen Sie Vollbäder mit Beinwell oder Brennessel (siehe *Einführung in die Wasserheilkunde):* Gießen Sie 200 g Beinwell- oder Brennesselblätter mit 5 Litern heißem Wasser auf, und geben Sie den Aufguß ins Badewasser.

Vorbeugende Maßnahmen

Da Gicht mit einem Harnsäureüberschuß im Organismus in Verbindung steht, sind folgende harntreibenden Heilmittel zu empfehlen:

- Bereiten Sie mit 1 Handvoll Maisbart pro Liter Wasser einen Absud zu, und trinken Sie davon nach Belieben.

- Trinken Sie zur Vorbeugung jeden Tag 1 Tasse Schachtelhalmaufguß (100 g der frischen oder 20 g der getrocknete Pflanze pro Liter Wasser). Sie können den Aufguß auch durch Schachtelhalmextrakt ersetzen, der im Handel erhältlich ist.
- Dank ihren harntreibenden Eigenschaften ist die Pflaume häufig ein wichtiger Bestandteil der Ernährung bei Gicht- und Rheumaerkrankungen.

Ätherische Öle

- Innerliche Anwendung: Thymian (mit Thymol), Salbei (salvia officinalis), Rosmarin (mit Verbenon).
- Äußerliche Anwendung: Ravensara, Rosmarin (mit Cineol). Mischen Sie das ätherische Öl im Verhältnis von 1:5 mit Haselnußöl.

Massage und Akupressur

- Massieren Sie sorgfältig alle Punkte, die für Füße und Knöchel angezeigt sind (siehe das Kapitel *Die Akupressur* in Teil I).
- Massieren Sie an den Händen die Punkte, die den betroffenen Stellen an den Füßen entsprechen. Bei einem Gichtanfall im großen Zeh beispielsweise massieren, erwärmen und stimulieren Sie die Daumen.

Grippe

Grippe ist nicht mit Schnupfen zu verwechseln, obwohl dabei manchmal ähnliche Symptome auftreten. Diese beiden Krankheiten werden durch sehr unterschiedliche Viren ausgelöst; die Symptome eines gewöhnlichen Schnupfens sind jedoch viel leichter zu ertragen.

Grippe ist eine ansteckende und oft epidemieartig auftretende Krankheit, die wie ein einfacher Schnupfen beginnen kann. Sie führt in der Folge zu einer allgemeinen Abgeschlagenheit, die mit Muskel- und Kopfschmerzen, Frösteln, Fieber und Atembeschwerden einhergeht. Bei unsachgemäßer Behandlung einer Grippe können sogar bakterielle Infektionen entstehen.

Grippe ist eine jener Krankheiten, die Ausdruck von psychischen Schwierigkeiten sein können. Abgesehen davon ist es wichtig, auf die Signale des Körpers zu hören. Eine Grippe kann ein Hinweis auf einen allgemeinen Ermüdungszustand oder eine ungesunde Lebensweise sein.

Was Sie tun können

Sie sind für mehr als eine Woche ans Bett gefesselt, was Ihnen unter Umständen sehr lange und mühselig vorkommen wird. Es gibt jedoch verschiedene Möglichkeiten, um einen solchen Aufenthalt in der »Hölle« abzukürzen oder sogar zu vermeiden.

Vorbeugemaßnahmen

Haben Sie auch schon festgestellt, daß jene, die sich am meisten vor einer Ansteckung fürchten und Dutzende von Mitteln dagegen einnehmen, am häufigsten an Grippe erkranken? Vertrauen in das eigene Immunsystem, Vermeidung von übermäßigem Streß und allzu großer Ermüdung, gesunde Ernährung sowie körperliche Bewegung im Freien sind eindeutig das bessere Rezept.

Selbstverständlich sind auch die klassischen Vorsichtsmaßnahmen zu beachten: Trinken Sie beispielsweise nicht mit einer infizierten Person aus der gleichen Tasse, und wenden Sie sich ab, wenn ein Grippekranker hustet oder niest. Denken Sie jedoch immer daran, daß es am wichtigsten ist, Ihre Abwehrkräfte zu stärken.

Falls Sie Kinder haben, ist es empfehlenswert, ihnen diese Einstellung zu vermitteln. Wenn Sie hingegen mit übertriebener Besorgnis reagieren, zu unzähligen Vorsichtsmaßnahmen greifen und die Symptome dramatisieren, trichtern Sie Ihren Kindern einen Umgang mit der Krankheit ein, der sie für ihr ganzes Leben prägen wird.

Außerdem sollten Sie sich bewußt sein, daß eine übertriebene Vorsicht vor Kälte negative Auswirkungen hat. Wenn Sie sich schon bei der geringsten Abkühlung warm einhüllen, schaffen Sie damit ideale Voraussetzungen für die Viren.

Sie können Ihr Immunsystem deutlich stärken, indem Sie hin und wieder kalt duschen oder ein kaltes Sitzbad nehmen. Steigern Sie im Freien schrittweise Ihre Kälteresistenz. Machen Sie sich die Kälte zum Freund!

Versuchen Sie, sich zu entspannen, sobald Sie an die Kälte kommen. Ziehen Sie Ihren Oberkörper nicht zusammen, wenn Sie im Winter nach draußen gehen: Strecken Sie die Brust heraus, und richten Sie sich gegen den Wind. Senken Sie die Schultern, und entspannen Sie sich.

Diese Haltung wird bei jenen, die immer wieder an Grippe erkranken, wahre Wunder wirken.

Maßnahmen zur Beschleunigung der Genesung

Sie wußten bisher noch nicht, wie Sie eine Grippe vermeiden können, und sind jetzt erkrankt. Wenn Sie jedoch richtig reagieren, können Sie den Schaden in Grenzen halten und den üblichen Verlauf der Krankheit stoppen.

Ernährung

- Sorgen Sie für eine gute Darmentleerung, sobald Sie die ersten Symptome feststellen. Nehmen Sie Nahrungsmittel zu sich oder setzen Sie Heilpflanzen ein, die die Verdauung fördern.

- Trinken Sie 1 bis 2 Glas Kohlsaft pro Tag.
- Essen Sie 2 bis 3 Tage lang nur rohe, geriebene Äpfel, und zwar 500 g bis 1 kg.

Heilpflanzen

- Bereiten Sie sich die folgenden Aufgüsse zu:
  - Zimtrinde, 10 bis 15 g pro Liter, 3 Tassen täglich;
  - Eukalyptus, 3 bis 4 Blätter pro Tasse, 4 bis 5 Tassen täglich.
- Um sich von einer schweren Grippe zu erholen und Ihre Vitalität zurückzuerlangen, können Sie etwa 10 Gewürznelken zerstoßen und über Nacht in 1 Liter Wasser einweichen. Kochen Sie diese Mischung kurz auf, und trinken Sie davon 2 bis 3 Tassen pro Tag.
- Nehmen Sie täglich bis zu 10 Knoblauchkapseln und nach Belieben Zitronensaft zu sich.
- Benutzen Sie Ginseng, um Ihr Immunsystem zu stärken. Ginseng wird Ihnen auch helfen, aktiv und »funktionsfähig« zu bleiben.

Propolis

Lutschen Sie bis zu 10 Tabletten pro Tag; nach 1 bis 2 Tagen werden Sie die Grippe überstanden haben.

Heilerde

Trinken Sie mit Heilerde angereichertes Wasser, und legen Sie Umschläge mit Heilerde auf Stirn, Brust und Nacken. Solange Sie Fieber haben, empfiehlt sich die Auflage von kalten Umschlägen auf den Unterleib.

Ätherische Öle

- Geben Sie 1 Teelöffel Thymian- (mit Thymol) oder Lorbeeröl (laurus nobilis) in eine Schüssel mit heißem Wasser, und atmen Sie die Dämpfe ein. Wiederholen Sie diese Behandlung während 1 bis 2 Wochen zwei- bis dreimal täglich. Sie können zwischen diesen beiden Ölen abwechseln.
- Äußerliche Anwendung: Mischen Sie ätherisches Eukalyptusöl (eucalyptus radiata) im Verhältnis von 1:10 mit Haselnußöl, und massieren Sie den Brustkorb damit.

Akupressur

- Massieren Sie die Punkte Nr. 26 und 27 sowie den hinteren Teil des Schädels bis hinunter zu den Ohren und zum Kiefergelenk.
- Massieren Sie an den Armen und Handgelenken die Punkte Nr. 40, 41, 42, 24 und 25.

- Behandeln Sie am Rücken den Punkt Nr. 32 sowie die Wirbelsäule auf gleicher Höhe. Insbesondere bei Kindern, die aufgrund von hohem Fieber unter Krämpfen und Halluzinationen leiden, sind dies die drei wichtigsten Punkte.
- Sehen Sie gegebenenfalls unter *Kopfschmerzen, Durchfall* und *Fieber* nach.

Empfehlungen

Wenn Sie an Grippe erkrankt sind, sollten Sie sich von Zeit zu Zeit überwinden und kurz kalt duschen. Ja, Sie haben richtig gelesen! Dieser Rat kommt Ihnen vielleicht »barbarisch« vor, aber wenn Sie ihn befolgen, werden Sie viel schneller wieder gesund. Wenn Sie gegen Ihre Energielosigkeit und Ihre depressiven Gefühle ankämpfen, können Sie den Heilungsprozeß deutlich beschleunigen.

Gürtelrose

Sie wird im Volksmund auch »Antoniusfeuer«, »höllisches« oder »heiliges Feuer« genannt. Hinter diesen poetischen Namen versteckt sich jedoch ein Herpes: der Herpes zoster. Die Gürtelrose ist ein Hautausschlag, der große Ähnlichkeit mit den Windpocken aufweist. Sie wird daher auch »die Windpocken der Erwachsenen« genannt.

Die Gürtelrose ist eine relativ gutartige Krankheit. In den schlimmsten Fällen kann sie jedoch Nervenverletzungen verursachen und sogar die Augen angreifen. Dies ist der Fall beim Herpes corneae (Herpes der Hornhaut).

Die Krankheit beginnt mit etwas Fieber, Kopfschmerzen und brennenden Schmerzen im Bereich des daraufhin ausbrechenden Hautausschlags. Rote Flecken treten auf. Ein bis zwei Tage später bilden sich kleine, durchsichtige Wasserbläschen, die nach einigen Tagen austrocknen und verschorfen. Der Schorf löst sich nach zwei Wochen ab.

Während des akuten Stadiums der Gürtelrose fühlen Sie einen starken Juckreiz in den betroffenen Bereichen.

Außer in außergewöhnlichen Fällen (Herpes corneae) ist die Gürtelrose ungefährlich und verursacht keine ernsthaften Komplikationen.

Bei alten Menschen können die verletzten Stellen jedoch zeitweise große Schmerzen verursachen. Auch wenn der Hautausschlag nach knapp sechs Wochen wieder abgeklungen ist, können die Schmerzen manchmal ein Jahr lang andauern.

Ursachen

Während die Gürtelrose früher vor allem alte Menschen befiel, findet man sie heute immer häufiger bei Erwachsenen jeden Alters. Sie wird von einem Virus ausgelöst, das demjenigen der Windpocken sehr ähnlich ist. Wissenschaftler sind sich sogar einig, daß es sich um eine Reaktivierung des Windpockenvirus' handelt.

Haben Sie die Windpocken schon gehabt, kann sich das Virus an eine sensorische Nervenfaser heften und dort »einschlafen«, bis es aus bestimmten Gründen wieder »aufgeweckt« wird.

Diese Gründe können Streß, Müdigkeit, ein emotionaler Schock oder eine unangemessene Ernährung sein.

Was Sie tun können

Meistens ist keine Behandlung notwendig. Lassen Sie die Krankheit einfach ihren Lauf nehmen.

Um jedoch das Risiko einer sekundären Hautinfektion zu vermeiden (besonders, wenn Sie sich zu stark gekratzt haben), wird Ihnen der Arzt Antibiotika oder eine antiseptische Salbe verschreiben. Er wird sich auch bemühen, Ihre Schmerzen zu lindern, die an der Stelle der Gürtelrose wieder auftauchen. Unglücklicherweise ist die Medizin auf diesem Gebiet nicht sehr erfolgreich. Daher ist die Verwendung natürlicher Heilmittel angezeigt, die das Problem bei den Wurzeln angehen und langfristig wirksam sind.

Bei der Naturheilkunde geht es vor allem darum zu verstehen, welche Faktoren das Virus »reaktiviert« haben. Dies ist die einzige Möglichkeit, einen allfälligen Rückfall und das Auftreten von Schmerzen zu verhindern.

Die Naturheilkunde empfiehlt daher, sich vor großer Müdigkeit und übermäßigem Streß zu schützen, da dadurch das Immunsystem geschwächt wird und das Virus reaktiviert werden kann.

Auch die Ernährung kann eine wichtige Rolle spielen. Wer an Gürtelrose erkrankt ist, nimmt oft Nahrungsmittel zu sich, die eine Übersäuerung bewirken, und sind ständig gestreßt.

Verzichten Sie also auf folgende Lebensmittel:

- alles, was das Nervensystem überreizen (Kaffee, Cola, Schokolade usw.);
- saures Obst und Gemüse (Grapefruit, Zitronen, Tomaten usw.);
- raffinierte Lebensmittel (Zucker, Fertiggerichte);
- stark purinhaltiges Fleisch (Rind, Schwein);
- Milchprodukte.

Essen Sie dagegen viel Rohkost und basenbildende Lebensmittel (siehe *Ernährung zur Vorbeugung von Krankheiten* und *Ernährung zur Beschleunigung der Genesung).*

Maßnahmen zur Stillung des Juckreizes oder der Schmerzen

Heilpflanzen

Tragen Sie Aloe-vera-Gel auf. Aloe vera wirkt bei sämtlichen Hautproblemen Wunder. Sie können dazu sowohl das schleimige Gel im Inneren der Blätter als auch eine im Handel erhältliche Salbe von guter Qualität verwenden.

Aloe vera stillt den Juckreiz und betäubt wiederkehrende Schmerzen. Die Pflanze begünstigt außerdem die Regeneration der Zellen, und das betroffene Gewebe findet schneller zu seinem normalen Aussehen zurück.

Magnettherapie

Legen Sie einen großen therapeutischen Magneten mit der Nordpolseite auf die betroffene Stelle, die Sie vorher mit einem trockenen Tuch bedeckt haben.

Umschläge

Tragen Sie mehrmals täglich abwechselnd Kohlblätter und Heilerde auf. Lassen Sie den Umschlag jeweils 1 bis 2 Stunden einwirken.

Die Anwendung von Heilerde hat bei Gürtelrose zu seltsamen Ergebnissen geführt. Bei einigen Patienten traten nach dem Auflegen des Umschlags ein Bläschenausschlag und ein ziemlich intensiver brennender Schmerz auf. Trotz dieser Unannehmlichkeiten stellten die Patienten jedoch eine beinahe sofortige Genesung fest.

Ätherische Öle

- Innerliche Anwendung: Nehmen 2 bis 3 Tropfen ätherisches Rosmarin- (mit Verbenon) oder Kamillenöl (Römische Kamille) mit etwas Honig ein.
- Äußerliche Anwendung: Vermischen Sie das ätherische Öl von Römischer Kamille oder Speiklavendel im Verhältnis von 3:100 mit Haselnußöl.

Massage und Akupressur

Natürlich ist es undenkbar, die betroffene Stelle direkt zu massieren. Das therapeutische Handauflegen darf jedoch angewandt werden (siehe Teil I). Es lindert den Juckreiz und fördert die Genesung.

Sie können auch die Akupressur zu Hilfe nehmen. Stimulieren Sie folgende Punkte:

- Der wichtigste Punkt bei Gürtelrose ist der Punkt Nr. 25.

- Gehen Sie nach der unter *Verbrennungen* beschriebenen Methode vor, die auch bei Gürtelrose sehr wirksam ist.
- Schlagen Sie auch unter *Juckreiz* nach.

Empfehlungen

- Der Versuchung, sich zu kratzen, darf auch keinen Fall stattgegeben werden. Die Risiken einer Sekundärinfektion sind sehr groß.
- Obwohl die Gürtelrose eine ansteckende Krankheit ist, verbreitet sie sich nie epidemieartig. Um jegliche Ansteckungsgefahr auszuschließen, sollte der Patient den Kontakt zu anderen möglichst meiden. Seine Kleider und Laken müssen sehr sorgfältig gewaschen, das von ihm benutzte Geschirr gut gespült werden.
- Es liegt im Interesse der Personen im Umfeld des Kranken, ihr eigenes Immunsystem zu stärken. Sie sollten also Streß und Müdigkeit vermeiden und dem oben erwähnten Diätplan folgen.
- Wegen der Verwandtschaft der Gürtelrose mit dem Herpes lesen Sie auch die Rubrik *Herpes* für weitere Behandlungsvorschläge.

H

Haarausfall (Alopecia)

Alopecia ist der medizinische Begriff für teilweisen, vollständigen, zeitweiligen oder endgültigen Haarausfall. Im allgemeinen denkt man bei Haarausfall an ältere oder auch jüngere Männer mit Stirnglatze oder Glatze.

Haarausfall kann aber auch anders aussehen!

Bei **Alopecia areata** (kreisrunder Haarausfall) scheint das Alter keine entscheidende Rolle zu spielen. Männer wie Frauen und sogar Kinder können davon betroffen sein. Der Haarausfall ist unregelmäßig. Der Betroffene verliert seine Haare an kreisrunden Stellen der behaarten Kopfhaut. Manchmal gehen auch alle Haare aus. Diese Art des Haarausfalls ist meist vorübergehend und dauert nur einige Monate, kann sich aber wiederholen.

Ursachen

Die Neigung zu Kahlköpfigkeit hängt beim Mann vor allem vom mütterlichen Erbgut ab. Sie sollten sich also besonders die Photos Ihres Großvaters oder Urgroßvaters mütterlicherseits ansehen, um in Erfahrung zu bringen, ob Sie Gefahr laufen, viele Haare zu verlieren. Bei Frauen kann es ebenso zu einem allmählichen Rückgang der Haarfülle kommen, aber dies führt nur selten zu Kahlköpfigkeit.

In beiden Fällen hängt der Haarausfall einfach nur mit dem natürlichen Alterungsprozeß zusammen. Es besteht also generell kein Grund, hier eine Mangelerscheinung oder eine latente Krankheit zu vermuten. Diese Art des Haarausfalls läßt sich daher nur schwer behandeln.

Sollten Ihnen jedoch die Haare ausgehen, ohne daß Erbanlagen eine Rolle spielen, leiden Sie vielleicht an Eiweißmangel oder einer Stoffwechselstörung. Letzteres ist der Fall, wenn Ihre Leber, Ihre Nieren und Ihr Darm schlecht arbeiten. Eine Schilddrüsen-Unterfunktion kann ebenfalls Haarausfall verursachen.

Haarausfall kann auch durch Blutarmut in Verbindung mit Eisenmangel, schweren Hautkrankheiten (Schuppenflechte), Chemotherapie oder Strahlenbehandlung verursacht werden.

Abgesehen davon sollten Sie die verhängnisvollen Folgen von Haarfestigern, Haarfärbe- oder -bleichmitteln nicht vergessen. Sie verursachen nicht unbedingt Haarausfall, aber sie fördern auch nicht gerade das Haarwachstum und zerstören die Haarstruktur.

Außerdem fördert auch die heute in zahlreichen Getränken (z. B. Coca-Cola) enthaltene Phosphorsäure den Haarausfall.

In vielen der erwähnten Fälle können die Haare nach Beseitigung der Ursache vollständig nachwachsen.

Wieder einmal der Streß

Sie sollten eine von den Ärzten etwas vernachlässigte Ursache nicht vergessen: den Streß.

Streß kann auf lange Sicht, besonders bei geistig tätigen Menschen, starke Muskelanspannungen der Kopfhaut bewirken. Dadurch werden die Blutgefäße zusammengepreßt und die Durchblutung beeinträchtigt. Der Zustand der Kopfhaut verschlechtert sich; es entstehen die bekannten Symptome, die mit der Zeit Haarausfall nach sich ziehen können: starke Schuppenbildung, fettige oder spröde Haare.

Was Sie tun können

Bis jetzt gibt es noch kein Wundermittel, das eine Wüste in einen Urwald verwandeln kann. Man kann jedoch das Schlimmste verhindern. In manchen Fällen kann man sogar ein eindrucksvolles Nachwachsen der Haare erzielen, wenn man das Problem rechtzeitig angeht. Hier soll daran erinnert werden, daß Gesundheit ganzheitlich verstanden werden muß: Selbst wenn nur eine Körperpartie behandelt werden soll, muß man sich oft um den ganzen Körper kümmern.

Hier nun verschiedene Naturheilverfahren zur Vorbeugung von Haarausfall:

Massage und Akupressur

In manchen Fällen kann Haarausfall durch regelmäßiges Massieren der Kopfhaut gehemmt werden. Wenn Streß als Ursache in Frage kommt, fördert Massage die Durchblutung und entspannt die zu stark angespannte Muskulatur der Kopfhaut.

- Massieren Sie also Ihre Kopfhaut einmal täglich mit den Fingerspitzen. Stimulieren Sie besonders die Punkte auf der Mittellinie zwischen Stirn und Nacken sowie die Punkte auf den dazu parallel verlaufenden Linien, die von den Augen senkrecht zum Hinterkopf führen.
- Massieren Sie den Punkt, der in der Mitte der inneren Handgelenksfalte liegt, sowie die Punkte Nr. 37, 1 und 19.

- Sie können auch eine andere Methode anwenden, bei der die Finger- und Zehenoberseite, die Hand- und Fußrücken, das Kreuzbein, der hintere Teil der Ferse sowie die Achillessehne massiert werden.

Äußerliche Anwendung von Heilpflanzen

Mit den folgenden Zusätzen wird das Massieren der Kopfhaut noch wirkungsvoller:

- Frischer Kresse- oder Zwiebelsaft.
- Mischen Sie zu gleichen Teilen Rum (oder Whisky) und Salbeitinktur.
- Mischen Sie ätherisches Kamillen (Römische Kamille) oder Lavendelöl (lavandula officinalis) im Verhältnis von 1:20 mit Süßmandelöl.
- Olivenöl ist bekannt für seine belebende Wirkung auf das Haarwachstum. Reiben Sie Ihre Kopfhaut jeden Abend mit leicht erwärmtem Olivenöl ein, wickeln Sie danach Ihre Haare in ein Handtuch ein, und waschen Sie sie erst am nächsten Morgen. Diese Behandlung sollte 10 Tage dauern und kann mehrmals im Jahr wiederholt werden.

Innerliche Anwendung von Heilpflanzen

- Nehmen Sie 1 bis 2 g **Schachtelhalmextrakt in Pulverform** vor oder nach jeder Mahlzeit ein. Einige Wissenschaftler befürworten die tägliche Einnahme von Schachtelhalmaufguß bzw. -extrakt. Schachtelhalm enthält Kieselsäure, die den Haarwuchs fördern und das Haar gesund erhalten soll.

  Kieselsäure ist ein wichtiger Bestandteil des menschlichen Körpers. Sie ist besonders in den Zähnen, Nägeln, Haaren und der Haut vorhanden, und ein Mangel an Kieselsäure zeigt sich zunächst einmal an eben diesen Stellen. Kieselsäuremangel macht Ihre Haare brüchig und hat einen schnellen Haarausfall zur Folge. Um diesen Mangelzustand zu beheben, ist Schachtelhalm bei weitem die wirkungsvollste Heilpflanze.
- **Thymian** ist ein ausgezeichnetes Haartonikum: er stoppt und verhindert Haarausfall, macht die Haare dichter und belebt den Haarwuchs. Für die Zubereitung eines konzentrierten Absuds kochen Sie 1 Handvoll Thymiankraut pro Liter Wasser so lange, bis sich die Menge auf die Hälfte reduziert hat. Reiben Sie Ihre Kopfhaut mit diesem Haarwasser ein, und spülen Sie Ihre Haare nach dem Waschen damit aus.

Heilerde

Tragen Sie mit Wasser angerührte Heilerde auf Ihre Kopfhaut auf, lassen Sie sie 1 Stunde einwirken, und spülen Sie dann Ihre Haare mit klarem Wasser oder Kamillentee aus.

Haarpflege

Schlagen Sie unter den Rubriken *Schuppen* oder *Haarausfall* nach, wenn Sie an einer dieser Erkrankungen leiden.

Wenden Sie in den anderen Fällen eine der folgenden Methoden an. Sie werden Ihnen helfen, so lange wie möglich einen schönen Haarschmuck zu bewahren.

Heilpflanzen

- Reiben Sie das Haar jedes Jahr im Frühling während 1 bis 2 Monaten täglich mit frischem Birkensaft ein. Vermischen Sie diesen zu gleichen Teilen mit 40 %igem Alkohol, um ihn zu konservieren.
- Die Wurzel der florentinischen Schwertlilie, die in Kräuterhandlungen als Pulver erhältlich ist, ergibt ein hervorragendes Trockenshampoo, das außerdem sehr angenehm riecht. Bestreuen Sie damit Ihr Haar, verteilen Sie es gut, und lassen Sie es während einiger Minuten einwirken. Bürsten Sie das Haar anschließend kräftig aus – damit ist die Sache schon erledigt!
- Um hellem Haar einen schönen Goldschimmer zu verleihen, verwenden Sie als Spülung regelmäßig einen Aufguß mit Deutscher Kamille.
- Bei dunklem Haar verwenden Sie dazu Lauchabsud oder konzentrierten Rosmarinaufguß (50 bis 60 g Rosmarinblätter pro Liter Wasser).
- Thymian belebt die Kopfhaut, macht das Haar dicker und beschleunigt das Haarwachstum. Geben Sie 100 g Thymiankraut in 1 Liter Wasser, und kochen Sie es so lange, bis die Hälfte davon verdunstet ist. Reiben Sie die Kopfhaut mit dieser Lotion ein, und benutzen Sie sie auch, um das Haar nach dem Haarewaschen zu spülen.
- Zitronensaft macht das Haar weich, glänzend und leichter kämmbar. Geben Sie davon etwas in das letzte Spülwasser.
- Das Haar benötigt viel Kieselsäure. Ein Mangel an diesem Mineral macht es brüchig und glanzlos. Dank seinem hohen Kieselsäuregehalt wird Ihnen daher Schachtelhalm sehr zugute kommen.

Heilerde

Bereiten Sie mit Heilerde und Wasser eine helle Paste zu, und bedecken Sie damit Haare und Kopfhaut. Spülen Sie das Haar nach 30 Minuten gründlich mit Wasser aus. Sie werden erstaunt sein, wie weich es danach ist.

Akupressur

(Siehe *Haarausfall*).

Hämorrhoiden

Wenn sich die Blutgefäße im After- und unteren Mastdarmbereich erweitern, treten Geschwülste auf, die Hämorrhoiden genannt werden. 25 bis 50 % aller Menschen sind wenigstens einmal in ihrem Leben davon betroffen.

Hämorrhoiden können folgende Symptome hervorrufen: Juckreiz, verschiedene Absonderungen, Schmerzen beim Stuhlgang, Blutungen sowie Schwellungen im Bereich des Afters, die während des Stuhlgangs zunehmen.

Ursachen

Hämorrhoiden entstehen vor allem durch übermäßiges Pressen beim Stuhlgang, während der Schwangerschaft (dadurch, daß der Kopf des Kindes auf das Becken drückt), durch schlechte Ernährung (zu wenig Ballaststoffe), häufiges Sitzen oder chronische Verstopfung.

Darüber hinaus kann schon die Angewohnheit, lange auf der Toilette zu sitzen, zur Bildung von Hämorrhoiden beitragen!

Was Sie tun können

Grundsätzliches

- Achten Sie auf regelmäßigen Stuhlgang. Vermeiden Sie Verstopfung, benutzen Sie jedoch keine starken chemischen Abführmittel. Greifen Sie statt dessen lieber auf sanfte Abführmittel zurück (siehe *Verstopfung)*.
- Pressen Sie beim Stuhlgang nicht mit Gewalt.
- Vermeiden Sie zu langes Sitzen auf dem »Thron«. Nutzen Sie die Toilette nicht als Lesesaal. Schon das einfache Sitzen auf der Toilette kann zu erhöhtem Druck auf die Venen im Analbereich führen.

Ernährung

- Nehmen Sie mehr Ballaststoffe oder andere Nahrungsmittel zu sich, die die Darmtätigkeit anregen (Salat, Gemüse, Vollkornbrot). Löwenzahnsalat ist besonders zu empfehlen. So vermeiden Sie harten Stuhlgang, der sehr schmerzhaft sein kann.
- Meiden Sie Milchprodukte, alle sauren Lebensmittel, Fleisch- und Wurstwaren, Senf, Gewürzgurken usw. Essen Sie viel rohes Gemüse.
- Kauen Sie vor dem Schlafengehen 1 Eßlöffel Kascha (Buchweizengrütze).
- Nehmen Sie zu Beginn jeder Mahlzeit etwas Melone zu sich, sie unterstützt die Darmtätigkeit und verbessert die Geschmeidigkeit des Gewebes.
- Die Kastanie kräftigt die Venen. Sie sollte jedoch niemals roh gegessen werden.

Heilpflanzen

- Zur Behandlung von Hämorrhoiden gibt es nichts Besseres als das schleimhaltige Fruchtfleisch der **Aloe vera.** So können Sie sogar eine Operation vermeiden. In amtlichen Arzneibüchern wird von der Behandlung der Hämorrhoiden mit Aloe dringend abgeraten, womit allerdings die als Arzneimittel eingesetzte Aloe officinalis gemeint ist (Aloe von Curaçao oder Sokotara).
  Gegen die Behandlung mit dem schleimhaltigen Fruchtfleisch der frischen Aloe vera gibt es jedoch keine Gegenanzeige. Streichen Sie sowohl die äußeren als auch die inneren Hämorrhoiden mit diesem Fruchtfleisch ein. Es enthält insbesondere Salicylsäure, die schmerzlindernd wirkt.
  Sie können sogar nach einem puertoricanischen Rezept Zäpfchen herstellen. Dazu geben Sie frisches Aloe-vera-Gel auf ein Stück Aluminiumfolie und formen ein Zäpfchen, das Sie dann in den Kühlschrank legen.
- Bereiten Sie mit 50 g **Löwenzahnblättern und -wurzeln** pro Liter Wasser einen Absud zu, den Sie 2 Minuten kochen und 10 Minuten ziehen lassen. Trinken Sie davon täglich 3 Tassen.
- **Gingko-biloba-Extrakt**, der den Blutkreislauf in den Körpergliedern fördert, wird denjenigen helfen, die häufig unter Hämorrhoiden leiden.

Bäder

- Heiße Bäder lindern die Schmerzen.
- Bereiten Sie ein rektales Dampfbad mit 1 Handvoll in Milch gekochtem Bohnenkraut zu (siehe *Einführung in die Wasserheilkunde).* Die kombinierte Wirkung von Bohnenkraut und Milch mildert sowohl die Entzündung als auch die Schmerzen.

Heilerde

- Machen Sie abwechselnd Umschläge mit kalter Heilerde und zerstoßenen Kohlblättern, die Sie 1 bis 2 Stunden einwirken lassen.
- Wenn Sie die Heilerdepaste mit einem Absud aus Wegerichblättern zubereiten, ist das Ergebnis noch wirkungsvoller.
- Nehmen Sie jeden Morgen 1/2 Glas Wasser mit Heilerde zu sich (siehe *Einführung in die Behandlung mit Heilerde).*

Ätherische Öle

- Innerliche Anwendung: Zypresse, Immortelle, Rosmarin (mit Kampfer).
- Äußerliche Anwendung: Zistrose, Echter Lavendel, Zypresse. Mischen Sie das ätherische Öl im Verhältnis von 3:100 mit Haselnußöl.
- Bei akuten Beschwerden geben Sie 2 Eßlöffel Zypressenhydrolat in eine kleine Wanne mit warmem Wasser und nehmen ein Sitzbad.

Massage und Akupressur

Mittels Massage und Akupressur können Sie Ihre Beschwerden beträchtlich lindern. In den meisten Fällen kann mit Hilfe dieser Techniken und einer gleichzeitigen Umstellung der Ernährung eine völlige Heilung erreicht werden, selbst wenn es sich um Hämorrhoiden in fortgeschrittenem Stadium mit Blutungen und Analfissuren handelt.

Nehmen Sie sich täglich 15 Minuten Zeit für die folgende Massage:

- Auf einem Stuhl sitzend massieren Sie mit beiden Händen die hintere Mittellinie jedes Beines. Beginnen Sie an der Ferse hinter den Knöcheln, und massieren Sie dann auf einer senkrechten Linie in der Mitte der Wade über die Kniekehle und den Oberschenkel bis zur Gesäßfalte hinauf.
- Beugen Sie sich im Sitzen oder Stehen nach vorne, wobei Sie die Bauchmuskeln vollständig entspannen. Legen Sie die gehöhlten Hände mit der Handfläche zum Bauch aneinander. Drücken Sie zunächst oberhalb des Schambeines und dann beidseitig in der Leistengegend mit den Fingern so tief wie möglich in den Bauch, und fahren Sie massierend weiter hoch. Drücken Sie so fest, daß Sie den Eindruck haben, fast das Kreuzbein und die Wirbelsäule zu ertasten. Diese Massage hilft, die Blutansammlungen in den im Unterleib gelegenen Venen zu lösen.
- Legen Sie eine Hand auf den Damm und die andere auf den Kopf (Punkt Nr. 1), und holen Sie zehnmal tief Luft (Brustatmung). Beim Einatmen spannen Sie die Aftermuskeln an. Fahren Sie mit der unteren Hand nacheinander zu den Punkten Nr. 37 und 14, während Sie die andere Hand auf dem Kopf ruhen lassen, und machen Sie an jedem Punkt zehn tiefe Atemzüge.
- Eine Liebesnacht, bei der Sie alle Energie einsetzen, ohne sich zu verkrampfen, schafft ebenfalls Erleichterung.

Halsentzündung

Fällt es Ihnen schwer, feste Kost oder sogar Flüssigkeit herunterzuschlucken? Tut Ihnen das Schlucken selbst schon weh? Fällt Ihnen das Sprechen schwer? Haben Sie Temperatur?

Dann leiden Sie zweifellos an einer Halsentzündung. Sollten sich die Symptome verschlimmern, kommt vielleicht noch eine Pharyngitis (akute Rachenentzündung) oder eine Mandelentzündung (siehe *Mandelentzündung*) hinzu.

Ursachen

Erschöpfung und Fehlernährung haben es Bakterien oder Viren ermöglicht, Ihren Hals zu infizieren und diese Entzündung auszulösen. Sie kann in der Kehle beginnen und sich bis in den Halsbereich ausdehnen.

Halsschmerzen bakteriellen Ursprungs lösen Kopfschmerzen, Fieber sowie eine Schwellung der Lymphknoten am Hals aus. Bei durch Viren ausgelösten Halsschmerzen treten diese Symptome nicht auf.

Was Sie tun können

Ernährung

Essen Sie sehr viel rohen Salat und rohes Gemüse, um Verstopfung zu vermeiden (siehe *Verstopfung*).

Umschläge

Machen Sie drei- bis viermal täglich Umschläge mit Heilerde, die Sie jeweils 2 Stunden einwirken lassen.

Gurgeln

- Ein traditionelles Gurgelwasser, das auch Schulmediziner empfehlen: Verrühren Sie 1/2 Teelöffel Salz in 1/2 Glas lauwarmem Wasser.
  Gurgeln mit salzigem Wasser wirkt wahre Wunder, wenn es darum geht, den Hals zu desinfizieren. Gurgeln Sie so tief im Rachen wie möglich. Fangen Sie morgens nach dem Aufstehen damit an, und gurgeln Sie so oft wie möglich im Laufe des Tages.
- Sie können auch mit Aloe-vera-Gelee gurgeln. Aloe vera wirkt sowohl schmerzlindernd als auch desinfizierend (auch sehr wirksam: flüssiges Aloe-Konzentrat im Zerstäuber, sprühen Sie es sich tief in den Hals).
- Sie können stattdessen oder auch zusätzlich fünf- bis sechsmal täglich mit Heilerdewasser gurgeln.

Nahrungsergänzungen

- Vitamine A, B1 und C.
- Magnesium (nach Verschreibung Ihres Heilpraktikers)
- Propolis (ca. 10 Kapseln täglich).

Ätherische Öle

- Innerliche Anwendung bei entzündetem Hals: Römische Kamille oder Salbei (salvia officinalis). Für Kinder: 2 Tropfen Thymian (mit Linalool) oder Muskatellersalbei (salvia sclarea) mit Honig.

- Äußerliche Anwendung: Mischen Sie Eukalyptusöl (eucalyptus radiata) im Verhältnis von 1:5 mit Haselnußöl.

Hautgeschwür

Infolge einer falschen Wundpflege oder aufgrund von oft unerklärlichen Komplikationen können zunächst harmlose Wunden zu schwären beginnen (siehe *schwerverheilende Wunden*). Der normale Heilungsprozeß will nicht einsetzen, und die Wunde nimmt ein beunruhigendes Aussehen an.

Was Sie tun können

Lotion und Salbe

- Bereiten Sie einen Salbeiwein zu, indem Sie 60 g Salbeiblätter während 1 Woche in 1 Liter Rotwein ziehen lassen. Seihen Sie den Wein, und geben Sie 300 g Honig hinzu. Tragen Sie diese Lotion zweimal täglich auf die Wunde auf.
- Tannenharz als Wundpflaster oder Salbe ist für die Behandlung alter Hautgeschwüre hervorragend geeignet.

Umschläge

- Legen Sie abwechselnd Umschläge aus Kohlblättern und Heilerde auf.
- Anstelle der Kohlblätter können Sie auch anderes Gemüse verwenden: geriebene Karotten oder frisches Karottenkraut, gekochte Kartoffeln, die Sie zerdrücken und dann auf das Geschwür auftragen, zerriebene Kerbelblätter sowie rohe geriebene Kartoffeln.

Kompressen

Kompressen mit Selleriesaft beschleunigen die Wundheilung. Dieselbe Wirkung erzielen Sie mit einer Mischung aus Kartoffelsaft und Olivenöl.

Akupressur

Gehen Sie wie unter *Verbrennungen* beschrieben vor.

Ätherische Öle

- Äußerliche Anwendung: Legen Sie eine mit Lavendel- (lavandula officinalis), Karotten- oder Minzhydrolat (mentha viridis) befeuchtete Kompresse auf.

Hautjucken

(Siehe *Juckreiz)*

Hautpflege

(Siehe auch *Falten)*

Die Haut ist ein vollwertiges Organ, das in Ihrem inneren Ökosystem eine entscheidende Rolle spielt (siehe *Körpergeruch)*. Und wie jedes andere Organ muß sie ernährt werden, um ihre Funktion erfüllen zu können.

Die Hautpflege ist, über den rein ästhetischen Aspekt hinaus, eine unerläßliche Hygiene, die sowohl Frauen als auch Männer betrifft.

So wie die Augen der Spiegel der Seele sind, spiegelt die Haut den allgemeinen Gesundheitszustand wider. Wenn Sie Ihre Haut behandeln, behandeln Sie gleichzeitig Ihren ganzen Körper und umgekehrt.

Was Sie tun können

Selbst die beste Pflege wird umsonst sein, wenn sie nur oberflächlich ist, denn dabei begnügen Sie sich damit, »das Gesicht zu wahren«, anstatt Ihre Haut »von Grund auf« zu pflegen.

Diese gründliche Pflege erfordert eine Arbeit an sich selbst und geht über die Ernährung, wie es unter der Rubrik *Falten* beschrieben wird.

Dabei muß jedoch die Struktur der Haut berücksichtigt werden. Aus diesem Grund finden Sie hier einige zusätzliche Pflegetips für jeden Hauttyp.

Normale Haut

Heilpflanzen

- Aprikosen- und Ananassaft beleben die normale Haut. Tragen Sie diese Säfte regelmäßig auf Ihr Gesicht auf.
- Mahlen Sie in einer Kaffeemühle zu gleichen Teilen blanchierte Mandeln und Haferflocken. Machen Sie sich Hände und Gesicht naß, tragen Sie das Pulver auf Ihr Gesicht auf, und schäumen Sie es auf. Spülen Sie das Gesicht gründlich mit lauwarmen Wasser ab.

Akupressur

Massieren Sie die innere Falte des Handgelenks, vor allem in der Mitte. Massieren Sie den Punkt Nr. 32 am Rücken.

Trockene Haut

Heilpflanzen

- Lassen Sie einen Kopfsalat 2 Stunden lang in 1/2 Liter Wasser köcheln. Seihen Sie die Flüssigkeit, lassen Sie sie abkühlen, und reinigen Sie die Haut mit diesem erfrischenden Gesichtswasser.
- Häufiges Benetzen mit Kamillenaufguß kommt trockener Haut sehr zugute.
- Waschen Sie das Gesicht jeden Abend mit einer Mischung (zu gleichen Teilen) aus destilliertem Wasser, frischer Milch und Melonensaft.
- Tragen Sie regelmäßig Olivenöl (aus erster Pressung) auf die Haut auf.
- Mahlen Sie in einer Kaffeemühle blanchierte Mandeln. Machen Sie sich die Hände und das Gesicht naß, tragen Sie das Pulver auf Ihr Gesicht auf, und schäumen Sie es auf. Spülen Sie das Gesicht gründlich mit lauwarmen Wasser ab. Sie können auch Süßmandelöl verwenden, das Sie zwei- bis dreimal wöchentlich während jeweils 15 Minuten auftragen.

Akupressur

Massieren Sie den Punkt Nr. 32 am Rücken und den Punkt Nr. 41 am Handgelenk (siehe auch *Akne, Ekzem* und *Gürtelrose).*

Fettige Haut

Heilpflanzen

- Zerdrücken Sie eine reife Tomate, und tragen Sie sie zwischen zwei Mullschichten auf das Gesicht auf. Behalten Sie diese Maske 20 Minuten lang auf, und spülen Sie das Gesicht anschließend mit Rosenwasser ab.
- Reiben Sie das Gesicht mit einer rohen Kartoffelscheibe ein. Warten Sie 15 Minuten, und spülen Sie dann Ihr Gesicht mit klarem Wasser ab.
- Mahlen Sie in einer Kaffeemühle zu gleichen Teilen blanchierte Mandeln, Haferflocken und Weizenkleie. Machen Sie sich die Hände und das Gesicht naß, tragen Sie das Pulver auf Ihr Gesicht auf, und schäumen Sie es auf. Dann spülen Sie das Gesicht gründlich mit lauwarmen Wasser ab.
- Reiben Sie Ihre Gesichtshaut morgens und abends mit einem in Zitronensaft getränkten Wattebausch ein. Lassen Sie ihn einziehen und 20 Minuten lang trocknen, bevor Sie sich schminken.
- Sie können das Gesicht auch mit Pfefferminztee reinigen; dieser gibt der fettigen Haut einen natürlichen Ausgleich.
- Reinigen Sie das Gesicht mit Kochwasser (ohne Salz) von Gurken.
- Lassen Sie 1 Handvoll Kerbel in 1 Liter heißem Wasser ziehen, und legen Sie eine damit getränkte Kompresse auf das Gesicht.

Akupressur

- Bei fettiger Haut oder Akne massieren Sie die Punkte Nr. 28 an der Schulter, die Punkte Nr. 40 und 42 am Arm und an der Hand.
- Der Punkt Nr. 38 hinter dem Knie hilft dem Körper, Giftstoffe auszuscheiden und verbessert so den Zustand der Haut.

Mischhaut

Zur Pflege von Mischhaut wählen Sie anstelle spezifischer Heilpflanzen für fettige oder trockene Haut am besten »Allheilmittel« wie Kohl, Rosenwasser, Heilerde usw.

Heiserkeit

Die Palette der möglichen Probleme bei der Erzeugung von Tönen reicht von leichter Heiserkeit bis hin zu mehr oder weniger totalen Stimmverlust. Man spricht hierbei von Aphonie.

Die Ursachen dieser Art von Stimmstörungen sind meistens eine schwere Erkältung, eine Grippe oder Halsschmerzen; aber auch übermäßiger Tabak- oder Alkoholkonsum oder das Einatmen giftiger Dämpfe am Arbeitsplatz kann die Stimme beeinträchtigen.

In den meisten Fällen verschwindet die Heiserkeit bzw. der Stimmverlust gleichzeitig mit der Krankheit oder den Umständen, die sie ausgelöst haben.

Wenn Sie in Ihrem Beruf sehr viel mit der Stimme arbeiten, sind Sie besonders anfällig dafür, unter einer Flüsterstimme zu leiden. Haben Sie z. B. einen Lehrberuf, ist die Wahrscheinlichkeit, daß auch Sie eines Tages an Stimmlosigkeit leiden, tatsächlich ebenso groß wie bei Rednern, Schauspielern oder Sängern.

Glücklicherweise sind die meisten Fälle nicht besonders schwerwiegend, und das Problem läßt sich sehr schnell wieder beheben. Es gibt aber auch ernstere Fälle von Aphonie. Es handelt sich dabei um chronische Aphonie, der unterschiedliche Faktoren zugrundeliegen können: Angstzustände, psychischer Schock, Erschütterung, Schilddrüsenfehlfunktion oder gar Kehlkopfkrebs.

Bei Sängern beispielsweise läßt sich Aphonie nicht immer mit einem übermäßigen Stimmgebrauch erklären. Häufig ist Angst vor dem Auftritt oder mangelndes Selbstvertrauen die Ursache der Erkrankung.

Es sei noch erwähnt, daß die Erkrankung ohne Zweifel ihren Ursprung in einer Schilddrüsenunterfunktion hat, wenn Stimmverlust in Zusammenhang mit unerklärlicher Gewichtszunahme, ungewöhnlichem Kälteempfinden und übermäßiger Müdigkeit auftritt.

Was Sie tun können

Zunächst sollten Sie grundlegende Maßnahmen zur Vorbeugung treffen und beachten. Wenn Ihre Stimme beispielsweise durch den Beruf übermäßig strapaziert wird, vermeiden Sie es, sie unnötig anzustrengen. Lernen Sie, Ihre Stimme optimal einzusetzen, so daß Sie nicht gleich heiser werden. Nehmen Sie gegebenenfalls Unterricht.

Sobald Sie das geringste Anzeichen von Stimmschwäche bemerken, ruhen Sie sich gut aus und gurgeln mit einer der weiter unten aufgeführten Lösungen. Vermeiden Sie ebenfalls alle Umstände, die Stimmprobleme verursachen oder verschlimmern könnten.

Wenn Sie die vorbeugenden Maßnahmen beachten, werden Sie kein Problem haben, eine ernsthafte Entzündung im Rachenraum, die zum Stimmverlust führt, zu vermeiden.

Hält ein totaler Stimmverlust länger als 10 Tage an oder wiederholt er sich regelmäßig, sollten Sie sofort einen Arzt aufsuchen; es könnte sich um einen Tumor im Kehlkopf oder an einem Stimmband handeln. Es besteht auch die Möglichkeit, daß eine Stimmbandlähmung vorliegt.

Glücklicherweise können Sie sich in den meisten Fällen mit einem der im folgenden aufgeführten Mittel selbst behandeln:

Behandlung von Stimmbandreizungen

Gurgeln

- Gießen Sie 1 Handvoll Malvenblüten und -blätter mit 1 Liter heißem Wasser auf, und lassen Sie den Aufguß 10 Minuten ziehen (besser noch wäre es, einen Kaltwasserauszug zuzubereiten, den Sie über Nacht ziehen lassen und am nächsten Tag leicht erwärmen); mehrmals am Tag trinken.
- Aloe-vera-Saft (desinfiziert und betäubt).
- Ätherische Öle: Nehmen Sie 2 bis 3 Tropfen des Hydrolats von Salbei (salvia officinalis) und Lavendel (lavandula vera) in 1 Glas Wasser ein.

Umschläge

Nehmen Sie die Malvenblüten und -blätter, die Sie zur Zubereitung des Aufgusses verwendet haben, erwärmen Sie sie leicht, mischen Sie sie mit Gerstenmehl, und tragen Sie die Mischung auf den Hals auf.

Aufguß

Bereiten Sie mit 30 bis 40 g Wegraukenkraut (frische Blätter) pro Liter Wasser einen Aufguß zu, und trinken Sie 3 Tassen täglich jeweils zwischen den Mahlzeiten.

Behandlung von Heiserkeit bei Rednern

Aufguß

15 g Sonnentau pro Liter; 3 bis 4 Tassen täglich.

Sirup

Lassen Sie 30 g Wegrauke und 10 g Süßholzwurzel in 1 Liter Wasser kochen, bis die Flüssigkeit auf ein Drittel reduziert ist. Seihen Sie den Absud, und fügen Sie 200 g Honig hinzu. Lassen Sie ihn weiterkochen, bis die Flüssigkeit die Konsistenz von Sirup annimmt. Nehmen Sie täglich 3 bis 4 Eßlöffel dieses Sirups. Ein ausgezeichnetes Rezept für alle, die in besonderem Maße auf ihre Stimme achten müssen.

Behandlung von Stimmverlust bei Sängern

Einige der oben erwähnten Mittel können sowohl zur Vorbeugung als auch bei bereits eingetretenem Stimmverlust angewendet werden.

Wenn Lampenfieber oder Angst die Ursachen für Stimmverlust sind, ist es an der Zeit, Entspannungs- und Visualisierungsübungen zu machen. Entspannungsübungen dienen auch dazu, eine Überanstrengung der Stimme zu verhindern.

Auch Hypnose hat Sängern bereits geholfen, ihre Stimme wiederzufinden.

Um das dem Stimmverlust zugrundeliegende Problem zu behandeln, schlagen Sie unter der entsprechenden Rubrik nach *(Erkältung, Schnupfen, Grippe, Bronchitis usw.)*.

Heißhunger (Bulimie)

Bulimie ist dieser betörende Dämon, der Sie dazu verführt, zu oft den Weg in die Küche einzuschlagen. Dieser übertriebene Appetit zwingt Sie dazu, zwischen den Mahlzeiten und sogar nachts zu essen.

Da Sie Gefahr laufen, an Gewicht zuzunehmen, ist es wichtig, dieses Problem sofort anzugehen.

Für diejenigen, die trotz allem, was sie sich einverleiben, schlank bleiben, ist das Problem genauso schwerwiegend. Es weist auf ein latentes physisches und psychisches Ungleichgewicht hin. Dies um so mehr, als nicht nur zuviel, sondern oft auch ungesund gegessen wird.

Doch gibt es auch normale (und gesunde!) Formen von Bulimie wie z. B. während der Schwangerschaft oder nach einem Nervenschock.

In einem Fall von vorübergehender Bulimie besteht kein Grund, sich zu beunruhigen, da dadurch große Verluste an essentiellen Stoffen ausgeglichen werden können.

Ursachen

Die Ursache scheint im allgemeinen psychischer Natur zu sein. Doch wie bei allen Abhängigkeiten (Drogen, Alkohol usw.), spielt oft ein biologisches Ungleichgewicht im Hintergrund mit. Dieses Ungleichgewicht kann von den Drüsen herstammen, organisch bedingt sein oder von den Neurotransmittern hervorgerufen werden, die die Aufgabe haben, Reize an die Nerven weiterzuleiten.

Es kann sich dabei aber auch um eine Überempfindlichkeit des Magens handeln, z. B. aufgrund eines chronischen Magen-Darm-Katarrhs, einer chronischen Gastritis, einer Gastralgie (Magenkrämpfen) oder eines Bandwurms.

Was Sie tun können

Wenn die Bulimie von einer genau bestimmten Krankheit herrührt, ist es offensichtlich, daß Sie zuerst diese Krankheit behandeln müssen. In diesem Fall kann die Eßsucht »ein notwendiges Übel« sein, das es ermöglicht, große energetische oder ernährungsbedingte Verluste zu kompensieren.

Dies ist insbesondere beim Bandwurm der Fall. Hier ist eine strenge Diät angezeigt, die auf Milchspeisen und gekochtem grünem Gemüse beruht (siehe auch *Darmwürmer).*

Bei einer echten Bulimie können Sie die folgenden Ratschläge befolgen. Sie gelten sowohl für Bulimiker wie auch generell für Personen, die abnehmen wollen.

1. Schritt

Zuerst sollte man lernen, sich über den Unterschied zwischen Hunger und Appetit klarzuwerden. Hunger löst einen Schwächezustand aus, der dem Gehirn vom Verdauungskanal und einem niedrigen Blutzuckerspiegel übermittelt wird. Ein Begleitsymptom ist ein Druckgefühl im Magen, das etwa 30 Minuten anhält und dann spontan wieder während einiger Stunden verschwindet, bevor es nach einer gewissen Zeit wieder auftaucht, wenn Sie nichts zu sich genommen haben. Idealerweise essen Sie, wenn Sie Hunger haben und nicht einfach zu den herkömmlichen Essenszeiten.

Appetit hingegen ist etwas ganz anderes. Dies ist ein psychologisches Phänomen, das von Mensch zu Mensch verschieden ist und von diversen Faktoren abhängt: Schlemmerei, Geselligkeit, Einsamkeit, sexuelle Frustration, Untätigkeit, Unsicherheit, Wut, heimlicher Groll usw.

2. Schritt

Versuchen Sie herauszufinden, ob sich Ihre Sucht noch auf etwas anderes als Nahrung bezieht.

Sind Sie ein manischer Sammler? Verlangt es Sie danach, bei jeder Gelegenheit einzukaufen? Sind Sie eifersüchtig oder besitzergreifend?

Jemand hat gesagt: *»Die Zivilisation ist das unbegrenzte Erschaffen von Bedürfnissen, derer man nicht bedarf.«* Hinter diesem Bedürfnis, zu besitzen und zu »verschlingen« steht oft ein Mangel, eine Leere. Je mehr Sie versuchen, diese Leere von außen her zu füllen, desto stärker wird das Gefühl von Leere werden. Sich dessen bewußt zu sein ist eine absolute Notwendigkeit.

3. Schritt

Bei der Selbstbehandlung von Bulimie sind daher zwei Dinge wichtig. Bringen Sie Ihren Appetit (nicht Ihren Hunger!) unter Kontrolle. Dann suchen Sie nach wirksamen Alternativen, um Ihr Leben mit etwas anderem zu »füllen« als mit Essen. Das eine kommt ohne das andere nicht aus. Wenn Sie sich nicht mit einem reichen Innenleben oder interessanten Aktivitäten »nähren«, wird alles beim alten bleiben.

a) So bringen Sie Ihren Appetit unter Kontrolle

Beobachten Sie zuerst, wie sich Ihr Zwangsverhalten im weitesten Sinn ausdrückt. Zwanghafte Kauf- oder Eßsucht, Nikotinabhängigkeit, Lesen? Neigen Sie dazu, Ihre Mitmenschen zu verleumden und schlechtzumachen oder Geheimnisse zu verraten?

Es geht darum, mit dieser inneren Kraft zu arbeiten, die Sie dazu zwingt, Dinge zu tun, die Ihr Verstand verurteilt.

Versuchen Sie als erstes, die Kontrolle über etwas zu erlangen, das Ihnen am leichtesten fällt. Beim Erwecken des Willens verhält es sich wie beim Entfachen eines Feuers. Beginnen Sie damit, Papier oder trockenes Reisig anzuzünden. Sobald Ihre Entschlossenheit Feuer gefangen hat, geben Sie größeres Holz dazu. Dann wird es nichts mehr geben, das Sie nicht meistern könnten.

Seien Sie nicht ängstlich. Aber fassen Sie auch keine zu großen Entschlüsse, die Sie nicht verwirklichen können. Um sich zu ermutigen, beginnen Sie mit kleinen Herausforderungen. Indem Sie sich immer anspruchsvolleren Aufgaben stellen, können Sie Ihren Willen ohne Mühe stärken.

Hier zwei Übungsvorschläge.

Die erste Übung mag etwas außergewöhnlich erscheinen, ist aber überaus wirksam:

1. Übung

Um seinen Schülern beizubringen, ihre Wünsche zu meistern, pflegte Pythagoras sie zu üppigen Gelagen einzuladen. Doch die Aufgabe bestand darin, sich das, was auf dem Tisch war, nur anzuschauen, ohne davon zu essen.

Pythagoras verlangte von seinen Schülern, sich von den Farben und Formen der Speisen zu »ernähren«, ihre Schönheit und subtile »Essenz« zu erkennen. Nach einer gewissen Zeit ließ er den Tisch abräumen, und jeder ging seinen Beschäftigungen nach.

Lassen Sie Ihrer Phantasie freien Lauf. Bewundern Sie die Schönheit einer Frucht oder Ihrer Lieblingsnachspeise, anstatt sie achtlos zu verzehren.

Schlüpfen Sie in die Rolle eines Malers, der einen Gegenstand lange betrachtet, bevor er zu malen beginnt. Stellen Sie sich die Frucht oder die Nachspeise als Bild vor. Achten Sie auf all die subtilen Nuancen der verschiedenen Weißtöne des Schlagrahms, der wie ein Hut ein Stück Kuchen bedeckt. Erfreuen Sie sich an den perfekten Rundungen eines Apfels, an der eleganten Form einer Weintraube.

Eine solche Übung wird die großen Weinkenner nicht erstaunen. Bevor diese ein Glas Wein trinken, nehmen sie sich die Zeit, sein »Bouquet« wahrzunehmen und seine Farbe zu bewundern.

Das gleiche Prinzip können wir beim Essen anwenden. Gönnen Sie sich die Zeit, die Speisen mit allen Sinnen wahrzunehmen. Nach einer solchen stillen Betrachtung steht es Ihnen frei, den Gegenstand Ihrer Betrachtung zu essen oder wieder in den Kühlschrank zu stellen.

2. Übung

Wenn Sie nach der ersten Übung essen, bemühen Sie sich, es in aller Ruhe zu tun. Dies ist der Zweck der zweiten Übung. Essen Sie, was Sie wollen, aber essen Sie sehr langsam, und bringen Sie Ihre ganze Sinnlichkeit mit ein.

Im allgemeinen essen Bulimiker zu schnell und mit einem gewissen Schuldgefühl, ohne die Nahrung wirklich zu genießen.

Die Quantität soll durch die Qualität ersetzt werden. Konzentrieren Sie sich ganz darauf, was Sie essen. Machen Sie daraus eine Art Meditation. Wenn Sie sich dem Augenblick des Essens vollständig hingeben, entspannen Sie sich, und das Verlangen, mehr zu essen, wird verschwinden.

b) So können Sie Ihre innere Leere füllen

Zu diesem Thema könnte man ein ganzes Buch schreiben. Wir beschränken uns darauf, Ihnen einige Tips zu geben. Die Visualisierung und die Meditation sind sehr wirksame Mittel (siehe *Visualisierung* und *Energie*). Dank diesen

Methoden können Sie die Leere erkunden, die Sie in sich spüren und vor der Sie mit Hilfe des Essens zu flüchten versuchen.

Wenn Ihnen diese Methoden nicht zusagen, finden Sie Beschäftigungen, die Sie begeistern. Untätigkeit und Langeweile werden Sie unvermeidlich in die Küche führen. Ideal wäre eine Aktivität, bei der Sie Ihre Kreativität und Ihren Überschuß an Energie einsetzen können. Kreativität ist das genaue Gegenteil von Bulimie.

Bei Bulimikern findet man einen großen Anteil an Aggressivität und Zerstörungswut. Beobachten Sie sich beim Essen. Fühlen Sie, wie sich Ungeduld und Wut in Ihrem Kiefer angestaut haben?

Die beste Art, sich von innerer Anspannung zu befreien, besteht darin, sie in kreative Energie umzuwandeln. Aggressivität ist ja an sich nichts Schlechtes. Sie ist Ausdruck von ursprünglicher Energie. Wie der Kanadier André Moreau in seinem Buch »La Violence créatrice« (Schöpferische Gewalt) schreibt, geht es darum, sie neu auszurichten und durch Kreativität zu verfeinern. Etwas erschaffen ist besser als etwas zu erleiden!

Weitere Empfehlungen

- Hören Sie auf zu essen, sobald der Magen halbvoll ist. Es ist besser, mehrere kleine und ausgewogene Mahlzeiten zu sich zu nehmen als eine einzige Riesenportion. Befriedigen Sie Ihren Hunger, aber lassen Sie noch etwas Appetit übrig. Vergessen Sie nicht, daß Ihr Gehirn vom Magen erst nach 20 Minuten die Nachricht erhält, daß er voll ist. Diese Zeit genügt schon, um sich zu überessen.
- Wie bereits erwähnt, kann Heißhunger normal sein. Vergessen Sie nicht, daß der Körper unter gewissen Umständen vermehrt Nahrung benötigt. Bremsen Sie in einem solchen Fall Ihren Appetit nicht zu sehr. Wenn Sie nicht zuviel essen wollen (weil Sie nicht zunehmen wollen), nehmen Sie Nahrungsergänzungen zu sich: Vitamine, Mineralien, Bienenblütenpollen, Gelee Royale usw.
- Bulimiker haben oft eine ausgesprochene Vorliebe für Süßigkeiten. Sollte das bei Ihnen der Fall sein, erliegen Sie nicht der Versuchung, sondern essen Sie einen Apfel oder Nüsse. Sie werden sehen, daß Sie das mit der Zeit ebenso befriedigt.

  Zu große Veränderungen des Blutzuckerspiegels können bei der zwanghaften Lust auf Süßigkeiten eine wichtige Rolle spielen. Bei einem niedrigen Blutzuckerspiegel (Hypoglykämie) sind Sie versucht, sich auf ein Stück Schokolade oder andere Süßigkeiten zu stürzen. Dies bewirkt ein Ansteigen des Blutzuckerspiegels. Aber Ihre Bauchspeicheldrüse wird sich dann bemühen, diesen Überschuß durch einen Ausstoß an Insulin zu kompensieren. Folglich wird Ihr Blutzuckerspiegel wieder stark sinken, und die Symptome von Zuckermangel (Gereiztheit, Wut, Kopfschmerzen usw.) treten erneut auf.

- Am Arbeitsplatz oder beim Spazieren sollten Sie immer gemischte Nüsse, rohes Gemüse oder Obst bei sich haben. Essen Sie davon, sobald Sie die Lust überkommt, an einem Automaten etwas Süßes herauszulassen oder eine Konditorei zu betreten.
- Bevor Sie essen, sperren Sie Ihren Mund ganz weit auf, wie ein brüllender Löwe. Wenn Sie allein sind, erlauben Sie es sich zu »brüllen« oder einen wilden Schrei auszustoßen. Wenn Sie die Anspannung und Aggressivität in Ihrem Kiefer lösen, werden Sie viel entspannter essen und kommen weniger in Versuchung, die Nahrung zu »verschlingen«.
- Wählen Sie kleine Gedecke oder kleine Teller. So werden Sie den Eindruck haben, mehr zu essen, und dürfen sich sogar ohne Gewissensbisse einen weiteren Teller schöpfen.
- Gehen Sie nie einkaufen, wenn Sie hungrig sind, sonst kann es vorkommen, daß Sie den Laden mit zu vielen Leckereien verlassen. Kaufen Sie nach Möglichkeit nach einer Mahlzeit ein.

Hepatitis (Virus-A-Hepatitis)

Virus-A-Hepatitis wird gemeinhin als »Gelbsucht« bezeichnet. Sie wird häufig als Kinderkrankheit angesehen, kann jedoch in jedem Alter auftreten. In den meisten Fällen heilt sie folgenlos ab, und wer einmal daran erkrankt ist, bleibt praktisch sein Leben lang immun dagegen.

Die Krankheit macht sich durch allgemeine Abgeschlagenheit, bemerkbar. Man verliert den Appetit, leidet unter Übelkeit und hat leichtes Fieber. Der Urin wird dunkelbraun, und der Stuhl entfärbt sich. Außerdem vergrößert sich die Leber und reagiert sensibel bis schmerzhaft auf Berührungen. Es können sich auch Bauchschmerzen oder Durchfall einstellen.

Normalerweise wird nach fünf bis sechs Tagen eine gelbliche Färbung der Haut sichtbar. Sie tritt bei Virushepatitis fast immer auf, ist jedoch nicht zwingend und daher auch kein unerläßliches Kriterium für eine Diagnose.

Ursachen

Virushepatitis wird durch ein Virus hervorgerufen, das meist durch fäkale Verunreinigung von Nahrungsmitteln oder Wasser übertragen wird und die Leber befällt. Die gelbliche Färbung der Haut beruht auf Gallenpigmenten im Gewebe und in den Schleimhäuten.

Die Erkrankung ist etwa drei Wochen vor und nach Auftreten der ersten Symptome ansteckend.

Was Sie tun können

Normalerweise dauert die Erkrankung fünf bis zwölf Wochen. Fälle, in denen die Leber nachhaltig geschädigt wird, sind selten. Wenn alle weiter oben erwähnten Symptome auftreten, ist eine ärztliche Diagnose notwendig, um mögliche Komplikationen auszuschließen.

Virushepatitis läßt sich immer noch am besten mit Geduld heilen. Bleiben Sie so viel wie möglich im Bett, und ruhen Sie sich aus. Nehmen Sie während der ersten Krankheitswochen keinen Alkohol zu sich. Ihre Ernährungsgewohnheiten können Sie beibehalten. Verzichten Sie jedoch auf Nahrungsmittel, die die Leber zu stark beanspruchen (Schokolade usw.). Statt dessen sollten Sie ein bißchen fasten und »leichte« Mahlzeiten zu sich nehmen.

Im folgenden sind einige natürliche Behandlungsmethoden aufgeführt, die die Symptome lindern und den Heilungsprozeß beschleunigen (siehe auch *Stauungsleber*).

Ernährung

- Ihre wichtigsten Verbündeten im Kampf gegen die Krankheit sind **Artischocken, Spargel, Sellerie, Kerbel, Kohl, Kresse, Lattich, Endivie, Chicorée, Petersilie, Kartoffeln, Rettich, Äpfel, Pflaumen und Trauben.** Nehmen Sie diese Nahrungsmittel so oft wie möglich zu sich, denn sie regen die Lebertätigkeit an und tragen dazu bei, daß diese zu ihrer ursprünglichen Form zurückfindet.
- **Rettichextrakt,** der unter verschiedenen Markennamen in Reformhäusern vertrieben wird, ist besonders gut für die Leber. Achten Sie jedoch darauf, daß dieser aus frischem Rettichsaft zubereitet wurde, da bei der Erhitzung wertvolle Wirkstoffe verloren gehen.
- **Roher Kartoffelsaft** ist bei allen Leberbeschwerden ebenfalls sehr zu empfehlen. Nehmen Sie vier- bis fünfmal täglich 1/2 Glas davon zu sich.

Heilpflanzen

Darüber hinaus sollten Sie sich mit bestimmten Pflanzen verbünden, vor allem mit dem **Löwenzahn,** der auch »Leberfreund« und »Hepatitisschwamm« genannt wird. Bereiten Sie mit 50 g **Löwenzahnblättern und -wurzeln** pro Liter Wasser einen Absud zu, den Sie 2 Minuten kochen und 10 Minuten ziehen lassen. Trinken Sie davon täglich 3 Tassen.

Im Herbst können Sie den Löwenzahn nach folgendem Rezept zubereiten, so daß Sie im Winter jederzeit »frischen« Löwenzahn zur Hand haben: Extrahieren Sie mit einem Entsafter 10 g Saft aus frischen Löwenzahnwurzeln, den Sie mit 18 g 90prozentigem Alkohol, 15 g Glyzerin (aus der Apotheke) und 17 g Wasser mischen. Nehmen Sie davon täglich 1 bis 2 Eßlöffel zu sich.

Löwenzahn ist ein hervorragendes Lebertonikum, und wer bereits einmal an einer Virushepatitis erkrankt ist, sollte davon über längere Zeit, möglichst sein Leben lang, zu sich nehmen.

Sie können sich auch Löwenzahntinktur besorgen, von der Sie zwei- bis dreimal täglich 15 bis 20 Tropfen einnehmen.

Nehmen Sie außerdem 3 bis 4 Tropfen eines der folgenden ätherischen Öle mit einem Löffel Honig ein: Thymian (mit Thymol), Basilikum oder Estragon.

Heilerde

- Äußerliche Anwendung: Machen Sie kalte Umschläge auf der Lebergegend, die Sie alle 2 bis 3 Stunden erneuern (wenn Sie frieren, können die Umschläge auch warm sein). Nachts sollten Sie den Umschlag einmal erneuern. Beginnen Sie mit dünnen Umschlägen (1 cm), die Sie allmählich auf 2 cm verstärken.
- Innerliche Anwendung: Nehmen Sie jeden Morgen 1/2 Glas Wasser mit Heilerde zu sich (Zubereitung siehe unter *Einführung in die Behandlung mit Heilerde).* Sie können diese Behandlung ergänzen, indem Sie die Lebergegend sanft mit Olivenöl massieren. Setzen Sie diese Behandlung fort, solange die Erkrankung andauert.

Sobald Sie sich besser fühlen, können Sie sich auf einen Umschlag pro Nacht beschränken. Beenden Sie jedoch die innerliche Anwendung erst, wenn Sie wieder völlig gesund sind.

Massage und Akupressur

Machen Sie mehrmals täglich nach den Prinzipien des therapeutischen Handauflegens (siehe erster Teil) magnetische Passes über der Lebergegend. Führen Sie konzentrische Bewegungen im Uhrzeigersinn aus, um die Leber zu tonisieren. Eine direkte Massage an dieser Stelle regt übrigens auch die Gallentätigkeit an.

Massieren Sie die Punkte unterhalb der Brustwarzen zwischen den Rippen bis zum inneren Rand des Brustkorbs. Massieren Sie den gesamten Rand des Brustkorbs und vor allem die äußeren Enden der falschen Rippen.

Vervollständigen Sie diese beiden Arten der Massage, indem Sie die folgenden Akupressurpunkte behandeln:

- Massieren Sie sorgfältig den großen Zeh, vor allem am Nagelbett, sowie den Punkt Nr. 20.
- Massieren Sie die Punkte Nr. 33, 34 und 35 sowie alle anderen schmerzenden Stellen am Rücken.

Magnettherapie

Trinken Sie während der Dauer der Erkrankung und in den Wochen Ihrer Genesung täglich 1 bis 2 Liter magnetisiertes Wasser, das zur Behandlung aller Arten von Lebererkrankungen besonders empfehlenswert ist.

Lassen Sie außerdem dreimal täglich während 20 Minuten den Südpol eines großen Magneten auf die Lebergegend wirken.

Wichtige Vorsichtsmaßnahmen

Ist eines Ihrer Familienmitglieder an Virushepatitis erkrankt, so müssen Sie einige Vorsichtsmaßnahmen treffen, um eine Ansteckung zu vermeiden:

- Berühren Sie die Darmausscheidungen infizierter Personen nicht. Sollten Sie gezwungenermaßen damit in Berührung kommen, zum Beispiel beim Umgang mit Kleinkindern oder bei der Pflege älterer Menschen, tragen Sie Gummihandschuhe und waschen sich anschließend sehr sorgfältig die Hände.
- Erkrankte Personen sollten sich nach dem Stuhlgang gründlich die Hände waschen.
- Der Stuhl infizierter Personen muß umgehend in der Toilette beseitigt werden, Nachttöpfe sind gründlich zu desinfizieren. Sie dürfen den Stuhl nicht im Kompost »recyclen«.
- Bettwäsche oder Kleidungsstücke infizierter Personen bedürfen keiner besonderen Behandlung, es sei denn, sie zeigen sichtbare Spuren von Ausscheidungen oder Blut. Ist dies der Fall, so müssen sie sorgfältig desinfiziert und gewaschen werden.
- Wenn Sie sich in einem Land aufhalten, in dem diese Krankheit verbreitet ist, sollten Sie sich impfen lassen und nur entkeimtes oder abgekochtes Wasser zu sich nehmen.

Herpes vom Typ 1 (Herpes labialis)

Herpes simplex ist eine virusbedingte Erkrankung, die im Bereich des Mundes oder der Genitalien auftritt.

Der Lippenherpes (Herpes vom Typ 1) bricht meist immer wieder an den gleichen Stellen aus. Er macht sich zunächst durch Reizungen auf den Lippen oder im Mund bemerkbar.

Sie spüren ein Brennen oder Jucken, und nach einigen Stunden entstehen an diesen Stellen auf der geröteten Haut Bläschen, die sich nach ein bis zwei Wochen in Krusten verwandeln und dann abfallen. Normalerweise hinterlassen sie keine Narben.

Nachdem das Herpesvirus über die Haut ausgebrochen ist, wird es wieder inaktiv. Durch Fieber (Erkältung), Streß, Sonneneinstrahlung oder eine Änderung des Hormonhaushalts kann es jedoch jederzeit wieder aktiv werden.

Bei manchen Frauen bricht der Herpes regelmäßig während der Menstruation aus. Die großen Schwankungen im Hormonhaushalt schwangerer Frauen sind ebenfalls häufig der Grund für das wiederholte Auftreten von Herpes.

Was Sie tun können

Eis wirkt Wunder

Eines der besten und zugleich billigsten Mittel gegen Lippenherpes ist Eis.

Zahlreiche Ärzte haben bereits in verschiedenen Fachzeitschriften auf seine Wirksamkeit hingewiesen. Sie haben keinen Zweifel daran gelassen, daß Eis sicherer und schneller hilft, als jedes andere Medikament. Die Reizung verschwindet umgehend, und innerhalb von ein oder zwei Tagen bildet sich eine Kruste. Der Heilungsprozeß, der normalerweise zehn Tage dauert, verläuft also wesentlich schneller.

Wichtig ist es, die Vorzeichen des Herpes zu kennen und sofort zu reagieren. Legen Sie einen Eisbeutel auf die zu behandelnden Stellen. Sie können ihn entweder einmal während 30 bis 45 Minuten oder mehrmals täglich während einiger Minuten auflegen.

Das unschlagbare Vitamin E

Um Hautreizungen zu lindern und das Abheilen der Bläschen zu beschleunigen, können Sie eine Creme auf der Basis von Vitamin E verwenden oder Vitamine-E-Kapseln aufstechen und den Inhalt auf die befallenen Stellen streichen.

Heilpflanzen

- Tragen Sie **Aloe vera** auf, sobald Sie erste Anzeichen eines Herpes spüren. Der griechische Arzt Celse erwähnte in seiner heute als Klassiker geltenden »De arte medica« bereits ein Jahr nach der Geburt Christi die heilende Wirkung der Aloe vera. Ihre Wirkung gegen Herpes simplex ist heute wissenschaftlich nachgewiesen. Idealerweise sollten Aloe vera und Vitamin E gleichzeitig verwendet werden.
- Bepinseln Sie die Infektionsherde mit reinem oder verdünntem Zitronensaft.

Akupressur

- Massieren Sie bei Herpesbefall im Bereich des Mundes den Punkt Nr. 3, die Mundwinkel, die Mitte des Kinns sowie die Punkte Nr. 4 und 5. Mit der anderen Hand massieren Sie die Punkte Nr. 26 und 27 am Hinterkopf.
- Beenden Sie die Akupressurbehandlung mit den Punkten Nr. 1 und 22.

Empfehlungen

Das Herpesvirus ist sehr ansteckend. Seien Sie daher bei der Selbstbehandlung oder der Behandlung einer anderen Person sehr vorsichtig. Achten Sie vor allem darauf, sich nicht die Augen zu infizieren, da dies zu Hornhautgeschwüren führen kann. Bei dem ersten Auftreten von Lippenherpes besteht diese Gefahr, wenn Sie mit den Herpesbläschen in Berührung kommen und sich anschließend die Augen reiben.

Herpes vom Typ 2 (Herpes genitalis)

Der Herpes in der Genitalgegend (Herpes vom Typ 2) wird durch das gleiche Virus hervorgerufen wie der Lippenherpes. Dieses Virus wird meist beim Geschlechts-, jedoch auch beim Oralverkehr oder über die Hände übertragen.

Lippenherpes ist bei der Frau verbreitet, Herpes genitalis kommt häufiger beim Mann vor. Hier ruft er an verschiedenen Stellen der Geschlechtsorgane Bläschen hervor, die zum Beispiel auf der Eichel sichtbar werden. Bei der Frau tritt dieser Herpes in der Vagina auf und ist daher sehr viel schwieriger festzustellen.

Bei dieser Art des Herpes hinterlassen die Bläschen schmerzhafte Geschwüre, deren Abheilen bis zu drei Wochen dauern kann. Die Haut ist an diesen Stellen sehr empfindlich.

Während der Lippenherpes harmlos ist, ist bei Herpes im Genitalbereich besonders bei der Frau Vorsicht geboten, da er Gebärmutterhalskrebs hervorrufen kann. Darüber hinaus birgt dieser Herpes bei der Frau während der Geburt eine große Gefahr für das Kind, so daß der Arzt in einem solchen Fall mit größter Wahrscheinlichkeit einen Kaiserschnitt nahelegen wird.

Wie der Lippenherpes kann auch der Herpes genitalis wiederholt auftreten. Glücklicherweise verschwindet er häufig nach einigen Jahren für immer oder tritt zumindest seltener auf.

Was Sie tun können

Hat das Virus Sie einmal erwischt, werden Sie es nur schwerlich wieder los. Ihnen bleibt nicht viel mehr als der Versuch, sein Ausbrechen unter Kontrolle zu halten. Auf die Dauer und Intensität seines Auftretens haben Sie jedoch durchaus Einfluß.

Knoblauch

Nehmen Sie Knoblauchkapseln. Knoblauch enthält mehr als 15 Substanzen, die Bakterien oder Viren bekämpfen.

Sobald Sie erste Anzeichen von Juckreiz verspüren, nehmen Sie 10 Knoblauchkapseln, anschließend einige Tage lang alle drei Stunden weitere 2 bis 3 Kapseln.

Lactobacillus acidophilus

Dieses Mittel könnte sich als die Lösung erweisen, nach der alle suchen. Es handelt sich dabei um eine Art von Milchsäurebakterien, die normalerweise im Magen-Darm-Trakt vorhanden sind. Die moderne Ernährung und der Mißbrauch von Antibiotika sind jedoch dafür verantwortlich, daß sie sich in unserem Organismus nicht erhalten können.

Nehmen Sie gleich bei den ersten Anzeichen von Juckreiz drei- bis viermal täglich 5 Kapseln.

Sind die Bläschen bereits sichtbar, nehmen Sie am ersten Tag jede Stunde 2 Kapseln und fahren dann wie oben beschrieben fort. Es besteht keine Gefahr einer Überdosierung, da diese Bakterien im Organismus in sehr großer Anzahl vorhanden sind.

Der Lactobacillus acidophilus wirkt nicht nur gegen Herpes, er sorgt darüber hinaus für eine bessere Verwertung der Nahrung, fördert die Verdauung und stärkt das Immunsystem.

Achten Sie daher auf das Haltbarkeitsdatum, denn zwei Monate nach der Herstellung ist das Mittel praktisch wirkungslos. Einige Hersteller bieten es in Pulverform an, das im Kühlschrank aufbewahrt werden kann und so mehrere Monate haltbar ist.

Vitamine

- Um die Infektion zu bekämpfen, nehmen Sie täglich 2000 mg Vitamin C (500 mg nach jeder Mahlzeit und weitere 500 mg am Abend).
- Um die Hautreizung zu lindern, nehmen Sie wie bei Lippenherpes Vitamin E (in Verbindung mit Aloe vera!).

Heilerde

Machen Sie Umschläge mit Heilerde oder bestreichen Sie die betroffenen Stellen mit Heilerdeschlamm. Sie können die Haut auch anfeuchten und mit Heilerdepulver einpudern. Trinken Sie morgens nach dem Aufstehen 1/2 Glas Wasser mit Heilerde (siehe *Einführung in die Behandlung mit Heilerde*).

Ätherische Öle

Äußerliche Anwendung: Römische Kamille, Karotte oder Echter Lavendel. Mischen Sie das ätherische Öl im Verhältnis von 3:100 mit Haselnußöl.

Akupressur

- Massieren Sie die Punkte Nr. 10, 11, 13 und 14 am Bauch, die Punkte Nr. 34, 35 und 37 sowie alle schmerzhaften Punkte im Bereich des Kreuzbeins.
- Beenden Sie die Akupressurbehandlung mit den Punkten Nr. 1 und 22.

Empfehlungen und vorbeugende Maßnahmen

Vorsicht vor Ansteckung!

Setzen Sie sich nicht vorbehaltlos auf jede Toilette. Die allgemeine Sauberkeit des Ortes, an dem Sie sich aufhalten, gibt einen deutlichen Hinweis auf die Hygiene der sanitären Anlagen.

Dr. Charles Greber von der Universität Arizona hat eine breit angelegte Untersuchung über die Ansteckungsgefahr auf Toiletten durchgeführt. Dabei stellte er fest, daß auf vielen stillen Örtchen ganze Kolonien verschiedenster Krankheitserreger gedeihen. Nach seinen Beobachtungen fanden sich die saubersten Toiletten in Krankenhäusern (was zu erwarten war!), die schmutzigsten auf Autobahnraststätten (was bestimmt auch niemanden überraschen wird).

Früher dachte man, Herpesviren würden an der Luft nur kurze Zeit überleben. Das war jedoch ein Trugschluß. Eine 1982 von Dr. Trudy Larsen in den Vereinigten Staaten durchgeführte Untersuchung hat gezeigt, daß das Virus auf einer Toilettenbrille mindestens vier, auf einem Stück Gaze sogar bis zu 72 Stunden überleben kann. Herpes kann also auch über Gegenstände übertragen werden.

Neuere Untersuchungen zeigten auf, daß der Geschlechtsverkehr nicht der einzige Übertragungsweg für dieses Virus ist. Es kann ebenfalls durch Hautkontakt beim Sport übertragen werden. Dies wurde vor allem beim Rugby und beim Ringen beobachtet. Herpes muß daher nicht unbedingt ein Zeichen von Untreue sein. Daran sollten Sie denken, bevor Sie sich betrogen fühlen oder Ihren Partner zur Rede stellen.

Wenn einer der Partner nicht unter Herpes leidet, muß zu Hause auf peinliche Hygiene geachtet werden. Vor allem die Toilettenbrille muß gründlich gereinigt werden. Um die Übertragung auf andere Körperteile oder auf den Partner zu vermeiden, kleben Sie Leukoplast über die Herpesbläschen.

Lebensführung

Eine andere wichtige Vorbeugemaßnahme besteht in der Qualität Ihrer Lebensführung. Herpes bricht vor allem dann aus, wenn das Immunsystem geschwächt ist. Daher sollten Sie die beiden wichtigsten Faktoren vermeiden, die zu einer solchen Schwächung führen können: hohe Belastung durch Streß gepaart mit Übermüdung sowie schlechte Ernährung.

Herpes tritt häufig während eines Stimmungstiefs auf. So ist es bezeichnend, daß er bei vielen Frauen mit der einsetzenden Menstruation ausbricht, weil diese eine hormonale Umstellung mit sich bringt, die sich auch in Form des prämenstruellen Syndroms äußern kann.

Meditation oder Entspannungstechniken ermöglichen es Ihnen, Gefühlsschwankungen zu vermeiden oder wenigstens in Grenzen zu halten, ohne einen Spezialisten aufsuchen zu müssen.

Ernährung

Wie bei anderen mit Ausschlägen verbundenen Krankheiten muß der mit Toxinen belastete Körper entgiftet werden. Das Auftreten von Herpes ist eine Art Alarmsignal. Die ideale vorbeugende Diät setzt sich wie folgt zusammen:

- Nehmen Sie folgende Nahrungsmittel so oft wie möglich zu sich: Joghurt, dicke Bohnen, Kartoffeln, Fisch, Lysin (diese Aminosäure ist in Kapseln erhältlich, aber auch frischer Fisch enthält viel Lysin), Knoblauch sowie alle proteinreichen Nahrungsmittel (Eier, Algen usw.).
- Meiden Sie Alkohol, Schokolade, Süßigkeiten, Milchprodukte, Nüsse, Kaffee, saure Früchte, Tomaten sowie alle anderen säurebildenden Nahrungsmittel.

Herzerkrankungen

(Siehe *Herzerkrankungen* in dem Ratgeber »Das ABC der Ersten Hilfe«.)

Heuschnupfen

Heuschnupfen hat mit einem normalen Schnupfen nicht viel gemeinsam; er ist vielmehr die wohl bekannteste Form einer allergischen Nasenschleimhautentzündung.

Die im Grunde genommen fälschliche Bezeichnung »Heuschnupfen« geht auf einen Arzt des 19. Jahrhunderts zurück, der jedesmal niesen mußte, wenn er eine Scheune betrat.

Heuschnupfen ist eine ausgeprägte allergische Reaktion auf den Blütenstaub bestimmter Pflanzen. Man spricht von Heuschnupfen, weil Gräser zu den häufigsten Auslösern zählen.

Aber auch der Blütenstaub von Bäumen oder Unkraut, insbesondere des Flohkrauts, können eine Allergie auslösen. Es handelt sich dabei um eine jahreszeitenabhängige Allergie, die nur zur Blütezeit der betreffenden Pflanze auftritt.

Neben der jahreszeitabhängigen allergischen Nasenschleimhautentzündung gibt es aber auch die sogenannten aperiodischen allergischen Nasenschleimhautentzündungen. Diese werden durch allergene Faktoren verursacht, die das ganze Jahr über vorhanden sind.

Dazu gehört beispielsweise der Hausstaub. Im Grunde genommen ist nicht der Hausstaub selbst der Auslöser, sondern die Milben, die sich darin äußerst wohl fühlen.

Manche Menschen sind auf Federn oder Tierhaare (vor allem Katzenhaare) allergisch. Doch auch hier lösen nicht die Tierhaare selbst die Allergie aus, sondern die Hautteilchen, die den Tierhaaren anhaften.

Die häufigsten Symptome im Zusammenhang mit den verschiedenen Arten einer allergischen Nasenschleimhautentzündung sind folgende:

- Niesanfälle, die Stunden andauern können und sehr kräfteraubend sind;
- gerötete und tränende Augen, verbunden mit einer gereizten Bindehaut;
- eine laufende oder verstopfte Nase;
- Kopfschmerzen und ein Druckgefühl im Bereich der Nasennebenhöhlen.

Ursachen

Die Ursache der allergischen Nasenschleimhautentzündung liegt derzeit noch im Dunkeln. Man vermutet, daß sie auf einer Schwäche des Immunsystems beruht.

Aber auch der psychosomatische Aspekt darf nicht außer acht gelassen werden, was besonders bei Menschen mit mehreren Allergien ins Gewicht fällt. Neben den Allergien leiden sie häufig unter Nervosität und haben mit psychologischen Schwierigkeiten zu kämpfen. Zudem geht der Ausbruch ihrer Allergien oft mit emotionalen Belastungssituationen einher.

Was Sie tun können

Als gängige medizinische Behandlung gelten Kortison, Antihistaminika und abschwellende Medikamente. Trotz ihrer unmittelbaren Wirksamkeit weisen diese Mittel aber langfristig Nachteile auf.

Antihistaminika können Allergien zwar vorbeugen und ihren Verlauf mildern, ziehen aber häufig Schläfrigkeit nach sich und trocknen Hals und Nase aus.

Abschwellende Medikamente lindern die Verstopfung der Nase, indem sie eine Verengung der Blutgefäße bewirken. Sie dürfen deshalb höchstens während ein paar Tagen verwendet werden.

All diese Medikamente dienen aber lediglich der Symptombekämpfung. Eine weitere Möglichkeit ist eine Desensibilisierungsbehandlung. Diese dauert jedoch lange und bringt nicht immer den gewünschten Erfolg.

Bevor Sie also auf das klassische Arsenal zur Allergiebekämpfung zurückgreifen, lohnt es sich, die einen oder anderen der folgenden Vorbeugungsmaßnahmen und natürlichen Heilmethoden auszuprobieren.

Maßnahmen zur Vorbeugung von Allergien

Das A und O ist natürlich die Vermeidung des Kontaktes mit allergenen Substanzen.

Bei Heuschnupfen

- Halten Sie sich während der Pollenflugzeit so oft wie möglich in geschlossenen Räumen auf. Öffnen Sie das Fenster möglichst wenig.
- Begeben Sie sich von Vorteil bei Regenwetter ins Freie. Bleiben Sie an schönen und windigen Tagen zu Hause.
- Hängen Sie Ihre Wäsche nicht draußen zum Trocken auf, denn die Pollen können sich darin festsetzen.
- Gehen Sie während der kritischen Zeit in die Ferien (wenn Sie nur auf eine Pollenart allergisch sind, dauert die betreffende Zeitspanne nicht allzu lange).
- Organisieren Sie sich jemanden für die Gartenarbeit und das Rasenmähen während der kritischen Zeit.
- Bereiten Sie sich bereits dieses Jahr mit einer Brennesselkur auf die Bekämpfung des Heuschnupfens vor. Diese Kur dauert von November bis April und hat schon zu erstaunlichen Ergebnissen geführt.
  Lassen Sie 100 g Brennesselblätter und -wurzeln in 1 Liter heißem Wasser während 20 Minuten ziehen. Trinken Sie täglich 3 Tassen dieses Aufgusses.

Bei einer aperiodischen Nasenschleimhautentzündung

Als erstes müssen Sie den oder die allergenen Faktoren genau bestimmen.

- Sind Sie auf Katzenhaare allergisch, sollten Sie natürlich die Nähe von Katzen meiden. Trotzdem ist es aber nicht notwendig, daß Sie völlig auf den Umgang mit diesen liebenswerten Haustieren verzichten.
  Wie Sie vielleicht bereits unter *Asthma* gelesen haben, können auch Menschen mit einer Katzenhaarallergie ein solches Haustier haben, und zwar unter der Bedingung, daß sie sie einmal monatlich baden. Schlagen Sie

unter der Rubrik *Asthma* nach, wenn Sie erfahren wollen, wie man eine Katze vom Nutzen eines Bades überzeugen kann.
- Sind Sie auf Hausstaub allergisch, sollten Sie jemanden einstellen, der den Haushalt für Sie erledigt. Bestehen Sie darauf, daß diese Arbeit gründlich ausgeführt wird. Wenn Sie sich keine Haushalthilfe leisten können, dann verwenden Sie einen Staubsauger anstelle eines Besens. Je öfter desto besser.
- Vorsicht ist bei Plüschtieren geboten, denn diese sind wahre Staubfänger.
- Meiden Sie säurebildende und fritierte Nahrungsmittel sowie erhitzte tierische Fette. Verzichten Sie auf weißen Zucker und Milchprodukte.

Wie bereits erwähnt, sind Nasenschleimhautentzündungen oft psychosomatischen Ursprungs. Eine Psychotherapie ermöglicht es vielen Patienten, auf ihre Medikamente zu verzichten. Die Allergien verschwinden praktisch über Nacht und treten nie wieder auf.

Dies war auch bei einem jungen Stadtmädchen der Fall. Ihre Eltern gingen jeden Sommer mit ihr aufs Land. Da sie sich nach ihren Freundinnen sehnte, entwickelte sie unbewußt eine Allergie gegen den Blütenstaub verschiedener Pflanzen. Da die Mutter sah, wie sehr sie unter der Allergie litt, durfte sie fortan den Sommer in der Stadt verbringen. Doch die allergische Reaktion hatte sich schon derart in ihr verwurzelt, daß sie auch als Erwachsene weiterhin an dieser Allergie litt. Erst 20 Jahre später wurde ihr im Verlauf einer Psychotherapie bewußt, daß sie sich damit ins eigene Fleisch geschnitten hatte.

Maßnahmen zur Linderung eines akuten Heuschnupfenanfalls

Vitamine

Man hört oft, daß die Einnahme hoher Dosen Vitamin C in den akuten Phasen eine Allergie eindämmen kann.

Nehmen Sie alle zwei bis drei Stunden 1 g Vitamin C zu sich. Senken Sie diese Dosis schrittweise, und versuchen Sie so herauszufinden, welches für Sie die geringste noch wirksame Dosis ist. Vitamin C sollte nicht über längere Zeit in hohen Dosen eingenommen werden.

Inhalieren

Kochen Sie einen Bund Zwiebeln samt Blättern und Wurzeln auf, und nehmen Sie den Topf vom Feuer. Beugen Sie den Kopf über den Topf, legen Sie ein Tuch über Ihren Kopf, und inhalieren Sie den Zwiebeldampf. Wiederholen Sie diesen Vorgang in regelmäßigen Abständen. Zwiebeln stärken das Immunsystem.

Ätherische Öle

- Innerliche Anwendung: Lorbeer (laurus nobilis).
- Äußerliche Anwendung: Massieren Sie den Ansatz der Nasenflügel mit Eukalyptus- oder Rosmarinöl (mit Cineol).

Akupressur

- Die Leber spielt bei Heuschnupfen immer eine Rolle. Unter der Rubrik *Leberzirrhose* sind die Punkte aufgeführt, die bei einer Leberinsuffizienz angezeigt sind.
- Massieren Sie die Punkte Nr. 4, 5, 6, 7, 8 und 25. Dies befreit die Lungen.
- Stimulieren Sie die Punkte Nr. 2 und 3 sowie die Punkte, die direkt neben und unter den Nasenflügeln liegen.

Weitere Maßnahmen

- Erhöhen Sie die Luftfeuchtigkeit in Ihrer Wohnung mit einem Luftbefeuchter.
- Reiben Sie ja nicht in den Augen.
- Nehmen Sie 1 Teelöffel Apfelessig, vermischt mit etwas Wasser und 2 Teelöffeln unerhitzten Honigs zu sich.

Hornhaut

(Siehe auch *Hühneraugen)*

Hornhaut bildet sich an den Füßen, den Händen, den Knien oder an jeder anderen Stelle, die häufig einem Druck oder einer Reibung ausgesetzt ist.

Ein Handarbeiter hat häufig »schwielige« Hände, was aufgrund seiner ständigen Handhabung von Werkzeugen und Gegenständen normal ist.

»Hände, die sich abquälen, bekommen nur dank ihren Schwielen keine Verletzung«, hat Duhamel gesagt. Auch wer ein Saiteninstrument wie die Gitarre spielt, bekommt Hornhaut an den Fingerspitzen.

Was Sie tun können

Wenn die Hornhaut Sie gut gegen zu starke Reibung schützt und nicht allzu dick wird, gibt es keinen Grund, etwas dagegen zu tun. Doch wenn sie übermäßig dick, schmerzhaft oder unästhetisch ist, möchten Sie sie gewiß entfernen. Hier sind einige wirksame Mittel:

- Bestreichen Sie die Hornhaut dick mit Olivenöl, und machen Sie dann einen Umschlag mit Aloe vera, oder tragen Sie eine Aloe-vera-Salbe auf.
- Eine andere wirksame Lösung: Machen Sie täglich Umschläge mit Heilerde. Öfters wiederholen.

– Reiben Sie die Hornhaut täglich mit einem Bimsstein ab.

Hühneraugen und Hornhaut an den Füßen

(Siehe auch *Hornhaut)*

Jemandem auf die Hühneraugen treten ist, als träte man dem Tiger auf den Schwanz, sagen die Chinesen. Obwohl es sich um ein kleineres Leiden handelt, können Hühneraugen äußerst schmerzhaft werden, wenn Sie sie nicht sofort bei Erscheinen behandeln.

Achten Sie darauf, nicht Hühneraugen, Warzen und Hornhaut zu verwechseln!

Hühneraugen sind kleine, dicke und sehr harte Geschwulste, die sich meistens auf den Zehengelenken entwickeln. Hühneraugen haben eine Oberfläche von nur einigen Quadratmillimetern. Sie tun sehr weh, wenn Sie darauf drücken oder wenn Ihre Schuhe zu eng sind.

Warzen tun weh, wenn Sie sie kneifen, und manchmal sitzen sie unter einem Hühnerauge.

Hornhaut dagegen findet sich eher auf den Vorsprüngen des Fußes oder hinten an der Ferse. Sie kann eine größere Hautfläche bedecken und verursacht meist keine Schmerzen.

Ursachen

Während Warzen von Viren herrühren, werden Hühneraugen und Hornhaut im allgemeinen durch ein Übermaß an Reibung oder Druck von schlecht sitzenden Schuhen verursacht. Besonders Schuhe mit hohen Absätzen, die die Zehen verformen, können die Bildung von Hühneraugen begünstigen.

Gewisse Hühneraugen entstehen auch durch einen falschen Gang. Wenn Sie Ihre Füße schief auf den Boden setzen, werden gewisse Teile des Fußes häufiger ungewöhnlichem Druck oder ungewöhnlicher Reibung ausgesetzt.

Außerdem können Sie anormale Knochenvorsprünge am Fuß haben, die schlecht »gepolstert« sind. An diesen Stellen ist die Haut ständig gereizt, und es bilden sich schließlich Hühneraugen.

Was Sie tun können

Um Hühneraugen oder Hornhaut an den Füßen definitiv loszuwerden, müssen Sie selbstverständlich als erstes die Schuhe wechseln. Wenn Ihr Gang verantwortlich für das Übel ist, dann ändern Sie ihn.

Anschließend brauchen Sie nur noch darauf zu warten, daß die Hühneraugen oder die Hornhaut verschwinden. Das dauert gewöhnlich einige Wochen. Sie können diesen Vorgang jedoch mit Hilfe folgender Tricks beschleunigen:

- Nehmen Sie längere Fußbäder mit warmem Wasser.
- Legen Sie Sohlen in die Schuhe, oder polstern Sie sie nach Bedarf aus.
- Reiben Sie die Hühneraugen täglich mit einem Bimsstein ab.

Machen Sie auch Umschläge

- Legen Sie 2 Wochen lang zerstoßenen **Knoblauch** auf das Hühnerauge (schützen Sie die umliegende Haut mit Heftpflaster oder Ringelblumensalbe), und lassen Sie ihn die Nacht über einwirken.
- Drücken Sie den Saft von **Hauswurz** auf dem Hühnerauge aus, und legen Sie dann die Blätter darauf. Zwei- bis dreimal wiederholen.
- Machen Sie mehrmals täglich Umschläge mit **Heilerde.**

Empfehlungen

Vermeiden Sie es vor allem, den Chirurgen zu spielen, indem Sie versuchen, Hühneraugen oder Hornhaut mit dem Rasiermesser oder einem Messer zu entfernen. Wenn diese mit den natürlichen Behandlungsmethoden nicht verschwinden, dann lassen Sie sie von einem Fußpfleger entfernen.

Wenn Sie an Diabetes leiden, seien Sie vorsichtig. Der schlechte Blutkreislauf könnte zu einem Geschwür und damit zu weiteren Komplikationen führen. Konsultieren Sie unverzüglich den Arzt.

Husten

Husten ist eine heftige und unfreiwillige Form des Ausatmens. Je nach Art der Grunderkrankung kann er schleimig oder trocken, rauh oder bitonal (d. h. mit hellen und tiefen Beitönen) usw. sein.

In der Mehrzahl der Fälle ist der Husten ein sehr nützliches Symptom, das die Diagnose der unterschiedlichsten Erkrankungen ermöglicht. Sie sollten ihn deshalb nicht gleich bekämpfen, sondern seiner Ursache nachgehen.

Es gibt verschiedene Faktoren, die Husten auslösen können. Die häufigsten sind Asthma, trockene oder kalte Luft, Schadstoffe, Zigarettenrauch, Streß, Staub, Erkältung oder Grippe, aber auch ein Emphysem, Bronchitis, Lungentuberkulose und verschiedene Atemwegserkrankungen. Nicht zuletzt kann Husten ein Hinweis auf einen Lungentumor sein.

Oft werden durch Husten unerwünschte Fremdkörper aus dem Rachen oder den Bronchien beseitigt. Diese Hustenanfälle haben somit eine reinigende Wirkung auf die Atemwege.

Es gibt aber auch trockene Husten, die keine Fremdkörper nach außen befördern und auf die Dauer sehr anstrengend und ermüdend sind. Dies ist insbesondere bei einer Brustfellentzündung der Fall.

Darüber hinaus gibt es den sogenannten nervösen Husten, der auf eine Rachenentzündung zurückgeht, sowie den Reflexhusten, der durch eine Reizung von Hustenpunkten der oberen Luftwege ausgelöst wird.

Was Sie tun können

Sie wissen es nun: Husten sollte man nicht unbedingt bekämpfen. In vielen Fällen kann Husten sehr nützlich sein, und man sollte ihn deshalb mit Hilfe von Expektoranzien unterstützen.

Es gibt sogar Hustenanfälle, die lebensrettend sein können! Wenn Ihnen etwas »in die falsche Kehle« geraten ist, können die Atemwege blockiert sein. Ein heftiger Hustenanfall befördert den Gegenstand, an dem zu Sie ersticken drohen, nach außen.

In einigen Fällen muß Husten sogar unter allen Umständen erzwungen werden (siehe »Das ABC der Ersten Hilfe«).

Trockener und unproduktiver Husten muß jedoch unbedingt behandelt werden, vor allem, wenn er zu lange andauert. Der Arzt wird Ihnen ein geeignetes Hustenmittel verschreiben.

Ungeachtet der Art des Hustens können Sie folgende Maßnahmen ergreifen:

Erste Maßnahmen

- Halten Sie die Brust warm, und decken Sie sich gut zu.
- Gurgeln Sie mit Salzwasser.

Hustensirup

Hier sind drei einfache, aber sehr wirksame Rezepte für Hustensirup, den Sie selbst zubereiten können:

- Erhitzen Sie 1/2 Liter Wasser, nehmen Sie den Topf vom Feuer, und geben Sie 60 g fein gehackten **Knoblauch** hinein. Lassen Sie ihn 12 Stunden zugedeckt ziehen. Seihen Sie anschließend die Flüssigkeit, und fügen Sie 4 Eßlöffel Honig und 1 Eßlöffel Essig hinzu. Füllen Sie den Sirup in ein Fläschchen ab, und stellen Sie ihn kalt. Nehmen Sie viermal täglich 1 Eßlöffel davon.
- Höhlen Sie eine **weiße Rübe** aus, und füllen Sie sie mit Honig. Nach ein paar Stunden ist der Sirup fertig. Nehmen Sie davon mehrere Teelöffel auf einmal.
- Drücken Sie den Saft von **Borretschblättern** mit Hilfe einer Zentrifuge aus. Mischen Sie 1/4 Liter mit derselben Menge Honig, und nehmen Sie viermal täglich 1 Teelöffel davon.

Heilerde

Machen Sie jeden Tag 2 Umschläge mit lauwarmer Heilerde, und zwar den einen auf die Brust und den anderen auf den Rücken in Brusthöhe. Wechseln Sie mit Umschlägen aus Kohlblättern ab.

Ätherische Öle

- Innerliche Anwendung: Thymian (mit Linalool), Lorbeer und Speiklavendel.
- Äußerliche Anwendung: Massieren Sie beide Halsseiten mit Eukalyptusöl (eucalyptus globulus) ein, das Sie im Verhältnis von 1:20 mit Haselnußöl gemischt haben.

Ernährung

Gesunde und leichte Kost, keine Milchprodukte.

Akupressur

Massieren Sie die Punkte Nr. 26, 27, 29 und 32 am Rücken, die Punkte Nr. 3, 4, 5, 6, 7 und 8 auf der Körpervorderseite sowie die Punkte Nr. 24, 41 und 42 am Handgelenk.

Empfehlung

Suchen Sie einen Arzt auf:

- wenn der Husten länger als zwei Wochen andauert;
- bei Atembeschwerden, pfeifenden Atemgeräusche oder blutigem Auswurf.

Hyperaktivität

Hyperaktivität bei Kindern zeigt sich zunächst in einer scheinbar unerschöpflichen Energie, die ihre Familienangehörigen, Lehrer, ja selbst Kinder gleichen Alters dagegen sehr ermüdet.

Bei ausgeprägter Hyperaktivität muß ein Spezialist beigezogen werden, da es sich um eine frühkindliche zerebrale Schädigung handeln kann. Eine rechtzeitig gestellte Diagnose ermöglicht die gezielte Förderung des Kindes.

Das hyperaktive Kind ist zerstreut und chaotisch und wechselt ständig zwischen verschiedenen Tätigkeiten. Es ist nicht in der Lage, sich längere Zeit auf eine Sache zu konzentrieren, weder in der Schule noch bei seinen Lieblingsspielen. Darunter leidet seine Lernfähigkeit, und die schulischen Leistungen sind meist schlecht.

Da es ständig »unter Strom« steht, ist es auch sehr ungeduldig und kann in heftige Wutanfälle ausbrechen. Diese unangenehme Eigenart und seine extremen Reaktionen hindern es daran, sich gesellschaftlich anzupassen.

Darüber hinaus verfügt es über so viel Energie, daß es fast kein Schlafbedürfnis hat. Seine Eltern kommen daher fast nie zur Ruhe und sind schließlich völlig erschöpft von diesem kleinen Wirbelwind, der ständig Radau macht. Mancher mag auf solche Vitalität neidisch sein, doch zuviel Energie kann auch anormal sein.

Selbstverständlich ist es normal, daß ein Kind quirlig ist und sich nicht stundenlang mit Dingen beschäftigt, die es langweilen. Daher ist es häufig nicht einfach, zwischen einem »Überschuß« an Vitalität und Hyperaktivität zu unterscheiden.

Ursachen

Die Ursachen für die Hyperaktivität des Kindes sind bislang nur unzureichend geklärt. Manche Theorien oder Hypothesen haben jedoch zu sehr guten konkreten Ergebnissen geführt. Dies ist beispielsweise bei der Hypothese einer Lebensmittelallergie der Fall.

Eine der möglichen Allergien kann gegen die in den industriell gefertigten Lebensmitteln vorhandenen Zusatzstoffe bestehen. Das Kind kann auch gegen Nahrungsmittel wie Milch, Eier, Rindfleisch, Hülsenfrüchte, Obst, Honig oder Schokolade allergisch sein.

In anderen Fällen beruhen Hyperaktivität und Lernschwäche möglicherweise auf einer ungenügenden Ernährung und zuviel Süßigkeiten. Wußten Sie beispielsweise, daß Kinder auf Zucker 25mal stärker reagieren als Erwachsene? Bei Kindern aktiviert Zucker die Produktion von Adrenalin, eines der wichtigsten Streßhormone.

Neben diesen rein physiologischen Erklärungen kann Hyperaktivität auch auf traumatischen Erlebnissen beruhen. Ein zerrüttetes Familienleben, sexueller Mißbrauch, die Auswanderung in ein anderes Land – kurz alles, was beim Kind übermäßigen Streß auslöst, kann auch dazu führen, daß es hyperaktiv wird.

Was Sie tun können

Wenn eine Lebensmittelallergie der Grund für die Hyperaktivität ist, versuchen Sie, die dafür verantwortlichen Nahrungsmittel möglichst aus dem Speiseplan zu streichen. Wie Sie diese Nahrungsmittel bestimmen können, ist in der Rubrik *Lebensmittelallergien* beschrieben.

Gleichzeitig können Sie auf folgende Methoden zurückgreifen, die unabhängig von der Ursache bei Hyperaktivität nützlich sind:

Bäder

Ein Lindenblütenbad beruhigt überreizte Kinder. Bereiten Sie mit 100 g Lindenblüten einen Aufguß zu, den Sie abgeseiht dem Bad zusetzen.

Massage und Akupressur

Früher wurden hyperaktive Kinder oft geschlagen. Dieses »harte« Durchgreifen zeigt jedoch nur begrenzte Wirkung. Selbst wenn es kurzfristig hilft, trägt es auf lange Sicht nur zu einer Verschlimmerung des Problems bei.

Auf Massage reagieren solche Kinder hingegen sowohl kurz- als auch langfristig sehr positiv. Die Massage ist eine revolutionäre Erziehungsmethode, die sich immer mehr durchsetzt. Inzwischen ist bewiesen, daß sie die Produktion von Endorphinen erhöht, einem Hormon, das schmerzlindernd und beruhigend wirkt. Die Massage ermöglicht es also, die anormale Gehirntätigkeit zu stabilisieren und die Wirkung von Streßhormonen wie Adrenalin zu verringern.

Sie können die klassische Massage anwenden, wie sie im ersten Teil vorgestellt wurde. Wenn Sie diese Massage mit einer Diät verbinden, bei der Sie Nahrungsmittel vermeiden, auf die Ihr Kind allergisch reagiert, können Sie bestmögliche Ergebnisse erzielen!

Mittels Akupressur können Sie auch den energetischen Körper behandeln. Dabei müssen Sie vor allem die folgenden Punkte bearbeiten:

- Massieren Sie den gesamten Bereich des Punktes Nr. 23 im Gegenuhrzeigersinn. Beginnen Sie bei der Falte des Handgelenks, und massieren Sie die Innenseite des Vorderarms im Bereich von 2 Daumenlängen in Richtung Ellbogen. Tonisieren Sie den Punkt Nr. 24, und stimulieren Sie den Punkt Nr. 41.
- Tonisieren Sie den Punkt Nr. 18, und stimulieren Sie den Punkt Nr. 39. Massieren Sie ausgiebig die Punkte Nr. 19 und 22.

I – J

Impotenz

Impotenz ist weit weniger verbreitet als die vorzeitige Ejakulation. 10 bis 20 % der Männer sind davon betroffen. Bei 50 % der betroffenen Männer ist sie organisch bedingt, bei 20 % hat sie psychologische Ursachen und bei 30 % spielen beide Faktoren eine Rolle.

Wenn Sie nachts oder morgens beim Aufwachen eine Erektion haben, können Sie sicher sein, daß Ihr Problem psychologischer Natur ist.

Was Sie bei organisch bedingter Impotenz tun können

In vielen Fällen von Impotenz spielen Störungen des Blutkreislaufs eine große Rolle. Bedenken Sie, daß die Erektion von einer ausreichenden Blutzufuhr in das Mikrogefäßsystem des Penis abhängt. Alles, was den Blutkreislauf beeinträchtigt, ist daher eine mögliche Ursache von Impotenz: Rauchen, Alkoholmißbrauch, Diabetes, Arterienverkalkung, Bluthochdruck und blutdrucksenkende Medikamente.

Es handelt sich hierbei um physiologische Faktoren, die im allgemeinen ständig vorhanden und daher schwierig zu behandeln sind. Eine medizinische Untersuchung ist notwendig, um diese Art von Impotenz richtig erkennen und behandeln zu können.

Sie können Ihre Situation jedoch mit Hilfe natürlicher Mittel verbessern. Schlagen Sie hierzu in den Rubriken nach, die speziell die erwähnten Ursachen betreffen. Lesen Sie insbesondere unter *Arterienverkalkung* nach, wo verschiedene Verfahren zur Reinigung der Arterien aufgeführt sind. Wenn Sie zunächst diese Probleme lösen, ergibt sich alles andere »ganz von allein«.

Neben diesen Faktoren können sehr große Müdigkeit, schlechte Ernährung, Drogen- oder Medikamentenmißbrauch (Valium usw.) unmittelbare Auswirkungen auf Ihre Erektionsfähigkeit haben. Hier können Sie schnell Abhilfe schaffen, indem Sie Ihre Lebensgewohnheiten ändern.

Heilerde

Machen Sie Umschläge mit Heilerde, die Sie die ganze Nacht über einwirken lassen. Wechseln Sie dabei mit Umschlägen auf dem Unterleib und auf der Lendengegend ab. Trinken Sie außerdem jeden Morgen 1/2 Glas Wasser mit Heilerde (siehe *Einführung in die Behandlung mit Heilerde*).

Bäder

Nehmen Sie jeden Morgen ein fünfminütiges kaltes Sitzbad. Wenn Sie frieren, nehmen Sie gleichzeitig ein warmes Fußbad.

Ernährung

Bei Unfruchtbarkeit oder Impotenz ist **Hafer** empfehlenswert. Essen Sie Haferflocken oder Haferbrei. Oder bereiten Sie einen Absud zu, indem Sie 4 Eßlöffel gemahlene Haferkörner pro Liter Wasser 20 bis 30 Minuten kochen lassen. Im Handel ist auch Hafertinktur erhältlich. Nehmen Sie davon 20 Tropfen dreimal täglich vor den Mahlzeiten. (Siehe auch *Aphrodisiaka.)*

Ätherische Öle

Zimt (Ceylon), Gewürznelke.

Akupressur

- Massieren Sie die Punkte Nr. 34, 35 und 37 am Rücken, die Punkte Nr. 11, 12, 13 und 14 am Unterleib und die Punkte Nr. 17 und 18 am Fußknöchel.
- Massieren Sie die Stelle zwischen dem inneren Fußknöchel und der Achillessehne.
- Massieren Sie täglich Ihre Hoden, während Sie gleichzeitig mindestens zwanzigmal tief einatmen.
- Siehe auch *vorzeitiger Samenerguß* und *sexuelle Funktionsstörungen.*

Was Sie bei psychologisch bedingter Impotenz tun können

Diese Art von Impotenz beruht meist auf mangelndem Selbstbewußtsein infolge mehrmaligen Versagens im Bett. Wie beim vorzeitigen Samenerguß erzeugt eine schlechte Erfahrung Angst, aus welcher sich dann weitere Mißerfolge ergeben. Das anfangs kleine Problem wird so zu einem riesigen Gespenst, das man nicht mehr los wird.

Auch sinkende Selbstachtung aufgrund enttäuschender Erfahrungen in der Liebe oder im Beruf reicht oft schon aus, um eine lange Reihe von »Katastrophen« im Bett nach sich zu ziehen.

Natürlich können Sie sich an einen qualifizierten Therapeuten wenden, um Ihr Problem zu lösen. Es gibt jedoch eine andere Lösung, die nichts kostet und vielleicht ebenso wirksam ist.

Wie im Fall der vorzeitigen Ejakulation eignet sich die Visualisierung sehr gut, im Unterbewußtsein gespeicherte Erinnerungen an Mißerfolge zu löschen, aufgrund derer Sie immer wieder die gleichen Situationen erleben. Die Grundlagen dieser Technik sind unter der Rubrik *Visualisierung* aufgeführt.

Die Methode besteht darin, daß Sie sich die einzelnen Phasen des Koitus nacheinander vorstellen. Während dieser Visualisierung ersetzen Sie die negativen Bilder, die mit einzelnen Phasen verbunden sind, durch positive Bilder.

Erwarten Sie nicht sofort einen Erfolg. Diese positiven Bilder sind Keime, die Sie tief in Ihrem Unterbewußtsein pflanzen. Lassen Sie ihnen genügend Zeit, um zu keimen. Sie können sicher sein, daß sie eines Tages Früchte tragen werden!

Infektion

Wußten Sie, daß eine »Anti-Infektionspflanze« seit einigen Jahren im Sturm die Gunst der Bevölkerung erobert? Es handelt sich um die **Echinacea** (angustifolia oder purpurea), die einer ganzen Reihe wissenschaftlicher Untersuchungen unterzogen wurde.

Diese Pflanze stammt aus Nordamerika und wurde von den Indianern aufgrund ihrer antiseptischen, beruhigenden, stimulierenden, desodorierenden und anästhetischen Eigenschaften benutzt, als Sorgenmittel gepriesen und gegen Schlangenbisse verwendet.

Eine in Europa durchgeführte Untersuchung zeigte, daß Echinacea in 80 % aller Infektionsfälle ein Antibiotikum ersetzen kann. Verschiedene Studien haben die entzündungshemmende und keimtötende Wirkung sowie die immunstärkenden Eigenschaften dieser Pflanze nachgewiesen. Echinacea ist daher sowohl bei akuten Erkrankungen als auch zur allgemeinen Stärkung des Organismus zu empfehlen.

Es gibt nur wenige Pflanzen, die eine direkte Wirkung auf das Immunsystem haben. Echinacea füllt diese Lücke. Dabei spielt es keine Rolle, welche Krankheit oder Wunde einer Infektion zugrunde liegt, denn alle Infektionen ähneln einander. Die Basisbehandlung ist daher stets dieselbe. Es geht in erster Linie darum, das Immunsystem zu stärken.

In Europa ist Echinacea vor allem als Tinktur oder Extrakt erhältlich. Nutzen Sie die Heilkraft dieser bemerkenswerten Pflanze, um jeder Art von Infektion vorzubeugen oder diese zu bekämpfen.

Im folgenden finden Sie außerdem einige spezifische Behandlungsmethoden, um die relativ häufig auftretenden Pilzinfektionen, Infektionen der Harnblase sowie der Genitalien zu bekämpfen.

Behandlung einer Pilzinfektion

Die klassische chinesische Medizin besagt, daß Pilzinfektionen auf eine Überbeanspruchung der Nieren hindeutet. Verschiedene Körperteile können davon betroffen sein: Mund, Genitalien, Darm, Haut, Nägel usw. Da es sich um eine kalte und feuchte Krankheit handelt, ist für Wärme und gute Belüftung zu sorgen.

Um diese Art von Infektion zu behandeln, können Sie insbesondere die Akupressur zu Hilfe nehmen. Tonisieren und erwärmen Sie:

- die Punkte Nr. 10 und 14 am Bauch;
- die Punkte Nr. 34 und 37 am Rücken
- die Punkte Nr. 17, 18, 19 und 39 am Fuß;
- die Punkte Nr. 24, 25, 41 und 43 an der Hand.

Behandlung einer Infektion der Harnblase

(Siehe auch *Blasenentzündung)*

Ernährung

- Verzichten Sie auf säurebildende Nahrungsmittel (siehe auch *Ernährung zur Beschleunigung der Genesung)*.
- Die Zwiebel ist ein gutes Antiseptikum und wirkungsvoll gegen Infektionen, besonders der Genitalien und der Harnwege. Essen Sie so oft wie möglich rohe oder während einiger Stunden in Olivenöl eingelegte Zwiebeln.

Heilpflanzen

- **Teufelskralle,** auch Harpagowurzel genannt (für die Zubereitung siehe *Arthritis und Arthrose)*.
- Bereiten Sie mit 30 g bis 50 g **Kiefernknospen** pro Liter Wasser einen Aufguß zu, und trinken Sie davon 3 Tassen täglich.

Ätherische Öle

Sellerie (apium graveolens), Lorbeer (laurus nobilis), Sandelholz, Bohnenkraut.

Akupressur

Unter *Blasenentzündung* finden Sie die zu behandelnden Akupressurpunkte.

Behandlung einer Infektion im Bereich der Genitalien

Schützen Sie sich mittels Präservativ vor Infektionen, die beim Geschlechtsverkehr übertragen werden. Wenn Sie keine Vorsichtsmaßnahmen getroffen und eine Infektion im Genitalbereich davongetragen haben, so wenden Sie zusätzlich zu der Behandlung mit Echinacea Akupressur an:

- Massieren Sie die Punkte Nr. 34, 35, 36 und 37 im unteren Rückenbereich sowie das Kreuzbein.

- Massieren Sie die Punkte Nr. 11, 12, 13 und 14 im unteren Bauchbereich.
- Behandeln Sie die Punkte Nr. 17, 18, 19 und 20 am Knöchel.

Bei Fieber, Entzündungen und Schmerzen müssen diese Punkte stimuliert werden. Bei Juckreiz, Weißfluß, Pilzinfektionen usw. werden diese Punkte sowie der Punkt Nr. 22 erwärmt und tonisiert.

Möglicherweise kann diese Selbstbehandlung kein Antibiotikum ersetzen. Sie sollten dennoch nicht darauf verzichten, denn sie beschleunigt den Genesungsprozeß.

Vorbeugen ist besser als heilen

Verwenden Sie bei jedem Geschlechtsverkehr ein Präservativ. Sie sollten immer eines bei sich tragen.

Nehmen Sie niemals Vaseline oder andere Produkte auf Ölbasis als Gleitmittel, denn das Präservativ könnte reißen. Benutzen Sie stattdessen ein Gleitmittel auf Wasserbasis oder einfach Ihren Speichel.

Nach der Ejakulation nehmen Sie Ihren Penis in noch steifem Zustand aus der Scheide und halten das Präservativ dabei fest. Ziehen Sie es so ab, daß kein Sperma herausläuft.

Seien Sie auf der Hut bei

- einem neuen Partner, der kein Präservativ benutzen will;
- einer neuen Partnerin, die nicht möchte, daß Sie ein Präservativ benutzen.

Sie könnten sogar folgenden Test machen:

- Als Frau sagen Sie Ihrem neuen Partner, daß Sie Präservative nicht leiden können. Besteht er darauf, ein Präservativ zu benutzen, ist das ein gutes Zeichen. Erklären Sie ihm anschließend, daß Sie ihn nur auf die Probe gestellt haben, und er wird Ihnen nur noch mehr Vertrauen entgegenbringen. Reagiert er anders, liegt die Entscheidung bei Ihnen ...
- Als Mann sagen Sie Ihrer neuen Partnerin, daß Sie noch nie ein Präservativ benutzt haben und es auch niemals tun würden. Besteht Ihre Geliebte dennoch darauf, ist alles in Ordnung. Wenn nicht, liegt es bei Ihnen, ob es die Sache wert ist.

Insekten im Freien

Seit Urzeiten werden die Menschen von Insekten jeder Art heimgesucht. Natürlich konnten sie nicht auf die Erfindung unserer modernen Insektenbekämpfungsmittel warten, um sich vor ihnen zu schützen. Daher sind uns unzählige Methoden überliefert, um diese Tierchen zu vertreiben, die uns »ach so sehr lieben« und uns dabei so sehr stören.

Diese Methoden sind genauso wirksam wie chemische Mittel und haben zudem den Vorteil, daß sie für die Haut weniger schädlich sind.

Im folgenden sind einige dieser althergebrachten Methoden aufgeführt, mit denen Sie Insekten vertreiben können, die Sie auf Ihren sommerlichen Spaziergängen oder bei der Jagd belästigen.

So vertreiben Sie Mücken und Stechmücken

- In Südafrika reiben sich die Jäger alle freiliegenden Körperstellen mit **Aloe vera** ein. Der bittere Geruch und Geschmack des Aloesaftes vertreibt zuverlässig alle Stechmücken.
  Es ist bezeichnend, daß diese Pflanze im Gegensatz zu vielen anderen Zimmerpflanzen nur selten von Insekten befallen wird. Für die im Freien kultivierte Pflanze gilt dasselbe: Auf den Aloe-vera-Plantagen in Texas werden nur selten Pestizide eingesetzt, da diese Pflanze sich selbst ausreichend schützt.
  Die Aloe vera hat darüber hinaus den Vorteil, daß sie schnell gegen Juckreiz bei Insektenstichen hilft.
- Reiben Sie unbekleidete Körperstellen mit **Babyöl** oder mit **Zitronen-** oder **Melissensaft** ein. Davon sollten Sie immer etwas bei sich tragen, wenn Sie aufs Land fahren.
- Neben diesen klassischen Mitteln gibt es auch einige moderne, die durchaus zu empfehlen sind. So zum Beispiel **Vitamin B.** Wenn Sie viel Vitamin B zu sich nehmen, wird dies zum Teil über den Schweiß wieder ausgeschieden. Das verleiht Ihrer Haut einen besonderen Geruch, der Mücken und Stechmücken vertreibt. Diese Methode funktioniert natürlich nur, wenn es warm ist und Sie schwitzen.
  Wieviel Vitamin B Sie einnehmen müssen, damit sich das gewünschte Ergebnis einstellt, müssen Sie ausprobieren. Verdoppeln Sie zunächst die vom Hersteller empfohlene Menge, bevor Sie eine Exkursion unternehmen.

So halten Sie Fliegen von Ihrem Gartentisch fern

Stellen Sie eine Basilikumpflanze auf den Tisch. Sobald Sie sich zum Kaffeetrinken oder zum Essen niederlassen, reißen Sie ein paar Blätter ab und zerreiben diese. Verteilen Sie den Saft auf Ihren Händen. Der von diesem Saft ausströmende Geruch vertreibt die Fliegen sofort.

Achtung

Denken Sie daran, daß viele Produkte, mit denen Sie Ihre Haut einreiben, Insekten anziehen. Wenn Sie sich im Freien aufhalten, sollten Sie daher auf Parfum, Sonnencreme, Rasierwasser, bestimmte Make-up-Produkte, Deodorant und dergleichen verzichten. Der verlockende Geruch dieser Produkte kann die besten Insektenschutzmittel der Welt wirkungslos machen.

So verhindern Sie eine Entzündung infolge von Insektenstichen

- Mückenstiche: Verwenden Sie Hamameliswasser oder Apfelessig, reiben Sie sich mit einer Zitronenscheibe oder zerdrückten Tomatenblättern ein.
- Wespenstiche: Entfernen Sie den Stachel, und reiben Sie die Stelle mit Knoblauch, einer halben Zwiebel oder dem weißen Ende eines Lauchstengels ein.

Insekten im Haus

Im Handel ist eine Vielzahl von Produkten erhältlich, die für die Vernichtung von Insekten vorgesehen sind. Darüber hinaus gibt es besonders wirksame Mittel, die von Kammerjägern eingesetzt werden. Leider sind vor allem letztgenannte Produkte sehr giftig. Das physikalische Durcheinander, das diese Insektizide auslösen, gehört heute zu den Auslösern der sogenannten umweltbedingten Krankheiten (siehe *umweltbedingte Krankheiten*). Natürlich sind kleine Kinder hiervon am meisten betroffen. Ihr Immunsystem ist am anfälligsten, und sie haben die Angewohnheit, ihre Hände in den Mund zu nehmen.

Was Sie tun können

Folgende ungiftigen, jedoch erprobten Maßnahmen können Sie ergreifen, um Insekten in Ihrem Haus zu Leibe zu rücken:

So vertreiben Sie Fliegen, Stechmücken, Motten und Spinnen

Maurice Mességué, der berühmte Phytotherapeut, rät, ein Bund getrocknete Tomatenblätter in jedem Zimmer Ihrer Wohnung aufzuhängen. Diese Methode soll Fliegen, Stechmücken und Spinnen fernhalten und wird von den Bewohnern seiner Region seit langem erfolgreich angewandt.

- Stechmücken: Schneiden Sie eine Zwiebel entzwei, und legen Sie sie in die Nähe Ihres Bettes. Sie können auch ätherisches Lavendelöl verwenden, von dem Sie einige Tropfen auf ein Baumwolltuch geben.
- Fliegen: Legen Sie Nußbaumblätter auf das Fensterbrett, auf die Tische und den Serviertisch in der Küche.
- Stechmücken und Motten: Stellen Sie einige Ambraäpfel her. Hierzu spicken Sie eine Orange mit Gewürznelken und rollen sie anschließend in Irispulver aus der Toskana, das die Essenz fixiert. Lassen Sie die Orange 4 Wochen ruhen.

  Stellen Sie so viele dieser Ambraäpfel her, wie Sie möchten, und hängen Sie sie mit einem Band an verschiedenen Stellen im Haus auf. Sie halten nicht nur Insekten fern sondern sorgen auch für frischen Duft.

- Motten: Legen Sie kleine Säckchen mit Lavendel, Minze oder Bohnenkraut in Ihre Schränke.

Grundsätzlich sinnvoll ist es, in der Nähe von Fenstern Tomatenstengel mit Blättern aufzuhängen oder Basilikumpflanzen aufzustellen.

So gehen Sie gegen Ameisen vor

Mischen Sie Wasser und Essig zu gleichen Teilen, und wischen Sie damit alle Stellen ab, die Ameisen anzuziehen scheinen (Küchenschränke und -schubladen, den Serviertisch, Badezimmer usw.).

Suchen Sie nach den Stellen, an denen die Ameisen am häufigsten eindringen. Meist sind dies Türschlitze, häufig offenstehende Fenster, ins Freie führende Abflußrohre usw.

Behandeln Sie diese Stellen mit Babypuder, Pfeffer, Aloepulver, Zitronensaft oder verschimmelten Zitronen. Pflanzen Sie entlang der Hauswände Pfefferminze. Umgeben Sie Ihr Haus mit einem »Pfefferminzschutzwall«, besonders neben den Türen und unter den Fenstern.

So vertreiben Sie Küchenschaben und anderes Ungeziefer

Mehrere der bereits genannten Methoden können auch gegen diese »kleinen Biester« eingesetzt werden. Darüber hinaus können Sie auch zu folgenden Mitteln greifen:

- Legen Sie Gurkenschalen überall dort hin, wo sich diese Insekten wohl zu fühlen scheinen.
- Um sie zu vernichten, streuen Sie Borsäurepulver (ein sehr wirkungsvolles, leider aber leicht giftiges Mittel, das Sie daher nicht verwenden sollten, wenn Sie kleine Kinder oder Tiere haben). Mehl oder Kandiszucker wirken zusätzlich als Köder.
- Legen Sie Blätter von Beerensträuchen in Ihre Speisekammer oder Vorratsschränke, damit sich keine Insekten einnisten.

Flöhe und Wanzen: Legen Sie Rainfarnblüten, Farnstengel, Bohnen-, Nußbaum- oder Minzblätter unter die Hundedecke, in den Hundekorb sowie unter die Matratzen.

Allgemeine Empfehlungen

- Lassen Sie Ihre Vorratsdosen nicht offenstehen, vor allem, wenn sie süße Nahrungsmittel enthalten.
- Wischen Sie die Anrichte und den Fußboden in Ihrer Küche regelmäßig auf. Der kleinste Essensrest wird sonst gern als Einladung zum Schmaus angesehen.
- Entfernen Sie Fettreste auf dem Herd oder an den Küchenwänden.

- Wischen Sie regelmäßig Staub, denn in Staubansammlungen vermehren sich mit Vorliebe Mikroben, die größere Ungeziefer anlocken können.
- Machen Sie auch an unzugänglichen Stellen sauber, die Sie gern übersehen. Achten Sie besonders unter und hinter Schränken, dem Herd oder Kühlschrank auf Sauberkeit, denn hier nistet sich Ungeziefer besonders gern ein.
- Schließen Sie Abfalleimer und -säcke gut.
- Legen Sie feuchte Wände trocken. Wenn sich hier Schimmel bildet, zieht dieser auch Insekten an.

Ischias

Wer an Ischias leidet, verspürt im allgemeinen stechende Schmerzen, die vom unteren Teil des Rückens ausgehen und über das Gesäß auf den Oberschenkel bis hinunter zum Fuß ausstrahlen können.

In den meisten Fällen einer Ischialgie (Schmerzen im Verbreitungsgebiet des Ischiasnervs) ist die Wirbelsäule betroffen. Die Ischialgie geht von einem Druck auf die Wurzeln des Ischiasnervs infolge eines Bandscheibenvorfalls aus.

Der Ischiasnerv ist einer der wichtigsten Nerven. Seine Verzweigungen reichen in den gesamten unteren Teil des Körpers und in die Beine. Es ist einleuchtend, daß jede Quetschung dieses Nervs die Beweglichkeit des Körpers ernsthaft beeinträchtigen kann.

Was Sie tun können

Im Fall einer akuten Ischialgie werden Sie sich hinlegen müssen, um eine fast vollkommene Bewegungslosigkeit einhalten zu können. Bleiben Sie so viel wie möglich im Bett liegen, und vermeiden Sie es, lange zu stehen. Wahrscheinlich wird es mehrere Wochen dauern, bis Sie wieder Ihren normalen Tagesablauf einhalten können.

Der Arzt wird Ihnen schmerzstillende und entzündungshemmende Medikamente verschreiben. Der Chiropraktiker kann Ihre Schmerzen ebenfalls durch Dehnungen und besondere Handgriffe im Bereich der Wirbelsäule lindern.

Sie können Ihren Zustand aber auch selbst verbessern, die Heilung sogar beschleunigen, und das mit ganz natürlichen »Tricks«. Wir führen hier einige auf:

Ernährung

Einige Forscher haben festgestellt, daß Ischialgien oft mit Fettmangel im Organismus oder mit Schwierigkeiten, Fett aufzunehmen, zusammenhängen.

Nehmen Sie deshalb Lebertran oder Nachtkerzenöl ein (im Handel als Efamol erhältlich), um diesen Mangel auszugleichen.

Ischias wird zudem durch Eisenmangel verschlimmert. Zur Abhilfe sollten Sie ein Tonikum auf Eisenbasis einnehmen (am besten ein natürliches Mittel wie Floradix von Salus-Haus) sowie eisenhaltige Pflanzen-, Gemüse- und Obstextrakte.

Umschläge

- Senfumschläge, die Sie ungefähr 10 Minuten lang einwirken lassen, lindern die Nervenschmerzen.
- Sie können auch einen Umschlag aus frischen oder getrockneten Tabakblättern (!) machen.
- Vermischen Sie 30 g Kamillenblüten und 3 Mohn- oder Klatschmohnblütenköpfen mit soviel Wasser, bis sich eine dicke Rohmasse gebildet hat, und tragen Sie diese so heiß wie möglich auf die betroffenen Stellen auf.
- Folgen Sie dem Verlauf des Ischiasnervs mit Brennesselblättern. Beginnen Sie bei der Hüfte, und gehen Sie bis zur Ferse. Diese Methode reizt zwar die Haut, ist aber wirksam.
- Machen Sie im Lendenbereich abwechselnd Umschläge mit Heilerde und Kohlblättern.

Ätherische Öle

Äußerliche Anwendung: Römische Kamille, Speiklavendel, Wacholder oder Majoran (origanum majorana). Vermischen Sie das ätherische Öl im Verhältnis von 1:10 mit Haselnußöl, und massieren Sie diese Mischung auf dem Handgelenk oder entlang des Ischiasnervs ein.

Massage und Akupressur

- Massieren Sie am Rücken die Punkte Nr. 35 und 36 sowie alle anderen schmerzhaften Stellen, die zwischen diesen beiden Punkte liegen; massieren Sie auch den Bereich des Kreuzbeins.
- Massieren Sie ausgiebig den Punkt, der sich in der Vertiefung hinter dem Hüftgelenk befindet, sowie die Punkte Nr. 38 und 39 an Bein und Fuß. Kneifen Sie den kleinen Zeh am Nagelansatz.

Magnettherapie

Um Ischias zu behandeln, können Sie alle Möglichkeiten der Magnettherapie nutzen: Mikromagneten, große Magneten, Magnetgürtel und -schuhe. Die Magnettherapie lindert nicht nur die Schmerzen, sondern führt auch zu einem schnelleren Wiedererlangen der Beweglichkeit.

Sie können die Magneten auf verschiedene Art und Weise anbringen:

- Eine Möglichkeit besteht darin, Mikromagneten entlang des Ischiasnervs direkt auf den schmerzenden Stellen anzubringen. Achten Sie jedoch darauf, mit den Nord- und Südpolseiten abzuwechseln.
- Sie können sich auch große Magneten während mindestens 1/2 Stunde täglich unter die Füße legen. Am besten sitzen Sie dabei in einem Sessel oder auf einem Stuhl.
- Tragen Sie außerdem ständig einen Magnetgürtel und Magnetschuhe. Wenn Sie zu Rückfällen neigen, führen Sie diese Therapie noch einige Zeit nach dem völligen Abklingen der Schmerzen fort.

Gymnastik

Einige Übungen können Ihnen helfen, Ihre Schmerzen zu lindern. Machen Sie sie sehr langsam, und überanstrengen Sie sich nicht dabei. Diese Übungen haben auch eine vorbeugende Wirkung.

1. Wenn Sie sitzen oder liegen, strecken Sie das Bein ganz gerade aus. Drehen Sie dann die Fußspitze in Richtung Fußknöchel. Auf diese Weise dehnen Sie die hinteren Beinmuskeln und -nerven.
2. Legen Sie im Stehen oder Sitzen ein Bein auf eine erhöhte Stütze. Strecken Sie das Bein dann so weit wie möglich aus, und beugen Sie sich nach vorne, wobei Sie versuchen, mit den Fuß mit den Händen zu berühren.
3. Hängen Sie sich einen Moment lang mit den Händen an ein Reck oder eine Sprossenwand. Wenn Ihnen solche Geräte nicht zur Verfügung stehen, hängen Sie sich an eine Tür. Diese Übung streckt die Wirbelsäule und »renkt alles wieder ein«.
4. Stellen Sie sich mit dem Gesicht zur Wand, und tun Sie so, als müßten Sie die Wand zurückschieben. Beugen Sie dabei leicht ein Bein, das andere strecken Sie so weit wie möglich nach hinten, wobei Sie den Fuß ganz auf den Boden drücken. Bei dieser Übung dehnen Sie die Muskulatur und die Nerven der Vorderseite des Beins.

Wichtig

Um Ischias vorzubeugen:
- setzen Sie sich immer gerade hin;
- schlagen Sie im Sitzen die Beine nicht übereinander;
- tragen Sie keinen Geldbeutel in der hinteren Hosentasche.

Juckreiz (Pruritus)

Der medizinische Fachbegriff für Hautjucken ist Pruritus. Dieses Jucken tritt oft im Zusammenhang mit Hautkrankheiten wie Ekzemen auf. Pruritus kann auch durch eine innere Krankheit ausgelöst werden. Dies ist insbesondere bei

Diabetes (Zuckerkrankheit) der Fall: sie verursacht den diabetischen Pruritus, der mit Kreislaufstörungen in Verbindung steht. Ältere Menschen leiden oft an senilem Pruritus, da ihre Haut trocken und nicht mehr so geschmeidig ist.

Da Juckreiz oft zu Schlaflosigkeit führt, sollten Sie ihn unbedingt behandeln lassen, bevor Ihre allgemeine körperliche und psychische Gesundheit darunter leidet. Eine Behandlung ist auch wichtig, weil sonst die Gefahr besteht, daß Sie durch starkes Kratzen Hautverletzungen verursachen.

Was Sie tun können

Selbstverständlich muß bei Juckreiz, der durch Haut- oder innere Krankheiten verursacht wird, das Übel an der Wurzel gepackt werden.

Wenn also Ihr Juckreiz auf eine Leber- oder Nervenkrankheit zurückzuführen ist – was oft der Fall ist – muß in erster Linie die Ursache behandelt werden. Lesen Sie daher zuerst die Rubrik über den Auslöser Ihres Juckreizes, z. B. *Gallen- oder Libersteine, Stauungsleber, Nervosität* usw.

Die Rubriken *Afterjucken* und *Scheidenjucken* informieren Sie über spezifische Behandlungen von Juckreiz an After und Scheide. Diese beiden Arten von Pruritus hängen im allgemeinen nicht mit anderen inneren oder äußeren Krankheiten zusammen. Einige der hier vorgeschlagenen Behandlungsmethoden lindern jedoch auch den Juckreiz bei Scheiden- oder Afterjucken.

Während Sie die Ursache des Pruritus behandeln, können Sie auch die eine oder andere der folgenden Maßnahmen ausprobieren, um den Juckreiz zu lindern:

- Waschen Sie die juckenden Stellen mit Essigwasser.
- Bestreichen Sie die betroffenen Stellen regelmäßig mit Ringelblumensalbe (die Angaben für die Zubereitung finden Sie in der *Einführung in die Pflanzenheilkunde).*
- Nehmen Sie blutreinigende Mittel zu sich. Diese beseitigen die giftigen Stoffe, die sich in Ihrem Körper angesammelt haben. Neben Wegerich empfehlen wir Ihnen einen Klettenwurzelabsud aus 40 g frischer Wurzel pro Liter Wasser. Trinken Sie 1 Tasse vor jeder Mahlzeit. Oder bereiten Sie mit 1 Teelöffel Brennessel pro Tasse einen Brennesselaufguß zu. Trinken Sie 4 Tassen täglich in kleinen Schlucken.
- Nehmen Sie jeden Morgen 1/2 Glas Wasser mit Heilerde zu sich (siehe *Einführung in die Behandlung mit Heilerde).* Heilerde nimmt die giftigen Stoffe auf und bewirkt ihre Ausscheidung über den Darm.

Akupressur

Massieren Sie am Rücken die Punkte Nr. 32 und 36, am Arm die Punkte Nr. 40 und 42 und am Knöchel den Punkt Nr. 17.

K

Kalte Gliedmaßen

Menschen, die die Veranlagung eines Eisbären haben, sind rar gesät. Unsere zumeist überheizten Wohnungen und das moderne Leben haben unsere Widerstandskraft gegen Kälte erheblich gesenkt. Kein Wunder also, daß die meisten unter uns schnell frieren.

Hin und wieder jedoch nimmt die Kälteempfindlichkeit besorgniserregende Formen an. Einige Menschen haben ständig kalte Hände oder Füße. Manche müssen sogar mitten im Sommer Handschuhe tragen!

Diese Kälteempfindlichkeit wird im allgemeinen durch eine Verengung der Blutgefäße in den Füßen und Händen verursacht. Die Kreislaufstörungen haben ihre Ursache in verschiedenen gesundheitlichen Problemen (Diabetes, Raynaud-Syndrom usw.).

Auch Streß, chronische Ängstlichkeit, bestimmte Medikamente sowie Nikotin- und Kaffeemißbrauch können in diesem Zusammenhang eine entscheidende Rolle spielen.

Was Sie tun können

Sie haben die Möglichkeit, Ihren Blutkreislauf zu verbessern. Mittel stehen Ihnen dazu in ausreichender Menge zur Verfügung. Diese eignen sich auch für jene, die einfach ihre Widerstandskraft gegen Kälte steigern wollen.

Was vor allem zu beachten ist

- Vermeiden Sie alles, was den Blutkreislauf durch Verengung der Blutgefäße beeinträchtigen kann, wie z. B. der Genuß von Kaffee, Tabak usw.
- Trinken Sie häufig warme Getränke.
- Trainieren Sie Ihren Körper mehrmals am Tag. Anstatt sich fröstelnd in Decken einzumummeln, sollten Sie Ihre Körperwärme durch konsequente Bewegung steigern. Damit erzielt man nicht nur kurzfristige Erfolge, sondern bewirkt auch auf lange Sicht eine Besserung. Eine sportliche Betätigung hilft, die Blutgefäße zu entschlacken.
- Gewöhnen Sie sich an, sich freiwillig der Kälte auszusetzen. Überheizen Sie Ihre Wohnung nicht. Duschen oder baden Sie regelmäßig kalt. Dies ist

eine ausgezeichnete Methode, um sich gegen die Kälte zu »impfen«. Sie gewöhnen Ihren Organismus daran, seinen thermischen Regulierungsmechanismus schneller in Gang zu bringen.

- Verkrampfen Sie sich nicht, wenn es kalt ist. Strecken Sie die Brust heraus. Verkrampfte Muskeln blockieren den Blutkreislauf. Eine Entspannung dagegen (wir werden darauf noch zu sprechen kommen) schafft Wärme.

Visualisierung und Entspannung

Die regelmäßige Durchführung einer Entspannungsübung kann Ihnen in Verbindung mit der Visualisierung überaus hilfreich sein.

Unter Versuchsbedingungen haben mehrere Yogis den Beweis erbracht, daß es im Zustand der vollkommenen Entspannung möglich ist, den Blutkreislauf zu beeinflussen. Die Yogis schafften es ohne Schwierigkeiten, ihre Körpertemperatur willentlich an ganz bestimmten Körperstellen zu erhöhen.

Der amerikanische Wissenschaftler Herbert Benson hat sich sogar nach Tibet begeben, um die außergewöhnlichen Leistungen zu beobachten, die die Yogis im Zustand der Meditation vollbringen. Von einigen unter ihnen hieß es sogar, daß sie in der Lage waren, ihre Körpertemperatur so weit zu erhöhen, daß sie feuchte Leintücher, in die sie eingewickelt waren, trocknen konnten. Und dies unter freiem Himmel mitten im tibetischen Winter!

Benson und seine Mitarbeiter, die mit all ihren wissenschaftlichen Gerätschaften angereist waren, haben die Richtigkeit dieses erstaunlichen Gerüchts bestätigt.

Selbstverständlich dauert es Jahre, bis man solche außergewöhnlichen Leistungen vollbringen kann. Nichtsdestotrotz können Sie Ihre Widerstandskraft gegen Kälte verbessern und erlernen, wie Sie Ihre Körperwärme in gewissem Maße steigern können.

Die folgende Technik wird Ihnen dabei helfen. Wenn Sie über ein gewisses Talent zur Visualisierung verfügen, so werden Sie mit dieser einfachen Methode hervorragende Ergebnisse erzielen. Sie hat sehr viel mit der Methode zu tun, die die Yogis und die Mönche praktizieren, von denen wir soeben gesprochen haben.

So gehen Sie vor:

1. Lesen Sie zunächst die Rubrik *Visualisierung,* um sich mit den grundlegenden Prinzipien dieser Methode vertraut zu machen.
2. Setzen Sie sich auf einen bequemen Stuhl oder in einen komfortablen Sessel, und stellen Sie Ihre Füße auf den Boden. Schlagen Sie die Beine auf keinen Fall übereinander, da dadurch der Blutkreislauf in den Beinen behindert wird (und das ist genau das Gegenteil von dem, was Sie erreichen wollen).

3. Sobald Sie gut entspannt sind, konzentrieren Sie sich auf eine Wärmezone in Ihrem Körper. Konzentrieren Sie sich vor allem auf Ihren Bauch oder den Genitalbereich. Machen Sie sich diese warme Energie intensiv bewußt. Spüren Sie diese Energie, und denken Sie an nichts anderes.
4. Wenn Sie diese Wärmezone gut lokalisiert haben, visualisieren Sie sie in Form einer roten Kugel.
5. Versuchen Sie dann, die Intensität der roten Farbe nach und nach zu steigern. Die Kugel soll zu einer strahlenden Sonne werden, deren Wärme in Ihren ganzen Körper ausstrahlt.
6. Fühlen Sie, wie diese Wärme sich zunächst in Richtung Herz ausbreitet. Leiten Sie sie dann in Ihre Arme, und lassen Sie sie bis in die Mitte der Hand hinabgleiten.
7. Während Sie sich auf die Mitte Ihrer Hand konzentrieren, werden Sie dort eine Energiekugel wahrnehmen. Sehen Sie sie in einem immer intensiver werdenden Rot. Fühlen Sie dann die roten, warmen Strahlen dieser Sonne, die sich zunächst auf Ihrer ganzen Handfläche und dann bis in die Fingerspitzen hinein ausbreiten.

Wenn Sie eher zu kalten Füßen neigen, durchlaufen Sie die gleiche Übung ab Schritt 3 noch einmal. Lassen Sie aber diesmal die im Bauch konzentrierte Wärme in die Beine und dann in die Füße hinabgleiten.

Sobald Sie die Wärme gut bis zu den Füßen gebracht haben, werden Sie sich der Energiekugel bewußt, die sich in der Mitte der Füße befindet. Verfahren Sie nun mit den Füßen so, wie wir es oben für die Hände beschrieben haben.

Anmerkung

Falls es Ihnen nicht gelingen sollte, sich die rote Kugel vor Ihr geistiges Auge zu rufen, begnügen Sie sich einfach mit dem Gefühl der Wärme.

Die »Wundersalbe«

Es gelingt Ihnen nicht, sich mit Hilfe der Visualisierung aufzuwärmen? Daran soll es nicht liegen! Tragen Sie ganz einfach eine Salbe auf, die durch häufige und intensive Anstrengungen verursachte Muskelschmerzen lindert.

Diese Art von Salbe regt in erster Linie die Durchblutung an. Deshalb kommt es an der Stelle, an der Sie sie auftragen, zu einer starken Erhöhung der Körpertemperatur. Sie können sich diese Eigenschaft der Salbe zunutze machen, um der Kälte entgegenzuwirken. Sie werden selbst bei sehr niedrigen Temperaturen ganz warme Hände und Füße haben.

Langfristige Lösungen

Heilpflanzen

Bestimmte Pflanzen können den Blutkreislauf regulieren:
- Umschläge mit **Kohlblättern** auf den Gliedmaßen bringen den Blutkreislauf wieder in Schwung. Zerkleinern Sie die Blätter gründlich, bevor Sie sie verwenden.
- **Ginkgo biloba** ist eine Pflanze, die speziell den Blutkreislauf in den Gliedmaßen fördert. Der im Handel erhältliche standardisierte 24 %ige Extrakt wird Ihnen bei Ihrem Problem helfen. Konsultieren Sie zu dazu auch den Ratgeber »Die Hausapotheke«, und lesen Sie Packungsbeilage.

Ätherische Öle

Orange, Immortelle, Rosmarin (mit Verbenon) und Muskatellersalbei (salvia sclarea).

Hydrotherapie

- Nehmen Sie Rosmarinbäder. Rosmarin stärkt die Blutgefäße und fördert die Durchblutung. Bereiten Sie 200 g Rosmarinblättern einen Aufguß zu, und geben Sie ihn in das Badewasser.
- Laufen Sie morgens durch das vom Tau nasse Gras. Beginnen Sie in den ersten Tagen mit einer Minute, und steigern Sie sich dann auf 5 Minuten täglich. Der Kreislauf wird so auf hervorragende Weise angeregt.

Magnettherapie

Viele Patienten berichten, daß sie dank der Verwendung einer magnetischen Matratze (siehe *Einführung in die Magnettherapie)* nach zwei bis drei Monaten eine deutliche Besserung ihres Befindens feststellen konnten. In einigen Fällen verschwand das Problem der kalten Gliedmaßen sogar fast vollständig.

Ernährung

Ihre Ernährung könnte in diesem Zusammenhang eine entscheidende Rolle spielen. Wenn Sie zuviel Fett mit Ihrer Nahrung aufnehmen, so besteht auf lange Sicht die Gefahr der Arterienverkalkung (siehe *Arteriosklerose).* Diese wiederum kann zu Durchblutungsstörungen führen, die für kalte Gliedmaßen verantwortlich sind.

Ein sehr vollwertiges Ernährungsprogramm mit geringem Anteil an Fetten und sehr viel Rohkost kann Ihr Befinden verbessern. Dieses Ernährungsprogramm empfiehlt sich um so mehr, als es schwerwiegendere Komplikationen von Durchblutungsstörungen verhindern helfen kann.

Würzen Sie Ihre Speisen so oft es geht mit Knoblauch, Petersilie und Thymian. Diese Gewürze regen die Durchblutung an. Essen Sie regelmäßig Heidelbeeren und Algen, die bei allen Durchblutungsproblemen sehr empfehlenswert sind.

Akupressur

- Um Arme und Hände aufzuwärmen, massieren Sie die Punkte Nr. 6, 31 und 23.
- Um Beine und Füße aufzuwärmen, massieren Sie die Punkte Nr. 12, 38 und 19.
- Sie können systematisch die Punkte der Handgelenke, der Hände, der Knöchel und der Füße massieren. Beachten Sie dazu die Karten mit den einzelnen Akupressurpunkten.

Katarrh

Früher bezeichnete man mit diesem Begriff jede Schleimhautentzündung, bei der große Mengen von Schleim abgesondert wurden. Heutzutage gebraucht man ihn vor allem für die anormalen Absonderungen der Schleimhäute der Atemwege (Nase, Hals usw.).

Was Sie tun können

1. Bronchialkatarrh

(siehe auch *Bronchitis)*

Akupressur

Bei einer laufenden Nase massieren Sie den ganzen Nasenrand von Punkt Nr. 2 bis zur Oberlippe. Massieren Sie die Außenseite der Nasenflügel. Zum Schluß kneifen Sie Ihre Zeigefinger am Nagelbett und rollen sie zwischen Ihren Fingern.

Ätherische Öle

- Inhalation: Speiklavendel, Römische Kamille oder Pfefferminze.
- Äußerliche Anwendung: Mischen Sie ätherisches Eukalyptusöl (eucalyptus radiata) im Verhältnis von 3:100 mit Haselnußöl.

2. Magen-Darm-Katarrh

Heilpflanzen

- Bereiten Sie mit 20 g Salbeiblättern und -blüten pro Liter Wasser einen Aufguß zu, und trinken Sie davon 3 Tassen täglich;
- Teufelskralle (siehe *Arthritis und Arthrose).*

Akupressur

Gewisse Punkte unterstützen die allgemeine Entgiftung des Organismus. Es sind dies der Punkt Nr. 38 mit der ganzen Rückseite des Knies sowie die Punkte Nr. 42 und 16.

Keuchhusten

Keuchhusten ist eine ansteckende Krankheit der Atemorgane, die durch gramnegative Bakterien hervorgerufen wird. Sie verbreitet sich durch Tröpfcheninfektion, wenn an Keuchhusten erkrankte Kinder husten oder niesen.

Übrigens ist Keuchhusten häufig die Folge von früheren Antibiotika-Behandlungen. Diese schaffen einen oxidierten Nährboden, der die Ausbreitung des Keuchhusten-Bakteriums begünstigt.

In der ersten Woche ähnelt er stark einem gewöhnlichen Husten, der von leichtem Fieber begleitet wird. In der zweiten Woche geht der Husten allmählich in Krampfhusten über. Dann erscheint der charakteristische Keuchhusten dieser Krankheit: eine Reihe starker Hustenstöße, anschließend sehr lautes, juchzendes Einatmen, das an einen Hahnenschrei erinnert.

Diese Hustenanfälle treten vor allem nachts und beim Essen auf. Wenn das Kind hustet, läuft sein Gesicht rot an, seine Augen sind geschwollen und tränen.

Was Sie tun können

Heutzutage ist Keuchhusten viel weniger gefährlich als früher. Außer in Ausnahmefällen folgt die Krankheit ihrem natürlichen Lauf, ohne Gefahr von Komplikationen. Doch wenn es sich um einen Säugling handelt, muß man unbedingt den Arzt konsultieren. In jedem Fall aber sollten Sie ihn so schnell wie möglich aufsuchen, wenn es im Durchschnitt mehr als einen Hustenanfall pro Stunde gibt.

Treffen Sie vor allem folgende Vorsichtsmaßnahmen

- Lassen Sie das Kind aufrecht sitzen, wenn der Keuchhustenanfall erfolgt. Wenn das Kind liegenbleibt, sammelt sich Schleim in der Kehle und reizt diese zu weiterem Husten.
- In der ersten Krankheitswoche soll das Kind möglichst das Bett hüten, wenn es erhöhte Temperatur hat. Das Zimmer soll warm, aber gut gelüftet sein.
- Denken Sie daran, daß das Kind 4 bis 6 Wochen lang ansteckend ist. Eine Quarantäne von etwa 5 Wochen ist in den meisten Ländern die Norm.

Naturheilmittel

Der Vorteil von Naturheilmitteln gegenüber Antibiotika besteht darin, daß sie ebenfalls eine Besserung bewirken, aber nicht die Nachteile von Antibiotika haben.

Die Homöopathie kann zum Beispiel den Heilungsprozeß auf zwei Wochen verkürzen. Leider gibt es aber kein universell einsetzbares homöopathisches Präparat für Keuchhusten. Alles hängt von der individuellen Persönlichkeit des Kranken ab. Sie müssen also einen qualifizierten Homöopathen aufsuchen.

Die folgenden Maßnahmen und Naturheilmittel helfen jedoch in jedem Fall:

Ernährung

Um die Bakterien zu bekämpfen, müssen Sie unbedingt auf eine leichte und entgiftende Ernährung achten. Man sollte lieber die allgemeinen Abwehrkräfte stärken als den Don Quichotte gegen die Bakterien spielen.

Gebirgsluft

Wenn Sie die Möglichkeit haben, ins Gebirge zu fahren, so wird das dem Kranken äußerst gut tun.

Umschläge

- Um die Hustenanfälle zu lindern, machen Sie Umschläge mit Bienenwachs. Lassen Sie den Wachs schmelzen, tauchen Sie ein Stück Stoff darin ein, und legen Sie dann diesen Stoff auf die Lunge.
- Machen Sie je einen Umschlag mit lauwarmer Heilerde von 1 cm Dicke auf dem Rücken und der Brust, und lassen Sie sie 2 bis 4 Stunden täglich einwirken.

Inhalation

Geben Sie einige Tropfen ätherisches Lavendel- oder Thymianöl auf ein Taschentuch, den Kopfkissenbezug oder in den Luftbefeuchter.

Einreibung

- Reiben Sie den Rücken und die Brust mit einer Lavendeltinktur ein (100 g Lavendelblüten in 500 g Alkohol ziehen lassen).
- Reiben Sie die Brust mit Thymiansalbe ein (die Zubereitung finden Sie in der *Einführung in die Pflanzenheilkunde).*

Sirup

Siruprezepte siehe unter *Husten.*

Aufguß

Bereiten Sie mit 30 g Blüten der großen Quitte auf 1 Liter Wasser einen Aufguß zu, den Sie zusammen mit etwas Orangenblütenwasser trinken, um die Hustenanfälle zu lindern und den Schlaf zu fördern.

Knoblauch in jeder Form

Roh im Salat, als Brotaufstrich gemischt mit Olivenöl, als Tinktur, als Kaltauszug in Alkohol, als Knoblauchsuppe oder geruchlose Knoblauchkapsel.

Ätherische Öle

Mischen Sie ätherisches Zypressen-, Eukalyptus und Thymianöl, und nehmen Sie 3 bis 5 Tropfen dieser Mischung dreimal täglich mit etwas Honig ein.

Akupressur

Die Punkte, die hier aufgeführt sind, sind bei Husten im allgemeinen wirksam.

- Massieren Sie den Punkt Nr. 32 am Rücken auf Höhe des 3. Brustwirbels. Auf der Mittellinie können Sie auch den Punkt massieren, der sich auf der gleichen Höhe wie der Punkt Nr. 32 und der Punkt Nr. 29 befindet.
- Im oberen Brustbereich und am Hals massieren Sie die schmerzhaften Punkte, besonders die Punkte Nr. 5, 6, 7 und 8.
- An der Hand und am Handgelenk massieren Sie die Punkte Nr. 41, 42, 24 und 25.

Klimakterium

(Siehe *Wechseljahre)*

Knochenschmerzen

(Siehe auch *Arthritis und Arthrose*, *Gicht*, *Knochenschwund* sowie die Rubrik *Knochenbrüche* in Ihrem Ratgeber »Das ABC der Ersten Hilfe«)

Ein Bruch, Osteoporose, Rheumatismus, Gicht, Grippe usw. – das sind Gründe, die Ihre Knochenschmerzen erklären können. Langfristig müssen Sie natürlich die Ursache des Problems behandeln (siehe die entsprechende Rubrik).

Kurzfristig können Sie sich mit einem oder mehreren der nachstehenden Mittel Erleichterung verschaffen:

Heilpflanzen

Frische Beinwellblätter haben sich als Badezusatz (500 g pro Bad; siehe *Einführung in die Wasserheilkunde*) oder als Umschläge bewährt (dämpfen Sie die Blätter vor Auflegen auf die Schmerzregion an).

Heilerde

Machen Sie jeden Tag 2 kalte Heilerdeumschläge, die Sie jeweils zwei Stunden einwirken lassen, oder nur 1 Umschlag, den Sie die ganze Nacht über belassen, wenn Sie dies bevorzugen.

Akupressur

- Im Rücken gibt es einen speziellen Punkt für die Knochen. Sie finden ihn auf Höhe des ersten Brustwirbels 1 1/2 Daumenbreit von der Mittellinie entfernt. Tonisieren Sie diesen Punkt.
- Bei Demineralisierung, Osteoporose und Arthrose stimulieren Sie die Punkte Nr. 24 und 41 am Handgelenk und den Punkt Nr. 16 unterhalb des Knies.

Magnettherapie

Legen Sie einen großen Magneten mit dem Südpol auf die schmerzende Stelle. Sie können die Schmerzregion auch mit Mikromagneten vierteln (indem Sie darauf bedacht sind, Süd- und Nordpole abzuwechseln).

Knochenschwund (Osteoporose)

Osteoporose ist eine der bekanntesten Folgeerscheinungen der Wechseljahre. Obwohl auch Männer von dieser Knochenkrankheit betroffen sein können, kommt sie beim älteren Mann doch sehr selten vor.

Aufgrund eines Kalziummangels und verschiedener anderer Faktoren (die genetisch oder ernährungsbedingt sein können) werden die Knochen dünner und brüchiger. Die Knochenbrüche, die sich deshalb ergeben, sind oft schmerzhaft und schwer zu heilen, und ihre Folgen können tödlich sein. Es handelt sich dabei meistens um Wirbelsäulen- oder Beckenbrüche.

Osteoporose bewirkt auch ein Zusammensacken der Wirbelkörper. Die an Osteoporose erkrankte Person bemerkt eines Tages plötzlich, daß sie um einige Zentimeter (manchmal sogar bis zu 20 cm) geschrumpft ist und daß sie an der Taille zugenommen hat, obwohl sie ihr Gewicht beibehalten hat. Ihr Rücken kann sich ebenfalls krümmen und zu einem »Katzenbuckel« werden.

Was Sie tun können

Geben Sie bereits ab dem 30. Lebensjahr auf Ihre Knochen acht! Das ist die beste Methode, um der Alterung der Knochen vorzubeugen. Und die Lösung liegt vor allem in der Ernährung und der körperlichen Betätigung:

1. Ernährung

Hier kennt die Zeit keine Gnade. Sie sind gut beraten, wenn Sie sich Kalziumreserven schaffen, bevor Sie die Fünfziger erreichen. Denn je mehr Zeit verstreicht, desto mehr Schwierigkeiten hat der Organismus, Kalzium aufzunehmen.

Nach dem 50. Lebensjahr ist die Kalziumaufnahme stark reduziert. Besonders dann, wenn Sie rauchen, viel Kaffee und Alkohol zu sich nehmen.

Die beste Kalziumquelle befindet sich in Ihren Lebensmitteln. Am meisten Kalzium enthalten: rohe Braunalgen (1'093 mg pro Gramm), roher Agar-Agar, Milchprodukte (vorzugsweise entrahmter Joghurt und magerer Käse), Sardinen und Lachs mit Gräten, getrocknete Feigen, Mandeln, Sesamkörner, Sonnenblumenkerne und Blattgemüse.

Wenn Sie einen Kalziummangel ausgleichen müssen oder befürchten, nicht genügend Kalzium zu sich zu nehmen, können Sie unbesorgt auf Kalziumtabletten zurückgreifen. Kalzium muß immer mit der gleichen Menge Phosphor eingenommen werden, um vom Organismus assimiliert zu werden.

Testen Sie die Kalziumtabletten

Beachten Sie, daß nicht alle Kalziumpräparate vom Organismus gleichermaßen aufgenommen werden. Viele lösen sich auf dem Weg durch Magen und Darm gar nicht erst auf.

Mit der folgenden Methode finden Sie jedoch schnell heraus, welche Tabletten am besten assimiliert werden:

Geben Sie eine Tablette in etwas zimmerwarmen Essig, und schütteln Sie das Glas ganz leicht alle 5 Minuten. Wenn sich die Tablette nach 30 Minuten nicht aufgelöst hat, ist es sehr wahrscheinlich, daß sie vom Organismus nicht aufgenommen wird.

Die wundersame Kieselsäure

Es gibt jedoch noch etwas Besseres als Kalziumtabletten. Nehmen Sie täglich **Schachtelhalmaufguß** oder **Schachtelhalmextrakt** (1/4 Teelöffel täglich). Diese Pflanze weist den höchsten Kieselsäuregehalt auf (6,4 bis 10 %).

Kieselsäure wird im Körper in Kalzium umgewandelt. Außerdem bindet sie das Kalzium im Organismus, ohne die Bildung von Kalziumablagerungen auf den Knochen zu begünstigen. Alle Frauen ab 30 Jahren sollten Schachtelhalm zu sich nehmen.

Nebenwirkungen sind bislang unbekannt. Schachtelhalm wirkt remineralisierend, wundheilend und zudem entschlackend. Bis zum heutigen Tag ist nichts bekannt, was die Eigenschaften der Kieselsäure – die aufgrund der erwähnten Eigenschaften auch »Pro-Kalzium« genannt wird – in bezug auf die Gesundheit der Knochen übertreffen würde.

Verschiedene Experimente haben die Forscher dazu bewegt, die erstaunliche Wirkungsweise der Kieselsäure näher zu untersuchen. Sie stellten fest, daß Knochenbrüche bemerkenswert schnell verheilten, wenn dem Patienten Kieselsäure verabreicht wurde. Wurde zusätzlich Kalzium verabreicht, so verlief der Heilungsprozeß wesentlich langsamer!

Nehmen Sie also täglich Kieselsäure; sie hat keine Nebenwirkungen und trägt dazu bei, daß Ihre Knochen gesund und kräftig bleiben.

2. Körperliche Betätigung

Körperliche Betätigung ist der zweitwichtigste Faktor für die Gesundheit der Knochen. Regelmäßige Gymnastikübungen regen die Östrogenproduktion an, was wiederum die Aufnahme von Kalzium begünstigt. Eine in den USA durchgeführte Studie zeigte, daß sich der Östrogenspiegel von älteren Frauen, die ihr Leben sonst vorwiegend sitzend verbrachten, nach 6 Wochen Gymnastikübungen beträchtlich erhöht hatte.

Beginnen Sie also sofort damit, sich körperlich zu betätigen – falls Sie dies nicht bereits schon tun. Wählen Sie Übungen, die die Beine beanspruchen: schnelles Gehen, Jogging, Aerobic, Radfahren usw.

3. Andere Behandlungsmöglichkeiten

Andere natürliche Heilmittel sind für die Stärkung der Knochen ebenfalls äußerst wirksam:

Heilerde

Nehmen Sie regelmäßig Heilerde zu sich. Dies ist ein ausgezeichnetes Mittel, um die Knochen zu kräftigen. Die Zubereitung finden Sie in der *Einführung in die Behandlung mit Heilerde*.

Bei Entkalkungserscheinungen können Sie auch auf der gesamten Länge der Wirbelsäule lauwarme Umschläge mit Heilerde machen.

Akupressur

Je mehr Sie sich bewegen, desto mehr Kalzium nehmen die Knochen auf. Bei Wildtieren erhöht sich die Knochendichte mit zunehmendem Alter. Nur die Menschen mit sitzender Lebensweise in den westlichen Breitengraden leiden an Osteoporose.

- Die Klopfmassage (siehe *Einführung in die Behandlung durch Massage)* erhöht die Knochendichte. Die Anhänger der traditionellen Kampfsportarten wenden diese Technik an, um einen »stählernen Körper« zu erlangen. Führen Sie die Klopfmassage morgens und abends während 10 Minuten durch. Es genügt, den ganzen Körper, insbesondere die Knochen, mit den Fingerspitzen zu beklopfen.
- Unter der Rubrik *Zellulitis* sind die Akupressurpunkte aufgeführt, die die Schilddrüsenfunktion anregen. Diese Drüse ist für die Bindung des Kalziums in den Knochen verantwortlich.
- Tonisieren Sie die Punkte Nr. 18, 19, 22 und 39 am Fuß, Nr. 34 und 35 am Rücken, Nr. 9 und 11 am Bauch, Nr. 24, 25 und 43 an der Hand und Nr. 41 am Handgelenk.

Körpergeruch

Auch wenn behauptet wird, daß ein Genie zu 99 % aus Schweiß besteht, ist letzterer jedoch in erster Linie ein Störfaktor. Die Duftstoffindustrie hat daher keine Probleme gehabt, sich einen bedeutenden Markt aufzubauen.

Auch wenn es angebracht ist, exzessiven Körpergeruch in der Öffentlichkeit zu vermeiden, so ist doch das Schwitzen wichtig für die Gesundheit. In vielen Fällen ist es auch ein nicht zu vernachlässigendes Symptom. Übermäßiges Schwitzen kann sogar ein Zeichen dafür sein, daß Sie Ihren Lebenswandel ändern müssen.

Ursachen

Die Haut ist ein wichtiges Ausscheidungsorgan. Damit ist ihre Funktion genauso bedeutend wie die der Nieren, des Darms und der Lungen. Dank der Schweißabsonderung kann die Haut die Nieren unterstützen, wenn diese nicht mehr in der Lage sind, alle Toxine auszuscheiden, was vor allem bei übermäßiger Nervosität der Fall ist.

Auch ist Schwitzen für den Körper eines der wichtigsten Mittel, seine Temperatur zu regulieren. In der Tat besitzt der Körper damit einen natürlichen Wärmeregler, der es ihm ermöglicht, die Temperatur je nach seinen Bedürfnissen zu senken. Schwitzen ist deshalb bei hohem Fieber von großer Bedeutung und sollte mit allen Mitteln gefördert werden.

Schwitzen spielt auch dann eine wesentliche Rolle, wenn die Körpertemperatur in den frühen Morgenstunden ihren niedrigsten Stand erreicht. Dies erklärt das übermäßige nächtliche Schwitzen bei vielen Menschen. Dieser zyklische Tiefpunkt der Temperatur ist völlig normal. Es gibt daher keinen Grund, sich zu beunruhigen, wenn Sie nachts viel schwitzen.

Geht übermäßiges Schwitzen jedoch mit einem anhaltenden Husten oder einem unerklärlichen Gewichtsverlust einher, sollten Sie einen Arzt aufsuchen.

Was Sie gegen das nächtliche Schwitzen tun können

Das nächtliche Schwitzen kann so ausgeprägt sein, daß es lästig wird. Manche Menschen verspüren sogar das Bedürfnis, sich nachts zu waschen oder den Pyjama zu wechseln.

Glücklicherweise kann das nächtliche Schwitzen mit Hilfe einiger Maßnahmen wieder normalisiert werden:

- Öffnen Sie das Fenster, und nehmen Sie eine dünnere Decke.
- Duschen Sie kalt, bevor Sie zu Bett gehen.
- Wenn Sie schmerzstillende Medikamente nehmen, müssen Sie wissen, daß diese im allgemeinen eine Senkung der Körpertemperatur bewirken und so das Schwitzen begünstigen.
- Trinken Sie nicht zuviel Alkohol, bevor Sie schlafen gehen.
- Vermeiden Sie übermäßige körperliche Anstrengungen, bevor Sie zu Bett gehen. Selbst wenn Sie nicht sofort schwitzen, werden Sie es wenige Stunden später tun.
- Zur Verminderung von Nachtschweiß ist **Schachtelhalmaufguß** oft hilfreich: Gießen Sie 50 bis 100 g der frischen oder 20 g der getrockneten Pflanze mit 1 Liter heißem Wasser auf, und trinken Sie davon 1 Tasse, bevor Sie zu Bett gehen. Sie können auch Schachtelhalmextrakt in Pulverform oder als Tinktur verwenden; beides ist im Handel erhältlich.

Akupressur

- Massieren Sie die Punkte Nr. 23 und 41 am Handgelenk, den Punkt Nr. 32 am Rücken und den Punkt Nr. 6 oberhalb der Brust.
- Massieren Sie die Punkte Nr. 18 und 39 am Fußknöchel.

Was Sie gegen das Schwitzen tagsüber tun können

Auch das tägliche Schwitzen ist eine normale Erscheinung. Bei großer Hitze übernimmt es seine naturgemäße Rolle eines Temperaturreglers.

Falls Sie jedoch tagsüber übermäßig stark schwitzen, sollten Sie sich folgende Fragen stellen: Sind Sie fettleibig oder gestreßt? Ist Ihre Ernährung sehr fettreich oder säurebildend? Nehmen Sie zuviel Koffein oder Alkohol zu sich? In vielen Fällen können Sie übermäßigem Schwitzen vorbeugen, indem Sie diese möglichen Ursachen aus dem Weg räumen.

Vermeiden Sie es, täglich ein Desodorans zu benutzen. Die meisten der im Handel erhältlichen Desodorantia enthalten Aluminiumchlorid. Diese Substanz trocknet die Haut aus und neutralisiert den Körpergeruch. Sie ist jedoch ziemlich giftig und geht schließlich in den Blutkreislauf über. Die langfristigen Folgen sind bislang unbekannt.

Greifen Sie daher vorzugshalber auf folgende Mittel zurück:

Heilpflanzen

Salbei ist bei weitem die bekannteste und geeignetste Pflanze, um einen unangenehmen Körpergeruch zu neutralisieren und Schweißabsonderungen zu verringern. Bereits zur Zeit der berühmten Schule von Salerno (12. Jahrhundert) wurde er zu diesem Zweck verschrieben.

Bereiten Sie mit 15 bis 20 g Salbeiblättern pro Liter Wasser einen Aufguß zu, und trinken Sie davon täglich 3 Tassen.

Bäder

Nehmen Sie Fuß- oder Vollbäder, denen Sie folgenden Absud zufügen: Mischen Sie Eichen-, Schachtelhalm- und Nußbaumblätter sowie Kiefernknospen zu gleichen Teilen. Verwenden Sie 1 Handvoll dieser Mischung pro Liter Wasser. Lassen Sie das Ganze 10 Minuten kochen und 20 Minuten ziehen.

Die Zubereitung von Fußbädern ist in der *Einführung in die Wasserheilkunde* beschrieben.

Heilerde

Bepudern Sie die schwitzenden Körperstellen regelmäßig mit feinem Heilerdepulver.

Ätherische Öle

Äußerliche Anwendung: Massieren Sie die Füße oder Achselhöhlen mit Salbeihydrolat (salvia officinalis) oder ätherischem Thymianöl (mit Linalool).

Akupressur

Mittels Akupressur können Sie die Schweißproduktion reduzieren und die entgiftende Funktion der Nieren und der Leber anregen, wodurch der Körpergeruch vermindert wird.

- Um die Schweißproduktion zu reduzieren, massieren Sie die Punkte Nr. 42, 43, 23, 26, 29 und 39.
- Um die Ausscheidung von Toxinen anzuregen, massieren Sie die Punkte Nr. 20, 22, 18 und 39 an den Füßen, die Punkte Nr. 16 und 38 am Knie und die Punkte Nr. 34, 35 und 36 am Rücken.

Denken Sie daran: Wenn Sie glücklich und bei guter Gesundheit sind, riechen Sie gut und Ihr Körper wird von Ihrer Umgebung als angenehm empfunden.

Was Sie gegen schwitzende oder stark riechende Füße tun können

Das übermäßige Schwitzen der Füße ist Quelle übler Gerüche schlechthin. Aber es kann dadurch auch ein feuchter Nährboden entstehen, der die Entwicklung von bestimmten Bakterien begünstigt (siehe *Fußpilz)*.

Natürlich können Sie diesem Problem vorbeugen, indem Sie die Füße waschen und die Socken häufig wechseln. Dabei sind Baumwollsocken synthetischen Fasern oder Wolle vorzuziehen.

Wenn der Geruch vor allem auf Bakterien oder Pilze zurückzuführen ist, entscheiden Sie sich für eine der nachstehenden Möglichkeiten:

- Nehmen Sie Fußbäder mit Essigzusatz.
- Reiben Sie die Füße mit einer Aloe-vera-Salbe ein. Aloe vera wirkt keimtötend und hat eine hervorragende desodorierende Wirkung.
- Heilerde: Baden Sie die Füße jeden Tag in einem Schlammbad (1/2 bis 1 Stunde). Dies sollte das Problem des übermäßigen Schwitzens der Füße lösen.
- Schlagen Sie auch unter dem Abschnitt *Fußbäder* in der *Einführung in die Wasserheilkunde* nach.

Körpermeditation

Sprechen Sie mit dem »Hüter Ihres Körpers«

Haben Sie schon einmal erwogen, mit Ihrem Körper zu sprechen? Oder ihn sogar um etwas zu bitten? Sie mögen das für eine merkwürdige Idee halten. Und doch kann dies helfen, Ihre Gesundheit wesentlich zu verbessern oder sie einfach zu bewahren.

Die folgende Technik, die von dem indischen Meister Osho stammt, ermöglicht es Ihnen, eine lebendigere Beziehung zu Ihrem Körper zu schaffen. Es handelt sich dabei um ein richtiges Ritual von Selbstheilung.

Um diese Technik optimal auszuschöpfen, dürfen Sie nie direkt mit Ihrer Krankheit oder Ihren physischen oder psychischen Schmerzen sprechen. Sie würden ihnen dadurch eine eigene Existenz verleihen, die sie nicht haben. Es ist immer Ihr Körper, der schmerzt, Ihr Knie, das nicht richtig funktioniert, Ihr Darm, der krank ist.

Nehmen Sie eine entspannende Musik und den folgenden Text auf Band auf. Sprechen Sie ganz langsam. Sie bewirken damit einen Zustand der Selbsthypnose, der gute Voraussetzungen für einschneidende Veränderungen schafft.

Möglicherweise erhalten Sie mit Hilfe dieser Technik klare Antworten auf gewisse gesundheitliche Probleme. Versteifen Sie sich jedoch nicht darauf, solche Antworten zu bekommen. Das Wesentliche spielt sich oft im Unterbewußtsein ab. Die Veränderung wird sich nach und nach zeigen.

Machen Sie diese geführte Meditation drei Wochen lang jeden Abend. Danach genügt es, wenn Sie vor dem Einschlafen daran denken, mit Ihrem Körper zu sprechen. Der Prozeß wird sich von selbst weiter vertiefen.

Diese Technik geht davon aus, daß in Ihrem Körper eine natürliche Weisheit vorhanden ist. Diese schützt ihn und sorgt dafür, daß er trotz den Belastungen durch die Außenwelt und Ihre Psyche möglichst gut funktioniert.

Sie sprechen diese Weisheit Ihres Körpers mit »Hüter« oder »Hüter meines Körpers« an.

Legen Sie sich bequem hin. Machen Sie zehn tiefe Atemzüge, während Sie zehnmal den Laut OM oder AUM (A-U-M) singen, der das Innere Ihres Körpers zum Vibrieren bringt.

Dann sprechen Sie direkt zu Ihrem Körper. Verwenden Sie dazu folgende Sätze:

- *»Mein Körper, ich danke dir für alles, was du während all der Jahre meines Lebens für mich getan hast.*
- *Ich unternehme eine Reise in dein Inneres, um die schmerzenden und verspannten Stellen zu erkennen.*
- *Ich weiß, daß die Symptome und Krankheiten, an denen ich leide, auf den Bemühungen meines Hüters beruhen, der sein Möglichstes tut, um meinen Körper zu schützen und anzupassen. Ich danke dir, Hüter meines Körpers, für all die Arbeit, die du bisher für mich getan hast und die du immer noch tust.*
- *Ich wende mich an alle Teile meines Körpers, die sich gegenwärtig unwohl fühlen oder krank sind.*
- *Ich danke dir für all die Arbeit, die du für mich verrichtet hast. Sag mir, was ich für dich tun kann, damit es dir besser geht. Ich bin bereit, dir zuzuhören.*

- *Ich spreche mit dir, Hüter meines Körpers. Ich danke dir für deine Arbeit. Ich bitte dich, in Anbetracht meines neuen Bewußtseins und meiner Bereitschaft, dir zuzuhören, in meinem Körper ein neues Gleichgewicht zu schaffen.*
  Ich bin bereit, mir deine Botschaften und Vorschläge anzuhören und die Verhaltensweisen zu ändern, die meinen Körper verletzen.
- *Ich danke dir, Hüter meines Körpers. Ich danke dir, mein Körper und all deinen Bestandteilen.«*

Zum Schluß singen Sie wieder zehnmal den Laut OM oder AUM (A-U-M), während Sie zehn tiefe Atemzüge machen.

Kolik

(Siehe *Kolik des Kleinkindes, Leberkolik, Nierenkolik* oder *Unterleibskolik beim Erwachsenen)*

Kolik des Kleinkindes (oder des ersten Vierteljahres)

Ihr Säugling schreit durchdringender und ausdauernder als gewöhnlich. Und der Grund dafür scheint nicht darin zu liegen, daß die Zähne durchkommen, daß er Hunger hat oder sich naß gemacht hat ...

Ist das Kind nicht zu trösten, extrem reizbar, nicht zu beruhigen? Ist sein Bauch aufgebläht? Hat es Blähungen? Hebt es die Beine an? Wenn das alles gewöhnlicherweise nach den Mahlzeiten auftritt, leidet es wahrscheinlich an einer Kolik (der ersten Vierteljahres).

Aber sorgen Sie sich nicht. Das ist bei Kindern ein sehr verbreitetes Übel. Der berühmte Kinderarzt Mendelsohn hat festgestellt, daß bei weniger als 10 % der Fälle von Bauchweh eine Einweisung ins Krankenhaus notwendig ist.

Achten Sie aber besonders auf folgende Symptome:

- Leidet der Säugling unter Durchfall oder gar Erbrechen, handelt es sich eher um eine Magen-Darmentzündung (Gastroenteritis).
- Wenn es Fieber hat, sind verschiedene Ursachen möglich.

In diesen Fällen müssen Sie früher oder später den Arzt aufsuchen, aber es besteht kein Grund zur Aufregung. Nur wenn das Kind sehr blaß ist und brüllt, müssen Sie es auf schnellstem Wege ins Krankenhaus bringen.

Ursachen

Die genaue Ursache dieser Koliken ist bisher noch nicht bekannt. Doch man weiß, daß sie in folgenden Fällen auftreten: Müdigkeit und Streß, Schlucken von Luft, ohne die Möglichkeit, diese wieder von sich zu geben, Nahrungsmangel, Unverträglichkeit von Kuhmilch oder anderen Lebensmitteln, eine falsche Art, dem Kind die Nahrung zu geben.

Was Sie tun können

Halten Sie das Kind gerade an sich gedrückt. Legen Sie etwas Warmes auf seinen Unterleib.

Sie können ihm auch Erleichterung verschaffen, indem Sie es auf den Bauch drehen, unter den Sie eine Wärmflasche legen. Widmen Sie ihm soviel Aufmerksamkeit wie möglich, und singen Sie ihm ein beruhigendes Lied vor. Massieren Sie es auch ganz sanft auf dem Bauch, oder machen Sie magnetische Passes (siehe *Das therapeutische Handauflegen* im ersten Teil). Das kann Wunder wirken! Gleichzeitig wenden Sie eines oder mehrere der folgenden Heilmittel an:

- Kompresse mit warmem Wasser oder Kamillenaufguß (1 Handvoll Blütenköpfe auf 1 Liter Wasser).
- Einreibung des Unterleibs mit Johanniskrautöl.

Bad für Kinder über neun Monate

Baden Sie das Kind in lauwarmem Wasser mit Schafgarbenzusatz, und geben Sie ihm gleichzeitig Kamillenaufguß zu trinken.

Aufguß

Mischen Sie zu gleichen Teilen zerstoßene Fenchelsamen, zerstoßene Kümmelsamen, Kamillenblüten und Pfefferminzblätter. Bereiten Sie mit 1 Eßlöffel der Mischung pro Liter Wasser einen Aufguß zu, und verabreichen Sie Ihrem Kind den Aufguß löffelweise oder mit dem Fläschchen.

Bei wiederholten Koliken

Bei wiederholten Koliken (besonders bei denen, die die Kinderärzte ohne dauerhaften Erfolg behandeln) haben sich mehrere Naturheilmittel als wirksam erwiesen:

- eine Knoblauchkapsel hilft, den befreienden Rülpser hervorzurufen;
- Aloe-vera-Saft (nicht zu verwechseln mit der Arzneidroge Aloe) vermischt mit Fruchtsaft.

Wie finden Sie heraus, gegen welches Nahrungsmittel das Kind allergisch ist?

Normalerweise müßten die genannten Methoden genügen. Es ist nicht nötig, dem Kind ein Arzneimittel zu verabreichen. Versuchen Sie jedoch, unter den genannten Ursachen die auf Ihr Kind zutreffende zu bestimmen. Wenn Sie eine Lebensmittelallergie vermuten, ist es nicht immer einfach, das allergene Nahrungsmittel ausfindig zu machen.

Dr. Mendelsohn schlägt folgende Methode vor, um herauszufinden, gegen welche(s) Nahrungsmittel das Kind allergisch reagiert:

»Um zu erkennen, ob Ihr Kind gegen ein Nahrungsmittel allergisch ist, stellen Sie einen genauen Ernährungsplan auf, um die Beziehung zwischen der Nahrung, die es ißt, und seinen Leibschmerzen zu ermitteln.

Sie brauchen dafür Zeit und guten Willen, Ihr Kind wird vielleicht dagegen protestieren, aber um eine Lebensmittelallergie zu klären, lohnt sich die Mühe.

Lassen Sie ein Nahrungsmittel nach dem anderen weg, die es gewöhnlich ißt, und beobachten Sie, ob die Schmerzen nach einigen Tagen verschwinden.

Wenn Sie ein verdächtiges Nahrungsmittel herausgefunden haben, geben Sie es Ihrem Kind noch einmal, um zu sehen, ob der Schmerz wiederkehrt. Wenn das der Fall ist, dann haben Sie das richtige gefunden!«

Aber was macht man, wenn das Kind gegen mehrere Nahrungsmittel allergisch ist?

Immer noch laut Dr. Mendelsohn: *»Wenn Ihr Kind gegen mehrere Nahrungsmittel allergisch ist, ist Ihre Aufgabe schwieriger, denn der Wegfall eines Schuldigen wird nicht bewirken, daß die Schmerzen aufhören, solange die anderen noch da sind. In diesem Fall wenden Sie die umgekehrte Technik an, indem Sie alle wahrscheinlichen Allergene ausschalten und dann eines nach dem anderen wieder einführen. Wenn die Schmerzen wieder anfangen, sobald ein Nahrungsmittel wieder gegeben wird, haben Sie einen der Schuldigen gefunden. Schalten Sie diesen völlig aus, und fahren Sie damit fort, ein Nahrungsmittel nach dem anderen wieder einzuführen, bis Sie alle identifiziert haben.«* (in: Des enfants sains ... même sans médecin, Editions Soleil).

Kopfschmerzen

(Siehe auch *Migräne)*

Kopfschmerzen sind zwar nicht so gravierend wie Migräne, sie sind jedoch nicht weniger schmerzhaft. Überdies werden viele der häufig auftretenden oder schwerwiegenden gesundheitlichen Störungen von Kopfschmerzen begleitet, die sogar zu den wichtigsten Symptomen gehören können.

Eine Art von Kopfschmerzen tritt beispielsweise beim »Kater« auf, weil der Alkohol die Gefäße erweitert, die das Gehirn mit Blut versorgen. Unter Kopfschmerzen leidet man in der Regel auch bei den folgenden Erkrankungen: Bluthochdruck, Stirnhöhlenvereiterung, grüner Star, Fehlsichtigkeit und Lebensmittelallergien.

Wenn Sie es gewohnt sind, viel Kaffee zu trinken, und über längere Zeit darauf verzichten müssen, können ebenfalls Kopfschmerzen entstehen. Weitere Ursachen können zu trockene Luft oder Mangel an frischer Luft sein.

In 75 % der Fälle sind Kopfschmerzen jedoch von keinem weiteren Symptom begleitet. Diese Art Kopfschmerzen ergeben sich am häufigsten aufgrund von Muskelverspannungen im Nacken-, Gesichts- und Schädelbereich. Man spricht in diesem Zusammenhang von »Spannungskopfschmerzen«, die oft als unvermeidliche Folge von Ermüdungszuständen oder emotionalem Streß auftreten. Sie können jedoch auch entstehen, wenn Sie über längere Zeit konzentriert arbeiten müssen.

Was Sie tun können

Der Unterschied zwischen einer Migräne und sehr starken Kopfschmerzen ist nicht immer eindeutig. Im allgemeinen sind Kopfschmerzen harmlos und führen nicht zu Komplikationen. Es reicht aus, ein chemisches Schmerzmittel einzunehmen oder eine der Maßnahmen anzuwenden, die unter der Rubrik *Migräne* beschrieben sind.

Wenn Ihre Kopfschmerzen jedoch sehr häufig auftreten oder länger als ein bis zwei Tage andauern, können sie ein Hinweis auf eine schwerwiegende gesundheitliche Störung sein. In solchen Fällen reicht es nicht mehr aus, den Schmerz mit Hilfe von schmerzstillenden oder anderen Mitteln zu lindern.

So ist der Fall eines Mannes bekannt, der häufig unter Kopfschmerzen litt und sich deshalb einer Hypnosetherapie unterzog, wodurch die Schmerzen völlig verschwanden. Doch dies war leider nicht die Lösung des Problems, denn die Kopfschmerzen waren durch einen Gehirntumor verursacht worden. Als dieser endlich entdeckt wurde, war es für eine Behandlung zu spät.

Suchen Sie also einen Arzt auf, wenn Sie häufig unter Kopfschmerzen leiden. Nur er kann abklären, ob Ihre Schmerzen die Folge von erhöhtem Blutdruck, eines Gehirntumors oder einer harmloseren Erkrankung sind.

Wenn Sie unter chronischen Angstzuständen oder einer emotionalen Störung leiden, sollten Sie einen Psychotherapeuten aufsuchen oder eine Entspannungstechnik durchführen.

Auch die folgenden Mittel haben sich als sehr wirkungsvoll erwiesen:

Heilpflanzen

- Kopfschmerzen im Zusammenhang mit einer Erkältung oder einer Grippe können mit **Lindenblütenaufguß** behandelt werden. Geben Sie 3 bis 5 g Lindenblüten in eine Tasse, und übergießen Sie sie mit kochendem Wasser; trinken Sie davon 3 bis 4 Tassen täglich. Im Frühling können Sie auch eine Linde leicht anritzen und den ausfließenden Saft sammeln. Nehmen Sie davon 3 Eßlöffel täglich.

- Essen Sie rohen oder gekochten **Fenchel.** Er ist dafür bekannt, bei Kopfschmerzen infolge einer schlechten Verdauung Linderung zu verschaffen.

Umschläge

- Legen Sie einen Umschlag mit zerstoßenen Rebenblättern auf die schmerzende Stelle.
- Mischen Sie zwei Zwiebeln, die Sie zuvor weichgekocht haben, mit Olivenöl und Salz, und geben Sie diese Masse auf die schmerzende Stelle.

Ätherische Öle

- Inhalation: Atmen Sie langsam Speiklavendel- oder Pfefferminzessenz ein.
- Äußerliche Anwendung: Massieren Sie die Schläfen mit je 1 Tropfen Lavendel- und Rosmarinöl (mit Cineol).

Heilerde

Bei Kopfschmerzen kann Ihnen auch Heilerde Linderung verschaffen. Machen Sie abwechselnd Umschläge auf der Stirn, im Nacken und in der Lebergegend. Der Stirnwickel sollte kalt und dünn sein und während 1 Stunde einwirken. Für den Nacken und die Lebergegend sollten Sie einen lauwarmen und etwas dickeren Umschlag verwenden, den Sie während 2 Stunden einwirken lassen.

Massage und Akupressur

- Wenn Sie unter Kopfschmerzen leiden, sollten Sie sich erst einmal um Ihre Füße kümmern. Massieren Sie sie auf jede erdenkliche Weise, vor allem die Zehen. Achten Sie darauf, daß die Füße nicht eingeengt sind, und halten Sie sie warm.
- Massieren Sie die Punkte Nr. 26, 27, 28, 29, 30 und 31, um die Nackenmuskulatur zu entspannen.
- Wenn der Schmerz auf Scheitelhöhe liegt, massieren Sie die Punkte Nr. 1, 37 und 38 sowie das Kreuzbein.
- Wenn Sie den Schmerz an den Schläfen verspüren, massieren Sie die Punkte Nr. 40, 41 und 42 an den Armen, die Punkte Nr. 15 und 39 an den Beinen, die Punkte Nr. 27 und 28 im Nacken sowie den Punkt Nr. 21 am Fuß.
- Massieren Sie die Punkte Nr. 2, 24, 41 und 42, wenn die Schmerzen im Bereich der Stirn liegen.
- Ferner sei darauf hingewiesen, daß man mit dem therapeutischen Handauflegen (siehe *Einführung in die Behandlung durch Massage)* bei hartnäckigen Kopfschmerzen erstaunliche Ergebnisse erzielen kann. Oft gelangt man damit zum Erfolg, wenn alle anderen Methoden versagt haben.

Anmerkung
Die Tips, die unter der Rubrik *Migräne* beschrieben sind, eignen sich auch zur Linderung der meisten Arten von Kopfschmerzen, unabhängig davon, ob diese körperlichen oder psychischen Ursprungs sind.

Kraftlosigkeit

(Siehe *Asthenie)*

Krampfadern

Aus offensichtlichen ästhetischen Gründen ist das Auftreten von Krampfadern nie willkommen. Außerdem können Krampfadern verschiedene, manchmal ziemlich schwerwiegende Beschwerden mit sich bringen. Die am häufigsten auftretenden sind Müdigkeit, Juckreiz und Beinschmerzen. Diese Erscheinungen können sich bei Frauen während der Menstruation noch verstärken.

Sie treten jedoch vor allem bei längerem Stehen auf. Die Füße können anschwellen und das Tragen der gewöhnlichen Schuhe schmerzhaft machen. Krampfadern sind also besonders beschwerlich für Menschen, die den ganzen Arbeitstag im Stehen verbringen.

Glücklicherweise – wenn man das so ausdrücken darf – gibt es in den meisten Fällen keine weiteren Unannehmlichkeiten, obwohl Komplikationen immer möglich sind. So können Krampfaderbrüche das Auftreten von äußeren oder inneren Blutungen bewirken, und im Bereich der Krampfadern können Beingeschwüre oder Ekzeme auftreten.

Ursachen

Krampfadern sind hauptsächlich auf einen schlechten Blutkreislauf zurückzuführen.

Das Blut gelangt bekanntlich durch die Venen zum Herzen zurück. Im Inneren der Venen öffnen sich die Venenklappen, wenn das sauerstoffarme Blut zum Herzen zurückfließt.

Diese Klappen schließen sich sofort wieder, um das Blut am Zurückfließen zu hindern. Dort, wo die Krampfadern auftreten, funktionieren die Venenklappen jedoch schlecht. Anstatt weiterhin dem Herzen zuzuströmen, fließt das Blut wieder nach unten und verursacht damit Stauungen in mehreren Venensegmenten: die Vene wird erweitert.

Probleme mit den Venenklappen sind jedoch nicht der einzige Grund für das Entstehen von Krampfadern. Verschiedene Kreislaufstörungen bewirken ebenfalls eine Erweiterung der Venen. Krampfadern dieser Art findet man häufig bei schwangeren Frauen. Die Krampfadern treten wegen des Gewichts des Kindes und der während der Schwangerschaft auftretenden Veränderungen in der Körperhaltung auf. Nach der Entbindung verschwinden diese Krampfadern meist ganz oder wenigstens beinahe spurlos.

Auch nicht behandelte Zysten können eine Kreislaufstörung bewirken. Außerdem können Krampfadern besonders bei beleibten Frauen im Klimakterium von einer Venenentzündung verursacht werden.

Was Sie tun können

Die Behandlung von Krampfadern hängt natürlich von ihrer Ursache und dem Ausmaß der damit verbundenen Beschwerden ab. In schweren Fällen muß sogar operiert werden.

Bei Krampfadern, die nicht auf eine fehlerhafte Funktion der Venenklappen zurückzuführen sind, muß auch die ihr zugrundeliegende physische Störung behandelt werden (Venenentzündung, Fettleibigkeit, Zysten, die den Blutkreislauf behindern usw.).

Bei Schwangeren muß das Ende der Schwangerschaft abgewartet werden, um zu sehen, ob die Notwendigkeit eines Eingriffs besteht.

Maßnahmen zur Verhinderung schmerzhafter Krampfadern

Bei sämtlichen Arten von Krampfadern ist eine gute Durchblutung in den Beinen wichtig. Beachten Sie deshalb folgende Punkte:

- Vermeiden Sie zu langes Stehen. Stehen erschwert den Rückfluß des Blutes zum Herz. Bei einer fehlerhaften Funktion der Venenklappen wird das Herz überbeansprucht.
- Legen Sie Ihre Füße beim Sitzen auf einen Hocker. Am besten legen Sie sich jedoch hin und schieben ein Kissen unter die Beine. Die Beine sollten höher liegen als der Oberkörper, um dem Herz die Arbeit so weit wie möglich zu erleichtern. Sobald die Beine in dieser Position sind, verringert sich das Volumen der Krampfadern deutlich, und allfällige Schmerzen werden erheblich gelindert.
- Schlafen Sie zur Vorbeugung in dieser Position, am besten in einem Bett mit erhöhtem Fußteil.

Hinweis

Diese Vorsichtsmaßnahmen eignen sich sowohl zur Vorbeugung von Krampfadern als auch zur Linderung der Schmerzen.

Wichtig

- Unterlassen Sie das Kratzen juckender Stellen im Krampfadernbereich.

- Legen Sie sich bei einem Krampfaderbruch sofort hin. Heben Sie das Bein an, und verbleiben Sie in dieser Position. Die Blutung sollte dann schnell zurückgehen.
  Drücken Sie ein sauberes Taschentuch leicht auf die verletzte Stelle, um die Blutung zu stillen.
- Suchen Sie bei einem Krampfaderbruch sofort einen Arzt auf.

Ernährung

- Bei allen Herz- und Kreislaufstörungen empfiehlt sich eine fett- und kalorienarme Ernährung. Eine solche Kost ermöglicht es, das Ausmaß der Krampfadern zu verringern, und kann deren Auftreten bei Menschen mit einer erblich bedingten Veranlagung zu Krampfadern sogar verhindern.
- Machen Sie eine vier- bis fünfwöchige Zitronensaftkur. Beginnen Sie mit 1 Zitrone täglich, und erhöhen Sie die Menge allmählich bis auf 12 Zitronen. Dann verringern Sie die Menge allmählich, bis Sie wieder bei 1 Zitrone täglich angelangt sind.

Gymnastik

Bei Krampfadern wirkt Gymnastik vorbeugend oder wenigstens abschwächend. Besonders empfehlenswert sind Gymnastikübungen, die die Beine beanspruchen.

Ziehen Sie kurze, aber intensive Übungen vor, wenn Sie unter ausgeprägten Krampfadern leiden: schnelles Gehen, Auf-der-Stelle-Treten mit Hochziehen der Beine. Sie dürfen dabei ruhig ins Schwitzen geraten.

Heilpflanzen

Verschiedene Heilpflanzenpräparate können Ihren Zustand beträchtlich verbessern:

- Reiben Sie die Beine morgens und abends mit einer **Ringelblumensalbe** ein. Lassen Sie sie wenn möglich die ganze Nacht über einwirken – zur Schonung der Bettlaken können Sie die Beine einbinden. Die Ringelblume bewirkt eine beträchtliche Verringerung der Symptome. Sie hemmt die Entzündung, strafft das Gewebe und fördert die Durchblutung.
- Essen Sie so oft wie möglich **rohen Knoblauch** (mindestens 1 Zehe pro Tag, noch besser 2 Zehen). Knoblauch fördert die Geschmeidigkeit und Elastizität der Blutgefäße.
- Die **rohe Zwiebel** schützt die Gefäße. Sie fördert den Blutkreislauf und die Nierentätigkeit, die mit dem Blutkreislauf in enger Verbindung steht.
- In den vergangenen Jahren haben zahlreiche Untersuchungen die venenstärkenden Eigenschaften des **Ginkgo bilobas** bestätigt. Er wird mit Erfolg bei venöser Insuffizienz und den damit einhergehenden Problemen einge-

setzt: Krampfadern, Ödemen, Kapillarerweiterungen usw. Er soll auch die Durchblutung des Gehirns und den arteriellen Blutkreislauf in den kleineren Blutgefäßen fördern, da er den Blutumsatz im Gehirn steigert und eine Erweiterung der Arteriolen in den Gliedern bewirkt.
Im Handel ist ein standardisierter 24%iger Extrakt erhältlich. Dies ist der sicherste und praktischste Weg, diese außergewöhnliche Pflanze zu sich zu nehmen.

Bäder

Seit langem empfiehlt die Medizin bei leichteren Fällen Thermalkuren. Diese sind jedoch auch bei schwereren Fällen angezeigt, wenn ein chirurgischer Eingriff nicht möglich ist oder vom Patienten nicht gewünscht wird.

Ist ein Aufenthalt in einem Kurort nicht möglich, können Sie Ihren Blutkreislauf auch mit einigen Hausrezepten verbessern:

- Wassertreten oder das Gehen in taufrischem Gras können das Auftreten von Krampfadern verhindern oder erstmals auftretende Venenprobleme in den Beinen lindern.
- Nehmen Sie abwechselnd warme und kalte Wadenbäder.
- Nehmen Sie Sitzbäder mit Beinwell. Bereiten Sie dazu einen Auszug aus Beinwellblättern zu: 250 g frische Blätter während 12 Stunden in 5 Litern Wasser ziehen lassen. Aufwärmen, abseihen und ins Badewasser gießen. Das Wasser muß bis über die Nieren reichen. Badedauer: ungefähr 20 Minuten.

Heilerde

- Innerliche Anwendung: Trinken Sie jeden zweiten Monat während eines Monats täglich 1/2 Glas Wasser mit Heilerde.
- Äußerliche Anwendung: Machen Sie dicke Umschläge mit Heilerde, die Sie tagsüber während einiger Stunden oder auch die ganze Nacht über einwirken lassen.
  Sie können die Beine auch mit kalter, halbflüssiger Heilerde bepinseln und sie nach 1 bis 2 Stunden abwaschen.

Weitere Behandlungsmöglichkeiten

- **Ätherische Öle:** Zypresse, Rosmarin (mit Verbenon), Sandelholz, Pistacia lentiscus.
- **Massage und Akupressur:** eine kräftige Schwedische Massage oder eine Magnetismusbehandlung können den Blutkreislauf verbessern.
- **Magnettherapie:** magnetisches Bett und magnetisches Wasser.

Krebs

Sind Sie ein Krebs-Kandidat?

Wußten Sie, daß anfangs dieses Jahrhunderts auf zehn Fälle nur ein Krebsfall kam? Heute steht Ihre Chance eins zu vier, irgendwann einmal in Ihrem Leben an einer Krebskrankheit zu leiden.

Solche Zahlen haben immer mehr Forscher auf den Gedanken gebracht, daß Krebs eine Zivilisationskrankheit ist und daß es keinen wirklichen Grund für Sie gibt, Krebs zu bekommen, wenn Sie ein gesundes Leben führen.

Natürlich können wir hier nicht die verschiedenen Krebsarten beschreiben – das würde den Rahmen dieses Lexikons sprengen. Wir werden jedoch den Prozeß erklären, der zu den meisten Krebsarten führt.

Warum Krebs?

Es gibt zahlreiche Substanzen, die eine gesunde Zelle in eine Krebszelle entarten lassen können: Alkohol, Tabak, Süßstoffe (Saccharin, Zyclamat), Nitrate (Dünger), Talk zum Polieren von Reis, Nahrungsmittelfarben, Nitrite (Nahrungskonservierungsmittel), Benzo-3-4-Pyren (in geräuchertem oder auf Holzfeuer gegrilltem Fisch und Fleisch), Fungizide, Unkrautvernichtungsmittel, Insektenbekämpfungsmittel usw.

Wenn Ihre Leber nicht richtig funktioniert, können diese krebserregenden Stoffe nicht zerstört werden. Dann entstehen möglicherweise Krebszellen. Doch diese Zellen können nur überleben und sich entwickeln, wenn sie dafür ein geeignetes Umfeld finden.

So wird die Krebsbildung von einer ganzen Reihe von Faktoren begünstigt: Genuß von weißem Zucker, raffinierten Nahrungsmitteln und gesättigten Fettsäuren, Mangel an Vitaminen und Spurenelementen, übertriebener Fleischkonsum, Verstopfung, Toxinüberbelastung, Fettleibigkeit, mangelnde Körperbewegung, Sonnenbestrahlung usw.

Wenn der Vorgang einmal begonnen hat, dann teilen sich die Krebszellen sehr viel schneller als die gesunden Zellen. Wenn sich eine gesunde Zelle teilt, dann werden aus einer gesunden Zelle zwei Zellen. Doch nur eine von diesen beiden kann sich wiederum teilen. Wenn dagegen eine Krebszelle sich teilt, dann entstehen zwei Zellen, von denen sich beide wiederum teilen können. So kann sich ein Tumor auf rasante Weise vergrößern.

Früher oder später trennen sich Zellen vom Tumor und zirkulieren in den Blut- oder Lymphbahnen, um sich schließlich an anderen Stellen des Körpers festzusetzen, wo sie neue Tumore bilden.

Diese Vermehrung der Zellen ist für den Organismus äußerst schädlich. Denn die Nährstoffe, die von den Krebszellen verbraucht werden, fehlen nun den gesunden Zellen. Außerdem scheiden die bösartigen Zellen sowohl Enzyme aus, die die benachbarten Gewebe »fressen«, als auch Toxine, die das gesamte System vergiften.

Was Sie tun können

Wie soll man diese krebsige Zellvermehrung aufhalten oder ihr vorbeugen?

Theoretisch ist das Prinzip einfach. Es handelt sich darum, das Immunsystem zu stärken, indem man die genannten Ursachen für Krebsentstehung ausschaltet. Außerdem muß der Organismus entgiftet und sein Mangel an bestimmten Stoffen ausgeglichen werden.

Praktisch ist die Sache etwas komplizierter. Gegen Krebs ankämpfen heißt, den Kampf mit einem vielköpfigen Ungeheuer aufzunehmen. Und in dieser Hinsicht spielen viele alternative Ärzte den Don Quichotte, wenn sie behaupten, Krebs heilen zu können.

Lassen Sie sich vom Arzt Ihr Unglück nicht einreden

Doch jeder Patient hat das Recht, nach offiziell nicht anerkannten Methoden zu suchen, wenn die Medizin nichts mehr für ihn tun kann. Tatsächlich haben in mehreren Fällen wissenschaftlich unbewiesene Methoden zur Heilung geführt.

Nehmen Sie sich außerdem den guten Rat von Dr. Bernard Siegel, dem berühmten Autor von »Liebe, Medizin und Wunder«, zu Herzen. Wenn der Arzt Ihnen klipp und klar erklärt, daß Sie früher oder später an Ihrem Krebs sterben werden, so sollten Sie, laut Dr. Siegel, die Praxis dieses Arztes schnellstens verlassen. Er ist vielleicht dabei, Ihnen Ihr Unglück »einzureden«, indem er Ihren Geist negativ konditioniert.

Diese Art des »Todesurteils« erinnert in der Tat an die Unheilssprüche von Zauberern. Und es ist bekannt, daß das Ansehen des Zauberers im allgemeinen genügt, um den Tod des Opfers hervorzurufen, selbst wenn dieses vollkommen gesund ist ...

Auf seine Weise besitzt der Arzt ebenfalls ein Charisma und eine Autorität, die mächtig auf das Unterbewußtsein des Kranken einwirken können.

In seinem Buch bemerkt Dr. Siegel übrigens, daß die Patienten häufig an dem vom Arzt vorhergesagten Datum sterben. Er sagt auch, daß die Patienten mit den größten Überlebenschancen im allgemeinen von kämpferischer und rebellischer Wesensart sind.

Ohne etwas von der Wahrheit zu verbergen, sollte der Arzt im Idealfall seine Suggestionskraft dazu benützen, dem Patienten zu helfen, sich vorzustellen, daß eine Heilung immer noch möglich ist. Daraufhin sollte er ihm die besten (natürlichen und chemischen) Mittel für Körper und Psyche geben, um sein Immunsystem zu stärken. Und dann muß der Patient entscheiden, was er tun möchte.

Wenn der Arzt bei Ihnen Krebs diagnostiziert, lassen Sie also vor allem nicht den Mut sinken. Gehen Sie zu mehreren Ärzten und Spezialisten. Falls die Diagnose bestätigt wird, suchen Sie einen Spezialisten auf, der für ungewohnte Behandlungsmethoden offen ist. Es gibt übrigens immer mehr Ärzte, die etwas von der psychosomatischen Hypothese halten. Solche Ärzte werden sich gern damit einverstanden erklären, nach der tieferen psychischen Ursache Ihres Krebsleidens zu suchen.

Was eine ganzheitliche Behandlung des Krebses betrifft, so gibt es viele Techniken, die Ihnen dabei helfen werden, den Krebs sowohl physisch als auch psychisch besser zu meistern.

1. Positives Denken und Visualisierung

Mehr noch als bei anderen Krankheiten ist positives Denken bei Krebs wesentlich. Das Lesen von Büchern, die von außergewöhnlichen Heilungen berichten, ist eine gute Methode, Ihr Unterbewußtsein positiv zu beeinflussen. Das Buch von Dr. Siegel ist übrigens gespickt mit »erbaulichen« Beispielen. Und denken Sie an Pascals berühmte Wette: Sie haben alles zu gewinnen und nichts zu verlieren.

Lesen Sie auch die Rubrik *Visualisierung*, um mit dieser Technik vertraut zu werden.

2. Kreativität und »Neuheitstherapie«

Einige amerikanische Ärzte benutzen die Kreativität und die »Neuheitstherapie«, um Krebs zu behandeln. Man hat in der Tat festgestellt, daß Langeweile und Monotonie die Dopaminmenge im Gehirn beträchtlich verringern (Dopamin ist ein Neurotransmitter, der mit angenehmen Empfindungen verbunden ist). Es ist bezeichnend, daß bei Krebskranken besonders wenig Dopamin vorhanden ist. Forscher in Kalkutta haben festgestellt, daß die Tumore von krebskranken Ratten um 50 % zurückgingen, wenn man ihnen Dopamin injizierte ...

Amerikanische Forscher haben daraus gefolgert, daß alles, was die Dopaminproduktion steigert, die Heilung von Krebs begünstigen kann. So haben sie festgestellt, daß jedes innovative und schöpferische Vorgehen die Produktion von Dopamin anregt und die Lage der Krebskranken verbessert.

Abgesehen davon spielt die Kreativität eine wichtige diagnostische und befreiende Rolle. Sie legt die emotionalen Faktoren, die die Krankheit ausgelöst haben, offen und befreit gleichzeitig von ihnen. Durch das Spiel mit Symbolen und Farben zeigen insbesondere Malerei oder Zeichnung den

Kampf, der sich im Körper des Patienten abspielt. Tatsächlich kann man eine Zeichnung lesen, wie man ein Röntgenbild analysieren kann. Der kanadische Maler Emile Borduas hatte eine bemerkenswerte Fähigkeit, Kinderzeichnungen zu analysieren. Er soll sogar erkannt haben, daß ein Kind schwer erkranken werde, bevor die Ärzte es bemerkten.

Doch in welcher Form auch immer, das schöpferische Tun ist imstande, den Prozeß der Visualisierung zu unterstützen, der die Heilung erahnen läßt. Und wenn der Tod unausweichlich ist, so adelt die Kreativität die letzten Tage des Krebskranken und hilft ihm, gelassener zu sterben.

3. Ernährung

Im allgemeinen vernachlässigen die Ärzte die wichtige Rolle der Ernährung bei der Vorbeugung und Behandlung von Krankheiten. Um sich davon zu überzeugen, braucht man nur die kümmerliche Qualität der Lebensmittel zu betrachten, die in den Cafeterias der Krankenhäuser angeboten werden. Jedoch kann die Ernährung oder auch das Fasten sehr hilfreich sein.

a) Gemüse zum Schutz vor Krebs

Um sich vor Krebs zu schützen oder ihn sogar zu behandeln, achten Sie darauf, daß Ihre Ernährung reich an Gemüse ist (so wenig gekocht wie möglich). Trinken Sie auch viel Gemüsesaft.

Zu den Gemüsesorten, die sich am besten zur Krebsabwehr eignen, zählen Brokkoli, Rosenkohl, Rotkohl, Grünkohl, Spinat, Blumenkohl, Kohlrüben, Steckrüben, Karotten, Süßkartoffeln, grüner Salat, Kürbis, Tomaten.

Diese Gemüsesorten haben die besondere Aufmerksamkeit der Forscher gefunden, weil sie Beta-Karotin enthalten. Natürlich enthält die Karotte davon am meisten. Beta-Karotin (das im Körper in Vitamin A umgewandelt wird) hat eine bemerkenswerte Wirkung auf alle Krebsarten. Es soll nicht nur der Zellentartung vorbeugen, sondern eine solche im ersten Entwicklungsstadium sogar rückgängig machen können.

Die Forscher waren vor allem erstaunt über seine Wirksamkeit bei Lungenkrebs. Richard Shekelle versichert, daß für Menschen, deren Nahrung wenig Beta-Karotin enthält, das Risiko, an Lungenkrebs zu erkranken, siebenmal größer ist als bei denen, die täglich eine große Menge davon zu sich nehmen. Er empfiehlt, jeden Tag eine große Karotte – in welcher Form auch immer – zu sich zu nehmen.

Dr. Hans Nieper, einer der großen deutschen Krebsspezialisten (der Reagan behandelt hatte), behauptet sogar, daß *»ein Raucher, der täglich 60 Zigaretten raucht, aber täglich vier Glas Karottensaft trinkt, weniger Gefahr läuft, an Krebs zu erkranken, als ein Nichtraucher, der keinen Karottensaft trinkt«.*

Wenn man davon ausgeht, daß er recht hat, sollte man also täglich 2 Glas Karottensaft trinken und ... nicht rauchen.

Wie wirkt Beta-Karotin gegen Krebs?

Die Forscher haben noch keine einleuchtende Erklärung gefunden. Doch mehrere Studien weisen auf einen klaren Zusammenhang zwischen einem Beta-Karotin-Mangel im Blut und einer größeren Lungenkrebshäufigkeit hin.

Beim jetzigen Stand der Forschung ist es klar, daß Beta-Karotin ebenso den Nichtraucher schützt wie den, der lange Jahre geraucht hat. Doch ein unverbesserlicher starker Raucher würde zu Unrecht eine Karotte pro Tag knabbern, um mit gutem Gewissen weiterzurauchen.

b) Weitere »Supernahrungsmittel« zur Krebsabwehr

- **Knoblauch** verbessert den Blutkreislauf, stärkt das Immunsystem und besonders die Aktivität der T-Zellen, die die Krebszellen bekämpfen (Genaueres über Knoblauch finden Sie in Ihrem Ratgeber »Die Hausapotheke«).
- **Olivenöl** und alle **Öle, die reich an Omega-3-Fettsäuren** sind.
- Der berühmte Seher Edgar Cayce empfahl 7 **Mandeln** pro Tag als Krebsschutz.
- **Getreide** enthält Proteasen, Enzyme, die eine krebshemmende Wirkung haben. Gerste ist eine der Getreidearten, die am besten der Krebsabwehr dienen.
- Versuchen Sie auch den **Saft von Weizensprossen** und **Keime von Hülsenfrüchten oder Getreide.** Im Hippocrates-Institut in den USA benutzt man sie bei der Krebsbehandlung zusammen mit milchsauren Nahrungsmitteln.

  Der Saft von Weizensprossen hat eine wunderbar entgiftende Wirkung (seien Sie auf starke Reaktionen zu Beginn einer Kur gefaßt).

  Was die Keime betrifft, so sind sie eines der frischesten Nahrungsmittel, die es gibt. Im Gegensatz zu den meisten Früchten und Gemüsesorten, die Sie kaufen, sind die Keime noch dabei, zu wachsen, wenn Sie sie essen. Ziehen Sie einem gewöhnlichen Brot, auch wenn es aus frischem Mehl gemacht ist, ein Brot mit gekeimten Körnern vor.

  Frische, nicht oxidierte Nahrung gibt den kranken Zellen neue Informationen, eine »Nachricht vom Leben«. So liefert normalerweise das in den jungen Trieben vorhandene Chlorophyll den Zellen Sauerstoff. Und es scheint, daß eines der Wesensmerkmale von Krebszellen gerade der Mangel an Sauerstoff ist.
- In den Vereinigten Staaten und in Deutschland behandeln immer mehr Ärzte Krebs mit **milchsauren Nahrungsmitteln.** Ihre saure Wirkung

könnte dort eine positive Rolle spielen, wo der Krebs mit einer zu alkalischen Ernährung zusammenhängt.

Russische Untersuchungen haben ergeben, daß z. B. **Joghurt** die Entwicklung von Krebszellen bei Mäusen hemmt. Die Forscher haben sogar entdeckt, daß eine Milchbakterie in Joghurt (L. bulgaricus) bei Versuchstieren verschiedene Krebsarten hemmen kann.

Ein anderes milchsaures Nahrungsmittel ist **Sauerkraut.** Dieses Kraut, das früher viele Seeleute vor dem Skorbut gerettet hat, hat eine erstaunliche Wirkung auf den Stoffwechsel. Die Milchsäure verstärkt noch die bereits außergewöhnlichen Heileigenschaften des Kohls.

c) Fasten

Fasten scheint vielen Menschen geholfen zu haben, den Krebsprozeß aufzuhalten. Der Naturheilarzt Georges Shelton hat als einer der ersten auf die Bedeutung des Fastens bei der Krebsbehandlung hingewiesen.

Während des Fastens werden zunächst die Toxine ausgeschieden, was für den Körper eine Art von »Frühjahrsputz« bedeutet. Und da er von außen keine Nahrung mehr zugeführt bekommt, beginnt der Körper dann, sich von seinen eigenen Reserven zu ernähren. Und so macht er sich sogar daran, seinen eigenen Tumor »aufzuessen«. Es scheint übrigens, daß die Krebszellen schneller verschwinden als die normalen Zellen.

Nach dem Fasten empfiehlt Shelton eine auf den Grundlagen der Trennkost beruhende vegetarische Ernährung (siehe *Ernährung zur Vorbeugung von Krankheiten).*

d) Rohkostdiät

Rohkostdiät hat sich ebenfalls bei mehreren Krebspatienten als wirksam erwiesen. Der Erfinder der Instinkttherapie, der Schweizer Guy-Claude Burger, hat sich von Krebs geheilt, indem er nur noch Rohes aß. Selbst Fleisch aß er roh!

Sicher hat die Instinkttherapie zu einigen Auswüchsen geführt, die vor einigen Jahren viel Staub aufgewirbelt haben. Doch auch ohne so weit zu gehen wie einige ihrer Anhänger, können Sie den Anteil von gekochter Kost in Ihrer Ernährung beträchtlich verringern. Die gewöhnlichen Kochvorgänge verderben die Nahrungsmittel. Einerseits zerstört die Hitze viele ihrer Eigenschaften. Andererseits werden sie mit Ölen oder Fetten vermischt, die durch die Erhitzung toxisch geworden sind. Selbst vom Schnellkochtopf wird abgeraten.

Wenn Sie ein Nahrungsmittel garen müssen, dann dämpfen oder dünsten Sie es auf ganz kleinem Feuer.

e) Variante des Fastens und der Rohkostdiät: die Frucht- oder Gemüsesaftkur

Auch mit dieser Kur erzielt man ausgezeichnete Ergebnisse. Bevorzugen Sie Karotten-, Zwiebel-, Weintrauben- und Orangensaft.

Achten Sie auch auf die Qualität Ihres Trinkwassers. Trinken Sie äußerst reines Wasser.

4. Behandlung mit Heilerde

Machen Sie Umschläge mit Heilerde auf dem Tumor. Beginnen Sie mit 1/2 cm dicken Umschlägen, die Sie einmal täglich 1 bis 2 Stunden lang einwirken lassen. Machen Sie auch einen Umschlag auf dem Unterleib (unter dem Nabel), und lassen Sie ihn 2 Stunden lang einwirken.

Nach einer Woche erhöhen Sie die Anzahl der Umschläge auf dem Tumor auf zwei pro Tag, und lassen sie 2 bis 3 Stunden lang einwirken. Machen Sie weiterhin einen Umschlag auf dem Unterleib.

Nach einer weiteren Woche machen Sie täglich 2 Umschläge von 2 cm Dicke auf dem Tumor und lassen sie 2 bis 3 Stunden lang einwirken. Fahren Sie fort, einen Umschlag auf dem Unterleib zu machen.

5. Phytotherapie

Die hier vorgeschlagenen Behandlungen sollten längere Zeit durchgeführt werden. Fahren Sie nach der Genesung mit der Behandlung fort, um Rückfälle zu vermeiden, die bei anfälligen Menschen häufig vorkommen und heimtückisch sind.

Manche Heilpflanzen sind für ihre Kraft und ihre Fähigkeit bekannt, das Immunsystem zu stärken. Sie können auch begleitend mit den Methoden der Schulmedizin verwendet werden, um die Widerstandskraft des Organismus zu stärken (insbesondere bei Chemo- oder Strahlentherapie).

Teufelskralle

Für die Zubereitung schlagen Sie bitte unter *Arthritis* nach. In Ihrem Ratgeber «Die Hausapotheke« finden Sie eine spezielle Abhandlung über diese Pflanze. Sie ist auch als Extrakt in Tablettenform erhältlich.

Salbei

Bereiten Sie mit 20 g Salbeiblättern und -blüten pro Liter Wasser einen Aufguß zu, und trinken Sie davon 3 Tassen täglich. Die im Altertum berühmte Schule von Salernum hatte übrigens folgendes Sprichwort: *»Wie kannst du den Tod fürchten, der du doch regelmäßig Salbei nimmst.«*

Petersilie

Lassen Sie 50 g Petersilienwurzel, -samen oder -blätter in 1 Liter Wasser 5 Minuten kochen und 15 Minuten ziehen; trinken Sie davon 2 Tassen täglich. Bemühen Sie sich, jeden Tag Petersilie zu essen.

Ginseng

Ginseng stärkt nicht nur das Immunsystem, sondern ist auch bei der Chemotherapie nützlich. Wie der deutsche Arzt Dr. Hans Nieper gesagt hat, beseitigt diese manchmal ebenso den Patienten wie den Tumor.

Ginseng gibt diesen Menschen die körperliche und seelische Kraft, solche Schocktherapien zu ertragen. Er hilft ihnen, ihre Geistesklarheit zu behalten und nicht in Depressionen zu versinken. Außerdem stärkt er ihre Arbeitskraft und sexuelle Leistungsfähigkeit.

Aloe vera

Die Aloe ist in Russland als begleitendes Mittel bei der Strahlentherapie anerkannt. Sie stärkt die Widerstandsfähigkeit der Haut, und so können die Techniker die Intensität der Röntgenstrahlen steigern, um sie tiefer eindringen zu lassen (besonders, um das Knochenmark zu behandeln).

Heilpflanzen für spezielle Krebsfällen

Beginn von Magenkrebs und -geschwüren

- Pressen Sie mit einem Entsafter den Saft von Sauerklee (oxalis acetosella) heraus, und nehmen Sie davon stündlich 3 bis 5 Tropfen in 1 Glas Wasser ein.

Lungenkrebs

- Kauen Sie tagsüber Kalmuswurzel, die Sie dann wieder ausspucken, und trinken Sie morgens und abends schlückchenweise 1 Tasse Schafgarbenaufguß (2 Teelöffel Blütenköpfe oder Blätter pro Tasse).

Brustkrebs

- Nach einer Operation bestreichen Sie die Achseln mit Ringelblumensalbe; die Ringelblumen, die Sie zur Herstellung der Salbe verwendet haben, legen Sie als Umschlag auf.
- Wenn die Lymphdrüsen befallen sind, machen Sie Umschläge mit frischen Wegerichblättern, die Sie zu Brei zerquetscht haben.

Zungen- und Kehlkopfkrebs

- Gurgeln Sie mit einem Aufguß von Labkraut (1 Teelöffel pro Tasse), 6 bis 8mal täglich wiederholen.

Knochenkrebs

- Häufige Einreibungen mit Tinktur von Schafgarbe und Beinwellwurzel;
- Roher Knoblauch.

Hautkrebs

- Betupfen Sie die betroffenen Stellen mit frischem Schöllkrautsaft;
- Waschen Sie sie mit einem Absud von Schachtelhalm oder Malve;
- Machen Sie einen Umschlag mit dem Brei von Wegerichblättern;
- Nehmen Sie Vollbäder mit Schachtelhalm oder Malve (200 g der Pflanze pro Bad).

Grimmdarmkrebs

- Machen Sie Einlauf mit Leinöl (Dr. Budwig, berühmt durch sein Rezept der Budwig-Creme, hat mit dieser Methode zahlreiche Patienten mit Grimmdarmkrebs geheilt);
- Trinken Sie 1 Schluck Kaltauszug von Kalmuswurzel (1 Teelöffel in 1/4 Liter Wasser) vor und nach jedem Essen, vorher aufwärmen.

Es gibt so viele Krebsarten, daß wir keine Hinweise für jeden speziellen Fall geben können. Konsultieren Sie die Rubriken über die entsprechenden Organe. Bei Leberkrebs sehen Sie beispielsweise unter *Stauungsleber* nach. Bei Darmkrebs lesen Sie die Rubriken *Verstopfung* und *Durchfall* usw. Die empfohlenen Heilpflanzen wirken auf die betroffenen Organe auf allen Ebenen ein.

6. Akupressur

Die hier empfohlenen Punkte sind die grundlegenden Punkte der menschlichen Energie. Sie verbessern die Gesundheit und stärken gleichzeitig den Lebenswillen. Wenn Sie sie behandeln, denken Sie immer an folgende Frage: *»Habe ich das Wesentliche meines Lebens verwirklicht, den Grund, weswegen ich auf diesem Planeten lebe?«*

- Am Fuß tonisieren Sie die Punkte Nr. 19 und 22.
- Am Rücken tonisieren Sie die Punkte Nr. 34 und 35. Massieren, und erwärmen Sie häufig die ganze Lendengegend.
- Am Unterleib massieren Sie gründlich den Punkt Nr. 11.

Kreislaufstörungen

Manche Menschen leiden an Kreislaufstörungen, ohne daß dabei eine Herzfunktionsstörung im Spiel wäre. Je nachdem fließt das Blut etwas zu langsam oder staut sich in bestimmten Gefäßen oder Geweben. Krampfadern, kalte Gliedmaßen, nächtliche Krämpfe und taube Glieder sind einige der häufigsten Symptome dieser Erkrankung.

Kreislaufstörungen hängen mit Herz- oder Gefäßproblemen zusammen, die entweder angeboren oder das Ergebnis schlechter Lebensgewohnheiten sind.

Was Sie tun können

Kein Grund zur Panik! Die erwähnten Symptome bedeuten noch lange nicht, daß Sie direkt auf einen Herzinfarkt oder Schlaganfall zusteuern. Sie sind lediglich ein Hinweis darauf, daß Sie Ihre Lebens- und Ernährungsgewohnheiten umstellen sollten:

- Treiben Sie ein paar Stunden pro Woche Sport oder Gymnastik. Vermeiden Sie Streß. Wählen Sie eine Entspannungstechnik, die Ihnen zusagt.
- Verzichten Sie wenn immer möglich auf Tabak und Alkohol.
- Nehmen Sie leichte Mahlzeiten zu sich. Essen Sie vor allem viel Rohkost und Knoblauch. Unter der Rubrik *Ernährung zur Vorbeugung von Krankheiten* finden Sie viele gute Ratschläge für eine gesunde Ernährungsweise.

Auch die folgenden natürlichen Mittel üben eine positive Wirkung auf Ihr Herz- und Kreislaufsystem aus:

Heilpflanzen

- **Knoblauch** ist ein Herzkräftigungsmittel, das auch von der Schulmedizin anerkannt ist. Er reguliert die Herzaktivität und den Blutkreislauf und wird heute auch von Ärzten bei allen Kreislaufstörungen empfohlen.

  Essen Sie ihn roh in Salaten, oder fügen Sie ihn Ihren Mahlzeiten am Ende der Garzeit hinzu. Sie sollten täglich ungefähr 2 Knoblauchzehen zu sich nehmen, um eine merkliche Besserung zu erzielen.

  Da einige der Wirkstoffe des Knoblauchs fettlöslich sind, ißt man ihn am besten mit Öl. Schälen Sie abends 2 Zehen, und geben Sie ein paar Tropfen Olivenöl und etwas Petersilie dazu. Verwenden Sie diese köstliche Knoblauchzubereitung am nächsten Morgen als Brotaufstrich.

  Für überzeugte »Knoblauch-Hasser«, die den Knoblauchgeruch und die leicht schwefeligen Ausdünstungen des Knoblauchs nicht ertragen können, sind in Reformhäusern und Apotheken geruchsfreie Knoblauchkapseln erhältlich.

- Auch **Thymian** hilft bei Kreislaufstörungen. Bereiten Sie mit 1 Thymianzweig pro Tasse einen Aufguß zu, und trinken Sie 3 bis 4 Tassen täglich, eine davon morgens.
- Die **Heidelbeere** schützt die Gefäßwände. Essen Sie während der Saison die gut ausgereiften Beeren und im Winter Heidelbeergelee, -marmelade oder -konfitüre. Mit 1 Eßlöffel Beeren pro Tasse Wasser können Sie auch einen Absud zubereiten. Lassen Sie die Mischung 5 Minuten kochen und 15 Minuten ziehen. Sie können davon bis zu 6 Tassen täglich trinken.
- Ernten Sie im Frühling die Blätter und Wurzeln des **Löwenzahns,** und bereiten Sie daraus einen Absud zu. Lassen Sie 1 Handvoll der Pflanze 2 Minuten lang in 1 Liter Wasser kochen und dann 5 Minuten ziehen.
- **Ginkgo biloba** ist speziell bei Kreislaufstörungen in den Körpergliedern angezeigt. Lesen Sie unter der Rubrik *Krampfadern* oder in Ihrem Ratgeber »Die Hausapotheke« nach, wenn Sie mehr über diese Pflanze wissen möchten.

Heilerde

Nehmen Sie morgens auf nüchternen Magen 1/2 Glas Wasser mit Heilerde zu sich.

Umschläge

Ein Umschlag mit Kohlblättern mindert den Blutandrang an der betreffenden Körperstelle und fördert den Blutkreislauf. Lassen Sie ihn mehrere Stunden einwirken.

Bäder

Nehmen Sie einmal wöchentlich ein Algenbad. Diese Bäder wirken stimulierend, unterstützen den Stoffwechsel und die Drüsentätigkeit, führen dem Organismus wertvolle Mineralien zu und regulieren den Blutkreislauf.

Ätherische Öle

Nehmen Sie 3 bis 4 Tropfen Zypressen- oder Karottenöl mit einem Löffel Honig ein.

Akupressur

Bei kalten Gliedmaßen, Raynaud-Syndrom oder Gliederkribbeln massieren Sie alle Punkte, die wir an Ellbogen, Knien, Händen und Füßen aufgeführt haben. Massieren Sie auch die Hände für die Füße und die rechte Seite für die linke und umgekehrt. Diese Methode zeigt erstaunlich gute Ergebnisse.

Kropf (Struma)

Der Kropf ist eine Vergrößerung der Schilddrüse und führt zu einer mehr oder weniger spektakulären Erweiterung des Halses. Die Ursachen dafür sind sehr unterschiedlich, je nach Art des Kropfes.

Bei einem kolloiden Kropf scheint jodarmes Wasser eine der Hauptursachen zu sein. Davon sind insbesondere Gebirgs- und Talbewohner betroffen.

Bei einem nodularen Kropf entwickeln sich bestimmte Gewebe der Schilddrüse anormal und bilden einen Knoten. Der Rest der Schilddrüse bleibt gesund. Es kann sich dabei um einen gut- oder bösartigen Schilddrüsentumor handeln.

Es gibt auch eine Form des Kropfes, die aufgrund einer Überfunktion der Schilddrüse (Hyperthyreose) entsteht. Diese Überfunktion bewirkt eine allgemeine Vergrößerung der Schilddrüse und hat wohl die »spektakulärsten« Auswirkungen: übermäßig angeschwollener Hals, hervorstehende und glänzende Augen, Gewichtsabnahme trotz Heißhunger, Haarausfall, Muskelschwäche, Zittern und ausgeprägte Nervosität, Herzklopfen usw.

Was Sie tun können

Die Behandlungsmethode hängt von der Ursache der Krankheit ab. Je nach Art des Kropfes wird Ihnen der Arzt Jodlösungen, Schilddrüsenextrakte oder Medikamente, die die Produktion der Schilddrüsenhormone stoppen, verschreiben. In besonders schwerwiegenden Fällen müssen Sie sich einer Operation unterziehen.

Diese klassischen Behandlungsmethoden sind oft wirksam. Aber Sie können Ihren Zustand erheblich verbessern, wenn Sie eines der nachfolgenden natürlichen Heilverfahren anwenden:

Umschläge

- Legen Sie mehrmals täglich einen Umschlag mit frischen Wegerichblättern auf den Hals. Zerreiben Sie diese vor der Anwendung zwischen den Händen, und geben Sie etwas Salz dazu.
- Machen Sie ein- bis zweimal täglich einen Umschlag mit Heilerde, den Sie 2 bis 4 Stunden einwirken lassen. Nehmen Sie morgens auf nüchternen Magen 1/2 Glas Heilerde ein (siehe *Einführung in die Behandlung mit Heilerde*).

Ernährung

Aufgrund ihres hohen Jodgehalts sollten alle Arten von eßbaren Algen zu einer Kropfbehandlung dazugehören. Sie können diese wie folgt verwenden:

- als Absud: 1 Teil Algen in 10 Teilen Wasser 4 Stunden ziehen lassen, aufkochen und abseihen;
- als Pulver, das Sie Suppen und anderen Gerichten beigeben;
- mit Reis gekocht oder auf japanische Art zubereitet;
- als Badezusatz: Geben Sie 1 Armvoll frische Algen oder ein Säckchen mit getrockneten Algen ins Badewasser;
- als Umschlag: Vermischen Sie die Algen mit Kleie, und legen Sie sie auf den Kropf.

Hinweis

Kohl könnte in den Familien oder in Gebieten, in denen er zu den Hauptnahrungsmitteln gehört, bei der Entstehen von bestimmten Kropfarten teilweise verantwortlich sein.

Sie müssen jedoch nicht gänzlich auf Kohl verzichten. Jodarmes Trinkwasser spielt eine viel größere Rolle. Wenn Sie nicht in einem »Risiko«-Gebiet wohnen (Gebirge usw.), haben Sie nichts zu befürchten.

Unabhängig davon, wo Sie zuhause sind, können Sie Umschläge mit Kohlblättern auf den Hals legen. Kohl stellt keine Gefahr dar, und die Phytotherapeuten empfehlen ihn sogar für die Kropfbehandlung. Sie können diese Behandlung mit Wegerich-Umschlägen kombinieren oder abwechseln.

Kupferfinnen (Rosacea)

Fälschlicherweise auch »Acne rosacea« genannt, sind Kupferfinnen genauso wenig wünschenswert wie die gewöhnliche Akne, trotz des »blühenden« Namens. Rosacea geht in der Tat mit rötlichen, von Äderchen durchzogenen Zonen in der Gegend der Nase, der Wangen und der Stirn einher. Diese unschöne Erscheinung rührt von einer fortschreitenden Gefäßerweiterung unter der Hautoberfläche her. Die Haut kann sogar richtig rot werden oder ins Violette übergehen.

In vielen Fällen dauert das Übel jahrelang an. Und wenn die Rötungen einmal verschwinden sollten, dann kommen sie später wieder.

Ursachen

Man hat bisher noch keine befriedigende Erklärung für diese Erscheinung gefunden. Man weiß jedoch, daß Rosacea mit Alkoholismus und Störungen der Verdauung, des Herzens, der Leber oder der Lunge zusammenhängt. Andere Faktoren spielen ebenfalls eine Rolle und können die Rötungen verstärken: Alkohol, starker Schwarztee oder Kaffee, scharfe Gewürze.

Was Sie tun können

Antibiotika können diesen Hautzustand sehr schnell verbessern. Doch kehrt er wieder, sobald Sie mit der Behandlung aufhören. Am besten halten Sie Rosacea unter Kontrolle, indem Sie Kaffee, Tee, Alkohol und zu fette und gewürzte Speisen meiden. Bevorzugen Sie eine einfache Ernährung, die weitgehend aus Rohkost besteht.

Neben dieser notwendigen Disziplin können Sie eines oder mehrere der folgenden natürlichen Mittel anwenden:

Nahrungsergänzungen

Vitamin B2 (siehe auch die Vitamine und Spurenelemente, die unter den entsprechenden Rubriken der möglichen Ursachen von Rosacea aufgeführt sind).

Heilpflanzen

- Als ausgezeichnetes Mittel gegen Blutandrang ist Hamamelis bei Kupferfinnen sehr wirksam. Machen Sie Kompressen oder waschen Sie die betroffenen Stellen mit Hamameliswasser (aus der Apotheke oder dem Reformhaus), und trinken Sie während dieser Behandlung täglich 2 Tassen Hamamelisabsud (1 Teelöffel Hamamelisblätter pro Tasse 10 Minuten kochen lassen).
- Bereiten Sie eine Lotion mit einem Kopfsalat zu, den Sie auf kleinem Feuer 1 bis 2 Stunden in 1/2 Liter Wasser köcheln lassen. Waschungen der betroffenen Hautpartien mit dieser Lotion verringern den Blutandrang in den Gefäßen.

Akupressur

Bei Kupferfinnen ist der Punkt Nr. 6 für seine Wirksamkeit bekannt.

L

Lachtherapie

Das ungewöhnliche Beispiel Norman Cousins

Die Höllenfahrt

Norman Cousins, ein amerikanischer Journalist und Verleger, wurde 1964 gelähmt in ein Krankenhaus eingeliefert. Diagnose: Spondylarthritis ankylosans, eine versteifende Wirbelgelenkentzündung. Die geringste Bewegung bereitete ihm starke Schmerzen.

Man verschrieb ihm hohe Dosen von entzündungshemmenden und schmerzstillenden Mitteln. Leider hatten die Medikamente sehr unangenehme Nebenwirkungen. Cousins hatte den Eindruck, von Abermillionen roter Ameisen aufgefressen zu werden. Aufgrund seiner ständigen Schmerzen fand er auch keinen Schlaf mehr.

Unverhoffte Heilung

Cousins, der sich der Krankheit nicht geschlagen geben wollte, studierte jede ihm zugängliche medizinische Literatur, um eine Lösung zu finden. Kein leichtes Unterfangen: von 500 Personen, die an dieser Krankheit leiden, wird in der Regel nur ein einziger wieder gesund!

Norman Cousins las von den Anfängen der Vitamin-C-Forschung und den außergewöhnlichen Möglichkeiten dieses Vitamins. Er wies das ganze klassische Arsenal der damaligen Zeit (entzündungshemmende und schmerzstillende Medikamente) von sich und ließ sich mit der Unterstützung eines fortschrittlichen Arztes täglich 25 g Vitamin C injizieren.

Er erinnerte sich auch an Hans Selyes berühmtes Buch mit dem Titel »Streß«, worin dieser erklärte, daß sich negative Emotionen negativ auf das gesamte biochemische Gleichgewicht des Körpers auswirken.

Cousins fragte sich, ob nicht positive Emotionen dieses dann ebenfalls positiv beeinflussen müßten. Zum Beispiel Lachen ...

Er begann also, humorvolle Geschichten zu lesen und ließ sich in seinem Zimmer lustige Filme vorführen. Das Ergebnis war erstaunlich: *»Ich entdeckte zu meiner Freude, daß zehn Minuten herzhaften Lachens eine betäubende*

Wirkung besaßen. Sie linderten meine Schmerzen und ermöglichten es mir, wenigstens zwei Stunden zu schlafen.«

Leider störte sein Lachen die anderen Patienten. Cousins zog kurzerhand in ein nahegelegenes Hotel um und führte seine Behandlung mit lustigen Filmen und Vitamin-C-Injektionen fort. Nach und nach fand er seine Beweglichkeit wieder. Er konnte sogar wieder reiten und Tennis spielen.

Die Medizin entdeckt das Lachen

Norman Cousins Fall machte Schule. Ihm ist es zu verdanken, daß die amerikanische Medizin das Lachen nun »ernster« nimmt. Die Zeiten, in denen man Norman Cousins vorwarf, seine Zimmernachbarn mit seinem Lachen zu stören, sind vorbei.

Seither statten Clowns den Krankenhäusern Besuche ab, und die Forscher ergründeten die physiologischen Auswirkungen des Lachens. Man entdeckte, daß Lachen den Endorphingehalt im Blut ansteigen läßt. Endorphine haben eine natürliche euphorisierende und betäubende Wirkung. Das erklärt auch, warum Cousins nach einem kräftigen Lachanfall schlafen konnte.

Was Lachen bewirken kann

Dr. Rubinstein gründete daraufhin die Lachtherapie (die sogenannte Gelos-Therapie – von griechisch »gelos«, was »Lachen« bedeutet).

Hier einige der wohltuenden Auswirkungen des Lachens, die Dr. Rubinstein in seinem Buch »Psychosomatique du rire« (Psychosomatik des Lachens) beschreibt:

- Lachen vertreibt körperliche und geistige Müdigkeit.
- Es hat eine positive Wirkung bei Atembeschwerden und kann sogar Asthma-Anfälle lindern oder Lungenemphyseme (Aufblähung des Lungengewebes) zurückbilden.
- Es fördert die Verdauung, indem es den Magen, die Leber, die Gallengänge und die Bauchspeicheldrüse durch das Absinken des Zwerchfells »massiert« (Lachen ist gleichzeitig appetitanregend, stärkend und verdauungsfördernd).
- Aufgrund der Darmmassage und der allgemeinen Entspannung hilft es gegen Verstopfung (Darmverstopfungen hängen oft mit geistigen »Verstopfungen« zusammen).
- Lachen ist an sich schon eine vollständige körperliche Betätigung: zehn Minuten Kitzeln sind einem intensiven Fitneß-Training gleichzusetzen.
- Es lindert die übermäßige Erregbarkeit der Nerven, die für Muskel- und Darmkrämpfe (Spasmophilie) verantwortlich ist.

- Lachen wirkt gegen Streß, Angst und Beklemmung (es beruhigt den Herzschlag und regt den Blutkreislauf an).
- Außerdem ist es der Konzentration und dem Gedächtnis förderlich (Untersuchungen zeigten, daß Studenten, die vor einer Prüfung ausgiebig lachen konnten, bei Denkaufgaben besser abschnitten als ihre Kollegen).
- Lachen wirkt sich vorteilhaft auf den Geschlechtsverkehr aus, da es entspannt und die Lebensfreude weckt. Bei Impotenz oder vorzeitigem Samenerguß kann es helfen, die Situation nicht zu dramatisieren.
- Lachen stärkt das Immunsystem, indem es den »inneren Arzt« aktiviert.

Die Methoden der Lachtherpie

Dr. Rubinsteins Lachtherapie ist kein einfaches, vages Konzept. Sie besteht aus einem vollständigen Übungsprogramm. Dr. Rubinstein empfiehlt insbesondere, eine halbe Stunde täglich zu lachen.

Die Vorstellung scheint absurd, ist aber nicht mehr so absonderlich, wenn man bedenkt, daß in einigen japanischen Zen-Klöstern die Mönche direkt nach dem Aufstehen eine Lachsitzung halten.

Wenn Sie diese Methode in einer Gruppe anwenden, hat sie sicher eine ansteckende Wirkung. Am Anfang wird Ihnen Ihr Lachen etwas gezwungen erscheinen, am Ende werden Sie aber lauthals und aus voller Brust lachen.

Hier einige Techniken, die Dr. Rubinstein zur Übung des freien Lachens empfiehlt.

Atem-Heilgymnastik

Diese ist in drei Schritte unterteilt:

- kurzes Einatmen
- Atempause
- langsames und stoßartiges Ausatmen.

Anwendungszeit: vor allem am Morgen. Sie können sie an jedem beliebigen Ort durchführen, zum Beispiel auch im Auto.

Gesellschaftsspiele

Das Bauchlachen

Die Spieler legen sich auf den Boden und bilden eine Kette, wobei jeder den Kopf auf den Bauch des anderen legt. Sobald einer der Teilnehmer in Lachen ausbricht, wird sich das Lachen über die Kette wie in einer Welle fortpflanzen.

Armer schwarzer Kater

Die Spieler bilden einen Kreis. Einer der Spieler (der arme schwarze Kater) befindet sich in der Kreismitte und erzählt Geschichten oder schneidet Grimassen. Die erste Person, die lachen muß, wechselt in die Kreismitte. Dieses Spiel können Sie auch zu zweit am Morgen spielen.

Laut Dr. Rubinstein kann man sich der Wirkung des Lachens kaum entziehen; es vertreibt die schlechte Laune und den Groll, der sich in der Nacht möglicherweise angestaut hat.

Kitzeln

Erforschen Sie Ihre kitzeligen Zonen an der Fußsohle und an der Innenseite der Nase.

Anwendungszeit: am Abend nach der Arbeit.

Das innere Lächeln

Auch das Lächeln besitzt wichtige therapeutische Wirkungen. In seinem Buch »Yoga des Heilens« beschreibt Mantak Chia, ein taoistischer Meister, daß die chinesischen Weisen früherer Zeiten das »innere Lächeln« praktizierten, um sich zu entspannen und den gesamten Organismus wiederzubeleben.

Indem Sie die Augen entspannen, entspannen Sie gleichzeitig den gesamten Körper. Die Augen sind mit dem gesamten Nervensystem verbunden. Die Art und Weise, wie Sie die Welt »sehen«, überträgt sich daher auf Ihren Organismus.

Wenn das Nervensystem angespannt oder im Alarmzustand ist, verkrampft sich der Blick. Angespannte Augen wiederum versetzen das Nervensystem in Kampfbereitschaft, woraufhin dieses Streßhormone ausschüttet.

Mit der Technik des inneren Lächelns können Sie Ihrem ganzem Körper Liebe und Ruhe geben. Dazu gehen Sie wie folgt vor:

- Setzen Sie ein breites Lächeln auf, und ziehen Sie die Wangen nach oben. Stellen Sie sich vor, Sie würden sich selbst zulächeln. Als ob Sie jemand anderer wären, der Ihnen liebevoll und gutmütig in die Augen sieht.
- Schließen Sie dabei die Augen, wenn das Ihre Konzentrationsfähigkeit erhöht.
- Konzentrieren Sie sich auf die geringste Muskelbewegung, die mit dem Lächeln verbunden ist. Spüren Sie, wie Ihr inneres Lächeln um Ihre Augen strahlt und die Augenmuskulatur entspannt. Spüren Sie die wohltuende Wärme, die sich in Ihrem Inneren ausbreitet.
- Nun lassen Sie die Energie Ihres Lächelns auf drei Wegen in Ihren Körper fließen. Nach Mantak Chia sind dies folgende:

1. vordere Körperlinie: Augen, Gesicht, Hals, Herz, Blutkreislauf, Lungen, Bauchspeicheldrüse, Milz, Leber, Nieren, Nebennieren.
2. mittlere Körperlinie: Mund, Speiseröhre, Magen, Dünndarm, Dickdarm, Mastdarm. Schlucken Sie gleichzeitig Ihren Speichel, damit Sie sich besser vorstellen können, wie die Energie Ihres Lächelns in Ihre Körpermitte fließt.
3. hintere Körperlinie: die Wirbelsäule hinunter bis zum Steißbein, dann über die Beine bis zu den Füßen.

Diese Technik beruht auf wissenschaftlichen Tatsachen. Laut dem schwedischen Forscher Zajonc widerspiegelt sich unser Gemütszustand im Gesicht. Jedem Gefühl entspricht eine bestimmte Kategorie chemischer Signale (Neurotransmitter), die ganz spezifische Mikro-Muskelkontraktionen auslösen.

Diese Mikro-Kontraktionen wirken wie ein Knebel. Sie verändern den Druck in den Blutgefäßen des Gesichts. Diese Veränderung des Blutdrucks ruft ihrerseits im Gehirn biochemische Reaktionen hervor, die dem jeweiligen Gefühl entsprechen und das Gefühlsempfinden somit verstärken.

Folglich verändern Sie Ihre Hirnaktivität, indem Sie die Gesichtsmuskulatur an- oder entspannen. Wenn Sie glücklich sind, schüttet das Gehirn Endorphine aus. Wenn Sie lächeln oder lachen, werden ebenfalls Endorphine freigesetzt.

»Sie lächeln, wenn Sie glücklich sind, und Sie sind glücklich, wenn Sie lächeln«, so Zajonc.

Lebensmittelallergie

Sie leiden oft an Kopfschmerzen, Depressionen, Stimmungsschwankungen, verstopfter Nase, Hörstörungen, Schwindelanfällen oder Schlaflosigkeit. All diese Symptome verschwinden jedoch, sobald Sie Ihr bevorzugtes Nahrungsmittel, wie zum Beispiel Zucker, Schokolade, Bananen, Eier, Weizen oder Rindfleisch, nicht mehr zu sich nehmen.

Wenn das der Fall ist, leiden Sie sicherlich an einer Lebensmittelallergie.

Ursachen

Lebensmittelallergien haben unterschiedliche Ursachen. Sie können zunächst einmal von einer schlechten Umwandlung der Eiweiße herrühren. In diesem Fall wandeln die Darmbakterien eines der Eiweiße, das Histidin, in Histamin um, welches allergische Reaktionen hervorruft, besonders wenn eine Unterfunktion der Nebennieren besteht.

Das Phänomen der Lebensmittelallergie kann aber auch durch eine zu hohe Durchlässigkeit der Zellmembranen verursacht werden, durch die dann die Nährstoffe entweichen und Giftstoffe eindringen können.

Übrigens meinen einige Wissenschaftler, daß die Gleichsetzung von Allergie mit Abhängigkeit sich zumindest teilweise damit erklären läßt, daß die häufige Einnahme von Nahrungsmitteln, gegen die man allergisch ist, zu einer erhöhten Produktion des körpereigenen Betäubungsmittels Enkephalin führt, das süchtig machen kann. Der Patient leidet demnach auf lange Sicht sowohl an einer Allergie als auch an einer Sucht.

Aufgrund ihres Suchtfaktors werden Allergien oft mit Fettleibigkeit in Verbindung gebracht. So neigen zum Beispiel Personen, die gegen Zucker oder Weizen allergisch sind, dazu, zu viele Nahrungsmittel mit diesen Bestandteilen zu verzehren, um ihr unersättliches Bedürfnis zu stillen.

Allergiker leiden außerdem sehr häufig an einer der wichtigsten Begleiterscheinungen der Fettleibigkeit: den Ödemen (Wasseransammlungen im Gewebe). Bei einer Krankenhausstudie wurde festgestellt, daß der Wegfall des Allergens in der verabreichten Kost bei mehreren Patienten einen drastischen Wasser- und damit Gewichtsverlust (von 5 bis 7 kg) zur Folge hatte.

Auch Zerstreutheit, Reizbarkeit und Konzentrationsschwäche können von einer allergischen Reaktion herrühren, die durch einen rapiden Rückgang des Blutzuckers verursacht wird.

Woher wissen Sie, gegen welches Nahrungsmittel Sie allergisch sind?

Milch, Eier, Zucker, Zitrusfrüchte, Schokolade, Koffein (Kaffee, Schwarztee, Schokolade), Mais, Weizen, Roggen, Hefe und rotes Fleisch sind die Hauptverursacher von Lebensmittelallergien.

Auch Aspirin, Insektenvertilgungsmittel sowie Farb- und Konservierungsstoffe sind häufig Auslöser von Lebensmittelallergien.

Allergische Reaktionen sind derart unterschiedlich, daß man sie meist nicht als solche erkennt. Eine gezielte Behandlung ist daher oft schwierig.

Generell kann man sagen, daß Heißhunger auf ein Nahrungsmittel meist auf eine Allergie gegen eben dieses Produkt schließen läßt. Die Tatsache, daß man morgens unbedingt Kaffee trinken muß, um den Tag gut zu beginnen, könnte auf eine Koffeinallergie hindeuten. Wenn Sie dieses Nahrungsmittel nicht mehr zu sich nehmen, werden Ihnen unerwünschte Reaktionen wie Durst, Kopfschmerzen und Reizbarkeit sowohl Ihre Allergie als auch Ihre Sucht bestätigen.

Machen Sie den folgenden Test

Verzichten Sie in Ihrer Ernährung auf die Lebensmittel, die Sie am liebsten essen, und zwar besonders dann, wenn diese Lebensmittel weiter oben als mögliche allergieauslösende Stoffe genannt wurden.

Beobachten Sie in den darauffolgenden Tagen Ihre Reaktionen. Wenn Sie leicht reizbar, verwirrt oder angespannt sind, unter Schwindelanfällen leiden, Kopfschmerzen oder Herzklopfen haben, ist es durchaus möglich, daß Sie gegen dieses Nahrungsmittel allergisch sind.

Essen Sie ungefähr einen Monat lang nichts, das den in Frage stehenden Stoff enthält. Achten Sie dann darauf, ob bestimmte Symptome, unter denen Sie vorher gelitten haben, inzwischen verschwunden sind: Anschwellen der Hände und Füße (Ödeme), geschwollene oder tränende Augen, Ohrensausen, erhöhter oder unregelmäßiger Puls, schweres und lautes Atmen, häufige Halsschmerzen, Übelkeit, Juckreiz, Muskelschmerzen, Gedächtnisschwäche, Überaktivität, Verwirrtheit, Depressionen.

Wenn das der Fall ist, sind Sie wahrscheinlich gegen dieses Nahrungsmittel allergisch.

Wie behandelt man eine Lebensmittelallergie?

Die beste Behandlung von Allergien besteht in der Stärkung Ihres geschwächten Immunsystems:

- Verzichten Sie in Ihrer Ernährung auf die Nahrungsmittel, gegen die Sie allergisch sind. Essen Sie weder weißen Zucker noch Milchprodukte. Getreide, insbesondere Roggen, ist mit Vorsicht zu genießen.
- Machen Sie eine Entgiftungskur mit Brennesselaufguß (von Winterbeginn bis zum späten Frühling, nicht mehr als 3 Tassen täglich).
- Machen Sie regelmäßig Gymnastikübungen und Spaziergänge an der frischen Luft. Bewegung fördert die Durchblutung und erhöht die Sauerstoffzufuhr zu den einzelnen Organen sowie den Abbau von Schadstoffen.
- Um besonders starke Allergien zu behandeln, können Sie auch unter ärztlicher Aufsicht eine Fastenkur machen. Fangen Sie erst nach und nach wieder an, einzelne Nahrungsmittel zu essen, um herauszufinden, gegen welches Sie allergisch sind. Verzichten Sie auf dieses Nahrungsmittel in Ihrer Ernährung.
- Eine fettreiche Ernährung schwächt den Körper, überfordert die Bauchspeicheldrüse und fördert daher vermutlich die Entstehung von Lebensmittelallergien. Sie können Ihre allergischen Reaktionen deutlich mindern, indem Sie 1 Eßlöffel Färberdistelöl schlucken: dadurch bleiben die Nahrungsmittel länger im Magen, so daß die Enzyme der Bauchspeicheldrüse genügend Zeit haben, die für die allergischen Reaktionen verantwortlichen Substanzen vollständig zu verdauen.

Sie sollten aber auch die folgenden Mittel nicht außer acht lassen:

Vitamintherapie

Lassen Sie sich von einem Arzt oder Naturheilpraktiker folgende Nahrungsergänzungen verschreiben: Vitamine A, B5, B6, B15, C, E, ungesättigte Fettsäuren sowie Kalzium, Magnesium, Kalium, Zink und Mangan.

Ätherische Öle

- Innerliche Anwendung: Nehmen Sie 3 Tropfen Karotten- (daucus carota) oder Rosmarinöl (mit Cineol) mit Honig ein.
- Äußerliche Anwendung: Mischen Sie ätherisches Lavendel- (lavandula vera) oder Rosmarinöl (mit Verbenon) im Verhältnis von 3:100 mit Süßmandelöl.

Leberkolik

(Siehe *Gallen- oder Lebersteine)*

Leberzirrhose

(Siehe auch *Alkoholismus)*

Der Zusammenhang zwischen Alkoholismus und Leberzirrhose ist bekannt. Aber jede Leberkrankheit, die zu einer Zerstörung der Leberzellen führt, zieht auch eine Leberzirrhose nach sich.

Zu den anderen Ursachen zählen gewisse Medikamente, Hepatitis und einige chemische Substanzen. Da in den Anstrichfarben zahlreiche chemische Lösungsmittel enthalten sind, zählen insbesondere die Anstreicher zur Risikogruppe.

Leberzirrhose kann Jahre hindurch unentdeckt bleiben. Wenn sich der Zustand der Leber verschlechtert, so zeigt sich das zunächst in folgenden Symptomen: Appetitverlust, Erbrechen, Übelkeit, Anämie, Gewichtsverlust, Unterleibsbeschwerden, Gefühl eines »Klotzes« im oberen Teil des Unterleibs.

Dann kommen weitere Symptome hinzu: Apathie, Energiemangel. Im Endzustand sind Beine und Unterleib geschwollen, der Patient kann an Gelbsucht leiden, und sein Geist verwirrt sich. Am Schluß steht das Koma und dann der Tod.

Was Sie tun können

Selbstverständlich kann man Leberzirrhose nicht auf die leichte Schulter nehmen. Eine ärztliche Betreuung ist unbedingt notwendig. Aber neben den klassischen ärztlichen Behandlungsmethoden können Sie mit folgenden natürlichen Mitteln die Lage verbessern:

Ernährung

Kein Alkohol, kein Zucker, keine erhitzten tierischen Fette, nichts Gebratenes. Roher oder gedämpfter Kohl und frischer Kohlsaft. Essen Sie täglich rohe Zwiebeln und milchsaure Nahrungsmittel (Sauerkraut, Kefir).

Nahrungsergänzungen

Da Alkoholismus oft Hand in Hand mit schlechter Ernährung geht, gibt es notwendigerweise einen schwerwiegenden Mangel an Mineralien und Vitaminen. Das kann die Zirrhose nur verschlimmern.

Wenn das Übel einmal da ist, können Sie alle Chancen für sich gewinnen, wenn Sie täglich große Dosen von Nahrungsergänzungen zu sich nehmen. Nehmen Sie folgende Vitamine und Spurenelemente: A, B1, B2, B3, B6, B9, B12, C, D, E, Cholin, Inositol, Kalzium, Magnesium, Zink, Chrom und Mangan. Ziehen Sie einen Arzt oder Heilpraktiker zu Rate, um die für Sie notwendigen Dosen zu bestimmen.

Beachten Sie, daß sich die Zufuhr von Vitamin C als besonders entscheidend herausstellen kann.

An der Universität Michigan hat man die Wirkung von Vitamin C im Zusammenhang mit der Wirkung von Alkohol auf die Leber untersucht. Eine Gruppe von Meerschweinchen wurde auf eine Diät gesetzt, die eine Mischung für Meerschweinchen, Alkohol und eine geringe Dosis von Vitamin C enthielt. Die andere Gruppe bekam die gleiche Diät, nur mit dem Unterschied, daß die Dosis von Vitamin C sehr hoch war.

Bei den Meerschweinchen der ersten Gruppe stellte man die Infiltration von Fettsäuren und das Absterben von Leberzellen fest, beides Vorzeichen einer Zirrhose. Nichts davon geschah in der Gruppe, die hohe Dosen von Vitamin C erhalten hatte.

Heilerde

Machen Sie täglich 2 Umschläge mit kalter Heilerde (1 cm dick) über der Lebergegend, die Sie jeweils 2 Stunden einwirken lassen. Nach einigen Tagen, wenn die Behandlung gut vertragen wird, machen Sie einen Umschlag von 2 cm Dicke. Ist Ihnen die Kälte unangenehm, können Sie einen lauwarmen oder warmen Umschlag verwenden. Lassen Sie den Umschlag wenn möglich über Nacht einwirken.

Aufguß

Bereiten Sie mit 6 bis 10 g Blütenspitzen von Gnadenkraut (gratiola officinalis) pro Liter Wasser einen Aufguß zu, und trinken Sie 1 Tasse nach dem Aufstehen sowie 1 Tasse vor dem Schlafengehen. Da die Pflanze sehr wirksam ist, dürfen Sie die empfohlene Dosis nicht überschreiten.

Menschen mit einer Entzündung der Magen- und Darmschleimhaut dürfen diese Pflanze nicht einnehmen.

Ätherische Öle

Nehmen Sie 3 bis 4 Tropfen Karotten- oder Pfefferminzöl mit etwas Honig ein.

Akupressur

- Tonisieren Sie den Punkt Nr. 20 und den Punkt, der sich 1 Handbreit (inklusive Daumen) unter der Brustwarze zwischen zwei Rippen befindet.
- Am Rücken massieren Sie die Spitze des 7. Brustwirbels auf Höhe des unteren Winkels des Schulterblatts. Zählen Sie zwei Wirbel weiter nach unten bis zum 9. Brustwirbel. Massieren Sie die Punkte, die 1 1/2 Daumenbreit rechts und links vom 9., 10. und 11. Brustwirbel liegen.

Magnettherapie

Trinken Sie täglich 1 bis 3 Liter magnetisiertes Wasser. Legen Sie große Magneten auf die Leber oder Mikromagneten auf die Akupressurpunkte.

Luftschlucken (Aerophagie)

Luftschlucken ist ganz einfach das Hinunterschlucken von Luft in die Speiseröhre und in den Magen. Diese Angewohnheit bringt Magenrumoren und Aufstoßen mit sich, meist direkt nach dem Essen.

Früher galt es bei einigen Völkern als Ausdruck der Wertschätzung und als Höflichkeitsbezeichnung, wenn nach einer opulenten und feuchtfröhlichen Mahlzeit kräftig gerülpst wurde. Andere Zeiten, andere Sitten.

Diese Angewohnheit stellt, auch wenn sie mitunter als unangenehm empfunden wird, kein ernstes Problem dar. Dennoch ist sie ein Zeichen dafür, daß Sie Ihre Eßgewohnheiten ändern sollten.

Ursachen

Essen Sie zu schnell? Stellen Sie Ihre Ernährung falsch zusammen, so daß im Darm Gärungsprozesse ausgelöst werden? Nehmen Sie zu viele Kohlenhydrate zu sich, so daß die Flora Ihres Dickdarms zu basisch wird? Leiden Sie unter Verstopfung? Wurde Ihre Darmflora durch Antibiotika zerstört?

Wenn Sie eine dieser Fragen bejahen können, haben Sie vielleicht schon herausgefunden, wo das Problem liegt.

Was Sie tun können

Heilerde

Legen Sie den Umschlag auf die Magengrube – nicht direkt vor oder nach dem Essen –, und lassen Sie ihn 2 Stunden lang einwirken.

Aufguß

Zerkleinern Sie grob Kümmel-, Fenchel-, Anis- und Korianderfrüchte zu gleichen Teilen in einem Mörser oder einer Kaffeemühle. Nehmen Sie 1 bis 2 Teelöffel der Mischung pro Tasse, und lassen Sie den Aufguß 10 Minuten ziehen. Trinken Sie nach jeder Mahlzeit 1 Tasse.

Heilerde

Trinken Sie 1/2 Glas Wasser mit Heilerde vor dem Essen.

Ätherische Öle

Nehmen Sie zwei- bis dreimal täglich 3 bis 4 Tropfen Majoranöl mit etwas Honig ein.

Pflanzliche Kohle

Nehmen Sie dreimal täglich 1 Kohletablette (Eucarbon) zu sich.

Akupressur

Suchen Sie die Punkte, die unter *Sodbrennen* angegeben sind, und massieren Sie diejenigen, die empfindlich sind. Oft ist der Punkt Nr. 19 besonders wichtig.

Lungenentzündung (Pneumonie)

Es gibt mehrere Arten von Lungenentzündungen, die durch Bakterien verursacht werden. Die bekannteste und häufigste ist die durch Pneumokokken verursachte Lungenentzündung.

Früher war eine Lungenentzündung eine äußerst schwere und oft tödliche Krankheit. Die Entdeckung der Antibiotika hat den Verlauf der Krankheit jedoch verändert. Heute kann man schon ab dem fünften Tag mit einer wesentlichen Besserung rechnen. Und bei jungen, gesunden Erwachsenen sind die Symptome meist nicht schlimmer als bei einer starken Erkältung.

Für Patienten mit einem geschwächten Immunsystem – ältere Menschen, Diabetiker, Herzkranke, Alkoholiker, Asthmatiker, Krebs- oder Aidskranke – kann die Krankheit hingegen sehr gefährlich sein. In diesem Fall ist die Lungenentzündung sozusagen der Tropfen, der das Faß zum Überlaufen bringt.

Es ist schwierig, ein allgemeingültiges Krankheitsbild zu zeichnen, da die Symptome vom Allgemeinenbefinden des Kranken und der Bakterienart abhängen. Achten Sie jedoch auf die folgenden Symptome: Kurzatmigkeit ohne ersichtlichen Grund, Husten mit rostfarbenem Schleimauswurf, Fieber, Schüttelfrost, übermäßiges Schwitzen, anormales Kältegefühl, Schmerzen in der Brust.

Was Sie tun können

Selbstverständlich müssen Sie so schnell wie möglich einen Arzt aufsuchen. Es geht um Leben und Tod, selbst wenn Sie im allgemeinen in guter körperlicher Verfassung sind. Sie werden Antibiotika einnehmen und die Anweisungen des Arztes genau befolgen müssen.

Um Ihren Zustand zu verbessern und die Heilung zu beschleunigen, können Sie jedoch auf natürliche Heilmittel zurückgreifen. Sie sind eine ideale Ergänzung zu den klassischen Behandlungsmethoden.

Stärken Sie Ihr Immunsystem

Dies erreichen Sie mit einer gesunden Ernährung, täglicher körperlicher Betätigung und Visualisierung (siehe *Visualisierung)*. Auch Echinaceatinktur oder -kapseln stärken das Immunsystem.

Bäder

Nehmen Sie lauwarme Bäder, denn sie erleichtern das Atmen. Geben Sie einen Aufguß aus Thymian, Eukalyptus, Salbei oder Kiefernknospen in das Badewasser.

Heilpflanzen

Trinken Sie Meerrettichauszug. Geben Sie dazu 15 bis 30 g Meerrettich in 1 Liter Wasser, das Sie zuvor aufgekocht haben, und lassen Sie die Wurzel 12 Stunden ziehen. Trinken Sie davon täglich 2 Tassen zwischen den Mahlzeiten.

Mit dieser hochwirksamen Wurzel werden viele Lungen- und Atemwegerkrankungen behandelt. Im Handel ist auch ein Meerrettich-Sirup erhältlich, den Sie bei hartnäckigem Husten nehmen können.

Sie können sich auch Ihre eigene Hausmarke zubereiten. Schneiden Sie dazu einige Merrettichwurzeln in Scheiben, schichten Sie mehrere Lagen in ein Netz, das über einer Schüssel hängt, und bedecken Sie den Meerrettich mit Zucker. Fangen Sie die heraustropfende, sirupartige Flüssigkeit auf, und nehmen Sie täglich 1 bis 2 Eßlöffel davon.

Heilerde

Bei der Behandlung mit Heilerde müssen die Anweisungen genau befolgt werden, um eine Ermüdung des Organismus zu vermeiden.

Während der ersten Tage machen Sie täglich abwechselnd zwei Umschläge, die Sie 1 bis 4 Stunden einwirken lassen: den einen auf den Unterleib und den anderen auf die Leberregion. Erst danach wird die Brustkorbregion behandelt: Legen Sie die zwei Umschläge abwechselnd auf Brust und Rücken. Die Umschläge sollten warm oder lauwarm sein.

Zusätzliche Umschläge bei Fieber

Wenn Sie Fieber haben, sollte die Behandlung mit Heilerde mit einem Senfwickel ergänzt werden. Legen Sie den Senfwickel während 10 Minuten auf die Brust.

In der Apotheke sind gebrauchsfertige Senfpflaster erhältlich, die Sie nur noch auf die gewünschte Größe zuschneiden müssen. Hören Sie erst mit der Behandlung auf, wenn Sie vollständig gesund sind.

Sie können auch Umschläge mit Meerrettich auf die Brust legen. Angeblich sollen sie stärker wirken als Senfwickel. Raspeln Sie die geschälte Wurzel, und verteilen Sie sie auf einem Tuch, das Sie dann auf die Brust legen.

Ätherische Öle

Das Inhalieren ätherischer Öle ist eine althergebrachte Methode, die sich bei der Behandlung einer Lungenentzündung schon oft als wirksam erwiesen hat.

Geben Sie 1 Dessertlöffel Kiefern- oder Edelloorbeeröl in ein Gefäß mit kochendem Wasser. Bedecken Sie Ihren Kopf mit einem Handtuch, und beugen Sie sich über das Gefäß. Inhalieren Sie die Dämpfe während 10 Minuten.

Wiederholen Sie die Behandlung während 1 bis 2 Wochen zwei- bis dreimal täglich.

Massage

Massieren Sie die Bronchien mit ätherischem Eukalyptusöl (eucalyptus globulus), das Sie im Verhältnis von 1:5 mit Haselnußöl gemischt haben.

Akupressur

- Massieren Sie die Punkte Nr. 3, 4 und 5 sowie alle Punkte auf dem Brustkorb (Brust und Rücken), mit Hauptgewicht auf den besonders schmerzenden Stellen. Auf der Brust sind dies die Punkte Nr. 6, 7 und 8. Massieren Sie außerdem die untere und obere Kante des Schlüsselbeins und den unteren Rand des Brustkorbs. Am Rücken sind dies die Punkte Nr. 28, 29, 30, 31, 32 und 33. Massieren Sie auch alle anderen schmerzenden Punkte entlang der Wirbelsäule.
- Massieren Sie die Punkte Nr. 23, 24 und 25 am Handgelenk.

Lupus

Man kann zwischen zwei Arten des Lupus unterscheiden: der Tuberculosis cutis luposa (Hauttuberkulose) und dem Lupus erythematodes (Schmetterlingsflechte).

Die Hauttuberkulose wird durch Mykobakterien verursacht und tritt hauptsächlich im Gesicht, einschließlich der Schleimhäute, und an den Gliedmaßen auf.

Der Lupus erythematodes kann chronisch oder akut sein.

1. Die chronische Form (Erythematodes integumentalis) beginnt mit einer Rötung der Haut, meist an Nasenrücken und Wangenpartien, die sich schmetterlingsartig ausbreitet und unbehandelt zum Absterben von Gewebeteilen und zur Narbenbildung führt. Die schuppigen Hautrötungen erinnern an eine Wolfsmaske – daher der Gattungsname Lupus (lat. Wolf) als Bezeichnung für diese Krankheit.
2. Die akute Form (Erythematodes visceralis) tritt seltener auf und befällt besonders Frauen im dritten Lebensjahrzehnt. Sie kann sich am ganzen Körper zeigen und ist mit Fieberanfällen verbunden. Es kommt zu folgenden Symptomen:
   - Bildung von Hautrötungen im Gesicht (»Wolfsmaske«) und am gesamten Körper;
   - Gelenkschmerzen und Schwellungen, die auf Arthritis schließen lassen könnten (weshalb Lupus häufig fälschlicherweise als rheumatische Arthritis diagnostiziert wird);
   - Verschlechterung des allgemeinen Gesundheitszustandes durch Befall der inneren Organe (Herz-, Blut- und Nierenprobleme usw.).

Was Sie tun können

Im Gegensatz zu früheren Zeiten, in denen die Hauttuberkulose schwierig zu behandeln war, sind die heutigen modernen Medikamente sehr wirksam. Seit

1943 wird vor allem Vitamin D2 sehr erfolgreich eingesetzt. Die chronische Form des Lupus erythematodes läßt sich ebenfalls gut behandeln.

Der akute Lupus ist dagegen eine eigenartige Krankheit, die plötzlich auftritt und auch wieder verschwindet. Bisher gibt es kein wirklich wirksames Medikament, um ihn zu heilen. Bei der Behandlung beschränkt man sich darauf, die Symptome zu bekämpfen. Bei dieser Form des Lupus kommt es fast immer zu einer fortschreitenden Verschlechterung des allgemeinen Gesundheitszustandes, die meist zum Tod führt. Der gesundheitliche Verfall zieht sich im Durchschnitt über 10 Jahre hin, kann jedoch auch bis zu 25 Jahre dauern.

Die hier beschriebenen Behandlungsmethoden beziehen sich auf beide Formen des Lupus erythematodes. Wenn die klassischen Behandlungsmethoden bisher ergebnislos verliefen, kann es sich lohnen, die folgenden natürlichen Behandlungsmethoden auszuprobieren.

Aloe vera: der Fall Thompson

Diese Heilpflanze ist vielversprechend bei der Behandlung von Lupus, wobei es jedoch nur wenige detaillierte Untersuchungen über ihre spezifische Wirkung gibt. Es wurden jedoch überraschende Erfahrungen bekannt, die durchaus ernst genommen werden sollten.

In ihrem Buch »Lupus, Aloe vera und ich« schildert die Amerikanerin Rita Thompson ihren Kampf gegen den Lupus erythematodes. Acht Jahre lang wurde sie auf herkömmliche Weise behandelt, wobei einige Therapien mit gefährlichen Nebenwirkungen verbunden waren. Die Behandlung blieb jedoch erfolglos. Die Patientin wies am ganzen Körper Schädigungen auf, sie verlor alle Haare und Fingernägel.

Dann hörte sie von der wohltuenden Wirkung der Aloe vera. Sie begann, jeden Tag ein im Handel erhältliches Aloe-vera-Präparat zu trinken. Dreißig Tage später war sie symptomfrei. Ihre Haut sah wieder aus wie früher, und die Haare begannen von neuem zu wachsen.

Eines Tages zwang sie das Schicksal, den Wert ihres Heilmittels zu »testen«. Während eines Urlaubs hatte sie keine Möglichkeit, das Aloe-vera-Präparat zu kaufen. Nach zwei Tagen traten die bekannten Symptome wieder auf. Sobald Rita Thompson das Präparat wieder zu sich nahm, verschwanden sie erneut.

Stärken Sie Ihr Immunsystem

Nutzen Sie jede Möglichkeit, um Ihr Immunsystem und Ihre Abwehrkräfte zu stärken, beispielsweise durch eine gesunde Ernährung ohne Allergene. Fasten Sie regelmäßig, oder trinken Sie lediglich Säfte (siehe *Ernährung zur Beschleunigung der Genesung*).

Zur Stärkung Ihres Immunsystems sollten Sie sich ebenfalls die Wirkung geeigneter Heilpflanzen wie Ginseng, Salbei oder Teufelskralle zunutze machen.

Nutzen Sie auch die Kräfte Ihres Geistes

Da Lupus zum Großteil psychosomatisch bedingt ist, sollten Sie einen Psychotherapeuten zu Rate ziehen. Auch wenn Sie dadurch nicht völlig geheilt werden, kann eine psychotherapeutische Behandlung zumindest helfen, die Auswirkungen der Krankheit zu begrenzen. Überdies kann ein Psychotherapeut Ihnen bei dieser wie bei anderen chronischen Krankheiten helfen, eine positive Lebenseinstellung zu bewahren.

Wenn Sie keine Gelegenheit dazu haben, versuchen Sie es mit der Technik des Fokussierens, die unter *Selbstdiagnose* beschrieben ist. Vertrauen Sie auf Ihre Fähigkeiten zur Selbstheilung. Es ist noch nichts verloren.

M

Magen-Darm-Katarrh (Gastroenteritis)

Bei Magen-Darm-Katarrh handelt es sich um eine Entzündung der Magen- und Darmschleimhaut.

In schweren Fällen leidet der Betroffene unter sehr heftigen Bauchschmerzen und ständigem Durchfall. Er hat hohes Fieber, muß sich häufig übergeben und fühlt sich sehr schwach. Vereinzelt können auch Magenblutungen auftreten.

In harmloseren Fällen beschränken sich die Symptome auf mehrmaliges Erbrechen und leichten Durchfall.

Ursachen

Im Gegensatz zur akuten Gastritis (Magenkatarrh) ist bei Magen-Darm-Katarrh auch die Darmschleimhaut entzündet. Daher geht letzterer mit Durchfall einher, was bei Gastritis nicht der Fall ist.

Magen-Darm-Katarrh ist eine infektiöse Lebensmittelvergiftung, die durch Bakterien, Viren, giftige chemische Substanzen, verseuchtes Wasser, verdorbene oder einfach nur schwer verdauliche Nahrungsmittel verursacht wird.

Manchmal kann auch eine tiefgreifende Ernährungsumstellung einen Magen-Darm-Katarrh auslösen, selbst wenn die Nahrungsmittel an sich nicht giftig sind. Magen und Darm gewöhnen sich nur sehr schwer an neue Substanzen, weshalb es zu einer Überreaktion kommt.

Antibiotika können ebenfalls zu einem Magen-Darm-Katarrh führen, da sie das Gleichgewicht der Darmflora stören.

Was Sie tun können

Bei Erwachsenen treten Magen-Darm-Katarrhe relativ häufig auf und geben normalerweise keinen Anlaß zur Besorgnis. Sie dauern im allgemeinen nur zwei bis drei Tage.

Auch Säuglinge sind sehr oft davon betroffen, doch besteht bei ihnen – wie auch bei älteren Menschen – eine größere Gefahr von ernsthaften Komplikationen.

Um jegliche Komplikationen zu vermeiden, sollten Sie folgende Ratschläge befolgen:

- Hüten Sie auf jeden Fall das Bett, es sei denn, es handle sich nur um einen sehr leichten Magen-Darm-Katarrh.
- Nehmen Sie viel Flüssigkeit zu sich. Durchfall, der eines der Hauptsymptome ist, entzieht dem Körper sehr viel Wasser und bestimmte Salze. In der Apotheke sind spezielle Präparate erhältlich, die diese Verluste ausgleichen. Sie können aber auch folgende Präparate selber zubereiten:
  - 1 Liter heißes Wasser, 2 Eßlöffel Honig oder Rohzucker oder Rohrzukker und 1/2 Teelöffel Meersalz;
  - 1 Liter heißes Wasser, Saft von einigen frisch gepreßten Orangen und 1/2 Teelöffel Salz.

  Trinken Sie jede halbe Stunde 150 ml eines dieser Präparate. Bei starkem Durchfall nehmen Sie täglich mehrere Liter davon zu sich.
  - Bei andauernder Übelkeit sollten Sie hingegen nur wenig trinken.
- Essen Sie nichts, solange der Brechreiz anhält. Beginnen Sie mit gesunder Flüssignahrung: frische, ungezuckerte Obstsäfte, leichte Suppen oder Bouillons, Schwarztee oder Kräutertee, dünnflüssiger Haferschleim usw. Gehen Sie erst ab dem dritten Tag nach Auftreten der ersten Symptome allmählich zur gewohnten Ernährung über. Essen Sie vor allem Obst, frisches Gemüse und Fisch.
- Säuglinge mit Magen-Darm-Katarrh sollten nicht gestillt werden. Verabreichen Sie ihm eines der oben empfohlenen Präparate, jedoch nicht mehr als 1/4 eines normalen Trinkglases.
- Wenn die Symptome länger als drei Tage andauern, sollten Sie auf jeden Fall den Arzt aufsuchen.
- Wenn die Krämpfe zu häufig auftreten, kann es sich um eine Blinddarmentzündung handeln.

Ätherische Öle

Nehmen Sie 3 Tropfen Zimt- (Ceylon) oder Lorbeeröl (laurus nobilis) mit etwas Honig ein.

Maßnahmen zur Bekämpfung der Darmentzündung

Heilpflanzen

- Schneiden Sie einen **Kohl** entzwei, umwickeln Sie eine Hälfte mit einem Tuch, und legen Sie sie auf den Unterleib.
- Machen Sie eine Kur mit rohem Kohl. Vor nicht allzu langer Zeit hat man entdeckt, daß Kohl einen Wirkstoff (Vitamin U) enthält, der Magengeschwüre zu heilen vermag. Dies erklärt, weshalb Kohl seit Jahrhunderten

als Allheilmittel verwendet wird, um Erkrankungen im Magen-Darmbereich zu behandeln.
- Auch **rohes Sauerkraut** ist zu empfehlen. Es enthält nicht nur alle Nährstoffe der frischen Gemüsepflanze, sondern auch Milchgärstoffe, die den Darm desinfizieren. Essen Sie davon, soviel Sie wollen.

Akupressur

Sie müssen Ihren Bauch warmhalten und beruhigen. Sie können die Punkte, die wir Ihnen angeben, massieren oder erwärmen, indem Sie das äußere Ende einer brennenden Zigarette nahe an die Haut heranführen, ohne sich jedoch dabei zu verbrennen.
- Tonisieren Sie die Punkte Nr. 16 und 17, erwärmen Sie die Punkte Nr. 9, 10 und 11 sowie den Nabel.

Maßnahmen zur Bekämpfung der Infektion

- Die **Artischocke** ist bei allen Darminfektionen angezeigt. Essen Sie sie am besten roh. Wenn Sie sie kochen, verwenden Sie das Kochwasser für eine Suppe, da es sehr reich an Mineralsalzen ist.
- **Roher Kürbis** – als Vorspeise, in einer Suppe oder unter gedünstetes Gemüse gemischt – ist bei Darmentzündungen und Ruhr überaus wirksam.
- Der **Apfel** entfaltet im Darm eine keimtötende Wirkung. Er aktiviert die Absonderung von antibakteriellen Enzymen und trägt so zur Ausscheidung von Darmparasiten bei. Essen Sie rohe Äpfel oder bereiten Sie mit 2 bis 3 Äpfeln einen Absud zu, indem Sie sie 15 Minuten in 1 Liter Wasser kochen lassen. Trinken Sie nach Belieben davon.
- Die **Karotte** gilt als Verbündete des Darms. Sie hat eine wohltuende Wirkung bei allen Darmerkrankungen, von leichtem Durchfall bis zu schweren Darminfektionen. Sie können sie roh als Salat oder Saft oder gekocht als Suppe oder Püree zu sich nehmen. Das Kraut der Karotte kann für die Zubereitung einer Bouillon oder Suppe verwendet werden. Es ist sehr reich an Mineralsalzen.
- Einläufe mit Bierhefe sollen akute Magen-Darm-Katarrhe lindern.
- Essen Sie schwarze Maulbeeren. Dank ihrem hohen Gehalt an Gerbstoffen straffen sie das Darmgewebe.

Hüten Sie sich vor dem kulinarischen Tourismus!

Wenn Sie ins Ausland reisen, besteht immer die Gefahr, an Magen-Darm-Katarrh zu erkranken, selbst wenn die lokalen Nahrungsmittel oder das Wasser nicht infiziert sind.

Es ist in der Tat gefährlich, die Ernährung zu schnell umzustellen. Die Art der Zubereitung oder Zutaten, an die man nicht gewöhnt ist, können die Schleimhaut des Magens oder des Darms reizen. Stellen Sie deshalb die Ernährung ganz allmählich um, und lassen Sie Ihrem Körper Zeit, sich darauf einzustellen.

Magenverstimmung

Der Begriff »Magenverstimmung« ist ziemlich vage. Damit werden verschiedene Zustände bezeichnet, die mit Verdauungsstörungen zusammenhängen und Übelkeit, stechende Schmerzen oder Krämpfe in der Bauchgegend, Blähungen oder Sodbrennen, Aufstoßen, kalten Schweiß usw. verursachen. Häufig spricht man einfach von »schlechter Verdauung«.

Eine Magenverstimmung ist eine praktische Entschuldigung, um sich vor einer unangenehmen Verabredung zu drücken. Sie kann aber auch die Folge einer Lebensmittelvergiftung sein, wie etwa beim »Syndrom des chinesischen Restaurants«. Dabei ist die Magenverstimmung auf bestimmte Lebensmittelzusätze (Glutamat usw.) zurückzuführen.

Manchmal ist sie eines der Symptome einer schweren Krankheit oder tritt als Nebenwirkung bei der Einnahme bestimmter Medikamente auf, wie beispielsweise bei der Chemotherapie.

Vorsicht ist bei gleichzeitigem Konsum von Alkohol und Schlafmitteln, Valium oder anderer Neuroleptika geboten.

In den meisten Fällen ist die Magenverstimmung jedoch lediglich die logische und vorhersehbare Konsequenz einer allzu üppigen Mahlzeit. Trotz ihrer Harmlosigkeit kann sie Ihnen einen schönen Tag verderben und Sie arbeitsunfähig machen.

Leiden Sie regelmäßig unter Magenverstimmungen, ist Ihre Leber möglicherweise geschwächt. Wenn Sie dennoch einmal richtig schlemmen wollen, müssen Sie wissen, wo Ihre Grenzen sind – nicht jeder ist zum Vielfraß geboren!

Was Sie tun können

Am besten wäre es natürlich, Sie würden maßhalten und die Ausschweifungen, die zu einer Magenverstimmung führen, einfach vermeiden. Ist es dazu jedoch bereits zu spät, gibt es ein paar Tricks, die das Unwohlsein lindern und die Verdauung anregen können.

Der Trick mit dem Eis

Legen Sie sich einen Eisbeutel auf den Bauch. Auch wenn Ihnen diese Methode etwas unangenehm erscheint, so ist sie doch sehr wirksam.

Heilpflanzen

- Die **Kamille** ist bei Magenverstimmung in dreifacher Hinsicht wirksam: Sie bekämpft die Entzündung der Schleimhaut von Magen und Darm, sie wirkt krampflösend und unterstützt die Verdauung im allgemeinen. Darüber hinaus beugt sie Blähungen vor. Bereiten Sie mit 5 bis 10 Blütenköpfen pro Tasse einen Aufguß zu.
- Warum trinken Sie nach einer wohlschmeckenden, aber schwerverdaulichen Mahlzeit nicht einfach einen **Pfefferminztee**? Die Minze ist seit Jahrtausenden bei den meisten Völkern der Erde bekannt, denn sie gedeiht überall, indem sie sich dem Klima und der Gegend anpaßt. Gießen Sie 20 bis 30 g Blätter und Blüten mit 1 Liter heißem Wasser auf, und trinken Sie davon 1 Tasse nach den Mahlzeiten.
- **Lindenblütentee** ist besonders bei nervösen Magenverstimmungen zu empfehlen. Bereiten Sie mit 3 g bis 5 g Blüten pro Tasse einen Aufguß zu, und trinken Sie ihn in kleinen Schlucken.
- Die **Himbeere** lindert Magenbeschwerden. Essen Sie sie als Frucht oder als Saft, den Sie mit Johannisbeersaft mischen und mit Wasser verdünnen.
- Pflanzliche Kohletabletten (Eucarbon) können Ihnen nach schwerverdaulichen Mahlzeiten ebenfalls helfen. Nehmen Sie 2 bis 4 Tabletten nach dem Essen.

Ätherische Öle

Pfefferminze, Gewürznelke, Estragon.

Magnettherapie

Zur Langzeitbehandlung sollten Sie bei Magenproblemen täglich 1 bis 2 Liter magnetisiertes Wasser trinken. Dies ist besonders empfehlenswert, wenn Ihre schlechte Verdauung mit einer geschwächten Leber zusammenhängt.

Bei stechenden Bauchschmerzen lassen Sie die Nordpolseite eines großen Magneten auf Ihren Bauch einwirken. Das Ergebnis ist erstaunlich.

Massage

Sie können eine wirksame Selbstmassage mit der ganzen Handfläche auf dem Bauch vornehmen. Führen Sie kräftige, kreisende Bewegungen aus. Sie können sich natürlich auch von jemandem massieren lassen, was ebenfalls sehr angenehm ist.

Akupressur

Da eine Magenverstimmung unterschiedliche Auslöser haben kann, sollten Sie zunächst die auf Sie zutreffende Ursache bestimmen und dann die in der entsprechenden Rubrik aufgeführten Akupressurpunkte behandeln: *Sodbren-*

nen, Luftschlucken, Lebensmittelallergie, Verdauungsträgheit, Gallen- oder Lebersteine, Stauungsleber, Verstopfung, Durchfall, Trunkenheit und Kater, Magen-Darm-Katarrh, Übelkeit, Reisekrankheiten.

Magersucht (Anorexie)

Verschiedene Ursachen können Appetitlosigkeit bewirken. Im allgemeinen ist dieser Zustand nicht von Dauer und die Angelegenheit läßt sich mit einigen einfachen Tricks leicht wieder in Griff bekommen. Hinter Appetitlosigkeit steckt häufig allgemeine Lustlosigkeit oder fehlende Lebensfreude.

Eine ständig vorhandene Angst kann bei einigen Menschen zu Magersucht führen, so wie sie andere Menschen dazu veranlaßt, der Bulimie, Drogen oder dem Alkohol zu verfallen.

Nervöse Anorexie ist wesentlich schlimmer. Hauptsächlich Mädchen und junge Frauen leiden an dieser Krankheit. Es handelt sich hierbei um eine krankhafte Abneigung gegen jede Nahrungsaufnahme, die schwere Gewichtsverluste, unterschiedliche psychische und physische Probleme und letztlich den Tod (in 10 % der Fälle) zur Folge haben kann. Infolge einer verletzenden Bemerkung oder des Bewußtwerdens des eigenen Übergewichts beschließen junge Mädchen abzunehmen und eine Diät zu beginnen. So weit, so gut. Die Situation wird hingegen dann ernst, wenn sich das junge Mädchen entscheidet, nach Erreichen des gewünschten Idealgewichts die Diät noch weiter fortzusetzen.

Dies kann geschehen, wenn das junge Mädchen eine Herausforderung sucht, am Willen nach absoluter Selbstkontrolle festhält oder Angst hat, wieder zuzunehmen. Es kommt sogar vor, daß das junge Mädchen sich noch immer zu dick findet, obwohl sie bereits »dünn wie eine Bohnenstange« ist.

Hinter diesen Verhaltensweisen stecken häufig schwerwiegende Persönlichkeitsprobleme, die ihren Ursprung im familiären Bereich haben.

Was Sie tun können

Einfache Appetitlosigkeit läßt sich leicht behandeln. Sehen Sie dazu unter *Aphrodisiaka* die Liste der erotisch anregenden Nahrungsmittel. Was eine bestimmte Art von »Appetit« anregt, kann durchaus auch eine andere Art von Appetit stimulieren.

Bevorzugen Sie beim Essen appetitanregende Gemüsesorten wie Karotten, Lauch, Sellerie, Zwiebeln, Sauerampfer, Meerrettich und Tomaten.

Greifen Sie auch zu Gewürzen. Reichern Sie Ihre Rohkost oder warmen Gerichte mit Kräutern wie Kerbel, Petersilie, Kresse, Muskat, Koriander, Fenchel oder Gewürznelken an. Besonders Gewürznelken regen den Appetit an und aktivieren alle Verdauungsdrüsen.

Ein Ratschlag, der Ihnen vielleicht etwas eigenartig erscheinen mag: Essen Sie zu Beginn der Mahlzeit Aprikosen, Himbeeren, Orangen, Pampelmusen oder Quitten.

Allgemein gesagt kann alles, was Lebensfreude bringen kann, auch positive Auswirkungen auf den Appetit haben. Zum Beispiel: körperliche Aktivitäten (und sei es auch nur schnelles Gehen), frische Luft (insbesondere Meeresluft), eine gelungene Theateraufführung, die Ausübung des positiven Denkens, regelmäßiger Kontakt zu Freunden und Bekannten usw.

Bei nervöser Anorexie wird eine Behandlung durch einen Therapeuten notwendig, um die psychischen Probleme der magersüchtigen Person zu lösen. Es bedarf ebenfalls einer medizinischen Betreuung, um sicherzustellen, daß die Person ausreichend mit Nährstoffen versorgt wird. Möglicherweise wird sogar ein Krankenhausaufenthalt notwendig.

Außerdem kann das Umfeld der magersüchtigen Person eine große Hilfe sein, wenn es versteht, daß hinter Magersucht im Grunde ein Hilferuf steckt. Es ist ganz besonders wichtig, daß die Person nicht zum Essen gezwungen wird. Widmen Sie ihr ein Höchstmaß an Aufmerksamkeit, und verbringen Sie sehr viel Zeit mit ihr. Hören Sie ihr zu, und suchen Sie so oft wie möglich den Dialog.

Liebe ist immer noch die beste Therapie. Dies trifft insbesondere im Fall des magersüchtigen jungen Mädchens zu. Dem Willen abzunehmen geht häufig der Wunsch voraus, schön und verführerisch zu sein. Je stärker sein Wunsch nach einem unerreichbaren Schönheitsideal ist, desto größer ist die Leere in seinem Gefühls- und Gemütsleben.

Neben diesen psychologischen Annäherungen und Hilfeversuchen können auch einige Naturheilmittel den Appetit anregen. Bienenblütenpollen, Ginseng und Ingwer wirken sehr anregend auf die allgemeine Lebenskraft und den Gemütszustand – und steigern folglich den Appetit.

Bäder

Lassen Sie 6 bis 8 Liter frisches oder 250 g getrocknetes **Thymiankraut** 12 Stunden in kaltem Wasser ziehen, erwärmen Sie den Auszug, und geben Sie ihn Ihrem Badewasser zu. Dauer des Bades: 20 Minuten.

Absud

Kochen Sie 2 Teelöffel **Löwenzahnkraut und -wurzel** (gemischt) pro Tasse schnell auf, und lassen Sie den Absud 10 Minuten ziehen; trinken Sie 1 bis 3 Tassen täglich jeweils vor den Mahlzeiten.

Wein

Trinken Sie vor jeder Mahlzeit 1 Likörglas voll Enzianwurzelwein (30 g Enzianwurzel in 1 Liter Weißwein geben, 8 Tage ziehen lassen und anschließend abseihen). Liköre aus bitteren Pflanzen, bzw. deren Bitterstoffe sind im allgemeinen ausgezeichnete Appetitanreger.

Ätherische Öle

Atmen Sie langsam ätherisches Kamillen- (Römische Kamille) oder Salbeiöl (salvia officinalis) ein.

Mandelentzündung (Angina)

Die Mandeln sind zwei Lymphknoten, die zu beiden Seiten des Rachens sitzen. In normalem Zustand sieht man sie kaum. Bei einer Entzündung schwellen sie stark an und sind dann gut sichtbar. Die Entzündung wird von grippeähnlichen Symptomen begleitet. Man spricht dann von Mandelentzündung (Angina tonsillaris).

Kinder erkranken oft an Mandelentzündung, aber auch Erwachsene bleiben nicht verschont. Bei Fieber, Kopfschmerzen und Fieber in Verbindung mit Schüttelfrost sollten Sie Ihren Hals untersuchen. Sehen Sie Schwellungen im Rachenraum? Sind die Schwellungen gerötet und leicht entzündet? Tasten Sie auch Ihren Hals und den Unterkieferbereich ab. Sind die Lymphknoten an diesen Stellen empfindlich? Wenn Sie diese Fragen mit Ja beantworten können, leiden Sie wahrscheinlich an einer Mandelentzündung.

Ursachen

Eine Mandelentzündung wird im allgemeinen durch eine Infektion der Mandeln verursacht, die normalerweise den Eintritt von Mikroorganismen verhindern und somit eine Wächterfunktion übernehmen. Ein übermäßiger Konsum an Milchprodukten leistet einer Mandelentzündung Vorschub.

Was Sie tun können

Essen Sie keinen weißen Zucker. Schonen Sie Ihren Darm. Bleiben Sie im Bett, und ruhen Sie sich aus. Wenden Sie dann eines der folgenden Mittel an. Wenn sich Ihr Zustand verschlechtert, sollten Sie einen Arzt aufsuchen.

Kompressen

Machen Sie mehrmals täglich Halskompressen mit Salbeiaufguß. Bedecken Sie die Kompresse mit einem Wolltuch.

Umschläge

Machen Sie drei- bis viermal täglich Umschläge mit Heilerde, die Sie jeweils 2 Stunden einwirken lassen.

Gurgeln

Gurgeln Sie mit einer der folgenden Lösungen:
- 30 g Salbei auf 1 Liter Wasser, 10 Minuten ziehen lassen;
- Heilerdewasser;
- Geben Sie ein paar Tropfen ätherisches Kamillen- (Römische Kamille) oder Salbeiöl (salvia officinalis) in ein Glas Wasser. Nehmen Sie bei Kindern ätherisches Orangenöl (aus den Blättern des Citrus aurantium);
- Frisches oder pasteurisiertes Aloe-Trinkgel.

Aufguß

- 20 g Salbei auf 1 Liter Wasser, 10 Minuten ziehen lassen, 3 Tassen täglich.

Kaltauszug

- 50 g Süßholz auf 1 Liter Wasser, 12 Stunden ziehen lassen, nach Belieben trinken (jedoch nicht über längere Zeit hinweg!).

Massage

Mischen ätherisches Eukalyptusöl (eucalyptus radiata) im Verhältnis von 3:100 mit Haselnußöl, und massieren Sie die Mandeln damit.

Masern

Masern ist eine Virusinfektion und tritt fast ausschließlich im Kindesalter auf.

Nach einer Inkubationszeit von 10 bis 14 Tagen machen sich die ersten Symptome bemerkbar. Das Kind bekommt Fieber und Schüttelanfälle. Es hustet, und seine Nase beginnt zu laufen. Oft ist es sehr lichtempfindlich. Als nächstes treten kleine, weißliche Flecken (die sogenannten Koplik-Flecke) im Mund auf. Einige Tage später kommt es zu Hautausschlägen, die nach und nach den ganzen Körper bedecken.

Den besten Schutz gegen Masern bietet die Krankheit selbst. Wer einmal daran erkrankt ist, bleibt ein Leben lang immun dagegen. Manchmal hört man von Fällen, in denen Menschen zwei- oder dreimal an Masern erkrankt sein sollen. Dabei handelt es sich jedoch um eine Fehldiagnose, denn Masern werden oft mit Röteln, Roseola oder einer Medikamentenallergie verwechselt.

Was Sie tun können

Vermeiden Sie mögliche Ansteckungsgefahren durch Niesen, Husten oder direkten Körperkontakt. Bei den ersten Anzeichen von Masern sollte das erkrankte Kind keinen Kontakt zu anderen Kindern mehr haben. Seine Geschwister können jedoch weiterhin die Schule besuchen.

Solange das Fieber anhält, ist Bettruhe angezeigt. Verdunkeln Sie aber das Zimmer nicht ganz, wie es einst die Ärzte empfahlen. Früher glaubte man, die Augen »schützen« zu müssen. Das ist jedoch nicht notwendig. Das Licht kann die Augen zwar reizen, aber nicht schädigen.

Bei starkem Sonnenschein oder auf Wunsch des Kindes verdunkeln Sie also das Zimmer höchstens etwas. Wenn die Augen nicht zu sehr gereizt sind, kann das Kind auch lesen oder fernsehen.

Wie bei allen Krankheiten, die mit Fieber einhergehen, sollte das Kind nur leichte Kost erhalten. Zur Ausscheidung der Giftstoffen ist viel Flüssigkeit notwendig. Geben Sie ihm Zitronenlimonade (ohne Zucker) zu trinken, so oft es danach verlangt. Diese wirkt kräftigend.

Sie können außerdem aus der nachstehenden Liste diejenigen Ratschläge auswählen, die Ihnen nützlich erscheinen. Sie beschleunigen die Genesung und tragen dazu bei, Komplikationen zu vermeiden.

Heilpflanzen

- Bereiten Sie mit 3 bis 4 **Eukalyptusblättern** pro Tasse einen Aufguß zu, und verabreichen Sie dem Kind davon 3 bis 5 Tassen täglich.
- Der Hautausschlag darf nicht unterdrückt werden. Bei diagnostizierten Masern hilft **Borretsch,** den Ausbruch des Ausschlags zu Beginn der Krankheit zu unterstützen. Bereiten Sie mit 40 g Blättern und Stengeln pro Liter Wasser einen Absud zu, und geben Sie dem Patienten davon 3 Tassen täglich zu trinken.
- **Echinaceakapseln oder -tinktur** (Purpursonnenhut) stärken das Abwehrsystem.

Ätherische Öle

- Verabreichen Sie dem Patienten 2 bis 3mal täglich 3 bis 5 Tropfen Thymian- (mit Linalool) oder Karottenöl mit etwas Honig vermischt.
- Inhalationen mit Eukalyptusessenz (siehe *Schnupfen)* sind ebenfalls empfehlenswert.
- Komplikationen, die durch hohes Fieber hervorgerufen werden (Kehlkopfentzündung, Fieberwahn, Krämpfe usw.), können Sie mit feuchten Halskompressen, die Sie mit einigen Tropfen eines ätherischen Öls beträufelt haben, vorbeugen.

Bäder

Wenn der Patient unter Krämpfen leidet, hilft ein warmes Bad mit Thymian-, Kiefernknospen- oder Lavendelzusatz. Legen Sie ihm während des Badens eine kalte Kompresse oder Eis auf den Kopf.

Heilerde

Während des Fieberschubes legen Sie dem Patienten kalte Umschläge mit Heilerde auf den Unterleib. Lassen Sie diese 2 Stunden einwirken, und wechseln Sie mit kalten Sitzbädern ab.

Geben Sie dem Patienten jeden Morgen auf nüchternen Magen 1/2 Glas Wasser mit Heilerde zu trinken (siehe *Einführung in die Wirkungsweise der Heilerde).*

Akupressur

Zu Beginn der Krankheit sind folgende Punkte zu tonisieren: Nr. 25 und 42 an der Hand, Nr. 32 am Rücken und Nr. 6 im oberen Brustbereich.

Masern sind an sich nicht gefährlich. Komplikationen, die mit der Krankheit auftreten, können jedoch schwerwiegende Behinderungen nach sich ziehen und sogar tödlich sein. Bis zum Eintreffen des Arztes oder als begleitende Maßnahmen zu der medizinischen Behandlung des Kindes hier einige Punkte, die Gehirnschäden vermeiden helfen oder im Fall von Krämpfen gar das Leben Ihres Kindes retten können:

- Massieren Sie den Punkt Nr. 32 auf beiden Seiten der Wirbelsäule.
- Suchen Sie dann den Punkt, der genau zwischen diesen beiden Punkten auf der Wirbelsäule liegt. Es handelt sich dabei um den 3. Brustwirbel oder den 4. Wirbelvorsprung, wenn Sie vom großen Wirbelvorsprung am Halsende ausgehend zu zählen beginnen. Für Kinder, deren Nervensystem und Lungen durch hohes Fieber angegriffen sind, ist dies ein sehr wichtiger Punkt.
- Die Punkte Nr. 3, 22 und 23 vervollständigen die Wirkung der Punkte am Rücken.

Medikamente und Heilmittel (Wie Sie ihre Wirksamkeit erhöhen können)

Sie können schon allein mit Hilfe der Visualisierungstechnik vollständig geheilt werden (siehe *Visualisierung).*

Mit der Visualisierungstechnik kann jedoch auch die Wirksamkeit eines Medikaments, eines chirurgischen Eingriffs oder einer Entziehungskur erhöht werden.

Dies erwähnt auch Jeanne Achterberg in ihrem Buch »Imagery in Healing: Shamanism and Modern Medicine«: *»Wenn Sie eine Pille schlucken und davon überzeugt sind, daß Sie dadurch geheilt werden, wird diese Pille auf Ihren Organismus eine ganz andere Wirkung haben, als wenn Sie glauben, daß diese Pille Gift für Sie ist.«*

Der folgende Fall zeigt, wie recht Achterberg hat.

Einem Mann, der unter Krebs im Endstadium litt, wurde das »Wundermittel« Krebiozen verabreicht. Die Wirkung war hervorragend, schon nach wenigen Tagen war der Tumor nur noch halb so groß. Nach einigen Wochen konnte der Mann als praktisch geheilt nach Hause entlassen werden.

Dann las er in der Zeitung, daß das Medikament, das man ihm verschrieben hatte, nicht so wirksam sei, wie ihm das die Ärzte erzählt hatten. Der Mann erlitt einen Rückfall und mußte erneut ins Krankenhaus eingewiesen werden. Sein Arzt injizierte ihm daraufhin eine ungefähr doppelt so hohe Dosis, worauf sich der Mann wieder erholte und nach Hause gehen konnte.

Einige Monate später jedoch las er einen Artikel, in dem die *American Medical Association* ausführte, daß Krebiozen für die Behandlung von Krebs absolut unwirksam sei. Einige Tage danach starb der Mann ... an Krebs.

Selbstverständlich ist dies ein Extremfall. In Ärztekreisen ist man sich jedoch darüber einig, daß die Wirksamkeit eines Medikaments um mehr als 35 % gesteigert werden kann, wenn der Arzt das Produkt entsprechend empfiehlt und wenn der Patient seinem Arzt vertraut.

Gemäß Pierre Biron, einem Pharmakologen von der Universität Montreal, *»kann der psychologische Einfluß eines Arztes sogar 100 % betragen. Bei einigen Patienten genügt schon die Tatsache, daß sie ein Rezept erhalten haben, um sie zu heilen. Andere kaufen zwar das verschriebene Medikament, nehmen es jedoch nicht ein. Bei diesen Patienten werden die Schmerzen allein schon durch die Tatsache gelindert, daß Ihnen ein Medikament zur Verfügung steht!«*

Werden Sie also Ihr eigener Arzt, und signalisieren Sie Ihrem Unterbewußtsein, daß ein bestimmtes Medikament, das Sie nehmen, auf Ihre Gesundheit eine außerordentlich positive Wirkung hat. Machen Sie sich den Placebo-Effekt ganz bewußt zunutze, und verstärken Sie diesen weit über die üblichen 35 % hinaus.

Bereiten Sie sich gemäß den Schritten, die unter der Rubrik *Visualisierung* beschrieben sind, auf eine Visualisierung vor.

Stellen Sie sich dann beispielsweise vor, daß das Medikament in Ihrem Körper eine große Lebensfreude auslöst, daß es allen Zellen eine Botschaft von Gesundheit und Harmonie vermittelt. Auf diese Weise können Sie die Wirkung des Medikaments verdoppeln.

Menopause

(Siehe *Wechseljahre)*

Menstruationsbeschwerden

Möglicherweise wurde Ihnen eingeredet, daß die Zeit der Menstruation gezwungenermaßen eine Art Vorhölle darstellt. Tatsächlich hat die Überlieferung daraus einen »Freitag, den 13.« gemacht, der einige Tage andauert.

Die menstruierende Frau ist angeblich ein Quell von Kalamitäten für sich selbst und für die anderen: die Mayonnaise gelingt nicht, das Brot geht nicht auf, die Dauerwellen halten nicht usw. Und in der Bibel steht, daß zwei Männer sofort eine Auseinandersetzung beginnen, wenn eine menstruierende Frau dazwischentritt.

Traditionellerweise empfahl man daher der menstruierenden Frau, nichts Wichtiges anzufangen, keine großen körperlichen Anstrengungen zu unternehmen und nicht öfter als nötig außer Haus zu gehen. Bei gewissen Völkern müssen sich die Frauen sogar absondern, so sehr fürchtet man ihren sogenannten bösartigen Einfluß während der Zeit der Menstruation.

Keine dieser abergläubischen Redensarten hat Bestand, wenn man die Tatsachen objektiv untersucht.

In Wahrheit schwankt die Intensität der Menstruationsbeschwerden von Frau zu Frau sehr stark. Manche sind durch die Regelblutungen fast gar nicht beeinträchtigt. Es gibt Beispiele von Frauen, die während der Menstruationsphase olympische Medaillen gewonnen haben.

Die meisten Frauen nehmen die Periode ziemlich gelassen hin. Sie spüren höchstens eine gewisse Müdigkeit und ein leichtes Unwohlsein im Unterleib. Sie gehen ihren täglichen Beschäftigungen nach. Und sie bekunden bei der Mayonnaisezubereitung keinerlei Mühe!

Leiden Sie am prämenstruellen Syndrom?

Andererseits leidet ungefähr ein Drittel der Frauen in unterschiedlichem Maße am sogenannten prämenstruellen Syndrom (PMS).

Beim prämenstruellen Syndrom verschlimmern sich die Menstruationsbeschwerden bedeutend, und die Frau leidet an mehreren der folgenden Symptome: Verlust größerer Blutmengen, sehr starke Unterleibsschmerzen, Kreuzschmerzen, starke Depressionen, Störungen der Persönlichkeit, Bulimie, Schlaflosigkeit, Übelkeit, Erbrechen und sogar Koliken bei Mädchen.

Das prämenstruelle Syndrom betrifft vor allem Frauen, die an Endometriose (Wucherungen der Gebärmutterschleimhaut) leiden.

Im allgemeinen geht das prämenstruelle Syndrom jedoch mit einer hormonalen, nervösen oder emotionalen Störung oder auch mit einem Blutandrang im kleinen Becken einher.

Für den allgemeinen Gesundheitszustand ist das prämenstruelle Syndrom normalerweise nicht beunruhigend. Trotzdem sollten Sie einen Arzt aufsuchen, wenn Sie an diesem Syndrom zu leiden beginnen, während Ihre Monatsblutungen bisher beschwerdefrei verliefen. Es könnte nämlich sein, daß eine ernsthafte Störung vorliegt: Endometriose, Eierstockzyste oder -tumor, Eileiterentzündung oder sogar Gebärmutter- oder Scheidenkrebs.

Was Sie tun können

Es gibt viele natürliche Methoden, die Ihnen helfen, wenn Sie an schmerzhaften Regelblutungen und damit einhergehender Migräne und Erregungszuständen leiden.

Maßnahmen zur Linderung von Menstruationskrämpfen

Wärmeanwendungen

Wärme ist eines der besten Mittel zur Linderung von Menstruationskrämpfen. Halten Sie während der Regelblutungen die Füße warm, denn diese stehen in direkter Verbindung mit der Gebärmutter. Nehmen Sie warme Bäder, legen Sie eine Wärmflasche auf den Bauch, und trinken Sie Ingwertee.

Körperliche Aktivität

Wußten Sie, daß körperliche Aktivität die Produktion von Progesteron und Endorphin im Organismus anregt, also von zwei Hormonen, die zur Schmerzlinderung beitragen? Marschieren Sie täglich zumindest 10 Minuten zügig, und turnen Sie wenigstens dreimal wöchentlich 20 bis 30 Minuten lang.

Heilpflanzen

- Dank seiner regulierenden Wirkung auf die Hormonfunktion bietet sich der **Frauenmantel** speziell bei sämtlichen Frauenbeschwerden an. Sie können ihn als Aufguß ohne weiteres regelmäßig zu sich nehmen. Nehmen Sie 30 g Blütenköpfe pro Liter Wasser, und trinken Sie täglich 3 Tassen zwischen den Mahlzeiten.
- **Kopfsalat** hat eine schmerzlindernde und beruhigende Wirkung auf das Genitalsystem. Nehmen Sie ihn roh oder als Absud zu sich (lassen Sie dazu 75 g Blätter pro Liter Wasser 30 Minuten auf kleinem Feuer kochen, und trinken Sie täglich 3 Tassen zwischen den Mahlzeiten). Oder trinken Sie 1 großes Glas frisch gepreßten Kopfsalatsaft.

- **Salbei** unterdrückt die Schweißabsonderung und wirkt krampflösend auf die Gebärmutter. Er ist daher bei der Linderung schmerzhafter Monatsblutungen sehr hilfreich. Bereiten Sie mit 20 g Blüten und Blättern pro Liter Wasser einen Aufguß zu, und trinken Sie 3 Tassen täglich.

Heilerde

Ist Heilerde auch während der Dauer der Monatsblutungen nicht angezeigt, so empfiehlt sie sich doch für die übrige Zeit des Zyklus.

Machen Sie jeden Abend einen Umschlag mit Heilerde auf dem Unterleib, und hören Sie bei Auftreten der Regelblutung damit auf. Sie können auch während 2 Wochen vor der Monatsblutung 1/2 Glas Wasser mit Heilerde morgens auf nüchternen Magen einnehmen.

Akupressur

- Sie lindern Ihre Schmerzen garantiert, wenn Sie die gesamte Kreuzbeinregion, das Kreuzbein selbst und rundherum massieren.
- Massieren Sie die Punkte Nr. 34 und 35 in Taillenhöhe.
- Massieren Sie den ganzen Unterbauch sanft und gründlich, besonders die Punkte Nr. 11, 12, 13 und 14.
- Massieren Sie am Knöchel die Punkte Nr. 17, 18 und 19.
- Tonisieren Sie den Punkt Nr. 15, wenn die Menstruation nicht aufhören will.
- Im Notfall können Sie 1 Tropfen **Salbeiöl** (salvia officinalis) auf der Innenfläche des Handgelenks einmassieren.

Ätherische Öle

- Unregelmäßige Blutungen: Salbei (salvia sclarea oder salvia officinalis).
- Schmerzhafte Regelblutungen: Mischen Sie ätherisches Salbei- (salvia officinalis) oder Speiklavendelöl im Verhältnis von 1:10 mit Süßmandelöl, und massieren Sie damit den Unterleib.

Maßnahmen zur Bekämpfung des prämenstruellen Syndroms

Die erstaunliche Wirkung des Nachtkerzenöls

Problematische und schmerzhafte Regelblutungen ergeben sich aus einem Überschuß an dem Hormon Prostaglandin PGE2, das während der hormonalen Veränderungen im Menstruationszyklus auf den Gebärmuttermuskel wirkt. Manche Frauen produzieren von diesem Hormon viel mehr als andere. Die Schmerzen entstehen infolge von Krämpfen des glatten Muskels und dem lokalisierten Blutandrang.

Nachtkerzenöl wirkt auf das gesamte Hormonsystem, da es dazu beiträgt, die Produktion des Prostaglandins PGE2 zu regulieren.

Es hat sich als so wirksam erwiesen, daß Ärzte in England und Wales es als Mittel erster Wahl bei diesen Beschwerden einsetzen.

Sämtliche Symptome des prämenstruellen Syndroms – Gelenkschwellungen, Reizbarkeit, Depressionen und aggressives Verhalten – werden durch die Verwendung von Nachtkerzenöl nachhaltig reduziert. In einer Doppelblindstudie an einer amerikanischen Klinik konnten 2/3 der Frauen mit prämenstruellem Syndrom vollständig geheilt werden, bei 90 % wurden die Symptome beträchtlich vermindert.

Man kommt zunehmend zu der Ansicht, daß dieses Syndrom möglicherweise auf einen Nährstoffmangel zurückzuführen ist.

Nach jahrelangen Untersuchungs- und Forschungsarbeiten im Labor hat man in Efamol ein Nachtkerzenöl ausgezeichneter Qualität gefunden.

Ernährung

Eine Umstellung der Ernährungsgewohnheiten könnte Ihren Zustand erheblich verbessern. Vermeiden Sie oder schränken Sie den Konsum von Milchprodukten, Fleisch, Zucker und Kaffee stark ein. Beginnen Sie damit zumindest eine Woche vor der Menstruation. Verzichten Sie auch während der Monatsblutungen auf diese Nahrungsmittel.

Es scheint übrigens alles darauf hinzudeuten, daß Vegetarierinnen viel problemlosere Regelblutungen haben.

Migräne

(Siehe auch *Kopfschmerzen*)

Leiden Sie unter Kopfschmerzen, die in Ihrem Kopf ein starkes und schmerzhaftes Klopfen auslösen und die mit Sehstörungen, Übelkeit und Durchfall verbunden sind? Treten diese Schmerzen nur einseitig auf?

Falls dies zutrifft, handelt es sich wohl eher um eine Migräne.

Im allgemeinen tritt die Migräne immer auf der gleichen Seite auf: beim Rechtshänder in der Regel auf der linken, beim Linkshänder auf der rechten Seite.

Oft breitet sich die Migräne jedoch über den ganzen Kopf aus. In den meisten Fällen ist sie so stark, daß sich die betroffene Person hinlegen muß.

Die ersten Symptome eines Migräneanfalls sind eine allgemeine Müdigkeit sowie Übelkeit und Erbrechen, das manchmal eine gewisse Erleichterung verschaffen kann. Der Betroffene reagiert zunehmend licht- und geräuschempfindlich.

Manchmal treten auch Gesichtsfeldausfälle auf. Der Migränepatient verspürt Schwindel, ist schweißgebadet und bleich, seine Augen sind blutunterlaufen. Diese Phase läßt sich mit einem aufziehenden Gewitter vergleichen; sie dauert einige Minuten bis einige Stunden.

Wenn es dann zum eigentlichen Migräneanfall kommt, treten in einer Seite des Gehirns stechende Schmerzen oder ein starkes Klopfen auf. Nach einer gewissen Zeit breiten sich diese Symptome über den ganzen Kopf aus. Während eines Anfalls gibt es zuweilen Phasen, in denen die Schmerzen deutlich zurückgehen.

Ursachen

Bei einer Migräne kommt es zu einer Erweiterung jener Gefäße, die das Gehirn mit Blut versorgen.

Die eigentlichen Ursachen der Migräne sind allerdings noch kaum bekannt. Es scheint jedoch alles darauf hinzuweisen, daß sie in vielen Fällen vererbt wird.

Eine häufige Ursache sind Reaktionen auf Nahrungsmittel sowie auf Schokolade oder Kaffee.

Sie können auch unter Migräne leiden, wenn Sie ein sehr nervöser Mensch oder ein Perfektionist sind. Dasselbe gilt auch, wenn Sie gefühlsmäßig erregt sind, wenn Sie Ihre Gefühle, insbesondere Ihre Wut, allzu sehr unterdrücken.

Es bleibt jedoch anzumerken, daß es viele Migränepatienten gibt, die keines dieser Merkmale aufweisen.

Was Sie tun können

Grundsätzlich läßt sich Migräne nicht behandeln. Die Schulmedizin begnügt sich damit, die Symptome zu lindern und erzielt dabei oft gute Ergebnisse. Bei der Bekämpfung der Migräne steht jedoch nicht alles zum Besten. So muß man wissen, daß chemische Schmerzmittel zum Teil kontraindiziert sind.

Vorsicht bei Aspirin!

Es ist erwiesen, daß die regelmäßige Einnahme von Aspirin schwerwiegende Auswirkungen auf die Magenschleimhaut hat. Migränepatienten, die zu oft Aspirin einnehmen, leiden häufig an Sodbrennen und Magengeschwüren.

Zudem ist bekannt, daß der Mißbrauch von Aspirin zu Herzproblemen und Funktionsstörungen der Leber und Niere führen kann.

Insbesondere schwangeren Frauen wird von der Einnahme von Aspirin dringend abgeraten. Mehrere Studien haben ergeben, daß Aspirin beim Fötus Mißbildungen hervorrufen oder seine geistige Entwicklung beeinträchtigten kann.

Der Teufelskreis der Abhängigkeit

Üben Sie bei jedem Schmerzmittel, das Sie benutzen, eine gewisse Zurückhaltung. Langfristig können Schmerzmittel die Symptome der Migräne verstärken, und Sie werden dann gezwungen sein, immer mehr davon zu nehmen! In mehreren Studien wurde nachgewiesen, daß Schmerzmittel in den gleichen Teufelskreis der Abhängigkeit führen können wie die meisten Drogen und Neuroleptika. Kurzfristig verschaffen Ihnen diese Mittel zwar Erleichterung, nach einigen Stunden tritt die Migräne jedoch mit erhöhter Intensität wieder auf. So müssen Sie die Schmerzmitteldosis zunehmend erhöhen.

Maßnahmen während eines Migräneanfalls

Glücklicherweise stehen uns viele natürliche Mittel zur Verfügung, um eine chronische Migräne zu lindern. Diese können mit gewissen psychotherapeutischen Maßnahmen ergänzt werden.

Erste Maßnahmen

- Begeben Sie sich in einen verdunkelten Raum, und legen Sie sich hin (oder bedecken Sie Ihre Augen mit einem Tuch).
- Legen Sie Eis oder ein in kaltes Wasser getauchtes Tuch auf Ihre Stirn.

Bäder

Mit einem warmen Bad können Sie den Blutkreislauf verbessern. Dadurch wird sich weniger Blut in Ihrem Gehirn ansammeln.

Magnettherapie

Besorgen Sie sich ein Stirnband mit therapeutischen Magneten. Tragen Sie dieses während des ganzen Migräneanfalls.

Sie können aber auch einfach einen großen Magneten auf die Stelle legen, die am meisten schmerzt. Es wird empfohlen, den Südpol des Magneten gegen die Haut zu halten, da dieser auf die Blutgefäße eine verengende Wirkung hat. Wie oben ausgeführt, wird die Migräne hauptsächlich durch eine Gefäßerweiterung verursacht.

Heilpflanzen

- Die **Echte Kamille** (matricaria parthenum) eignet sich ganz besonders für die Behandlung von Kopfschmerzen. Wie ihre nächste Verwandte, die Römische Kamille, beseitigt sie auch eine starke Migräne ohne unerwünschte Nebenwirkungen. Bereiten Sie sich einen Aufguß mit 5 g Blüten pro Liter Wasser zu, oder besorgen Sie sich das natürliche Extrakt, das im Handel in Tablettenform erhältlich ist. Wenn Sie sich einen Aufguß mit der

Römischen Kamille zubereiten, müssen Sie pro Liter Wasser 20 bis 40 g Blüten beigeben. Trinken Sie täglich einige Tassen davon.
- Ist die Migräne die Folge einer übermäßigen geistigen Anstrengung, kann sie mit einer Tasse heißen **Schwarztees** beseitigt werden.
- Bei Migräne aufgrund einer schlechten Verdauung können Sie sich einen **Melissenaufguß** mit 1 Teelöffel Melisse pro Tasse zubereiten. Wenn Sie täglich 3 Tassen davon trinken, wird Ihre Verdauung angeregt, wodurch auch die Migräne zum Verschwinden gebracht werden kann.

Visualisierung

In mehreren seriösen Studien konnte nachgewiesen werden, daß sich die Visualisierungstechnik für die Beseitigung oder zumindest Linderung einer Migräne sehr gut eignet. Im folgenden werden Visualisierungsvorschläge gemacht (genauere Einzelheiten zur Visualisierungstechnik finden Sie unter der Rubrik *Visualisierung):*
- Stellen Sie sich einen ruhigen und sonnigen Ort vor. Spüren Sie, wie die Wärme der Sonne von oben durch Ihren Kopf dringt. Fühlen Sie, wie sie Ihre Schmerzen lindert und wie sich die Wärme langsam in Ihrem ganzen Körper ausbreitet.
- Stellen Sie sich vor, Sie stehen unter einem goldfarbenen Wasserfall. Das Wasser ist wunderbar frisch und löst all Ihre Spannungen. Dieses Wasser dringt von oben durch Ihren Schädel und breitet sich im ganzen Gehirn aus. Es fließt langsam nach unten und befreit Sie von Ihren Schmerzen.
- Geben Sie Ihrer Migräne eine konkrete Form. Welche Vorstellung ruft die Migräne in Ihnen in erster Linie hervor? Wenn Sie ihr eine bestimmte Form zuschreiben können, schaffen Sie einen denkbaren Zusammenhang, aufgrund dessen Sie dann in der Lage sind, diese Form zu zerstören oder zu zerlegen.

  Nachfolgend soll dies an einem Beispiel erklärt werden. Nehmen wir an, daß die Migräne bei Ihnen die Vorstellung auslöst, jemand schlage Nägel in Ihren Schädel ein. Sie können sich nun vorstellen, Ihr Schädel bestehe aus einem äußerst widerstandsfähigen Metall. Jeder Nagel, den man in Ihren Schädel einschlagen will, verformt sich deshalb schon nach zwei bis drei Schlägen. Oder stellen Sie sich vor, Ihr Gehirn sei ein Schmelzofen, in dem man Metall schmilzt. Sobald man einen Nagel einschlägt, schmilzt er sofort.

Musiktherapie

Mehrere gut dokumentierte Studien weisen nach, daß das Hören von Musik – vor allem in Verbindung mit einer Visualisierungstechnik – eine positive Wirkung hat.

Wählen Sie eine anregende und zugleich beruhigende Musik; ein trauriges Stück ist also ungeeignet. Wenn Sie sich auf ein passendes Musikstück konzentrieren, verschwindet der Schmerz und auch die Depression, die oft mit einer Migräne einhergeht.

Massage und Akupressur

Siehe *Kopfschmerzen*.

Maßnahmen zur Vorbeugung von Migräne

Zuerst ein klassischer Ratschlag: Führen Sie ein Tagebuch, in dem Sie das Auftreten, den Verlauf und die Dauer Ihrer Migräneanfälle festhalten. Notieren Sie insbesondere, was Sie an den Tagen, an denen Sie unter Migräne litten, gegessen, gemacht oder gesagt haben. Versuchen Sie außerdem, sich an die Ereignisse des Vortags zu erinnern.

Wenn Ihre Migräne psychosomatisch bedingt ist, können Sie so vielleicht die emotionale Ursache ergründen. Anschließend müssen Sie nur noch selbst Abhilfe schaffen oder einen Therapeuten aufsuchen.

Wenn eine Allergie die Ursache Ihrer Migräne ist, können Sie mit Hilfe Ihrer Aufzeichnungen feststellen, auf welches Nahrungsmittel Sie allergisch reagieren. Diesbezüglich kommen insbesondere die folgenden Nahrungs- und Genußmittel in Frage: Schokolade, Bananen, Kaffee, Wurstwaren, chemische Lebensmittelzusätze, Alkohol usw.

Wenn Sie festgestellt haben, welches die Vorzeichen Ihrer Migräneanfälle sind, können Sie diesen vorbeugen oder sie zumindest lindern. Unternehmen Sie etwas, bevor der Sturm losbricht!

Wenden Sie insbesondere die folgenden Mittel an:

Körperliche Bewegung

Körperliche Bewegung ist ein ausgezeichnetes Mittel zur Vorbeugung von Migräne, da dadurch der Blutkreislauf verbessert wird. Achten Sie vor allem auf Aktivitäten, bei denen der untere Teil des Körpers gefordert wird. So vermeiden Sie Blutansammlungen im Kopf. Trainieren Sie wenn immer möglich im Freien, damit Ihr Gehirn ausreichend mit Sauerstoff versorgt wird.

Massage und Akupressur

Massage und Akupressur eignen sich ebenfalls sehr gut, um einer Migräne vorzubeugen. Beginnen Sie mit einer Massage oder mit Akupressur (gemäß den Angaben unter der Rubrik *Kopfschmerzen*), sobald sich die ersten Anzeichen einer Migräne einstellen.

Milchschorf

Milchschorf haben nur Säuglinge – daher der Name. Diese Krusten bilden eine Kategorie für sich. Sie haben nichts mit den anderen Arten von Schorf zu tun und sind auch nicht ekzematisch.

Diese Hautstörung ist auf eine übermäßige Talgproduktion zurückzuführen, welche die Bildung von nässenden Krusten auf der Kopfhaut und dem ganzen Gesicht hervorruft.

Was Sie tun können

Auch wenn man sie nicht immer gut erklären kann, so ist diese Hautstörung doch relativ leicht zu beheben:

- Waschen Sie die Kopfhaut des Babys häufig mit einem Holunderaufguß (2 Handvoll Holunderblüten mit 1 Liter heißem Wasser aufgießen und 10 Minuten ziehen lassen).
- Sie können das Gesicht des Säuglings auch mit Süßmandelöl einreiben und mit Stärkepulver bestreuen.
- Zur Desinfektion und Linderung des Juckreizes streichen Sie wiederholt frischen Aloe-vera-Gel (mit dem Küchenmixer zubereitet) oder eine Aloe-vera-Salbe auf die Krusten und lassen sie ungefähr 10 Minuten einwirken. Reinigen Sie das Gesicht zwischen zwei Anwendungen mit einem Holunderaufguß oder mit Süßmandelöl.

Mumps

Es sind vor allem Kinder und Jugendliche, die an Mumps, auch Ziegenpeter oder Bauernwetzel genannt, erkranken. Dabei handelt es sich um eine Infektion der Ohrspeicheldrüsen. Diese sind die wichtigsten Speicheldrüsen und liegen in leicht vorgelagerter Stellung direkt unterhalb der Ohrmuschel.

Mumps beginnt mit leichtem Fieber, gefolgt von Durchfall und einem Gefühl allgemeinen Unwohlseins. Die Ohrspeicheldrüse schwillt an, was sogar zu einer Verschiebung der Ohrmuschel führen kann.

Auch die Speicheldrüsen unterhalb des Kiefers können anschwellen. Der Mund läßt sich nur schwer öffnen. Der Speichelfluß vermindert sich, und das Kauen fällt außerordentlich schwer.

Nach einigen Tagen können in manchen Fällen auch die Hoden bzw. die Eierstöcke anschwellen, was beim kleinen Jungen sehr schmerzhaft sein kann. Zum Glück hält die Schwellung nur ein bis zwei Tage an. Das Mädchen hingegen verspürt höchstens ein gewisses Unwohlsein im Unterleib.

Was Sie tun können

Mumps ist eine mäßig ansteckende Krankheit. Daher ist es unnötig, den Kranken zu isolieren und besondere Vorkehrungen zu treffen, um eine Ansteckung zu vermeiden. Wer einmal an Mumps erkrankt ist, ist übrigens während ungefähr 20 Jahren dagegen immun.

Die Genesung erfolgt ungefähr 10 Tage nach Erscheinen der ersten Symptome. Meistens verläuft die Krankheit normal und ohne Komplikationen. Daher ist der Rat eines Arztes nicht unbedingt erforderlich.

Allerdings sollten Sie einen Arzt aufsuchen, wenn die Speicheldrüsen sehr starke Schmerzen bereiten, wenn andere Organe anschwellen (insbesondere die Genitalien) oder wenn die Krankheit nach der Pubertät auftritt, da Komplikationen zu befürchten sind.

In harmlosen Fällen können Sie folgende Hausrezepte anwenden:

Kompressen

Um die Schmerzen zu lindern, legen Sie Eis auf die geschwollenen Stellen. Wickeln Sie das Eis in eine Serviette ein. Machen Sie dies abwechselnd mit warmen Kamillen- oder Kamillenölkompressen, die Sie in Höhe des Kiefergelenks auf die Ohrspeicheldrüsen und vor das Ohrläppchen legen.

Magnettherapie

Legen Sie einen großen therapeutischen Magneten während 20 Minuten mit dem Südpol auf die schmerzenden Stellen. Dies lindert nicht nur die Schmerzen, sondern beschleunigt auch die Genesung.

Ernährung

Verzichten Sie auf Zucker und säurebildende Nahrungsmittel! Da es sich um eine Virusinfektion handelt, ist es wichtig, das Immunsystem zu stärken, indem Sie viel Knoblauch und rohe Zwiebeln essen. Nehmen Sie auch Echinaceakapseln oder -tinktur.

Milde Abführmittel

Rizinusöl, eingemachte Feigen, Aloepillen, Aufguß aus Sennesblättern, pflanzliche Kohle mit Kräutern (Eucarbon).

Ätherische Öle

- Innerliche Anwendung: Nehmen Sie einige Tropfen Thymian- (mit Linalool) oder Speiklavendelöl mit etwas Honig ein.
- Äußerliche Anwendung: Reiben Sie die geschwollenen Stellen mit Eukalyptusöl (eucalyptus radiata) ein, das Sie im Verhältnis von 1:5 mit Haselnußöl gemischt haben.

Massage und Akupressur

- Massieren Sie vorsichtig, aber dennoch mit einem gewissen Druck den Nacken, den Hals und die Schädelbasis, insbesondere die Punkte Nr. 26 und 27, bis zum Kiefergelenk unter und hinter dem Ohr.
- Massieren Sie die Punkte Nr. 23, 24 und 25 am Handgelenk und die Punkte Nr. 39, 21 und 22 am Fuß.

Müdigkeit

Es gibt eine ganze Vielfalt von Gründen, die als Ursachen für andauernde Müdigkeit in Betracht gezogen werden müssen. Vielleicht bereitet Ihnen die Verdauung – insbesondere die von Fettstoffen – Schwierigkeiten. Es kann auch sein, daß Ihre Ernährung nicht richtig zusammengestellt ist.

Unter Umständen ist die Müdigkeit aber auch auf eine Unterfunktion der Schilddrüse oder der Nebennieren oder auf einen zu niedrigen Blutzuckerspiegel (Hypoglykämie) zurückzuführen. Übermäßige Streßbelastung oder große Sorgen müssen ebenfalls als mögliche Ursachen in Betracht gezogen werden.

Malen Sie aber nicht gleich den Teufel an die Wand, denn es kann sehr gut sein, daß Sie sich müde fühlen, weil Sie schlicht ... müde sind. Es mangelt Ihnen an Interesse für Ihre Aktivitäten. Dies ist meist ein Anzeichen für bevorstehende größere Änderungen.

Was Sie tun können

Das beste Mittel besteht sicher darin, als erstes einmal ein möglicherweise bestehendes Schlafbedürfnis aufzuholen. Vermeiden Sie den allzu schnellen Griff nach Aufputschmitteln. Müdigkeit ist ein Symptom, das nicht auf die leichte Schulter genommen werden darf.

Falls Sie aber jede Nacht 8 bis 10 Stunden schlafen und sich dennoch müde fühlen, sollten Sie sich den einen oder anderen der nachfolgenden Ratschläge zu Herzen nehmen:

- Überprüfen Sie Ihre Ernährungsweise. Probieren Sie Neues aus.
- Seien Sie risikofreudig! Risiken sind eine beachtliche Energiequelle und werden Sie »zu neuem Leben erwecken«.
- Nehmen Sie Vitamin B15, Phosphor und Zink.
- Trinken Sie täglich 1 bis 2 Glas Kohlsaft.
- Machen Sie eine 30tägige Ginsengkur: Wählen Sie vorzugsweise Ginsengwurzeln, und nehmen Sie die beste Qualität, den **weißen Ginseng**, der in chinesischen Spezialitätenläden erhältlich ist. Er ist zwar nicht billig, doch seine Wirkung ist verblüffend.

Lassen Sie sich die Ginsengwurzel in dünne Scheiben schneiden, und nehmen Sie täglich 2 bis 3 Scheiben zu sich. Somit werden Sie etwa 2 Wochen an einer Wurzel haben. Die Kur darf nicht zu lange dauern, denn langfristig kann der Genuß von Ginseng zu Bluthochdruck führen.
Folgende Anekdote veranschaulicht die Wirksamkeit von Ginseng gegen Müdigkeit: Anläßlich der Friedenskonferenz von Paris nach Kriegsende in Vietnam zogen sich die Gespräche zwischen den Vertretern der USA und der Vietcong bis spät in die Nacht hin. Die Amerikaner machten einen erschöpften Eindruck und waren bleich. Die Vietnamesen aber schienen die ganze Zeit über in Hochform zu sein. Einer der Amerikaner fragte schließlich den vietnamesischen Delegationschef nach dem Geheimnis seiner verblüffend guten Verfassung, woraufhin dieser mit einem Lächeln eine Ginsengwurzel aus seiner Hosentasche zog.

Anmerkung

Weiter Ratschläge finden Sie unter der Rubrik *Schläfrigkeit.*

Mundgeruch

So paradox es auch erscheinen mag, Mundgeruch wird in unserer Gesellschaft weniger toleriert als Zigarettenrauch, obwohl er weniger offensichtlich ist (und auch die Umwelt nicht verschmutzt!). Man muß schon Misanthrop oder absolut unverfroren sein, wenn einem der eigene Atem egal ist.

Der Rest der Menschheit wird durch Mundgeruch in peinliche Situationen gebracht. Mundgeruch kann Ihnen einen schönen Abend verderben und schüchterne Menschen noch gehemmter machen.

In extremen Fällen, bei denen der Atem geradezu ekelerregend riecht, stellt der Mundgeruch ein eigentliches soziales Handikap dar. Sowohl der Verursacher als auch die »Opfer« werden durch ihn in Verlegenheit gebracht. Zuweilen braucht es viel Mut, um eine betroffene Person auf ihren schlechten Atem hinzuweisen.

Abgesehen von der psychologischen Beeinträchtigung, die durch Mundgeruch oft hervorgerufen wird, kann er auch ein Hinweis auf eine – möglicherweise sehr schwerwiegende – körperliche Erkrankung sein. In solchen Fällen ist es umso wichtiger, den Betroffenen auf sein Problem aufmerksam zu machen.

Ursachen

Im April 1991 fand in Acapulco das erste internationale Symposium zum Thema Mundgeruch statt. Aus diesem Symposium ging hervor, daß immer mehr Wissenschaftler der Überzeugung sind, daß es sich bei den Mikroorganismen, die für den Mundgeruch verantwortlich sind, um die gleichen Tierchen handelt, die auch Probleme wie Zahnfleischerkrankungen verursachen.

Eine häufige Ursache von Mundgeruch ist eine schlechte Zahnhygiene. Zwischen den Zähnen können Speisereste zurückbleiben und dort faulen. Auch eine unbehandelte Karies kann zu einem unangenehmen Atem führen.

Achten Sie auch auf Entzündungen und Geschwüre im Mund und auf der Zunge.

Es kann außerdem vorkommen, daß sich Speisereste im Bereich der Mandeln ansammeln und dort zu faulen beginnen. Der Arzt empfiehlt in solchen Fällen manchmal die Entfernung der Mandeln.

Mundgeruch muß jedoch nicht unbedingt mit dem Zustand des Mundes zusammenhängen. Gemäß Dr. Rosenberg, der am Symposium in Mexiko teilnahm, liegen dafür in 10 bis 20 % der Fälle andere Gründe vor: Fieber, Nebenhöhlenentzündungen, Entzündungen der Nasenschleimhaut, Sodbrennen und andere Verdauungsstörungen (Gärungsvorgänge, Gastritis usw.).

Außerdem können auch schwere Erkrankungen wie Leber- oder Nierenleiden, Lungenabszesse, Bronchitis usw. zu Mundgeruch führen.

Als weitere Ursachen sind eine Ernährung mit hohem Proteingehalt oder bestimmte stark gewürzte Nahrungsmittel in Betracht zu ziehen. In Frage kommt auch der Genuß von Alkohol, Knoblauch, Zwiebeln usw. Beim Knoblauch entsteht der Mundgeruch, weil bestimmte Substanzen über das Blut in die Lungen gelangen, von wo sie über die Atmung wieder abgegeben werden.

Was Sie tun können

Machen Sie sich keine unnötigen Sorgen, wenn Sie unter Mundgeruch leiden! Sie befinden sich in guter Gesellschaft: 80 % der Erwachsenen sind zu irgendeinem Zeitpunkt ihres Lebens davon betroffen.

In vielen Fällen besteht die einzig notwendige Behandlung darin, daß Sie auf eine gute Zahnhygiene achten und täglich gurgeln:

- Nehmen Sie sich Zeit, um die Zähne mindestens zweimal täglich gründlich zu putzen.
- Benutzen Sie außerdem jeden Tag Zahnseide.
- Reinigen Sie Ihre Zahnprothese täglich von beiden Seiten. Und vergessen Sie nicht, sie ein- bis zweimal pro Woche in eine Reinigungslösung zu legen.
- Reinigen Sie Ihre Zunge regelmäßig mit einer Zahnbürste oder einem Spachtel. Auf der Zunge vermehren sich viele Mikroorganismen sehr rasch, und einige verursachen Mundgeruch. Die Yogis in Indien wenden diese Reinigungsmethode von jeher jeden Morgen an.
- Um wirklich alle Bakterien auf Zähnen und Zahnfleisch abzutöten, können Sie sich die Zähne auch mit sehr feinem Meersalz oder mit Natriumbikar-

bonat putzen. Vermischen Sie diese beiden Substanzen vor dem Zähneputzen mit wenig Wasser, um sie zu verdünnen.
- Gurgeln Sie ausgiebig mit dem Saft der Aloe vera oder mit stark salzhaltigem Wasser. Damit desinfizieren Sie auch die hintersten Winkel Ihres Mundes.
- Vermeiden Sie den Genuß von Nahrungsmitteln, die das Zahnfleisch reizen. Richten Sie sich dabei nach der Empfindlichkeit Ihrer Mundschleimhaut. Bei einigen Personen führen bereits Nahrungsmittel, die man stark kauen muß, zu einer Reizung der Schleimhaut. Gereizte Schleimhäute können Sie mit Aloe-vera-Gel behandeln.
- Suchen Sie alle sechs Monate den Zahnarzt auf, und verlangen Sie eine Gesamtreinigung. Die Speisereste zwischen den Zähnen oder im Zahnfleisch, die eine Reizung verursachen, können in gewissen Fällen nur von einem Spezialisten entfernt werden.

Mit einer einwandfreien Zahnhygiene kann Mundgeruch in vielen Fällen beseitigt oder verhindert werden. Es gibt jedoch auch Fälle, bei denen das Problem aufgrund von Verdauungsstörungen entsteht:

- Ist Sodbrennen für Ihren schlechten Atem verantwortlich, müssen Sie selbstverständlich alle entsprechenden Ursachen meiden: übermäßiger Kaffeegenuß, schwer verdauliche Mahlzeiten, hastiges Essen, Rauchen vor den Mahlzeiten, übermäßiger Streß usw. (siehe auch *Sodbrennen).*
- Hängt Ihr Mundgeruch mit Verdauungsstörungen zusammen, lesen Sie auch die Rubrik *Magenverstimmung.*

  Artischocke und Löwenzahn eignen sich besonders gut, um das Verdauungssystem zu kurieren. Essen Sie diese wenn immer möglich roh, oder nehmen Sie natürliche Extrakte dieser Pflanzen zu sich.

  Die Stimulierung der folgenden Akupressurpunkte ist wirksam, wenn der Mundgeruch mit Verdauungsproblemen im Zusammenhang steht. Massieren Sie:

  - die Punkte Nr. 40, 42 und 36, um die Darmtätigkeit zu regulieren;
  - die Punkte Nr. 9 und 10 sowie die Mitte des Fußspanns für den Magen;
  - die Punkte Nr. 19 und 20 für die Leber und die Bauchspeicheldrüse.
- Oder leiden Sie gar unter dem »faulen-Fisch-Syndrom«, bei dem Ihr Atem nach faulem Fisch riecht? Bei diesem Syndrom, das glücklicherweise nur sehr selten auftritt, erinnert der Mundgeruch tatsächlich an den Gestank von faulendem Fisch.

  Trotz des widerlichen Geruchs ist dieses Phänomen kein Hinweis auf eine schwerwiegende gesundheitliche Störung. Dies ist wichtig zu wissen, denn nur wenige kennen dieses Syndrom; es kommt sogar vor, daß Ärzte aufgrund der Symptome zu einer Operation raten. Dies war bei einer

Amerikanerin der Fall, die sich die Mandeln entfernen ließ, weil der »Spezialist« glaubte, daß im Bereich der Mandeln Speisereste faulten.

Wie ist dieses Syndrom zu erklären?

Die Leber produziert die chemische Substanz Trimethylamin. Diese ist unter anderem für den charakteristischen Geruch von faulendem Fisch verantwortlich. Normalerweise produziert die Leber jedoch auch ein Enzym (N-Oxidase), das Trimethylamin in eine geruchlose Substanz umwandelt. Bei jenen Personen, die unter dem erwähnten Syndrom leiden, wird eben dieses Enzym nicht produziert.

Die Betroffenen müssen daher auf cholinhaltige Nahrungsmittel verzichten, da Trimethylamin ein Cholinderivat ist. Zu den Nahrungsmitteln mit hohem Cholingehalt zählen insbesondere die Saubohne, Eier, Fisch und Leber.

Einige Tips zur Vermeidung von Mundgeruch

- Knabbern Sie Kardamomsamen, dadurch bekommen Sie einen frischen Atem.
- Um Knoblauchgeruch zu neutralisieren, können Sie Kaffeebohnen knabbern oder frische Petersilie essen.
- Essen Sie einen Apfel.

In schwerwiegenden Fällen macht es keinen Sinn, den Mundgeruch überdecken zu wollen. Er ist ein Hinweis darauf, daß in Ihrem Körper etwas »nicht rund läuft« und kann für den Arzt bei der Diagnosestellung von Bedeutung sein.

Mundhygiene

(Siehe auch *Aphten* und *Zahnpflege)*

Inner- und außerhalb des Mundes können zahlreiche Probleme entstehen, die nicht schwerwiegend, aber trotzdem sehr irritierend sein können. Vergessen wir nicht, daß der Mund eine der Hautpartien ist, die Infektionserregern und Wettereinflüssen am meisten ausgesetzt ist.

Es ist deshalb ratsam, den Mund schon bei den kleinsten Anzeichen gut zu pflegen.

In gewissen Fällen, so meinen Spezialisten, kann AIDS z. B. schon durch Zahnfleischbluten übertragen werden. Ganz gewiß aber bringt Zahnfleischbluten mit sich, daß Sie verschiedenen Mikroben und Viren, die von Ihrem Sexualpartner übertragen werden können, ausgesetzt sind. Diese Warnung gilt für alle Hautrisse und -reizungen, die das Unterhautgewebe freilegen.

Was Sie tun können

Zur Desinfektion des Mundes gurgeln Sie täglich (wenn möglich mehrmals) mit:

- Kamillenaufguß (1 Eßlöffel Kamillenblüten auf 1 Tasse heißes Wasser);
- ätherischem Salbeiöl (3 Tropfen in 1 Glas Wasser);
- Aloe-vera-Saft;
- einer Salzlösung (1/2 Teelöffel auf 1 Glas warmes Wasser).

Muskelkater und Verspannungen

Faule Menschen haben nicht die »Chance«, sich nach längerer körperlicher Betätigung wie gerädert zu fühlen. Nach einem Tag im Freien vollkommen erschöpft oder wie zerschlagen zu sein ist eher ein angenehmes, manchmal sogar göttliches Gefühl. Ihr Körper hat seine überschüssige Energie verbraucht, Ihr Geist ist beruhigt, und Sie schlafen wie ein Murmeltier.

Übrigens können sich selbst Stubenhocker matt und steif fühlen. Der wesentliche Grund dafür ist dann eine psychische Spannung, die sich schließlich im ganzen Körper niederschlägt. Diese Spannung kann die Folge von Streß, ängstlicher Unruhe oder Wut sein.

Auch Büroarbeit kann sehr anstrengend für den Körper sein. Mechanische und eintönige Arbeiten ausführen oder, im Gegenteil, neue Technologien bewältigen, stundenlang einen Bildschirm anstarren usw. – das alles sind Tätigkeiten, die zu einer Ansammlung von Spannungen im Körper führen können.

Auch gewisse Krankheiten können Muskelversteifung auslösen, namentlich Grippe und Hirnhautentzündung.

Was Sie tun können

Bei Glieder- und Muskelschmerzen, die in der Folge gewisser Krankheiten auftreten, muß die Ursache behandelt werden (siehe *Grippe*). In den anderen Fällen können Sie, ungeachtet der Ursache Ihres Muskelkaters, sehr schnell mit Hilfe von Geschmeidigkeitsübungen, aktiver Entspannung, Massage und Selbstmassage damit fertig werden.

1. Gehen Sie mit Geschmeidigkeitsübungen gegen Verspannungen vor

Wußten Sie, daß es in Japan Unternehmen gibt, wo alle 20 Minuten eine Klingel ertönt, die das Signal zu einer Übungspause gibt? Alle Angestellten unterbrechen dann zwei oder drei Minuten ihre Arbeit und machen Geschmeidigkeitsübungen.

Das werden Sie wahrscheinlich nicht so bald bei Ihrer Arbeit erleben. Doch nichts hindert Sie daran, es diskret in Ihrem Büro oder in einer stillen Ecke zu machen.

Die Arme beugen, nach oben strecken, hüpfen, den Oberkörper oder den Hals bewegen oder jede andere Übung, die Sie mögen – das genügt schon, um Ihre Energie wieder zirkulieren zu lassen. Sonst kommt sie in gewissen Körperteilen zum Stillstand und verursacht dort Spannungen. Wenn sich an diesen Stellen zuviel Energie ansammelt, wird es viel schwieriger für Sie, sie zu entspannen.

2. Aktive Entspannung

Sie können auch die progressive Muskelentspannung nach Jacobson anwenden. Prüfen Sie zunächst, in welchen Körperpartien Sie dazu neigen, Verspannungen anzusammeln. Es handelt sich wahrscheinlich um eine der folgenden: Nacken, Kopf, Schultern, Arme, Rücken, Brust, Unterleib.

Die Methode ist einfach. Spannen Sie den betreffenden Körperteil so kräftig wie möglich an, und entspannen Sie ihn wieder ganz langsam. Wiederholen Sie diesen Wechsel von An- und Entspannung mehrere Male.

Nehmen wir ein Beispiel: Sie tippen auf der Schreibmaschine oder schreiben den ganzen Tag. Dann hat sich wahrscheinlich sehr viel Spannung in den Unterarmen, dem Handgelenk und der Hand angesammelt.

In diesem Fall spannen Sie den Unterarm an und machen eine Faust, die Sie ebenfalls anspannen. Dann öffnen Sie die Hand ganz langsam, jeden Finger einzeln. Wenn Sie das auch nur einmal machen, spüren Sie bereits die positive Wirkung dieser Übung. Die Wirkung ist noch besser, wenn Sie die Übung wiederholen.

3. Massage und Selbstmassage

Massage und Selbstmassage sind ausgezeichnete Mittel, um Muskelkater und Steifheit zu vertreiben. Schon die Athleten des griechischen und römischen Altertums wußten das sehr gut und ließen sich häufig massieren. Übrigens wurde die Massage vor allem wegen ihrer Nützlichkeit für den Sport nach mehreren Jahrhunderten wieder in die moderne Welt eingeführt!

Und was die grausamen Krieger von Dschingis Khan betrifft, so massierten sie sich nach der Schlacht, um die Furcht aus ihren Muskeln zu vertreiben. Sie benutzten eine Elfenbeinrolle, um ihre schmerzenden Muskeln gründlich zu massieren.

Bei der Arbeit kann die Massage ein ausgezeichnetes Mittel sein, um sowohl das Wohlergehen der Angestellten zu fördern als auch ... ihre Produktivität.

In Kalifornien sieht man immer mehr Masseure durch die Büros gehen, um ihre Dienste jenen anzubieten, die eine kleine »Massage-Pause« wünschen. Diese Masseure sind mit einem Massage-Klapptisch oder -Stuhl ausgerüstet (die zusammengeklappt nicht mehr Platz einnehmen als ein kleiner Koffer). Sie werden häufig von Arbeitgebern eingeladen und bezahlt, die in »New Age«-Kategorien denken.

In Frankreich beginnen einige Unternehmen, in dieselbe Richtung zu gehen. Bei Apple-France kann das ganze Personal von einem Antistreß-Programm profitieren: Meditationssaal, Strudelbad usw.

Wenn Ihrem Chef die Vorstellung solcher Praktiken die Haare zu Berge stehen läßt, können Sie Selbstmassage machen. Schauen Sie insbesondere die Techniken der Selbstmassage nach, die unter *Arthritis* aufgeführt sind.

Außerdem können sich die Angestellten gegenseitig helfen. Warum sollten Sie einem Kollegen nicht schnell eine kleine Schultermassage verpassen, wenn Sie merken, daß er verkrampfte Schultern hat? Und er kann dasselbe bei Ihnen tun.

Wie führt man eine Massage nach den Prinzipien der Akupressur aus?

Massieren Sie die schmerzende Stelle kräftig mit einem Massageöl, das die Entspannung der Muskeln fördert. Benutzen Sie dazu Johanniskraut- und Kamillenöl, die Sie auch für warme Kompressen verwenden können (die Zubereitung finden Sie in der *Einführung in die Pflanzenheilkunde)*. Diese Öle tragen wirksam dazu bei, Ihre Muskelschmerzen und die Nervenentzündung abklingen zu lassen.

Machen Sie den Muskel geschmeidig, wie man Brotteig geschmeidig macht. Massieren Sie gründlich, um den Muskel von den sauren Stoffwechselprodukten zu befreien, die sich dort nach einer großen Anstrengung ebenso ansammeln wie nach einer chronischen Nervenanspannung.

Tasten Sie den betroffenen Muskel ab, und suchen Sie die Bänder und Sehnen, die ihn an die Knochen binden. Massieren Sie diese Sehnen gründlich, und der ganze Muskel wird sich lockern.

Der Punkt Nr. 15 verhilft zu einer allgemeinen Muskelentspannung, ebenso die Punkte Nr. 1, 26, 29, 38 und der Schwertfortsatz des Brustbeins.

Um die Wirksamkeit dieser Behandlung zu erhöhen, mischen Sie ätherisches Kamillen- (Römische Kamille) oder Speiklavendelöl im Verhältnis von 1:5 mit Haselnußöl und verwenden diese Mischung als Massageöl.

4. Andere Mittel, um Muskelkater und Steifheit zu lindern

Heilpflanzen

Thymian, ein Nerventonikum und Antirheumamittel, kann in verschiedenen Formen genommen werden:

- als Aufguß (1 Zweig pro Tasse, 3 Tassen täglich);
- als örtlicher Umschlag (die Pflanze zerkleinern, in einem Gefäß erwärmen, in Gaze geben und warm auflegen);
- als aromatisches Bad (500 g Thymiankraut in einigen Litern Wasser kochen, abseihen und dem Badewasser zusetzen).

Heilerde

Legen Sie täglich 2 Umschläge mit kalter Heilerde auf, die Sie jeweils 2 Stunden einwirken lassen. Sie können auch nur 1 Umschlag machen, den Sie die ganze Nacht über anbehalten.

Wichtige Empfehlung: Hören Sie auf Ihren Körper!

Ihre Nerven- oder Muskelschmerzen sind keine unwichtigen Symptome, auch wenn sie nicht allzu beschwerlich sind.

Zu viele Leute machen unbewußt »Selbstanästhesie« und hören nicht auf diese Signale, mit denen ihnen der Körper sagen will: *»Wenn du weit reisen willst, dann schone das Reittier«.*

Langsam, aber sicher sammeln sich die feinen Spannungen an. Und eines schönen Tages bilden sie ein unentwirrbares Netz im ganzen Körper. Dann ist der Körper ein »Nervenbündel« oder ein steifer, brüchiger »Holzklotz« geworden, lahm und rheumatisch. Oder Opfer einer Unmenge von psychosomatischen Leiden unklaren Ursprungs. In diesem Stadium ist es sehr viel schwieriger, etwas für ihn zu tun.

Sobald also Muskel- und Nervenverspannungen auftauchen, kümmern Sie sich um sie. Behandeln Sie Ihren Körper mit Mitgefühl und nicht wie eine Maschine. Wenden Sie dafür die Technik des Fokussierens an, wie sie unter *Selbstdiagnose* beschrieben wird. Mit Hilfe dieser Technik sind Sie nicht nur imstande, die Nerven- und Muskelschmerzen auszuschalten, sondern auch das Übel an der Wurzel zu packen. Was die klassischen Techniken nicht können!

In 90 % der Fälle sind Ihre Nerven- und Muskelschmerzen nämlich psychischen Ursprungs. In solchen Fällen nützt es also nichts, entzündungshemmende und schmerzstillende Medikamente zu nehmen. Vergessen Sie daher nicht, auch mental an Ihrem Leiden zu arbeiten. Und dann vervollständigen Sie diese psychische Arbeit mit einem der genannten Mittel.

Muskelkrämpfe

Neben den nächtlichen Wadenkrämpfen (siehe *nächtliche Wadenkrämpfe)* gibt es auch andere Arten von Muskelkrämpfen, unter denen Sie leiden können. Und das zu jeder Tageszeit!

Was Sie tun können

Ein mit Bärlapptrieben gefülltes Kissen

Legen Sie ein mit 200 g Bärlapptrieben gefülltes Kissen unter die Füße. Wenn Sie häufig unter Muskelkrämpfen leiden, sollten Sie dieses Kissen ständig am Fußende Ihres Bettes haben. Erneuern Sie die Triebe einmal jährlich, und verwenden Sie die alten Stiele als Badezusatz.

Diese Methode ist überaus wirksam gegen Krämpfe jeder Art.

Bäder

(Siehe *Einführung in die Wasserheilkunde)*
- Salbei, 200 g pro Bad.
- Brennesselwurzel (aufgrund ihrer kreislaufanregenden Wirkung).

Aufguß

- Kamillenblüten: 1 Teelöffel pro Tasse, 2 Tassen täglich.
- Salbeiblätter und -blüten: 20 g pro Liter Wasser, 2 Tassen täglich.

Ätherische Öle

Äußerliche Anwendung: Rosmarin (mit Cineol), Lavendel (lavandula hybrida) oder Ravensara. Mischen Sie das ätherische Öl im Verhältnis von 1:5 mit Haselnußöl.

Akupressur

- Folgende drei Punkte haben eine allgemeine Wirkung auf Muskelkrämpfe: der Punkt Nr. 42 an der Hand, der Punkt Nr. 16 in der Nähe des Knies und der Punkt Nr. 20 am Fuß.
- Sehen Sie auf den im ersten Teil abgebildeten Akupressur-Karten nach, und sedieren Sie die Punkte, die dem betroffenen Muskel am nächsten liegen.

  Hier sind einige spezifische Punkte:
- Für den Arm: die Punkte Nr. 6, 31, 40, 41, 24.
- Für das Bein: die Punkte Nr. 16, 38, 18, 39.
- Für den Nacken: die Punkte Nr. 1, 26, 27, 28, 29, 30.
- Für den Rücken: die Punkte Nr. 28, 29, 30, 32, 33, 35, 38.

Muskel- und Nervenschmerzen

Muskel- und Nervenschmerzen können im Zusammenhang mit verschiedenen Krankheiten auftreten (Grippe, Hirnhautentzündung usw.). Bevor man an Linderung denkt, ist die Ursache zu behandeln. Lesen Sie die Rubrik, die Ihre spezifischen Beschwerden betrifft. Lesen Sie anschließend die Rubrik *Muskelkater und Verspannungen.*

Diese Schmerzen können auch durch ständigen Streß, extreme psychische Belastungen oder eine ungewohnte Anstrengung ausgelöst werden. Schauen Sie in diesem Fall direkt unter *Muskelkater und Verspannungen* nach.

N

Narben

Es gab einmal eine Zeit, da waren die Soldaten stolz auf die Narben, die sie heldenhaft im Kampf erworben hatten. Diese Narben waren so etwas wie »Medaillen«, die man allezeit »tragen« konnte, und es kam nicht in Frage, sie entfernen zu lassen oder zu verstecken.

Heutzutage, im Zeitalter des Pazifismus und des durch die Medien vermittelten »Image«, entlockt uns eine solche Eitelkeit ein Lächeln.

Was Sie tun können

Um Narben zu entfernen, gibt es natürlich die Schönheitschirurgie: Implantation von Hautgewebe, Abschabungstechniken, Injektion kollagener Substanzen, Zellwiederaufbau usw. In vielen schweren Fällen gibt es keine anderen Möglichkeiten.

Mit natürlichen Mitteln können Sie jedoch oftmals die Bildung von Narben verhindern. Mit viel Geduld können Sie sogar hoffen, bestehende Narben beträchtlich zu verkleinern. Dabei ist sehr häufig die Schnelligkeit des Eingriffs von entscheidender Bedeutung. Einige Minuten können den ganzen Unterschied zwischen einer sichtbaren und einer unsichtbaren Narbe ausmachen.

Maßnahmen zur Unterstützung der Wundheilung

Aloe vera, Honig und flüssiges Vitamin E sind wunderbare Mittel zur Wundheilung und natürlichen Desinfektion. Streichen Sie davon jeden Tag mehrmals auf die Wunde, bis sie verheilt ist.

Wenn Sie diese Heilmittel sorgfältig von Anfang an (einzeln oder kombiniert) anwenden, können Sie selbst bei tiefen Schnitten eine Narbe vermeiden. Sie sind auch dann wirksam, wenn die Haut heilungsunfähig zu sein scheint.

Sie können auch folgende Mittel anwenden:

Heilerde

Machen Sie Umschläge mit kalter Heilerde, die Sie 1 bis 2 Stunden einwirken lassen und zwei- bis dreimal täglich erneuern, je nachdem, wie gut sie Ihnen tun. Heilerde ist ein bemerkenswertes Mittel zur Wundheilung, und man erlebt, daß sie selbst dort heilt, wo sonst genäht werden müßte.

Heilpflanzen

- Bestreichen Sie die Wunde mit **Knoblauchsaft.** Noch während des letzten Krieges haben britische Soldaten ihre Wunden mit Knoblauchzehen eingerieben.
- **Ringelblumensalbe** ist eines der besten Pflanzenheilmittel zur schnellen und sauberen Wundheilung.

Magnettherapie

Sie können auch Magneten (mit der Südpolseite) auf die zu behandelnde Stelle legen. Der Südpol unterstützt die Aktivität und Regeneration der Zellen (siehe *Einführung in die Magnettherapie.)*

Maßnahmen zur Tilgung von Narben

- Reiben Sie die Narbe mit lauwarmem Rizinusöl ab.
- Viele Menschen haben beachtliche Erfolge erzielt, indem sie flüssiges Vitamin E oder Aloe vera auf bestehende Narben strichen. Diese Substanzen unterstützen nicht nur den Zellwiederaufbau, sondern beseitigen auch den Juckreiz. Um die Wirkung zu verstärken, kombinieren Sie die beiden Substanzen.

Ätherische Öle

Äußerliche Anwendung: Mischen Sie ätherisches Lavendel- (lavandula officinalis) oder Karottenöl im Verhältnis von 1:20 mit Weizenkeimöl (das sehr reich an Vitamin E ist), und massieren Sie damit die Narbe.

Akupressur

Um Ihre Narben zu verkleinern, benutzen Sie dieselbe Methode wie die für Verbrennungen. Achtung: Eine dicke Narbe kann die Energie in den Akupunkturmeridianen blockieren. Deshalb sollte man regelmäßig die betroffene Stelle massieren, um die Lebenskraft dieser Körperpartie anzuregen.

Nasenbluten (Epistaxis)

(Schlagen Sie auch in Ihrem Ratgeber »Das ABC der Ersten Hilfe« nach.)

Es gibt Menschen, die sehr häufig unter Nasenbluten leiden. Bei Erwachsenen ist häufig auftretendes Nasenbluten in der Regel eine der Folgeerscheinungen arteriellen Bluthochdrucks. Nasenbluten kann auch durch verschiedene Anomalien an der Nasenscheidewand ausgelöst werden, beispielsweise durch einen Tumor, Geschwüre, Polypen oder Verletzungen.

Was Sie tun können

Es gibt zwei Heilflanzen, die bei Nasenbluten sehr wirksam sind:

- **Portulakblätter** steigern die Gerinnungsfähigkeit des Blutes. Wenn das Blut hell ist und Sie dazu neigen, oft zu bluten, sollten Sie regelmäßig von dieser kleinen Gemüsepflanze essen. Nehmen Sie sie als rohen Salat oder als Aufguß zu sich: 20 bis 30 g pro Liter Wasser, 3 Tassen täglich.
- Die zweite hilfreiche Pflanze ist das **Hirtentäschelkraut.** Diese Pflanze ist so weit verbreitet, daß man manchmal ihre Heilkraft vergißt. Ihre blutstillende Eigenschaften sind seit dem 15. Jahrhundert bekannt. Seitdem verwenden Phytotherapeuten diese Pflanze, um die Gerinnungsfähigkeit des Blutes zu steigern. Da sie auch gegen erhöhten Blutdruck hilft (eine der Hauptursachen häufigen Nasenblutens), packt man dabei direkt die Ursache der Beschwerden an und bekämpft nicht nur die Symptome.

  Bereiten Sie mit 30 bis 60 g des frischen Krauts auf 1 Liter Wasser einen Aufguß zu. Im Handel sind auch die Tinktur und der flüssige Extrakt erhältlich.

Nebenhöhlenentzündung (Sinusitis)

Die Nasenhöhlen sind mit den mit Schleimhaut ausgekleideten Höhlen der Gesichts- und Schädelknochen verbunden. In den Wangenknochen liegt die Kieferhöhle, oberhalb der Augen die Stirnhöhle.

Man spricht von Sinusitis, wenn durch eine Viren- oder Bakterieninfektion eine Entzündung der Schleimhäute der Nasennebenhöhlen hervorgerufen wird. Sinusitis kann sowohl akut als auch chronisch sein.

Die Erkrankung beginnt mit einem schlimmen Schnupfen. Wenn dieser zu Ende zu gehen scheint, wird er plötzlich wieder heftiger und verschlimmert sich sogar. Die Sekretionen sammeln sich in den Nasennebenhöhlen an, die Nasenhöhlen werden enger, und die Nase verstopft sich endgültig. Das Atmen fällt schwer, und Sie werden gezwungen, durch den Mund zu atmen. In manchen Fällen kann es auch zu Fieber kommen. Sie werden auch an Kopfschmerzen leiden, besonders im Bereich der Stirnhöhlen.

Die Kieferhöhlen können ebenfalls infiziert sein. Sie empfinden dann Schmerzen in den Wangen und werden vielleicht den Eindruck haben, an Zahnschmerzen im Oberkiefer zu leiden.

Was Sie tun können

Um die Schmerzen zu lindern, ist es nicht nötig, in die Apotheke zu gehen und abschwellende Mittel zu besorgen. Es gibt eine Reihe natürlicher Hausmittel, die sich als mindestens genauso wirksam erwiesen haben.

Hydrotherapie

- Nichts ist schlimmer als zu trockene Luft: die Nasenscheidewände trocknen aus, und die Nasensekretionen verdicken sich, was die Verstopfung der Nase noch verstärkt. Verwenden Sie daher einen Luftbefeuchter, um eine hohe Luftfeuchtigkeit zu erzielen. Diese wird Ihre Nase wieder frei machen.
- Trinken Sie Wasser in großen Mengen, um die starke Sekretbildung in der Nase zu verdünnen und somit das Freiwerden der Nasennebenhöhlen zu erleichtern.
- Um die Schmerzen im Bereich der Nasennebenhöhlen zu lindern, legen Sie abwechselnd warme und kalte Kompressen auf.

Massage und Akupressur

- Berühren Sie mit einer Hand die Stelle, die Ihnen Schmerzen bereitet. Massieren Sie mit der anderen Hand die entsprechende Stelle auf der anderen Seite des Gesichts sowie die Stelle, die sich auf der gleichen Horizontalen am Hinterkopf befindet.
- Massieren Sie am Kopf die Punkte Nr. 1, 26 und 27, am Rücken den Punkt Nr. 32 und am Arm die Punkte Nr. 40 und 42.
- Sie können die Schmerzen über den Augen verringern, indem Sie kräftig die Finger- und Zehenrücken massieren.

Ernährung

Nehmen Sie während der Dauer der Erkrankung leichte Kost zu sich. Achten Sie besonders auf den Proteingehalt, und reduzieren Sie Kohlenhydrate (Brot, Kartoffeln usw.).

Nehmen Sie vor allem Proteine zu sich, die nicht tierischer Herkunft sind. Von Milch und rotem Fleisch ist ganz abzuraten. **Hühnerbrühe** soll jedoch eine hervorragende Wirkung haben. Der Grund dafür ist nicht genau bekannt, sie ist aber bei Grippe, Schnupfen und Sinusitis sehr hilfreich.

Essen Sie viel grünes Gemüse wegen der Vitamine und Spurenelemente.

Heilpflanzen

- Nehmen Sie **Echinaceatinktur oder -kapseln,** um Ihr Immunsystem zu stärken.

- Atmen Sie **Aloe-vera-Gel** (tief!) in jedes Nasenloch ein. Ein weiteres sehr wirksames Mittel besteht darin, regelmäßig flüssigen Aloe-vera-Extrakt in die Nase zu sprühen. Diese beiden Mittel sind sehr hilfreich, um nachts die Nase freizuhalten.

Vitamine

Sie können auch einige Tropfen Vitamin E in die Nase träufeln, um die Infektion zu bekämpfen.

Ätherische Öle

Machen Sie während 1 bis 2 Wochen zwei- bis dreimal täglich Inhalationen mit Speiklavendel oder Eukalyptus (eucalyptus radiata). Geben Sie dazu 1 Dessertlöffel des ätherischen Öls in 1 Gefäß mit kochendem Wasser.

Wenn Sie keine ätherischen Öle zur Verfügung haben, können Sie auch einfache Dampfinhalationen machen.

Heilerde

1. Verrühren Sie 1 Teelöffel Heilerdepulver in 1 Tasse Wasser.
2. Halten Sie mit einem Finger ein Nasenloch zu, tauchen Sie Ihre Nase in die Tasse ein, und atmen Sie langsam ein, um das Wasser in den Nasengang hochzuziehen.
3. Machen Sie dasselbe mit dem anderen Nasenloch, und wiederholen Sie diesen Vorgang vier- bis fünfmal.
4. Träufeln Sie zum Schluß einige Tropfen Zitronensaft in jedes Nasenloch.

Dieses kleine »Aufräumen« der Atemwege können Sie zwei- bis dreimal täglich wiederholen. Machen Sie auch Umschläge mit Heilerde über den Nasennebenhöhlen.

Umschläge

Legen Sie einige Kohlblätter in Höhe der Stirn- und Kieferhöhlen auf. Lassen Sie sie einige Stunden, am besten die ganze Nacht über einwirken.

Ergänzen Sie die Behandlung, indem Sie morgens und abends 1/2 Teelöffel Kohlsaft in jedes Nasenloch träufeln.

Nervosität

(Siehe auch *Streß, Angst* und *Schlaflosigkeit)*

Mit Nervosität müssen wir heute alle leben, sie ist eine Begleiterscheinung von Streß.

Streß an sich ist nichts Schlechtes, sondern besteht in einem erhöhten Energieniveau. Streß kann Ihnen sogar zu besonders starker Konzentration verhelfen. Risikofreudige Personen gehören zu demjenigen Schlag von Menschen, die in Streßzuständen ihre geistigen Fähigkeiten auf ein Maximum steigern können.

Sie müssen aber diesen erhöhten Energiefluß gezielt einsetzen können, um nicht darin unterzugehen. Nervöse Zustände treten meist auf, wenn Sie dazu nicht in der Lage sind. Dies führt zu einer Zersplitterung Ihrer Kräfte. Ihre Energie verläuft im Sand. Sie gehen nicht mehr schrittweise und zielgerichtet vor. Sie sind zwar in Bewegung, bewegen aber nichts wirklich.

Was Sie tun können

Nachstehend finden Sie fünf einfache und natürliche Strategien, mit denen Sie nervöse Spannungszustände kurz- und langfristig in den Griff bekommen werden:

1. Wenn Sie nervös werden, dann bleiben Sie stehen und rühren sich nicht mehr vom Fleck

Setzen Sie sich hin. Stellen Sie sich vor, daß sich die Welt wie ein Wirbelsturm um Sie dreht, und versuchen Sie, sich selber als Zentrum des Sturms zu fühlen. Oder denken Sie an den Esel, der sich weigert, auch nur einen Schritt zu tun, traktiert man ihn noch so sehr mit Fußtritten. Weigern Sie sich, auch nur noch einen Schritt zu tun.

Sobald Sie einmal zum Stillstand gekommen sind, beginnen Sie, sich auf Ihre Atmung zu konzentrieren. Atmen Sie tief durch, und Sie verlangsamen Ihre Atmung, indem Sie das Ausatmen verlängern. Sie können auch langsam und rhythmisch eine positive Aussage wiederholen, wie zum Beispiel: *»Ich bin ganz ruhig, und alles kommt wieder in Ordnung.«*

2. Gießen Sie kein Öl aufs Feuer

Wozu noch zusätzlich Kaffee trinken oder eine Zigarette rauchen, wenn Sie sich ohnehin schon leicht nervös fühlen?

Kaffee kann bei Schläfrigkeit angezeigt sein, aber sicher nicht, wenn Sie bereits auf Hochtouren laufen. Nikotin erhöht die Pulsfrequenz und verschlimmert deshalb in vielen Fällen die Situation.

Lernen Sie, nein zu sagen, auch auf die Gefahr hin, daß Sie einmal ein Vergnügen verpassen oder eine Möglichkeit zusätzlichen Einkommens nicht wahrnehmen können. Dazu braucht es unter Umständen viel Mut.

3. Beruhigen Sie sich »auf die sanfte Art«

Getränke

- Wenn Sie Lust auf ein warmes und **anregendes Getränk** haben, dann trinken Sie Tee anstatt Kaffee. Ziehen Sie Kräutertees, wie zum Beispiel Pfefferminz- oder Ingwertee, vor. Diese beiden Pflanzen weisen die Besonderheit auf, daß sie anregen, ohne aufzuregen.
- Wenn Sie Lust auf ein **beruhigendes Getränk** haben, dann bereiten Sie sich mit Eschenblättern und Weißdornblüten einen Aufguß zu. Aber auch der gute alte Kamillentee oder Baldriantinktur werden Ihnen helfen, sich zu beruhigen.

Bäder

Johanniskraut- und Melissenbäder beruhigen das Nervensystem. Trinken Sie zusätzlich noch während des Bades eine Tasse des einen oder anderen Tees. Dies steigert die Wirksamkeit des Bades.

Ätherische Öle

- Inhalieren Sie ätherisches Kamillen- oder Orangenöl (falls Ihnen der Geruch zu intensiv sein sollte, legen Sie einfach ein Taschentuch über das Fläschchen).
- Äußerliche Anwendung: Massieren Sie das Sonnengeflecht mit Lavendel- (lavandula officinalis) oder Kamillenöl (Römische Kamille).

Akupressur

- Massieren Sie die Punkte Nr. 19 und 22 an den Füßen. Dies hilft Ihnen, wieder festen Boden unter den Füßen zu spüren. Massieren Sie auch die Punkte Nr. 23, 24 und 41 am Handgelenk.
- Bei Lampenfieber massieren Sie den Punkt Nr. 17, vor allem auf der rechten Körperseite.
- Wenn Sie aufgeregt sind und an nervösem Herzklopfen leiden, massieren Sie die Punkte Nr. 23, 24 und 42.
- Bei Einschlafschwierigkeiten tonisieren Sie den Punkt Nr. 18 und stimulieren den Punkt Nr. 39.

4. Essen Sie gut und entspannt

- Stürzen Sie sich nicht gleich aufs Essen. Nehmen Sie sich Zeit zur Entspannung. Setzen Sie sich hin, und konzentrieren Sie sich ganz allein darauf, daß Sie essen werden, ohne nebenher noch etwas anderes zu tun.

- Achten Sie bei Geschäftsessen darauf, daß Sie keine schwer verdaulichen oder magenreizenden Nahrungsmittel zu sich nehmen. Stellen Sie die Nahrungsmittel richtig zusammen (siehe *Ernährung zur Vorbeugung von Krankheiten).* Geben Sie Salaten sowie leicht verdaulichen und nicht zu scharf gewürzten Mahlzeiten den Vorzug.
- Essen Sie weniger Fleisch. Schränken Sie Ihren Verbrauch von Zucker und Fruchtsäften ein. Verzichten Sie auf Nahrungsmittel, die die Säureproduktion im Magen anregen oder chemische Zusätze enthalten.
- **Gurken** haben eine leicht hypnotisierende und beruhigende Wirkung. Essen Sie sie roh oder gedämpft (wie Zucchini), falls sie Ihnen roh nicht bekommen.
- **Stachelbeeren** sind bei Nervosität ebenfalls angezeigt. Nehmen Sie sie roh oder als frisch gepreßten Saft zu sich.

5. Organisieren Sie Ihr Leben anders, und lernen Sie zu planen

Alle Ernährungsratschläge fruchten nichts, falls Sie nicht auch Ihr Leben neu organisieren. Weshalb kommen Sie nicht klar mit der Ihnen zur Verfügung stehenden Zeit? Weshalb haben Sie immer tausend Dinge gleichzeitig zu erledigen? Das muß nicht sein!

Eigentlich könnten Sie sich nämlich problemlos mehrerer Aufgaben gleichzeitig annehmen, ohne sich gleich überlastet zu fühlen.

Denken Sie doch nur einmal an Jongleure, die mit vier, fünf oder sogar acht Bällen jonglieren. Die meisten Jongleure wirken außerordentlich ruhig und scheinen erst noch ihren Spaß zu haben. Man sieht ihnen nicht an, daß sie arbeiten oder sich anstrengen müssen.

In Wirklichkeit können sie sich nicht die geringste Ablenkung erlauben. Sie sind zu hundert Prozent bei der Sache. So erreichen sie eine Art »begnadeten« Zustand, in dem sie mühelos und ohne Anstrengung zu jonglieren scheinen.

Auch Sie können das auf dem von Ihnen gewählten Gebiet erreichen!

Die besten Jongleure haben aber alle mit einem oder zwei Bällen zu üben begonnen.

Fangen Sie auch unten an. Eines Tages wird der Moment gekommen sein, wo Sie die Arbeit von fünf Personen gleichzeitig erledigen können.

Jonglieren ist übrigens eine ausgezeichnete Übung, mit der Sie lernen können, Ihren Körper zu beherrschen und »zentriert« zu bleiben.

Anmerkung

Schlagen Sie unter *Streß* nach, um mehr über die Möglichkeiten des persönlichen Zeitmanagements zu erfahren.

Nesselfieber (Urtikaria)

Nesselfieber ist eine überempfindliche Reaktion der Haut und äußert sich in Form von rosafarbenen bis bräunlichen Flecken, die starken Juckreiz verursachen. In seiner Symptomatik ist es somit mit den Reaktionen vergleichbar, die durch den Kontakt der Haut mit Brennesseln hervorgerufen werden.

Ein Nesselfieberanfall kann sich über den gesamten Körper ausbreiten. Im Normalfall dauert er nur ein paar Stunden. Bei der Mehrzahl der Betroffenen kehrt er aber in regelmäßigen Abständen zurück.

Ursachen

Nesselfieber ist im allgemeinen eine allergische Reaktion. Der allergene Faktor ist individuell verschieden. Die häufigsten Auslöser sind jedoch extreme Temperaturschwankungen, bestimmte Nahrungsmittel wie Schweinefleisch, Wurstwaren, Brot, aber auch Medikamente und toxische Substanzen, die unsere unmittelbare Umwelt belasten (siehe *umweltbedingte Krankheiten)*.

In vielen Fällen ist Nesselfieber eine »Familienkrankheit«, denn man findet es häufig in Familien, die allgemein unter Allergien leiden (z. B. Ekzeme, Heuschnupfen usw.).

Und wie bei allen Allergien spielen emotionale Belastungen, Erschöpfung und Streß bei der Reaktivierung der Allergie eine große Rolle.

Was Sie tun können

Nesselfieber ist zwar keine lebensbedrohliche Krankheit, sollte aber dennoch wegen des lästigen Juckreizes behandelt werden. In machen Fällen muß der Arzt sogar Cortison verschreiben.

Im übrigen besteht das nicht zu unterschätzende Risiko einer Urticaria gigantea, das heißt einer großflächigen Ausbreitung des Ausschlags. Sie tritt vor allem im Gesicht auf, kann sich aber auch im Mund und Rachen ausbreiten, was zu einer akuten Erstickungsgefahr führen kann! In diesem Fall sollten Sie unverzüglich einen Arzt aufsuchen.

Achten Sie auf Ihre Ernährung!

Nehmen Sie in den 24 Stunden nach Auftreten des Nesselfiebers keine feste Nahrung zu sich. Trinken Sie nur Wasser. Diese Maßnahme ist insbesondere dann wirksam, wenn das Nesselfieber eine psychische Ursache hat.

Nehmen Sie in den ersten Tagen nach einem Nesselfieberanfall flüssige Nahrung, vorzugsweise Gemüsebouillon, zu sich. Eine Traubensaftkur kann sich ebenfalls als sehr heilsam erweisen. Verzichten Sie auf säurebildende und sehr fetthaltige Nahrungsmittel. Meiden Sie vor allem folgende Speisen: Miesmuscheln, Pilze, Gurken und Meeresfrüchte.

Maßnahmen zur Linderung des Juckreizes

Bäder

- Nehmen Sie so oft wie möglich ein lauwarmes Bad oder ein Dampfbad.
- Befeuchten Sie die betroffenen Hautpartien mit Essigwasser.

Heilerde

- Nehmen Sie jeden Morgen 1/2 Glas Wasser mit Heilerde ein (siehe *Einführung in die Behandlung mit Heilerde)*, und tragen Sie eine dünne Schicht Heilerde auf die betroffenen Hautpartien auf. Lassen Sie sie an der Luft trocknen, und entfernen Sie den Umschlag, wenn die Heilerde getrocknet ist. Waschen Sie die behandelten Stellen anschließend mit Salzwasser.
- Sie können auch Heilerdepulver mit etwas Oliven- oder Mandelöl aus erster Pressung mischen und diese Salbe auf die betroffenen Stellen auftragen.

Heilpflanzen

- Legen Sie in Salbeiabsud getränkte Kompressen auf die betroffenen Hautpartien. Kochen Sie dazu 1 Handvoll Salbeiblüten und -blätter in 1 Liter Wasser.
- Aloe vera als Salbe (im Handel erhältlich) oder als frisches Gel stillt den Juckreiz und läßt den Ausschlag zudem schneller abklingen.

Ätherische Öle

Rosmarin- (mit Verbonon), Karotten- oder Orangenöl.

Akupressur

Unter *Ekzem* und *Gürtelrose* finden Sie die Akupressurpunkte, die auch bei Nesselfieber wirksam sind. Ist das Nesselfieber lokal beschränkt, können Sie wie unter *Verbrennungen* beschrieben vorgehen.

Was tun bei häufigen Rückfällen?

Wenn das Nesselfieber häufig wiederkehrt, sollten Sie sich einem Allergietest unterziehen, um die Substanzen zu bestimmen, auf die Sie allergisch reagieren. Das kann ein sehr langwieriger Prozeß sein, denn es ist nicht immer einfach, diese Substanzen ausfindig zu machen. Sobald dies jedoch gelungen ist, können Sie eine Desensibilisierung durchführen lassen.

Treten die allergischen Reaktionen sehr häufig auf, reicht das Aufspüren der Allergene allein oft nicht aus, und eine Desensibilisierung löst das Problem im Grunde nicht. Sie müssen in diesem Fall das Übel an der Wurzel packen und den physischen wie auch den psychischen Ursachen nachgehen. Sonst kommen »die bösen Geister« in der einen oder anderen Form immer wieder zurück.

Im Idealfall beginnen Sie damit, Ihre Lebensweise zu ändern und Ihre Ernährungsgewohnheiten umzustellen. Auch eine Psychotherapie sowie die Anwendung einer Entspannungstechnik ist in vielen Fällen unerläßlich. Denn hinter dieser allergischen Reaktion verbirgt sich oft eine nervöse Hypersensibilität psychischen Ursprungs.

Da Streß oder Erschöpfung oft der Auslöser dieser Erkrankung sind, besteht die erste Maßnahme bei einem Rückfall darin, sich viel Ruhe zu gönnen.

Behandeln Sie gegebenenfalls Ihre Leber

Nesselfieber ist häufig auf eine schlechte Funktion der Leber zurückzuführen. In diesem Fall können Sie die in den entsprechenden Rubriken *(Gallen- oder Lebersteine, Hepatitis, Allergien* usw.) aufgeführten Ratschläge befolgen.

Essen Sie so oft wie möglich rohe Radieschen und rohen Rettich. Ihre Leber wird es Ihnen danken. Lassen Sie aber dabei die Butter weg. Bei übermäßigem Verzehr belastet sie die Leber und beeinträchtigt ihre Funktion. Essen Sie das frische Kraut, das Sie den Salaten und Gemüsesuppen beigeben können.

Ist die allergische Reaktion besonders ausgeprägt, empfiehlt es sich, ein leichtes Abführmittel zur Reinigung des Verdauungssystems zu nehmen. Medizinische Kohle (im Handel als Eucarbon erhältlich) leistet Ihnen hier gute Dienste.

Neuralgie

Neuralgie ist die allgemeine Bezeichnung für Schmerzsyndrome, die auf das Ausbreitungsgebiet eines sensorischen oder sensomotorischen Nervs beschränkt sind. Diese äußern sich durch Muskelkrämpfe, stechende und brennende Schmerzen, elektrische Entladungen oder ein mehr oder weniger unangenehmes Prickeln. Eine Neuralgie darf nicht mit Muskel- oder Gelenkschmerzen verwechselt werden. Die Unterscheidung ist jedoch nicht immer einfach.

Neuralgische Schmerzen lassen sich in zwei große Kategorien einteilen.

Am verbreitetsten sind jene Neuralgien, die durch die Quetschung oder Abklemmung eines Nervs hervorgerufen werden. Sie rühren insbesondere von der Verschiebung eines Wirbels oder Ausrenkung eines Gliedes her. In vielen Fällen verschwinden sie nach einigen Tagen von selbst.

Andere Neuralgien gehen mit einer Nervenentzündung einher. Sie sind die Folge einer Infektion, einer Vergiftung usw.

Was Sie tun können

Bei einer chronischen Neuralgie helfen schmerzstillende Mittel nur vorübergehend. Sie haben Nebenwirkungen und bewirken eine Gewöhnung.

Zur langfristigen Lösung des Problems werden Sie sich in die Behandlung eines Chiropraktikers, Osteopathen oder Neurologen begeben müssen.

Es kommt häufig vor, daß die von der Schulmedizin als unerklärlich angesehenen Schmerzen dank einer natürlichen Behandlung verschwinden. Hier einige dieser Hausmittel:

Heilpflanzen

- Reiben Sie die schmerzende Stelle mit Muskatbutter (auch Muskatblütenöl oder Muskatfett genannt) ein. Dies ist ein altes Arzneimittel, das auf dem Land seit langer Zeit verwendet wird und sich bei der Linderung von Nervenschmerzen als sehr wirksam erwiesen hat.
- Mischen Sie den Saft von einem Bund Petersilie zu gleichen Teilen mit 70 %igem Alkohol; streichen Sie mit dem Finger etwas von diesem Gemisch auf den empfindlichen Nervenstrang. Bewahren Sie die Mischung in einem luftdicht verschlossenen Gefäß auf (diese Regel gilt aufgrund des hohen Flüchtigkeitsgrades von Branntwein für alle alkoholhaltigen Produkte).

Heilerde

Machen Sie zwei- bis dreimal täglich einen Heilerdeumschlag, den Sie 2 bis 4 Stunden oder in der akuten Phase die ganze Nacht über einwirken lassen; danach dürfte eine Anwendung pro Tag genügen.

Magnettherapie

Es handelt sich hierbei um eine der am meisten erforschten Anwendungen der Magnettherapie. Alles deutet nämlich darauf hin, daß der Magnetismus die Nervenimpulse beeinflußt und die Schmerzen lindert.

- Zur Schmerzlinderung legen Sie Mikromagneten mit dem Südpol zur Haut dem schmerzenden Nerv entlang. Der Südpol wird aufgrund seiner spezifisch schmerzlindernden Wirkung empfohlen. Bei Bedarf können Sie die Magneten ständig anbringen.
- Bei einer Gesichtsneuralgie ist eine andere Behandlung angezeigt:

Gesichtsneuralgien sind die Folge von unwillkürlichen und langanhaltenden Kontraktionen der Gesichtsmuskeln. Diese Muskeln verlaufen von einem knöchernen Fixpunkt aus zu einem bestimmten Punkt unter der Haut.

Legen Sie Mikromagneten mit dem Nordpol zur Haut auf jeden dieser Punkte, und zwar in einem Abstand von höchstens 2 bis 3 cm.

Auf diese Weise verbinden Sie die entspannende und die abstoßende Wirkung, die zwei nahe beieinanderliegende gleichnamig gepolte Magneten aufeinander ausüben. Die magnetische Spannung, die sich auf diese Weise ergibt, bewirkt eine sanfte und dauerhafte Dehnung des verspannten Muskels.

Entspannungs und Visualisierungstechniken

Diese Techniken tragen dazu bei, neuralgische Schmerzen erträglicher zu machen. Sie ermöglichen es zwar nicht, die Schmerzen vollständig zu beseitigen. doch sie haben auf jeden Fall eine positive Wirkung und vermindern die psychologischen Auswirkungen einer Neuralgie.

Nachdem Sie sich entspannt haben, stellen Sie sich Ihre Schmerzen als rotes Licht vor. Lassen Sie dieses rote Licht allmählich ins Rosafarbene übergehen und danach ins Weiße.

Sie können auch die Technik des Fokussierens versuchen, die unter der Rubrik *Selbstdiagnose* erläutert wird.

Massage

Massieren Sie die schmerzende Stelle sanft mit Kamillenöl (Deutsche Kamille), dessen Zubereitung in der *Einführung in die Pflanzenheilkunde* beschrieben ist.

In der entsprechenden Saison können Sie ein Öl auf der Basis von Fliederblüten und Deutscher Kamille zubereiten: 150 g Kamillenblüten und 150 g Fliederblüten in 1 Liter Olivenöl einen Monat lang an einem warmen Ort ziehen lassen; abseihen und in Flaschen abfüllen.

Dies ist eines der besten therapeutischen Öle. Darin sind die heilenden Eigenschaften der beiden Pflanzen und das süße Parfum der Fliederblüten vereint.

Niederkunft
(für ein positives Erleben der Geburt Ihres Kindes)

Mehrere Faktoren können den Verlauf der Geburt Ihres Kindes beeinflussen:

- Ihre Erbanlagen (bei Mutter und Tochter kann man oft den gleichen Geburtsablauf beobachten);

- Ihr Alter und Ihr Körperbau;
- Ihr psychischer Zustand und die Stimmung in Ihrer Umgebung.

Durch das Zusammenspiel dieser Faktoren verläuft jede Geburt anders und ist daher auch unvorhersehbar. Dennoch kann ein allgemein gültiges Schema für den Geburtsablauf aufgestellt werden. Jede Geburt verläuft in drei Hauptphasen.

Im folgenden finden Sie eine Beschreibung dieser Phasen und ein paar ganz einfache Anregungen, die Ihnen helfen sollen, die Lage zu meistern.

Phase Nr. 1

Erster Abschnitt

- Der Muttermund öffnet sich von 0 auf 3 cm.
- Die Wehen sind ziemlich schwach und noch unregelmäßig.
- Atmen Sie tief ein und aus.
- Wenn die ersten Wehen nachts einsetzen, versuchen Sie, bis zum Morgen auszuruhen. Sie werden vielleicht nicht wieder in Tiefschlaf fallen, aber Sie können dennoch zusätzliche Kraft tanken, die Ihnen bei den Anstrengungen der Geburt zugute kommen wird. Beginnen Ihre ersten Wehen tagsüber, bleiben Sie aktiv. Treffen Sie Ihre letzten Vorbereitungen, gehen Sie spazieren, oder nehmen Sie ein schönes Bad.

Zweiter Abschnitt

- Der Muttermund öffnet sich von 3 auf 8 cm.
- Die Wehen kommen regelmäßiger und werden stärker.
- Atmen Sie weiter tief ein und aus. Wenn die Wehen stärker werden, beginnen Sie, beim Ausatmen zu stöhnen. Durch die Erzeugung von Tönen mit der Stimme wird nicht nur der Hals, sondern auch der Beckenboden entspannt. Tatsächlich besteht zwischen diesen beiden Körperteilen eine Wechselwirkung, da Hals und Beckenboden durch ein Muskel-Nerven-System miteinander verbunden sind.
- Kommen Ihre Wehen eine Stunde lang in fünfminütigen Abständen, wird es Zeit, sich ins Krankenhaus zu begeben oder die Hebamme zu rufen. Bleiben Sie nun nicht passiv im Bett liegen, sondern bleiben Sie in Bewegung. Schwingen Sie das Becken und stöhnen Sie dabei, das wird Ihnen sehr helfen. Vergessen Sie nicht, daß die Position, in denen sich die Gebärmutter befindet, wenn Sie stehen, das Hinabsinken des Babys begünstigt.

Dritter Abschnitt

- Der Muttermund weitet sich von 8 cm bis zur vollständigen Öffnung (10 bis 11 cm).
- Atmen Sie weiter wie im vorigen Abschnitt beschrieben.
- Die Wehen kommen jetzt kurz hintereinander und sind sehr stark. In dieser Phase der Niederkunft werden Sie die Anwesenheit von Ihnen nahestehenden Menschen schätzen, die Sie unterstützen. Haben Sie keine Angst, Ihre Bedürfnisse zu äußern. Nutzen Sie die Pausen zwischen zwei Wehen, um sich zu entspannen und mit Ihrem Kind zu sprechen.

Phase Nr. 2

- Austreibung des Babys.
- Die Wehen sind noch sehr stark und noch etwas länger.
- Atmen Sie zwischen den Wehen tief ein und aus. Wenn die Wehe einsetzt, holen Sie tief Luft, aber atmen Sie nicht sofort wieder aus. Halten Sie die Luft an, und pressen Sie, bis die Wehe vorüber ist. Dauert die Wehe zu lang, um die Luft anzuhalten, atmen Sie kurz aus, dann wieder ein, bevor Sie wieder anfangen zu pressen. Am Ende der Wehe atmen Sie ganz aus. Atmen Sie nun wieder ruhig bis zur nächsten Wehe.
- In dieser Phase erleben viele Frauen einen neuen Energieschub. Die baldige Ankunft des Kindes gibt ihnen zusätzliche Kraft, um noch einmal alle Reserven zu mobilisieren.

Phase Nr. 3

- Ausstoß des Mutterkuchens.
- Die Wehen können sehr schwach sein.
- Sie brauchen keine spezielle Atemtechnik. Die Kontraktionen Ihrer Gebärmutter genügen im allgemeinen, um den Mutterkuchen auszustoßen. Wenn nötig, können Sie Ihr Baby an die Brust legen. Das Saugen bewirkt, daß sich die Gebärmutter zusammenzieht, wodurch der Ausstoß des Mutterkuchens erleichtert wird.

Einige nützliche Heilmittel

In China und in einigen europäischen Ländern verwendet man **Himbeerblätter,** um die Geburt vorzubereiten. 1940 isolierten Forscher eine Substanz (Fragarin), die die Geburt erleichtern soll, indem sie die Muskeln um die Gebärmutter herum entspannt.

Ein anderer Grund, warum Himbeerblätter so wertvoll für die Schwangerschaft sind, ist der hoher Gehalt an Kalzium und Magnesium, zwei Mineralien, an denen schwangere Frauen einen erhöhten Bedarf haben.

Bereiten Sie mit 1 Teelöffel pro Tasse einen Aufguß zu, und trinken Sie während der ganzen Schwangerschaft 3 Tassen täglich. Manche Phytotherapeuten meinen, daß es für die schwangere Frau körperlich und geistig äußerst vorteilhaft ist, wenn sie die Blätter selbst pflückt.

Falls Sie befürchten, daß der Fötus nicht richtig liegt, legen Sie **Heilerdeumschläge** auf den Unterleib auf, und das bis zur Entbindung. Dieses Rezept mag überraschen, hat sich aber schon oft als wirksam erwiesen.

Ganz allgemein sollten Sie während der Schwangerschaft Heilerde in allen möglichen Formen anwenden. Nehmen Sie jede zweite Woche täglich 1 Teelöffel ein.

Anmerkungen

- Für eine bessere Vorbereitung auf die Geburt lesen Sie auch die Rubriken *Schwangerschaft* und *Geburtsvorbereitung*.
- Für Maßnahmen zur Geburtshilfe bei Sturzgeburten lesen Sie den Abschnitt *Entbindung* in Ihrem Ratgeber »Das ABC der Ersten Hilfe«.

Nierenbeschwerden

In der östlichen Heilkunde gilt eine Erkrankung der Nieren als besonders gravierend. Für die Menschen dieses Kulturkreises sind die Nieren Sitz der Lebenskraft, die einem von Geburt an mitgegeben ist.

Ist diese Kraft erschöpft oder blockiert, stirbt der Mensch. In den Nieren wird auch der Hauptteil der Energie gespeichert, die man über die Nahrung, die Atmung und die körperliche Aktivität aufnimmt.

Bei jedem Zigarettenzug, jeder Tasse Kaffee oder jeder anderen Droge verspüren Sie eine Art Wohlgefühl, einen Energiegewinn, den Sie aus den Reserven Ihrer Nieren beziehen.

Was Sie tun können

Bei vielen Nierenbeschwerden helfen die folgenden einfachen Maßnahmen:

Umschläge

- Um Nierenschmerzen zu lindern, legen Sie Umschläge aus zerstoßenen Zwiebeln auf die Nierenregion und lassen sie 3 Stunden einwirken. Wenn Sie Fieber haben, machen Sie denselben Umschlag auf dem Nacken.
- Machen Sie Umschläge aus Kohlblättern, die Sie tagsüber 4 Stunden oder die ganze Nacht über einwirken lassen.
- Ernährung

- Essen Sie rohen oder gekochten Kürbis, in Suppen oder als Gargemüse. Mit geschälten und gemahlenen Kürbiskernen, in Wasser oder Milch gekocht, lassen sich übrigens auch Infektionen der Harnwege behandeln.
- Nehmen Sie morgens auf nüchternen Magen 1 Teelöffel frischen Petersiliensaft ein.
- Bereiten Sie einen Saft aus Himbeeren und Johannisbeeren zu. Verdünnen Sie diesen mit Wasser, und trinken Sie tagsüber einige Gläser.
- Essen Sie viel Lauch, oder trinken Sie den Sud von gekochtem Lauch.

Heilpflanzen

Nehmen Sie Teufelskralle als Auszug (die Zubereitung finden Sie unter *Athritis und Arthose)* oder als Extrakt in Tablettenform zu sich.

Heilerde

Nehmen Sie Heilerde ein (siehe *Einführung in die Behandlung mit Heilerde)*, und machen Sie Umschläge mit kalter Heilerde, die Sie 1 bis 3 Stunden einwirken lassen.

Akupressur

- Massieren Sie die Punkte Nr. 34 und 35 am Rücken, die Punkte Nr. 11, 13 und 14 am Unterleib, die Punkte Nr. 17, 18, 19, 22 und 39 an den Füßen und die Punkte Nr. 23, 24, 41 und 43 an den Händen.
- Halten Sie die Taillenregion mit einem Wolltuch warm, und gönnen Sie sich viel Ruhe. Die Beschwerden, die Sie verspüren, sind erstzunehmende Alarmzeichen.

Nierenkolik

(Siehe *Steine der Harnorgane)*

Nierensteine

(siehe *Steine der Harnorgane)*

O

Ohrenentzündung (Otitis)

Ohrenentzündung ist keine seltene Erscheinung. Mindestens die Hälfte aller Kleinkinder sind mehr oder weniger oft davon betroffen. Eine Ohrenentzündung kann – mit abnehmender Häufigkeit – in jedem Alter vorkommen.

Das erste Symptom einer Ohrenentzündung ist ein unangenehmer Druck im Ohr, der von schmerzhaften Stichen begleitet wird. Die Schmerzen sind häufig so stark, daß sie den Schlaf stören. Das Trommelfell wird rot und schwillt an.

Wenn sich die Ohrenentzündung verschlimmert, kann unter Umständen das Trommelfell platzen, es kommt zu einem eitrigen Ausfluß.

All diese Symptome gehen mit Fieber und Hörstörungen einher.

Eine Ohrenentzündung ist in der Regel die Folge einer Erkältung oder von Halsschmerzen. Das Virus gelangt in die Ohrtrompete, und die Infektion breitet sich daraufhin im Ohr aus.

Normalerweise weist die Ohrtrompete viele Windungen auf, was das Vordringen der entzündlichen Sekrete hemmt. Manche Menschen haben jedoch eine geradlinig verlaufende Ohrtrompete geerbt und sind daher anfälliger für Ohrenentzündungen. Diese Menschen leiden häufig an chronischen Ohrenentzündungen.

Was Sie tun können

In bestimmten Fällen ist ein kleiner chirurgischer Eingriff erforderlich, um den Eiter abfließen zu lassen. Als vorbeugende Maßnahme wird die operative Entfernung der Rachen- oder Gaumenmandeln empfohlen, wenn diese vergrößert sind. Wer häufig an Ohrenentzündungen leidet, muß mit Komplikationen rechnen, falls er sich nicht operieren läßt.

Weniger schwere Fälle von Ohrenentzündungen können meistens mit natürlichen Hausmitteln geheilt werden. Wichtig ist es, die Schmerzen zu lindern.

Im allgemeinen sind gängige Schmerzmittel (Aspirin usw.) genügend wirksam, um die Ohrenschmerzen abklingen zu lassen. Dadurch wird gleichzeitig die Schlafqualität verbessert, die bei Ohrenentzündungen sonst häufig beeinträchtigt ist.

In vielen Fällen können Sie die Schmerzen auch mit einer Wärmflasche oder einem (auf niedrigster Stufe eingestellten) elektrischen Heizkissen lindern. Achten Sie darauf, es nach jedem Gebrauch zu reinigen. So vermeiden Sie eine erneute Infektion der Ohren, wenn Sie es das nächste Mal benutzen.

Es gibt noch andere sehr nützliche Maßnahmen, die die Genesung beschleunigen können:

Heilerde

Machen Sie Umschläge mit Heilerde, die Sie alle paar Stunden erneuern (die Umschläge müssen das Ohr vorne und hinten überlappen).

Heilpflanzen

- Führen Sie eine gekochte und noch lauwarme kleine Zwiebel in den Gehörgang.
- Neigen Sie zu häufigen Ohrenentzündungen, gewöhnen Sie es sich an, zwei bis dreimal wöchentlich einige Tropfen Zitronensaft in das Ohr zu geben.
- Die Japaner stellen ein Ingweröl her, das zu gleichen Teilen aus dem frischem Saft der Ingwerpflanze und kaltgepreßtem Sesamöl besteht. Tauchen Sie ein Baumwolltuch in diese Mischung, und stecken Sie es ins Ohr. Die Schmerzen sollten daraufhin beträchtlich nachlassen.
- Nehmen Sie Echinaceakapseln oder -tinktur, um die Infektion zu bekämpfen.

Ätherische Öle

- Innerliche Anwendung: Echter Salbei für Erwachsene; Thymian (mit Linalool) für Kinder.
- Äußerliche Anwendung: Mischen Sie ätherisches Eukalyptusöl (eucalyptus radiata) im Verhältnis von 1:5 mit Haselnußöl.

Ernährung

Verzichten Sie auf Milchprodukte und Käse.

Akupressur

- Um den Eiter abfließen zu lassen und die Schmerzen weitgehend zu lindern, massieren Sie die Stelle hinter dem Ohr sowie hinter und unter dem Ohrläppchen.
- Massieren Sie die Punkte Nr. 41 und 42 an der Hand.
- Massieren Sie die Punkte Nr. 39, 21 und 22 am Fuß, den äußeren Knöchel und die Fußoberseite auf Höhe des Mittelfußes.

Ohrensausen

Dies sind Geräusche von unterschiedlicher Intensität. Sie können von einem Läuten bis zu richtigem Donnern reichen. Möglich ist, daß das Ohrensausen mit Schwindel verbunden ist. Tatsächlich ist dieses Leiden so quälend wie eine chronische Migräne. Ihre Arbeit und schließlich auch das Zusammensein mit anderen Menschen können darunter leiden.

Meistens sind es Erwachsene, die an Ohrensausen leiden. In seltenen Fällen, so wurde berichtet, werden sogar richtige innerliche Explosionen vernommen!

Ursachen

Ohrensausen kann eine der folgenden Ursachen haben: Bluthochdruck, Arteriosklerose, Leber- oder Verdauungsstörungen, Verspannung der Rückenmuskulatur, Taubheit, zu niedriger Histaminspiegel, Diabetes, Brustkrebs, Gehirnkrankheiten, Ohnmacht, Herzkrankheiten, Chlorose (Bleichsucht) oder eine Vergiftung.

Ohrensausen und eben auch die genannten Erkrankungen treten im Alter verstärkt auf.

Was Sie tun können

Eine ärztliche Diagnose ist unbedingt notwendig, da dem Ohrensausen häufig eine schwere Erkrankung zugrunde liegt.

Anschließend können Sie versuchen, dieses unangenehme Leiden etwas zu lindern.

Vermeiden Sie es, ängstlich darauf zu achten, ob Sie die Geräusche noch vernehmen.

Hören Sie Radio oder neutrale Musik als Geräuschhintergrund, um Ihre Ohren »zu beschäftigen« und die inneren Geräusche zu überdecken.

Machen Sie entspannende Meditations- und Konzentrationsübungen. Sie lernen so, sich von diesen inneren Geräuschen nicht zu sehr überwältigen zu lassen.

Weitere Möglichkeiten

Bei zu niedrigem Histaminspiegel

Lassen Sie sich von Ihrem Arzt oder einem Heilpraktiker die Vitamine B3, B5, B9, B12, C, Cholin sowie die Spurenelemente Zink und Mangan verschreiben.

Schachtelhalmabsud

Lassen Sie 50 bis 100 g der frischen Pflanze oder 15 g der getrocknete Pflanze in 1 Liter Wasser 30 Minuten kochen. Trinken Sie 2 Tassen täglich.

Weißdornaufguß

Lassen Sie 1 Teelöffel Weißdornblüten in 1 Tasse oder 15 g Weißdornfrüchte in 1 Liter heißem Wasser 10 Minuten ziehen. Trinken Sie 2 bis 3 Tassen täglich.

Zwiebelkur

- Essen Sie rohe oder während einiger Stunden in Olivenöl eingeweichte Zwiebeln. Geben Sie Zwiebeln zum Salat, zu den Vorspeisen, in die Suppe, überall dazu, wo sich ihr Geschmack mit den anderen Zutaten verträgt.
- Feingehackt kann sie mit Milch oder Bouillon eingenommen oder als Brotaufstrich verwendet werden.
- Lassen Sie 1 Zwiebel während einiger Stunden in warmem Wasser ziehen, und trinken Sie den Auszug morgens auf nüchternen Magen.

Gymnastik

Körperliche Aktivität ist sehr zu empfehlen. Ein Minimum genügt bereits, um den Blutkreislauf, der oft eine der Ursachen von Ohrensausen ist, zu verbessern.

Akupressur

- Massieren Sie die Punkte um die Ohren.
- Massieren Sie die Punkte Nr. 24 und 41 am Handgelenk, den Punkt Nr. 39 am Knöchel und alle schmerzhaften Punkte am äußeren Knöchel. Massieren Sie auch den Punkt Nr. 22.

Ätherische Öle

- Innerliche Anwendung: Nehmen Sie 2 bis 3 Tropfen Orangen- oder Majoranöl mit Honig ein.
- Äußerliche Anwendung: Massieren Sie die Ohren mit 1 Tropfen Lavendelöl (lavandula officinalis).

P

Polypen

Polypen sind Geschwülste, die sich aus Schleimhaut aufbauen. Sie sind insbesondere in der Nase, der Scheide, dem Magen, dem Darm und dem Gebärmutterhals anzutreffen. Polypen haben die Form von kleinen Birnen oder Trauben.

Wenn Ihnen das Atmen große Mühe bereitet, könnten dafür Polypen in der Nase verantwortlich sein. Sie können diese sehen, wenn Sie in einen Spiegel schauen und mit dem Lichtstrahl einer Taschenlampe in die Nasenlöcher zünden. Manchmal sind die Polypen so allerdings trotzdem nicht zu sehen.

Ungewöhnliche Blutungen weisen jedoch häufig auf Polypen hin. So verursachen zum Beispiel Polypen am Gebärmutterhals Scheidenfluß und starke Blutungen zwischen den Menstruationen.

In anderen Fällen wiederum treten überhaupt keine Symptome auf, und die Polypen werden nur zufällig bei einer Röntgenuntersuchung entdeckt.

Ursachen

Polypen sind in der Regel gutartig. Ihre genaue Ursache ist in vielen Fällen unbekannt.

Bei den Nasenpolypen weiß man jedoch, daß sie durch eine übermäßige Sekretion von Flüssigkeit in der Nasenwand verursacht werden. Dies wiederum könnte auf eine allergische Nasenschleimhautentzündung (siehe *Heuschnupfen)* zurückzuführen sein.

Für Polypen am Gebärmutterhals oder in der Scheide können mangelnde Hygiene oder ein »wildes« Liebesleben verantwortlich sein.

Was Sie tun können

Auch gutartige Polypen müssen operativ entfernt werden. Das Herausschneiden ist wahrscheinlich die einfachste Lösung. Oft treten die Polypen jedoch bald wieder auf. Bei häufigen Rückfällen greifen Sie deshalb am besten auf sanfte Behandlungsmethoden zurück.

Ernährung

Ernähren Sie sich gesund. Schränken Sie den Verzehr von Milchprodukten und Fleisch ein. Verzichten Sie auf Kaffee und Alkohol. Trinken Sie reichlich Gemüsesäfte. Karotten und Brokkoli sind besonders zu empfehlen, da sie viel Beta-Carotin, das beste Vitamin gegen Krebs überhaupt, enthalten.

Ätherische Öle

Bepinseln Sie die Polypen zweimal täglich mit ätherischem Thujaöl.

Umschläge

- Kochen Sie Feigen in Wasser oder Milch, und legen Sie diese auf die Polypen. Die Feige beschleunigt die Heilung.
- Machen Sie mindestens zweimal täglich Umschläge mit Heilerde, die Sie während jeweils mehrerer Stunden einwirken lassen.

Vitamintherapie

Mehreren Untersuchungen zufolge hat die Einnahme von Vitamin E Gebärmutterpolypen zum Verschwinden gebracht. Sie können auch Kapseln mit Vitamin E aufstechen und den Inhalt auf die Polypen geben (wenn diese gut zugänglich sind).

Akupressur

In der Akupressur wird davon ausgegangen, daß Polypen – wie alle Tumoren – an Körperstellen auftreten, an denen die Energie nicht richtig zirkuliert oder denen Sie nicht genügend Licht und Wärme Ihres Bewußtseins entgegenbringen.

- Berühren Sie den Polypen mit einem Finger, und stellen Sie sich dabei vor, daß sich in Ihrem Körper an der Stelle des Polypen eine leuchtende Sonne befindet.

  Mit einer anderen Technik werden oft ausgezeichnete Ergebnisse erzielt:
- Betrachten Sie Ihren Polypen von innen heraus, und sagen Sie *»nein«*, während Sie gleichzeitig die Muskeln der betroffenen Stelle leicht zusammenziehen, wie um alles zu schließen.
- Dann sagen Sie *»ja«*, lösen die Muskeln und öffnen diese Stelle für die ganze Liebe, alles Licht und alle Wärme, die Sie dahin führen können.
- Wiederholen Sie dies zwei- bis dreimal täglich jeweils mindestens zehnmal, und akzeptieren Sie die Stimmungswechsel, die sich daraus ergeben.

Abhilfe können Sie auch mit der Massage bestimmter Punkte schaffen, die die Ausscheidung der giftigen Stoffe bewirken, die durch die oben erwähnte Technik freigesetzt werden.

- Am Fuß und am Bein sind dies die Punkte Nr. 15, 16, 38, 39, 18, 20, 21, 22, an der Hand der Punkt Nr. 42.

Prostataentzündung (Prostatitis)

Fühlen Sie sich so richtig krank? Haben Sie Fieber, Schüttelfrost, Schmerzen im unteren Rückenbereich und am Penisansatz, müssen Sie häufig und unter Schmerzen Harn lassen, der außerdem eine ungewöhnliche Farbe hat? Dann leiden Sie vielleicht an einer akuten Prostataentzündung.

Eine Prostataentzündung wird durch diverse Bakterien (Staphylokokken, Streptokokken usw.) verursacht. Der Krankheitserreger zirkuliert im Blut oder tritt durch die Harnröhre ein.

Bei einer Prostataentzündung schwillt die Prostata an, weshalb das Urinieren schwerfällt. Sie können die Schwellung fühlen, wenn Sie einen Finger in den After einführen. Sie werden morgens auch ungewöhnlichen Ausfluß feststellen.

Chronische Prostataentzündungen sind oft auf eine ungenügend behandelte Gonorrhoe (Tripper) mit allgemeiner Infektion zurückzuführen. Die Symptome sind ähnlich wie bei einer akuten Prostataentzündung, nur etwas schwächer.

Prostataentzündungen kommen auch bei älteren Männern mit einer vergrößerten Prostata vor.

Wenn Sie schon einmal eine akute Prostataentzündung hatten, ist die Wahrscheinlichkeit groß, daß Sie weitere bekommen.

Was Sie tun können

Suchen Sie unbedingt einen Arzt auf. Er wird Ihnen Antibiotika verschreiben, und falls Sie sehr starke Schmerzen haben, vielleicht auch Beruhigungsmittel.

Bei einer Prostataentzündung, die nicht behandelt wird oder auf Antibiotika nicht anspricht, kann die Prostata zu eitern beginnen und zu eitrigem und blutigem Ausfluß aus der Harnröhre führen. In diesem Fall ist ein chirurgischer Eingriff wahrscheinlich unumgänglich.

Neben der medizinischen Behandlung können Sie auf einfache natürliche Mittel zurückgreifen, die Ihre Schmerzen wesentlich lindern und die Heilung beschleunigen. Die natürlichen Behandlungsmethoden erzielen manchmal sogar Erfolge in Fällen, wo die klassische Medizin versagt hat, insbesondere bei chronischen Prostataentzündungen. Bei einer eitrigen Prostata können Sie mit natürlichen Heilmitteln vielleicht auch einen operativen Eingriff vermeiden.

Bei einer akuten Prostataentzündung

- Nehmen Sie viel Flüssigkeit zu sich.
- Verzichten Sie auf Alkohol, Süßigkeiten, scharfe und saure Gerichte.
- Während der Krise ist von Geschlechtsverkehr abzuraten.
- Nehmen Sie jeden Tag ein warmes Bad.
- Nehmen Sie Multivitaminpräparate, wobei Sie über einen gewissen Zeitraum das Doppelte der vom Hersteller empfohlenen Menge verwenden.
- Essen Sie Wassermelonenkerne.
- Trinken Sie große Mengen Moosbeersaft (Näheres über Moosbeersaft finden Sie unter *Blasenentzündung)*.

Bei einer chronischen Prostataentzündung

Die oben erwähnten Maßnahmen sind auch bei einer chronischen Prostataentzündung angezeigt. Neben Antibiotika sind sanfte Massagen der Prostata durch den Mastdarm empfehlenswert.

Vitamintherapie

Nehmen Sie täglich etwa 50 mg Zink. Diese Behandlung ist in der Schulmedizin noch wenig verbreitet. Einige Studien haben jedoch ihre Wirksamkeit bewiesen, und viele Betroffene berichten von positiven Erfahrungen.

Das Zinkpräparat kann manchmal auch mit besonders hartnäckigen chronischen Prostataentzündungen fertig werden.

Ernährung

- Essen Sie so oft wie möglich **rohe Zwiebeln.** Die Zwiebel wird Ihren Gesundheitszustand verbessern. Sie kann Ihnen zwar eine Operation nicht unbedingt ersparen, aber doch zumindest zu ihrem Gelingen beitragen. Am besten führen Sie Kuren von jeweils 10 Tagen pro Monat durch, und dies während mindestens 6 Monaten.

  Wenn Sie Mühe haben, rohe Zwiebeln einfach so zu essen (eine Zwiebel pro Tag ist vielleicht sehr viel), können Sie einen Wein zubereiten: Mischen Sie 300 g rohe, feingeschnittene Zwiebeln mit 100 g flüssigem Honig und 6 dl Weißwein. Sie können täglich 2 bis 4 Eßlöffel dieses Weins einnehmen.
- Auf weißen Zucker und säurebildende Nahrungsmittel sollten Sie wenn möglich verzichten (siehe *Ernährungstherapie zur Beschleunigung der Genesung)*.

Heilpflanzen

- **Birnbaumblätter** vermindern den Harndrang, der bei einer Prostataentzündung sehr ausgeprägt ist. Wenn Sie jemanden kennen, der einen kleinen Obstgarten besitzt, dann fragen Sie ihn, ob Sie Birnbaumblätter pflücken dürfen (wenn möglich von ungespritzten Bäumen).
  Bereiten Sie mit 100 g jungen Blättern pro Liter Wasser einen Aufguß zu. Lassen Sie diesen 30 Minuten ziehen, und trinken Sie mehrere Tassen täglich.
- Die **Kiefer** eignet sich zur Behandlung aller Erkrankungen des Harnapparats und insbesondere von Prostataentzündungen. Nehmen Sie diese ein als:
  - Aufguß: 20 bis 50 g Knospen pro Liter Wasser, 3 Tassen täglich.
  - Tinktur: dreimal täglich 10 bis 20 Tropfen.
  - ätherisches Öl: drei- bis viermal täglich jeweils 3 bis 5 Tropfen mit einem Löffel Honig.

Umschläge

Machen Sie zweimal täglich während jeweils 2 bis 3 Stunden Umschläge mit kalter Heilerde abwechslungsweise auf dem Unterleib und dem Damm. Ergänzen Sie diese Behandlung mit Umschlägen aus Kohlblättern.

Akupressur

- Massieren Sie die Innenseite der Ferse, die Punkte Nr. 18 und 19 und den ganzen Bereich des inneren Fußknöchels.
- Am Unterleib massieren Sie die Punkte Nr. 11, 12, 13 und 14, am unteren Teil des Rückens die Punkte Nr. 34, 35, 36 und 37.
- Massieren Sie den Damm, der sich zwischen Geschlechtsorganen und After befindet, anschließend den Punkt Nr. 1 am Scheitel, die Punkte Nr. 26 und 29 an der oberen Wirbelsäule und die Punkte Nr. 3, 4 und 5 im Gesicht und am Hals.
- Massieren Sie die Prostata mit ätherischem Lavendelöl (lavandula hybrida), das Sie im Verhältnis von 1:5 mit Haselnußöl mischen, oder mit Niaouliöl (sehr wenig).

R

Rachitis

Rachitis war bis vor einigen Jahrzehnten noch eine weitverbreitete Krankheit unter Kleinkindern. In Europa ist sie seither selten geworden. Dieser Fortschritt ist der Kinderheilkunde zuzuschreiben, die immer mehr Wert auf Vorbeugung legt.

Rachitis äußert sich in einer Knochenerweichung und -deformierung. Rachitische Kinder haben einen weichen und übergroßen Schädel, ihr Brustkorb ist stark deformiert, und ausgeprägte »O-Beine« sind die Regel. Sie leiden zudem an verzögerter Zahnentwicklung und unzureichendem Muskeltonus.

Rachitis tritt in den ersten Monaten der Kindheit in der kritischen Phase des Wachstums auf. Sie wird durch eine ungenügende Aufnahme von Kalzium und Phosphor hervorgerufen, die ihre Ursache wiederum in einem Vitamin-D-Mangel hat.

Kalzium und Phosphor sind zwei für die Knochenbildung äußerst wichtige Mineralstoffe. Bei Erwachsenen und vor allem bei älteren Menschen kann ein Kalzium- oder Phosphormangel zu Knochenschwund (siehe *Osteoporose)* führen.

Rachitische Kinder leiden im allgemeinen nicht unter Mangelernährung. Häufig handelt es sich um Kinder, die sich die meiste Zeit in einer dunklen Wohnung aufhalten und selten an die Sonne kommen. In den ersten Monaten der Kindheit spielt das Sonnenlicht eine wichtige Rolle beim Vitamin-D-Stoffwechsel. Vitamin D wiederum ist für die Aufnahme von Phosphor und Kalzium von Bedeutung.

Rachitis kann auch durch andere Faktoren hervorgerufen werden, besonders durch Verdauungsstörungen, die eine ausreichende Aufnahme von Vitamin D, Phosphor und Kalzium verhindern. Es sind auch Fälle von vererbter Rachitis bekannt.

Was Sie tun können

Die Vorbeugung von Rachitis ist sehr wichtig, da selbst nach einer völligen Heilung Folgeschäden auftreten können.

Während einer Schwangerschaft müssen Sie auf eine ausgewogene Ernährung achten, um einen Mineralstoff- oder Vitaminmangel auszuschließen. Falls Ihr Vater oder Ihre Mutter an Rachitis erkrankt war, sollten Sie darauf ganz besonders achten.

Im Sommer sollte das Kind täglich von der Sonne profitieren. Die Tatsache, daß Rachitis in Ländern mit hoher Sonneneinstrahlung kaum auftritt, ist ein Beweis für die antirachitische Wirkung der Sonnenstrahlen.

Die folgenden Ratschläge dienen sowohl der Vorbeugung als auch der Heilung.

Ernährung

Bei einem rachitischen Kind müssen Sie auf eine angemessene Ernährung achten. Selbst wenn es mit Appetit ißt, fehlen in seiner Ernährung vermutlich einige wichtige Nährstoffe. Klären Sie auch ab, ob sein Organismus alle Nährstoffe richtig aufnimmt und verarbeitet.

Geben Sie Ihrem Säugling in der Zeit, in der er noch keine feste Nahrung zu sich nehmen kann, viel Obst- oder Gemüsesäfte zu trinken. Ältere Kinder sollten häufig folgende Nahrungsmittel zu sich nehmen: Kohl, Hafer, Rettich, Zwiebeln, Nährhefe, Meeresalgen und Sonnenblumenkerne.

Die Zwiebel ist ein gesundheitsförderndes und lebensverlängerndes Nahrungsmittel. Sie wird bei allen Formen von Wachstumsstörung, bei Müdigkeit, Störungen der Drüsenfunktion, lymphatischen Erkrankungen, Rachitis usw. empfohlen. Essen Sie die Zwiebel roh oder nachdem Sie sie während einiger Stunden in Olivenöl eingelegt haben.

Neben der Zwiebel sollte noch eine Reihe von Früchten, Gemüsesorten und ölhaltigen Samen auf dem Speiseplan einer Rachitis-Diät stehen: Aprikosen, Weizen, Karotten, Kohlsorten, Spinat, Hefe, Nüsse, Oliven, Rettich, Radieschen und Soja. Frische Obst- und Gemüsesäfte sind jeder anderen Art der Zubereitung vorzuziehen. Insbesondere von Kohlsaft können Sie 1 bis 2 Glas täglich trinken.

Nehmen Sie auch die mineralstoff- und vitaminreichen Meeresalgen in den Ernährungsplan auf. Essen Sie so oft wie möglich davon, nehmen Sie sie als Aufguß zu sich, oder verwenden Sie sie als Badezusatz. Wählen Sie die Ihnen angenehmste Zubereitungsart. Nur wenige Nahrungsmittel verfügen über so viele nützliche Eigenschaften wie Meeresalgen, ohne gleichzeitig schädliche Nebenwirkungen aufzuzeigen.

Vitamintherapie

Geben Sie Ihrem Kind im Winter zusätzlich Vitamin D, Kalzium und Magnesium, um jeglicher Mangelerscheinung vorzubeugen.

Was den guten alten Lebertran anbelangt, so kann dieser zur Vorbeugung oder Behandlung von Rachitis eingesetzt werden. Sein außerordentlicher Vitamin-D-Gehalt bewirkt eine schnelle Genesung.

Die Remineralisierung eines Rachitiskranken ist ein äußerst wichtiger Aspekt der Behandlung. In diesem Zusammenhang ist die Einnahme von Heilerde und Schachtelhalm (pflanzliche Kieselsäure) von Bedeutung. Geben Sie Ihrem Kind während 10 bis 20 Tagen morgens auf nüchternen Magen 1/2 Glas Wasser mit Heilerde zu trinken. Legen Sie eine Pause von zehn Tagen ein, und wiederholen Sie die Behandlung. Schachtelhalm wird am besten als Pulverextrakt genommen. Im Handel ist dieser in Tablettenform erhältlich.

Heilpflanzen

Salbei stärkt den gesamten Organismus. Bereiten Sie mit 20 g Blüten und Blättern pro Liter Wasser einen Aufguß zu, und geben Sie dem Kind davon 3 Tassen täglich zu trinken.

Sie können anstelle eines Aufgusses auch **Salbeitinktur** – 15 bis 20 Tropfen auf 1 Glas Wasser, zweimal täglich – oder **ätherisches Salbeiöl** – 1 bis 2 Tropfen mit etwas Honig vermischt, dreimal täglich – verwenden.

Massage und Akupressur

Baby-Massage wird in den westlichen Zivilisationen kaum praktiziert. Aber gerade Säuglinge, deren Haut und Nervensystem äußerst empfindsam sind, wissen diese zu schätzen.

Bei Rachitis ist Massage besonders angezeigt, da sie sowohl auf den Körper wie auch auf die Psyche eine wohltuende Wirkung ausübt.

- Stimulieren Sie die Hormonproduktion der Hirnanhangdrüse (Hypophyse) und der Schilddrüse, indem Sie die folgenden Punkte tonisieren: Nr. 1, 2, 3, 4 und 5 auf der Vorderseite des Körpers und Nr. 26, 27 und 29 im Nacken. (Unter der Rubrik *Zellulitis* finden Sie nähere Angaben bezüglich der Stimulierung dieser beiden Drüsen.)
- Auch die Punkte Nr. 9, 10, 11, 16, 19, 33, 34 und 35 können hilfreich sein.

Regelschmerzen

(Siehe *Menstruationsbeschwerden)*

Reisekrankheiten

(Siehe *Tropenkrankheiten* und *Seekrankheit* in diesem Werk sowie *Reisekrankheit* in dem Ratgeber »Das ABC der Ersten Hilfe«).

Rheumatismus

(Siehe *Arthritis und Arthrose)*

Röntgenstrahlen und ihre Auswirkungen

Auch wenn Röntgenstrahlen und andere Arten der Bestrahlung eine relativ neue Behandlungsmethode darstellen, können dadurch hervorgerufene Beschwerden mit altbekannten Heilmitteln erfolgreich behandelt werden.

Heilpflanzen

Aloe vera ist in dieser Hinsicht ohne Zweifel die interessanteste Heilpflanze.

Amerikanische Forscher wandten sich ihr bereits in den 30er Jahren zu, um die Auswirkungen von Röntgentherapien zu behandeln. Damals beherrschte man diese Technik noch nicht ausreichend, und sie hinterließ manchmal schwere Folgeschäden.

Ärzte in der ehemaligen Sowjetunion setzen Aloe vera heute bei Röntgentherapien ein, um die Haut zu schützen. Die Strahlendosis kann so erhöht und Krebszellen können in größerer Tiefe behandelt werden.

Aloe vera wurde auch erfolgreich gegen Geschwüre eingesetzt, die auf klassische Mitteln nicht ansprachen.

Heilerde

Auch Heilerde kann die Auswirkungen einer Strahlentherapie gegen Krebs erheblich lindern.

Nehmen Sie jeden Morgen 1/2 Glas Wasser mit Heilerde zu sich (siehe *Einführung in die Behandlung mit Heilerde)*, und machen Sie kalte Umschläge mit Heilerde – zuerst auf dem Unterleib und nach einigen Wochen auf der behandelten Körperpartie. Beginnen Sie mit dünnen Umschlägen, und erhöhen Sie die Dicke allmählich. Am Anfang genügt 1 Umschlag pro Tag, später können Sie täglich zwei Anwendungen durchführen.

Die Behandlung wird dadurch besser verträglich. Die Haut ist besser geschützt, und gleichzeitig werden die Risiken einer zu hohen Radioaktivität verringert.

Akupressur

Verbrennungen durch Bestrahlung können wie gewöhnliche Verbrennungen behandelt werden (siehe *Verbrennungen)*.

Die Lebensquellen des Organismus können Sie auch durch die Massage folgender Punkte aktivieren: Nr. 11 und 13 am Unterleib, Nr. 34 und 35 am Rücken, Nr. 19 und 27 am Fuß.

Nahrungsergänzungen

Nehmen Sie die Vitamine A, B, C und E sowie die Mineralstoffe Zink und Selen gemäß den Verschreibungen eines Naturheilpraktikers.

Ätherische Öle

Thymian (mit Thymol), Rosmarin (mit Verbenon).

Rückenschmerzen

Rückenschmerzen (Hexenschuß, Kreuzschmerzen usw.) zählen heutzutage genauso wie Krebs und Arteriosklerose zu den Zivilisationskrankheiten.

Ursachen

Zu den Ursachen von Rückenschmerzen zählen insbesondere die sitzende Lebensweise und der Mangel an regelmäßiger Bewegung. Doch auch in bestimmten körperlich sehr anstrengenden Berufen treten Rückenbeschwerden gehäuft auf und lassen sich oft kaum vermeiden.

Zu diesen »körperlichen« kommen noch weitere Ursachen wie Streß, emotionelle Probleme oder auch die Verdrängung von Gefühlen.

Es ist jedoch nicht immer einfach, die Ursache von Rückenschmerzen klar zu erkennen. Im allgemeinen handelt es sich um eine komplexe Erkrankung, die auf mehrere Ursachen zurückzuführen ist.

Was Sie tun können

Auch wenn es nicht immer möglich ist, Rückenschmerzen gänzlich zu verhindern, können Sie immerhin dafür sorgen, daß sie weniger häufig auftreten. Es gibt auch gute Tips, um diese Schmerzen zu lindern oder sie zumindest zeitweise zum Verschwinden zu bringen.

Bei sehr häufig auftretenden Rückenschmerzen sollte immer ein Spezialist wie beispielsweise ein Sportmediziner, ein Bewegungstherapeut, ein Orthopäde, ein Akupunkteur oder ein Chiropraktiker aufgesucht werden. Auch empfiehlt es sich, eine Röntgenaufnahme machen zu lassen. Es ist wichtig, daß Ihr Problem ganz genau abgeklärt wird, wozu nur ein Spezialist in der Lage ist.

Danach müssen Sie entscheiden, ob Sie Ihre Lebensgewohnheiten ändern und wirksame Methoden anwenden wollen oder ob Sie Ihr Geld bei den Spezialisten ausgeben wollen.

Natürlich können Ihnen Methoden wie beispielsweise eine Operation Linderung verschaffen, doch damit beheben Sie möglicherweise die tiefere Ursache Ihrer Schmerzen nicht.

Nachfolgend hingegen finden Sie verschiedene Empfehlungen und Mittel, mit denen Sie Rückenschmerzen vorbeugen und lindern können.

Maßnahmen zur Vorbeugung von Rückenschmerzen

Vermeiden Sie es vor allem, sich »zuviel aufzuladen«. Bei Menschen, die zuviel Verantwortung tragen oder »die Welt retten« wollen, treten häufig Lendenschmerzen auf.

Lernen Sie, richtig zu sitzen!

Wenn Sie sich in einen Sessel sinken lassen, entspannt das zwar vielleicht die Beine, doch dafür entsteht ein Druck auf die Wirbelsäule und die Muskeln in der Kreuzgegend.

Unabhängig davon, ob Sie in einem Sessel oder auf einem Stuhl sitzen, es empfiehlt sich immer, sich gerade hinzusetzen.

Auf keinen Fall dürfen die Beine gekreuzt werden. Um die Wirbelsäule zu schonen, stellt man beide Füße beim Sitzen am besten flach auf den Boden.

Wenn Sie unbedingt die Beine kreuzen möchten, so tun Sie dies wie die Inder im Schneidersitz, denn damit belasten Sie Ihre Wirbelsäule nicht ungleichmäßig. Am besten eignet sich dazu ein großer Sessel oder ein Sofa.

Legen Sie falls nötig beim Sitzen etwas unter die Füße. Ihre Knie sollten ungefähr 2 cm höher liegen als Ihre Hüfte, denn so wird der untere Abschnitt des Rückens viel weniger belastet.

Dieser Tip gilt auch für das Autofahren: Stellen Sie Ihren Sitz nicht zu weit nach hinten; wenn Sie nämlich weiter vorn sitzen, liegen die Knie höher als die Hüfte.

Bewahren Sie Ihre Brieftasche nicht in der Gesäßtasche auf, denn auch dadurch wird Ihre Wirbelsäule ungleichmäßig belastet.

Stützen Sie Ihren Arm beim Autofahren nicht auf der Türe auf, wenn das Fenster offen ist. In dieser Stellung ist der Druck auf Ihre Wirbelsäule ungleichmäßig.

Nehmen Sie im Stehen die richtige Haltung ein

- Benutzen Sie keine Taschen oder Beutel mit Schulterriemen, sondern besser einen Rucksack.
- Wenn Sie auf den Bus warten und nicht ruhig stehen können, ist es besser, auf- und abzugehen, als das Gewicht von einem Bein auf das andere zu verlagern.
- Tragen Sie keine Schuhe mit hohen Absätzen, denn dadurch wird der untere Teil des Rückens zu stark durchgedrückt.

Gehen Sie richtig vor, wenn Sie schwere Lasten heben

Vergessen Sie nie, Ihre Muskeln aufzuwärmen, bevor Sie Übungen oder Arbeiten ausführen, die Ihren Rücken stark belasten. Dies ist vor allem am Morgen wichtig.

Heben Sie nicht nur mit dem Rücken, sondern stützen Sie sich gut auf den Beinen und Füßen ab, und denken Sie immer daran, daß Ihr Schwerpunkt im Bereich des Nabels liegt. Konzentrieren Sie sich also auf den Nabel, und atmen Sie langsam und tief durch, denn damit können Sie Ihre Kraft noch weiter erhöhen.

Achten Sie auf die richtige Schlafhaltung!

Die richtige Schlafhaltung kann ebenfalls vorbeugend wirken.

Schlafen Sie nicht in Bauchlage, da so der Druck auf die Wirbelsäule am größten ist. Am besten schlafen Sie in der Fötalstellung. Legen Sie dabei die Hand des untenliegenden Arms unter den Kopf. Auch ein Kissen zwischen den Knien kann unter Umständen sehr angenehm sein.

Wenn Sie auf dem Rücken schlafen, sollten Sie sich ein kleines Kissen unter das Kreuz legen, dadurch ist Ihre Wirbelsäule völlig entspannt. Nur schon ein kleines Kissen kann einen sehr großen Unterschied machen!

Akupressur

Wir schlagen Ihnen hier zwei Methoden vor, wie Sie Ihr Problem angehen können. Die besten Ergebnisse werden Sie erzielen, wenn Sie beide anwenden.

1. Versuchen Sie, möglichst genau festzustellen, an welchen Punkten Ihre Rückenschmerzen auftreten. Bitten Sie jemanden, diese Punkte mehr oder weniger kräftig zu massieren, aber immer so, daß es Ihnen noch angenehm ist.

   Bitten Sie ihn dann, dieselben Punkte auf der anderen Seite des Rückens viel kräftiger zu massieren.

   Abschließend massieren Sie die entsprechenden Punkte, die auf derselben waagerechten Linie auf dem Bauch oder auf der Brust liegen (oder lassen sich diese Stellen massieren).
2. Massieren Sie Punkt Nr. 22 auf der Fußsohle. Massieren Sie die Punkte Nr. 18, 19, 21 und 39 am Fuß und am Knöchel und den Punkt Nr. 38 in der Kniekehle. Behandeln Sie auch die schmerzhaften Punkte am Rücken, die zwischen Punkt Nr. 28 und 37 liegen, und beenden Sie diese Behandlung am Rücken mit den beiden Punkten Nr. 27 unterhalb des Nackens. Massieren Sie am Handgelenk die Punkte Nr. 24 und 41 sowie die Punkte Nr. 25 und 43 auf beiden Seiten.

Weitere Maßnahmen zur Linderung von Rückenschmerzen

Magnettherapie

Die Anwendung von Magneten oder Mikromagneten kann Rückenschmerzen innerhalb von wenigen Minuten lindern.

Legen Sie sie auf die schmerzenden Stellen, oder befestigen Sie Mikromagneten mit Heftpflaster auf den oben angegebenen Akupressurpunkten.

Das Schlafen auf einer magnetischen Matratze (siehe *Einführung in die Magnettherapie)* kann in vielen Fällen morgendlichen Rückenschmerzen vorbeugen. Machen Sie auch tagsüber ein Nickerchen auf diesem Bett, um Rückenschmerzen vorzubeugen oder sie zu lindern.

Umschläge und Kompressen

- Mit Eis können Rückenschmerzen rasch gelindert werden, ebenso mit morgendlichen Wechselduschen.
- Legen Sie abwechselnd Umschläge mit Heilerde und Kohlblättern auf.
- Einige der im Handel erhältlichen Salben zur Linderung von Muskel- und Rückenschmerzen enthalten die Wirkstoffe der roten Paprikaschote, da diese durchblutungsfördernd und anregend wirken. Sie können auch Kompressen auflegen, die Sie in Paprikatinktur oder in den folgendermaßen zubereiteten Absud getaucht haben: 2 bis 4 g Paprika in 1 Liter Wasser 10 Minuten kochen lassen, abseihen.

Sitzbäder

Rückenschmerzen entstehen oft dadurch, daß eine schlecht funktionierende Niere auf die Nerven drückt, die der Wirbelsäule entlang verlaufen. In diesem Fall können Sitzbäder mit Schachtelhalm Abhilfe schaffen, da die Nieren sehr gut auf diese Pflanze reagieren. Die Zubereitung des Sitzbades ist in der *Einführung in die Wasserheilkunde* beschrieben.

S

Vorzeitiger Samenerguß

Im Jahre 1948 deckte der berühmte Kinsey-Report auf, daß 75 % der männlichen Bevölkerung in den USA innerhalb von 2 Minuten oder weniger zum Orgasmus kamen, während 50 % der Amerikanerinnen bekannten, noch nie einen sexuellen Höhepunkt erlebt zu haben. Die Verbindung zwischen diesen beiden Statistiken ist so offensichtlich, daß man sie einfach hervorheben muß.

Seit der sexuellen Revolution hat sich vieles geändert. Der »neue Mann« bemüht sich ernsthaft, seine Partnerin zu befriedigen. Jedoch gelingt es einigen trotz allen guten Willens nicht, so lange durchzuhalten, wie sie es gerne möchten. Was können sie in diesen Fällen tun?

Was ist ein vorzeitiger Samenerguß?

Zunächst einmal stellt sich die Frage nach einer Definition des Begriffes. Einige Männer sind von diesem Problem nämlich vielleicht gar nicht so sehr betroffen, wie sie selbst meinen. Andere hingegen sind weniger leistungsfähig, als sie es selbst wahrhaben wollen.

Für Alfred Kinsey ist der Samenerguß vorzeitig, wenn er innerhalb von zwei Minuten oder noch früher eintritt. Für die Wissenschaftler Masters und Johnson ist er dann »zu früh«, wenn der Mann häufiger als bei jedem zweiten Geschlechtsverkehr ejakuliert, bevor die Frau zum Orgasmus kommt.

Beide Definitionen sind natürlich willkürlich. Sie lassen vollkommen außer acht, daß einige Frauen früher zum Höhepunkt kommen als andere. Auch unter den Frauen gibt es jene, die innerhalb von zwei Minuten die sexuelle Erfüllung erleben können. Andere dagegen brauchen mindestens eine 30minütige Anlaufphase, bis sie so richtig in Fahrt kommen. Es gibt auch Frauen, die eine stählerne Erektion verlangen, die eine gute Stunde anhält!

Männer, deren Frauen sehr viel schneller zum Höhepunkt kommen, könnten demnach mit einer Frau, die in dieser Beziehung etwas langsamer ist, plötzlich mit dem Problem des vorzeitigen Samenergusses konfrontiert werden.

Welche Gründe hat der vorzeitige Samenerguß?

Die Gründe für einen vorzeitigen Samenerguß sind vielfältig. Neben psychischen Faktoren können auch andere Ursachen dafür verantwortlich sein:

- Übermäßiger Genuß von Alkohol, Kaffee, Tee, Getränken auf Kolabasis sowie von Tabak.
- Blutansammlungen im Beckenbereich aufgrund von Verstopfung oder sitzender Tätigkeit.
- Ungünstige Lage der Lendenwirbel oder des Kreuzbeins.
- Mangel an Vitamin B15, Kalzium, Magnesium, Zink oder Mangan.

Glücklicherweise kann dem vorzeitigen Samenerguß, egal wodurch er bedingt ist, Abhilfe geschaffen werden.

Was Sie tun können

Die orientalische Liebeskunst hat von alters her der vollkommenen Kontrolle über den Samenerguß eine sehr große Bedeutung zugemessen, da sie für die Befriedigung der Partnerin eine entscheidende Rolle spielt.

Im alten China und in Indien war es gang und gäbe, daß ein Mann mehrere Ehefrauen und Geliebte hatte und alle befriedigen mußte, um zu vermeiden, daß der Haussegen schief hing. Es ist also nicht verwunderlich, daß aus dieser Situation heraus die Männer sich darum bemüht haben, Mittel zur Beherrschung ihrer Ejakulation zu finden.

Im folgenden finden Sie eine Reihe von Techniken, die der orientalischen Liebeskunst abgeschaut sind und Ihnen früher oder später eine vortreffliche Kontrolle über Ihren Orgasmus versprechen. Diese Techniken machen aus dem Samenerguß einen vom Willen gesteuerten Akt. Vor diesem Hintergrund geht es nicht mehr darum, sich mehr schlecht als recht zurückzuhalten. Vielmehr heißt es jetzt, in dem Moment zum Höhepunkt zu kommen, den Sie für sich und Ihre Partnerin als besten und lustbringendsten Augenblick empfinden.

1. Lernen Sie die Grenzen Ihrer Beherrschung kennen

In der Phase der Erregung, die dem Samenerguß vorausgeht, gibt es einen Punkt, bis zu dem man seine Erregung auf ein »ungefährliches« Maß zurücknehmen kann. Wenn Sie diesen Punkt überschreiten, so befinden Sie sich bereits jenseits der Grenzen Ihrer Beherrschung.

Sie sollten daher lernen einzuschätzen, wann Sie sich dieser Grenze nähern. Halten Sie in diesem Moment mit Ihren Bewegungen inne, oder verlangsamen Sie den Rhythmus. Wenden Sie dann eine der Techniken an, die weiter unten beschrieben sind.

Der ideale Weg, um seine Grenzen kennenzulernen, ist die Masturbation. Selbstverständlich handelt es sich hier nicht darum, sich selbst zu befriedigen, um schnellstmöglich einen Überschuß an sexueller Erregung zu entladen. Machen Sie daraus vielmehr eine Meditation. Lassen Sie sich Zeit. Sobald Sie merken, daß Sie die Grenze erreichen, hören Sie auf, sich zu stimulieren. Wiederholen Sie diese Übung immer und immer wieder. Wenn die Erregung zu groß wird, ejakulieren Sie ganz einfach wie gewohnt.

Es ist jedoch durchaus möglich, daß diese Übung eine beruhigende Wirkung auf Ihre sexuelle Energie hat und Sie das Bedürfnis zu ejakulieren gar nicht mehr verspüren. Dies ist ein absolut ermutigendes Zeichen. Es beweist, daß Sie auf dem besten Weg zu einer perfekten sexuellen Beherrschung sind. Fühlen Sie sich nicht zu einer Ejakulation verpflichtet, wenn Sie das Bedürfnis dazu gar nicht verspüren.

2. Arbeiten Sie an Ihrer Atmung und am Hara

Erlernen Sie eine tiefe Atmung sowie die Meditation über das Hara (siehe *Energie*).

Konzentrieren Sie sich intensiv auf Ihre Atmung. Das wirkt beruhigend und vertreibt störende Gedanken. Sie werden feststellen, daß eine zu schnelle Atmung die »Katastrophe« nur noch schneller herbeiführt. Denn, wie man weiß, wird die Atmung um so unregelmäßiger, je mehr man sich dem Höhepunkt nähert.

Indem Sie während der Vereinigung in Ihren Bewegungen innehalten und vor dem kritischen Punkt Ihre Atmung verlangsamen, befinden Sie sich wieder in einem »ungefährlichen« Zustand. Sie können also in aller Ruhe Ihre rhythmischen Bewegungen wieder aufnehmen.

3. Mulah Banda

Praktizieren Sie den Mulah Banda. Diese klassische Jogaübung dient sowohl der Anregung der Lebensgeister als auch der Beherrschung der sexuellen Energie. Sie ist das Äquivalent für Männer zu den Kegelübungen für die Frauen (siehe *Geburtsvorbereitung*).

Die indischen Yogis behaupten von sich, mit Ihrem Penis Wasser aufsaugen zu können. Diese Fähigkeit ist ein deutlicher Beweis für die vollkommene Kontrolle, die sie über ihren Samenerguß haben.

Die Technik des Mulah Banda sowie andere Techniken erklären die Funktionsweise einer solchen Kontrolle. Diese Übung beansprucht den gesamten Muskelstrang, der vom Steißbein bis zum Schambein reicht. Man nennt diesen Muskelstrang PC-Muskel (musculus pubococcygeus). Von den nordamerikanischen Sexualforschern wird er auch Liebesmuskel *(love muscle)* genannt.

Dieser Muskelstrang spielt eine grundlegende Rolle bei der Funktion des Genitaltraktes. Er ist an ein Nervennetz angeschlossen (Schamgeflecht), das sowohl Empfindungen aus dem urogenitalen Bereich als auch aus dem Gehirn überträgt.

Ist der Muskel gut trainiert, so erlebt man einen intensiveren Orgasmus, eine Erektion stellt sich ohne Schwierigkeiten ein, und der Zeitpunkt der Ejakulation kann perfekt unter Kontrolle gehalten werden.

So praktiziert man den Mulah Banda

1. Atmen Sie tief ein, und spannen Sie dabei den PC-Muskel fest an (dazu müssen Sie im gleichen Maße den Schließmuskel sowie die Muskeln rund um den Penis anspannen). Entspannen Sie dann den Muskel wieder, während Sie ausatmen. Wiederholen Sie dies 25mal. Machen Sie diese Übung mindestens zweimal täglich. Sie können sie überall praktizieren, im Auto, im Wartezimmer usw.
2. Sobald Sie diesen ersten Schritt beherrschen, sollten Sie lernen, den Rhythmus der Muskelkontraktionen zu variieren. Wechseln Sie ab zwischen lang anhaltenden Kontraktionen und kraftvollen, aber sehr kurzen Anspannungen.
3. Unterbrechen Sie beim Wasserlassen mehrmals den Harnstrahl. Wenn es Ihnen gelingt, den von der Blase »befohlenen« Strahl anzuhalten, so bedeutet dies, daß Sie Ihren PC-Muskel bereits gut trainiert haben.
4. Wenn Sie schon etwas vorangekommen sind, besteht die nächste Übung darin, jeden einzelnen der Muskeln, die zusammen den PC-Muskel bilden, anzuspannen und wieder zu entspannen.
   Isolieren Sie Ihre einzelnen Muskelbewegungen voneinander. Es handelt sich dabei um eine richtige »Analyse« Ihrer Muskelbewegungen. Sie werden feststellen, daß Sie zunächst dazu neigen werden, alle Muskeln auf einmal anzuspannen. Wenn Sie aber die Fähigkeit erwerben, jeden einzelnen Teil des PC-Muskels nach Wunsch anzuspannen und zu entspannen, so können Sie sich einer totalen Beherrschung Ihrer sexuellen Energie sicher sein. Sie werden nicht mehr der Spielball Ihrer sexuellen Energie sein, vielmehr werden Sie in Zukunft mit Ihrer sexuellen Energie spielen können!
5. Zu einer vollkommenen Beherrschung gelangen Sie, wenn Sie die Selbstbefriedigung wie oben beschrieben praktizieren. Um die Intensität Ihrer Lust unter Ihre Kontrolle zu bringen, sollten Sie die Muskeln wie oben beschrieben an- und entspannen. Genügen diese Muskelkontraktionen, um Ihre Erektion zu mindern, so ist dies der Beweis für die richtige Ausführung dieser Übung.

4. Die Arbeit im mentalen Bereich

Auch die Arbeit im mentalen Bereich spielt bei der sexuellen Selbstbeherrschung eine große Rolle. Sie spielt sich auf zwei Ebenen ab.

1. Meditation und innere Ruhe

Durch das Erlernen der Meditation und die Fähigkeit, sich nicht von den eigenen Gedanken ablenken zu lassen, werden Sie sowohl Ihren Orgasmus stärker unter Kontrolle haben, als auch Ihre körperlichen Empfindungen noch intensiver erleben können.

Indem Sie in sich eine gedankliche Leere erzeugen, können Sie verhindern, daß sich der Gedanke *»Ich komme zu früh zum Orgasmus«* in Ihrem Kopf breit macht. Wenn der Gedanke erst einmal in Ihr Bewußtsein gelangt, so profitieren Zweifel und die Angst vor dem Versagen davon und schleichen sich ebenfalls ein.

2. Visualisierung

Des weiteren können Sie sich optimale sexuelle Situationen vor Ihr geistiges Auge rufen. Wenn es Ihnen gelingt, sich einen einwandfreien Verlauf des Geschlechtsverkehrs bildlich vorzustellen, werden Sie mit der Zeit Ihrer sexuellen Energie Herr werden.

Es ist jedoch wichtig, sich diese Bilder häufig zu vergegenwärtigen, damit das Unterbewußtsein die alten Programme restlos löschen kann. Positives Denken wird Ihnen dabei helfen.

Unter der Rubrik *Visualisierung* finden Sie weitere Informationen über die richtige Methode der Vergegenwärtigung imaginärer Bilder und des positiven Denkens.

5. Die kleinen Kniffe aus dem Fernen Osten, um den Fuß auf der Bremse zu halten

- Atmen Sie bei geöffnetem Mund tief ein, und rollen Sie Ihre Zunge nach hinten. Während Sie langsam und ausgiebig einatmen, spüren Sie ganz bewußt das Gefühl von Frische unterhalb der Zunge. Versuchen Sie sich vorzustellen, daß dieses Frischegefühl Ihren Körper durchdringt und Ihre Geschlechtsorgane belebt.
- Kehren Sie während der Vereinigung Ihren Atemrhythmus um, sobald Sie sich der Grenze Ihrer Beherrschung nähern. In dieser Phase des Koitus atmen Sie normalerweise bei den Vorwärtsbewegungen aus und bei den Rückwärtsbewegungen ein. Machen Sie es genau umgekehrt. Atmen Sie bei den Vorwärtsbewegungen ein. So durchbrechen Sie den üblichen Teufelskreis.

- Lernen Sie, Ihre Hoden vollkommen zu entspannen. Wenn Sie sich den Grenzen Ihrer Beherrschung nähern, heben sich die Hoden und legen sich an den Penis.
- Lächeln Sie während des Geschlechtsverkehrs. (lesen Sie dazu auch die Technik des inneren Lächelns unter der Rubrik *Lachtherapie).* Lächeln setzt Endorphine frei, jene berühmten körpereigenen Hormone mit schmerzstillender Wirkung. Sie helfen, die Situation zu entspannen und vertreiben die Angst, die alles zum Scheitern bringen könnte.
- Auch von der physiologischen Seite her können Sie einiges für Ihre Selbstbeherrschung tun:
  - Vermeiden Sie es, vor dem Geschlechtsverkehr zu essen oder Wein zu trinken.
  - Essen Sie wenig Fleisch. Bevorzugen Sie schwach gewürzte Speisen.
  - Bemühen Sie sich um einen möglichst klaren Kopf. Meditieren Sie oder entspannen Sie sich vor dem Liebesakt.
  - Vor der Liebe sollten Sie kalt duschen, um Ihre übermäßige Lust zu bändigen. Sie können auch einen Behälter mit kaltem Wasser bereitstellen. Halten Sie Ihren Penis kurz vor dem Eindringen einige Sekunden in das kalte Wasser ...

6. Weitere Mittel zur natürlichen Behandlung des vorzeitigen Samenergusses

Es gibt einige natürliche Heilmittel zur Beruhigung einer extrem starken Erregung oder auch Nervosität, die unausweichlich zu einem vorzeitigen Samenerguß führen.

Heilpflanzen

Der Kopfsalat hat eine beruhigende Wirkung auf das Genitalsystem. Man verabreicht ihn bei übermäßigem Ausstoß von Samenflüssigkeit. Jedoch kann der Kopfsalat auch eine unerwünschte Wirkung haben – man nennt ihn nicht umsonst die Pflanze der Eunuchen! Aber zwischen zwei Übeln muß man sich für das geringere entscheiden. Sie haben die Wahl!

Ätherische Öle

Mischen Sie das ätherische Öl aus Römischer Kamille oder Lorbeer (laurus nobilis) im Verhältnis von 3:100 mit Süßmandelöl, und reiben Sie damit den Unterleib ein.

Akupressur

Der Punkt Nr. 7 hilft Ihnen, Ihre Angst zu nehmen. Der Punkt Nr. 17 verzögert den Augenblick der Ejakulation. Während Sie diese beiden Punkte massieren, atmen Sie tief durch. Das Ausatmen sollte so langsam wie möglich erfolgen. Unter der Rubrik *sexuelle Funktionsstörungen* finden Sie weitere Informationen zu diesem Thema.

Scharlach

Scharlach ist eine typische Kinderkrankheit, die heute viel seltener auftritt als früher. Dank dem Einsatz von Antibiotika gehört sie heute zu den leichteren Erkrankungen. Dennoch bleibt die durch Streptokokken verursachte Krankheit sehr ansteckend. Die Ansteckung kann über kleinste Speicheltröpfchen des Erkrankten erfolgen.

Scharlach befällt Kinder, insbesondere Jungen, im Alter zwischen 3 und 10 Jahren.

Nach einer Inkubationszeit von zwei bis acht Tagen beginnt der Erkrankte an hohem Fieber und Schüttelfrost zu leiden. Seine Körpertemperatur kann bis auf 40 Grad Celsius ansteigen. Sein Puls schlägt erheblich schneller. Mitunter muß er auch erbrechen. Die Zunge ist pelzig und hat häufig einen weißlichen Belag. Und wie der Name schon sagt, sind Rachen und Mandeln sowie Zungenspitze und -ränder scharlachrot.

Nach ein bis zwei Tagen erscheinen rote Flecken auf dem Gesicht. Dann breitet sich der Hautausschlag auf dem ganzen Körper aus, häufig von Juckreiz begleitet.

Nach etwa sechs Tagen beginnt sich die Haut zu schälen, und es erscheinen rötliche Stellen. Diese Phase der Erkrankung dauert etwa zehn Tage. Nach der Genesung ist das Kind jedoch meistens immun.

Was Sie tun können

Scharlach ist keine schwere Krankheit. Um aber Komplikationen und langfristige Folgeerscheinungen zu vermeiden, empfiehlt sich eine sofortige Behandlung.

Der Arzt wird sicherlich Penizillin verschreiben. Dadurch wird in der Regel ein rascher Rückgang der schmerzhaftesten Symptome erzielt.

Während der ersten Tage ist der Erkrankte bettlägerig. Eine einwöchige Quarantäne ist unerläßlich. Bei normalem Krankheitsverlauf und Verabreichung von Antibiotika kann das Kind nach 7 bis 10 Tagen wieder zur Schule gehen. Allerdings sollte es anstrengende körperliche Tätigkeiten unterlassen.

Ernährung

Während der ganzen Zeit, in der sich das Fieber um 40 Grad Celsius bewegt, sollte nur flüssige Nahrung gereicht werden: mehrmals täglich Hühner- oder Gemüsebrühe, Gemüse- oder Fruchtsäfte (Johannisbeer-, Himbeer- bzw. Zitronensaft).

Sobald der Erkrankte wieder feste Nahrung zu sich nehmen kann, sollte er sich auf leichte Kost beschränken: fettarm mit viel grünem rohen oder gekochten Gemüse. Auf weißen Zucker sollte verzichtet werden.

Folgende Behandlungen und Heilmittel können ebenfalls helfen:

Heilpflanzen

Bei Juckreiz können Sie eine Aloe-vera-Salbe auftragen. Weitere pflanzliche Heilmittel finden Sie unter der Rubrik *Masern*.

Bäder

Der Erkrankte sollte zwei- bis dreimal täglich ein lauwarmes Bad nehmen.

Akupressur

Siehe *Masern, Grippe* und *Fieber*.

Scheidenentzündung

Bei der Scheidenentzündung handelt es sich um eine Entzündung der Scheidenschleimhaut, die Juckreiz, brennende Schmerzen und weißen Ausfluß verursacht. Um diese Entzündung diagnostizieren zu können, nimmt der Arzt eine gynäkologische Untersuchung und eine Analyse der Sekrete vor.

Es gibt hauptsächlich drei Arten von Scheidenentzündungen, die von drei verschiedenen Organismen verursacht werden: Pilzen, Parasiten und Bakterien.

Was Sie tun können

- Bei sämtlichen Scheidenentzündungen werden in der Regel Sitzbäder empfohlen. Ziehen Sie diese den Scheidenspülungen vor, da diese Maßnahme von Ärzten immer häufiger angefochten wird.
  - Fügen Sie dem Badewasser 1/4 Tasse Apfelessig oder 2 Eßlöffel Natriumbikarbonat bei.
  - Bei einer von Trichonomaden verursachten Scheidenentzündung fügen Sie dem Badewasser den Saft von 3 gepreßten Knoblauchzehen bei.
  - Baden Sie zu Beginn der zweiwöchigen Kur dreimal täglich, daraufhin immer weniger oft.

- Trinken Sie ein- bis dreimal täglich einen Aufguß, der zu gleichen Teilen aus Kamillenblüten, Beinwell- und Salbeiblättern besteht (1 bis 2 Teelöffel pro Liter Wasser).

Scheidenjucken (Pruritus vulvae)

Viele Frauen sind von diesem Leiden betroffen, das insbesondere nach den Wechseljahren recht häufig auftritt. Hängt das Jucken nicht mit einer Hauterkrankung, einer Infektion der Harnwege oder einer Geschlechtskrankheit zusammen, handelt es sich mit großer Wahrscheinlichkeit um Scheidenpruritus.

Was Sie tun können

Die meisten der Ratschläge gegen Afterjucken helfen auch bei Scheidenjukken. Beachten Sie außerdem folgende Hinweise:

- Verwenden Sie keine Seife oder Produkte, die Hautreizungen bewirken.
- Verzichten Sie auf Vaginalduschen.
- Nehmen Sie besser ein Genitalien-Dampfbad. Genauere Anweisungen dazu finden Sie in der *Einführung in die Wasserheilkunde* unter *Dampfanwendungen für den Unterleib oder den After.* Für diese Behandlung eignet sich natürlich Kamille, aber auch Thymian und Gewöhnliche Schafgarbe, die bei Juckreiz am Scheideneingang besonders wirksam sind.
  Probieren Sie auch folgende Methoden aus:

Ätherische Öle

Äußerliche Anwendung: Legen Sie mit Kamillen- (Römische Kamille) oder Lavendelhydrolat (lavandula officinalis) befeuchtete Kompressen auf.

Akupressur

Massieren Sie die Punkte Nr. 1 und 3 im Gesicht, Nr. 11, 12, 13 und 14 am Unterleib, den Damm und die Punkte Nr. 34, 35 und 37 im unteren Bereich der Wirbelsäule.

Hinweis

Wenn der Juckreiz mit den vorgeschlagenen Behandlungsmethoden verschwindet, leiden Sie an Scheidenpruritus.

Normalerweise führt Scheidenpruritus zu keinerlei Komplikationen. Prüfen Sie jedoch, ob die juckenden Stellen weiße Plättchen aufweisen. Ist dies der Fall, besteht ein geringes Risiko, daß sich ein Scheidenkrebs entwickelt. Suchen Sie sobald wie möglich einen Arzt auf.

Schiefhals

Zweifellos ist es Ihnen schon widerfahren, daß Sie eines Morgens in einem kalten Zimmer aufgewacht sind und Ihren Hals nicht mehr bewegen konnten. Ihre Unbeweglichkeit war jedoch nicht auf eine morgendliche Starrheit zurückzuführen, die eintritt, wenn Sie auf dem Bauch geschlafen haben.

Einen steifen Hals können Sie sich aber auch während des Tages infolge einer starken physischen Anstrengung holen.

Das Auftreten eines derartigen Phänomens schränkt die normale Drehfähigkeit des Kopfes ein. Es kann aber auch zur vollkommenen Unbeweglichkeit des Kopfes führen, im schlimmsten Fall sogar eine Schiefstellung oder Verdrehung des Halses hervorrufen.

In allen genannten Fällen handelt es sich um das akute Syndrom des Schiefhalses, das harmlos ist und in der Regel innerhalb weniger Tage von selbst verschwindet.

Für gewöhnlich wird Schiefhals durch eine anormale Kontraktion der Halsmuskeln hervorgerufen. Grund dieser Kontraktion kann ein Verletzung oder eine Infektion im Halsmuskelbereich sein.

Schiefhals kann aber auch wesentlich ernsthaftere Ursachen haben.

In einigen Fällen geht die Muskelkontraktion auf eine Form von Rheuma im oberen Wirbelbereich zurück.

Der **spastische Schiefhals** ist ein äußerst mysteriöses Leiden, das in unkontrollierbaren Kopfbewegungen zum Ausdruck kommt. Als Ursache des spastischen Schiefhalses wird ein akutes oder latentes Nervenleiden angenommen.

Beim **angeborenen Schiefhals** ist die Bewegungsunfähigkeit des Halses auf zu kurze Halsmuskeln zurückzuführen.

Was Sie tun können

Zu den klassischen Behandlungsmethoden des akuten Schiefhalses gehören in erster Linie schmerzlindernde und entzündungshemmende Medikamente sowie Bewegungstherapien.

Im Fall des spastischen Schiefhalses verschreibt der Arzt in der Regel starke Beruhigungsmittel. Beim angeborenen Schiefhals müssen die entsprechenden Muskeln (Kopfwender) durch einen chirurgischen Eingriff verlängert werden.

Im allgemeinen empfehlen die Ärzte beim wiederholt auftretenden Syndrom des Schiefhalses (insbesondere bei Schiefhals rheumatischen Ursprungs) auch Massagen oder Thermalbehandlungen.

Darüber hinaus gibt es eine Reihe natürlicher Methoden, die die üblichen Verfahren hervorragend ergänzen. In vielen Fällen reichen sie sogar aus, um bei der akuten Form des Schiefhalses sofortige Linderung zu verschaffen:

- Wickeln Sie sich ein Wolltuch oder ein anderes wärmendes Stofftuch um den Hals. Ihr Hals speichert die Wärme, und Sie vermeiden somit eine Verschlechterung Ihres Zustands. Wenden Sie diese Methode vor allem an, wenn Kälte oder Luftzug der Auslöser Ihres Leidens sind.
- Halten Sie die Halsregion z. B. mit einer Wärmflasche warm. Dieses sehr einfache Verfahren entspannt die Halsmuskeln und lindert somit die Schmerzen erheblich.
- Eis kann ebenfalls eine schmerzlindernde Wirkung haben, aber aus ganz anderen Gründen. Die Kälte wirkt auf die Nervenreizleitung ein, über die die Schmerzmeldung zum Gehirn gelangt.
- Sie können die Wärmflasche und das Eis abwechselnd auflegen. Die Wärme weitet die Blutgefäße, während das Eis sie zusammenzieht. Der Wechsel von warm und kalt stimuliert den Blutkreislauf.

Massage und Akupressur

Neben den klassischen Massagetechniken der Schulmedizin empfiehlt sich auch das therapeutische Handauflegen (siehe *Einführung in die Behandlung durch Massage)*. Führen Sie zur Entspannung der Halsmuskeln magnetische Passes im Gegenuhrzeigersinn durch (zerstreuende Wirkung).

Verbinden Sie diese Methode mit Akupressur, um die Wirkung noch zu verstärken:

- Üben Sie langsam einen tiefen Druck auf die Punkte Nr. 26, 27, 28, 29, 30 im Nacken- und hinteren Schulterbereich sowie auf die Punkte Nr. 4, 5 und 6 im Hals- und vorderen Schulterbereich aus.
- Massieren Sie ausgiebig Hand- und Fußgelenke, insbesondere die Punkte Nr. 17, 18 und 39 an den Fußknöcheln und die Punkte Nr. 23, 24, 25, 41 und 43 an den Handgelenken.
- Nehmen Sie nach Abschluß der Behandlung den Kopf zwischen die Hände, legen Sie die Fingerspitzen an die Schädelbasis, und üben Sie langsam einen sanften Druck nach oben aus. Hören Sie sofort auf, falls der Schmerz stärker wird. Halten Sie aber diese Position einige Minuten bei, wenn diese sanfte Massage Linderung verschafft.

Hinweis

Verwenden Sie für die Massage ein ätherisches Öl, z. B. Lavendel- (lavandula officinalis) oder Rosmarinöl (mit Cineol).

Magnettherapie

Die Magnettherapie ist eine außerordentlich wirksame Methode zur Behandlung von Schiefhals. Sie können sie auf verschiedene Weise durchführen:

- Legen Sie einen großen therapeutischen Magneten mit der Nordpolseite auf den Hals. Die entspannende Wirkung des Nordpols lockert die Halsmuskeln. Belassen Sie den Magneten ungefähr 20 Minuten in dieser Position.
- Legen Sie Mikromagneten auf die erwähnten Akupressurpunkte oder auf die besonders schmerzhaften Stellen. Lassen Sie sie einige Stunden wirken.
- Sie können auch ein magnetisches Halsband tragen (siehe *Einführung in die Magnettherapie).*

Visualisierung und Entspannung

Nicht selten hat Schiefhals eine psychologische Ursache. Der Hals bildet die Brücke zwischen dem Gehirn und dem restlichen Körper. Bildlich gesprochen laufen über diese Brücke Boten mit den Meldungen des Gehirns an den Körper. Ist diese Brücke blockiert, ist das ein Zeichen dafür, daß die Kommunikation zwischen Gehirn und Körper nicht stimmt.

Entspannungsübungen, während denen Sie tief atmen, tragen auf bemerkenswerte Weise dazu bei, daß die Energie in diesem Bereich wieder besser fließt.

Noch wirksamer sind Visualisierungsübungen. Verwenden Sie zum Beispiel das Bild der Brücke, und visualisieren Sie die Boten, die die Anweisungen des Gehirns in die verschiedenen Körperteile (Organe, Muskeln usw.) tragen. Führen Sie diese Visualisierung im vollkommen entspannten Zustand durch.

Hydrotherapie

Hervorragend geeignet zur Behandlung von Schiefhals sind nicht zuletzt **Dampfduschen.**

Wenn Sie keine Dampfdusche haben (ein Gerät mit einem langen Schlauch, aus dem Wasserdampf strömt), dann lassen Sie in Ihrer Dusche das Wasser so heiß wie möglich laufen. Drehen Sie das Wasser ab, und stellen Sie sich in die Dusche, solange der Dampf heiß ist. Sie können diese Prozedur beliebig oft wiederholen.

Sie können aber auch einen Schlauch am Deckel eines Topfes befestigen, in dem Sie Wasser zum Kochen bringen. Führen Sie das freie Ende des Schlauches an Ihren Hals. Aber Vorsicht! Verbrühen Sie sich nicht. Mit dem heißen Dampf können Sie böse Überraschungen erleben!

Empfehlung

Auch wenn die genannten natürlichen Mittel für die Behandlung eines akuten Schiefhalses ausreichend sind, sollten Sie dennoch einen Chiropraktiker oder Arzt aufsuchen. Eine Untersuchung könnte Ihnen spätere Komplikationen ersparen.

Schläfrigkeit

Nichts ist unangenehmer, als ausgerechnet dann von Schläfrigkeit heimgesucht zu werden, wenn man wichtige Aufgaben zu erfüllen hat. Wenn diese harmlose Unannehmlichkeit chronische Ausmaße annimmt, kann sie sich zu einer richtigen Behinderung entwickeln.

Schläfrigkeit unterscheidet sich von chronischer Müdigkeit und Asthenie (siehe *Müdigkeit* und *Asthenie)*. Wer an chronischer Müdigkeit oder Asthenie leidet, fühlt sich sowohl körperlich als auch geistig erschöpft und leidet schließlich an Depressionen. Wer an Schläfrigkeit leidet, kann morgens sehr wohl in Hochform und einen Großteil des Tages sehr aktiv sein. Dies ist bei einer chronisch müden Person nicht der Fall, denn sie wird sich oft von morgens bis abends »dahinschleppen« müssen.

Ursachen

Abgesehen davon, daß zu wenig Schlaf oder eine Krankheit der Grund sein können, wird Schläfrigkeit häufig von einer schlechten Verdauung verursacht, die mit Unmäßigkeit beim Essen oder einer unausgewogenen Ernährungsweise zusammenhängt. Auch Medikamente, Drogen, Alkohol, Streß oder sexuelle Ausschweifungen können Gründe für Schläfrigkeit sein.

Es ist bekannt, daß Kaffee vorübergehend Abhilfe schaffen kann. Wie mehrere Studien gezeigt haben, ist Kaffee keineswegs schädlich, sofern er in Maßen genossen wird. Wenn Sie aber nach dem Essen (besonders nach dem Mittagessen) immer einen Kaffee benötigen, um wach zu bleiben, ist dies ein Zeichen dafür, daß Sie Ihre Ernährung umstellen oder Ihr Leben neu gestalten sollten.

Doch auch Menschen, die weder beim Essen noch anderswo unmäßig sind, können an Schläfrigkeit leiden. Die Ursache ist dann vielleicht eine mangelhafte Ernährung, eine schwache Leber oder ein verminderter Blutzuckerspiegel.

Darüber hinaus kann Schläfrigkeit auch auf eine mehr oder weniger bewußte Langeweile, die auf einer eintönigen Arbeit beruht, zurückzuführen sein.

Was Sie tun können

Alles hängt von der Ursache der Schläfrigkeit ab. Auf jeden Fall fehlt es nicht an Mitteln, um sie zu beheben.

1. Schläfrigkeit, die auf Verdauungsstörungen zurückzuführen ist

- Stellen Sie Ihr Mittagessen richtig zusammen, meiden Sie vor allem fettreiche Nahrungsmittel (siehe *Ernährung zur Vorbeugung von Krankheiten).* Es ist jedoch möglich, daß Ihre Verdauungsreflexe spezieller Art sind. Achten Sie darauf, welche Nahrungsmittel oder Nahrungsmittelkombinationen Ihre Verdauung erschweren.
- Wenn Sie ein Geschäftsessen haben, bei dem Sie geistig frisch bleiben müssen, meiden Sie schwerverdauliche Menus und trinken nur wenig Alkohol. Die Verdauung würde sonst so viel Energie verbrauchen, daß für andere Dinge keine mehr übrig bliebe. Begnügen Sie sich mit leichter Kost, und lassen Sie Ihre Verhandlungspartner sich ruhig den »Bauch vollschlagen«. Sie können dann ganz sicher sein, daß die Verhandlungen zu Ihrem Vorteil ausgehen werden.
- Ändern Sie Ihre Ernährungsgewohnheiten. Nehmen Sie früh am Morgen ein nahrhaftes Frühstück mit viel Proteinen und Ballaststoffen zu sich. Essen Sie dann gegen elf Uhr eine leichte Zwischenmahlzeit. Das Mittagessen lassen Sie entweder aus oder nehmen sehr leichte Kost zu sich (Salat, Rohkost usw.). Essen Sie nachmittags einen guten Imbiß.
- Wenn Sie das Bedürfnis haben – und Ihre Arbeit es Ihnen erlaubt –, können Sie nach dem Mittagessen ruhig ein »vorbeugendes« Mittagsschläfchen halten.

  Denken Sie daran, daß der Großteil der Nährstoffverwertung im Organismus während der 20 Minuten nach dem Essen erfolgt. Wenn Sie sich gleich nach dem Essen betätigen, wird Ihre Verdauung beeinträchtigt. Die Nährstoffverwertung ist ungenügend, was sich auf Ihr allgemeines Energieniveau negativ auswirkt.

  Aus einigen Studien geht übrigens hervor, daß ein Mittagsschlaf positive Auswirkungen auf das Herz hat. Dies ist eine der Haupterklärungen dafür, warum in den Mittelmeerländern viel weniger Herzprobleme registriert werden. Aufgrund der klimatischen Verhältnisse ist der Mittagsschlaf dort eine verankerte Tradition.

2. Schläfrigkeit, die auf zu wenig Schlaf zurückzuführen ist

Wenn Sie wegen Ihrer jetzigen Arbeitsbedingungen nicht viel schlafen können, sollten Sie Ginseng nehmen. Über einen längeren Zeitraum hinweg ist Ginseng viel besser als Kaffee oder Tee. Gingseng hält Sie nicht nur wach, sondern verleiht Ihnen auch Ausdauer, ohne daß Ihre Reserven angegriffen werden.

3. Schläfrigkeit, die auf einen verminderten Blutzuckerspiegel zurückzuführen ist

In diesem Fall müssen Sie vor allem Ihren Zuckerkonsum verringern. Achten Sie besonders auf versteckten Zucker (siehe *Verminderter Blutzuckerspiegel*).

Körperliche Bewegung ist eines der besten Mittel, um das Absinken des Blutzuckerspiegels zu vermeiden. Dies ist auch der Grund, weshalb Menschen, die hauptsächlich körperliche Arbeit leisten, nachmittags seltener müde sind.

Wenn hier von körperlicher Bewegung die Rede ist, ist damit nicht gemeint, daß ab jetzt in Ihrem Büro ein »Hometrainer« stehen sollte oder Sie eine halbe Stunde täglich joggen sollten.

Um den Blutzuckerspiegel zu regulieren, genügt es, regelmäßig während ein paar Minuten einfache Bewegungen zu machen. Das können entweder 20 Liegestütze oder ein paar Sprünge auf der Stelle sein. Sie können auch auf der Stelle laufen, indem Sie mit den Knien in die Höhe gehen. Machen Sie diese Übungen mit Kraft, jedoch nur einige Minuten lang. Sie brauchen danach nicht schweißgebadet zu sein.

Solche Übungen können Sie entweder vorbeugend machen oder sozusagen zur »Bekämpfung« Ihrer körperlichen Erschöpfung.

4. Schläfrigkeit, die auf Langeweile zurückzuführen ist

Vergessen Sie nicht, daß Langeweile ebenfalls eine Ursache von Schläfrigkeit sein kann. Das sinkende Interesse an Ihrer Arbeit kann in der Tat die gleiche Wirkung wie eine Senkung des Blutzuckerspiegels haben.

Auch in diesem Fall ist körperliche Bewegung ein gutes Mittel, um auf andere Gedanken zu kommen. Außerdem ist es wichtig, rechtzeitig zu erkennen, wann die Monotonie Ihrer Arbeit wie eine Form von Hypnose wirkt, die Ihr bewußtes Ich einschläfert.

Um dieser Art von Schläfrigkeit vorzubeugen, müssen Sie lernen, Ihre Arbeit so zu gestalten, daß Sie immer abwechslungsreiche Tätigkeiten ausüben.

Was spielt sich eigentlich bei dieser Art von Schläfrigkeit ab?

Ein Teil von Ihnen, der von Ehrgeiz oder der Angst gedrängt wird, eine mit Müh' und Not gefundene Arbeit wieder zu verlieren, versucht um jeden Preis, diese Arbeit gut zu machen.

Ein anderer Teil von Ihnen, die affektive Seite, langweilt sich vielleicht bei dieser Arbeit zu Tode. Irgendwann schafft es diese Seite, sich bemerkbar zu machen, indem sie den Zustand der Schläfrigkeit auslöst. Man muß fähig sein, auf seinen Körper zu hören und darf seine Schläfrigkeit nicht immer auf Faulheit zurückführen.

Vielleicht ist der Zeitpunkt gekommen, die Arbeit zu wechseln? Vielleicht ist diese Arbeit nicht für Sie geeignet? Vielleicht sollten Sie Ihren Arbeitsstil neu gestalten?

Hören Sie auf Ihren Körper, und zwingen Sie ihn nicht, sich mit Kaffee oder verschiedenen Anregungsmitteln selbst zu übertreffen.

Weitere natürliche Mittel gegen Schläfrigkeit

Heilpflanzen

Kaffee und Schwarztee können Schläfrigkeit vorübergehend bekämpfen. Es ist jedoch besser, »anregende« Pflanzen zu verwenden.

Beachten Sie dabei den Unterschied zwischen »anregenden« und »aufregenden« (oder sogar aufputschenden) Mitteln. Die ersteren aktivieren die Energiereserve, ohne sie »mit einer Hypothek zu belasten«. Im zweiten Fall ist es ein bißchen so, als würden Sie sich Energie »ausleihen«, die nicht Ihnen gehört. Dabei »verschulden« Sie sich hinsichtlich der Energie und riskieren damit früher oder später einen »Energiebankrott«, besser unter dem Namen »burnout« bekannt. Deshalb:

- Bereiten Sie einen Aufguß aus Pfefferminze oder Poleiminze zu (1 Teelöffel der Blätter auf 1 Tasse). Trinken Sie davon nach den Mahlzeiten.
- Trinken Sie Thymianaufguß (1 Zweig pro Tasse).
- Ingwertee hat eine wunderbare Wirkung. Er stärkt den Geist und regt den Blutkreislauf an. Verrühren Sie 1 Löffel Ingwerpulver in 1 Glas heißem Wasser. Geben Sie etwas Honig hinzu, und seihen Sie den Aufguß.

Ätherische Öle

Äußerliche Anwendung: Lorbeer (laurus nobilis), Wacholder oder Waldminze (mentha sylvestris). Mischen Sie das ätherische Öl im Verhältnis von 1:20 mit Haselnußöl, und massieren Sie den Bauch auf Höhe des Magens mit dieser Mischung.

Nahrungsergänzungen

Um die Verdauung anzuregen, nehmen Sie insbesondere Vitamin B1, aber auch Antistreßmittel oder Blaualgenprodukte wie Spirulina oder Super Blue Green.

Massage und Akupressur

Mittels Akupressur können Sie Ihre Verdauung beschleunigen und sich so von körperlichem oder geistigem Unwohlsein befreien.

- Tonisieren Sie am Fußknöchel den Punkt Nr. 39, und sedieren Sie den Punkt Nr. 18. Tonisieren Sie am Handgelenk den Punkt Nr. 43, und sedieren Sie den Punkt Nr. 25.
- Sie können auch den Punkt Nr. 16 sowie die Punkte Nr. 28, 29 und 30 tonisieren.
- Eine schnelle Massage der Rückenmuskeln und des Nackens wird Ihre ganze Energie zum Handeln und Denken anregen.

Schlaflosigkeit

Manch einer schläft wie ein Stein, nachdem er am Abend zwei Tassen Kaffee getrunken hat. Anderen bereitet das Einschlafen ohnehin die größten Schwierigkeiten, nach einem Kaffee brauchen sie an Schlaf gar nicht mehr zu denken.

Wie ist das möglich, wo es doch unter beiden »Schlaftypen« gleich viele nervöse Menschen gibt? Im Grunde kommt es darauf an, wie der einzelne auf Streß reagiert. Bei dem einen führt große Nervosität oder Angst zu Schläfrigkeit, ein praktischer Mechanismus, der die Wirkung der nervösen Anspannung mildert. Andere scheinen über keinen Schutzmechanismus zu verfügen. Das liegt vor allem daran, daß ihr Organismus zu wenig Endorphine produziert. Diese schmerzlindernden Hormone sind opiumhaltige Substanzen, die der Körper automatisch als Reaktion auf Streß oder Schmerz ausschüttet.

Ein guter Schlaf ist sehr wichtig. Schlafstörungen oder zu wenig Schlaf führen mit der Zeit zu Gesundheitsschäden. Lassen Sie daher nichts unversucht, um wieder zu einem ruhigen Schlaf zu finden – das ist kein Luxus.

Was Sie tun können

Hüten Sie sich vor dem »künstlichem« Schlaf! Schlafmittel können nur eine kurzfristige Notlösung sein. Zum einen machen sie schnell abhängig, zum anderen bringen sie den normalen Schlafrhythmus durcheinander. Im Gegensatz zum natürlichen Schlaf ist der durch Schlafmittel herbeigeführte wesentlich weniger erholsam und wohltuend.

Folgende Maßnahmen erleichtern Ihnen das Einschlafen und sorgen für einen guten Schlaf:

Gewöhnen Sie sich ein Einschlafritual an!

Bestimmte Gesten, die Sie jeden Tag vor dem Zubettgehen wiederholen, können zu einem wirksamen Einschlafritual werden, da sie mit der Zeit automatisch mit dem Einschlafen in Verbindung gebracht werden. Dank diesem selbsterzeugten Reflex wirkt das Ritual mit der Zeit wie ein richtiges Schlafmittel.

Hier erhalten Sie nun einige Anregungen für Ihr persönliches Einschlafritual:

- Ihr Schlafzimmer sollte ausschließlich dem Schlaf vorbehalten sein. Verwandeln Sie es in einen wahren Tempel, den Sie Morpheus, dem Gott der Träume, widmen. Sehen Sie im Schlafzimmer nicht fern und vor allem: arbeiten Sie dort nicht! Halten Sie sich nur zum Schlafen oder Lieben im Schlafzimmer auf (der Orgasmus ist ein hervorragendes natürliches Schlafmittel).
- Sehen Sie kurz vor dem Schlafengehen keine Nachrichten im Fernsehen. Schlechte Neuigkeiten beeinflussen Ihr Unterbewußtsein. Wenn sie Ihnen auch nicht den Schlaf rauben, so können sie sich dennoch negativ auf Ihre Träume auswirken. Ihr Schlaf wäre dann unruhig und wenig erholsam.
- Hören Sie spätestens eine Stunde vor dem Zubettgehen auf zu arbeiten. Sie sollten auf keinen Fall berufliche Sorgen mit ins Bett nehmen.
- Bereiten Sie sich einen Kräutertee zu, und trinken Sie ihn in aller Ruhe.
- Lesen Sie etwas Beruhigendes oder Unterhaltsames. Noch besser ist es, eine Meditations- oder Entspannungsübung zu machen.

Ein paar gute Tips zum leichteren Einschlafen

Heilpflanzen

- Ein Orangenblüten-, Lindenblüten- oder Majorantee hilft, Streß und Ängste abzubauen, die für Schlaflosigkeit verantwortlich sind.
- Oder halten Sie es wie Sherlock Holmes: Geben Sie 15 bis 20 Tropfen Baldriantinktur in etwas Wasser. Das ist zweifellos eines der besten natürlichen Schlafmittel.

Heiße Milch

Trinken Sie 1 Glas heiße Milch mit etwas pasteurisiertem Honig (aufgrund ihres Kalzium- und Inositgehalts ist Milch ein gutes Schlafmittel). Denken Sie daran, wie Sie als Baby nach einer reichhaltigen Mahlzeit zufrieden einschlummerten.

Selbsthypnose

Wiederholen Sie mit geschlossenen Augen positive Aussagen. Jede Wiederholung hat einen hypnotischen Effekt. Lesen Sie unter *Visualisierung* nach, um die Selbsthypnose zu erlernen.

Bäder

Ein warmes Bad ist ein ausgezeichnetes und angenehmes Schlafmittel. Eine in Leicestershire in Großbritannien durchgeführte Untersuchung hat gezeigt, daß ein warmes Bad das Gehirn erwärmt. Dadurch verbraucht es mehr Energie und erzeugt mehr von den für tiefen Schlaf charakteristischen Gehirnwellen.

Um die beruhigende Wirkung des Bades zu erhöhen, können Sie 1 bis 2 Handvoll Lavendelblüten oder etwas Lavendelbadeöl hinzugeben.

Wärmflasche

Anstelle eines warmen Bades können Sie sich auch eine Wärmflasche unter den Nacken legen, das ist sehr wohltuend und entspannt das Gehirn.

Schlafkissen

Sie können sich ein Kräuterkissen anfertigen, das Sie anstelle Ihres üblichen Kissens benutzen, um wieder ruhig einschlafen zu können.

Schneiden Sie hierzu aus fest gewebtem Baumwollstoff ein Tuch mit den Maßen 16 cm x 32 cm. Nähen Sie es an drei Seiten zusammen, und füllen Sie es mit 20 g Steinklee und je 15 g der folgenden Pflanzen: Orangen-, Kamillen-, Lavendel-, Melissenblüten, Rosenblättern und Hopfendolden. Schließen Sie das Kissen mit einer einfachen Naht.

Die Wirkung hält ungefähr 6 Monate an, danach muß es erneut gefüllt werden.

Ätherische Öle

- Inhalation: Atmen Sie langsam eines der folgenden ätherischen Öle ein: Orange (Blätter des citrus aurantium) oder Römische Kamille.
- Äußerliche Anwendung: Echter Lavendel oder Kamille. Mischen Sie das ätherische Öl im Verhältnis von 1:20 mit Süßmandelöl für eine sanfte Massage.

Akupressur

- Massieren Sie ausgiebig die Punkte Nr. 23 und 24 am Handgelenk. Tonisieren Sie den Punkt Nr. 18 am Knöchel, und stimulieren Sie den Punkt Nr. 39.
- Atmen Sie dabei ein paarmal tief ein und so lange wie möglich wieder aus.

Empfehlungen

Nervöse Menschen sollten sich tagsüber genügend »austoben«, um ihre überschüssige Energie und Spannung abzubauen. Meist ist es jedoch sinnvoll, sich kurz vor dem Schlafengehen körperlich nicht mehr zu sehr zu verausgaben. Die so freigesetzte Energie könnte Sie später durchaus noch ein paar Stunden wach halten. Yoga am Abend kann Ihnen beim Einschlafen helfen, vermeiden Sie dabei jedoch Stellungen, die zu anstrengend sind.

Geraten Sie nicht in Panik, wenn Sie einmal wirklich nicht einschlafen können. Wenn Sie sich einfach nur hinlegen und entspannen, ist das für Ihren Körper bereits sehr erholsam. Lassen Sie leise Musik im Hintergrund laufen, oder spielen Sie eine Selbsthypnose- oder Entspannungskassette ab.

Vermeiden Sie elektromagnetische Belastung! Wie in der Rubrik *umweltbedingte Krankheiten* beschrieben, können Elektrogeräte elektromagnetische Strahlung abgeben, die Ihre Gesundheit schädigen und sich negativ auf Ihren Schlaf auswirken können. Gibt es elektrische Leitungen, die neben Ihrem Bett in die Steckdose führen? Ziehen Sie die Stecker vor dem Schlafengehen heraus. Wenn Sie auf Ihren Radiowecker nicht verzichten möchten, stellen Sie ihn weit vom Bett weg.

Am besten ist es, wenn in Ihrem Schlafzimmer weder ein Computer noch ein Fernsehgerät stehen. Ist nämlich eines dieser Geräte angeschaltet, so stört es das Ionengleichgewicht im Zimmer. Selbst wenn Sie den Stecker aus der Steckdose ziehen, geben diese Geräte noch einige Zeit schädliche Strahlung ab.

Sie sollten ebenfalls wissen, daß Baubiologen sehr davon abraten, Stromzähler im Schlafzimmer anbringen zu lassen. Ist jedoch bereits ein Zähler installiert, sollte das System zumindest gut geerdet sein.

Schluckauf

(Schlagen Sie auch in Ihrem Ratgeber »Das ABC der Ersten Hilfe« nach.)

Seit frühester Kindheit kennen Sie den Schluckauf als unfreiwilliges und unangenehmes Phänomen. Sie haben vermutlich auch bemerkt, daß er vor allem dann auftritt, wenn Sie Nahrungsmittel, kohlensäurehaltige oder alkoholische Getränke zu hastig zu sich nehmen. Bestimmt ist Ihnen auch nicht entgangen, daß nervöses Luftschlucken, Rauchen oder körperliche Anstrengung ebenfalls Schluckauf auslösen können.

Schluckauf wird durch eine krampfartige Kontraktion des Zwerchfells und der Zwischenrippenmuskeln ausgelöst. Diese Kontraktion führt zu einem kurzen Einatmen, das wie ein »Nach-Luft-Schnappen« wirkt und den ach so charakteristischen »Hickser« hervorruft.

Offen gesagt ist man sich nicht ganz im klaren darüber, warum es zu dieser unvermittelten Kontraktion der Muskeln kommt. Ebenso unklar ist, warum Männer viermal häufiger von Schluckauf heimgesucht werden als Frauen.

Außerdem scheint Schluckauf im Gegensatz zum Husten oder Niesen keine physiologisch sinnvolle Funktion zu haben. Von Zeit zu Zeit leidet jeder einmal unter diesem harmlosen Übel. In den meisten Fällen verschwindet er schnell und unvermittelt, wenn Sie ihm nicht zuviel Aufmerksamkeit schenken.

Manchmal muß man ihn jedoch überlisten. Wenn Sie einen der in Ihrem Ratgeber »Das ABC der Ersten Hilfe« beschriebenen Tricks anwenden, dürften Sie keine Schwierigkeiten haben, den Schluckauf wieder loszuwerden.

Hin und wieder kommt es jedoch vor, daß der Schluckauf chronisch und damit beängstigend wird. Die Anfälle können häufig wiederkehren und bis zu mehreren Wochen andauern. Es sind sogar einige berühmte Fälle von Schluckauf bekannt, wie beispielsweise der von Papst Pius XII. Und der längste bisher bekannte Schluckauf dauerte 60 Jahre. Er wurde erst durch die Fürsprache des heiligen Judas beendet ...

Was Sie tun können

Chronischer Schluckauf weist auf eines der folgenden ernsthaften Probleme hin: Rippenfellentzündung, Harnvergiftung, Hirnschädigung, Herzleiden oder Magenüberdehnung.

Scheint der Schluckauf durch ein Herz- oder Magenleiden hervorgerufen worden zu sein, so müssen Sie sich unverzüglich in ärztliche Behandlung begeben.

In den anderen Fällen wird Ihnen der Arzt meist ein krampflösendes Mittel verschreiben. Neben den pharmazeutischen Präparaten können Sie auf verschiedene natürliche Mittel zurückgreifen:

Ein erstaunlich einfacher und wissenschaftlich anerkannter Trick!

Die anerkannte Zeitschrift *New England Journal of Medicine* erwähnte einen Trick, der sich bei einer Untersuchung in 95 % der Fälle als wirkungsvoll erwiesen hatte.

Die Wirkung tritt nicht nur sofort ein, in manchen Fällen konnte auf diese Weise sogar ein Schluckauf beseitigt werden, der bereits sechs Wochen andauerte.

Der Trick besteht lediglich darin, 1 Teelöffel Zucker (trocken) zu schlukken.

Heilpflanzen

- *Baldriantee oder -extrakt* ist insbesondere bei nervös bedingtem Schluckauf zu empfehlen, was bei chronischem Schluckauf häufig der Fall ist. (Siehe auch *Nervosität* und *Schlaflosigkeit.)*
- Bereiten Sie mit 1 Teelöffel **Dillspitzen** pro Tasse einen Aufguß zu. Trinken Sie diesen in kleinen Schlucken.
- Kauen Sie ein **Estragonblatt**.

Nahrungsergänzungen

Vitamin B2.

Ätherische Öle

Nehmen Sie 1 Tropfen ätherisches Basilikumöl auf einer Kohletablette ein.

Akupressur

- Stimulieren Sie am Rücken die Punkte links und rechts des siebten Brustwirbels, auf Höhe des unteren Endes des Schulterblatts.
- Stimulieren Sie die Punkte Nr. 5 und 8, die Spitze des Brustbeins und den Punkt Nr. 9.
- Zum Schluß stimulieren Sie den Punkt Nr. 42 am Daumengelenk.

Ein seltsamer Trick – aber er wirkt!

Die Menschen haben sich unzählige Tricks ausgedacht, um dem Schluckauf ein Ende zu bereiten. Der nun folgende, von dem Anthropologen Ashley Montagu überlieferte Trick ist wahrscheinlich einer der erstaunlichsten. So verwunderlich es auch scheinen mag, man muß so vorgehen, wie es hier beschrieben ist:

1. Füllen Sie ein Glas mit Wasser.
2. Stecken Sie ein Messer mit der Klinge nach unten in das Glas.
3. Führen Sie das Glas zum Mund, und drücken Sie dabei den Griff des Messers gegen Ihre Schläfe.
4. Trinken Sie das Glas langsam bis zum letzten Tropfen aus.

Schmerzen

(Siehe *arthritische Schmerzen, Augenschmerzen oder müde Augen, Schmerzen in den Brüsten, Schmerzen im Mastdarm, Menstruationsbeschwerden, Muskel- und Nervenschmerzen, Knochenschmerzen.)*

Schmerzen in den Brüsten

(Siehe auch *Menstruationsbeschwerden)*

Ab dem dreißigsten Lebensjahr stellen viele Frauen fest, daß ihre Brüste an manchen Stellen eine unregelmäßige, hügelige Struktur aufweisen. Es handelt sich dabei um Fibrome, das heißt gutartige Bindegewebsgeschwülste.

In anderen Fällen treten auch einzelne Erhebungen auf, bei denen es sich um Zysten oder Adenome handeln könnte. Zysten sind kleine, mit Flüssigkeit gefüllte sackartige Geschwülste. Adenome sind knotige Gewächse fester Konsistenz, die sich beim Abtasten verschieben. Sie rühren von einer Verdickung des milchproduzierenden Drüsengewebes her.

Während der Menstruation können sich diese Verformungen vergrößern und schmerzhafter werden. Die Wissenschaft hat noch kein Mittel gefunden, ihr Auftreten zu verhindern, und es gibt keine ausreichende Erklärung für ihre Entstehung. Viele Wissenschafter stimmen jedoch überein, daß sie zu einem beträchtlichen Teil einer vermehrten Hormonproduktion zuzuschreiben sind (Östrogen, Prolactin).

Was Sie tun können

Machen Sie sich keine unnötigen Sorgen, wenn Sie kleine Erhebungen an Ihren Brüsten entdecken. In drei von vier Fällen sind sie gutartig und keine Krebsgeschwüre. Trotzdem sind regelmäßige ärztliche Kontrollen notwendig, damit eine Krebserkrankung ausgeschlossen werden kann.

Diese wenn auch gutartigen Geschwülste sind manchmal sehr schmerzhaft, vor allem dann, wenn eine Zyste zu sehr anschwillt und das Gewebe sich ausdehnt. Die Flüssigkeit kann mit Hilfe einer feinen Nadel abgesaugt werden. Diese einfache Technik nennt man Zytopunktion.

Da die Ursache dieser Geschwülste großenteils noch im dunkeln liegt und ihr Auftreten nicht verhindert werden kann, muß man sich meistens mit der Symptombekämpfung begnügen.

Nachstehend einige Mittel, mit denen sich die Schmerzen in vielen Fällen mehr oder wenig vollständig beseitigen lassen:

- Meistens genügen gängige Schmerzmittel.
- Sind die Schmerzen besonders stark, können Sie zwei- bis dreimal täglich Eis auflegen.
- Einige Frauen haben festgestellt, daß die Einnahme oraler Verhütungsmittel die Schmerzen bedeutend verringert.
- Tragen Sie einen Büstenhalter, der die Brüste stützt, ohne sie einzuengen. Diese Maßnahme wird vor allem während der Periode empfohlen.
- Vitamin E in Kapseln zu 400 bis 800 IE (Internationale Einheiten) täglich kann Geschwülste und Schmerzen vollständig beseitigen.

Ernährung

Alles weist darauf hin, daß eine Umstellung der Ernährungsgewohnheiten zur Verminderung der Schmerzen in den Brüsten beitragen kann. Beachten Sie vor allem folgende Punkte:

- Reduzieren Sie bei fibromartigen Geschwülsten die Einnahme von Trimethylxanthin. Man findet diese Substanz in Kaffee, Tee, Coca-Cola und Schokolade. Mehrere Untersuchungen haben ergeben, daß Frauen, die reichlich davon zu sich nehmen, eine Verminderung der Symptome beobachten, wenn sie deren Konsum erheblich einschränken.
- Vermeiden Sie oder schränken Sie auch den Salzkonsum ein. Diese Maßnahme kann der Ansammlung von Flüssigkeit in den Brüsten vorbeugen.

- Desgleichen ist der Verzicht auf folgende Nahrungsmittel (zumindest vorübergehend) empfehlenswert: Eiscreme, rotes Fleisch, Milchprodukte.

Akupressur

Sie können sich auch mittels Akupressur Erleichterung verschaffen.

- Stimulieren Sie die Punkte Nr. 7 und 8. Stimulieren Sie in der Vertikalen der Brustwarze die sensiblen Punkte darüber und darunter in den Rippenzwischenräumen.
- Am Rücken stimulieren Sie den Punkt genau in der Mitte des Schulterblatts (Sie erkennen ihn leicht an seiner Empfindlichkeit) und den untersten Punkt des Schulterblatts.
- Massieren Sie am Handgelenk die Punkte Nr. 23, 24 und 25 und am Fuß die Punkte Nr. 20 und 21.

Schmerzen im Mastdarm

Kennen Sie diese plötzlich auftretenden Schmerzen im After? Im allgemeinen dauern sie je nachdem ein paar Minuten oder nur einige Sekunden. Dann verschwinden sie auf ebenso rätselhafte Weise, wie sie gekommen sind. Sie können in jeder Situation auftreten, bei Tag und bei Nacht und kommen bei Frauen doppelt so häufig vor wie bei Männern.

Hitze, Kälte, Müdigkeit und Streß zählen zu den auslösenden Faktoren; sie treten oft in Zusammenhang mit dem Stuhlgang oder Bewegungen des Darms auf.

Die medizinische Literatur erwähnt sogar ein Ehepaar, das keine sexuellen Beziehungen mehr unterhielt, weil die Frau über ähnliche Schmerzen nach dem Orgasmus klagte!

Im allgemeinen sind diese rektalen Schmerzen ungefährlich. Trotzdem stellen sie für viele Menschen eine echte Behinderung dar.

Bei manchen Personen können die rektalen Schmerzen sogar länger als eine halbe Stunde andauern. Die Schmerzen können so stark werden, daß sich die Person hinlegen und die Beine hochlagern muß. Dazu kommen in einigen Fällen Schwindelgefühle, kalter Schweiß, ja sogar Bewußtlosigkeit.

Mediziner haben diese Art von Schmerzen untersucht und ihnen einen wissenschaftlichen Namen gegeben: Proctalgia fugax ... das heißt aber nicht, daß sie ein wirksames Mittel dagegen gefunden haben. Sie haben zumindest entdeckt, daß es sich um Krämpfe handelt, die im Bereich eines verspannten Muskels auftreten.

Es wäre trotzdem vorteilhaft, einen Arzt aufzusuchen, wenn diese Schmerzen häufig auftreten. Zumindest könnte man Ihnen sagen, woran Sie genau leiden. Sie wissen dann, ob es sich um eine einfache »proctalgia fugax« oder um eine schwerwiegendere Störung, wie das Syndrom des gereizten Grimmdarms (siehe *Dickdarmkatarrh)* oder Darmkrebs, handelt.

Was Sie tun können

Die Ärzte können Ihnen zur Behandlung praktisch nichts anderes als Beruhigungsmittel vorschlagen. Da sich das Übel nicht mit der Wurzel ausreißen läßt, kann sich ein leichtes Beruhigungsmittel jedoch als sehr nützlich erweisen. Nehmen Sie diese Mittel vor allem vor dem Geschlechtsverkehr, wenn dadurch stechende Schmerzen im Mastdarm ausgelöst werden.

Unter den natürlichen Behandlungsarten erzielt man bei chronischen Schmerzen mit Akupunktur gute Ergebnisse. Es lohnt sich, einen Akupunkteur aufzusuchen.

Sie können auch versuchen, sich mit einem der nachstehenden Mittel Erleichterung zu verschaffen:

- Sie können dem Schmerz bereits Intensität und Härte nehmen, wenn Sie durch tiefes Durchatmen die schmerzhafte Region entspannen lernen. Lassen Sie sich nicht von ihm überwältigen. Konzentrieren Sie sich auf Ihre Atmung, um sich geistig von dem Schmerz zu distanzieren (siehe auch *Schmerzbekämpfung).*
- Werden die Krämpfe durch eine Reizung des Grimmdarms ausgelöst (siehe *Dickdarmkatarrh),* achten Sie auf eine ausgeglichene und ballaststoffreiche Ernährung. Sie vermindern dadurch eine mögliche Reizung des Nervensystems im Darm.
- Weitere Möglichkeiten: Aloe-vera-Zäpfchen (siehe *Hämorrhoiden),* Heilerde, kalte Sitzbäder, Wärmeanwendungen oder warme Bäder.

Empfehlungen

Aus dem Gesichtspunkt der Jogameister kann diese Art stechender Schmerzen durch das »Erwachen« des Energiezentrums am unteren Ende der Wirbelsäule hervorgerufen werden. Dort befindet sich nämlich eine ganz besondere Energie, die wie eine Schlange eingerollt ist. In der Jogatradition wird sie »Kundalini« genannt.

Unangemessene Jogapraktiken oder Geschlechtsverkehr können diese Energie manchmal brüsk wecken. Sie setzt sich in Bewegung und erzeugt starke Schmerzen.

Regelmäßig (und korrekt!) durchgeführte Jogaübungen können dazu beitragen, die Häufigkeit dieses Phänomens zu reduzieren. Richtig ausgeführte Jogaübungen können den Stoffwechsel regulieren oder stabilisieren. Üben Sie vor allem Scham- und Steißbeinkontraktionen, auch »Mulah bandha« genannt (siehe *vorzeitiger Samenerguß).* Mag sich diese Theorie zunächst auch erstaunlich oder schrullig anhören, so zeigt sie doch gute Ergebnisse.

Schmerzbekämpfung

Jedermann reagiert anders auf Schmerzen. Ebenso sind manche Völker schmerzunempfindlicher als andere. Ein bezeichnendes Beispiel dafür sind die amerikanischen Indianer.

Bei einem als Sonnentanz bekannten Ritual lassen sich gewisse Krieger eine Bärentatze an die Brust heften. Die Tatze ist mit einem Seil verknüpft, das von einem Mast oder einem Totem herunterhängt. Dann wird an diesem Seil gezogen, bis die Haut über der Brust zerreißt.

Solche kriegerischen Bravourstücke werden nicht als Masochismus empfunden. Man betrachtet sie vielmehr als eine Art Selbstopfer zum Wohle des ganzen Stammes.

In Frankreich war viel von den Heldentaten des Fakirs Yvon Yva die Rede. Bekanntlich hat er eine Blinddarmoperation ohne jede Anästhesie über sich ergehen lassen, indem er sich selbst einfach nur in Hypnose versetzte! Und wie viele andere Philippiner hat er schon das Osterfest zum Anlaß genommen, die »Heldentat« Jesu zu wiederholen und sich kreuzigen zu lassen.

Auch Sie können lernen, den Schmerz zu besiegen. Natürlich ist hier nicht die Rede davon, Yvon Yva oder die Sonnentänzer nachzuahmen. Es geht vielmehr darum, einfache Mittel zur Schmerzbekämpfung im täglichen Leben anzuwenden.

Wozu sollte Sie der Gedanke an einen einfachen Zahnarztbesuch oder eine gewöhnliche Blutentnahme aufregen? Warum gleich beim geringsten Kopfschmerz zur Aspirintablette greifen? Warum zu kalte oder zu heiße Temperaturen verabscheuen? Wie kann man ein Kind beruhigen, das aus nichtigem Anlaß Schmerzen zu haben scheint?

Das sind Situationen, in denen Sie lernen können, selbst zu handeln, ohne auf Schmerzmittel zurückzugreifen.

Wie Sie den Schmerz besiegen können

Lernen Sie zunächst den Mechanismus des Schmerzes verstehen. Achten Sie gut auf den Unterschied zwischen dem Schmerz als Signal und dem konditionierten Schmerz.

Wenn Sie Ihre Hand auf eine heiße Kochplatte legen, werden Sie klarerweise einen sehr starken Schmerz verspüren und die Hand sogleich wegziehen. Hier signalisiert der Schmerz, daß der Organismus in Gefahr ist. Auf diesen Schmerz muß man hören und seinen Körper reagieren lassen.

Ist das »Unglück« einmal geschehen, ist der Schmerz nur noch ein parasitäres Phänomen. Dann kann man wie Baudelaire sagen: *»Sei artig, o mein Schmerz, und halt dich stiller«*. Und dann ist es durchaus zweckdienlich, den Schmerz zu vertreiben.

Die im folgenden aufgeführten Techniken zur Schmerzbekämpfung werden Ihnen behilflich sein, wenn Sie sich einer ärztlichen Behandlung unterziehen müssen, aber auch danach, wenn Sie wieder Ihren Beschäftigungen nachgehen. Ebenso brauchen Sie nicht zu leiden, wenn Sie in zahnärztlicher Behandlung sind – ob es sich um eine einfache Zahnfüllung handelt oder ob ein Zahn gezogen werden muß!

Die Schmerzempfindung kann tatsächlich durch Ihre kulturelle Umgebung und Ihre Erfahrungen konditioniert sein. Wenn Sie die Gedankenmechanismen bearbeiten, die für den Schmerz verantwortlich sind, können Sie ihn weitgehend neutralisieren.

Ein Experiment, das mit jüdischen und protestantischen Frauen gemacht wurde, zeigt das sehr gut. Bei diesem Experiment gab man den jüdischen Frauen zu verstehen, sie seien schmerzempfindlicher als die andere Gruppe. Dies hatte zur Folge, daß ihr Toleranzniveau gegenüber dem Schmerz anstieg.

Was geschieht eigentlich, wenn Ihnen etwas weh tut?

Der nervliche Reiz, der eine anormale Erscheinung signalisiert, wird ins Gehirn geleitet, wo er als Schmerz registriert wird. Je nach Ihrem kulturellen Umfeld und Ihren persönlichen Erfahrungen wird dieser Schmerz kleiner oder größer sein.

Es ist also Ihre Aufgabe, zu verhindern, daß Ihr Gedächtnis »Öl ins Feuer gießt«, indem Sie das Schmerzsignal rechtzeitig auffangen. Sie können den Schmerz nicht in allen Fällen blockieren. Doch Sie können ihn wenigstens beträchtlich lindern. Das ist alles eine Frage der inneren Ruhe und/oder der Konzentration.

Vier Techniken, um den Schmerz zu besiegen

Um sich selbst davon zu überzeugen, daß Schmerzen unter Kontrolle gehalten werden können, brauchen Sie nur die eine oder andere der folgenden Techniken anzuwenden:

Technik Nr. 1 (damit Sie lernen, den Schmerz zu zähmen)

1. Setzen Sie sich in einen Sessel. Atmen Sie tief. Konzentrieren Sie sich auf Ihre Atmung. Dann kneifen Sie sich leicht in den Arm.
2. Achten Sie genau auf die Schmerzempfindung. Nehmen Sie wahr, wie sie sich im Arm ausbreitet. Was denken Sie dabei?
3. Kneifen Sie sich in regelmäßigen Abständen immer stärker. Atmen Sie langsamer.
4. Wenn Sie sehr gute visuelle Fähigkeiten haben, dann nutzen Sie sie. Während Sie das Kneifen immer mehr verstärken, stellen Sie sich gleichzeitig eine prachtvolle sonnenbeschienene Landschaft vor.
   - Sehen Sie sich ausgestreckt liegen und ein Sonnenbad nehmen;

- Fühlen Sie, wie die Wärme der Sonnenstrahlen in den Arm fließt, den Sie kneifen;
- Bei jeder Verstärkung des Kneifens fühlen Sie immer mehr, wie die Wärme der Sonne sich in Ihrem Arm ausbreitet.

5. Wenn die Verlangsamung der Atmung nicht genügt oder Ihre Fähigkeit, sich etwas bildlich vorzustellen, begrenzt ist, versuchen Sie es mit Formeln der Autosuggestion. Konzentrieren Sie sich weiterhin auf Ihre Atmung, und wiederholen Sie dabei eine der folgenden Formeln:
   - *»Dieser Schmerz ist nur eine Einbildung und vergeht wie eine Fata Morgana«;*
   - »Mein Schmerz wird immer schwächer«;
   - »Ich habe eine Empfindung, die intensiver ist als gewöhnlich, weder angenehm noch unangenehm, einfach neutral«;
   - »Dieser Schmerz ist nur eine subjektive Empfindung und hat keinerlei wirkliche Existenz«;
   - »Der Schmerz weicht einer neuen, angenehmen Empfindung«;
   - »Ich bin nicht dieser Schmerz, ich bin, was ich bin, ich bin Liebe, Friede und Harmonie«.
6. Wiederholen Sie die Formel, die Sie sich ausgesucht haben, mit Überzeugung und Bestimmtheit in einem sehr langsamen Rhythmus, und senken Sie Ihre Stimme so tief wie möglich (als sprächen Sie mit dem Bauch).
7. Wenn Sie religiöse Überzeugungen haben, können Sie auch ein Gebet oder ein Mantra wiederholen.

Technik Nr. 2 (um bei einem Unfall oder einer Operation nicht zu sehr zu leiden)

Sie wissen nun, wie man den Schmerz zähmt, doch diesmal ist der Schmerz nicht mehr ein »Experiment«. Er ist wirklich da und fängt an, Sie zu überwältigen.

Das erste, was Sie tun müssen, ist Ihre Ruhe bewahren. Dazu atmen Sie am besten ganz langsam und tief. Konzentrieren Sie sich mit aller Kraft auf Ihre Atmung. Atmen Sie so langsam wie möglich aus, und stellen Sie sich dabei vor, daß Sie den Schmerz ausatmen.

Erst wenn Sie eine gewisse Ruhe wiedergefunden haben, können Sie mit der weiter oben beschriebenen bildhaften Vorstellung, der sogenannten Visualisierung, beginnen. Wenn der Schmerz nämlich zu stark ist, kann man sich gedanklich nicht mehr konzentrieren. Für Visualisierungen ist eine gewisse gedankliche Ruhe unerläßlich.

Wenn Sie also nicht fähig sind, Ihre Ruhe wiederzufinden, wiederholen Sie lieber die Autosuggestionsformeln (siehe Technik Nr. 1) und konzentrieren sich auf Ihre Atmung. Die Wiederholung einer beruhigenden Formel ist zweifellos in schweren Fällen das Angemessenste. Sie gibt dem Geist etwas, an das er sich klammern kann. Bereiten Sie einige Formeln für solche Fälle vor, und üben Sie ein wenig, um sie »parat zu haben«.

Technik Nr. 3 (bei chronischen Schmerzen)

Versuchen Sie es mit diesem von der Sophrologie inspirierten Trick:

Nehmen Sie einen Rosenkranz. Es kommt dabei nicht auf Ihre religiöse Überzeugung an. Es handelt sich vielmehr darum, ihn dazu zu verwenden, einen Rosenkranz von positiven und beruhigenden Gedanken aufzusagen.

Wählen Sie zwei Formeln. Die eine soll für das »Vater unser« stehen. Sagen Sie sie einmal auf, während Sie die isolierte Perle durch die Finger gleiten lassen. Die zweite steht für die zehn »Gegrüßet seist Du, Maria«. »Beten« Sie so viele Rosenkränze, wie Sie mögen.

Einige werden diesen Trick lächerlich finden. Doch denken Sie nur an den kleinen Rosenkranz, den die Leute im Mittleren Osten zerstreut vor sich hinmurmeln, während sie gehen oder diskutieren. Allein schon die Tatsache, einen Rosenkranz so herzubeten, ist äußerst beruhigend. Wenn Sie eine positive Formel hinzufügen, dann verstärken Sie dieses Gefühl der Beruhigung.

Technik Nr. 4 (um ein leidendes Kind zu beruhigen)

Sie haben bestimmt schon gemerkt, daß man ein Kind durch Liebkosungen häufig leicht vom Weinen abhalten kann, wenn es sich weh getan hat. Aber das klappt nicht immer.

Vergessen Sie nicht, daß das Kind großenteils positive Aufmerksamkeit sucht, wenn es heult. Sätze wie »Hör auf zu flennen wie ein Baby« können es augenblicklich stoppen.

Solche Vorhaltungen zeigen ihm jedoch nicht, wie es angesichts von Schmerzen nicht in Panik geraten soll!

Die folgenden Methoden werden Ihnen helfen, sein Verlangen nach Aufmerksamkeit zu befriedigen, während Sie ihm gleichzeitig die Mittel in die Hand geben, selbst mit dem Schmerz fertigzuwerden. Diese Mittel können Sie einzeln oder kombiniert anwenden.

1. Sagen Sie dem Kind, es solle langsam und tief atmen. Machen Sie dasselbe im gleichen Rhythmus. Wenn Sie es dahin bringen, so zu atmen, haben Sie schon einen großen Schritt vorwärts getan. Die langsame und tiefe Atmung wirkt direkt auf das parasympathische Nervensystem ein und wirkt beruhigend.
2. Bitten Sie es dann, zu lächeln. Lächeln Sie mit ihm. Lassen Sie es seinem Wehweh zulächeln.

3. Sagen Sie dann dem Kind, es möge zu seinem Wehweh sprechen. Um es zu motivieren, stellen Sie gleichzeitig Fragen wie *»Was sagt dir denn dein Wehweh?«*
4. Wenn der Schmerz anhält und das Kind mitarbeitet, lassen Sie es Visualisierungen machen.
   Zum Beispiel: Bitten Sie es, die Augen zu schließen und sich ein großes weißes Blatt Papier vorzustellen.
   Dann sagen Sie ihm, daß seine Nasenspitze ein Bleistift ist. @PARA IN =
Es soll sich vorstellen, daß es seinen Schmerz mit seiner magischen Nase auf ein großes weißes Blatt Papier zeichnet.
   Wenn die Zeichnung fertig ist, sagen Sie ihm, es solle sich vorstellen, daß seine Nase nun ein Radiergummi ist und es sein Wehweh ausradiert.

Schmerzlinderung mit Hilfe von Heilpflanzen und Vitaminen

Unter der Rubrik *Schmerzbekämpfung* werden verschiedene Techniken zur Linderung von Schmerzen vorgestellt. Hier finden Sie Heilpflanzen und Vitamine, die Ihnen dabei ebenfalls nützlich sein können. Heilpflanzen und Vitamine können sowohl bei vorübergehenden als auch bei chronischen Schmerzen Linderung bringen.

Dieser Abschnitt ist von besonderem Interesse, wenn Sie ein natürliches, ungiftiges Heilmittel suchen, um:

- vorübergehende Schmerzen zu lindern;
- Schmerzen vorzubeugen, wenn Sie sich auf sehr anstrengende körperliche Tätigkeiten vorbereiten;
- bestehende chronische Schmerzen zu lindern, wenn herkömmliche Mittel keine Wirkung zeigen.

Schmerzlinderung mit Hilfe von Heilpflanzen

Verschiedene Heilpflanzen können zur Linderung Ihrer Schmerzen beitragen, und zwar ohne schädliche Nebenwirkungen, wie sie viele handelsübliche Medikamente mit sich bringen:

- Ehre, wem Ehre gebührt – die **Kamille** nimmt den ersten Platz unter den natürlichen schmerzstillenden Mitteln ein. Sie wird seit jeher zur Schmerzbekämpfung in Zusammenhang mit Migräne, Neuralgien, Magen- und Darmkrämpfen, Zahnschmerzen, Muskelkater, rheumatischen Schmerzen, Quetschungen, Menstruationsbeschwerden, Leberleiden, Schnupfen, Husten, Hautreizungen usw. verwendet.

Bereiten Sie mit 5 bis 10 Blütenköpfen pro Tasse einen Aufguß zu, und trinken Sie 3 bis 4 Tassen täglich; oder zerstoßen Sie die Blüten in einem Mörser, und fügen Sie dieselbe Menge Honig bei. Nehmen Sie dreimal täglich 1/2 Stunde vor den Mahlzeiten 10 bis 20 g dieser Mischung ein.

- Der gewöhnliche **Kopfsalat** enthält Lactucarium, einen Saft, dessen beruhigende Wirkung dem Opium ähnlich ist, nicht jedoch dieselben schädlichen Nebenwirkungen hat.
  Essen Sie ihn als Salat, oder bereiten Sie mit 1 Teelöffel Kopfsalatsamen pro Tasse einen Absud zu (2 bis 3 Tassen täglich), oder kauen Sie täglich 4 bis 5 g Samen.
  Sie können auch die junge versamende Salatpflanze einschneiden und den Saft, den Sie vor Einnahme an der Sonne trocknen lassen, ernten. Empfohlene Dosis: 1 bis 2 g täglich.
- Die **Silberweide** wurde von Heilern bei fiebrigen Erkrankungen oft eingesetzt, bevor die Chinarinde ihr den Platz streitig machte. Sie ist reich an Salizin, einem in der Rinde enthaltenen Glykosid, aus dem man die Salizylsäure gewinnt, die ihrerseits zur Herstellung der Azetylsalizylsäure (Aspirin) dient.
  Zerstoßen Sie 20 bis 30 g Rinde, und lassen Sie diese in 1 Liter Wasser 5 Minuten kochen und anschließend 10 Minuten ziehen. Trinken Sie 2 bis 3 Tassen täglich vor den Mahlzeiten.

Schmerzlinderung mit Hilfe von Vitaminen

Bestimmte Vitamine haben ebenfalls schmerzlindernde oder schmerzvorbeugende Eigenschaften; zu ihnen zählen vor allem die Vitamine des B-Komplexes.

Dr. Richard M. Linchitz vom *Pain Alleviation Center of Long Island* empfiehlt im besonderen Vitamin B3 (Niazin) und Vitamin B6 (Pyridoxin).

Das berühmte Vitamin C, das vor allem bei Schnupfen eingesetzt wird, kann auch zur Schmerzbekämpfung verwendet werden.

- Laut Dr. Linchitz spielt **Vitamin B3** bei der Produktion von schmerzbekämpfenden Neurotransmittern im Gehirn eine wichtige Rolle. Es wurde zur Linderung von arthritischen Schmerzen sowie zur Bekämpfung der Schmerzen zu Beginn einer Migräne erfolgreich eingesetzt. Pro Tag sind 13 bis 18 mg einzunehmen.
- Außerdem spielt gemäß Dr. Linchitz **Vitamin B6** bei der Produktion von schmerzbekämpfenden Neurotransmittern eine dem Vitamin B3 ähnliche Rolle. Es stärkt ebenfalls das Immunsystem, das infolge der chronischen Schmerzen geschwächt werden kann.
  Gemäß Dr. Ellis, einem anderen Arzt und Autor von »Free of pain« (Schmerzfrei leben), ist ein Mangel an Vitamin B6 für verschiedenste

Schmerzen verantwortlich. Er konnte beobachten, daß bei Gaben von 100 bis 200 mg täglich Erleichterung bei arthritischen Schmerzen erzielt wurde.

- Laut Dr. James Greenwood ist die spektakulärste Wirkung von Vitamin C die Vorbeugung und Linderung von Muskelschmerzen, die sich aus außergewöhnlichen körperlichen Anstrengungen wie zum Beispiel einer Jagdexpedition, einer anstrengenden Sumpfüberquerung oder einer Schiffsreise ergeben. Dafür sind einen Tag vor der ungewohnten Anstrengung 1'500 mg Vitamin C einzunehmen. Erhöhen Sie die Dosis bei Auftreten der Schmerzen.

  Es scheint jedoch alles darauf hinzuweisen, daß **Vitamin C** auch bei Entzündungen schmerzhemmend wirkt. Es ist bekannt, daß Norman Cousins, der Erfinder des therapeutischen Lachens, an einer zur Versteifung führenden Spondylarthritis (Spondylitis ankylosans) litt. Er erlangte seine Beweglichkeit wieder, indem er sich lustige Filme ansah (siehe *Lachen)*, aber auch, indem er sich täglich Megadosen an Vitamin C injizieren ließ.

Schnitt- und Schürfwunden

Was gibt es Banaleres als eine Schnittwunde? Doch der harmlose Charakter einer Schnitt- oder Schürfwunde darf Ihre Wachsamkeit nicht einschläfern. Es besteht immer die Gefahr einer Tetanusinfektion, wenn Sie nicht dagegen geimpft sind (siehe *Wundstarrkrampf)*.

In Ihrem Ratgeber »Das ABC der Ersten Hilfe« finden Sie unter dem Abschnitt *Hautverletzungen* Angaben dazu, was in einem Notfall zu tun ist. Die im folgenden aufgeführten Mitteln ermöglichen es Ihnen, auf Nahtstiche zu verzichten, die Wundheilung zu beschleunigen und dauernde Narben zu vermeiden.

Was Sie tun können

Umschläge

- Machen Sie Umschläge aus frischen **Wegerichblättern**, die Sie zerquetschen und auf die Wunde legen.
- Gebrauchen Sie großzügig **Aloe-vera-Gel**. Er nimmt den Schmerz, desinfiziert und beschleunigt die Wundheilung. Gebrauchen Sie ihn weiter, auch nachdem sich die Wunde geschlossen hat. Er ist ein gutes Mittel, um Narben oder Rötungen zu verwischen.
- Machen Sie mehrere Umschläge mit **Heilerde,** wenn der Schnitt tief ist. Heilerde läßt Wunden heilen, die normalerweise genäht werden müßten.

Akupressur

Verschmähen Sie selbst in diesem Fall die Akupressur nicht, vor allem, wenn Sie Schmerzen haben. Unter *Verbrennungen* finden Sie die in Ihrem speziellen Fall anzuwendende Methode.

Ätherische Öle

Machen Sie Verbände mit Lavendel- oder Karottenhydrolat.

Wie man den Schorf behandeln soll

Es ist normal, daß sich nach einer Wunde oder Abschürfung auf der Haut Schorf bildet. Er besteht aus geronnenem Blut, exponiertem Unterhautgewebe, Eiter und Gewebssaft.

Die Behandlung bestehenden Schorfes ist je nach dem Zustand der Haut verschieden:

1. Wenn die Wunde unkompliziert ist und normal zu verheilen scheint, haben Sie nichts Besonderes zu tun. Die oben angegebene Anfangsbehandlung dürfte genügen.
2. Sie sollten anders vorgehen:
   - wenn eine Rötung um den Schorf herum auftritt;
   - wenn der Schorf auch nach ein paar Tagen noch sehr weh tut (besonders, wenn Sie darauf drücken).

   Diese Symptome zeigen Ihnen an, daß die Wundheilung nicht normal verläuft und sich länger hinziehen wird.

   Hier sind einige Hinweise, wie man schlecht verheilenden Schorf behandelt:

- Quillt Eiter hervor, wenn Sie auf die Rötung drücken? Dann sollten Sie die Kruste sorgsam ablösen, um den Prozeß der Wundheilung wieder bei Null anfangen zu lassen. Säubern Sie die Wunde gut, und beachten Sie die folgenden Hinweise.
- Fahren Sie damit fort, **Wegerichblätter** zu zerquetschen und auf die Wunde zu legen.

  Sie erhöhen die Wirksamkeit dieser Behandlung, wenn Sie auch **Wegerichauszug** (30 bis 60 g in 1 Liter Wasser die ganze Nacht über ziehen lassen) zu sich nehmen. Trinken Sie 1 Liter in 24 Stunden.
- Waschen Sie die Wunde regelmäßig mit **Karottensaft**. Seit langem schon nutzt die Volksheilkunde seine schmerzstillenden und wundheilenden Eigenschaften, die ihm die Forscher heute zuerkennen. Die traditionellen Heiler benutzten ihn auch bei der Grundbehandlung aller Hautkrankheiten.
- Bei Schorf im Gesicht waschen Sie das Gesicht mit einem **Salbeiabsud** (1 Handvoll Blätter und Blüten pro Liter Wasser).

- Fahren Sie fort, **Aloe vera** zu gebrauchen, aber wenden Sie sie öfter an.
- Für den Fall, daß die Heilung schlecht verlaufen sollte, schauen Sie unter *schwerverheilende Wunden* nach.

Schnupfen

Schnupfen ist eine ganz alltägliche Krankheit. Selbst Menschen, die »nie krank sind«, werden von dieser meistverbreiteten Krankheit früher oder später einmal heimgesucht.

Im Gegensatz zur Grippe, die mit Fieber und Muskelschmerzen einhergeht, können Sie mit einem Schnupfen Ihren üblichen Beschäftigungen weiterhin nachgehen. Er wird Sie zwar einige Tage lang belästigen, kann Ihnen aber kaum als Entschuldigung für eine verpaßte Verabredung dienen oder zu einem Krankenschein verhelfen.

Nach einem Schnupfen sind Sie eine Zeitlang dagegen immun. Aber nur für kurze Zeit. Wenn Sie öfters Schnupfen haben, sollten Sie einige vorbeugende Maßnahmen befolgen.

Was Sie tun können

Obwohl ein Schnupfen eine relativ banale Angelegenheit ist, reichten Jahrhunderte empirischer und wissenschaftlicher Medizinforschung nicht aus, die Ursachen dieser Krankheit aufzuklären. Als einzige Behandlungsmethode empfiehlt man in der Medizin, die Krankheit ihren natürlichen Lauf nehmen zu lassen und sich auszuruhen.

Es wird auch geraten, möglichst keinen Kontakt zu anderen Menschen zu haben, um diese nicht anzustecken. Zur Linderung der Beschwerden wird zu viel Flüssigkeitsaufnahme (Wasser), Aspirin und Nasentropfen geraten. Auch wenn diese Mittel Ihnen das Leben erleichtern, haben sie jedoch keinerlei heilende Wirkung.

Die Naturheilkunde weiß Ihnen weit wirkungsvollere zu empfehlen. Zwar schließen auch diese eine Erkrankung nicht hundertprozentig aus, man glaubt jedoch, dem Schnupfen besser vorbeugen und seine Heilung wesentlich beschleunigen zu können.

Vitamin C

Als vorbeugende Maßnahme kann die tägliche Einnahme von Vitamin C im Winter die Anfälligkeit für Schnupfen stark herabsetzen. Sobald Sie erste Anzeichen eines Schnupfens wahrnehmen, nehmen Sie mehrmals täglich 1'000 mg (siehe auch *Erkältung).*

Heilpflanzen

Knoblauch ist ein klassisches Mittel gegen Schnupfen. An Beweisen für seine Wirksamkeit mangelt es nicht. Ziehen Sie in jedem Fall frisch geernteten Knoblauch vor. Schneiden Sie einige Zehen in Scheiben, und belegen Sie ein Butterbrot damit.

Oder nehmen Sie einen Knoblauch-Aufguß zu sich. Bringen Sie dazu 1 Liter Wasser zum Kochen, und nehmen Sie den Wassertopf vom Herd. Zerdrücken Sie darin einige Knoblauchzehen, und lassen Sie sie einige Minuten ziehen. Heiß trinken.

Sie können den zerdrückten Knoblauch auch in einen Zerstäuber geben oder das Wasser, in dem Sie den Knoblauch zerdrückt haben, zum Kochen bringen und den Dampf inhalieren.

Wenn Sie keine größeren Mengen Knoblauch zu sich nehmen wollen, können Sie auch geruchsneutrale Kapseln verwenden.

Ingwer ist ein weiteres wahres Wundermittel gegen Schnupfen. Er besitzt sowohl eine vorbeugende als auch heilende Wirkung. In der indischen Medizin (Ayurveda) wird er sehr häufig gegen Schnupfen eingesetzt. Ingwer regt den Kreislauf an, wirkt gegen Blutfülle (Hyperämie) und desinfiziert.

Hier einige Zubereitungsmöglichkeiten:

1. Bringen Sie Wasser mit einigen Scheiben zerdrückten Ingwers zum Kochen. Süßen Sie nach Belieben mit Honig. Sie können auch Ingwerpulver verwenden.
2. Bereiten Sie zunächst geklärte Butter wie folgt zu: Schmelzen Sie 500 g Butter im Wasserbad. Nehmen Sie die Butter vom Herd, und filtern Sie mit einem Tuch den weißen Schaum ab. Erhitzen Sie die Butter von neuem, und wiederholen Sie den Vorgang so oft, bis die Butter auf diese Weise vollständig geklärt ist.

   Vermischen Sie dann die geklärte Butter mit 3 Eßlöffeln Ingwer und ebensoviel braunem Zucker. Breiten Sie die Masse aus, und schneiden Sie sie in ca. 2 cm2 große Quadrate. Stellen Sie diese für 15 Minuten in das Gefrierfach.

   Formen Sie dann aus den Quadraten kleine Bällchen, die Sie im Kühlschrank lagern.

   Wenn ein Schnupfen im Anzug ist, genügt zur Vorbeugung ein Bällchen pro Tag. Wenn Sie schon richtig erkältet sind, können Sie die Bällchen zur Stärkung Ihrer Energie (das ist besser als Kaffee) und zur Beschleunigung des Heilungsprozesses zu sich nehmen.

Auch **Ginseng** ist ein bewährtes Schnupfenmittel. Er stimuliert das Immunsystem und stärkt die Lebenskraft. Ginseng beugt Erschöpfungszuständen vor. Es wird Ihnen auch helfen, Ihren täglichen Verpflichtungen nachzukommen.

Ein weiteres hervorragendes Rezept, um einen Schnupfen im Keim zu ersticken: Mischen Sie 1/8 Teelöffel Cayenne-Pfeffer, 1 feingeschnittenen Knoblauchzehe und 1 g Vitamin C mit dem Saft einer Zitrone. Nehmen Sie diese Mischung in kleinen Schlucken zu sich. Falls sie Ihnen zu kräftig ist, können Sie sie mit etwas Wasser oder Kamillentee verdünnen. Die Wirksamkeit dieser Behandlung beruht auf den schweißtreibenden Eigenschaften von Cayenne-Pfeffer und Knoblauch, die beide eine starke bakterientötende Wirkung haben, sowie auf dem hohen Gehalt an Vitamin C und natürlichen Flavonoiden (früher als Vitamin P bezeichnet) der Zitrone.

Umschläge

Senfpackungen auf der Brust sind vor allem gegen festsitzenden Husten wirksam.

Um Hautreizungen durch den Senf zu vermeiden (insbesondere bei kleinen Kindern), bereiten Sie folgende Mischung zu: 1 Eßlöffel Mehl, 1 Eßlöffel Senfpulver, etwas Wasser, um das Ganze zu binden, und schließlich 1 geschlagenes Eiweiß.

Wenn die Haut sich zu röten beginnt, nehmen Sie den Umschlag ab und bedecken die Brust mit einem warmen Tuch. Halten Sie den Umschlag feucht, indem Sie ihn in Plastik oder Aluminium einwickeln.

Hat die Haut wieder ihre natürliche Farbe angenommen, erwärmen Sie den Umschlag und legen ihn erneut auf. Wiederholen Sie dies mehrmals.

Bäder

- Nehmen Sie Vollbäder mit Thymian. Bereiten Sie mit 2 Tassen Thymiankraut auf 2 Liter Wasser einen konzentrierten Aufguß zu, den Sie seihen und ins Badewasser geben. Bleiben Sie 15 bis 30 Minuten in der Wanne, und ruhen Sie sich danach 30 bis 60 Minuten im Liegen aus. Decken Sie sich gut zu, um kräftig zu schwitzen.
- Oder nehmen Sie ein Lindenblüten-Fußbad. Gießen Sie 1 Tasse Lindenblüten mit 2 Litern heißem Wasser auf, seihen Sie den Aufguß, und geben Sie ihn in das Fußbad, das Ihnen bis an die Waden reichen sollte. Nach dem Fußbad, das 15 Minuten dauert, legen Sie sich hin, um kräftig zu schwitzen.

Ätherische Öle

Die Verwendung von ätherischen Ölen ist eine bemerkenswerte und überaus wirkungsvolle Behandlungsmethode. Sie können diese auf verschiedene Weise anwenden:

- Geben Sie einige Tropfen **Eukalyptusöl** auf das Kissen, die Bettdecke, die Babydecke und in den Raumbefeuchter.

- Inhalieren Sie **Kiefern- oder Eukalyptusöl.** Geben Sie 1 Teelöffel der Essenz in eine Schüssel mit kochendem Wasser. Legen Sie ein Handtuch über den Kopf, beugen Sie sich über die Schüssel, und atmen Sie den Dampf während 10 bis 15 Minuten ein. Führen Sie diese Behandlung während 1 bis 2 Wochen zwei- bis dreimal täglich durch.
- Sie können auch selbst ein Inhalationsgerät herstellen, indem Sie die Schüssel mit einem Kartontrichter bedecken, an dessen oberem Ende sich eine Öffnung für die Nase befindet. Inhalieren Sie alle 4 bis 5 Stunden während ca. 15 Minuten.
- Äußerliche Anwendung: Mischen Sie ätherisches Eukalyptus- (eucalyptus radiata) oder Lavendelöl (lavandula officinalis) im Verhältnis von 1:5 mit Haselnußöl, und massieren Sie damit die Stelle unterhalb der Nasenflügel.

Akupressur

- Folgende Massagen sind zu empfehlen, wenn Sie nicht mehr frei durch die Nase atmen können:
  - Massieren die Stirn auf der gesamten Mittellinie bis 1 Daumenbreit oberhalb des Haaransatzes.
  - Massieren Sie auch die Punkte Nr. 2 und 3 sowie die Punkte, die sich unterhalb und links und rechts der Nasenflügel befinden.
- Massieren Sie die Punkte Nr. 26 und 27 im Nacken und den Punkt Nr. 32 am Rücken. Sie können auch die ganze Länge der Wirbelsäule von Punkt Nr. 29 bis Punkt Nr. 32 massieren.
- Drei Punkte wirken nachhaltig auf Ihren angeschlagenen Gesundheitszustand, der die Erkältung erst ermöglicht hat: die Punkte Nr. 41, 42 und 16.

Schorf

(Siehe auch *Schnitt- und Schürfwunden)*

Schorf ist eine Kruste, die sich aus abgestorbenem Gewebe oder einem Hautgeschwür bildet. Er tritt meist auf der Rückseite des Kopfes, auf den Schultern, in der unteren Hälfte des Rückens sowie auf den Fersen auf.

Schorf entsteht in erster Linie infolge einer unzureichenden Blutzufuhr oder eines permanenten Druckes auf die betroffenen Stellen. Ein solcher Schorf tritt am häufigsten bei älteren Menschen sowie bei über lange Zeit bettlägerigen Patienten auf. Sind diese Wunden erst einmal offen, so ist die Behandlung sehr schwierig.

Was Sie tun können

Ringelblumensalbe

Versuche, die in einem Münchner Krankenhaus durchgeführt wurden, ermöglichten bei Patienten, die sich zu einer längeren Behandlung dort aufhielten, wahre Wunderheilungen dieser Hautreizungen.

Die durch die hohe Heilgeschwindigkeit der Wunden tief beeindruckten Krankenschwestern entschieden, diese Salbe als vorbeugendes Mittel bei langfristig bettlägerigen Patienten anzuwenden. Sie stellten fest, daß die Bildung von Schorf verhindert werden konnte, wenn die Salbe zweimal täglich aufgetragen wurde.

In der *Einführung in die Pflanzenheilkunde* finden Sie eine Anleitung zur Herstellung dieser Salbe.

Umschläge

Machen Sie abwechselnd Umschläge aus Kohlblättern und einer dicken Schicht Heilerde. Lassen Sie sie jeweils eine Stunde einwirken, und erneuern Sie sie mehrmals am Tag.

Schüttelkrämpfe (Konvulsionen)

Schüttelkrämpfe werden durch ungewöhnliche elektrische Entladungen in den Nervenzellen des Gehirns verursacht. Doch nicht nur Epilepsie kann Schüttelkrämpfe auslösen. Diese treten auch unter anderen Umständen auf: Diabetes, hohes Fieber, Infektion, emotionale Krisen mit hysterischer Komponente, Hypoglykämie (verminderter Blutzuckerspiegel), lange Sonneneinwirkung, Erschöpfung, Gehirntumor usw.

Die Intensität der Schüttelkrämpfe ist je nach der Ursache und dem Alter des Betroffenen verschieden.

Im allgemeinen sind Schüttelkrämpfe häufiger bei kleinen Kindern anzutreffen. Ihr Gehirn ist noch dabei, sich zu bilden, und das macht sie empfindlicher für jedes biochemische Ungleichgewicht. So kann bei einem zuckerkranken Kind eine überhöhte Dosis Insulin genügen, um Schüttelkrämpfe auszulösen. Schüttelkrämpfe im zarten Kindesalter werden jedoch meistens durch starkes Fieber aufgrund von kleineren Infektionen ausgelöst.

Was Sie tun können

Die folgenden Maßnahmen helfen, Schüttelkrämpfe bei Kindern wie bei Erwachsenen zu lindern:

Bäder

- Halten Sie den Kopf unter kaltes Wasser. Oder machen Sie einen Schwamm mit kaltem Wasser naß, und legen Sie ihn auf verschiedene Stellen des Körpers.
- Nehmen Sie ein lauwarmes Bad mit 200 g Minze, Melisse oder Lindenblüten.

Umschläge

- mit Senf auf Füßen und Beinen.
- mit Heilerde auf Nacken, Rückgrat und Unterleib.

Aufguß

Gießen Sie 20 bis 30 g **Lindenblüten** mit 1 Liter heißem Wasser auf, lassen Sie den Aufguß 15 Minuten ziehen, und trinken Sie davon 3 bis 4 Tassen täglich.

Kaltauszug

Lassen Sie 100 g frische Baldrianwurzel in 1 Liter Wasser 12 Stunden ziehen; trinken Sie 2 bis 3 Tassen täglich zwischen den Mahlzeiten.

Nicht für dauernden Gebrauch! Machen Sie das 1 bis 2 Wochen lang, dann legen Sie eine Pause von 2 bis 3 Wochen ein, um eine Gewöhnung zu vermeiden.

Heilerde

Nehmen Sie während jeweils 2 bis 4 Wochen 1/2 Glas Wasser mit Heilerde täglich morgens auf nüchternen Magen zu sich.

Ätherische Öle

Innerliche Anwendung: Nehmen Sie 2 bis 3 Tropfen Römische Kamille, Orange oder Muskatellersalbei (salvia sclarea) mit etwas Honig ein.

Akupressur

Bevor die ärztliche Behandlung einsetzt, massieren Sie sofort die folgenden Punkte. Sie sind leicht zu finden. In vielen Fällen kann schon damit der Anfall gestoppt werden.

- Massieren Sie den Schwertfortsatz des Brustbeins.
- Massieren Sie an der Stirn den Haaransatz und etwas darüber, beidseitig von der Stirnmitte aus bis senkrecht über dem äußeren Augenwinkel.
- Legen Sie eine Hand oben auf den Kopf und die andere auf die Stirn.
- Damit die betroffene Person wieder zu Bewußtsein kommt, besonders wenn sie zu ersticken droht, zu atmen aufhört oder einen Herzstillstand hat,

üben Sie mit dem Fingernagel oder einer Bleistiftspitze genau in die Vertiefung unter der Nase einen starken Druck aus. Bearbeiten Sie auf gleiche Weise die Fingerspitzen. Kneifen Sie dann den kleinen Finger am unteren Nagelrand.

- Wenn Ihr Kind starkes Fieber hat und Schüttelkrämpfe bekommt, fügen Sie die Punkte Nr. 20, 42 und 22 hinzu.
- Mischen Sie ätherisches Lavendel- (lavandula officinalis) oder Kamillenöl (Römische Kamille) im Verhältnis von 1:20 mit Süßmandelöl, und massieren Sie damit den Solarplexus (Sonnengeflecht).

Empfehlungen

Außer in Ausnahmefällen brauchen Sie sich nicht allzu sehr zu beunruhigen, wenn Ihr Kind unter Schüttelkrämpfen leidet. Suchen Sie jedoch in den Tagen danach einen Arzt auf.

Sollten die Schüttelkrämpfe länger als fünf Minuten andauern, bringen Sie das Kind sofort ins Krankenhaus.

Wenn das Kind schon früher, wenn es Fieber hatte, unter Schüttelkrämpfen gelitten hat, bemühen Sie sich, so schnell wie möglich sein Fieber zu senken. Wenden Sie kalte Kompressen an, und geben Sie ihm fiebersenkende Medikamente. Messen Sie seine Temperatur alle zwei bis drei Stunden. Beträgt sie mehr als 38 Grad Celsius, kleiden Sie es aus. Stellen Sie gegebenenfalls sogar einen Ventilator auf.

Schuppen

Schuppen sind kleine Stücke abgestorbener Haut. Wenn Sie ab und zu einige Schuppen haben, ist dies ganz normal. Es kann jedoch vorkommen, daß jemand so viele Schuppen hat, daß sie zu einem Problem werden. Meist ist übermäßiges Schuppen harmlos, manchmal führt es jedoch zu starkem Juckreiz auf der Kopfhaut.

Ursachen

Eine große Zahl von Schuppen entsteht dann, wenn die Zellen der Kopfhaut oder der Augenbrauenpartie übermäßig schnell wachsen. Diese Erscheinung wird häufig durch ein leichtes seborrhoisches Ekzem, das auf Talgfluß zurückzuführen ist, verursacht.

Zu viele Schuppen sollten nicht nur unter dem ästhetischen Gesichtspunkt betrachtet werden. Denn ein Übermaß an Schuppen kann unter Umständen auf ziemlich ernste Probleme hindeuten.

Schuppen können unter anderem durch Probleme mit der Verdauung oder der Leber oder durch verstopfte Poren und Schuppenflechte auf der Kopfhaut (siehe *Schuppenflechte)* verursacht werden. Darüber hinaus können zu viele Schuppen ein erstes Anzeichen für Haarausfall sein (siehe *Haarausfall).*

Schuppen können auch bei ständigem Streß entstehen. Emotionelle Aufregungen verursachen feine Kontraktionen der Schädelmuskeln. Diese Kontraktionen beeinträchtigen den Blutkreislauf und bewirken, daß die Haut nicht mehr ausreichend mit wichtigen Substanzen versorgt wird.

Was Sie tun können

Bei der Behandlung dieses Problems sind natürliche Heilmittel oft wirksamer als in Apotheken erhältliche Produkte:

Heilpflanzen

- Waschen Sie das Haar einmal wöchentlich mit einem Aufguß aus **Brennesseln.** Verwenden Sie 4 Teelöffel der Pflanze pro Liter Wasser. Nehmen Sie die Hälfte davon für die Haarwäsche, die andere Hälfte für die Spülung. Die Brennessel wirkt als Kopfhaut-Tonikum. Sie können sie deshalb verwenden, so oft Sie wollen, um Ihrem Haar seine jugendliche Kraft zurückzugeben.
- Ein Aufguß aus **Birkenblättern** verringert die Bildung von Schuppen und Haarausfall merklich. Bereiten Sie mit 2 Handvoll Blättern pro Liter Wasser einen konzentrierten Aufguß zu.
- Der **Rosmarinaufguß** ist ein traditionelles Rezept zur Bekämpfung von Schuppen. Lassen Sie 1 Handvoll Rosmarinblätter pro Liter Wasser während 10 Minuten in heißem Wasser ziehen, seihen Sie den Aufguß, und verwenden Sie ihn als Spülung nach dem Shampoonieren.
- Wenn das Überhandnehmen der Schuppen zu einem richtigen Problem wird, können bittere Tonika wieder zu einer gesunden Kopfhaut verhelfen. Das Tonikum Gallexier der Firma Salus-Haus, ein natürliches Produkt auf der Basis von bitteren Pflanzen, könnte hier Abhilfe schaffen. Dies um so mehr, als bittere Nahrungsmittel (Chicorée, Endivie) nur noch ganz selten auf unserem Speiseplan stehen, unser Organismus sie aber unbedingt benötigt.

Akupressur

- Massieren Sie die innere Handgelenksfalte, die Punkte Nr. 1 und 26, den Punkt Nr. 27 an der Schädelbasis und den Punkt Nr. 32 am Rücken. Auch der Punkt Nr. 6 kann nützlich sein.
- Lesen Sie die Rubrik *Haarausfall.* Eine Massage zur Revitalisierung und Belebung der Kopfhaut wird Ihnen guttun.

Schuppenflechte (Psoriasis)

Schuppenflechte tritt als unschöne Verdickung der Haut in Form von kleinen, silberweißen Flecken oder Schuppen auf. Diese Schuppen können große Flächen bedecken.

Schuppenflechte kann zwar am ganzen Körper auftreten, kommt aber an Knien, Ellbogen, im Lendenbereich und auf dem Kopf besonders häufig vor. Meistens schmerzt oder juckt die Schuppenflechte nur leicht, auf Handflächen und Fußsohlen ist sie jedoch sehr unangenehm.

Ursachen

Normalerweise regeneriert sich die Haut laufend, indem sie neue Zellen herstellt. Es kann nun vorkommen, daß die Produktion der neuen Zellen viel schneller vor sich geht als die Beseitigung der abgestorbenen. Dann verdickt sich die Haut, und es entsteht eine Schuppenflechte.

Bei entsprechender Veranlagung tritt Schuppenflechte oft als Folge von Streß oder starker psychischer Belastung auf. Außerdem wird die Bildung von Schuppenflechte durch einen schlechten allgemeinen Gesundheitszustand, gewisse Krankheiten wie Angina, Hautprobleme und eine zu fettige, zu süße oder zu stärkehaltige Ernährung begünstigt.

Schuppenflechte ist eine relativ häufige Krankheit und in jedem fünften Fall erblich bedingt.

Was Sie tun können

Schuppenflechte ist weder ansteckend noch gefährlich. Nicht zuletzt aus ästhetischen Gründen sollten Sie aber so schnell wie möglich etwas unternehmen, damit sie sich nicht ausbreitet. Eine am ganzen Körper auftretende Schuppenflechte kann bei Kleinkindern und älteren Menschen ernsthafte gesundheitliche Folgen haben, wenn sie nicht rechtzeitig behandelt wird.

Grundsätzlich kann Schuppenflechte nicht endgültig geheilt werden. Hingegen sind die Schübe verhältnismäßig einfach unter Kontrolle zu bringen. Und wenn Sie wissen, wodurch die Krankheit in Ihrem Fall ausgelöst wird, können Sie diesen Schüben vorbeugen.

Natürliche Heilmethoden haben sowohl eine vorbeugende als auch heilende Wirkung.

Sonnenbäder

Sonnenbäder (natürlich mit Maß und allmählicher Steigerung) oder die tägliche Verwendung einer Solarlampe (UV-B) sind inzwischen auch von der Schulmedizin anerkannte Heilmethoden zur Bekämpfung von Schuppenflechte. Diese Behandlungsmethode eignet sich besonders bei einer großflächigen Schuppenflechte.

Psychotherapie

Die Ärzte sind sich im allgemeinen darüber einig, daß psychosomatische Faktoren beim Auslösen von Schuppenflechte eine wichtige Rolle spielen. Eine gute psychologische Behandlung kann die Schuppenflechte für längere Zeit zum Verschwinden bringen.

Entspannungs- und Visualisierungstechniken

Wenn Sie keine Psychotherapie besuchen können (oder wollen), sollten Sie Meditations- oder Entspannungstechniken erlernen. Mit diesen Methoden können Sie Ihr Inneres wunderbar »reinigen«. Außerdem bauen sie Streß ab und beugen so Rückfällen vor. Streß gehört nämlich zu den häufigsten Auslösern von Schuppenflechte.

Ernährung

- Ernähren Sie sich gesund. Verzichten Sie auf weißen Zucker, Kaffee, fettige, mehlhaltige und säurebildende Speisen. Vermeiden Sie insbesondere die Mischung von Zucker und Mehl.
- Essen Sie viel Gemüse, und trinken Sie Gemüsesäfte.
- Nehmen Sie Lezithin, denn damit werden bei Schuppenflechte bemerkenswerte Ergebnisse erzielt. Nehmen Sie bis zu 10 Kapseln täglich, jeweils 3 bis 4 vor jeder Mahlzeit.

Umschläge und Kompressen

- Legen Sie abwechselnd Umschläge mit Heilerde und Kohlblättern auf die betroffenen Stellen.
- Bereiten Sie mit 2 Handvoll Birkenblättern pro Liter Wasser einen Absud zu. Waschen Sie die betroffenen Stellen, und legen Sie Kompressen auf.

Salbe

Pflanzenteer erhält man durch Destillation der Rinde und Wurzeln einiger Kiefernarten. Als gebrauchsfertige Salbe ist er in Apotheken erhältlich und wird häufig zur Behandlung von Schuppenflechte eingesetzt. Sie können eine solche Salbe aus 1 Teil Pflanzenteer und 10 Teilen salzlosem Fett auch selber herstellen.

Heilpflanzen

Wilde Veilchen oder Ackerstiefmütterchen wurden mit Erfolg gegen Schuppenflechte eingesetzt. Bereiten Sie mit 60 g Stiefmütterchen pro Liter Wasser einen Aufguß zu. Trinken Sie davon täglich 3 Tassen zwischen den Mahlzeiten. Diese Pflanze reinigt den Körper gründlich von Giftstoffen, die für Hautkrankheiten wie Schuppenflechte verantwortlich sein können.

Erschrecken Sie übrigens nicht, wenn Ihr Urin während dieser Behandlung ähnlich wie Katzenurin riecht. Das ist auf die Inhaltsstoffe der Pflanze zurückzuführen.

Ätherische Öle

- Innerliche Anwendung: Karotte, Edelloorbeer.
- Äußerliche Anwendung: Echter Lavendel oder Karotte. Mischen Sie das ätherisches Öl im Verhältnis von 1:20 mit Süßmandelöl.

Akupressur

- Massieren Sie an der Hand den Punkt Nr. 43, am Ellbogen den Punkt Nr. 40, in der Rückenmitte den Punkt Nr. 32, in der Kniekehle den Punkt Nr. 38 und am Knöchel den Punkt Nr. 39.
- Auch die unter *Verbrennungen* aufgeführte Methode ist sehr hilfreich.

Schwangerschaft

(Siehe *Ernährung während der Schwangerschaft)*

Schwangerschaftsbeschwerden

Während der Schwangerschaft hat der Körper in sehr kurzer Zeit tiefgreifende Veränderungen zu verkraften. Abgesehen von der offensichtlichen Vergrößerung des Bauches und der Brüste hat die Schwangerschaft eine Veränderung des Stoffwechsels, des Kreislaufs sowie des Hormonsystems zur Folge.

Die Plazenta produziert eine sehr große Menge von Östrogen, Progesteron und weiteren Hormonen, die mit der Schwangerschaft im Zusammenhang stehen. Der Anstieg des Östrogenspiegels trägt unter anderem zur Sicherung des Wachstums des Fötus, zur Erhöhung der Blutmenge (um 30 bis 40 %) sowie zur Vorbereitung der Brüste auf das Stillen bei.

Dieses biologische »Durcheinander« ist zwangsläufig mit gewissen Unpäßlichkeiten verbunden. Nachfolgend sind die wichtigsten davon sowie die besten natürlichen Methoden zu ihrer Behandlung aufgeführt.

Angstzustände

Viele Frauen leiden während ihrer Schwangerschaft unter Angstzuständen und Gefühlen der Unsicherheit. Diese unangenehmen Empfindungen halten zum Teil auch über die Geburt hinaus an.

Was Sie tun können

Die klassische Heilpflanze für die schwangere Frau und die junge Mutter ist der **Gewöhnliche Frauenmantel.**

Er empfiehlt sich bei Unpäßlichkeiten während der ersten Schwangerschaftsmonate und zur Vermeidung von Angstzuständen im Zusammenhang mit der Befürchtung, den Fötus zu verlieren. Er ist auch eine große Hilfe gegen die depressive Stimmung, die sich unmittelbar nach der Geburt einstellt, und erleichtert Ihnen außerdem die Umstellung auf die Mutterrolle.

In diesem Zusammenhang ist zudem darauf hinzuweisen, daß Frauenmantel auch zur Verhinderung der Unsicherheit empfohlen wird, die Frauen empfinden, wenn ihre erwachsen gewordenen Kinder das elterliche Heim verlassen.

Nehmen Sie ihn als Aufguß (1 Teelöffel pro Tasse, 3 Tassen pro Tag) oder als Tinktur (dreimal täglich 10 Tropfen) zu sich.

Es empfiehlt sich für alle Frauen, auch für solche, deren Schwangerschaft absolut problemlos verläuft, etwa einen Monat vor der Geburt mit der Einnahme von Frauenmantel zu beginnen.

Anzumerken ist außerdem, daß ein mangelnder Mutterinstinkt auf Manganmangel zurückzuführen sein kann, der die entsprechenden Hormonausschüttungen beeinträchtigt, die für dieses Empfinden verantwortlich sind.

Übelkeit

Fast die Hälfte aller schwangeren Frauen leiden zu Beginn der Schwangerschaft unter Übelkeit. Diese tritt vor allem beim Erwachen auf und verschwindet in der Regel nach Ende des 3. Monats.

Manche Psychologen sehen darin eine unbewußte Verweigerung der Mutterschaft. Dies ist jedoch nicht der Fall. Ganz im Gegenteil, verschiedene Untersuchungen haben ergeben, daß bei jenen Frauen, die während der Schwangerschaft unter Übelkeit leiden, weniger Fehlgeburten zu verzeichnen sind. Außerdem weisen die Babys dieser Frauen ein überdurchschnittliches Geburtsgewicht auf.

Übelkeit ist daher in einem gewissen Sinne ein gutes Zeichen. Sie ist ein Hinweis auf einen erhöhten Östrogenspiegel und damit auf ein gut funktionierendes Hormonsystem.

In diesem Zusammenhang sind jedoch auch weitere Faktoren zu beachten. So kann Übelkeit auch durch einen Mangel an Vitamin B6, an Zink oder an Proteinen entstehen. Die Übelkeit in den Morgenstunden ist oft auf eine rapide Abnahme des Blutzuckerspiegels zurückzuführen, und für die abendliche Übelkeit ist in der Regel große Müdigkeit verantwortlich.

Was Sie tun können

- Die morgendliche Übelkeit können Sie verhindern, wenn Sie unmittelbar nach dem Erwachen einige Proteinbiskuits knabbern und vor dem Aufstehen noch etwa 15 Minuten liegen bleiben.
- Während des Tages nehmen Sie statt drei große Mahlzeiten besser fünf bis sechs leichte Mahlzeiten zu sich. Ein leerer Magen fördert das Auftreten von Übelkeit. Essen Sie nach Möglichkeit ausschließlich gesunde und natürliche Nahrungsmittel.
- Wenn Sie für einige Stunden weggehen, sollten Sie etwas zum Knabbern mitnehmen (Mandeln, Getreideriegel usw.), das Sie sich bei Bedarf zwischen die Zähne schieben können.
- Weizenkeime, Soja, Melasse, Bierhefe und Leber sind reich an Vitamin B6 und helfen daher, Übelkeit zu bekämpfen.
- Vollweizen, Gerste, Kürbiskerne, Sesamsamen und die meisten Gemüsesorten versorgen Sie mit der erforderlichen Menge an Zink.
- Meiden Sie Koffein, Alkohol, in der Friteuse zubereitete Gerichte sowie Patisserie ...
- Aus der Kräuterheilkunde sind einige Heilpflanzen bekannt, die sich als äußerst hilfreich erweisen können. Dabei handelt es sich um Anis, Minze, Fenchel und die Blätter des Himbeerstrauchs. Mit Ingwer (4 bis 6 Kapseln pro Tag oder als Aufguß) erreichen Sie sehr rasch eine Wirkung.

Krämpfe

Krämpfe sind auf einen schlechten Blutkreislauf und auf gewisse Mängel in der Ernährung zurückzuführen.

Was Sie tun können

- Vergewissern Sie sich, daß Sie durch Ihre Nahrung ausreichend mit Kalzium, Kalium und Magnesium versorgt werden.
- Bereiten Sie mit frischer Petersilie oder Haferspreu einen Aufguß zu, und trinken Sie davon 2 bis 4 Tassen täglich.
- Einen Krampf im Bein können Sie zum Verschwinden bringen, wenn Sie das Bein strecken und die Zehen so weit als möglich nach oben biegen. Drücken Sie mit dem Daumen auf den mittleren Bereich der Wade.
- Sie können Ihr Bein auch mit Hamameliswasser massieren (weitere Behandlungsmöglichkeiten finden Sie unter der Rubrik *Krämpfe*).

Verstopfung

Schwangere Frauen leiden häufig unter Verstopfung. Dies ist auf gewisse hormonale Veränderungen sowie auf die durch die erweiterte Gebärmutter bedingte Kompression der Organe im Unterleib zurückzuführen.

Was Sie tun können

- Eine Verstopfung kann problemlos mit einer Anpassung der Ernährung behandelt werden:
  - Reduzieren Sie den Konsum von Käse und Hüttenkäse.
  - Essen Sie mehr Obst (Äpfel, Erdbeeren und Trauben).
  - Wenn Sie vier oder fünf (über Nacht eingeweichte) Dörrpflaumen mit Joghurt und zerstoßenen Leinsamen mischen, ergibt dies ein schmackhaftes und zugleich abführendes Frühstück.
  - Nehmen Sie mehr Ballaststoffe und grünes Gemüse zu sich. Zu empfehlen ist vor allem grüner Salat.
- Als Mittel gegen Verstopfung eignet sich für schwangere Frauen nichts besser als Eucarbon, das heißt mit Kräutern angereicherte pflanzliche Kohle (siehe *Sodbrennen*). Sie ist bei schwangeren Frauen besonders angezeigt, da diese normalerweise keine Abführmittel verwenden sollten.
- Gehen Sie täglich spazieren, und atmen Sie tief durch. Wenn Sie tief Luft holen, senkt sich das Zwerchfell und übt einen Druck auf die Bauchorgane einschließlich des Darms aus. Aus dieser Zu- und Abnahme des Drucks beim Ein- und Ausatmen ergibt sich eine hervorragende Darmmassage.
- Sie können auch eine alte Yoga-Technik anwenden: die Kontraktion des Schließmuskels. Mit dieser Praktik stimulieren Sie die Darmnerven, deren Enden sich am Schließmuskel befinden.

Ödeme

Gegen Ende der Schwangerschaft werden Sie an den Knöcheln, Füßen, Händen oder im Gesicht möglicherweise Ödeme feststellen. Diese Zeichen Ihres Körpers sollten Sie nicht auf die leichte Schulter nehmen. Ein Ödem kann ein Hinweis auf eine einsetzende Spätgestose sein!

Was Sie tun können

- Machen Sie Ihren Arzt bei der medizinischen Untersuchung darauf aufmerksam.
- Falls Sie die Gewohnheit haben, Ihr Essen stark zu salzen, sollten Sie diesbezüglich etwas Zurückhaltung üben.

- Achten Sie darauf, daß Sie keine Kleider oder Schuhe tragen, die den Blutkreislauf behindern.
- Trinken Sie viel Wasser (mindestens 1 Liter pro Tag).
- Sorgen Sie für ausreichend Bewegung und gleichzeitig für genügend Ruhephasen.
- Wenn Sie sich hinlegen, sollten Sie mit angezogenen Beinen auf der linken Seite liegen. Diese Position fördert den Rückfluß des Blutes zum Herzen.
- Im Sitzen sollten Sie wenn immer möglich die Beine hochlagern.

Hämorrhoiden

Die Zunahme des Blutvolumens, die erhöhte Ausschüttung von Progesteron sowie der starke Druck des Bauches können bei schwangeren Frauen zum Auftreten von Hämorrhoiden führen.

Was Sie tun können

- Vermeiden Sie es, allzu lange in der gleichen Position zu verharren.
- Achten Sie im Sitzen darauf, daß Sie die Füße hochlagern.
- Wenn Sie sich eine Ruhepause gönnen, sollten Sie das Fußende Ihres Bettes leicht anheben.
- Vermeiden Sie eine Verstopfung (siehe auch *Hämorrhoiden).*

Häufiges Wasserlösen

Dies ist auf die Ausdehnung der Gebärmutter zurückzuführen, die die Blase zusammendrückt. Diese verfügt somit über immer weniger Platz und kann daher nicht mehr die gleiche Menge Urin aufnehmen wie vor der Schwangerschaft. Aus diesem Grund müssen Sie sie häufiger entleeren. Es besteht also kein Anlaß zur Beunruhigung, auch wenn dies manchmal lästig ist.

Was Sie tun können

- Vermeiden Sie es, viel zu trinken, wenn Sie bald zu Bett gehen möchten oder wenn Sie wissen, daß die Toilette schwer erreichbar sein wird.
- Wenn Sie unter Inkontinenz leiden, sollten Sie berücksichtigen, daß die Kegelübungen (siehe *Geburtsvorbereitung),* die als Schwangerschaftsgymnastik empfohlen werden, auch zu einer Stärkung der Blasenmuskulatur beitragen.
- Abgesehen davon sind Infektionen der Nieren und der Harnwege bei schwangeren Frauen häufig. Falls dies bei Ihnen der Fall sein sollte, sehen Sie unter den Rubriken *Steine der Harnorgane* und *Blasenentzündung* nach.

Kurzatmigkeit

Der Embryo im Mutterleib behindert die Ausdehnung der Lungen nach unten. Aus diesem Grund haben schwangere Frauen gegen Ende der Schwangerschaft gewisse Schwierigkeiten mit der Atmung.

Was Sie tun können

Wenn Sie sich dieses unangenehme Gefühl ersparen möchten, sollten Sie sich gleich zu Beginn der Schwangerschaft angewöhnen, den Brustkasten auszudehnen. Mit einem flexiblen und beweglichen Brustkasten können Sie bis zum letzten Tag Ihrer Schwangerschaft tief durchatmen.

Für eine Ausdehnung des Brustkastens können auch bestimmte Yoga-Stellungen nützlich sein. Sehen Sie dazu unter der Rubrik *Geburtsvorbereitung* nach.

Ein weiterer wichtiger Faktor kann Ihre Atmung beeinflussen. Haben Sie auch schon bemerkt, mit welcher Freude und wie tief wir einatmen, wenn die Luft sauber ist oder wenn wir an einer Rose riechen möchten?

Wenn Sie sich jedoch in einer verschmutzten Umgebung mit schlechten Gerüchen aufhalten, schränken Sie instinktiv Ihre Atmung ein und atmen nur noch so viel ein, wie Sie unbedingt müssen. Damit Sie Ihren Sauerstoffbedarf decken können, erhöhen Sie jedoch die Atemfrequenz.

Aus diesem Grund sollten Sie während der Schwangerschaft Orte mit verschmutzter Luft möglichst meiden. Begeben Sie sich nicht in abgeschlossene Räume voller Rauch, weil dies Ihre Atmung beeinträchtigt.

Niedriger Blutdruck

Schwangere Frauen leiden recht häufig unter zu niedrigem Blutdruck. Es besteht deswegen kein Anlaß zur Beunruhigung.

Was Sie tun können

Vollbäder mit Lavendel können Ihnen bei zu niedrigem Blutdruck eine große Hilfe sein. Legen Sie einmal wöchentlich 200 g Lavendel während 12 Stunden in Wasser ein, erhitzen Sie es anschließend, und fügen Sie es dem Badewasser bei. Die Wassertemperatur darf nicht zu heiß sein.

Rückenschmerzen

Der Rücken wird während der Schwangerschaft auf eine harte Probe gestellt. Wenn Ihre Rückenmuskulatur nicht stark genug ist, um das Gewicht des Bauches (das die Wirbel im Kreuzbereich belastet) und der Brüste (das die

Brustwirbel belastet) auszugleichen, können sich daraus eine ganze Reihe von Beschwerden ergeben.

Was Sie tun können

- Sie können Rückenbeschwerden vorbeugen, wenn Sie keine Schuhe mit hohen Absätzen tragen. Verharren Sie nicht allzu lange in der gleichen Position, und achten Sie auf ausreichend körperliche Bewegung. Unter der Rubrik *Geburtsvorbereitung* finden Sie mehrere Übungen, mit denen Sie Ihre Rückenmuskulatur stärken können.
- Wenn Sie im Kreuzbereich Schmerzen verspüren, machen Sie Umschläge mit lauwarmer Heilerde auf die schmerzenden Stellen.

Schwangerschaftspigmentierung

Es kommt zuweilen vor, daß zu Beginn der Schwangerschaft auf dem Gesicht kleine braune Flecken auftreten. Sie sollten es vermeiden, sich ohne Sonnenschutzcreme allzu lange der Sonne auszusetzen, denn die Sonneneinstrahlung bewirkt eine stärkere Färbung dieser Flecken.

Nach der Geburt wird sich die Pigmentierung der Haut wieder normalisieren.

Was Sie tun können

Die Schwangerschaftspigmentierung kann ein Hinweis auf einen zu hohen Cholesterinspiegel sein. Lassen Sie daher Ihren Cholesterinspiegel überprüfen, und stellen Sie falls notwendig Ihre Ernährung um.

Schwangerschaftsstreifen

Diese entstehen durch die starke Dehnung der Haut über dem Bauch, den Hüften, den Schenkeln und den Brüsten. Wenn Ihre Haut zu wenig elastisch ist, wird das Gewebe überdehnt, wodurch kleine weißliche Streifen entstehen.

Nach der Geburt bilden sich die Schwangerschaftsstreifen wieder teilweise zurück, sie verschwinden jedoch nicht vollständig.

Was Sie tun können

Stellen Sie sicher, daß Ihre Ernährung ausreichend Vitamin E und Kieselsäure enthält. Reiben Sie Ihren Körper mit Mandelöl ein. Dieses enthält viel Vitamin E und wirkt damit vorbeugend.

Ab dem dritten Schwangerschaftsmonat sollten Sie Brüste und Bauch regelmäßig mit Mandelöl einreiben, um die Haut elastischer zu machen und so das Auftreten von Schwangerschaftsstreifen nach der Geburt zu verringern.

Schwindel

Schwindel äußert sich in dem Gefühl, daß Sie sich um sich selbst drehen oder daß sich alles um Sie herum dreht.

Dieses Unwohlsein kann von kurzer Dauer sein und schnell vorübergehen. In diesem Fall brauchen Sie sich nicht zu beunruhigen, auch wenn keine Erklärung vorliegt. Sie müssen deswegen nicht krank sein. Vielleicht ist es Ihre momentane Lebenslage oder die Ernährung, die Ihnen nicht bekommt. Bei älteren Menschen tritt diese Störung häufig auf.

In einigen Fällen treten jedoch häufige Schwindelgefühle auf und verursachen Übelkeit und Erbrechen. Sie können sogar Stürze herbeiführen, da der Gleichgewichtssinn gestört ist.

Das häufige Auftreten von Schwindel kann auch mit Wahrnehmungsstörungen im Hirnbereich oder mit der Blutbeschaffenheit zusammenhängen.

Wie auch immer: Ist Ihnen häufig schwindlig, sollten Sie einen Arzt aufsuchen.

Was Sie tun können

Beachten Sie zuerst einige Grundregeln:
- Das einfachste ist natürlich, sich hinzulegen und zu warten, bis es »vorüber« ist. Legen Sie die Beine auf ein Kissen, um die Blutzufuhr zum Gehirn zu erleichtern. Ihr Kopf sollte etwas tiefer liegen als der Rest des Körpers.
- Öffnen Sie den Kragen, und entfernen Sie alles, was Sie beim Atmen behindern könnte.
- Lösen Sie Erbrechen aus, wenn Ihnen das hilft.
- In gewissen Fällen kann künstliche Beatmung Linderung bringen.

Akupressur

- Massieren Sie die Füße kräftig, vor allem den Punkt Nr. 22, aber auch die Punkte Nr. 19 und 20.
- Massieren Sie den Punkt Nr. 7 oberhalb der Brustwarzen, vor allem auf der rechten Seite.

Zusätzliche oder vorbeugende Maßnahmen

- Essen Sie rohe oder gekochte Fenchelknollen.
- Essen Sie so oft wie möglich Orangen. Damit lindern Sie die Schwindelgefühle, die mit einer Hyperviskosität, das heißt mit einer erhöhten Zähflüssigkeit des Blutes zusammenhängen.
- Ändern Sie außerdem Ihre Ernährungsweise, um die Blutbeschaffenheit zu verbessern.

- Trinken Sie zwischen den Mahlzeiten dreimal täglich einen Lavendelaufguß (1 Teelöffel Lavendelblüten in 1 Tasse mit kochendem Wasser geben).

Schwindsucht (Tuberkulose)

Noch im 19. Jahrhundert war Schwindsucht so sehr gefürchtet, daß sogar schwerwiegende soziale Probleme mit dem Bild dieser lebensbedrohlichen Krankheit umschrieben und als »Schwindsucht der Gesellschaft« bezeichnet wurden, so wie man heute des öfteren vom »Krebs unserer Zeit« spricht.

In den westlichen Industrieländern ist die Anzahl der Neuerkrankungen in den letzten Jahrzehnten beträchtlich zurückgegangen. Auch bedeutet Schwindsucht heute nicht mehr den sicheren Tod, wie das im letzten Jahrhundert noch der Fall war.

In der Hälfte aller Fälle sind die ersten Anzeichen von Schwindsucht mit jenen einer schweren Grippe vergleichbar, die länger als üblich andauert: Fieber, Ermüdbarkeit, Reizhusten, Appetitlosigkeit, Gewichtsabnahme und Schwitzneigung. Es gibt aber auch Fälle mit symptomlosem Verlauf.

Glücklicherweise wird Schwindsucht in der Regel bei routinemäßigen Röntgenuntersuchungen rechtzeitig erkannt.

Die Übertragung der Krankheit erfolgt über den von Robert Koch entdeckten Tuberkelbazillus, und zwar am häufigsten über die Atemwege, zum Beispiel bei Husten oder Auswurf. In ganz seltenen Fällen kann die Infektion auch über die Haut oder die Augen erfolgen.

Schwindsucht ist keine vererbbare Krankheit. Es kommt auch nur sehr selten vor, daß eine schwindsüchtige Mutter den Tuberkelbazillus über das Blut an den Fötus weitergibt. Das Neugeborene muß allerdings sofort nach der Geburt von den infizierten Eltern ferngehalten werden, denn das Infektionsrisiko ist gerade in diesem Alter besonders groß.

Die häufigste Form von Schwindsucht ist die Lungentuberkulose. Aber auch die Knochen, die Nieren, die Haut, der Darm und der Genitalbereich können von dem Tuberkelbazillus befallen werden.

Was Sie tun können

Die Entdeckung von Streptomycin (1944) und Isoniazid (1952) hat es ermöglicht, Schwindsucht erfolgreich zu behandeln. Seither sind weitere wirksame Behandlungsmethoden hinzugekommen, und der Schwindsüchtige kann heute auf vollständige Heilung und Wiederaufnahme seiner normalen Aktivitäten hoffen.

Trotzdem sollte man Schwindsucht nicht unterschätzen. Sie ist nicht nur hochansteckend, sondern erfordert auch eine sehr langwierige therapeutische

Behandlung. Außerdem ist eine medizinische Nachbehandlung über einen Zeitraum von ein bis zwei Jahren unbedingt erforderlich.

Im folgenden finden Sie verschiedene Empfehlungen. Bei den einen handelt es sich um klassische Maßnahmen, die anderen stammen aus dem Bereich der Naturheilkunde.

Wichtigste Maßnahmen

- Gönnen Sie sich viel geistige und körperliche Ruhe.
- Hegen Sie positive Gedanken, um nicht depressiv zu werden. Lesen Sie täglich in unterhaltsamen Büchern, und sehen Sie sich lustige Filme an.
- Suchen Sie, wie bei jeder chronischen Krankheit (Krebs, Arthritis), einen Psychotherapeuten auf, um die emotionalen Ursachen Ihrer Krankheit zu erforschen. Sie können den Heilungsprozeß beschleunigen, wenn Sie herausfinden, worauf die Schwächung Ihres Immunsystems zurückzuführen ist. Sie schützen sich damit auch vor einem möglichen Rückfall. Es ist erwiesen, daß eine latente Tuberkuloseinfektion durch eine schlechte psychische Verfassung aktiviert werden kann.

Ernährung

- Entgegen früheren Empfehlungen sollten Schwindsüchtige nicht zuviel essen. Gelegentlich ist sogar ein Fasttag zu empfehlen. Gemüse- und Fruchtsaftkuren (z. B. Traubensaft) sind der Genesung sehr zuträglich.
- Geben Sie einer natürlichen Ernährungsweise den Vorzug (siehe *Ernährung zur Vorbeugung von Krankheiten)*. Essen Sie viel milchsäurehaltige Nahrungsmittel (Sauerkraut, Kefir) und Rohkost. Nehmen Sie auch Bierhefe zu sich.
- Verzichten Sie wenn immer möglich auf Alkohol. Übermäßiger Alkoholkonsum kann die erfolgreiche Behandlung von Schwindsucht verunmöglichen.

Heilpflanzen

Bei Lungentuberkulose helfen Inhalationen mit Aloe-vera-Blättern (frisch oder als Extrakt).

Eine sowjetische Studie hat gezeigt, daß sich der Zustand der Patienten, die an Lungentuberkulose litten, dank der Inhalation von Aloe vera in den Fällen merklich besserte, in denen die klassische antibakterielle Therapie erfolglos war. Bei der Mehrzahl der Patienten wurde der Husten beträchtlich gelindert oder verschwand vollständig. Dasselbe galt für Auswurf, Schweißausbrüche und Atembeschwerden.

Die Inhalationen fanden zweimal täglich, morgens und abends, statt. Die meisten Patienten benutzten dazu ein gewöhnliches tragbares Inhalationsgerät.

Akupressur

Die folgenden Punkte sind speziell für die Behandlung von Lungentuberkulose angezeigt. Sie helfen aber auch bei Knochen-, Gehirn- oder Rückenmarkstuberkulose. Massieren Sie:

- die Punkte Nr. 5, 6, 7 und 8 auf der Brust,
- die Punkte Nr. 32 und 33 am Rücken,
- die Punkte Nr. 24 und 25 am inneren Handgelenk,
- die Punkte Nr. 17, 18, 19 und 22 am Knöchel und am Fuß.

Schwitzen

(Siehe *Körpergeruch)*

Seekrankheit

Das Stampfen eines Schiffs oder der Seegang können eine ganze Reihe von Beschwerden auslösen. Das Ausmaß der Seekrankheit hängt von der individuellen Empfindlichkeit ab.

Im schlimmsten Fall weist ein Seekranker die folgenden Symptome auf: fahle Gesichtsfarbe, kalter Schweiß, Kopfschmerzen, Erbrechen, starker Schwindel. Bei harmloseren Fällen beschränken sich die Auswirkungen der Seekrankheit auf eine leichte Schläfrigkeit verbunden mit einem Schweregefühl im Kopf und einem leichten Unwohlsein.

Die Psyche des Betroffenen hat einen großen Einfluß auf die Seekrankheit. Beweis dafür ist die Tatsache, daß einige die oben beschriebenen Symptome schon aufweisen, bevor sie das Schiff überhaupt betreten haben.

Nicht jedermann ist zum Seemann geboren – einige bekommen schon auf Seen oder Flüssen Probleme.

Was Sie tun können

Die wichtigsten Grundsätze

- Es ist eine alte Weisheit, daß man nicht aus einer Ecke der Kabine durch das Bullauge schauen sollte. Stellen Sie sich besser direkt vor das Bullauge, und fixieren Sie den Horizont. Wenn Sie den Seegang durch das Bullauge nur teilweise sehen, entsteht dadurch eine Sinnestäuschung, die das Schaukelgefühl noch verstärkt.

- Halten Sie sich an einem gut belüfteten, offenen Ort auf. Beugen Sie sich nicht nach vorne.
- Am besten legen Sie sich hin, bewegen sich nicht, schließen die Augen und konzentrieren sich auf Ihre Atmung.
- Mit Vorteil halten Sie sich in der Mitte des Schiffs auf, da dort die Schaukelbewegung am geringsten ist.
- Essen Sie möglichst wenig, und achten Sie darauf, wie Sie die Nahrungsmittel zusammenstellen. Selbstverständlich sollten Sie keinen Alkohol trinken und nicht rauchen.

Abgesehen von den Medikamenten, die Sie in der Apotheke erhalten, gibt es verschiedene sehr wirksame natürliche Mittel. Diese haben außerdem den Vorteil, daß sie im Gegensatz zu den üblichen Medikamenten keine einschläfernde Wirkung haben.

Heilpflanzen

Im Orient ist **Ingwer** schon seit langem als gutes Mittel gegen Seekrankheit bekannt. Eine Studie hat sogar gezeigt, daß er besser wirkt als das bekannteste Medikament.

An dieser Studie hatten sich Personen beteiligt, die besonders stark unter Seekrankheit litten. Die einen erhielten ein bekanntes Medikament, die anderen einen halben Löffel gemahlenen Ingwer. Einer dritten Gruppe schließlich wurde ein Placebo verabreicht. Dann wurden alle Versuchsteilnehmer gebeten, sich während sechs Minuten auf einen schrägen Stuhl zu setzen, der sich schnell im Kreis drehte.

Der Versuch führte zu folgendem Ergebnis: Die Hälfte jener Personen, die Ingwer eingenommen hatten, verspürten überhaupt kein Unwohlsein. Die Versuchspersonen der anderen beiden Gruppen jedoch empfanden Übelkeit oder erbrachen sich.

Zubereitung: Geben Sie einen halben (oder auch einen ganzen) Teelöffel Ingwer in eine Tasse, gießen Sie kochendes Wasser darüber, und fügen Sie anschließend noch 1 Eßlöffel Honig hinzu.

Wenn Ihr Gaumen nicht zu empfindlich ist, nehmen Sie eine Ingwerwurzel mit und kauen bei Bedarf ein Stückchen davon.

Es gibt auch Ingwerbonbons und sogar Ingwerkonfitüre. Die Zubereitung von Ingwerbonbons ist unter der Rubrik *Schnupfen* beschrieben.

Visualisierung

Wie bereits erwähnt, spielt die Psyche bei Seekrankheit unter Umständen eine bedeutende Rolle. Dies gilt insbesondere bei ängstlichen Menschen.

Sind Sie gezwungen, mit dem Schiff zu reisen, und leiden Sie unter Seekrankheit? Kein Problem! Visualisieren Sie die Situation, bevor Sie Ihre

Reise antreten. Schließen Sie die Augen, und denken Sie an Ihre letzten Schiffsreisen zurück.

Von welchem Zeitpunkt an werden Sie von einem Unwohlsein befallen? Wenn Sie den Beginn der kritischen Phase ausfindig gemacht und sich Ihr Verhalten gemerkt haben, können Sie mit der Visualisierung beginnen.

Stellen Sie sich eine Schiffsreise in eine Gegend vor, die Ihnen besonders gut gefällt. Versuchen Sie, sich den schönsten Tag dieser Reise vorzustellen. Visualisieren Sie im Detail, wie Sie an Bord gehen, wie das Schiff den Hafen verläßt usw. Nehmen Sie gleichzeitig wahr, wie schön die Küste und wie strahlend blau der Himmel ist und wie vergnügt Sie sich mit den Mitreisenden unterhalten.

Stellen Sie sich dann vor, daß der Wellengang ziemlich stark wird, daß Ihnen aber das Schaukeln des Schiffs überhaupt nichts ausmacht. Wenn Ihnen während der Visualisierung langsam übel wird, versuchen Sie, die Schaukelbewegung des Schiffs mit positiven Gedanken zu verbinden.

Denken Sie an einen Schaukelstuhl oder an ein Kind, das Sie in Ihren Armen wiegen. Oder stellen Sie sich vor, daß Sie in einem früheren Leben Hochseematrose waren. Lassen Sie sich von dem Gedicht von Friedrich Leopold Graf zu Stolberg inspirieren (Sie können es auch auswendig lernen und während Ihrer Visualisierung mehrmals rezitieren):

Mitten im Schimmer der spiegelnden Wellen
Gleitet wie Schwäne der wankende Kahn;
Ach, auf der Freude sanftschimmernden Wellen
Gleitet die Seele dahin wie der Kahn;
Denn von dem Himmel herab auf die Wellen
Tanzet das Abendrot rund um den Kahn.

Über den Wipfeln des westlichen Haines
Winket uns freundlich der rötliche Schein;
Unter den Zweigen des östlichen Haines
Säuselt der Kalmus im rötlichen Schein;
Freude des Himmels und Ruhe des Haines
Atmet die Seel im errötenden Schein.

Ach es entschwindet mit tauigem Flügel
Mir auf den wiegenden Wellen die Zeit.
Morgen entschwinde mit schimmerndem Flügel
Wieder wie gestern und heute die Zeit,
Bis ich auf höherem strahlenden Flügel
Selber entschwinde der wechselnden Zeit.

Das Ziel besteht darin, daß Sie das Stampfen und Schlingern eines Schiffs positiv wahrnehmen. Wiederholen Sie die Visualisierung so oft, bis eine Schiffsreise in Ihnen nur noch angenehme Vorstellungen weckt.

Sehkraft

Leiden Sie an Sehstörungen, und haben Sie sich damit abgefunden, eine Brille zu tragen? Arbeiten Sie den ganzen Tag an einem Bildschirm und leiden beispielsweise an Augenflimmern, Kopfschmerzen oder einem verspannten Nacken?

Diese Probleme können Sie mit Hilfe von Augenjoga, vorbeugenden Maßnahmen und natürlichen Heilmitteln bewältigen.

Was Sie tun können

Augenjoga zur Heilung von Sehstörungen

Keine Situation ist ausweglos. Mit Hilfe von Augenjoga erzielen Sie eine beträchtliche Verbesserung Ihrer Sehkraft. Das regelmäßige Ausüben kann Ihnen sogar das Tragen der Brille ersparen oder doch wenigstens die Stärke der Gläser verringern.

Der berühmte Schriftsteller Aldous Huxley war beinahe blind, als er mit dem von Dr. Bates konzipierten Augenjoga begann. Sein Sehvermögen verbesserte sich so sehr, daß er, aus Dankbarkeit gegenüber Bates, ein Büchlein über dessen Methode schrieb (»Die Kunst des Sehens«).

Augenjoga zur Vorbeugung von Sehstörungen und ... Verbesserung der Geistesschärfe

Augenjoga hat auch eine vorbeugende Wirkung. Er verzögert das Altern der Augen und beugt Symptomen vor, die mit zu großen visuellen Anspannungen zusammenhängen.

Dies ist besonders dann der Fall, wenn Ihre Augen sich den ganzen Tag vor einem Computer oder einem Berg Papier überanstrengen. Vergessen Sie nicht, daß das Auge nicht dazu geschaffen ist, die ganze Zeit in die Nähe zu sehen.

Zwei wichtige Erkenntnisse heben sich aus den Forschungen von Bates und seinen Schülern hervor: **Der Gesichtssinn ist mit allen anderen Sinnen verbunden.**

Sehen ist nämlich kein rein mechanischer Vorgang, und das Auge ist nicht einfach eine Kamera. Ihre Sehkraft hängt auch mit Ihrer Einstellung zum Leben, Ihrer seelischen Verfassung, Ihren Gedanken, Ihren körperlichen Anspannungen und sogar mit Ihrem allgemeinen Gesundheitszustand zusammen.

Wenn Sie schlecht sehen, werden Sie ängstlich. Die Augenmuskeln verkrampfen sich. Der Solarplexus (Sonnengeflecht) zieht sich zusammen, und die Funktion der Leber ist beeinträchtigt.

Auch die umgekehrte Situation trifft zu: Sind Sie angespannt und ängstlich, tritt plötzlich ein Augenflimmern auf.

Klar sehen bedeutet demnach auch klar denken und fühlen, entspannt und glücklich sein.

Wer Augenjoga ausübt, stellt innerhalb kurzer Zeit eine Verbesserung seines visuellen Gedächtnisses und seiner Konzentration fest. Er erhöht auch sein Visualisierungsvermögen (siehe *Visualisierung).* Er hat einen besseren Gleichgewichts- und Raumsinn und kann somit seine Bewegungen besser aufeinander abstimmen.

So halten Sie Ihre Augen »in Form«

Im folgenden finden Sie also einige von diesem Augenjoga inspirierte Übungen. Diese Übungen sind sowohl für diejenigen bestimmt, die ihr Sehvermögen verbessern wollen, als auch für diejenigen, die sich den ganzen Tag vor dem Bildschirm oder den Dokumenten die Augen »zerstören«.

Für einige dieser Übungen benötigen Sie nur ein bis zwei Minuten mehrmals täglich. Andere erfordern etwas mehr Zeit.

Alles hängt natürlich von Ihren Bedürfnissen ab. Möchten Sie schwerwiegende Sehstörungen beheben, versuchen Sie, diesen Übungen mindestens eine halbe Stunde täglich zu widmen. Das läßt sich jedoch leicht verwirklichen, da die Übungen überall durchgeführt werden können.

Die Übung mit der unsichtbaren Seite

Wählen Sie eine große weiße Fläche, die sich ziemlich weit weg von Ihnen befindet. Stellen Sie sich vor, diese Fläche sei eine Seite in einem Buch. Tun Sie, als ob Sie Zeile für Zeile, von links nach rechts, lesen würden.

Das »Lesen« dieser unsichtbaren Seite gewöhnt Sie daran, der beim Sehen auftretenden körperlichen und geistigen Anspannungen bewußt zu werden.

Die Anstrengung des Sehens bewirkt zuerst eine Verkrampfung der Augenmuskeln. Ihnen wird jedoch auch klarwerden, daß das Lesen mit Streß verbunden ist. Dieser Streß rührt daher, daß Sie sich bemühen, das Gelesene zu verstehen, vor allem, wenn es sich um eine komplizierten Text handelt. Die Anstrengung, gleichzeitig zu lesen und zu verstehen, kann sowohl im Bereich der Augen als auch im Bereich des Nackens oder des Schädels große Anspannungen verursachen.

Mit Hilfe dieser einfachen Übung können Sie sich jedoch den unseligen Auswirkungen dieser zweifachen Anspannung entziehen.

Die Übung mit dem Bleistift

Halten Sie mit ausgestrecktem Arm einen Bleistift vor Ihre Augen. Konzentrieren Sie sich auf die Bleistiftspitze. Bleiben Sie entspannt. Führen Sie den Bleistift langsam zu sich heran, bis er sich vor Ihrer Nasenspitze befindet, wobei Sie die ganze Zeit auf die Bleistiftspitze blicken. Führen Sie den Bleistift von sich weg. Wiederholen Sie diese Übung mehrere Male.

Das Ziel dieser Übung ist es, die für die Konvergenz der Augen verantwortlichen Muskeln zu trainieren und zu entspannen. Außerdem werden die geistige Konzentration und Geistesschärfe gefördert.

Machen Sie diese Übung am frühen Morgen, wird sie Ihnen »die Augen genau so öffnen« wie eine Tasse Kaffee.

Eine solche Übung kann auch mit Bildern oder Gegenständen durchgeführt werden. Ersetzen Sie die Bleistiftspitze durch einen speziellen Punkt auf dem Bild oder Gegenstand. Es kann auch interessant sein, die Übung mit Bildern zu machen, die Jogis traditionellerweise zur Konzentration anwenden, wie z. B. den Yantras (siehe folgende Abbildung).

Die Übung mit der magischen Nase

Betrachten Sie eine schöne, farbenreiche, mit einer gewissen Tiefe versehene Landschaft, entweder auf einer Photographie oder einem Bild. Prüfen Sie sie bis ins kleinste Detail. Schließen Sie dann die Augen.

Stellen Sie sich jetzt vor, Ihre Nase sei ein magischer Pinsel. Auf einer Leinwand vor Ihrem geistigen Auge malen Sie nun diese Landschaft so detailliert wie nur möglich, und zwar sowohl den Hinter- als auch den Vordergrund.

Öffnen Sie die Augen, und schauen Sie die Landschaft erneut an. Fällt Ihnen auf, wie viel klarer sie nun erscheint? Der Hinter- und der Vordergrund sind in besserer Perspektive, die Farben glänzender. Gewisse Details, die Sie nicht bemerkt hatten, scheinen nun klarer oder präziser.

Schließen Sie die Augen, und beginnen Sie erneut, Ihre innere Leinwand zu bemalen – diesmal noch detaillierter und genauer. Öffnen Sie die Augen wieder. Wiederholen Sie diese Übung mindestens dreimal.

Die Übung mit der Augenklappe

Wenn Sie fühlen, daß eines Ihrer Augen mehr arbeitet als das andere, benutzen Sie eine Augenklappe. Tragen Sie sie anfangs nur eine kurze Zeit, später öfter, wenn Sie draußen spazieren gehen oder den Haushalt besorgen.

Bedecken Sie abwechslungsweise das eine und das andere Auge, um die Leistungsfähigkeit beider Augen zu bestimmen. Privilegieren Sie hauptsächlich das von Ihnen weniger benutzte Auge.

Berücksichtigen Sie außerdem, daß jedes Auge mit einer bestimmten Gehirnhälfte verbunden ist. Das linke Auge ist vor allem mit der rechten Gehirnhälfte verbunden, dem Sitz der Intuition. Das rechte Auge ist mit der linken Gehirnhälfte verbunden, dem Sitz des Intellekts. Wie alle anderen Übungen begünstigt auch diese die bessere Synchronisierung beider Gehirnhälften.

Die Übung mit dem Faden

Ziehen Sie kleine Kugeln auf einen Faden auf: Perlen, Glaskugeln oder auch Trockenfrüchte, Körner u. ä.

Befestigen Sie irgendwo das eine Fadenende; das andere halten Sie auf der Höhe Ihrer Nase.

Verteilen Sie die Kugeln auf dem Faden in regelmäßigen Abständen. Fixieren Sie eine Kugel nach der anderen. Das Ziel dieser Übung sind die Stärkung und Lockerung der Augenmuskeln. Dies ermöglicht es dem Auge, sich besser an die verschiedenen Distanzen anzupassen.

Jedes tägliche Fitneßprogramm sollte eigentlich ebenfalls Übungen für die Augen einschließen. So bewahren oder verbessern Sie nicht nur Ihr Sehvermögen, sondern steigern auch Ihre intellektuellen Fähigkeiten.

Maßnahmen zur Vorbeugung von Sehstörungen

Die weiter oben beschriebenen Übungen dienen Ihnen nur unter der Bedingung, daß Sie auch gewisse vorbeugende Maßnahmen treffen!

Es folgen nun also einige Vorkehrungen, die Sie berücksichtigen sollten, wenn Sie stundenlang am Computer arbeiten, Schreibmaschine schreiben oder Dokumente studieren:

- Ihr Bildschirm oder die von Ihnen bearbeiteten Dokumente müssen sich 10 bis 15 % unter Ihrem Blickwinkel befinden.
- Vergewissern Sie sich, ob Ihr Arbeitsplatz auch richtig beleuchtet ist. Dies ist besonders dann wichtig, wenn Sie am Bildschirm arbeiten. Eine schlechte Beleuchtung verursacht Reflexe auf dem Bildschirm des Computers.

Können Sie die Beleuchtung nicht verbessern, besorgen Sie sich einen Anti-Reflektor, den Sie am Bildschirm befestigen.

- Machen Sie nach einer Stunde Lesen oder Arbeiten am Computer eine Pause von zehn Minuten. Dieser Ratschlag gilt auch dann, wenn Sie keine Augenübungen machen. Werfen Sie wenigstens einen Blick zum Fenster hinaus. Machen Sie einige Schritte, strecken Sie sich. Nur keine Angst! Was Sie an Zeit verlieren, gewinnen Sie an Konzentration und Leistung.
- Nachdem Sie eine gewisse Zeit gelesen oder am Bildschirm gearbeitet haben, schauen Sie in die Ferne, dann ganz in die Nähe. Verschieben Sie so Ihren Fixpunkt mehrere Male. Dies ist eine »Streckübung« für Ihre Augen, die Sie auch beim Gehen durchführen können. Sperren Sie die Augen weit auf, und rollen Sie mit den Augen, zuerst in die eine Richtung, dann in die andere. Fühlen Sie, wie dies Ihre Augenmuskeln entspannt und auflockert.
- Lächeln Sie sich an. Fühlen Sie, wie die Energie Ihres Lächelns die Augenmuskeln entspannt. Ist Ihnen bereits aufgefallen, daß auch Ihre Augen angespannt sind, wenn Ihr Körper angespannt ist? Umgekehrt entspannt sich der ganze Körper, wenn Sie die Augen entspannen.
- Blinzeln Sie, indem Sie die Augen zusammenkneifen und sie dann weit öffnen. Das Blinzeln hilft, die Augen zu befeuchten.
- Drehen Sie den Hals langsam nach rechts und nach links.

Maßnahmen zur Heilung von Sehstörungen

Die wundertätige Heidelbeere schärft Ihre Sehkraft

Während des Zweiten Weltkriegs entdeckten die Piloten der *Royal Air Force* voller Überraschung, daß die Heidelbeere ihr nächtliches Sehvermögen verbesserte.

Deshalb aßen sie vor einem nächtlichen Einsatz ... Heidelbeerkonfitüre.

Mehreren Forschern ließen die Berichte der Piloten keine Ruhe, und sie analysierten die Heidelbeere. Zu ihrer großen Überraschung entdeckten sie, daß die Heidelbeere tatsächlich Substanzen enthält, die imstande sind, das Sehvermögen zu verbessern: nämlich Anthozyanoside.

Anthozyanoside haben bemerkenswerte Eigenschaften:

- Sie haben eine positive Wirkung auf Enzyme, die eine wichtige Rolle für das Sehvermögen spielen.
- Sie stärken die Kapillaren der Augen, indem sie deren Widerstandsfähigkeit erhöhen und Durchlässigkeit verringern.
- Sie ermöglichen es dem Auge, sich besser an die Dunkelheit anzupassen.
- Sie begünstigen die Wiederherstellung des Sehvermögens bei Lichtüberempfindlichkeit.
- Sie haben keine giftigen Nebenwirkungen.
- Ihre Wirkung zeigt sich innerhalb von vier Stunden nach ihrer Einnahme.

Um von diesen erstaunlichen Anthozyanosiden maximal profitieren zu können, nehmen Sie am besten Heidelbeerextrakt, denn Heidelbeeren enthalten weniger als 1 % Anthozyanoside. Nehmen Sie also vorzugsweise Extrakte, sonst kostet Sie die Konfitüre bald ein Vermögen!

Trotzdem erhalten Sie auch dann gute Ergebnisse, wenn Sie die Heidelbeere frisch oder getrocknet, als Konfitüre oder Sirup zu sich nehmen. Vervollständigen Sie die Behandlung jedoch mit Vitamin A. Dieses Vitamin ist für die Funktion der Augen unerläßlich. Es ist auch bei der Herstellung von Sehpurpur beteiligt. Dieses lichtempfindliche Pigment wird von den Zäpfchen der Netzhaut getragen und ist die Verbindung eines Proteins (Opsin) und eines roten Pigments (Retinal). Der Sehpurpur (oder Rhodopsin) wird vom Licht zersetzt und bei Dunkelheit wieder aufgebaut. Er spielt immer eine wichtige Rolle, wenn Sie fernsehen oder Auto fahren.

Nehmen Sie auch Vitamin B2, das das Vitamin A bei seiner Aufgabe unterstützt.

Diese Behandlung ist angezeigt bei: langen Fernsehabenden, visuellen Anstrengungen bei der Arbeit, nächtlichem Autofahren, häufigen Aufenthalten in grellem Licht.

Maßnahmen zur Linderung von Augenschmerzen

- Baden Sie die Augen in einem Aufguß aus Kamille und getrockneter Heidelbeere. Gießen Sie dazu je 1 Teelöffel Kamille und Heidelbeere in 1 Liter Wasser auf, und geben Sie den Aufguß in ein mit Wasser gefülltes Becken. Verwenden Sie nur reines, neutrales Quellwasser, kein Hahnenwasser! Halten Sie den Atem an, und tauchen Sie den Kopf bis zum Haaransatz ins Wasser. Blinzeln Sie ein paarmal, und tauchen Sie wieder auf. Wiederholen Sie diesen Vorgang so oft wie möglich.
- Tröpfeln Sie zur Entlastung Ihrer Augen ein- bis zweimal wöchentlich 1 Tropfen Zitronensaft in jedes Auge. Machen Sie dies jedoch nicht zu oft.
- Tauchen Sie Ihren Finger in mit Wasser verdünnte Arnikatinktur, und streichen Sie damit über Ihre geschlossenen Augenlider. Diese Behandlung können Sie täglich bei Augenstreß anwenden.
- **Ätherische Öle:** Legen Sie mit Kamillenhydrolat (Römische Kamille) befeuchtete Kompressen auf die Augen.

Wichtig

Reinigen und schonen Sie die Leber. Ist Ihr Blick verkrampft, wenn Sie lesen oder zu lange am Bildschirm arbeiten, wird Ihre Leber auf eine harte Probe gestellt. Sie können sich dann sogar unpäßlich fühlen.

Die umgekehrte Situation trifft ebenfalls zu: Funktioniert Ihre Leber schlecht, leidet auch Ihr Sehvermögen darunter.

Lesen Sie auch die Rubriken *Stauungsleber* und *Gallen- oder Libersteine*.

Selbstdiagnose

Die Technik des Fokussierens

(Siehe auch *Visualisierung)*

Diese von dem Amerikaner Eugen Gendin entwickelte Methode ist überraschend einfach. Sie hilft Ihnen zu verstehen, was Ihnen der Körper durch Unwohlsein, Verspannungen und Schmerzen mitteilen will.

Diese Methode ermöglicht es Ihnen, innerliches körperliches Bewußtsein in Worte zu fassen und besser zu verstehen, warum Sie seelisch oder körperlich krank sind. Und diese Erkenntnis ist gleichzeitig der beste Weg, um das Übel mit der Wurzel auszureißen.

So funktioniert das Fokussieren

Die Methode umfaßt sechs Etappen:

1. Setzen Sie sich hin, schließen Sie die Augen, und entspannen Sie sich so gut wie möglich. Stellen Sie sich eine schöne Landschaft vor. Fühlen Sie, wie der Friede und die Harmonie dieser Landschaft auf Sie übergehen. Sobald Sie sich ausreichend entspannt fühlen, schaffen Sie einen Raum in sich, in dem Sie sich folgende Frage stellen: *»Was beunruhigt mich jetzt gerade?«*
2. Ohne auf irgendeine Weise zu versuchen, die Frage in Gedanken zu beantworten, lassen Sie die von dieser Fragestellung ausgelösten Empfindungen sich vollständig ausbreiten. Dieses körperliche Erleben ist die Wahrheit Ihres Körpers, genau das, was Ihr Körper in diesem Moment empfindet.
   Versuchen Sie nicht, etwas anderes als Ihr Körper zu empfinden. Empfindet Ihr Körper Angst, empfinden auch Sie Angst. Empfindet er Traurigkeit, beschönigen Sie diese nicht mit Gefühlsträumereien. Sie brauchen nicht positiv oder negativ zu sein. Niemand beobachtet Sie, außer Ihnen selbst. Niemand urteilt über Sie, Sie stehen allein sich selbst gegenüber.
- Ist deutlich herausgekommen, was für eine Empfindung Sie beunruhigt, »legen« Sie diese Empfindung vor sich »ab«, an einem ausgedachten oder realen Ort. Ganz so, als ob es sich um einen Gegenstand handeln würde.

3. Bemühen Sie sich, sich von Ihrem Unterbewußtsein einen Begriff oder ein Bild zur Beschreibung dieser Empfindung eingeben zu lassen. So können Sie besser mit dieser Empfindung Kontakt aufnehmen, mit ihr »kommunizieren«. Dabei kann sie auch in einem anderen Licht erscheinen.
4. Im nächsten Stadium lassen Sie dieses Bewußtwerden in sich widerhallen. Die sich daraus ergebende globale Empfindung wird dann alle bewußten und unbewußten Gegebenheiten des Problems umfassen, das Sie beunruhigt.
5. Befragen Sie jetzt Ihre körperlichen Empfindungen. Fragen Sie Ihr Unterbewußtsein nach Ursprung und Art Ihrer Schmerzen. Wenden Sie sich an diesen biologischen Computer in Ihnen. Haben Sie keine vorgefaßten Vorstellungen von den Antworten, die er Ihnen möglicherweise geben wird. Stellen Sie sich vollkommen unwissend, und suchen Sie in Gedanken einen Spezialisten auf, der alles über Sie weiß. Erzwingen Sie die Antwort nicht. Kommt sie ohne Anstrengung von selbst, kann sie als echt gelten und ist nicht von Ihrem Bewußtsein manipuliert.
6. Nehmen Sie die Antworten so an, wie sie kommen, ohne Bedingungen. Sind Sie damit nicht zufrieden, beginnen Sie den Fokussierungsprozeß von vorn. Gehen Sie zur Grundfrage zurück: *»Was beunruhigt oder plagt mich gerade jetzt?«*

Anmerkung
Bei einer derartigen Befragung Ihres Unterbewußtseins können viele Dinge aus Ihrer Vergangenheit oder aus der Gegenwart auftauchen. Ihre Muskel- und Nervenschmerzen können ja sowohl mit Ihrer Vergangenheit als auch mit Ihrer gegenwärtigen Situation zusammenhängen.

Sexualität im Alter

Viele Männer und Frauen führen heue auch weit jenseits der Sechzig noch ein aktives Sexualleben. Daran hat die sexuelle Revolution einen großen Anteil. Wie die berühmten Sexualforscher Masters und Johnson zeigten, erhöht ein früher und unverkrampfter Beginn des Liebeslebens die Chance, auch im Alter sexuell aktiv zu sein. Wie alle anderen Körperfunktionen bleibt auch die Sexualfunktion länger erhalten, wenn sie »trainiert« wird – natürlich ohne Übertreibung.

Eine rege Sexualität in der Jugend reicht natürlich nicht immer aus, um die Liebesquelle auf ewig vor dem Versiegen zu bewahren. Viele Männer müssen sich dies eingestehen, wenn ihre Leidenschaft mit zunehmendem Alter schwindet.

Bekanntlich hängt das Sexualleben im Alter hauptsächlich vom Mann ab, denn die Frau kann normalerweise sehr lange »liebesfähig« bleiben. Wie kann sie jedoch ihre Lust befriedigen, wenn ihr Partner dazu nicht mehr in der Lage ist?

Die taoistischen Philosophen des alten China hatten dieses Phänomen bereits beobachtet und versuchten, Abhilfe zu schaffen. Ihrer Ansicht nach ist eine der Hauptursachen für Impotenz bei älteren Männern die Tatsache, daß sie in frühen Jahren zu verschwenderisch mit ihrem Sperma waren. Die wirkungsvollste Methode, sich ein langes Sexualleben zu sichern, besteht demnach darin, die Häufigkeit der Ejakulation stetig zu senken.

Damit wir uns nicht falsch verstehen: Das soll nicht heißen, daß man keinen Geschlechtsverkehr haben oder nie mehr ejakulieren soll. Sie sollten es jedoch nicht zu häufig zum Samenerguß kommen lassen und sich daran gewöhnen, immer ein bißchen »hungrig« zu bleiben. Laut Taoismus ist es widersinnig, wenn Sie bei jedem Verkehr Ihre Männlichkeit an der Zahl der Samenergüsse beweisen wollen. Damit wird lediglich »Kapital« verschwendet, das Sie besser in den Aufbau Ihrer allgemeinen Lebenskraft (Chi) investieren sollten.

Wenn Sie dieses »Energiesparprinzip« einhalten, werden Sie immer Lust verspüren und jederzeit in der Lage sein, Ihre Partnerin zu befriedigen – und das in jedem Alter. Ihre Lebenskraft wird Ihre Lust und diese wiederum Ihre Lebenskraft nähren, und Sie sichern sich ständig von neuem einen langen und glücklichen Lebensabend.

Sollte Ihnen der Zusammenhang zwischen dem Verlust des Sperma und der Lebenskraft wenig einleuchtend erscheinen, so lesen Sie folgende überzeugende Erklärung von Viktor Kulvinskas in »Survival into the 21st century«:

»Der Samenverlust begünstigt jede Art von Krankheit. Die chemische Zusammensetzung von Sperma ähnelt der von Nerven und Gehirn. Diese Organe werden als erste in Mitleidenschaft gezogen. Da der Körper das Energieniveau der Nerven unbedingt braucht, wirkt sich der Spermaverlust auf den gesamten Körper aus. [...]

Außerdem kann die besonders hohe Einbuße an Phosphor und Kalzium die Knochenbildung beeinträchtigen. Nachdem es die Versuche von Dr. Steinachan und Dr. Vornoff ermöglicht hatten, den Samenverlust auszugleichen, verschwanden alle Symptome verschiedener Krankheiten. Der Körper wurde gestärkt und verjüngert. [...]«

Die Anwendung bestimmter Techniken ermöglicht es Ihnen mit großer Wahrscheinlichkeit, Ihre Sexualfunktion zu reaktivieren und gezielt einzusetzen. Um eine bessere Vorstellung von den Möglichkeiten zu bekommen, die Ihnen helfen können, den Samenerguß unter Kontrolle zu halten, lesen Sie die Rubrik *Vorzeitiger Samenerguß*.

Und denken Sie daran: Die Kunst der Langlebigkeit besteht darin, die Lustquelle in Ihnen nicht versiegen zu lassen. Es liegt an Ihnen, sie in einen Jungbrunnen zu verwandeln!

Sexuelle Funktionsstörungen

(Siehe auch *vorzeitiger Samenerguß, Frigidität, Impotenz* und *Liebe im Alter)*

Sexuelle Funktionsstörungen können auf zwei Ursachen zurückzuführen sein: auf einen Energiemangel oder eine Energieblockade. In beiden Fällen können zahlreiche Akupressurpunkte helfen.

Ein Energiemangel kann sich durch Sterilität, vorzeitigen Samenerguß, weißen oder klaren Ausfluß, mangelndes sexuelles Interesse und möglichen Abort ausdrücken. Hier gilt es, die entsprechenden Punkte zu wärmen, zu stimulieren und zu tonisieren.

Anstelle der Akupressur können Sie auch eine brennende Zigarette ganz nahe an die Akupressurpunkte heranführen, ohne sich jedoch dabei zu verbrennen. Diese traditionelle Stimulierung der Akupressurpunkte nennt man **Moxibustion**. Normalerweise verwenden die Orientalen jedoch einen Stift aus einem speziellen, leicht verschleißbaren Material.

- Tonisieren Sie die Punkte Nr. 34, 35 und 37, um die Libido zu wecken.
- Der Punkt Nr. 13 hilft bei ungenügender Erektion.

- Von dem Punkt Nr. 11 wird von den alten Chinesen überliefert, daß er einer unfruchtbaren Frau einen Sohn schenken kann.
- Bestimmen Sie die Mitte zwischen Nabel und Schambein. Einen Fingerbreit unterhalb dieser Mitte befindet sich ein besonderer Punkt, den die Chinesen Ozean (männliche Energiequelle) nennen. Außerdem kann dieser Punkt den Samenverlust bei nächtlichen erotischen Träumen reduzieren.
- Wärmen Sie den Punkt zwischen innerem Knöchel und Achillessehne. Dieser Punkt begünstigt das Anschwellen und Hartwerden des Penis und bewirkt eine Verzögerung der Ejakulation. Er lockert auch eine angespannte Vagina.
- Der Punkt Nr. 18 wirkt bei übermäßiger Scheidensekretion außerhalb des Geschlechtsverkehrs regulierend. Er kann einen spontanen Abort vermeiden helfen.
- Das Tonisieren und Erwärmen des Punktes Nr. 22 gibt Mut und Kraft und kann bei Sterilität hilfreich sein.
- Im Fall einer Energieblockade aufgrund von übermäßiger nervöser Anspannung stimulieren Sie den Punkt Nr. 35. Massieren Sie zur Entspannung den gesamten Bereich des Unterbauches. Massieren Sie unter Zuhilfenahme von Öl die gesamte Dammregion zwischen Genitalorganen und Anus. Atmen Sie tief durch.

Sinusitis

(Siehe *Nebenhöhlenentzündung)*

Sodbrennen (Magenübersäuerung)

Eine Magenübersäuerung kann sich durch einfaches Brennen bis hin zu Geschwüren äußern. Neben einer emotionsbedingten nervösen Anspannung im Bereich des Solargeflechts ist diese Übersäuerung in den meisten Fällen auf eine falsche Nahrungszusammenstellung zurückzuführen. Die Verdauung wird erschwert, wodurch im Magen mehr alkalische Galle vorhanden ist; als Reaktion darauf wird mehr Magensäure produziert.

Die überschüssige Magensäure kann auch durch die Aufnahme von Zucker und Getreide verursacht werden, denen die eiweißhaltigen Bestandteile, die normalerweise diese Säure neutralisieren, durch Raffination entzogen wurden.

Was Sie tun können

Umschläge

- Legen Sie abwechselnd Heilerdeumschläge und Kohlblätter auf die Magengrube.

Absud aus Süßholzwurzel

- Lassen Sie 30 bis 50 g Süßholzwurzel pro Liter Wasser 5 Minuten kochen und 12 Stunden ziehen; nehmen Sie den Absud bei Bedarf ein (tun Sie dies aber nicht über einen zu langen Zeitraum, da sonst verschiedene Störungen im Organismus auftreten können).

Aufguß

- Trinken Sie vor den Mahlzeiten 1 Tasse Kamillentee (8 bis 10 Blütenköpfe pro Tasse).
- Trinken Sie nach den Mahlzeiten 1 Tasse Pfefferminztee (10 bis 15 g Blätter pro Liter Wasser).

Ätherische Öle

Nehmen Sie mehrmals täglich folgende ätherischen Öle mit etwas Honig mit:

- Zitrone, 5 bis 10 Tropfen,
- Pfefferminze, 2 bis 5 Tropfen.

Pflanzliche Kohle mit Kräutern

Die Kohle bindet bakterielle Giftstoffe und andere Gärungsprodukte, die die Verdauung beeinträchtigen. Nehmen Sie dreimal täglich 1 Kohletablette oder zweimal täglich 2 Kohletabletten nach dem Essen mit Kamillentee ein. (Möchten Sie mehr über pflanzliche Kohle wissen, lesen Sie das Kapitel *Zwei ausgezeichnete Heilmittel für jeden Bedarf* in Ihrem Ratgeber »Die Hausapotheke«.)

Aloe-vera-Trinkgel

Trinken Sie davon vor und nach dem Essen.

Dies ist eine der traditionsreichsten Anwendungen der Aloe vera. In der Antike hat der berühmte Arzt Dioskurides in seiner Arzneimittellehre »Materia Medica« bereits darauf hingewiesen. Russische und amerikanische Untersuchungen haben die wohltuende Wirkung von Aloe vera auf den Magen-Darm-Trakt bestätigt. Dank ihrem ausgeglichenen pH-Wert kann die übersäuerte Darmwand wieder neutralisiert werden. Außerdem werden durch die betäubenden Eigenschaften der Aloe vera Reizungen oder Blähungen gelindert oder gar beseitigt.

Gemüsesaft

Nehmen Sie vor jeder Mahlzeit 1 Eßlöffel Kohlsaft und nach jeder Mahlzeit 1 Eßlöffel Saft aus rohen Kartoffeln ein.

Akupressur

- Massieren Sie die Punkte Nr. 9, 19 und 25.
- Massieren Sie vom Brustbein aus an der Unterseite der Rippen entlang, bis Sie 4 Fingerbreit von der Mittellinie des Körpers entfernt sind. An dieser Stelle müßten Sie zwei besonders empfindliche Punkte wahrnehmen: den ersten 1/2 Daumenbreit von der Mittellinie entfernt ganz nah beim Brustbein, den zweiten 3 Fingerbreit von der Mittellinie entfernt.
- Bei saurem Aufstoßen massieren Sie den Punkt Nr. 15.

Weitere Tips

Kauen Sie vor dem Essen ein paar Mandeln, und essen Sie jeden Tag gekochten und rohen Kohl. Nehmen Sie außerdem 1 Kapsel Cayennepfeffer in 1 Glas Wasser ein.

Empfehlungen

- Meiden Sie säurebildende Nahrungsmittel (siehe unter *Ernährung zur Beschleunigung der Genesung).*
- Leiden Sie an einem Magengeschwür, meiden Sie faserhaltige Lebensmittel. Eine Wasserfastenkur ist, unter Aufsicht eines Arztes durchgeführt, eines der wirksamsten Mittel zur Heilung der Magenschleimhaut.
- Es ist heute allgemein bekannt, daß Streß die Ursache für viele Verdauungsstörungen ist. Wenn Sie ein paar Regeln beachten, können Sie die Auswirkungen von Anspannungen aller Art auf Ihr Verdauungssystem eindämmen:
  - Essen Sie in Ruhe und ohne Eile.
  - Vermeiden Sie während der Mahlzeit Lärm und andere unangenehmen Klänge, zu helles Licht sowie Aktivitäten, die die Aufmerksamkeit vom Essen ablenken (z. B. Fernsehen).
  - Kauen Sie das Essen gut.
  - Wenn Sie zu angespannt sind, sollten Sie die Mahlzeit besser ein wenig aufschieben und sich einen Moment Ruhe gönnen, um tief durchzuatmen und eine Entspannungsübung zu machen.
  - Vermeiden Sie während des Essens Unterhaltungen und Themen, die größere Meinungsverschiedenheiten auslösen könnten.

Sommersprossen

(Siehe auch *Sonnenempfindlichkeit)*

Sommersprossen sind genetisch bedingt. Falls Sie welche haben, können Sie also mit Sicherheit nichts dafür. Sie haben keinen Ernährungsfehler begangen und sich auch in Ihrer Jugend nicht zu lange der Sonne ausgesetzt.

Sommersprossen treten bei Menschen mit dunklem oder hellem Teint gleichermaßen auf. Natürlich entwickeln sie sich viel stärker, wenn Sie eine blasse Haut haben. Auf alle Fälle werden sie besonders intensiv, wenn Sie zu Beginn der schönen Jahreszeit zu schnell an die Sonne gehen.

Sommersprossen sind keineswegs ein äußerlicher Makel. Sie können Sie »frech« aussehen lassen und verstärken Ihre Ausstrahlung in ganz besonderer Weise.

Trotzdem mögen manche Menschen sie nicht. Sei es, weil sie mit Altersflecken verwechselt werden können oder weil sie zu zahlreich sind.

Was Sie tun können

Wer über seine Sommersprossen unglücklich ist, wird mit Freude hören, daß sie mit natürlichen Mitteln abgeschwächt oder sogar vollständig zum Verschwinden gebracht werden können. Hier sind einige Tips:

- Reiben Sie die betroffenen Hautpartien mit Rohmilch ein, in die Sie eine in Scheiben geschnittene Salatgurke eingelegt haben.
- Reiben Sie die Haut mit leicht gesalzenem Zitronensaft ein.
- Reiben Sie die Sommersprossen mit einer Mischung aus gehackten Zwiebeln und Essig ab.
- Bereiten Sie eine Paste aus geriebenen Bittermandeln und Wasser zu, und verteilen Sie diese auf den Sommersprossen.
- Reiben Sie die Haut zweimal täglich mit frischem Petersiliensaft oder Petersilienaufguß ein.
- Bereiten Sie eine Mischung aus 3 Teilen frischer Kresse und 1 Teil Honig zu. Betupfen Sie mit einem Wattebausch morgens und abends damit Ihr Gesicht.

Sonnenempfindlichkeit

Die Sonne ist Lebensquelle, kann aber auch Todesursache sein. Wußten Sie, daß jeder zweite Australier über fünfzig an Hautkrebs leidet? In den Vereinigten Staaten wurden 1'000 % mehr Hautkrebsfälle als 1930 registriert. Und in 90 % der Fälle befinden sich die Tumore an den am meisten der Sonne ausgesetzten Stellen.

Die Sonnenstrahlung ist auch eine der Hauptursachen für das Altern der Haut.

Natürlich verursacht die Sonne auch schmerzhaften Sonnenbrand. Ganz abgesehen davon, daß Sonnenbrand beim Ausheilen auch einen wenig ästhetischen Anblick hinterläßt. Wenn Sie sich in unbedachter Weise der Sonne aussetzen, laufen Sie Gefahr, das Gegenteil der erhofften Wirkung zu erzielen. Richtiges Sonnenbaden ist also eine Kunst!

Wenn Sie ein heller Hauttyp sind und blonde Haare haben, müssen Sie selbstverständlich beim Sonnen aufpassen. Aber selbst dann, wenn Sie einen ziemlichen dunklen Teint haben, müssen Sie sehr vorsichtig sein. Selbst die besten Sonnenschutzmittel bieten nur einen begrenzten Schutz gegen die schädlichsten Sonnenstrahlen.

Es kommt Ihnen vielleicht überflüssig vor, diese Vorsichtsmaßnahmen zu wiederholen, aber die »Leidenschaft« zum Bräunen ist eine starke »Droge«. Wie ist es sonst erklärlich, daß sich in den Vereinigten Staaten 44 % der Leute, die wegen Hautkrebs in Behandlung waren, immer noch sonnen. Und nur 38 % benutzen ein Sonnenschutzmittel ...

Was Sie tun können

Vorbeugemaßnahmen

Beachten Sie zunächst folgende wichtigen Empfehlungen:

- Tragen Sie die Sonnenschutzcreme eine halbe Stunde vor dem Sonnenbaden auf.
- Vergessen Sie nicht, daß die Sonneneinstrahlung zwischen 12 und 14 Uhr besonders gefährlich ist.
- Wolken schützen nicht unbedingt vor Sonnenstrahlen. Die Spiegelung der Sonnenstrahlen auf dem Wasser kann ebenfalls Ihre Haut angreifen.

Zu diesen grundsätzlichen Vorkehrungen kommen je nach Ihren persönlichen Bedürfnissen noch folgende Tips hinzu:

Heilpflanzen

- Eine stärkende Weizenkleiebehandlung wird empfindlichen Hauttypen zugute kommen. Nehmen Sie einige Wochen, bevor Sie sich der Sonne aussetzen, **Weizenkleiebäder.** Zubereitung: 1 Kilo Kleie in 5 Liter Wasser zum Kochen bringen, abseihen und ins Badewasser geben.
- Es gibt noch eine weitere Möglichkeit, sich gut auf die heiße Jahreszeit vorzubereiten. Vor allem, wenn Sie vorhaben, viele Stunde an der Sonne zu verbringen! Trinken Sie täglich 1 Glas Karottensaft, fangen Sie damit einen Monat vor Beginn des Sommers an.

Die Karotte ist ein Gewebe- und Hautverjügungsmittel. Sie stärkt die Abwehrkräfte des Körpers und wirkt sowohl innerlich als auch äußerlich als Wundheilmittel. Dank ihrem hohen Provitamin-A-Gehalt schützt die Karotte die Haut vor dem ersten Sonnenbrand.

- Die Lichtempfindlichkeit der Augen kann teilweise durch regelmäßigen Verzehr von **Heidelbeeren** gemindert werden. Heidelbeeren verbessern die Regeneration des Sehvermögens. Sie enthalten Anthocyanidine (pflanzliche Farbstoffe), die die Blutgefäße der Augen kräftigen und ihre Durchlässigkeit verringern (siehe auch *Sehkraft*).

Akupressur

Tonisieren Sie die Punkte Nr. 11, 17, 18, 19, 24 und 25. Sedieren Sie die Punkte Nr. 16, 39, 42 und 43. Diese Punkte sind wirksam:

- wenn Sie sehr sonnenempfindlich sind;
- wenn es Ihnen immer zu heiß ist und Sie die kühlen den warmen Jahreszeiten vorziehen.

Behandlung von Sonnenbrand

Aloe vera ist ein Mittel, um Sonnenbrände zu heilen. Der Beweis dafür ist der Ausschnitt aus einer Studie, die der texanische Zahnarzt Ellis G. Bovik veröffentlicht hat:

»Meine Frau und ich waren für ungefähr acht Stunden auf die Insel Padre zum Angeln gegangen. Unseren Oberkörper hatten wir mit einem Sonnenöl vor der Sonne geschützt, wir hatten jedoch vergessen, unsere Beine einzureiben. Am nächsten Morgen war es uns unmöglich aufzustehen, so sehr waren unsere Beine verbrannt.

Schließlich kam das mexikanische Dienstmädchen in unser Zimmer und sah, in welchem Zustand wir uns befanden. Sie eilte zu sich nach Hause und kam mit einem dicken Aloe-vera-Blatt zurück. Mit großer Geschicklichkeit schälte sie das Blatt und trug das Gelee auf unsere Beine auf.

In weniger als einer halben Stunde waren wir beide wieder in der Lage aufzustehen. Wir blieben jedoch mit dem Aloe-vera-Gelee auf den Beinen im Bett liegen. Wir hatten keine Schmerzen, keine Blasen und demzufolge auch keine Narben.« (in: Texas Dental Journal, 1966)

Soorpilz (candida albicans)

Leiden Sie unter folgenden Symptomen: große Erschöpfung, häufige Kopfschmerzen, jähe Stimmungswechsel, Depressionen, Sucht nach Zucker, Gedächtnisverlust, Abnahme des sexuellen Verlangens, Impotenz, Unfruchtbarkeit, wiederholte Scheidenentzündungen, Allergien, Gewichtszunahme, Blähungen, Muskelschmerzen usw.? Nehmen Sie oder haben Sie lange Zeit hindurch Antibiotika, Nebennierenrindenhormone oder die Anti-Baby-Pille genommen?

Wenn Sie mit »ja« antworten, leiden Sie möglicherweise an einer Candidamykose.

Ursachen

Vom Mund bis zum Mastdarm, in den Harnorganen und im Vaginalmilieu ist Candida albicans in der Form von Hefe nützlich. Doch wenn sie die Form eines Myzels annimmt, können ihre Wurzeln in die Darmschleimhaut eindringen. Dabei zerstören sie die Schranke zwischen dem Darmmilieu und dem Blut, was die Einschleusung unerwünschter Substanzen in den Blutkreislauf begünstigt.

Candida und ihre Gifte können sich auch im Mund und in der Scheide vermehren, sich auf den Herzklappen, den Arterien verbreiten, das Gehirn angreifen usw.

Was Sie tun können

Folgende strenge Diät ist angezeigt:

- Verzichten Sie auf raffinierte und chemisch behandelte Lebensmittel, Alkohol, Zucker, Obst, Gluten (Weizen, Roggen), Milch, Hefe, Essig, Sauerkraut, geräucherte oder getrocknete Lebensmittel, Pilze und Kräutertees.
- Nehmen Sie täglich mehrere Knoblauchkapseln sowie hohe Dosierungen von Multivitaminpräparaten und Propolis ein.

St

Stauungsleber

Die Stauungsleber führt zu einer Vergrößerung der Leber, die sehr empfindlich wird, ohne jedoch eine harte Masse zu werden.

Die Stauungsleber wird häufig dadurch verursacht, daß sich als Folge von Ernährungsfehlern Gifte ansammeln. Sie lauert Ihnen also besonders auf, wenn Sie fettleibig sind oder reichhaltiges und fettes Essen mit viel Alkohol lieben. Sie laufen aber ebenfalls Gefahr, eine Stauungsleber zu bekommen, wenn Sie an Herzinsuffizienz leiden.

Was Sie tun können

Die folgenden Vorschläge sind vor allem für die ernährungsbedingte Stauungsleber gedacht:

Außer dem Fasten besteht die beste Methode zur Entgiftung der Leber darin, eine Zeitlang nur grünes Gemüse (roh oder gekocht) zu essen. Bevorzugen Sie insbesondere die Artischocke, und gebrauchen Sie das Kochwasser in den Suppen. Essen Sie Artischockengerichte. Sie finden sogar Artischokkentinktur im Handel (beachten Sie die Gebrauchsanweisung des Herstellers).

Verzichten Sie auf Gebratenes, tierische Fette und Alkohol. Meiden Sie weißen Zucker. Machen Sie Gymnastikübungen. Und achten Sie darauf, nicht zu frieren.

Heilerde

Machen Sie täglich 2 Umschläge mit kalter Heilerde von 1 cm Dicke, die Sie jeweils 2 Stunden einwirken lassen. Einige Tage später, wenn die Behandlung gut vertragen wird, machen Sie einen Umschlag mit lauwarmer oder warmer Heilerde von 2 cm Dicke, den Sie möglichst die ganze Nacht anbehalten.

Aufguß

- 1 bis 2 Teelöffel **Rosmarinblätter** pro Tasse; trinken Sie 1 Tasse vor oder nach den Mahlzeiten.
- 50 g **Löwenzahnblätter und -wurzel** pro Liter Wasser; trinken Sie 3 Tassen täglich vor den Mahlzeiten.

Akupressur

- Massieren Sie die schmerzenden Stellen am unteren Rand der Rippen rechts und links, besonders das äußerste Ende der beiden falschen Rippen.
- Massieren Sie die Punkte Nr. 34, 21 und 20.
- Massieren Sie die Punkte zwischen den Rippen, die sich auf einer senkrechten Linie unter der Brustwarze befinden.
- Massieren Sie am Rücken die Punkte auf Höhe des 9., 10. und 11. Brustwirbels.

Magnettherapie

- Legen Sie Mikromagneten auf die erwähnten Akupressurpunkte oder einen großen Magneten mit der Südpolseite auf die Lebergegend.
- Trinken Sie täglich 1 bis 3 Liter magnetisiertes Wasser.

Ätherische Öle

Nehmen Sie morgens auf nüchternen Magen einige Tropfen Thymian- (mit Linalool) und Rosmarinhydrolat (mit Verbenon) in etwas lauwarmem Wasser ein.

Stauungslunge

Die Stauungslunge rührt von einer anormalen Ansammlung von Blut in der Lunge her. Sie kann einen oder beide Lungenflügel betreffen.

Sie zeigt sich zunächst durch verdächtige Geräusche in der Lunge. Andere Zeichen: Sie haben Fieber, und wenn Sie husten, findet sich Blut in dem ausgehusteten Schleim.

Ursachen

Die Stauungslunge ist keine eigene Krankheit. Sie ist vielmehr die Folge ziemlich ernster Funktionsstörungen von Herz oder Lunge und stellt ein wichtiges Symptom dar.

Wie andere Formen von Stauung ist sie eine Verteidigungsmaßnahme des Körpers, um auf dem Schlachtfeld der Infektion eine »Armee« von weißen Blutkörperchen, Antikörpern usw. aufzustellen.

Was Sie tun können

Eine ärztliche Untersuchung und Behandlung sind unerläßlich. Sie können sich aber mit einem der folgenden Hausmittel Erleichterung verschaffen:

Senfumschlag

Machen Sie einen Umschlag aus Leinkuchen und Senfmehl.

Fuß- und Handbäder mit Senf

Geben Sie 150 g Senf in 4 Liter warmes Wasser (nicht zu heiß, denn sonst zersetzt sich der Senf). Die Fuß- und Handbäder sollten nicht länger als 20 Minuten dauern (weniger lang, wenn Sie sich unbehaglich fühlen).

Aufguß

- 1 Teelöffel **Ginsterblüten** pro Tasse; trinken Sie 2 bis 3 Tassen täglich.
- 1 Dessertlöffel **Veilchenblüten** pro Tasse; trinken Sie 2 bis 4 Tassen täglich.

Auszug

Lassen Sie 15 bis 30 g Meerrettich pro Liter Wasser 5 Minuten kochen und 12 Stunden ziehen. Trinken Sie davon 2 Tassen täglich zwischen den Mahlzeiten.

Meerrettichsirup

Schneiden Sie einen Meerrettich in Scheiben, legen Sie diese in ein Sieb (nicht aus Metall) über einem Gefäß, und bestreuen Sie die Scheiben mit Zucker. Die Flüssigkeit, die aus ihnen quellen wird, ist der Sirup. Nehmen Sie davon 1 bis 2 Eßlöffel täglich.

Akupressur

- Stellen Sie sich auf die rechte Seite der Person, der Sie helfen wollen. Legen Sie Ihre rechte Hand auf die Brust, die Mitte des Handtellers auf den Punkt Nr. 8. Legen Sie Ihre linke Hand in derselben Höhe auf den Rücken. Warten Sie einige Minuten, dann legen Sie die Hände mehr nach oben, die rechte auf den oberen Teil des Brustbeins, und warten Sie wieder einige Minuten.
- Sedieren Sie die Punkte Nr. 6, 7, 24 und 25.

Steine der Harnorgane (Nieren-, Blasen- und Harnleitersteine)

Bei einer Nierensteinkolik sind die Harnwege blockiert. Normalerweise werden Nierensteine, wenn sich welche bilden, mit dem Urin ausgeschieden. Wenn sie in den Harnwegen steckenbleiben, sind heftigste Rückenschmerzen in Höhe der Nieren die Folge.

Was Sie tun können

Trinken Sie viel Wasser (ungefähr 10 Glas pro Tag). Es ist möglich, daß damit alle Nierensteine ausgeschieden und die Bildung neuer verhindert wird.

Im Prinzip kennt die Schulmedizin keine wirkliche Therapie, um Nierensteine zu eliminieren, die nicht von selbst abgehen. In der Naturheilkunde gibt es einige seit altersher angewandte Heilmittel für dieses Problem.

Absud

- Kochen Sie 30 g **Queckenwurzel** in etwas Wasser. Schütten Sie das Wasser weg, zerquetschen Sie die Wurzel, und lassen Sie sie in 1 1/4 Liter Wasser kochen, bis sich die Wassermenge auf 1 Liter verringert hat. Trinken Sie nach Belieben davon.
- Lassen Sie 1 Handvoll **Maisbart** pro Liter Wasser 10 Minuten kochen, und trinken Sie nach Belieben davon.
- Kochen Sie **rote Rüben** in Wasser, zerquetschen Sie sie, seihen Sie das Wasser ab, und lassen Sie den Brei nochmals köcheln, bis er zu Sirup wird. Davon dreimal täglich 1/2 Tasse trinken.

Magnettheraphie

Trinken Sie täglich 1 bis 3 Liter magnetisiertes Wasser.

Bemerkung

Wenn Sie Nierensteinen haben, lassen Sie sich mindestens zweimal jährlich untersuchen.

Stillzeit

Schulmedizin und Naturheilkunde befürworten beide das Stillen, wenn ausreichend Muttermilch vorhanden ist. Die in den vierziger Jahren entstandene Mode der Ernährung mit der Flasche verschwindet langsam; immer mehr Frauen wollen ihr Kind wieder stillen.

Das ist nicht erstaunlich! Stillen bereitet sowohl dem Neugeborenen als auch der Mutter sehr viel Freude. Stillen hat aber nicht nur psychologische Vorteile. In den ersten Tagen nach der Geburt sondern die Brüste Vormilch (Kolostrum) ab, bevor die Milch einschießt. Die Vormilch enthält mehrere Abwehrstoffe, die den Säugling zu Beginn seines Lebens schützen.

Während der Stillzeit können jedoch gewisse Schwierigkeiten auftreten. Selbstverständlich haben die Frauen früher nicht auf die Frauenärzte von heute gewartet, um etwas dagegen zu unternehmen. Im folgenden werden einige ihrer Hausmittel und auch zeitgenössische Methoden aufgeführt.

Was Sie tun können

Zur Anregung der Milchproduktion

Bei manchen Frauen kommt die Milch erst spät. Wenn das bei Ihnen der Fall ist, fangen Sie auf gar keinen Fall damit an, Ihrem Kind die Flasche zu geben. Die Bildung Ihrer Muttermilch hängt vom Saugen Ihres Kindes ab. Geben Sie ihm lieber die Brust, wenn es nach ihr verlangt. Das wird die Milchproduktion stimulieren.

Einreibungen

Mit warmem Rizinusöl.

Umschläge

Mit Rizinusblättern.

Aufguß

1 Teelöffel Anis-, Fenchel- oder Kümmelfrüchte auf 1 Tasse Wasser, 1 Tasse nach jeder Mahlzeit.

Ätherische Öle

Grüner Anis oder Fenchel in sehr geringen Dosen (2 bis 3 Tropfen).

Zur Behebung eines Milchstaus während der Stillzeit

Nach Beginn der Stillzeit können Ihre Brüste durch überschüssige Milch schwer und hart werden. Man spricht dann von Milchstau.

Ein Säugling kann an einer zu vollen Brust nicht saugen. Sie müssen also einen Teil der Milch mit der Hand ausstreichen. Es gibt für diesen Zweck auch besondere Milchpumpen.

Zur Verhütung eines Milchstaus

- Geben Sie dem Kind die Brust, sobald es danach verlangt. Auf diese Art machen Sie die Milchgänge frei.
- Lassen Sie das Kind erst eine Brust leer trinken. Geben Sie ihm danach kurze Zeit die andere Brust, bevor Sie aufhören zu stillen.
- Baden Sie Ihre Brüste in warmem Wasser, um sie zu entspannen.
- Dämpfen Sie 2 Handvoll Hirtentäschelkraut, und wickeln Sie die Pflanzen dann in ein Baumwolltuch. Legen Sie sich den Umschlag auf die Brust, und umwickeln Sie ihn mit einem Wolltuch.

Anmerkung

Wenn Sie einen Knoten in einer Brust fühlen und gleichzeitig Fieber und Gliederschmerzen haben, leiden Sie sehr wahrscheinlich an einer Brustdrüsenentzündung bzw. Mastitis. Sie brauchen sich deshalb jedoch nicht zu beunruhigen. Die kanadische Frauenärztin Dr. Hélène Cantlie erklärte diesbezüglich:

»Mastitis ist in den meisten Fällen harmlos. Für ihre Behandlung reicht es aus, wenn Sie sich ohne Büstenhalter mit dem Säugling ins Bett legen, die kranke Brust mit Wärme behandeln, den Kleinen alle zwei Stunden oder noch öfter (Tag und Nacht) an dieser Brust saugen lassen, viel trinken (Milch, Saft usw.) und alle 4 Stunden ein oder zwei Aspirin gegen das Fieber einnehmen.

Manche Mütter nehmen bei einer Brustdrüsenentzündung auch 400 bis 800 internationale Einheiten Vitamin E pro Tag. Bei dieser Behandlung sollte das Fieber in weniger als zwei Tagen fallen, die Symptome werden in 4 bis 5 Tagen verschwinden.«

Zur Unterbindung der Milchproduktion nach dem Abstillen

Wenn die Zeit des Abstillens kommt, hören die Brustdrüsen nicht zwangsläufig sofort auf, Milch zu produzieren. Die Brüste füllen sich weiterhin mit Milch, und das kann sehr schmerzhaft sein. In diesem Fall sollten Sie eines der folgenden Mittel anwenden:

Brustumschläge

Mit Kresse- oder Petersilienblättern.

Absud

Kochen Sie 15 Minuten lang 40 g der Wurzeln des Spanischen Rohrs (arundo donax) in 1 Liter Wasser. Trinken Sie den Absud innerhalb von 24 Stunden. Es wird behauptet, dies sei das beste Mittel überhaupt, um die Bildung von Muttermilch zu unterbinden.

Aufguß

Am besten trinkt man gleichzeitig abführende und schweißtreibende Kräutertees. Das mag seltsam klingen, aber diese Mittel sind seit Generationen dafür bekannt, daß sie die Milchproduktion hemmen.

- Abführender Aufguß: 10 bis 15 Sennesblätter auf 1/2 l Wasser oder 3 Sennesfrüchte auf 1 Tasse Wasser; 3 Tassen täglich.
- Schweißtreibender Aufguß: 1 Teelöffel Blüten und Blätter der Wiesenkönigin auf 1 Tasse Wasser; 3 bis 5 Tassen täglich.

Ätherisches Öl

Nehmen Sie täglich 2 Tropfen Salbeiöl (salvia officinalis) mit Honig zu sich.

Ein altes Hausmittel, um Ihr Kind abzustillen

In Mexiko und anderen subtropischen Ländern, in denen Aloe vera (Aloe barbadensis) im Überfluß wächst, reiben die Mütter ihre Brustwarzen mit dem dickflüssigen Saft der frischen Aloe-Pflanze ein. Der natürliche bittere Geschmack dieser Pflanze entmutigt den Säugling, nach der Brust zu verlangen.

Sie können auch Grenobler Nüsse essen. Dadurch erhält die Milch einen schlechten Beigeschmack; der Säugling wird freiwillig die Brust verweigern.

Stottern

In gewissen Fällen deutet Stottern auf neuromotorische Störungen hin. Doch meistens ist der psychologische Faktor unbestreitbar. Sie werden feststellen, daß eine Person um so stärker stottert, als sie emotional aufgewühlt ist.

Tatsächlich wird auch ein normaler Mensch Ausdrucksschwierigkeiten haben, wenn er unter einem extremen emotionalen Schock steht.

Welches auch der Grund dafür sein mag, beunruhigen Sie sich nicht, falls Ihr Kind stottern sollte. Bei vielen großen Denkern war das der Fall: Demosthenes – bestimmt der bekannteste –, Winston Churchill, Charlie Chaplin, Paul Valéry und anderen.

Was Sie tun können

Falls das Problem psychologischer Natur ist, sollten Sie von einem Psychologen abklären lassen, welches die möglichen Gründe für das Stottern sind.

Es ist hilfreich zu wissen, ob es sich um Gehemmtheit, fehlende Selbstsicherheit oder um ein tiefes, erschütterndes Trauma handelt. Im Fall von Gehemmtheit oder fehlender Selbstsicherheit kann eine stotternde Person von sich aus große Fortschritte machen.

Demosthenes ist dafür das beste Beispiel. Er fand sich mit seiner Behinderung nicht ab, sondern versuchte jedes Mittel, um sich davon zu befreien.

Bestimmt kennen Sie die Geschichte.

Demosthenes begab sich oft an einen verlassenen Strand und füllte seinen Mund mit Kieselsteinen. Er versuchte dann, so laut und deutlich zu sprechen, daß er das Geräusch der Wellen übertraf. Dank diesem Training wurde er zu einem der größten Redner der Antike.

Ein schönes Beispiel von Hartnäckigkeit, das Stotterer aller Zeiten inspiriert hat.

Hier nun vier Übungen, die Ihnen helfen werden, dem Beispiel von Demosthenes zu folgen. Beginnen Sie mit der ersten Übung; die drei folgenden können Sie auch einzeln oder in der von Ihnen gewünschten Reihenfolge durchführen.

1. Übung

Bevor Sie mit einer der folgenden Übungen beginnen, entspannen Sie sich und wiederholen eine positive Aussage wie: *»Mein Sprechvermögen wird von Tag zu Tag besser.«* oder *»Ich fühle, wie die Worte leicht und ungehemmt von meinen Lippen kommen.«*

Wählen Sie die Formulierung sorgfältig (siehe auch *Visualisierung*), und halten Sie sich strikt daran. Wiederholen Sie jede Aussage zehnmal, indem Sie sie mit Hilfe der Finger abzählen.

Wiederholen Sie die ganze Serie ein- bis dreimal, je nach der Zeit, die Ihnen zur Verfügung steht. Wechseln Sie ab zwischen gedachten und laut gesprochenen Aussagen. Beachten Sie den Unterschied.

2. Übung

Ziehen Sie sich an einen geschützten Ort zurück. Schreien Sie während einiger Minuten, was immer Ihnen in den Sinn kommt. Geben Sie Ihrer Wut und Ihrem Leiden spontan Ausdruck, leise oder laut. Bemühen Sie sich nicht um gute Aussprache. Beurteilen Sie sich nicht. Handeln Sie, ohne zu zögern.

3. Übung

Die dritte Übung geht ungefähr in die gleiche Richtung wie die zweite. Hier müssen Sie Laute von sich geben, die absolut keinen Sinn ergeben. Sie können von Silben ausgehen, die Sie jedoch auf ungewohnte Weise miteinander kombinieren. Versuchen Sie, die Laute zu variieren und sie nicht zu wiederholen.

Sprechen Sie mit Überzeugung und Autorität. Stellen Sie sich vor, Sie würden vor der Person, die Ihnen am liebsten ist, oder vor einer faszinierten Menschenmenge eine brillante Rede halten.

Ihre Versuche werden anfangs natürlich dem Plappern eines Kleinkindes ähneln, da Sie die Tendenz haben werden, die gleiche Silbe zweimal auszusprechen. Doch nach und nach werden Sie erstaunliche Worte erschaffen. Sie werden den Eindruck haben, daß Sie in einer fremden, ja sogar außerirdischen Sprache sprechen.

Wozu diese Übung?

Ihre Probleme stammen zu einem großen Teil von verinnerlichten Reflexen, die mit Ihrer Muttersprache zusammenhängen. Die Tatsache aber, daß Sie Laute ohne Sinn und Logik von sich geben, erlaubt es Ihnen, unerforschte

Teile Ihres Gehirns zu aktivieren. Mit der Zeit wird es Ihnen gelingen, Ihren Redefluß positiv zu beeinflussen.

4. Übung

Sie können große Fortschritte erzielen, wenn Sie jeden Tag systematisch während wenigstens 30 Minuten laut lesen. Wenn es die Umstände erlauben, sprechen Sie so laut, als ob Sie vor einer Menschenmenge stünden.

Weitere Möglichkeiten

- Der Grund des Stotterns kann nicht nur rein psychologischer Natur sein, sondern muß auch neurologisch abgeklärt werden. Beispielsweise könnte ein niedriger Histaminspiegel, der durch einen Überschuß an Kupfer verursacht werden kann, das Stottern auslösen. Vermeiden Sie eine Überlastung des Körpers durch Kupfer.
- Lassen Sie sich von Ihrem Arzt oder einem Heilpraktiker wenn nötig die folgenden Vitamine und Spurenelemente verschreiben: Vitamine B3, B5, B6, B9, B12, Cholin, Vitamin C; Zink, Mangan, Molybdän.
- Nehmen Sie zusätzlich mehr Proteine zu sich.

Streß

Streßbewältigung

Wenn Sie nie gelernt haben, mit Streß umzugehen, werden Sie sich früher oder später in ausweglosen, zermürbenden Situationen wiederfinden.

Streß läßt sich mit Hilfe von Beruhigungsmitteln nicht wirksam bewältigen. Nicht einmal dadurch, daß man die Situationen meidet, die Streß verursachen.

Streß zu bewältigen bedeutet, das Verhältnis zwischen Ihnen, Ihren Zielen sowie der Zeit, die Ihnen zur Verfügung steht, gestalten zu können. Dazu müssen Sie Prioritäten setzen.

Legen Sie ganz präzise Ihr Hauptziel fest

Sobald Sie wissen, welches Ihr Hauptziel ist, wird es Ihnen gleich viel leichter fallen, sich nicht von dem überwältigen zu lassen, was Nietzsche die »Anarchie der Wünsche« nannte. Ihre Sekundärziele werden sich harmonisch Ihrem Hauptziel unterordnen. Auf diese Weise wird es Ihnen viel leichter fallen, wichtige Entscheidungen zu treffen.

Haben Sie den Mut, sich folgende Frage zu beantworten!

Die Festlegung Ihres langfristigen oder Ihres Hauptziels sollte durch folgende Frage geschehen: *»Was ist für mich am wichtigsten? Mein Familienleben, meine Beziehung, meine berufliche Karriere usw.?«* Bestimmt gibt es einen Aspekt, der wichtiger ist als die anderen. Seien Sie ehrlich mit sich selbst.

Guy Lafleur, ein erfolgreicher Hockeyspieler aus Quebec, zögerte keine Sekunde mit der Antwort, als ein Journalist ihn danach fragte, was das Wichtigste in seinem Leben sei: *»Für mich gibt es nichts Wichtigeres als Hockey. Hockey kommt vor meiner Familie, meiner Frau, meinen Kindern. Sie glauben doch nicht, daß ich 20 Jahre lang so hart trainiert habe, um dann ein braver Familienvater zu werden.«*

Seine Äußerung schockierte viele Frauen. Aber dies ist eine eindeutige Haltung, die es ihm erlaubt, seine Kräfte gezielt und ohne Zögern einzusetzen.

Sind Sie eine »Superwoman«?

Der Streß mancher »Superwomen« wird hauptsächlich dadurch verursacht, daß sie, im Gegensatz zu einer klaren Prioritätensetzung, ihre Ziele nicht festgelegt haben. Sie wollen sowohl in ihrer Rolle als Mutter als auch in ihrem Beruf perfekt sein. Sie sind hin- und hergerissen und verzetteln sich.

Es gibt allerdings auch viele Frauen, die ein sehr aktives Berufsleben führen und dabei der Erziehung ihrer Kinder sehr gut gerecht werden.

Wie kommt das?

Einige denken vor allem an ihre Karriere, haben sich aber so organisiert, um ihr Kind zum richtigen Zeitpunkt zu bekommen. In der Folge gestalten sie auch ihr weiteres Leben dementsprechend.

Andere wiederum geben ihrem Familienleben den Vorrang. Sie stellen, wenn es erforderlich ist, ihren beruflichen Ehrgeiz zurück, um besser auf die Bedürfnisse ihrer Kinder und ihres Ehemannes eingehen zu können. Da sie aber intelligent und ausgeglichen sind, wird sie das nicht daran hindern, im Berufsleben ebenso erfolgreich zu sein!

Definieren Sie Ihre Sekundärziele

Kommen wir nun zu den kurzfristigen Zielen, die Sie vor Ihrem Hauptziel erreichen möchten. Diese können sich über ein bis zwei Jahre, einen Monat oder auch nur einen Tag hinziehen. Das ist nicht ausschlaggebend.

Aber auch hierbei müssen Sie sorgfältig Ihre Prioritäten setzen, getreu der Redewendung *»man soll nicht mehrere Dinge auf einmal tun.«*

So einfach diese Weisheit klingt, so schwierig ist sie in die Realität umzusetzen. Sobald Sie aber dieses Grundprinzip beherzigen, werden Sie überrascht feststellen, daß Sie »zwei Fliegen mit einer Klappe schlagen« können.

Prüfen Sie, wo Sie Zeit verlieren: der »Baumtest«

Benjamin Franklin sagte: *»Das Leben zu lieben heißt die Zeit zu lieben«*.x

Um Ihren Zeitplan im Griff zu haben, müssen Sie zuerst Ihr Gewissen einer täglichen Prüfung unterziehen. Prüfen Sie nach, wo Sie Zeit verloren haben: Ab welchem Zeitpunkt im Laufe des Tages haben Sie begonnen, ineffizient zu werden, das heißt Zeit zu verlieren, indem Sie beispielsweise Dinge im falschen Augenblick erledigt haben?

Zeichnen Sie dann einen »Baum«, der Ihre Aktivitäten und Entscheidungen wiedergibt. Ihr Hauptziel stellt dabei den Stamm dar. Danach verzweigt sich der Baum in Sekundärziele (goße Äste) und Tertiärziele (kleine Äste). Die verschiedenen Äste beschriften Sie mit der Art der jeweiligen Tätigkeiten. Die Länge des Stamms bzw. der Äste entspricht der Zeit, die Sie für jede Ihrer Aktivitäten aufgewendet haben.

Wenn Sie die Zeichnung Ihres Baumes beendet haben, schauen Sie ihn sich gut an. Ist seine Form ausgeglichen? Hat er einen krummen Stamm? Hat er zu viele Äste auf einer Seite?

Sie sollten dahin kommen, Ihre Tage so einzuteilen, daß Ihr Baum harmonisch aussieht.

Streßlinderung

Sobald Streß bei Ihnen Muskelverspannungen und Nervenanspannung hervorruft, gibt es nicht Besseres als eine gute Massage:

Massage und Akupressur

- Muskelverspannungen treten in der Regel zuerst in der Nacken- und Schultergegend auf. Dehnen und massieren Sie die Hals- und Nackenmuskulatur. Bestimmen Sie die schmerzhaftesten Punkte unter Nr. 26, 27, 28, 29, 30 und 31, und sedieren Sie diese, indem Sie sie im Gegenuhrzeigersinn massieren.
- Die zweite Körperregion, die bei Streß sehr häufig betroffen ist, ist der Solarplexus (Sonnengeflecht). Massieren Sie sorgfältig den gesamten unteren Bereich des Brustkorbs, insbesondere die schmerzhaften Stellen. Sedieren Sie den Punkt Nr. 9 sowie jede empfindliche Stelle zwischen diesem Punkt und dem Brustbein.
- Die Massage der Punkte Nr. 1, 29, 37 und 15 bewirkt eine Linderung der allgemeinen Nervosität.

- Wenn Sie auf nervöse Anspannung mit Hysterie und Herzklopfen reagieren, massieren Sie den Punkt Nr. 23.

Meditation und Visualisierung

Dies sind zwei weitere außerordentlich wirksame Techniken zum Streßabbau, aber auch zur langfristigen Vorbeugung von Streß. Zum Erlernen dieser Praktiken schlagen Sie bitte unter *Atmentechniken* und *Visualisierung* nach.

T

Tierpflege

Natürlich ist es unangenehm, an die Tiere erinnert zu werden, die »für die Wissenschaft leiden müssen«. Wir können uns jedoch damit trösten, daß diese Tierversuche nicht ausschließlich dem Menschen zugute kommen, sondern daß die auf diese Weise erprobten Medikamente auch in vielen Fällen bei glücklicheren Artgenossen zum Einsatz kommen.

Im Bereich der Naturheilkunde sieht es dagegen ganz anders aus. Hier sind es oft die Menschen selbst, die im Laufe der Jahrhunderte als Versuchskaninchen gedient haben. Dennoch weiß man aus Erfahrung, daß die meisten Heilpflanzen, die den Menschen verordnet werden, auch den Tieren helfen.

Gewöhnen Sie Ihre Haustiere von klein auf an Kräutertees, indem Sie sie regelmäßig ihrem Trinkwasser hinzugeben. Die Salben, Umschläge und Kompressen, die in diesem Nachschlagewerk empfohlen werden, sind ebensogut für Tiere geeignet, ob es nun darum geht, eine böse Wunde mit Ringelblumensalbe oder einen Knochenbruch mit Beinwellsalbe zu behandeln.

Das einzige Problem wird darin bestehen, die Tiere dazu zu bringen, den Verband bis zur Ausheilung der Wunde zu »akzeptieren«!

Die tierärztliche Anwendung von Heilerde ist nicht erstaunlich, wenn man bedenkt, daß sich kranke oder verletzte Tiere instinktiv in Schlamm wälzen. Sie können also damit einen Umschlag für Ihr Haustier zubereiten, wie Sie es auch für sich tun würden. Geben Sie dem Trinkwasser außerdem täglich etwas Heilerdepulver hinzu (4 Eßlöffel auf 1 Liter Wasser).

Sie können Ihre Haustiere sogar mit Akupressur behandeln! Sie brauchen nur etwas Fantasie, um die entsprechenden Punkte auf eine andere Anatomie zu übertragen. Ist Ihr Lieblingstier ein Affe, werden Sie damit keine Schwierigkeiten haben. Handelt es sich aber um einen Sittich, sieht die Sache anders aus!

Gehen Sie aber immer sehr sanft vor. Tiere reagieren auf Berührung viel empfindlicher als wir Menschen. Diese Erfahrung mußte ein Laienakupunkteur machen, als er gewissenhaft die Punkte entlang der Wirbelsäule seines achtjahrigen Katers massierte, der seine Tage normalerweise auf der Heizung mit Schlafen verbrachte. In den folgenden Stunden und Tagen rannte der Kater nur noch umher und stellte die ganze Wohnung auf den Kopf ...

Tropenkrankheiten

Am besten ist es selbstverständlich, Tropenkrankheiten vorzubeugen. Dazu bestehen verschiedene Möglichkeiten:

Heilpflanzen

Eine der besten Heilpflanzen zur Bekämpfung von Tropenkrankheiten ist **Eukalyptus.** Seine Tinktur und sein ätherisches Öl können Ihnen von großem Nutzen sein, wenn Sie unterwegs sind. Nehmen Sie präventiv 1 g Tinktur pro Tag in 1 Glas Wasser.

Reiben Sie die Hände mit ein paar Tropfen des ätherischen Öls ein, wenn Sie mit einem Kranken in Kontakt gekommen sind. Die Gefahr einer Ansteckung kann auch vermindert werden, wenn dieses Öl im Zimmer des Kranken zerstäubt wird.

Früher trug man kleine Behälter mit Gewürzen zur Prävention von ansteckenden Krankheiten auf sich. Die Rezepte waren der jeweiligen Mode unterworfen, **Zimt** war jedoch immer der wichtigste Bestandteil. Zimt ist ein starkes Antiseptikum, das Sie immer in Ihrem Reisegepäck mitführen sollten.

Schneiden Sie Zimtstangen in kleine Stücke, und füllen Sie diese in kleine Leinenbeutel, die Sie auf die Reise mitnehmen. Tragen Sie jeweils einen um den Hals oder an der Hüfte. Befeuchten Sie den Beutel von Zeit zu Zeit, und atmen Sie den ausströmenden Duft ein.

Bevor Sie in die Tropen verreisen, sollten Sie eine vorbeugende Kur mit **Echinacea** machen, um Ihr Immunsystem zu stärken. Setzen Sie diese Behandlung während der ganzen Reise fort. Die Tinktur oder die Kapseln lassen sich problemlos mitnehmen und verderben nicht.

Ätherische Öle

Benutzen Sie für die Prävention von Tropenkrankheiten ätherisches Zimt- oder Gewürznelkenöl. Lavendelöl tötet Typhus- und Diphteriebazillen ab. Verwenden Sie es als zwei- bis vierprozentige Lösung (2 bis 4 Tropfen auf 100 Tropfen Wasser).

Ernährung

Nehmen Sie unterwegs genügend **Knoblauch** und **Zwiebeln** zu sich: essen Sie diese so oft wie möglich roh. Sie können auch geruchlose Knoblauchkapseln verwenden. Nehmen Sie täglich 5 bis 10 Kapseln.

Heilerde

Wenn Sie eine Ansteckung befürchten, nehmen Sie jeden Morgen 1/2 Glas Wasser mit Heilerde zu sich, wie dies in der *Einführung in die Behandlung mit Heilerde* empfohlen wird.

Wenn Sie Zweifel bezüglich der Qualität des Wassers haben, desinfizieren Sie dieses, indem Sie jedem Liter den Saft einer ganzen Zitrone und einige Messerspitzen Heilerde beigeben.

Akupressur

Im Zusammenhang mit Tropenkrankheiten müssen Sie in erster Linie Ihrem Magen und den anderen Verdauungsorganen Sorge tragen. Viele Mikroorganismen wie Bakterien dringen über den Verdauungstrakt in den Organismus ein. Ein Großteil davon wird durch den Speichel und die Magensäfte abgetötet.

Wenn Sie auf Reisen sind, können Sie die Leistungsfähigkeit Ihrer Verdauungsorgane mittels Akupressur verbessern. Massieren Sie dazu hin und wieder die folgenden Punkte:

- Nr. 4, 5, 9, 10, 11, 12 und 13 auf der Vorderseite des Körpers;
- Nr. 34, 35 und 36 auf dem Rücken;
- Nr. 20 und 21 am Fuß und Nr. 40 und 42 am Arm und an der Hand.

Trunkenheit und Kater

Sie sind zwar kein Alkoholiker, schauen aber im Verlauf eines feuchtfröhlichen Abends oder eines Geschäftsessens ganz gern recht tief ins Glas? Es geht Ihnen darum, mal so richtig aus sich herauszugehen oder das eigene Wohlbefinden etwas zu steigern. Vielleicht versuchen Sie aber auch, Ihren Liebeskummer zu ertränken. Glücklicherweise können Sie die Folgen eines Rausches vermeiden oder zumindest erträglicher machen.

Wodurch wird ein Kater verursacht?

Der Genuß von Alkohol bewirkt im Körpers einen Verlust an Wasser, wasserlöslichen Vitaminen (insbesondere Vitamin B1) und Mineralien (vor allem Magnesium). Dies erklärt die erhöhte Empfindlichkeit gegenüber Lärm, Erschütterungen sowie die größere Neigung zu Schwindelgefühlen, erhöhter Herzschlagfrequenz, Muskelschmerzen, Müdigkeit und Depressionen.

Bei der Frau zeigen sich die Auswirkungen des Alkohols nicht nur schneller, sie halten zudem länger an. Dieses alte Lied, das ein wenig zu sehr nach männlicher Überheblichkeit klingen mag, basiert in Wirklichkeit auf einer wissenschaftlich einwandfrei nachgewiesenen Tatsache.

Lange hat man geglaubt, daß der Alkohol aufgrund der kleineren Körpergröße der Frau schneller in das Gewebe dringen würde. Und da das weibliche Gewebe verhältnismäßig mehr Fett und weniger Wasser enthält, nahm man an, daß sich der Alkohol langsamer verdünnen würde.

Entscheidend ist in diesem Zusammenhang aber nicht der Fettgehalt, sondern der Gehalt an Enzymen im Körper! Eine kürzlich in dem *New England Journal of Medecine* veröffentlichte Studie verdeutlicht, daß der Magen eines weiblichen Organismus eine bedeutend geringere Menge an alkoholzersetzenden Enzymen produziert. Diese Enzyme verringern die Menge an purem Alkohol, der in das Blut dringt, um 20 %. Folglich dringt bei der Frau 30 % mehr Alkohol ins Blut als beim Mann. Das gleiche Glas Alkohol wirkt bei der Frau im Durchschnitt doppelt so stark wie beim Mann ...

Des weiteren bestätigt einer der an der Durchführung der Studie beteiligten Wissenschaftler, daß alkoholabhängige Frauen anscheinend über keinerlei Schutzfunktion im Magen mehr verfügen. Nehmen diese Frauen Alkohol zu sich, so kommt dies einer Injektion von Alkohol direkt ins Blut gleich.

Im Vergleich dazu bleibt bei den männlichen Alkoholabhängigen die Hälfte der schützenden Enzyme aktiv. Somit erklärt sich auch, warum bei alkoholabhängigen Frauen ein Leberschaden häufiger festzustellen ist als bei abhängigen Männern.

So gehen Sie einem Kater aus dem Weg

- Denken Sie daran, daß Ihr Geschlecht eine Rolle spielt: Alkohol hat bei der Frau eine stärkere Wirkung als beim Mann.
- Trinken Sie viel Wasser: Das Gehirn besteht zu 80 % aus Wasser. Alkohol entzieht dem Gehirn Wasser, was sich durch das berühmte »Schädelbrummen« bemerkbar macht. Dieser Rat gilt sowohl für den feuchtfröhlichen Abend als auch für den »Morgen danach«. Um Schlaflosigkeit zu vermeiden, trinken Sie ein bis zwei Glas Wasser vor dem Schlafengehen.
- Essen Sie während des Trinkens: Die auf Erfahrung basierende Weisheit, daß ein voller Magen den Übergang des Alkohols ins Blut verlangsamt, ist durchaus eine nachgewiesene Tatsache. Wie die bereits oben erwähnte Studie bestätigt, haben die Magenenzyme dann genügend Zeit, um den Alkohol zu verdauen. Bei vollem Magen gelangt also eine geringere Menge an reinem Alkohol ins Blut.

  Wählen Sie Nahrungsmittel mit hohem Proteingehalt. Kohlenhydrate sollten Sie dagegen meiden. Beachten Sie die Empfehlung unserer Vorfahren, zu Beginn und zum Abschluß eines Festmahles Kohl zu essen, um nicht von der Trunkenheit überrascht zu werden.
- Nehmen Sie Ginseng zu sich: Ginseng vertreibt die Kopfschmerzen und verbessert sowohl die Leberfunktion als auch die Konzentration. In Korea

und in China galt Ginseng schon immer als ein Mittel, um die Symptome eines Katers zu lindern. In der ehemaligen UdSSR verkaufte man sogar Wodka, der zu einem Teil aus Taigawurz (Eleutherokokk) bestand, einer Pflanze, die das sibirische Äquivalent zum Ginseng darstellt.

Achtung

Bedenken Sie, daß eine kalte Dusche oder ein Kaffee Ihren Alkoholspiegel nicht senkt. Selbst wenn Sie den Eindruck haben, daß Sie sich durch diese Hausmittel nach übermäßigem Alkoholgenuß besser fühlen, sollten Sie sich nicht ans Steuer setzen. Ihr Reaktionsvermögen bleibt dennoch ziemlich eingeschränkt, was sich dann zeigt, wenn die Polizei Sie zur Durchführung eines Alkoholtests anhält.

Kaffee und Zigaretten verbessern zwar die Konzentrationsfähigkeit ein wenig, der Alkoholspiegel im Blut verringert sich deswegen jedoch nicht.

Wie Sie Ihren Kater behandeln und sich von den Nachwirkungen des Vorabends erholen

Ernährung

- Tomatensaft oder eine Fleisch- bzw. Gemüsebrühe (aus Kohl, Zwiebeln oder Lauch) helfen Ihnen dabei, Ihre Reserven an lebenswichtigen Stoffen wieder herzustellen, die Sie durch übermäßiges Wasserlassen am Abend zuvor verloren haben.
- Das Samenöl der Nachtkerze verhindert dank seinem hohen Gehalt an essentiellen Fettsäuren den Kater bzw. das Unwohlsein am nächsten Morgen.
  Früher aß man aus dem gleichen Grund marinierten Hering, doch das Nachtkerzenöl ist noch wirksamer. Das im Handel erhältliche Efamol (2) wird aus dem Samenöl der Nachtkerze (Oenotheria biennis) hergestellt. Diese Pflanze liefert ein Öl von gleichbleibender Qualität und Zusammensetzung. Beachten Sie die Packungsbeilage des Herstellers.

Ätherische Öle

Inhalieren Sie Pfefferminz- oder Basilikumöl, oder nehmen Sie 1 bis 2 Tropfen mit einem Löffel Honig ein.

Heilpflanzen

- Lassen Sie 1 Liter Wasser mit 50 g Petersilie, 1 g Grapefruitschale sowie 1 g Orangenschale so lange kochen, bis sich die Flüssigkeit um die Hälfte reduziert hat. Lassen Sie den Absud erkalten, und süßen Sie ihn mit

Birnensaft. Nehmen Sie auf nüchternen Magen 1 Teelöffel dieses Getränks zu sich.

- Es empfiehlt sich, ein Brechmittel einzunehmen, um den Magen möglichst schnell von seinem Inhalt zu befreien. Zu diesem Zweck eignet sich die Veilchenwurzel sehr gut: Lassen Sie 15 g Veilchenwurzel 10 Minuten lang in einem Topf mit Wasser kochen, bis sich die Flüssigkeit um die Hälfte verringert hat. Trinken Sie den Absud verteilt auf zwei Male.

Akupressur

- Drücken Sie mit dem Fingernagel auf Ihre Nasenspitze, das hilft Ihnen, nüchtern zu werden. Stimulieren Sie kräftig die Punkte Nr. 22 und 19. Sie werden sich sogleich sicherer auf Ihren Beinen fühlen. Verlassen Sie sich jedoch nicht auf diese Punkte, wenn Sie sich ans Steuer setzen wollen.
- Um der Leber bei ihrer Entgiftungsarbeit zu helfen, massieren Sie den Punkt Nr. 20 sowie die unteren Kante des Brustkorbs, insbesondere das äußere Ende der beiden letzten Rippen rechts und links.

Empfehlungen

- Zwingen Sie die betreffende Person umherzulaufen (oder bitten Sie jemanden, Sie zum Umherlaufen zu bringen).
- Benetzen Sie den Kopf mit kaltem Wasser.

U

Übelkeit

Übelkeit muß nicht unbedingt zum Erbrechen führen. Sie kann ein Unwohlsein hervorrufen, das einige Stunden anhält.

Übelkeit ist eher ein Symptom als eine Krankheit im eigentlichen Sinn. Sie tritt insbesondere als Begleiterscheinung bei Reisekrankheit, bei Magen-, Gallen- und Darmbeschwerden, während der Schwangerschaft (die altbekannte morgendliche Übelkeit!), bei Migräne, Vergiftungen, Nervosität, Lampenfieber, übermäßigem Rauchen usw. auf.

Was Sie tun können

Kehrt die Übelkeit in regelmäßigen Abständen wieder, gilt es zunächst, die Ursache festzustellen. Suchen Sie, falls erforderlich, einen Arzt auf.

Schauen Sie auch unter der Rubrik nach, in der Ihr spezifisches Problem behandelt wird. Handelt es sich um Schwangerschaftsübelkeit, schlagen Sie unter der Rubrik *Schwangerschaftsbeschwerden* nach. In allen anderen Fällen können Sie die Übelkeit mit natürlichen Mitteln lindern.

Führt man beispielsweise sein Erbrechen selbst herbei, indem man die Finger tief in den Hals steckt, so kann das helfen, die Übelkeit zu beseitigen. Diese Methode ist jedoch etwas brutal und erinnert an die »Vomitorien« der römischen Dekadenz.

Glücklicherweise gibt es Heilpflanzen, die Übelkeit lindern oder ihr vorbeugen.

Heilpflanzen

- Bereiten Sie einen Engelwurzaufguß zu: Lassen Sie 1 Teelöffel gepulverte Wurzel pro Tasse heißem Wasser 15 Minuten ziehen, und trinken Sie 1 Tasse nach jeder Mahlzeit.
- Die Pfefferminze ist ebenfalls ein wirksames Mittel zur Linderung von Übelkeit: Lassen Sie 1 Teelöffel Pfefferminzblätter pro Tasse heißem Wasser 5 bis 10 Minuten ziehen, und trinken Sie täglich 3 Tassen zwischen den Mahlzeiten.
- Die rohe oder gekochte Fenchelknolle und der Aufguß aus Fenchelfrüchten beseitigen Übelkeit und nervöses Erbrechen. Zur Zubereitung des Aufgus-

ses verwendet man 1 Teelöffel Früchte pro Tasse. Trinken Sie 1 Tasse nach jeder Mahlzeit.

- Hier das Rezept eines verdauungsfördernden Weins, der bei Übelkeit gern empfohlen wird:

  Geben Sie 60 g zerkleinerte Engelwurzwurzel und 10 g Zimt in 2 Liter Rotwein. Lassen Sie diese Mischung 4 Tage in einem geschlossenen Gefäß ziehen. Nehmen Sie morgens, mittags und abends je 1 Eßlöffel davon ein.

Ätherische Öle

Inhalieren Sie Pfefferminz- oder Basilikumöl, oder nehmen Sie 3 bis 4 Tropfen davon mit etwas Honig ein.

Akupressur

- Der wichtigste Punkt, der Übelkeit lindert, ist Nr. 9.
- Die Punkte Nr. 7, 8, 17, 19 und 20 sind ebenfalls hilfreich.
- Bei nervösem Erbrechen massieren Sie die Punkte Nr. 1, 9 und 33.

Übergewicht

Wissen Sie, welche Schlankheitsdiät die beste ist?

Zur Bekämpfung von Gewichtsproblemen gibt es unzählige Diäten. In vielen Fällen sind sie jedoch erfolglos. Nimmt man mit einer bestimmten Diät nicht ab oder nach deren Absetzen wieder zu, neigt man sehr schnell dazu, den Fehler bei der gewählten Diät zu suchen.

In Wirklichkeit wurde aber ein wesentlicher Aspekt vernachlässigt, der unverzichtbar zu jeder Diät gehört: die körperliche Aktivität.

In den meisten Fällen setzen Diäten, die Ihnen einen schnellen Gewichtsverlust durch eine Reduzierung der Nahrung versprechen, lediglich Ihren Stoffwechsel herab.

Sie verlieren vielleicht ein paar Kilo, aber Sie können Ihr neues Gewicht nicht halten. Wenn Sie Ihr Gewicht über einen längeren Zeitraum stabilisieren oder reduzieren wollen, kombinieren Sie am besten eine Diät mit einem täglichen Bewegungsprogramm.

Die Erklärung dafür ist einfach. Im Ruhezustand benötigt der Körper ungefähr 1'400 Kalorien pro Tag. Diese sind für den Grundumsatz (Atmung, Verdauung usw.) erforderlich. Die zusätzlichen Kalorien werden durch die täglichen Aktivitäten wie Gehen, körperliche Arbeit usw. verbraucht.

Was geschieht bei einer Diät ohne körperliche Aktivität?

Bei einer strengen Diät liegt der Kalorienverbrauch zwischen 1'200 und 1'400 Kalorien. Um überleben zu können, muß sich der Körper auf die geringere Kalorienzufuhr einstellen. Er speichert dabei Kalorien, die er normalerweise für die Aufrechterhaltung der Grundfunktionen verwendet. Je länger die Diät nun dauert, desto stärker wird der Kalorienverbrauch reduziert.

Wenn Sie sich körperlich nicht betätigen, ist Ihr Gewichtsverlust nach einigen Tagen wesentlich geringer. Ein Mangel an Bewegung begünstigt auch eine schnellere Wiederzunahme. Sobald sich nämlich Ihr Körper an die geringere Kalorienzufuhr angepaßt hat, wird jede zusätzliche Kalorienaufnahme in Fett umgesetzt. Und all Ihre Bemühungen sind zunichte gemacht.

Eine »schnelle Diät« ist also zwecklos, vor allem, wenn Sie sich körperlich nicht betätigen!

Aber seien Sie beruhigt, Sie müssen nicht täglich zwei Stunden joggen oder Krafttraining machen, um abzunehmen. Wichtig ist, daß Sie sich regelmäßig körperlich betätigen.

Machen Sie mehrmals täglich ein paar Übungen. Es spielt dabei keine Rolle, ob diese Übungen kurz oder lang sind; wichtig ist ihre Intensität. Wenn Ihr Herz kräftig schlägt und Sie ins Schwitzen geraten, wissen Sie, daß Sie auf dem richtigen Weg sind.

Gefahr Fernsehen!

Untersuchungen in den USA haben gezeigt, daß Fernsehen ein ganz wesentlicher Faktor für die immer größer werdende Zahl dicker Kinder ist.

Fernsehen macht nicht nur träge, die ständigen Werbespots wecken zudem die Eßlust. Werbung am Bildschirm reizt zum Verzehr von Süßigkeiten und schweren, fetthaltigen Nahrungsmitteln.

Daraus erklärt sich auch, warum das Fernsehen für den Anstieg der Cholesterinwerte mitverantwortlich ist. Einschlägige Untersuchungen haben immer wieder bewiesen, daß ein Mangel an Bewegung und der Verzehr von zucker- und fetthaltigen Nahrungsmitteln die Hauptfaktoren für den Anstieg des Cholesterins sind. Und die Moral von der Geschichte – die kennen Sie!

Unkonventionelle Schlankheitsmethoden

Unter der Rubrik *Heißhunger* finden Sie einige Tips, wie Sie Ihren Appetit unter Kontrolle halten können, wenn es Ihnen an Selbstdisziplin mangelt. Im folgenden stellen wir Ihnen darüber hinaus einige weniger bekannte Methoden zum Schlankwerden vor:

Die pakistanische Methode

Um ihr Gewicht unter Kontrolle zu halten, verwenden die pakistanischen Frauen eine sehr ungewöhnliche Methode. Sie wickeln einen Eisendraht straff um ihren rechten Unterarm, und zwar auf Höhe des ersten Drittels zwischen Handgelenk und Ellbogen.

Natürlich kann man sagen, daß es sich hier um reinen Aberglauben oder um einen Placebo-Effekt handelt. Dr. Dupas hat dennoch eine sehr plausible Erklärung physiologischer Natur gefunden. Seiner Meinung nach stimuliert der Eisendraht die Nervenzentren, die auf die Drüsen einwirken, die bei der Gewichtsregulierung eine Rolle spielen. Das sind in erster Linie die Schilddrüse und die Nebenniere.

Einfache elastische Binden erfüllen denselben Zweck. Nehmen Sie aber vorher Uhr und Schmuckstücke vom Armgelenk ab.

Die Visualisierung

Diese Methode basiert auf dem Prinzip, daß das innere Bild, das man von sich selbst hat, das äußere Aussehen buchstäblich »modelliert«.

Dem berühmten Hypnotiseur Dominique Webb ist es dank einer derartigen Technik gelungen, vor einer Reihe von Vorstellungen zu seiner ursprünglichen schlanken Figur zurückzufinden. Und das, ohne seine Ernährung umzustellen (Webb wurde dadurch berühmt, daß er mit verbundenen Augen ein Auto fuhr, in dem die Sängerin Sheila saß).

Im großen und ganzen müssen Sie bei dieser Methode täglich mehrere Visualisierungen vornehmen, in denen Sie sich Ihre ideale Figur vorstellen.

Sie fühlen, daß Sie tatsächlich die Person sind, deren Bild Sie sehen. Sie fühlen Ihren Körper ohne das Übergewicht, das Sie gern loswerden wollen. Sie sehen sich auch, wie Sie wenig essen.

Diese intensive geistige Korrektur Ihres eigenen Aussehens kann sich durchaus auf Ihren Stoffwechsel auswirken. Zumindest wird sie Ihnen so viel Entschlußkraft verleihen, daß Sie eine Diät bis zum Schluß durchhalten.

Wenn Sie sich zu einer vernünftigen Diät entschließen, können Sie versichert sein, daß Sie mit dieser Methode mühelos schlank werden. Bei manchen Menschen führt die Visualisierung allein bereits zu einem allmählichen Gewichtsverlust. Visualisierung ist eine langsame, aber sichere Methode zum Schlankwerden.

Wissen Sie, welche Nahrungsmittel das Fett bekämpfen?

Nicht alle Nahrungsmittel sind gefährliche Dickmacher. Einige wirken im Gegenteil gewichtsreduzierend.

Nachtkerzenöl (in Apotheken als Efamol erhältlich) führt aufgrund seiner stimulierenden Wirkung auf den Stoffwechsel zu einer erhöhten Verbrennung der Fette. In Verbindung mit einer geeigneten Diät lassen sich damit Gewichtsprobleme erfolgreich bekämpfen. Beachten Sie die Gebrauchsanweisung des Herstellers.

Ergänzen Sie Ihre Diät mit folgenden Gemüsesorten: **Sellerie, weiße Rüben, Lauch, Topinambur (Roßkartoffel)** und ... **Kartoffeln.** Ja, ganz richtig, Kartoffeln, denn entgegen dem Volksglauben sollen Übergewichtige diese Knollenfrucht wegen ihres Kaliumgehalts essen. Natürlich müssen Sie die Butter und all die üppigen Saucen weglassen, die Kartoffeln normalerweise begleiten. Ideal zubereitet sind Kartoffeln, wenn man sie im Backofen gart; sie bewahren so ihre Nährstoffe und ihren ganz besonderen Geschmack.

Die **Zwiebel** hat einen stark regulierenden Einfluß auf die Drüsen und eignet sich somit hervorragend zur Bekämpfung von Übergewicht, das auf eine Fehlfunktion der Drüsen zurückzuführen ist. Essen Sie so oft wie möglich rohe Zwiebeln, oder garen Sie sie im Backofen.

Algen sind reich an Vitaminen, Spurenelementen und Substanzen, die auf den Stoffwechsel Übergewichtiger einwirken, d. h. sie stimulieren die »trägen Drüsen«, die die Ursache des Gewichtsproblems zu sein scheinen. Machen Sie es sich deshalb zur Gewohnheit, Algen Ihren Suppen, Getreide- und Gemüsemahlzeiten beizumischen. Für diejenigen, die sich nicht an ihren Geschmack gewöhnen können, sind sie auch als Kapseln erhältlich.

Neben all diesen Empfehlungen sollten Sie aber vor allem darauf achten, daß Sie Ihre Speisen richtig kombinieren. Unter der Rubrik *Ernährung zur Vorbeugung von Krankheiten* erfahren Sie, wie Sie dabei richtig vorgehen.

Sonstige Methoden zum Schlankwerden

Heilerde

Übergewichtige haben mit der Einnahme von Heilerde großartige Erfolge erzielt und bereits nach einigen Monaten der Behandlung erheblich an Gewicht verloren.

Nehmen Sie jeden Morgen 1/2 Glas Wasser mit Heilerde zu sich (siehe *Einführung in die Behandlung mit Heilerde)*, und machen Sie täglich einen Heilerdeumschlag auf die Lebergegend.

Umschläge und Bäder

Machen Sie bei Zellulitis Umschläge auf den betroffenen Körperstellen, die Sie mehrere Stunden einwirken lassen. Kochen Sie für diese Umschläge Seetang und Kleie (Weizen oder Hafer) zusammen in Salzwasser.

Ergänzen Sie diese Behandlung mit Bädern, in die Sie 1 bis 2 Handvoll frische oder getrocknete Algen geben.

Umweltbedingte Krankheiten

Ist Ihr Haus Ihrer Gesundheit zuträglich oder macht es Sie krank? Diese Frage erscheint Ihnen vielleicht zunächst etwas ungewöhnlich; es lohnt sich jedoch durchaus, einmal darüber nachzudenken.

Haben Sie noch nie von Häusern gehört, die »Krebs verursachen« oder auf denen »ein Fluch« liegt? In diesen Begriffen, die von der Sensationspresse nur allzu gern benutzt werden, steckt viel mehr Wahrheit, als man zunächst glauben mag.

Dank der modernen Forschung wissen wir heute, daß die Wohnverhältnisse einen sehr großen Einfluß auf die Gesundheit haben können.

In Frankreich nimmt die Wohnmedizin einen immer wichtigeren Stellenwert ein. Diese aufkommende Disziplin ist eine Form der Präventivmedizin, bei der untersucht wird, wie Wohnungen und Arbeitsplätze zu gestalten sind, damit sie positive Auswirkungen auf die Gesundheit haben.

Was genau macht ein »gesundes« Haus aus?

Dazu gehört weit mehr als nur ein guter Zustand, Sauberkeit und nicht allzu viel Ungeziefer. Ein Haus kann insbesondere dann als »gesund« bezeichnet werden, wenn es keine chemischen, geomagnetischen oder elektromagnetischen Belastungen aufweist.

Zu einem »gesunden« Haus gehört jedoch auch, daß der Standort, die äußere Form, die Ausrichtung, die Belüftung, die Ausstattung, die Pflanzen, die Anordnung und Farbe der Zimmer, die Lichtverhältnisse usw. geeignet sind, die Lebensenergie seiner Bewohner zu fördern oder ins Gleichgewicht zu bringen. Vergessen Sie nicht: »Es ist nicht alles Gold, was glänzt«. Ein Haus kann sehr schön oder gar luxuriös sein und Sie trotzdem über kurz oder lang »krank machen«.

Weist Ihr Haus chemische Belastungen auf?

Die unerfreulichen Erlebnisse von Clinton Good

1982 kauften sich Clinton Good, ein junger amerikanischer Architekt, und seine Frau in Indiana ein schönes Haus.

Sie machten sich keine weiteren Gedanken darüber, daß die Vorbesitzerin unter einer Insektenphobie litt und deshalb jeden Winkel des Hauses mit Insektiziden besprüht hatte. Sie wunderten sich auch nicht über die Tatsache, daß die zwei Kinder ihrer Vorgängerin geistig zurückgeblieben waren.

Nach einiger Zeit traten bei Good verschiedene Symptome auf: tränende Augen, Nebenhöhlenentzündungen, Übelkeit, Infektionen der Atemwege usw.

Er konsultierte einen Arzt, der ihn einer Reihe von Tests unterzog. Die Ursache seiner Beschwerden konnte jedoch nicht eruiert werden. In der Zwischenzeit hatte sich sein Zustand weiter verschlimmert: er litt nun noch zusätzlich unter Magen- und Darmbeschwerden, Migräne, Kolitis, Ohrensausen, Kehlkopfentzündungen, Schwindel usw.

Schließlich verkauften Good und seine Frau ihr Haus; seine gesundheitlichen Beschwerden blieben jedoch bestehen.

Die Ursachen für Goods gesundheitliche Beschwerden

Glücklicherweise lernte Good nach einiger Zeit einen Arzt kennen, der Patienten behandelt, die unter umweltbedingten Krankheiten leiden.

Dieser Arzt erklärte ihm, daß all seine Symptome eine allergische Reaktion auf toxische Substanzen und Materialien waren, die sich in seinem Haus befunden hatten: Pestizide, formaldehydhaltige Holzprodukte, giftige Farben, Nylonteppiche, die schädliche Gase ausströmten usw.

Insbesondere Formaldehyd wird für viele Baumaterialien verwendet, obwohl heute allgemein anerkannt ist, daß es sich dabei um eine krebserzeugende Substanz handelt. Zudem war das Haus zu gut isoliert, und es fehlte ein Belüftungssystem. Dies hatte zur Folge, daß Clinton Good verschiedene schädliche Bakterien und Schimmelpilze einatmete.

Als Therapie wurde Clinton Good eine Diät verordnet, die auf natürlichen Produkten ohne chemische Zusätze beruhte. Überdies mußte er eine ganze Reihe von chemischen Schadstoffen und Luftschadstoffen meiden. Auf diese Weise wurde er schließlich wieder gesund.

In seinem kürzlich veröffentlichten Buch mit dem Titel »Healthy House« legt Clinton Good dar, daß man ein Haus mit ungiftigen Materialien errichten sollte, auch wenn man dafür etwas mehr (10 bis 30 %) investieren muß. Seiner Ansicht nach ist dies langfristig gesehen eine überaus lohnenswerte Investition, da man bei den Arztkosten erhebliche Einsparungen erzielen kann!

Welche Materialien sollte man nicht verwenden?

Zu den giftigsten Materialien überhaupt gehören Farben auf Öl- und Latexbasis (dies gilt auch für die teuren Produkte), Farbstoffe, Lacke, Holzschutzmittel, Holzfarbstoffe usw.

Meiden Sie jedoch auch gewisse Holzarten. Verwenden Sie beispielsweise kein Holz, das von alten Strommasten stammt, da es mit Kreosot durchtränkt ist. Dieses Holz beginnt mit der Zeit nicht nur sehr schlecht zu riechen, sondern ist außerdem potentiell hochgiftig.

Glücklicherweise sind auf dem Markt bereits viele Baumaterialien erhältlich, die ungiftig sind. Diese stammen oft aus Deutschland, was nicht weiter verwunderlich ist, da man es dort mit der »Wohnmedizin« oder »Baubiologie« sehr ernst nimmt.

Geomagnetische Belastung

Nach Auffassung verschiedener Spezialisten läßt sich das Phänomen von Häusern, die »Krebs verursachen« oder auf denen »ein Fluch« liegt, dadurch erklären, daß diese auf krankheitsverursachenden geomagnetischen Knotenpunkten errichtet wurden.

Es gibt in der Tat gewisse Stellen auf der Erde, wo der Erdmagnetismus gestört ist. Häuser, die an solchen Punkten errichtet wurden, sind weniger solide und altern rascher. Menschen, die an solchen Stellen wohnen, leiden überdurchschnittlich häufig an körperlichen oder psychischen Beschwerden.

Solche geomagnetisch negativen Punkte sind insbesondere auf unterirdische Wasseradern zurückzuführen.

In den dreißiger Jahren fiel dem deutschen Baron G. V. Von Pohl auf, daß die Einwohner einer kleinen Stadt in Süddeutschland überdurchschnittlich häufig an Krebs erkrankten. Und er stellte fest, daß die Betten der Krebskranken genau über den unterirdischen Wasseradern lagen, die unter der kleinen Stadt durchflossen.

Heutzutage scheint festzustehen, daß das geomagnetische Feld überall dort, wo solche Wasseradern durchlaufen oder sich kreuzen, gestört wird, da diese ein hohes elektrisches Potential aufweisen. Unterirdisch verlaufende Wasseradern sind somit eine mögliche Ursache für negativen Magnetismus. Es gibt dafür jedoch auch noch andere Gründe.

Hartmann, ein deutscher Arzt, machte die Entdeckung, daß der ganze Planet der Länge und Breite nach von magnetischen Linien überzogen ist. Dieses sogenannte »Hartmann-Netz« besteht aus großen Rechtecken von zwei Metern Breite und zweieinhalb Metern Länge. Die Schnittpunkte dieser magnetischen Linien sind potentiell schädlich.

Wenn solche Schnittpunkte mit Metall- oder unterirdischen Wasseradern zusammentreffen, ist die potentielle Gefährdung der Gesundheit noch weit höher.

Selbstverständlich bedeutet dies nicht, daß man zwangsläufig an schweren Krankheiten wie zum Beispiel Krebs erkranken wird, wenn man an solchen gesundheitsgefährdenden Stellen wohnt oder schläft. Machen Sie sich also keine unnötigen Sorgen! Ob Sie tatsächlich erkranken, hängt ganz von Ihrem Gesundheitszustand und Ihrer allgemeinen Widerstandsfähigkeit ab.

Diese krankheitsverursachenden Punkte können jedoch verschiedene Aspekte Ihres Lebens in Mitleidenschaft ziehen. So zeigte beispielsweise eine 1972 durchgeführte österreichische Studie, daß 95 % der Studenten, deren

Bett über einer solchen Stelle lag, mit gewissen Lernschwierigkeiten zu kämpfen hatten.

Wenn Sie über solchen Stellen leben, sind Sie möglicherweise öfter müde, deprimiert oder grundlos aggressiv.

Der Faradaysche Käfig und das Magnetfeldmangel-Syndrom

Abgesehen von den erwähnten Störungen des geomagnetischen Feldes gibt es noch weitere Probleme im Zusammenhang mit dem Magnetismus, die beispielsweise durch einen Faradayschen Käfig entstehen können.

Gebäude, die zu einem großen Teil aus Eisenbeton bestehen, bilden einen Faradayschen Käfig. Die metallene Struktur hat zur Folge, daß sowohl positive als auch negative Erdstrahlen und kosmische Strahlen abgeschirmt werden. Die magnetische Strahlung in solchen Gebäuden ist daher sehr gering.

Mehrere Studien haben ergeben, daß diese Abschirmung gegen magnetische Felder langfristig zu schwerwiegenden Problemen führt. Der Forscher Nakagawa hat in diesem Zusammenhang vom Magnetfeldmangel-Syndrom gesprochen. Gemäß seinen Erkenntnissen kommt dieses Syndrom durch folgende Symptome zum Ausdruck: Verspannungen in Schultern, Rücken und Nacken, Rückenschmerzen, Migräne, Schweregefühl im Kopf, Schwindel, Schlaflosigkeit, Verstopfung, allgemeine Müdigkeit, nervöse Störungen usw.

Das Magnetfeldmangel-Syndrom tritt insbesondere bei Besatzungen von U-Booten auf, da der metallene Schiffskörper eines Unterseeboots einen Faradayschen Käfig bildet. So waren bei Besatzungsmitgliedern von U-Booten häufig die folgenden Störungen zu beobachten: Verminderung der Zahl der weißen Blutkörperchen, Abnahme des Grundumsatzes, Schlafstörungen, Magenbeschwerden usw.

Auch die berühmten »Raumkrankheiten«, unter denen die Astronauten leiden, sind in der Mehrzahl auf dieses Magnetfeldmangel-Syndrom zurückzuführen.

Elektromagnetische Belastung

Neben der chemischen und der geomagnetischen tritt auch eine elektromagnetische Belastung auf. Diese entsteht durch elektromagnetische Felder und Niederstfrequenzstrahlung *(VLF = Very Low Frequency)*, die von Elektrogeräten abgegeben wird, welche mit einer Frequenz von 60 Hertz arbeiten. Dabei handelt es sich beispielsweise um elektrische Haushaltgeräte wie Mixer oder Mikrowellen-Öfen, aber auch um Fernsehgeräte, Computer, elektrische Wecker, Heizdecken, elektrische Zähler usw.

Wußten Sie zum Beispiel, daß ein ganz normaler elektrischer Rasierapparat eine elektromagnetische Strahlung von 200 bis 400 Milligauß abgibt (sofern er an die Steckdose angeschlossen ist und nicht von einer Batterie betrieben wird)? Die Haut wird so einem sehr starken elektromagnetischen Feld ausgesetzt. Forschungen haben ergeben, daß bereits ein magnetisches Feld von nur 3 Milligauß krebserzeugend sein kann. Selbstverständlich ist die Haut in einem solchen Fall der elektromagnetischen Strahlung nicht sehr lange ausgesetzt, das Risiko ist daher minimal.

Eine Heizdecke dagegen, die nur 50 bis 100 Milligauß abgibt, ist diesbezüglich schon »gefährlicher«, da Sie dieser Strahlung während der ganzen Nacht ausgesetzt sind. So führte Dr. Nancy Wertheimer von der Universität von Wisconsin vor kurzem eine Studie durch, laut der bei schwangeren Frauen, die elektrische Heizdecken benutzen, das Risiko einer Fehlgeburt erheblich höher ist.

Weltweit sind die Wissenschaftler auch beunruhigt über die möglichen Auswirkungen von Kathoden-Bildschirmen auf schwangere Frauen. Einige Studien scheinen zu beweisen, daß bei Frauen, die am Computer arbeiten, überdurchschnittlich häufig Fehlgeburten auftreten. Mehrere Wissenschaftler raten schwangeren Frauen daher grundsätzlich davon ab, einen Computer zu benutzen.

Hochspannungsleitungen

Zu diesen Belastungen »im häuslichen Bereich« kommt noch die Gefährdung, die von nahe gelegenen Hochspannungsleitungen ausgeht. Die Wissenschaftler begannen zu untersuchen, warum bei Menschen, die in der Nähe von Hochspannungsleitungen arbeiten oder wohnen, bestimmte Krebserkrankungen gehäuft auftreten. Beunruhigend ist auch die Tatsache, daß Kühe, die in der Nähe von elektrischen Leitungen weiden, weniger Milch geben.

All dies scheint darauf hinzuweisen, daß wir – ohne es zu wissen – dauernd einem gewissen »Elektrosmog« ausgesetzt sind. Glücklicherweise können wir die fatalen Auswirkungen dieser starken und schädlichen Magnetfelder bis zu einem gewissen Grad mildern.

Maßnahmen zur Beseitigung oder Vermeidung der verschiedenen Belastungen in Ihrem Haus

Zuerst müssen Sie abklären, welche Belastungen in Ihrem Haus auftreten. Es gibt bereits Verbände von Geobiologen, die Ihnen bei der Untersuchung, ob Ihr Haus »gesund« ist, behilflich sind.

Diese Geobiologen verfügen über die entsprechenden Geräte, mit denen sie die Intensität des Magnetfeldes an verschiedenen Stellen des Hauses messen können. Sie prüfen auch nach, ob Sie in Ihrem Haus chemischen

Belastungen oder giftigen Gasen (wie Radon) ausgesetzt sind, welche langfristig schädliche Auswirkungen haben.

Die Geobiologen können Sie auch beraten, wie Sie Ihr Haus am besten umgestalten oder streichen, damit es möglichst »gesund« wird.

Mit einer entsprechenden Umgestaltung können Sie die Störungen des Magnetfeldes innerhalb Ihres Hauses problemlos beseitigen. So kann ein Lichtschacht in der Mitte des Hauses genügen, um die Ionisation und den Magnetismus auszugleichen.

Falls Sie keinen Spezialisten beiziehen können, sind im folgenden einige Ideen und Grundsätze aufgelistet, die Sie so schnell wie möglich in die Praxis umsetzen sollten:

- Achten Sie ganz speziell auf das Schlafzimmer. Dort verbringen Sie beinahe einen Drittel Ihres Lebens und tanken wieder frische Kräfte. Jede Schlafstörung – ob bewußt oder unbewußt – wird über kurz oder lang Ihre allgemeine Lebensenergie beeinträchtigen.
- Achten Sie darauf, daß Sie mit dem Kopf nicht in der Nähe einer Steckdose liegen.
- Stellen Sie keine angeschlossenen Elektrogeräte neben das Bett (verwenden Sie selbstverständlich auch keine Heizdecke!).
- Ziehen Sie vor dem Einschlafen den Stecker Ihrer Nachttischlampe heraus.
- Wenn Sie unbedingt einen elektrischen Wecker benutzen möchten, stellen Sie diesen in einiger Entfernung vom Bett auf.
- Installieren Sie im Schlafzimmer keinen Computer oder Fernseher. Diese Geräte stören das Gleichgewicht zwischen den positiven und negativen Ionen im Zimmer. Selbst wenn sie nicht mehr am Netz angeschlossen sind, geben sie während einer gewissen Zeit elektromagnetische Strahlung ab.
- Besondere Vorsicht ist geboten, wenn der Stromzähler des Hauses in einem Zimmer angebracht ist. Wenn Sie sich oft in einem Raum aufhalten, in dem ein solches Gerät installiert ist, sollten Sie dafür sorgen, daß die Leitung geerdet wird. Es weist alles darauf hin, daß eine solche Einrichtung langfristig sehr schädliche Auswirkungen hat.

Unterleibskolik beim Erwachsenen

Wie Kinder können auch Erwachsene unter heftigen Darmkrämpfen leiden. Häufig spielen die Unverträglichkeit eines Nahrungsmittels oder Streß eine Rolle. Wenn das nicht der Fall ist, können solche Krämpfe Symptome einer ernsteren Erkrankung sein (Blinddarmentzündung, Bruch usw.).

Was Sie tun können

Heilpflanzen

- Lassen Sie 1 Teelöffel **geriebener Kalmuswurzel** in 1/4 Liter kaltem Wasser die ganze Nacht ziehen. Seihen Sie den Auszug, und erwärmen Sie ihn vor dem Trinken. Nehmen Sie täglich 6 Schlucke, jeweils einen vor und nach der Mahlzeit, zu sich.
- **Geben Sie Bärenlauch** zu den Salaten und Gerichten, oder bereiten Sie einen Bärenlauchwein zu: 3 bis 4 Handvoll gehackter Blätter in 1 Liter Weißwein kochen, seihen und täglich einige Schlucke langsam mit etwas Honig trinken.
- Nehmen Sie 1 Eßlöffel **Olivenöl** morgens auf nüchternen Magen.

Therapeutisches Handauflegen und Akupressur (auch für Kinder)

- Führen Sie magnetische Passes über den schmerzenden Stellen aus (siehe *Das therapeutische Handauflegen* im ersten Teil). Das wird Ihnen guttun.
- Massieren Sie den Bauch sanft, aber gründlich auf zwei senkrechten Linien, 4 Daumenbreit rechts und links von der Mittellinie entfernt.
- Massieren Sie die Punkte Nr. 10, 16, 36 und 35.

V

Venenentzündung (Phlebitis)

Die Entzündung einer Vene wird von einem Blutgerinnsel verursacht. Dieses verstopft die Vene schließlich vollständig.

Am Anfang geschieht nicht viel. Dann wird der betroffene Bereich sehr empfindlich oder schmerzt bereits. Er kann auch jucken, sich röten und leichtes Fieber verursachen. In der Folge nimmt die Entzündung das Ausmaß eines Ödems an und wird sehr schmerzhaft. Meistens entsteht eine Venenentzündung an den unteren Gliedern. In diesem Fall zieht sich ein verhärteter Venenstrang das ganze Bein hinauf.

Eine Venenentzündung entsteht meistens nach einer Verletzung oder einer Infektion. So zum Beispiel nach einem chirurgischen Eingriff oder einer schwierigen Niederkunft. Menschen mit Krampfadern sind dafür anfälliger als andere.

Was Sie tun können

Achtung!

Eine Venenentzündung ist ein echter Notfall. Wird sie nämlich zu spät behandelt, kann sie eine Lungenembolie verursachen.

Nachfolgend trotzdem einige natürliche Heilmittel, die Juckreiz und Schmerzen bei einer leichteren Venenentzündung lindern. In vielen Fällen tragen diese Mittel auch zu einem schnelleren Heilungsprozeß bei.

Heilpflanzen

- Zur Linderung oder Vorbeugung dieses Leidens eignet sich **Ginkgo biloba** vorzüglich. Er gilt als gutes Venentonikum und wird erfolgreich gegen venöse Insuffizienz und deren Folgeerscheinungen verwendet.
- Die **Zitrone** schützt dank ihrem Gehalt an Vitamin PP (Niazin) die Gefäße und hilft deshalb bei allen Leiden, die durch eine Störung des Kreislaufsystems bedingt sind. Sie ist auch ein hervorragendes Venentonikum.
  Trinken Sie Zitronenwasser, oder machen Sie eine Zitronensaftkur, während der Sie die Menge der Zitronen schrittweise steigern: Beginnen Sie mit 1 Zitrone täglich, erhöhen Sie die Menge bis auf 12 Zitronen, und

reduzieren Sie sie dann wieder bis auf 1 Zitrone täglich. Verwenden Sie dafür nur reife Früchte. Nach dieser Kur sollten Sie weiterhin den Saft von 1 bis 2 Zitronen täglich zu sich nehmen.

Ätherische Öle

- Innerliche Anwendung: Zypresse, Karotte, Immortelle, Rosmarin (mit Verbenon).
- Äußerliche Anwendung: Massieren Sie die Beine mit Lavendel (lavandula officinalis) oder Rosmarin (mit Kampfer). Verwenden Sie dazu Haselnußöl, dem Sie 3 % ätherisches Öl beigeben.

Akupressur

- Massieren Sie die schmerzende und geschwollene Stelle nie direkt. Sie könnten dadurch ein Blutgerinnsel in den Blutkreislauf bringen, das zum Herzen vordringen und so den Tod verursachen könnte.
- Die einfachste Methode ist jene, die unter der Rubrik *Verbrennungen* erläutert ist: Massieren Sie den gleichen Bereich am unverletzten Glied, genau an der Stelle der Venenentzündung. Massieren Sie auch am Arm den entsprechenden Bereich.
- Mit der Massage bestimmter Punkte kann die Blutqualität verbessert werden. Massieren Sie den Punkt Nr. 33 und den Ansatz des Schulterblatts, den Punkt Nr. 35 sowie den Punkt, der sich vier Fingerbreit oberhalb der Spitze des äußeren Fußknöchels an der Wadenbeinkante befindet.

Verbrennungen

(Siehe auch *Verbrennungen* in Ihrem Ratgeber »Das ABC der Ersten Hilfe«.)

Verbrennungen werden in vier Hauptformen und drei Kategorien eingeteilt. Wenn Sie darüber Bescheid wissen, können Sie schnell und wirkungsvoll eingreifen.

Die vier Hauptformen

Thermische Verbrennungen

Diese werden hauptsächlich durch Feuer, Berührung mit brennenden Flüssigkeiten, brennenden Objekten oder heißen Dämpfen verursacht. Verbrennungen durch Feuer greifen tiefere Hautschichten an. Brennende Kleider, besonders Kleider aus synthetischen Materialien, kleben auf der Haut.

Elektrische Verbrennungen

Dabei handelt es sich um Verbrennungen durch elektrischen Strom oder Blitzeinschlag. Außerdem sind man Muskel- und Gefäßschäden zu befürchten. Diese Art von Verbrennungen kann einen Herzstillstand hervorrufen. Die Wundheilung dauert lange.

Chemische Verbrennungen

Diese werden durch ätzende Substanzen hervorgerufen und kommen eher selten vor. Die Verbrennungen erreichen immer die tieferen Hautschichten. Es ist äußerst wichtig, das ätzende Mittel sofort zu entfernen, denn es brennt, so lange es mit der Haut in Berührung ist.

Verbrennungen durch Strahlung

Diese sind auf übermäßige Sonnenbestrahlung, Röntgenstrahlen oder radioaktive Bestrahlung zurückzuführen. Abgesehen von den Sonnenbränden kommen sie sehr selten vor. Die Behandlung durch einen Spezialisten ist unumgänglich.

Die drei Kategorien

Zusätzlich zu der Unterteilung in vier Hauptformen unterscheidet die Medizin drei Kategorien, um das Ausmaß einer Verbrennung zu bestimmen:

Verbrennungen 1. Grades (leichte Verbrennungen)

Die Haut ist rot, leicht geschwollen und schmerzhaft, aber nur oberflächlich verbrannt. Die Wunde hinterläßt keine Narben und verheilt innerhalb von 5 bis 10 Tagen von selbst. Keine Folgeerscheinungen.

Verbrennungen 2. Grades (mittlere Verbrennungen)

Die Haut ist rot, löst sich ab, es bilden sich Blasen. Die Hautoberfläche ist feucht und nässend. Die Wunde muß behandelt werden und verheilt innerhalb von 20 Tagen. Die Narbe bleibt sichtbar.

Verbrennungen 3. Grades (schwere Verbrennungen)

Die Haut ist weißlich und trocken, manchmal braun und verkohlt, schmerzunempfindlich. Aufgrund der Zerstörung der tiefen Hautschichten sind Hauttransplantationen notwendig. Es treten häufig zusätzliche Komplikationen auf: Schock, Wundinfektion, Atemschwierigkeiten und Gewebeödeme.

Was Sie tun können

Im Notfall schlagen Sie unter *Verbrennungen* in Ihrem »ABC der Ersten Hilfe« nach. Dort finden Sie natürliche Heilmittel, die die Regeneration der Haut und die Wundheilung fördern.

Umschläge

Umschläge sind besonders angezeigt, um Verbrennungen kurz- und langfristig zu behandeln. Sie können die folgenden Umschläge abwechslungsweise anwenden:

Aloe vera

Diese Zimmerpflanze wird zu Recht »die Pflanze der Verbrennungen« genannt. Mehrere Studien der Spezialklinik für Verbrennungen der Universität von Chicago haben ihre heilende Wirkung bewiesen. Die Forscher dieser Universität konnten sogar Tiere retten, bei denen die klassischen Mittel versagten und die normalerweise an den Verbrennungen gestorben wären.

Aloe vera wirkt nicht nur desinfizierend, sondern auch wundheilend und schmerzstillend. Außerdem unterstützt sie langfristig die Regeneration der Zellen und fördert sogar die Repigmentierung der Haut.

Aloe vera ist bei Verbrennungen 1. Grades angezeigt, die auf klassische Behandlungen nicht ansprechen.

Aloe-vera-Salben sind sehr wirksam, kommen aber in nichts dem frisch gewonnenen Gel gleich. Empfehlenswert wäre es daher, immer eine lebende Pflanze zur Hand zu haben. Die Einwohner der Südstaaten der USA und von Mexiko kennen dieses Mittel seit langem. Aloe vera gehört dort beinahe zur Kücheneinrichtung.

Heilerde

Legen Sie ein Stück Gaze auf die Wunde, und legen Sie einen 1 bis 2 cm dicken Umschlag darauf, den Sie 1 Stunde einwirken lassen. Erneuern Sie den Umschlag alle 2 Stunden, auch nachts, bis sich neues Gewebe gebildet hat.

Erneuern Sie dann die Umschläge zwei- bis viermal täglich und später ein- bis zweimal täglich, bis die Wunde verheilt ist.

Verbrennungen an Händen und Füßen behandelt man, indem man sie zweimal täglich während 1 Stunde in ein Schlammbad taucht.

Spitzwegerich

Pressen Sie den Saft von Spitzwegerichblättern mit den Händen oder einem Wallholz aus, und legen Sie die Blätter auf die verbrannten Stellen.

Eiweiß

Eiweißumschläge sind ebenfalls sehr wirksam und schmerzstillend.

Gemüse

Sie können auch verschiedene Gemüsesorten verwenden. Kartoffeln oder geraffelte Karotten, Kohlblätter und das feine Zwiebelhäutchen ergeben alle außerordentlich gute Umschläge.

Zusätzliche Behandlungsmöglichkeiten

Aufguß

Bereiten Sie mit 50 g Brennesselblättern und -wurzeln pro Liter Wasser einen Aufguß zu, den Sie 20 Minuten ziehen lassen. Nach Belieben trinken.

Bäder

Bei oberflächlichen Verbrennungen ist ein warmes Bad zu empfehlen.

Akupressur

Akupressur kann Ihnen helfen, die Schmerzen sofort zu lindern. Langfristig kann sie zur Wundheilung beitragen. Mit Hilfe der folgenden Angaben können Sie die entsprechenden Punkte und Reflexzonen lokalisieren:

- Ist ein Körperglied (Arm oder Bein) von der Verbrennung betroffen, massieren Sie kräftig die entsprechende Stelle am gleichen Glied auf der anderen Körperseite und die entsprechende Stelle am anderen Glied auf der gleichen Körperseite. Haben Sie sich beispielsweise an der Innenseite des rechten Ellbogens verbrannt, massieren Sie die Innenseite des linken Ellbogens und die Innenseite des rechten Knies.
- Befindet sich die Verbrennung am Rumpf, massieren Sie die entsprechende Stelle auf der anderen Körperhälfte und die Stelle auf der Rückseite auf der gleichen Höhe. Haben Sie sich also unterhalb der linken Brust verbrannt, massieren Sie dieselbe Stelle unterhalb der rechten Brust und das untere Ende des linken Schulterblatts.
  Versuchen Sie es mit dieser Methode. Sie wird Wunder wirken, die Schmerzen stillen und die Verbrennung heilen. Sie ist auch in anderen Fällen anwendbar: Schnittverletzungen, Prellungen, Insektenstichen, Verstauchungen, Frostbeulen usw.
- Eine andere unspektakuläre Geste: Wenn Sie Ihre Hand jemandem auf die Stirn legen, lindert das immer den Schmerz. Und was allen Müttern der Welt gemeinsam ist: Blasen Sie auf die schmerzende Stelle, küssen Sie den Schmerz weg. Es funktioniert, auch wenn die Wirkung nur eine psychologische ist.

Verdauungsträgheit

Sondert der Magen zu wenig Salzsäure ab, können Eiweiße nur schwer verdaut werden. Dies ist insbesondere der Fall bei einer Unterfunktion der Bauchspeicheldrüse, einem Vitamin-B3-Mangel, der Einnahme von Arzneimitteln gegen Sodbrennen, übermäßigem Genuß von Milchprodukten oder wenn die Nahrung weder Salz, Gemüse, Obst noch Nüsse enthält.

Was Sie tun können

Sie können die Verdauung unterstützen, indem Sie Ihre Nahrung gut kauen und die Mahlzeiten in aller Ruhe ohne Gefühle von Angst oder Ärger zu sich nehmen.

Würzen Sie die Speisen mit Lorbeer, Curry und Cayennepfeffer. Diese Gewürze sind für ihre verdauungsanregende Wirkung bekannt.

Es gilt auch die Regel: Je besser die Nahrungsmittel zusammengestellt sind, desto leichter werden sie verdaut (siehe *Ernährung zur Vorbeugung von Krankheiten)*.

Hier einige weitere Möglichkeiten, falls die Verdauung immer noch zu träge ist:

Aufguß aus Kamillenblüten

2 Teelöffel getrocknete Blütenköpfe pro Tasse 5 Minuten ziehen lassen, 1 Tasse vor den Mahlzeiten.

Ätherische Öle

Bei Schmerzen nach den Mahlzeiten können Sie eines der folgenden ätherischen Öle mit Honig einnehmen:

- 2 bis 3 Tropfen Ingweröl, mehrmals täglich;
- 3 bis 5 Tropfen Minzöl nach den Mahlzeiten.

Weitere Behandlungsmöglichkeiten

- Karmelitergeist (im Handel erhältliche Lösung von Nelken-, Muskat-, Zimt- und Zitronenöl in Alkohol) zum Einreiben.
- Pflanzliche Kohle mit Kräutern (Eucarbon – siehe *Sodbrennen)*.

Nahrungsergänzungen

Aloe-vera-Gel, Enzyme von Papaya und Ananas, Chlorophyll, Mangan.

Einreibung

Reiben Sie die Magenregion mit Stechapfel- oder Tollkirschen-Salbe (aus dem Reformhaus oder der Apotheke) ein.

Magnettherapie

Trinken Sie täglich 1 Liter magnetisiertes Wasser, und halten Sie die Nordpolseite eines großen Magneten 10 Minuten gegen den Solarplexus (Sonnengeflecht im Oberbauch).

Verstopfung

Jedermann kennt diese endlosen Sitzungen auf der Toilette, bei denen man vergeblich nach der »Eingebung« sucht.

Bei gelegentlicher Verstopfung besteht kein Grund zur Beunruhigung. Doch wenn sie allzu häufig auftritt, kann die Verstopfung die Lebensenergie eines Menschen empfindlich stören. Selbst wenn es sich dabei um ein banales Leiden handelt, sollte man dieses Problem sehr ernstnehmen und es so schnell wie möglich zu lösen versuchen, ohne dabei allerdings auf Abführmittel zurückzugreifen.

Ursachen

Außer einer faserarmen und zu proteinreichen Ernährung gibt es zahlreiche mögliche Gründe für eine Verstopfung: Unterfunktion der Schilddrüse, Erkrankung der Leber, der Bauchspeicheldrüse oder der Nieren, Nebennierenrindeninsuffizienz, Erschöpfung, sitzende Lebensweise, dauernder Streß, Ängstlichkeit usw.

Vielleicht haben Sie auch die Tendenz, den Stuhlgang zu vermeiden, wenn Sie in Eile sind. Auf die Dauer könnten Sie so Ihren Ausscheidungsmechanismus stören.

Was Sie tun können

Treiben Sie keinen Mißbrauch mit Abführmitteln

Außer in seltenen Fällen ist Verstopfung ein unechtes Problem, das Sie leicht lösen können, indem Sie Ihre Lebensweise ändern. Hüten Sie sich aber insbesondere vor dem Mißbrauch von Abführmitteln, selbst wenn diese natürlich sind!

Mehrere Arzneipflanzen üben eine mehr oder weniger ausgeprägte Wirkung auf die Darmperistaltik aus. Diese Pflanzen enthalten Anthrachinonen, die ebenso wie mineralische Abführmittel gefährliche Nebenwirkungen haben, wenn man sie regelmäßig oder über längere Zeit hinweg nimmt.

Die Anthrachinonen bringen durch Gewöhnung den Ausscheidungsrhythmus durcheinander. Dadurch nimmt ihre Wirksamkeit ab. Immer höhere

Dosen sind erforderlich, und der Darm wird immer unfähiger, sich selbst zu regulieren.

Forschungen haben ergeben, daß der dauernde Gebrauch von Abführmitteln, auch von solchen auf pflanzlicher Basis, bedeutende Veränderungen im Elektrolythaushalt des Körpers nach sich zieht. Insbesondere Kaliummangel ist die Folge. Dadurch werden der Herzmuskel und allgemein die Skelettmuskulatur zunehmend geschwächt. Außerdem schwächt ein Mangel an Kalium auch die Darmmuskeln, die noch mehr von ihrer Spannung verlieren.

Darüber hinaus ruft der Gebrauch drastischer Abführmittel eine Reizung der Darmschleimhaut hervor, die eventuell in eine chronische Entzündung übergehen kann.

Jegliches Abführmittel darf also nur gebraucht werden, um eine gelegentliche Verstopfung zu behandeln.

Bei gelegentlicher Verstopfung

Umschläge mit Heilerde

Legen Sie täglich 2 Umschläge mit kalter Heilerde auf den Bauch, die Sie insgesamt höchstens 3 Stunden, einmal möglichst auch nachts, einwirken lassen.

Einlauf

Lassen Sie 50 g **Leinsamen** und 30 g **Eibischwurzel** in 1 Liter Wasser 15 Minuten kochen, und geben Sie 50 g Honig hinzu. Verwenden Sie 1/2 bis 1 Liter Wasser für einen Erwachsenen und 1/8 bis 1/4 Liter Wasser für ein Kind.

Ernährung

Essen Sie viel Rhabarber und Pflaumen.

Körperliche Aktivität

Treiben Sie Gymnastik, und sei es nur ein wenig! Wenn Sie körperlich aktiv sind, stimulieren Sie Ihre inneren Organe. Gymnastikübungen für den Unterleib, das Hüpfen auf der Stelle, Laufen, Reiten usw. sind besonders nützlich. Körperliche Bewegung ist bei Verstopfung aufgrund von sitzender Lebensweise ebenso wirksam wie bei derjenigen, deren Ursache Ängstlichkeit ist.

Hinweis

Mehrere der folgenden Ratschläge gelten ebenfalls für die gelegentliche Verstopfung.

Bei chronischer Verstopfung

Ernährung und körperliche Aktivität

Wenn Sie unter chronischer Verstopfung leiden, müssen Sie vor allem Ihre Ernährung überprüfen. Achten Sie darauf, daß Ihre Diät jeden Tag einen genügenden Anteil an Ballaststoffen enthält: Obst, Gemüse, Getreide und Kleie. Besonders die Kleie von Hafer und Roggen vermehrt den Faseranteil im Darm. Essen Sie Vollkornbrot und Backpflaumen morgens zum Frühstück und abends vor dem Zubettgehen.

Wie im Fall von gelegentlicher Verstopfung ist auch hier Bewegung notwendig. Doch hüten Sie sich vor Übertreibung: zuviel Bewegung kann ebenso zu Verstopfung führen wie zu wenig.

Ergänzen Sie diese grundlegenden Ratschläge mit einem der folgenden Mittel:

Leinsamen

Leinsamen ist eines der interessantesten Mittel zur Darmregulierung. Er ist reich an Fasern und ungesättigtem Öl und enthält außerdem Pflanzenschleim, einen Bestandteil, der nicht nur die Reizung der Darmschleimhaut verringert, sondern durch seine schmierende Wirkung auch die Ausscheidung des Stuhls erleichtert. Leinsamen quillt im Darm auf, und durch diese Vergrößerung seines Volumens stimuliert er die Aktivität der Darmwand.

Nehmen Sie morgens 2 Teelöffel zerkleinerter Samen mit 2 Tassen Wasser ein. Die Flüssigkeit ist wichtig, um die Bildung harter, festsitzender Klumpen im Darm zu vermeiden.

Trinkgel von Aloe vera

Aufgrund seiner regulierenden Wirkung auf den Magen-Darm-Trakt hat das Trinkgel von Aloe vera bei regelmäßiger Einnahme eine leicht abführende Wirkung.

Pflanzliche Aktivkohle mit Kräutern

Dieses Präparat ist vor allem für Schwangere von Nutzen, die ja normalerweise kein Abführmittel nehmen dürfen. Es sind keine Nebenwirkungen bekannt. (Einzelheiten darüber erfahren Sie in Ihrem Ratgeber »Die Hausapotheke«.)

Heilerde

Trinken Sie während 1 bis 3 Wochen täglich nach dem Aufstehen 1/2 Glas Wasser mit Heilerde (siehe *Einführung in die Behandlung mit Heilerde*).

Akupressur

Damit die Akupressur ihre volle Wirksamkeit entfaltet, sollten Sie wissen, an welcher Art von Verstopfung Sie leiden.

Sie können verstopft sein, weil die Därme nicht mit genügend Nervenimpulsen stimuliert wird und weder Kraft noch Spannung haben. In diesem Fall müssen die empfohlenen Punkte tonisiert werden.

Die Verstopfung kann aber auch dadurch verursacht werden, daß Sie so angespannt und nervös sind, daß nichts mehr durchgeht und alles blockiert ist. Dann müssen die Punkte massiert werden.

Im Zweifelsfall üben Sie einen gleichmäßigen Druck aus, der je nach Empfindlichkeit des Punktes mehr oder weniger in die Tiefe geht.

- Massieren Sie die schmerzenden Punkte am Bauch auf zwei senkrechten Linien von unten nach oben, 4 Daumenbreit von der Mittellinie entfernt. Massieren Sie dann die Punkte auf der waagerechten Linie, die durch den Nabel geht, insbesondere den Punkt Nr. 7, der auf beiden Seiten 2 Daumenbreit von diesem entfernt liegt.
- Massieren Sie den Punkt Nr. 36 im unteren Bereich des Rückens. Er reguliert die Tätigkeit des gesamten Dickdarms.
- Massieren Sie den Punkt Nr. 42 an der Hand. Bei Verstopfung infolge eines trägen Darms massieren Sie den Punkt Nr. 16. Bei Verstopfung aufgrund von nervöser Anspannung massieren Sie stattdessen den Punkt Nr. 15.

Visualisierung

Vorbeugen von Krankheiten mittels Visualisierung

Bevor sich eine Krankheit auf Körperebene bemerkbar macht, nimmt sie die Form von Gedanken oder Bildern an. Diese Gedanken oder Bilder können folgendermaßen aussehen: *»Wenn ich krank wäre, hätte ich eine gute Ausrede, nicht zur Arbeit zu gehen.«* Und Sie sehen sich in Ihrem Bett liegen, mit einer Wärmflasche zwischen den Füßen und einem guten Buch in den Händen.

Oder: *»Wenn ich krank wäre, würde mein Freund/meine Freundin mich zärtlicher behandeln.«* Und Sie sehen sich die Tablette schlucken, die Ihnen Ihr Freund/Ihre Freundin liebevoll gereicht hat.

Natürlich verläuft dies mehr oder weniger bewußt – wenn nicht sogar gänzlich unbewußt.

Diese Bilder ziehen blitzschnell in Ihnen vorbei. Und wenn Sie dann wirklich krank werden, verbinden Sie Ihre Krankheit nicht mehr mit den Gedanken, die Sie so flüchtig gestreift haben.

»Wie könnte ich mir wünschen, daß es mir 'hundeelend' geht?«, fragen Sie. Das ist tatsächlich möglich, und es spielt auch überhaupt keine Rolle, ob Ihre

Krankheit schmerzhaft ist: *»Die Vorteile überwiegen die Nachteile.«* Wenigstens in Ihrem Unterbewußtsein.

Wie »denkt« das Unterbewußtsein?

Vielleicht hatten Sie in Ihrer Jugend die Gewohnheit, krank zu sein, um die Liebe Ihrer Eltern auf sich zu konzentrieren? Und später Sie haben diese Verhaltensweise ohne Ihr Wissen bewahrt. Weshalb nur?

Weil es Ihnen bisher immer dazu verholfen hat, das Gewünschte zu erreichen. Es handelt sich also um einen verstärkten Reflex, würden die behavioristischen Psychologen sagen.

Vielleicht wollen Sie auch einem kranken Menschen ähneln, den Sie bewundern oder lieben! Auch das kommt vor.

Ein Schriftsteller, der die Biographie einer von ihm verehrten Heiligen schrieb, zog sich sämtliche Krankheiten zu, an der auch die Heilige zeit ihres Lebens gelitten hatte!

Solche Dinge passieren, weil Sie sich nicht so lieben, wie Sie sind. Sie versuchen also, sich selbst aufzuwerten, indem Sie Ihre Schmerzen »tapfer« und »mit stoischem Gleichmut« ertragen.

Oder Sie fühlen sich für vergangene Handlungen schuldig, die Sie verurteilen. Die Krankheit wird zu einer Art Strafe, zur »Sühne Ihrer Sünden«.

Vielleicht sind Sie auch innerlich sehr zornig. Der Zorn bewirkt das Absondern verschiedener Giftstoffe und Hormone, die Ihr Nervensystem angreifen. Unterdrücken Sie Ihren Zorn, wendet sich das – von Ihnen erkannte oder verdrängte – verneinende Verhalten gegen Sie selbst. Es greift Ihr Immunsystem an und schwächt es. Von nun an können Sie sich nicht mehr gegen ein Virus verteidigen, das normalerweise weiter »geschlafen« hätte oder von Ihrem Immunsystem unschädlich gemacht worden wäre.

Im großen ganzen lassen sich die meisten unbewußten, Krankheiten verursachenden Abläufe in zwei Gruppen einteilen:

- Die Krankheit ist ein Mittel, Liebe zu erhalten, die Aufmerksamkeit auf sich zu lenken;
- Die Krankheit rührt davon her, daß Sie sich nicht lieben oder sich nicht so akzeptieren, wie Sie sind.

Lernen Sie, die Krankheitskeime in Ihrem Unterbewußtsein zu erkennen

All diese Ideenassoziationen scheinen Ihnen vielleicht übertrieben. Schauen Sie sich jedoch einmal den Geisteszustand von nahem an, in dem Sie waren, bevor eine Krankheit auftauchte ...

Es gelingt Ihnen dann zweifelsohne, Ihre Gedanken, Gefühle und den augenblicklichen Gesundheitszustand als Ursache und Wirkung in einen Zusammenhang zu bringen.

Machen Sie es sich also zur Gewohnheit, die Gedanken, Vorstellungen und Gefühle, die eine Krankheit auslösen, zu identifizieren. Dann können Sie nämlich eingreifen und den schon stattfindenden Ablauf stoppen. Schließlich braucht man nicht krank zu sein, um ein paar Tage Ferien zu machen oder die Zuneigung der Umgebung zu gewinnen.

Wenden Sie Ihren Blick von Zeit zu Zeit in Ihr Inneres, und schauen Sie, was sich in Ihrem Unterbewußtsein tut. Entwickeln Sie Ihre Fähigkeit zur Selbstbeobachtung. So lernen Sie, der Krankheit zuvorzukommen.

Haben Sie Schwierigkeiten, den »Gefühlsknoten« zu finden, der Sie krank gemacht hat, lesen Sie den Abschnitt über die Technik des Fokussierens unter *Selbstdiagnose*.

Chinesische Ärzte als Beispiel

Es ist wichtig, sich der Krankheitskeime bewußt zu werden. Sie können aber auch lernen, Gesundheit zu visualisieren, das heißt Ihr Unterbewußtsein täglich mit Bildern von Gesundheit, Wohlergehen und Glück zu nähren.

Solche Gedanken sind wahre psychische Vitamine, die wirksamer sind als Megadosen von Vitaminen.

Von diesem Standpunkt aus gesehen wirkt die Visualisierung weitgehend wie die hauptsächlich vorbeugende chinesische Medizin.

Die chinesischen Ärzte wurden früher nämlich nur dann bezahlt, solange man bei guter Gesundheit war. Sobald man erkrankte, war man der Meinung, der Arzt habe schlechte Arbeit geleistet, und hörte auf, ihn zu bezahlen.

Um Krankheiten vorzubeugen, benutzten die chinesischen Ärzte Akupunkturnadeln und Heilpflanzen.

Die Visualisierung ist nicht nur ebenso wirksam, sondern auch gratis. Sie läßt den Arzt in Ihrem Inneren über Ihre Gesundheit wachen. Dank schöner Vorstellungen sind Sie oft vor Krankheiten geschützt.

Heilung mittels Visualisierung

Ohne wirksame Vorbeugung tritt die Krankheit früher oder später auf. Aber auch hier kann Ihnen die Visualisierung unschätzbare Dienste leisten.

Man hat aufgehört, die Fälle zu zählen, bei denen dank der Visualisierung die Genesung eintrat. Egal, ob es sich um Erkältungen, Kopf- und Rückenschmerzen oder um so schwere Krankheiten wie Krebs handelt, die Visualisierung hilft – auf bemerkenswerte Art.

Möchten Sie wirklich gesund werden?

Bevor Sie Ihre Heilmethode wählen, fragen Sie sich: *»Warum will ich gesund werden?«* Eine klare und ehrliche Antwort ist unerläßlich, um Ihren Willen aufzubieten.

Ist Ihr Wille zu genesen erst einmal fest (in Ihrem Herzen) verankert, brauchen Sie nur noch den Genesungsprozeß in Gang zu setzen.

Während Sie Heilmittel und Medikamente aller Art anwenden, können Sie den Genesungsprozeß gleichzeitig mit Visualisierungen unterstützen.

Unter der Rubrik *Medikamente und Heilmittel* wird erläutert, wie die Visualisierung die Wirkung von Medikamenten und Heilmitteln vervielfachen kann.

So wird die Visualisierung durchgeführt

Hier finden Sie den Grundablauf der Visualisierung. Die folgenden Prinzipien gelten für sämtliche Visualisierungsformen.

In einigen Rubriken, wie z. B. derjenigen über *Migräne*, schlagen wir Ihnen spezifische Visualisierungen vor. Lesen Sie jedoch trotzdem den vorliegenden Abschnitt, um zu erfahren, über welche Etappen ein für die Visualisierung geeigneter Zustand erreicht werden kann.

1. Wählen Sie den richtigen Augenblick

Sobald Sie über den Vorgang Bescheid wissen, können Sie die Visualisierung überall ausüben. Versetzen Sie sich jedoch am Anfang in optimale Bedingungen.

Ziehen Sie sich an einen ruhigen Ort zurück, und wählen Sie einen Zeitpunkt, zu dem Sie von niemandem gestört werden.

Der Zeitpunkt vor dem Einschlafen und nach dem Aufwachen sind besonders gut für diese Art von Tätigkeit geeignet. Ihr Unterbewußtsein empfängt die Botschaften, die Sie ihm zukommen lassen, viel besser, wenn Sie dem Schlaf nahe sind.

2. Nehmen Sie die richtige Haltung ein

Die Visualisierung kann im Liegen ausgeübt werden, allerdings besteht dabei immer die Gefahr des Einschlafens.

Am besten setzen Sie sich in einen bequemen Sessel. Sitzen Sie nicht mit gekreuzten Beinen, sondern mit beiden Füßen auf dem Boden.

Konzentrieren Sie sich auf Ihre Atmung. Atmen Sie tief ein und so langsam wie möglich wieder aus. Wenn Sie fühlen, daß Ihr Geist sich für eine subtilere und innere Dimension öffnet, sind Sie bereit, mit der Visualisierung zu beginnen.

3. Denken Sie darüber nach, was Sie sich wünschen

Ihr Wunsch kann körperlicher, emotionaler, geistiger oder spiritueller Art sein. Er kann mit Ihrer Gesundheit, Ihrem Berufsleben oder dem Zustand Ihres Gefühlslebens zusammenhängen.

Wichtig ist, daß Sie Ihr Ziel genau definiert haben, und Ihr Wunsch, es zu erreichen, aufrichtig ist.

4. Halten Sie Ihr Ziel in einem Bild fest

Fügen Sie diesem Bild so viele Einzelheiten bei, wie Sie nur wünschen. Je präziser Ihre Vorstellung ist, desto größer sind die Chancen, daß sie sich verwirklicht.

Sie können dieses Bild, diese Vorstellung auch auf ein Blatt Papier zeichnen. Zeichnen Sie Ihr Traumhaus oder eine Szene, die Sie glücklich und in vollkommener Harmonie mit Ihrer Umgebung zeigt.

Sind Sie kein visueller Typ, kann Ihnen die Visualisierung am Anfang schwierig erscheinen. Konzentrieren Sie sich in diesem Fall eher auf die Atmosphäre Ihrer Vorstellung als auf die visuellen Details Ihres Bildes. Versuchen Sie, die gewünschte Situation zu empfinden, wie wenn Sie sie wirklich erleben würden.

Sind Sie musikalisch veranlagt, komponieren Sie ein kurzes Lied, das Ihren Wunsch ausdrückt.

5. Finden Sie Symbole, die zu Ihnen passen

Die Situationen können bis ins Unendliche variieren. Lassen Sie Ihrer Vorstellungskraft ruhig freien Lauf. Finden Sie heraus, welche Symbole Ihnen am besten entsprechen. Manche Bilder können auf den einen Menschen einen großen Einfluß ausüben und sich als völlig wirkungslos für den anderen erweisen.

Es gibt jedoch einige universellen Symbole: Die Visualisierung des Lichtes, der Regenbogenfarben oder der Naturelemente wirken bei den meisten Menschen. Zögern Sie nicht, diese Bilder zu verwenden; sie werden Ihnen guttun.

Wichtig

Finden Sie für Ihr Leiden ein konkretes Bild. Sie haben es so besser im Griff.

Leiden Sie beispielsweise an stechenden Muskelschmerzen, stellen Sie sich den Schmerz als eine rote, brennende Kugel vor. Versuchen Sie, diese Kugel während der Visualisierung in einen himmelblauen Ball mit einer friedvollen Ausstrahlung umzuwandeln.

Unter der Rubrik *Migräne* finden Sie weitere Beispiele.

Warnung

Hüten Sie sich vor negativen oder furchterregenden Visualisierungen. Manche Autoren gehen so weit, daß sie das Visualisieren von wütenden Hunden empfehlen, die das Virus Ihrer Krankheit zerfetzen! Vermeiden Sie diese Art von Visualisierung. Behandeln Sie Ihre Krankheit sanft und liebevoll. Bekämpfen Sie sie nicht, sondern lösen Sie sie auf.

6. Nähren Sie Ihre positiven Denkbilder

Haben Sie Ihre Vorstellung erst einmal klar definiert, brauchen Sie Ihr »Denkbild« (oder jegliche andere Schöpfung) nur noch zu nähren. Sie haben einen Samen in die Erde gesät und müssen ihn nun mit Wärme, Wasser und Licht versorgen, damit er auch wachsen kann.

Konzentrieren Sie sich also so oft wie möglich (zwei- bis dreimal täglich) auf Ihre geistige Schöpfung, und nähren Sie sie mit positiver Energie.

7. Sie können die Visualisierung auch mit der Selbsthypnose (oder Autosuggestion) verbinden

In diesem Fall wiederholen Sie einige positive Formulierungen, während Sie Ihr Ziel (Gesundheit, Glück oder Wohlstand) visualisieren.

Diese positiven Formulierungen müssen folgende Bedingungen erfüllen:

- Die Sätze müssen kraftvoll und bildhaft sein, z. B.: *»Ich sprudle über von Energie und guter Laune.«* Der Wunsch wird wie eine Feststellung ausgedrückt.
- Die Sätze müssen kurz sein. Am besten enthalten Ihre Formulierungen nur zwei oder drei Sätze. Verlangen Sie nicht zuviel auf einmal. Konzentrieren Sie sich jeweils auf ein einziges Ziel.
- Die Sätze müssen positiv formuliert werden und das von Ihnen erstrebte Ziel beschreiben. Sie dürfen also nicht das beschreiben, was Sie loswerden wollen. Sagen Sie nicht: *»Ich fühle mich nicht mehr krank«*, sondern: *»Mir geht es von Tag zu Tag besser«* oder *»Ich fühle mich sehr wohl in meiner Haut«*.
- Wiederholen Sie Ihre Formulierungen auf rhythmische und gesetzte Weise, ohne jede Anspannung – wie eine Psalmodie.
- Seien Sie von Ihrer Aussage überzeugt. Stellen Sie sich vor, Sie hätten Ihr Ziel bereits erreicht. Sagte Jesus nicht: »Alles, was ihr bittet im Gebet, wenn ihr glaubet, werdet ihr's empfangen«?

Nichts faßt die richtige Einstellung besser zusammen als die Methoden der Visualisierung und der Selbsthypnose. Glauben Sie fest an das, was Sie visualisieren und formulieren. Seien Sie vollkommen überzeugt davon. Sie haben nichts zu verlieren, aber alles zu gewinnen.

Ein erstaunlicher Trick

Maximieren Sie die Wirkung Ihrer Formulierungen, indem Sie:
- sich an einen Ort zurückziehen, an dem Sie völlig allein sind.
- Ihre Formulierungen während einiger Minuten aus sich herausschreien.
- sie daraufhin in einer normalen Tonlage während einiger Minuten wiederholen.
- sie flüsternd wiederholen, so lange Sie wollen. Sie können sie zum Abschluß in Gedanken aufsagen.

Diese Technik hilft den Formulierungen, bis ins Innerste Ihres Unterbewußtseins zu dringen. Sie hilft Ihnen, wichtige – und positive – Veränderungen in Ihrem Leben auszulösen.

Vitamine, Mineralien und Spurenelemente

Die Vitamin- und Oligotherapie sind Bestandteile dessen, was Linus Pauling, zweifacher Nobelpreisträger, Orthomolekularmedizin nennt.

Anstatt eine Krankheit mit körperfremden Substanzen, chemischen Mitteln oder pflanzlichen Aktivsubstanzen zu bekämpfen, versucht man, dem Körper die richtige Menge (griech. »orthos«) an Molekülen zuzuführen, deren Mangel oder Übermaß die Krankheit ausgelöst hat.

Tatsächlich sind Vitamine, Mineralien (Makroelemente) und Spurenelemente (Oligoelemente) Substanzen, die – in geringen Mengen – für das Wachstum und die verschiedenen Funktionen des Organismus unentbehrlich sind. Das ist damit zu erklären, daß sie andere Mikroelemente, die Enzyme, beeinflussen, die ihrerseits die Stoffwechselreaktionen auslösen.

Die Gefahren einer Überdosierung

Obwohl es relativ selten vorkommt, kann es Ihrer Gesundheit abträglich sein, wenn Ihr Organismus zuviel der »guten« Moleküle enthält. Das trifft auf die fettlöslichen Vitamine zu, die sich bei einer Überdosierung im Fettgewebe nicht auflösen, sondern gespeichert werden. Es handelt sich dabei um die Vitamine A und E, die ungesättigten Fettsäuren und insbesondere die Vitamine D und K.

Im Gegensatz dazu ist es allerdings fast unmöglich, zu viele wasserlösliche Vitamine zu speichern, da sie bei einer eventuellen Überdosierung automatisch mit dem Harn ausgeschieden werden. Es handelt sich dabei insbesondere um Vitamin C und die Vitamine des B-Komplexes.

Ein Übermaß an folgenden Substanzen kann ebenfalls gesundheitsschädigend sein:
- Mineralien (z. B. Natrium und Phosphor);

– Spurenelemente (insbesondere Eisen, Kupfer, Jod und Selen).

Die Oligotherapie, wie sie in Frankreich angewandt wird, empfiehlt nur schwache Konzentrationen und stellt somit kein Risiko dar. Bei den Megadosen, die von der amerikanischen Schule befürwortet wird, ist allerdings Vorsicht geboten: Nehmen Sie diese nur auf Anraten Ihres Therapeuten hin!

Wie Sie Nährstoffmängel vermeiden können

Der menschliche Organismus kann bestimmte Vitamine selbst synthetisieren, das heißt aus anderen Stoffen herstellen.

So können Sie zum Beispiel einen Vitamin-D-Mangel vermeiden, indem Sie Ihre Haut auf vernünftige Weise den Sonnenstrahlen aussetzen.

Die Vitamine K, B3, B5, B7, B8, B9 und B12 werden im Darm synthetisiert. Allerdings darf die Darmflora nicht durch die Einnahme von Mineralölen wie Paraffinöl oder Antibiotika beschädigt sein. Es ist jedoch möglich, die Darmflora wieder aufzubauen. Dazu genügt es, auf nüchternen Magen Lactobacillus acidophilus oder Lactobacillus bifidus einzunehmen.

Was die Mehrzahl der Vitamine sowie sämtliche Mineralien und Spurenelemente betrifft, bleibt Ihnen keine Wahl: Um einen Mangel zu vermeiden oder zu beheben, müssen Sie Ihrem Körper die wertvollen Moleküle von außen zuführen. Bevor Sie aber auf Nahrungsergänzungen zurückgreifen, sollten Sie Ihre Ernährungsweise überprüfen.

Achten Sie auf Ihre Ernährung!

Denken Sie immer daran: die besten Vitamine, Mineralien und Spurenelemente finden Sie nicht in Form von Tabletten oder Kapseln, sondern in einer abwechslungsreichen Ernährung.

Wählen Sie wenn immer möglich Nahrungsmittel aus biologischem Anbau (»Bioprodukte«). Diese werden nicht mit chemischen, sondern mit natürlichen Stoffen gedüngt. Naturdünger ist wesentlich reichhaltiger als chemischer Dünger, der im wesentlichen nur aus Stickstoff, Kali, Kalk und Phosphorsäure besteht.

Außerdem werden Bioprodukte nicht mit Pestiziden behandelt. Wie chemische Zusätze, Farbstoffe, Konservierungsmittel usw. blockieren Pestizide die Wirkung der Vitamine und neutralisieren die Spurenelemente.

Essen Sie außerdem nur Vollwertkost. Raffiniertes Getreide beispielsweise, das von Kleie und Keim getrennt wurde, enthält weder die Vitamine A, B und E noch Magnesium, Zink, Mangan und Chrom.

Denken Sie auch daran, daß viele Vitamine durch Erhitzung zerstört werden. Vitamin C wird bereits bei 60 Grad Celsius zerstört, die Vitamine A und D bei 90 Grad Celsius und die Vitamine B und E bei etwa 120 Grad Celsius.

Im Gegensatz zu kaltgepreßtem Öl aus erster Pressung enthält ein mit Lösungsmitteln extrahiertes und warmgepreßtes Öl keine ungesättigten Fettsäuren mehr. Überdies wurde seine Oxidation erst durch die Abwesenheit der Vitamine A und E ermöglicht.

Pasteurisierte Milch enthält keine Vitamine A und D mehr.

Daher sollten Sie alles, was Sie nicht roh essen können, langsam und bei niedrigen Temperaturen kochen. Auf diese Weise bleiben die Vitamine erhalten. Und damit die Nahrungsmittel ihre Mineralien und Spurenelemente nicht verlieren, sollten Sie sie nicht in Wasser kochen.

Wie Sie die Nährstoffverwertung gewährleisten

Es reicht nicht aus, Mineralien und Spurenelemente mit der Nahrung aufzunehmen, denn diese müssen vom Organismus auch verwertet werden können. Folgende Ratschläge ermöglichen eine optimale Verwertung dieser Nährstoffe:

1. Vermeiden Sie vor allen Dingen den übermäßen Genuß von Kaffee und Milchprodukten sowie die Einnahme von Medikamenten gegen Sodbrennen. Diese tragen zu einer Verminderung der Magensäure bei, wodurch die Verwertung der Nährstoffe erschwert wird.
2. Überwachen Sie auch den in ungekeimtem Getreide vorhandenen Phytinsäuregehalt sowie den hauptsächlich in Spinat, Sauerampfer, Rhabarber und schwarzem Tee enthaltenen Oxalsäuregehalt, die die Kalziumaufnahme behindern.
3. Nehmen Sie außerdem nicht zuviel Kleie oder sehr faseriges Gemüse zu sich. Sie regen zwar die Darmtätigkeit an, allerdings auf Kosten der Verwertung der Mineralien und Spurenelemente.
4. Verzichten Sie schließlich auch auf Mineralöle, wie das in Abführmitteln enthaltene Paraffinöl. Indem sie Ihre Darmwände sozusagen »verkleben«, wird Ihr Stoffwechsel über Jahre hinweg behindert.

Erklären Sie Ihren »inneren« Feinden den Krieg

Einmal in den Stoffwechsel aufgenommen, können Vitamine, Mineralien und Spurenelemente den Kampf mit den »tödlichen« Feinden in Ihrem Körper aufnehmen. Unter diesen Feinden nehmen Medikamente wie Antibiotika, Aspirin, Schlafmittel, Kortison und Hormone einen besonderen Platz ein.

Nehmen wir beispielsweise die »Antibabypille«: Sie schöpft in Ihrem Vitaminhaushalt die Vitamine B1, B2, B6, B9, B12, und C ab, erhöht aber den

Vorrat an Vitamin A. Dies begünstigt Kopfschmerzen, Depressionen, Haarausfall und trockene Haut.

Die in der Pille enthaltenen Östrogene senken außerdem den Magnesium-, Zink- und Kalziumspiegel. Gleichzeitig bewirken sie aber eine Erhöhung des Kupfer- und Eisenspiegels, was zu erhöhter Reizbarkeit, Depressionen und Herzgefäßproblemen führen kann.

Mit Vorsicht einzunehmen sind auch eisenhaltige Stärkungsmittel, da Eisen Vitamin E zerstört.

Aufgrund ihrer verheerenden Wirkungen sollten Sie insbesondere den Konsum von weißem Zucker, Kaffee, Alkohol und Tabak einschränken oder sogar unterlassen. Schon eine einzige Zigarette »verbrennt« 25 mg Vitamin C.

Erklären Sie auch anderen »Feinden« den Kampf, auch wenn diese Ihnen viel ungefährlicher vorkommen:

- dem rohem Eiweiß, das Ihr Vitamin B8 »schluckt«;
- dem Fluor im Wasser oder in der Antihaft-Beschichtung Ihrer Kochtöpfe, denn Fluor greift Ihre Reserven an Vitamin D an. (Da Fluor den Zahnschmelz härtet, ist er jedoch in Zahncremes unerläßlich).

Was Mineralien und Spurenelemente betrifft, so werden diese in großen Mengen über den Urin ausgeschieden, wenn Sie harntreibende Mittel nehmen. Bei Durchfall werden diese Reserven im Körper ebenfalls »geplündert«. Eine Übersäuerung der Gewebe hat den gleichen Effekt. Achten Sie deshalb darauf, nicht zu viele Proteine oder andere säurebildende Nahrungsmittel zu sich zu nehmen.

Wie hoch ist Ihr tatsächlicher Bedarf?

Jeder Mensch ist anders. Je nach Ihrer Konstitution kann Ihr Bedarf an den verschiedenen Vitaminen, Mineralien und Spurenelementen mehr oder weniger von den durchschnittlichen Empfehlungen abweichen.

Außerdem können bestimmte Lebensgewohnheiten Ihren Bedarf beträchtlich steigern:

- Treiben Sie Sport? Mit dem Schweiß werden Kalium, Magnesium, Natrium und wasserlösliche Vitamine ausgeschieden, die ersetzt werden müssen.
- Haben Sie viel Streß? Dieser Umstand führt zu einem erhöhten Bedarf an den Vitaminen A, B3, B5, B6, B9, B12 und C sowie an Kalzium, Zink und Chrom.
- Atmen Sie besonders verschmutzte Luft ein? In diesem Fall benötigt Ihr Körper insbesondere die Vitamine A, E, und C (Antioxidanzien) sowie Kalzium, Selen und Schwefel.

Welche Nahrungsergänzungen sollen Sie wählen?

Die Verbindung aus gesunkenen Reserven und einem höheren Bedarf an wertvollen Nährstoffen haben heute zu einer Veränderung der traditionellen Ernährungsweise geführt. Wer gesund bleiben möchte, sollte heutzutage regelmäßig Vitamine, Mineralien und Spurenelemente in Form von Nahrungsergänzungen zu sich nehmen. Das gilt selbst für die Personen, die wirklich bestrebt sind, sich optimal zu ernähren!

Natürlich können Sie eine Großzahl dieser Substanzen in Vollwertkost finden, wozu beispielsweise Blütenpollen, Aloe-vera-Gel oder Blaualgen gehören.

Wenn Sie allerdings wieder gesund werden wollen, indem Sie ganz gezielt Mängel ausgleichen, müssen Sie auf Nahrungsergänzungen zurückgreifen, die Ihnen eine genaue Dosierung ermöglichen. In diesem Fall stellt sich die Frage nach den geeigneten Mitteln. Denn nicht alle Vitamine, Mineralien und Spurenelemente sind gleichermaßen dazu geeignet. Ihre Wirksamkeit hängt sehr stark von ihrer »Quelle« und ihrer Darreichungsform ab.

Um die Vitamin-A-Zufuhr zu erhöhen, sollten Sie dem Lebertran Beta-Carotin vorziehen, denn Lebertran ist häufig mit Quecksilber belastet. Zudem vermeiden Sie damit jedes Risiko einer Überdosierung, da Ihr Körper Beta-Carotin seinem tatsächlichen Bedarf entsprechend in Vitamin A umwandeln kann.

Sollten Sie Vitamin E benötigen, lesen Sie aufmerksam das Etikett und wählen D-Alphatocopherol, das natürlicher Herkunft ist, anstelle von DL-Alphatocopherol, das synthetisch hergestellt wird.

Die Vitamine des B-Komplexes haben eine sich gegenseitig unterstützende Wirkung und kommen meist gemeinsam vor. Nehmen Sie sie nach Möglichkeit ohne Hefe zu sich, da diese Allergien auslösen kann.

Zur Deckung Ihres Vitamin-C-Bedarfs können Sie Ascorbinsäure gleich welcher Marke verwenden, da es nur einen Hersteller auf der Welt gibt. Vitamin C (Ascorbinsäure) sollten Sie nicht abends einnehmen, um sich nicht um Ihren Schlaf zu bringen. Wenn Ihre Tagesdosis mehr als 1 Gramm beträgt, sollten Sie jedoch Kalzium-, Magnesium-, Zink- und Manganascorbate vorziehen, um einer Übersäuerung und der Verflüchtigung von Spurenelementen vorzubeugen. In jedem Fall sollten Sie gleichzeitig auch Bioflavonoide nehmen, denn diese steigern die Wirkung von Vitamin C.

Was die Mineralien und Spurenelemente betrifft, so machen Sie am besten einen großen Bogen um die anorganischen Stoffe (Carbonate, Sulfate usw.). Halten Sie sich vorzugsweise an die organischen Verbindungen, die viel leichter verwertbar sind. Zu den wertvollsten gehören Aspartate, Citrate und Picolinate.

Auf alle Fälle müssen Sie wissen, daß Sie mit der Vitamin- und Oligotherapie keine Medikamente mit unerwünschten Nebenwirkungen einnehmen. Es handelt sich dabei vielmehr um Nährstoffe, die in verschwindend kleinen Mengen dafür sorgen, daß Sie gesund bleiben. Indem Sie so vorgehen, befolgen Sie den Leitsatz Hippokrates', des berühmten Arztes der griechischen Antike: *»Deine Nahrung sei dein einziges Heilmittel«*.

Vitamine und Akupressur

Wenn Sie Nahrungsergänzungen zu sich nehmen, sollten Sie gleichzeitig auch die Verdauung anregen, damit sie von Ihrem Organismus besser aufgenommen und verwertet werden können. Nehmen Sie sich folgende Ratschläge in der aufgeführten Reihenfolge zu Herzen:

1. Machen Sie täglich einen etwa halbstündigen schnellen, jedoch nicht zu anstrengenden Spaziergang.
2. Gönnen Sie sich Entspannungsmassagen mit langsamen und kräftigen Bewegungen, die dazu beitragen, Knötchen in der Muskulatur und den Organen zu lösen.
3. Massieren Sie ausgiebig die Punkte auf der Körpervorderseite, von Nr. 4 bis zu Nr. 14 und vor allem die Punkte Nr. 8, 9 und 11.

Vitaminmangel

(Siehe auch *Vitamine, Mineralien und Spurenelemente)*

Ein Vitaminmangel kann als Folge von bestimmten Krankheiten, Streß, falscher Ernährungsweise oder reichlicher Ernährung mit zu vielen raffinierten Lebensmitteln auftreten.

Heutzutage leidet fast jeder an einem mehr oder weniger ausgeprägtem Vitaminmangel. Selbst wer sich um eine gesunde und ausgewogene Ernährung bemüht, kann einen Mangel an bestimmten wichtigen Nährstoffen aufweisen. Das auf dem Markt erhältliche Obst und Gemüse hat oft bereits im frischen Zustand mehr als die Hälfte seines Nährwerts eingebüßt.

Was Sie tun können

Zunächst können Sie eine gewisse Zeitlang einfach in ausreichender Menge **Nahrungsergänzungen** einnehmen – als Multivitaminpräparat oder in Form von Blaualgenprodukten (Spirulina, Super Blue Green), Miso-Paste, Propolis, Bienenblütenpollen, Gelee Royale usw.

Fermentierte Lebensmittel wie Sauerkraut, Joghurt und Kefir enthalten essentielle Nährstoffe in außergewöhnlich hoher Konzentration.

Aus der Geschichte ist bekannt, daß Seeleute früher häufig an Skorbut erkrankten. Auf geheimnisvolle Weise blieben die Matrosen von Captain Cook jedoch immer von dieser »Pest der Meere« verschont. Die zuständigen Stellen der britischen Marine konnten schließlich den Grund für diese geheimnisvolle »Immunität« ermitteln; es handelte sich dabei um das von Captain Cook vor jedem Auslaufen eingelagerte Sauerkraut. Später hatten dann alle britischen Schiffe Sauerkraut an Bord.

Sie können auch auf ein uraltes, heute wiederentdecktes Stärkungsmittel zurückgreifen: **Stutenmilch.** Dieses kräftigende Aufbaumittel ist mittlerweile auch in Kapselform erhältlich. Mit diesem Nahrungsmittel konnten die Mongolen unter extrem schwierigen Lebensbedingungen überleben.

Akupressur kann sich ebenfalls als sehr hilfreich erweisen. Sie ermöglicht es, den Streß zu lindern, der den Vitaminbedarf in die Höhe treibt, und trägt gleichzeitig zu einer besseren Aufnahme der Vitamine aus der Nahrung bei.

Mit Hilfe der folgenden Punkte können Sie den gesamten Organismus kräftigen:

- Stimulieren Sie die Punkte Nr. 42, 16 und 12.
- Massieren Sie kräftig den Punkt Nr. 10, der 2 Fingerbreit neben dem Nabel liegt.
- Folgen Sie der Wirbelsäule abwärts, und tonisieren Sie den Punkt Nr. 36, der sich in dem von Hüftknochen und Wirbelsäule gebildeten Winkel befindet.

Lesen Sie auch folgende Rubriken: *Streß*, *Angst*, *Sodbrennen*, *Verdauungsträgheit*, *Gallen- oder Lebersteine*, *Stauungsleber*, *Verstopfung* und *Durchfall*.

W

Nächtliche Wadenkrämpfe

Kennen Sie diese Schmerzen, die mitten in der Nacht plötzlich Ihre Wade befallen? Es gibt nur wenige Menschen, die dieses Phänomen noch nie erlebt haben.

Im allgemeinen sind diese Schmerzen ziemlich gut zu ertragen. Manchmal jedoch könnte man mitten in der Nacht losbrüllen, selbst auf die Gefahr hin, die Nachbarn zu wecken.

Diese Muskelkrämpfe sind eigentlich nicht alarmierend. Doch bei manchen Menschen treten sie so häufig auf, daß sie besondere Aufmerksamkeit erforderlich machen. Mit zunehmendem Alter haben sie übrigens die Tendenz, häufiger vorzukommen. Besser ist es deshalb, vorzubeugen als zu heilen.

Ursachen

Die Ursache dieser Wadenkrämpfe läßt sich nicht in jedem Fall gut erklären. Jedoch spielen gewisse Faktoren offensichtlich eine Rolle. Sie finden sicher den Grund für Ihre Krämpfe unter den folgenden:

- Einer der wichtigsten Gründe ist zweifellos die Ermüdung der Muskeln.
- Bei jeder körperlichen Anstrengung dienen verschiedene Substanzen dazu, den Muskeln die Nachrichten des Gehirns zu übermitteln, damit sie sich zusammenziehen oder entspannen. Dazu zählen insbesondere Kalzium, Phosphor, Natrium und Magnesium. Ein Übermaß an körperlichem Training kann die Konzentration dieser Substanzen im Blut verändern. In der Nacht senden dann diese Substanzen »falsche« Signale aus, die eine Muskelkontraktion bewirken.
- Häufiges Tragen von Schuhen mit hohen Absätzen führt zu einer Verkürzung der Wadenmuskeln. Wenn dann Ihre Füße wieder eine normale Position einnehmen, werden die Muskeln zu stark gedehnt.
- Einige Fachärzte behaupten, daß mit zunehmendem Alter gewisse Nervenfasern zerstört werden. Das könnte nervliche »Kurzschlüsse« hervorrufen, die Krämpfe auslösen.

- Eine länger andauernde übermäßige Steigerung der Atmung (Hyperventilation) könnte den pH-Wert des Blutes (Säure-Basen-Verhältnis) verändern und so verschiedene Störungen verursachen, darunter die Krämpfe.
- Gewisse Wirkstoffe, die in Medikamenten enthalten sind, lösen Krämpfe aus. Dazu gehören Clofibrat, Cimetidin, Morphin, Lithium, Nikotinsäure sowie mehrere bekannte Beruhigungsmittel.
- Eine zu volle Blase könnte ebenfalls Ursache nächtlicher Wadenkrämpfe sein. Bei einigen Menschen ist die Urinproduktion nachts tatsächlich anormal hoch (siehe *Bettnässen*).

Was Sie tun können

Bevor wir uns die Mittel zur Behebung von Krämpfen ansehen, ist es gut zu wissen, wie man ihnen vorbeugen kann:

- Sind die Krämpfe auf Muskelkater zurückzuführen, dann prüfen Sie, ob Ihr körperliches Training korrekt abläuft. Häufig treten Krämpfe auf, wenn Sie nach einer langen Ruhepause wieder zu üben beginnen. Es ist ebenfalls wichtig, sich vor dem Training aufzuwärmen und die Muskeln mittels »Stretching« zu dehnen. Und genauso wichtig ist die Entspannung nach dem Training.
- Da das Problem mit zunehmendem Alter größer wird, liegt es in Ihrem Interesse, regelmäßig Übungen zu machen, um dieser Art von Störungen vorzubeugen.
- Tragen Sie keine Schuhe mit hohen Absätzen. Doch wenn Sie auf jeden Fall welche tragen möchten, dann machen Sie regelmäßig Dehnungsübungen.

Übungen zur Vorbeugung von Krämpfen

- Die einfachste Übung besteht darin, den vorderen Teil des Fußes möglichst weit gegen die Vorderseite des Beines anzuheben. Diese Übung können Sie überall ganz unauffällig machen.
- Es gibt auch eine Übung, die Jogger gut kennen. Stützen Sie sich mit den Händen gegen eine Wand. Dann strecken Sie ein Bein nach hinten, wobei Sie den Fuß möglichst flach auf dem Boden lassen. Das andere Bein beugen Sie dabei.

Diese Übungen gelten für alle, die regelmäßig aus dem einen oder anderen Grund unter Wadenkrämpfen leiden.

Maßnahmen, die Sie bei einem einsetzenden Wadenkrampf ergreifen können

Die beste Art, einen einsetzenden Wadenkrampf zu lösen, besteht darin, den Muskel langsam zu dehnen. Sie können dies auf mindestens drei verschiedene Arten tun:

- Wenn Sie aufrecht stehen, drücken Sie die Ferse kräftig auf den Boden.
- Drücken Sie das Knie nach vorne, um die Wadenmuskeln gut zu dehnen.
- Wenn Sie liegen, führen Sie die Zehen so weit wie möglich an das Bein heran.

Weitere nützliche Maßnahmen

Im Königreich der Krämpfe sind alle Mittel erlaubt – von den seriösesten bis zu den verrücktesten. Da man die Krämpfe noch nicht wirklich gut erklären kann, müssen Sie die verschiedenen Methoden ausprobieren, um zu sehen, welche in Ihrem Fall am wirksamsten ist.

Heben Sie das Kopf- oder Fußende Ihres Bettes an

Nach der Theorie von Dr. Rivlin, die in der medizinischen Zeitschrift *The Lancet* veröffentlicht wurde, rühren die nächtlichen Wadenkrämpfe von einem schlechten Blutkreislauf her. Er empfiehlt daher, das Fußende des Bettes um etwa 20 cm anzuheben, damit das Herz tiefer als die Beinvenen liegt. Aufgrund der Schwerkraft wird so das Blut schneller zum Herzen transportiert.

Paradoxerweise versichert Dr. J. William Peelen, er sei seine Wadenkrämpfe losgeworden, indem er das Kopfende seine Bettes angehoben habe.

Probieren Sie also beide Möglichkeiten aus ...

Magnettherapie

Eine andere Lösung besteht darin, einen Magneten zwischen die Matratze und das Bettlaken in Höhe Ihrer Waden zu installieren. Sobald Sie einen Krampf kommen fühlen, legen Sie Ihre Wade auf den Magneten.

Wenn Sie fast jede Nacht Krämpfe haben, besorgen Sie sich Mikromagneten vom Typ *Eporec 1500*. Mit einem runden Pflaster heften Sie 2 oder 3 dieser Magneten auf Ihre Wade. Legen Sie die Nordpolseite auf die Haut. Der Nordpol hat eine entspannende Wirkung.

Es gibt auch magnetische Matratzen (siehe *Einführung in die Magnettherapie*). Diese mit Magneten gespickten Matratzen fördern den Blutkreislauf in den Beinen oder entspannen sie ganz einfach.

Akupressur

Um Wadenkrämpfe zu lindern, massieren Sie die Punkte Nr. 16, 38, 18 und 39. Sie können an diesen Stellen auch während der ganzen Nacht Mikromagneten einwirken lassen.

Nahrungsergänzungen

Für den Fall, daß Sie an einem Nährstoffmangel leiden, nehmen Sie folgende Nahrungsergänzungen; Vitamine B5 und E, Kalzium, Magnesium, Kalium.

Beachten Sie die vom Hersteller empfohlene Dosierung. Falls dies keine Wirkung zeitigt, können Sie die Dosen etwas erhöhen. Nehmen Sie aber keine größeren Dosen, ohne einen Naturheilpraktiker um Rat zu fragen.

Warzen

Warzen sind dicke Hautwucherungen mit zerklüfteter oder verhornter Oberfläche, deren bevorzugter Sitz Hände, Gesicht und Fußsohlen sind. Sie treten hauptsächlich bei Kindern auf.

Warzen werden durch Viren hervorgerufen. Das Virus nistet sich in der Haut ein und bewirkt eine schnelle Zellvermehrung. Die Übertragung erfolgt beim Kontakt mit einem von einer Warze stammenden Stückchen Haut.

Obwohl sie normalerweise gutartig sind, können Warzen leicht schmerzhaft sein, wenn sie sich auf der Fußsohle befinden. Sonst leidet eigentlich nur die Eitelkeit ...

Was Sie tun können

Meistens verschwinden Warzen nach einigen Monaten schließlich von selbst. Ihr unästhetischer Anblick drängt einen jedoch dazu, ein Mittel zu finden, das sie schneller verschwinden läßt.

Mit den folgenden Anleitungen können Sie sich selbst heilen. Bei Warzen im Genitalbereich bleibt Ihnen jedoch nichts anderes übrig, als einen Arzt aufzusuchen.

Die im Handel erhältlichen Warzenpräparate sind normalerweise sehr wirksam. Trotzdem ist bei ihrer Anwendung Vorsicht geboten. Tragen Sie das Produkt nur auf die Warze auf. Die stark ätzenden chemischen Substanzen können nämlich die Haut um die Warze herum in Mitleidenschaft ziehen.

Die menschliche Erfindungsgabe hinsichtlich der Behandlung von Warzen war schon immer sehr groß. Gewisse Heilmittel beruhen jedoch auf Aberglaube oder haben die Wirkung eines Placebos. Die Wirksamkeit offizieller Heilmittel ist aber auch nicht leicht nachzuweisen, da 65 % der Warzen innerhalb von zwei Jahren nach ihrem Auftreten spontan verschwinden.

Trotzdem gibt es mehrere natürliche Methoden, die ziemlich schnell wirken.

Heilpflanzen

- Tragen Sie während der Saison einige Tropfen des milchigen **Löwenzahnsaftes** auf.
- Lassen Sie **Ringelblumenblätter** während 1 Woche in Essig ziehen, und bepinseln Sie die Warzen mit dieser Lotion. Oder weichen Sie die Schale zweier Zitronen in Essig ein, und bepinseln Sie die Warze damit.
- Einer der ältesten bekannten Tricks ist das wiederholte tägliche Einreiben der Warze mit **Knoblauch.**

Ätherische Öle

Auch das ätherische Öl des Lebensbaums (Thuya) ist wirksam. Es wird sogar mit den Feigwarzen fertig, die sich auf den Geschlechtsteilen einnisten. Tragen Sie einen Tropfen direkt auf die Warze auf.

Heilerde

Heilerde erweist sich als wirksam, wenn Sie die Behandlung auch zu Ende führen. Tragen Sie ein haselnußgroßes Stück Heilerde auf, und lassen Sie es 1 1/2 Stunden einwirken. Wiederholen Sie die Behandlung so oft wie möglich, und wechseln Sie mit Kohlumschlägen ab.

Akupressur

Gehen Sie nach der unter *Verbrennungen* beschriebenen Methode vor, um den Heilungsprozeß anzuregen und gleichzeitig die Wirkung anderer Behandlungsarten zu verstärken.

Empfehlung

Weichen Sie die Warzen vor der täglichen Behandlung 15 Minuten in lauwarmem Wasser ein. Reiben Sie sie daraufhin mit einem Bimsstein.

Wasser zu Heilzwecken

Eine gute Ernährung beginnt mit ... gutem Wasser. Der menschliche Körper besteht zu 70 % aus Wasser. Dies verdeutlicht, wie wichtig die Qualität dieser Flüssigkeit ist, die wir täglich zu uns nehmen. Im übrigen hat ja auch der Wissenschaftler Pasteur, Begründer der Mikrobiologie und Immunologie, höchstpersönlich bemerkt: *»Der Mensch trinkt 90 % seiner Krankheiten.«*

Ein Getränk frei von Giften

Gehören Sie zu den Menschen, die täglich alkoholhaltige Getränke, Kaffee, Tee sowie Getränke auf Kola- oder Kakaobasis konsumieren?

Diese Getränke haben eine anregende Wirkung. Sie enthalten Substanzen, im besonderen Alkaloide, die Ihrem Organismus weder irgendwelche Nährwerte noch wirkliche Energie zuführen. Sie helfen nur vorübergehend, Ihre Erschöpfung oder Ihre depressiven Verstimmungen zu vertreiben.

Im Übermaß eingenommen, wirken diese Stimulantia im Körper als Giftstoffe. Das Gefühl, voller Energie zu sein, das sie in Ihnen auslösen, ist in Wirklichkeit nichts weiter als eine endokrine Reaktion Ihres Körpers, der von diesen Stoffen angegriffen wurde und all seine Kräfte mobilisiert, um sie wieder auszuscheiden.

Versuchen Sie doch einfach einmal, auf diese stimulierenden Getränke zu verzichten oder den Genuß zumindest einzuschränken!

Ebenso sollten Sie mit Limonade, Sodawasser oder Sirup verfahren. Diese Getränke enthalten raffinierten Zucker, der die Vorräte Ihres Körpers an Vitaminen und Spurenelementen erschöpft. Außerdem verursacht er zunächst zwar einen Anstieg des Blutzuckerspiegels, der Ihnen einen kurzfristigen Energieschub beschert. Kurz darauf aber folgt ein krasser Abfall des Blutzuckerspiegels, und die vermeintlich gewonnene Energie verschwindet. Des weiteren enthalten diese industriell erzeugten Getränke chemische Zusätze, die eine Oxidation der Körperzellen bewirken und manchmal auch zur Bildung von Gasen führen, was einen schädlichen Einfluß auf die Verdauung hat.

Wasser, so rein und klar

Wenn all diese Getränke gemieden werden sollen – was dürfen Sie dann überhaupt noch trinken?

Das Beispiel der Hunzas ist bezeichnend. Die Mitglieder dieses Volksstammes, der im Himalaja zu Hause ist, erreichen ein Alter von bis zu 140 Jahren, ohne jemals krank zu werden. Diese bemerkenswerte Gesundheit verdanken sie in erster Linie der außergewöhnlichen Reinheit ihres Wassers.

Die Qualität des Wassers bemißt sich nicht daran, was es Ihrem Körper zuführt, sondern daran, was es aus ihm herausschwemmt. Damit ein Wasser diesen Entwässerungseffekt in vollem Umfang haben kann, muß es einen Mindestwiderstand von 5'000 Ohm aufweisen. Diesem Kriterium fällt schon einmal ein Großteil der Mineralwässer sowie der Quellwässer zum Opfer. Sie sind nicht immer frei von Giftstoffen, Düngemitteln, Pestiziden und anderen chemischen Produkten, die in den Boden einsickern. Darüber hinaus enthalten sie im hohen Maße anorganische, also für den Körper nicht verwertbare Mineralien.

Versuche an Fledermäusen haben gezeigt, daß diejenigen Tiere, die stark mineralhaltiges Wasser getrunken hatten, ständig gegen die Wände flogen: ihr ultraschallgesteuerter Orientierungssinn war durcheinander geraten.

Die Wirkung von Wasser aus Thermalquellen basiert auf der Tatsache, daß die nicht verwertbaren Mineralien vom Körper nicht aufgenommen werden (also zunächst im Darm verbleiben). Folglich empfiehlt es sich, dieses Wasser nie über einen längeren Zeitraum zu genießen.

Auch unser Leitungswasser, das sogenannte Trinkwasser, ist alles andere als rein. Die darin enthaltenen Krankheitserreger wurden zwar durch verschiedene Desinfektionsmittel, im allgemeinen Chlor, abgetötet, jedoch bewirken diese eine Oxidation im Organismus.

Mit Fluor angereichertes Wasser ist jedoch auch nicht besser, im Gegenteil. Der amerikanische Chemiker Perkins hat entdeckt, daß Hitler 1939 einen weltweiten Vernichtungsplan aufgestellt hatte, der die Versetzung des städtischen Wassers mit Fluor vorsah. Natriumfluorid führt bei Frauen zu Unfruchtbarkeit und setzt außerdem einen Teil der linken Gehirnhälfte außer Funktion, die Hälfte, die für den Willen verantwortlich ist.

Die beste Lösung: der Wasserfilter zu Hause

Leitungswasser ist also zweifelsohne voller Schadstoffe, die sich nachhaltig auf Ihre Gesundheit auswirken.

Der einzige Weg zu einem reinen Wasser ist unter diesen Umständen die eigene Herstellung. Dazu stehen Ihnen derzeit zwei wirkungsvolle Methoden zur Verfügung: die Destillation und, was noch empfehlenswerter ist, die Gegenosmose.

Das auf diese Weise gereinigte Wasser ist natürlich empfindlich. Um jegliche Infizierung mit Bakterien zu vermeiden, sollten Sie nicht das gleiche Verfahren anwenden, das beim Abfüllen von Wasserflaschen praktiziert wird: das gereinigte Wasser wird mit Ozon versetzt, und das Wasser oxidiert.

Trinken Sie das gereinigte Wasser pur, oder verwenden Sie es für Ihre Kräutertees. Wichtig ist dabei, es außerhalb der Mahlzeiten zu sich zu nehmen, um eine optimale Verdauung zu garantieren. Je mehr Obst und Gemüse Sie verzehren, die Sie mit dem hochwertigsten Wasser versorgen, das es gibt, um so weniger werden Sie das Bedürfnis verspüren, während der Mahlzeiten zu trinken.

Eine andere Möglichkeit, die Qualität des Wassers zu verbessern, ist die Magnetisierung. Einzelheiten zu diesem Verfahren finden Sie in der *Einführung in die Magnettherapie* im ersten Teil dieses Buches.

Wassergeschwulst (Hygrom)

Ein Wassergeschwulst erkennt man an einer deutlichen Schwellung eines Gelenks oder anderen Stellen, die häufigem Druck oder Reibungen ausgesetzt sind. Diese Schwellungen können Pflaumengröße erreichen.

Es handelt sich dabei um eine chronische Entzündung eines Schleimbeutels oder einer Sehnenscheide, die durch Rheumatismus oder eine Verletzung hervorgerufen werden kann.

Was Sie tun können

Eine kombinierte Behandlung mit Umschlägen und Akupressur führt zu sehr guten Ergebnissen:

Umschläge

- Tragen Sie 3 bis 4 Lagen Kohlblätter auf, die Sie zuvor einige Minuten in Wasser gekocht haben.
- Machen Sie einen Umschlag mit Beinwellwurzeln (für die Zubereitung siehe *Knochenbrüche* in dem Ratgeber »Das ABC der Ersten Hilfe«).
- Machen Sie mehrmals täglich dicke Umschläge mit kalter Heilerde. Wechseln Sie mit Umschlägen aus Kohlblättern ab.

Akupressur

- Unter den Rubriken *Verbrennungen* und *Arthritis und Arthrose* finden Sie eine Behandlungsmethode für alle Arten von Schleimbeutelentzündungen.
- Massieren Sie zum Abschluß immer die Punkte Nr. 39 und 41 sowie die Punkte Nr. 18 und 24 auf beiden Seiten des Körpers.
  Wenn Sie die Akupressur nicht an sich selbst, sondern an einer anderen Person vornehmen, behandeln Sie die Punkte Nr. 39 und 41 gleichzeitig (mit einer Hand am Knöchel und der anderen am Handgelenk). Gehen Sie genauso bei den Punkten Nr. 18 und 24 vor.

Wechseljahre (Klimakterium)

Mit 50 Jahren haben manche Frauen schon längst aufgehört, ihre grauen Haare zu zählen. Andere jedoch – und diese sind viel zahlreicher, als Sie glauben – stellen bei sich praktisch keine Veränderungen fest.

Von den 200'000 Eizellen, die bereits beim Fötus im Mutterleib gebildet wurden, sind im Laufe der Jahre zwischen 400 und 450 in ebenso vielen Menstruationszyklen ausgereift. Danach wird das Fortpflanzungssystem inaktiv: es findet kein Eisprung mehr statt, die Frau ist unfruchtbar und hat keine Monatsblutungen mehr.

Nur allzu oft setzen Frauen das Ende ihrer Menstruation mit dem Ende ihres Lebens als Frau gleich. Dies ist jedoch ein großer Irrtum. Außerdem stellen sich viele die Wechseljahre als einen dramatischen Lebensabschnitt vor, in dem die Tage und Nächte zur Hölle werden. Auch das ist ein Irrtum.

Sie werden im Verlauf der Lektüre sehen, daß es nur an Ihnen liegt, die Wechseljahre mit einem Lächeln auf den Lippen zu erleben!

Was genau ist das Klimakterium?

Der Verlust der Fortpflanzungsfähigkeit ist ein Prozeß, der sich über mehrere Jahre hinzieht. Die erste Phase, die als Präklimakterium bezeichnet wird, beginnt im Alter von 40 bis 45 Jahren und dauert zwischen fünf und zehn Jahren. Diese Phase ist durch unregelmäßige Menstruationszyklen gekennzeichnet.

Bei den meisten Frauen tritt die Menstruation in kürzeren Abständen auf, es kommt jedoch auch vor, daß die Menstruation nach zwei sehr kurzen Menstruationszyklen während sieben bis acht Wochen ausbleibt.

Auch die Konsistenz der Menstruationsflüssigkeit verändert sich; sie ist in der Regel weniger dickflüssig. Einige Frauen haben weniger Menstruationsflüssigkeit, während es bei anderen genau umgekehrt ist.

Ungefähr im Alter von 51 Jahren tritt dann die Menopause ein, die durch das völlige Ausbleiben der Menstruation gekennzeichnet ist. Die Produktion von Östrogen und Progesteron nimmt damit beträchtlich ab. Wenn während eines ganzen Jahres keine Menstruation aufgetreten ist, kann die Menopause als abgeschlossen betrachtet werden.

Dann tritt die Frau in die dritte Phase der Wechseljahre, das Postklimakterium.

Ursachen

Die Menopause tritt ein, weil die Fortpflanzungsfähigkeit kontinuierlich abnimmt. Warum kommt es aber eigentlich dazu?

Jene Hormone, die den Eisprung auslösen, werden vom Gehirn zwar nach wie vor ausgeschüttet, der Vorrat an Eizellen jedoch ist mit Erreichen des 50. Altersjahres praktisch erschöpft. Als Folge davon gelangen immer weniger Eizellen zur Reife.

Die Eierstöcke schränken also ihre Aktivität ein, wodurch die Produktion der Hormone Östrogen und Progesteron sukzessive verringert wird. Diese beiden Hormone sind die Voraussetzung dafür, daß eine Eizelle reifen kann. Sie sind jedoch auch für das allgemeine Gleichgewicht des Organismus von entscheidender Bedeutung.

Die Verringerung der Östrogenproduktion führt zu weiteren Symptomen, die für die Wechseljahre charakteristisch sind: Hitzewallungen, starkes Herzklopfen, Depressionen, Osteoporose usw. Diese mehr oder weniger störenden Beschwerden treten nicht bei allen Frauen mit gleicher Intensität auf.

Glücklicherweise gibt es jedoch Möglichkeiten, um diesen gesundheitlichen Störungen vorzubeugen. Auch wenn Sie bereits darunter leiden, können Sie die Beschwerden mildern oder gar ganz zum Verschwinden bringen.

Was Sie tun können

Während der Wechseljahre haben nur etwa 10 bis 15 % der Frauen mit größeren Schwierigkeiten zu kämpfen, und die Medizin verfügt heutzutage über sehr gute Mittel, um den Betroffenen zu helfen. Dabei kann die Arbeit des Gynäkologen mit natürlichen Mitteln äußerst wirksam ergänzt werden. Was die anderen Frauen anbelangt,

- weisen 15 bis 20 % überhaupt keine Symptome auf;
- sehen sich 80 % nur mit geringfügigen Schwierigkeiten konfrontiert, die problemlos mit natürlichen Mitteln angegangen werden können.

Fördern Sie Ihr Allgemeinbefinden mit natürlichen Mitteln

Zu diesen Mitteln gehören insbesondere eine entsprechende Ernährung und bestimmte Heilpflanzen.

Ernährung

Das Klimakterium ist eine wichtige Übergangsphase. Es empfiehlt sich deshalb, die Ernährung entsprechend anzupassen, denn die Ernährungsbedürfnisse einer 50jährigen Frau unterscheiden sich deutlich von denen einer jungen Frau.

Beachten Sie, daß Cholesterin bei Frauen nach der Menopause die gleiche Wirkung hat wie bei Männern – oder sogar eine noch negativere – und daß Frauen deshalb ab diesem Zeitpunkt in gleichem Maße von Herz-Kreislauf-Erkrankungen betroffen sind.

Wenn Sie diese kritische Phase harmonisch überstehen möchten, sollten Sie den Konsum von Fett, Süßigkeiten, rotem Fleisch, Alkohol und Kaffee einschränken. Ersetzen Sie diese Nahrungsmittel Schritt für Schritt durch eine Ernährung, die auf Obst, Gemüse, Getreideflocken, Fisch und Geflügel basiert.

Folgende Nahrungsmittel sind für dieses kritische Alter besonders geeignet: Meeresalgen-Suppen, Gerichte mit Reis oder Hülsenfrüchten, Aprikosen, Bananen, Karotten, Eßkastanien, Kohl, Datteln, Spinat, Feigen, Haselnüsse,

Orangen, Grapefruits, Roggen, Soja, Topinambur. Trinken Sie außerdem so oft wie möglich frisch zubereitete Obst- und Gemüsesäfte.

Zudem gibt es gewisse Nahrungsmittel, die die Östrogenproduktion positiv beeinflussen: Luzerne, Anis, Knoblauch, Lakritze, Petersilie, Salbei, Milchprodukte, Eier, Äpfel, Kirschen, Oliven, Yams, Auberginen, Tomaten, Kartoffeln, Pfeffer, Getreidekörner (abgesehen von weißem Reis, Roggen und Buchweizen). Nehmen Sie jeden Tag mindestens eines dieser Nahrungsmittel zu sich.

Heilpflanzen

- Das **Gemeine Hirtentäschel,** das überall auf den Feldern und an den Böschungen wächst, ist eine jener Heilpflanzen, die für die Behandlung von Beschwerden im Zusammenhang mit den Wechseljahren besonders geeignet sind. Es wird empfohlen, während der kritischen Phase der Menopause damit eine Kur zu machen. Bereiten Sie mit 2 Teelöffeln Hirtentäschelkraut pro Tasse einen Aufguß zu. Trinken Sie während 4 Wochen täglich 2 Tassen, machen Sie dann eine dreiwöchige Pause, und setzen Sie die Kur anschließend fort. Verwenden Sie vorzugsweise frisches Hirtentäschel, da es getrocknet einen großen Teil seiner Wirkung verliert. Hirtentäschel ist im Handel auch als Tinktur erhältlich.
- **Lakritze** enthält ein Steroid, das den Hormonen ACTH und Kortison sehr ähnlich ist, die wiederum mit Progesteron verwandt sind. Dieses Steroid wirkt anregend auf die Nebennieren. Gießen Sie 15 bis 30 g Lakritze mit 1 Liter heißem Wasser auf. Trinken Sie während 10 Tagen davon, und schalten Sie dann eine zweiwöchige Pause ein, bevor Sie die Kur fortsetzen.

Benutzen Sie auch die folgenden Mittel

Ätherische Öle

Echter Salbei, Muskatellersalbei (salvia sclarea) und Römische Kamille eignen sich für Inhalationen oder für die Einnahme (3 bis 4 Tropfen mit etwas Honig vermischt).

Akupressur

- Massieren Sie am Rücken die Punkte Nr. 34, 35 und 36 sowie das ganze Kreuzbein,
- Massieren Sie am Bauch die Punkte Nr. 11 und 14,
- Massieren Sie an den Füßen die Punkte Nr. 17, 18, 19 und 22 sowie an den Händen die Punkte Nr. 23, 24, 25, 41 und 42.

In vielen Fällen wird die Akupressur ausreichen, um die hormonalen Störungen zu beseitigen, die während der Wechseljahre auftreten. Wenden Sie sie dreimal wöchentlich an.

Behandlung von speziellen Problemen

Abgesehen von den oben genannten allgemeinen Behandlungsmöglichkeiten gibt es noch weitere hervorragende Heilmittel für die Behandlung ganz bestimmter Beschwerden, die während der Wechseljahre auftreten können. Diese Mittel können gewissen Problemen vorbeugen.

Hitzewallungen

Diese gehen oft mit starkem Schwitzen und Herzklopfen einher. Wenn sie in der Nacht auftreten, können sie den Schlaf erheblich beeinträchtigen.

Natürliche Behandlungsmethoden

- Eine einfache Lösung besteht darin, mehrere Schichten übereinander anzuziehen. So können Sie ganz nach Bedarf eine Schicht ausziehen bzw. eine weitere überziehen.
- Erleichterung kann auch ein **Fußbad mit Petersilie** verschaffen (1/2 Tasse pro Liter Wasser).
- Übermäßiges Schwitzen kann mit Salbeiaufguß (1 Teelöffel Salbeiblätter pro Tasse) behandelt werden. Trinken Sie täglich 2 Tassen.
- Auch **Weißdorn** kann eine große Hilfe sein. Diese Pflanze ist insbesondere für jene Frauen geeignet, die auf die fünfzig zugehen. Sie dient der Behandlung von Problemen im Zusammenhang mit dem fortgeschrittenen Alter (Hitzewallungen, Gereiztheit) und von nervösen Störungen infolge von Arteriosklerose (Schlaflosigkeit, Angstzustände, Ohrensausen). Bereiten Sie mit 1 Teelöffel Weißdornblüten pro Tasse einen Aufguß zu; trinken Sie 2 bis 3 Tassen täglich.
- Die regelmäßige Einnahme von **Ginseng** bringt Hitzewallungen – oft für immer – zum Verschwinden. Während der kritischen Phase liegt die angemessene Dosis bei ca. 1'000 mg pro Tag. Sie können diese jedoch gemäß Ihren Bedürfnissen auch steigern. Eine Höchstmenge von 3'000 mg pro Tag sollte jedoch nicht überschritten werden.

Veränderungen der Vaginalschleimhaut

Das Vaginalgewebe trocknet im Alter aus und wird dünner. Zudem wird weniger Vaginalsekret produziert, was manchmal zu Schmerzen beim Geschlechtsverkehr führt.

Auch die äußeren Geschlechtsorgane verändern sich. Die kleinen und großen Schamlippen werden kleiner, und die Schambehaarung wird dünner.

Auch der Harnleiter und die Blase sind vom Östrogenmangel betroffen, wodurch Harnwegsinfekte entstehen können.

Natürliche Behandlungsmethoden

Beim Geschlechtsverkehr empfiehlt sich die Verwendung eines **Gleitmittels.** Führen Sie auch regelmäßig die **Übungen nach Kegel** durch (siehe *Frigidität).* Bleiben Sie außerdem sexuell aktiv: Frauen, die mindestens einmal wöchentlich Geschlechtsverkehr haben, leiden weniger häufig unter einer Austrocknung der Vagina.

Nehmen Sie sich **Lezithinkapseln.** Diese sind grundsätzlich für den ganzen Organismus von großem Nutzen. Während der Wechseljahre wirkt sich Lezithin insbesondere auf die Fortpflanzungsorgane positiv aus.

Stimmungsschwankungen

Die großen Veränderungen, die die Wechseljahre mit sich bringen, lösen bei den betroffenen Frauen oft gewisse Ängste aus. Sie leiden an Weltschmerz, sind gereizt und zuweilen ein wenig depressiv. Oft haben sie auch den Eindruck, daß die besten Jahre jetzt hinter ihnen liegen.

Grundsätzlich ist man sich darüber einig, daß diese psychologischen Veränderungen in gleicher Weise durch hormonale Reaktionen wie auch durch soziale und persönliche Faktoren hervorgerufen werden. Deshalb wird das Klimakterium je nach Kultur von den Frauen unterschiedlich aufgefaßt und erlebt.

Bei vielen indianischen Völkern erlangen die Frauen mit dem Ende der Menstruation einen höheren gesellschaftlichen Status, der viel erstrebenswerter ist als die Stellung der noch fruchtbaren Frauen. Bei diesen Völkern ist man der Auffassung, daß die Energie einer Frau durch die Menstruation erheblich beeinträchtigt wird. Eine Frau, deren Menstruation abgeschlossen ist, verfügt somit über ein Mehr an Energie, das es ihr erlaubt, eine einflußreichere Stellung einzunehmen und ihre psychische Kraft auszubauen.

Lassen Sie sich also von Ihren Falten und grauen Haaren nicht unterkriegen. Die Menopause markiert zwar den Schlußpunkt einer wichtigen Phase im Leben einer Frau, sie bedeutet jedoch nicht, daß damit ihr Leben beendet ist. Ganz im Gegenteil! Akzeptieren Sie die Veränderungen, die die Wechseljahre mit sich bringen; nicht wenige davon sind durchaus positiv.

Die Jahre, die vor Ihnen liegen, können noch einige Überraschungen für Sie bereithalten. Sie werden auf jeden Fall über viel mehr freie Zeit verfügen als je zuvor. Wenn Sie auf Ihre Gesundheit achten, können Sie noch viele interessante und schöne Dinge erleben.

Natürliche Behandlungsmethoden

Gegen die Stimmungsschwankungen, die durch die hormonalen Veränderungen während der Wechseljahre entstehen, eignet sich der folgende Aufguß: Mischen Sie zu gleichen Teilen Johanniskraut, Melisse und Hopfendolden. Eine Prise dieser Mischung reicht für 1 Tasse. Trinken Sie täglich 2 bis 3 Tassen davon.

Die Kombination dieser drei Heilpflanzen hat eine stark beruhigende Wirkung. Der Hopfen enthält viele natürliche Hormone und mildert dadurch das hormonale Ungleichgewicht, das für die Menopause typisch ist.

Gewichtszunahme während der Wechseljahre

Das Fett wird vor allem in der Bauchregion abgelagert. Dies insbesondere dann, wenn Sie mehrere Kinder zur Welt gebracht und nach den Geburten die Straffung Ihres Bauchgewebes vernachlässigt haben.

Natürliche Behandlungsmethoden

Wenn Sie Ihre Ernährungsgewohnheiten entsprechend anpassen, können Sie eine Gewichtszunahme verhindern. Ihr Kalorienbedarf nimmt mit den Jahren ab. Reduzieren Sie den Genuß von stärkehaltigen Nahrungsmitteln, Fett und Zucker. Achten Sie zudem auf genügend körperliche Bewegung. Frauen mit großen Fettablagerungen am Bauch haben ein höheres Herzinfarktrisiko und einen schlechteren Cholesterinstoffwechsel.

Osteoporose

Diese erhöhte Knochenbrüchigkeit tritt bei Frauen nach dem 50. Altersjahr ziemlich häufig auf.

Natürliche Behandlungsmethoden

Unter der Rubrik *Knochenschwund* sind die Mittel aufgeführt, mit denen dieser Krankheit vorgebeugt oder ihr Verlauf verlangsamt werden kann.

Weißfluß (Leukorrhöe)

Beim Weißfluß kommt es zu unblutigem Ausfluß aus der Vagina, der manchmal stärker als üblich ist. Das heißt jedoch nicht , daß Sie sich Sorgen machen müssen. Selbst ungewohnter Ausfluß kann völlig normal sein.

Er kann von einer zu großen Schleimproduktion am Gebärmutterhals oder von einer gesteigerten Tätigkeit der örtlichen Schleimhautdrüsen herrühren. Häufig kann die Ursache für diesen Ausfluß nicht eindeutig geklärt werden, er ist jedoch folgenlos.

Andere Arten des Weißflusses können jedoch pathologischen Ursprungs sein. Diese rühren von einer Entzündung der Vagina (siehe *Scheidenentzündung)* oder des Gebärmutterhalses her. Je nach Ursache ist dieser Ausfluß weißlich oder gelblich und von unangenehmem Geruch und einem brennenden Gefühl begleitet.

In diesem Fall müssen Sie sich an Ihren Gynäkologen wenden. Steht die Diagnose einmal fest, können Sie eine der folgenden natürlichen Behandlungsmethoden wählen.

Was Sie tun können

Sitzbäder

Nehmen Sie ein Sitzbad mit einer der folgenden Heilpflanzen: Wegerichblätter, Salbei (ganze Pflanze), Lavendel, Rosmarin oder Schafgarbe (die bei allen Frauenbeschwerden besonders empfehlenswert ist).

Bereiten Sie mit 1 bis 2 Handvoll einer dieser Pflanzen auf 150 bis 300 ml Wasser einen Aufguß zu, den Sie gut seihen und dann dem Badewasser zugeben. Das Wasser sollte Körpertemperatur haben oder etwas wärmer sein.

Nehmen Sie diese Sitzbäder so oft wie möglich, und wechseln Sie mit einem der folgenden Mittel ab:

Heilpflanzen

- Lassen Sie 2 Teelöffel Nußbaumblätter 12 Stunden lang in 1/2 Liter kaltem Wasser ziehen, erwärmen Sie den Auszug, und waschen Sie damit die Vulva.
- Rote Rosen für weißen Ausfluß: Gießen Sie 25 g Blütenblätter mit 1 Liter heißem Wasser auf, und trinken Sie davon täglich 3 Tassen (vor den Mahlzeiten).
- Ein Zimtaufguß ist bei dieser Erkrankung ebenfalls wirksam: Gießen Sie 10 bis 15 g Zimtrinde mit 1 Liter heißem Wasser auf, und trinken Sie davon täglich 3 Tassen.

Ätherische Öle

Nehmen Sie 4 bis 5 Tropfen eines der folgenden ätherischen Öle mit 1 Löffel Honig ein: Salbei (salvia sclarea oder salvia officinalis), Majoran (origanum majorana).

Windelausschlag

Ein wunder Po bei Säuglingen ist eine immer wiederkehrende Erscheinung. Während sie noch Windeln tragen, leiden alle Babys mehr oder weniger darunter. Nur in Ausnahmefällen kommt es aber zu ernsten Komplikationen.

Somit besteht also kein Grund zur Beunruhigung, wenn auch Ihr Kind davon betroffen ist. Auf ganz einfache Art und Weise kann man dem Säugling nämlich Linderung verschaffen.

In harmlosen Fällen ist das Gesäß leicht gerötet, aber nicht entzündet.

In schwereren Fällen sind größere Hautflächen entzündet, teilweise sogar geschwollen. Unter Umständen näßt die Haut an diesen Stellen (Austritt einer gelblichen oder cremigen Flüssigkeit). Bisweilen bilden sich auch Hautgeschwüre.

Im allgemeinen sind Schenkel, Gesäßbacken, die Genitalregion und der Unterleib davon betroffen. Die entzündeten Stellen variieren je nachdem, ob es sich um ein Mädchen und einen Buben handelt, da die Buben in eine andere Richtung urinieren als die Mädchen. Schließlich beeinflußt aber auch die vom Kind bevorzugte Lage die Fließrichtung des Urins.

Ursachen

Durchfall, Fieber, die Ernährung der Mutter (vor allem die Milchprodukte, die sie zu sich nimmt) und insbesondere das Zahnen können eine Rötung der Gesäßregion verursachen.

Die Entzündung wird aber oft auch durch die Bildung von Ammoniak hervorgerufen (die im Stuhl vorhandenen Bakterien zersetzen den im Urin enthaltenen Harnstoff zu Ammoniak).

Die Windeln bilden ein abgeschlossenes, warmes und feuchtes Milieu, das für Mikroben und Pilze ein wahres Paradies ist. Diese lösen dann oft eine Entzündung aus. Sogar der Soorpilz (Candida albicans) gehört zu den Verursachern dieser Hautreizungen.

Weiter können folgende Faktoren eine Hautreizung in der Gesäßregion hervorrufen oder verschlimmern:

- Sie wechseln die Windeln zu wenig oft.
- Bei der Verwendung von Baumwollwindeln spülen Sie sie nicht gründlich genug (Seifen- und Waschmittelrückstände können eine empfindliche Haut stark reizen).
- Sie verwenden Wegwerfwindeln.

Dieser letzte Punkt ist besonders wichtig, wird aber oft verkannt. Mehrere Studien haben nämlich gezeigt, daß normale oder »extra saugfähige« Wegwerfwindeln hautreizende Substanzen enthalten.

Eine dieser Studien, die 1979 im *Journal of Pediatrics* veröffentlicht wurde, hebt hervor, daß die im Handel erhältlichen Windeln fünfmal stärker hautreizend sind als Baumwollwindeln.

Dies kann auf folgende Faktoren zurückgeführt werden:

- eine schlechte Luftzirkulation;
- der Ammoniak kann nicht verdunsten;
- die Hauttemperatur wird bis um 4 Grad erhöht, was die Vermehrung von Mikroben begünstigt;
- das Vorhandensein von künstlichen Parfumzusätzen, Bleichmitteln und anderer chemischer Substanzen.

In den Wegwerfwindeln findet man unter anderem Dioxine und Natriumpolykrylate. Letztere sind stark umstritten. Sie wurden bereits für die Herstellung von Tampons verwendet, die dann aber aus dem Verkehr gezogen wurden. Mögliche langfristige Auswirkungen bei einem Hautkontakt rund um die Uhr sind deshalb nicht bekannt.

Wegwerfwindeln weisen zudem zwei große Nachteile auf. Einerseits belasten sie das Haushaltsbudget, andererseits sind sie biologisch nicht abbaubar und belasten somit auch die Umwelt.

Was Sie tun können

Maßnahmen zur Vorbeugung von Hautrötungen

- Wickeln Sie das Kind nach jeder Stuhl- und Urinentleerung. Im Idealfall werden die Windeln alle zwei bis drei Stunden gewechselt.
- Waschen Sie das Gesäß und die Genitalien mit warmem Wasser, aber ohne Seife. Reiben Sie das Kind nicht trocken, sondern tupfen Sie es mit einem Tuch ab.
- Verwenden Sie keinen Puder auf der Basis von Maisstärke, da diese die Entstehung von Pilzinfektionen begünstigen (wenn sie sich in den Hautfalten des Gesäßes ansammelt).
- Auch wenn Sie Baumwollwindeln verwenden, vermeiden Sie Plastikhöschen, denn diese behindern die Luftzirkulation. Ziehen Sie Nylonhöschen vor.
- Verwenden Sie Mullwindeln, die keine hautreizenden chemischen Substanzen enthalten. Die Windeln können aber nicht wie normale Kleidungsstücke gewaschen werden, sondern müssen sterilisiert werden, um alle Bakterien abzutöten. Normalerweise genügt etwas Javelwasser. Die Windeln müssen mindestens zweimal gespült werden, um alle Seifen- und Waschmittelrückstände auszuwaschen.

Am besten verzichten Sie jedoch auf solche Reinigungsmittel und verwenden von Vorteil Natriumbikarbonat. Dazu weichen Sie die Windeln in kaltem Wasser ein und geben etwa 125 ml Natriumbikarbonat hinzu. Nach dem Waschen mit einer milden Seife müssen Sie die Windeln mindestens zweimal spülen, wie das auch bei der Verwendung von Javelwasser der Fall wäre.

- Verzichten Sie auf Weichspüler.
- Während des Zahnens stellen die Eltern oft eine verstärkte Hautreizung im Gesäßbereich fest, da die vermehrte Saugtätigkeit eine Magenverstimmung mit sich bringen kann.
  Geben Sie dem Kind eine getrocknete Eibischwurzel zum Kauen. Sie ist reich an Schleimstoffen und mildert nicht nur Zahnfleisch-, sondern auch Hals-, Magen-, Darm- und Harnblasenentzündungen.
  Das Kind kann somit seinen Schmerz an der Eibischwurzel auslassen, während die beruhigende und wohltuende Wirkung dieser Pflanze gleichzeitig seinem Verdauungssystem zugutekommt.

Maßnahmen zur Linderung der Hautreizungen

Bei einer akuten Entzündung des Gesäßes ist es von Vorteil, den Säugling mit nacktem Po strampeln zu lassen. Achten Sie darauf, daß das Zimmer angenehm warm und die Luft darin trocken ist.

Legen Sie ein Plastiktuch auf den Boden, und breiten Sie darauf ein großes Stoff- oder Handtuch darüber aus. Legen Sie das Kind in der Bauchlage darauf. Waschen und trocknen Sie es nach jeder Stuhl- und Harnentleerung.

Ernährung

Verschiedene Nahrungsmittel, die der Säugling oder die stillende Mutter zu sich nehmen, können den pH-Wert des Säuglingurins verändern und diesem somit eine hautreizende Wirkung verleihen. Versuchen Sie, diese Nahrungsmittel ausfindig zu machen, indem Sie eines nach dem anderen weglassen.

Vor allem Milchprodukte führen häufig zu den genannten Hautreizungen.

Geben Sie keinen weißen Zucker in die Flasche, sondern verwenden Sie biologischen Honig.

Maßnahmen zur Heilung schwerer Infektionen

In besonders schweren Fällen genügen die erwähnten Maßnahmen möglicherweise nicht, und die Infektion muß mit Antibiotika bekämpft werden.

Handelt es sich um eine Candida-Infektion, so brauchen Sie sich keine großen Sorgen zu machen. Dieser Pilz findet sich im Stuhl vieler gesunder

Menschen. Trotzdem ist es ratsam, einen Arzt herbeizuziehen, der Ihrem Kind ein Antimykotikum verschreiben wird.

Falls Sie aber – zu Recht – Vorbehalte gegen Antibiotika und Antimykotika haben, können Sie eines der nachfolgend aufgeführten natürlichen Heilmittel einsetzen:

- **Aloe vera** ist besonders wirksam bei jeder Art von Hautinfektion. Sie mildert nicht nur den Juckreiz, sondern tötet auch Bakterien und Pilze (einschließlich Candida) ab.
- Verzichten Sie auf den Handel erhältlichen Talk. Verwenden Sie stattdessen Reis- oder Heilerdepulver, die eine lindernde Wirkung auf den wunden Babypo haben.

Ätherische Öle

Äußerliche Anwendung: Lavendel- (lavandula officinalis) oder Karottenhydrolat.

Windpocken

Die meisten Leute denken bei dieser Krankheit an ihre Kindheit – mit Recht. Das Auftreten von Windpocken bei Erwachsenen ist nämlich sehr selten. Allerdings kann das Windpockenvirus aus verschiedenen Gründen reaktiviert werden und führt dann meistens zu einer Gürtelrose (siehe *Gürtelrose).*

Das erste erkennbare Symptom der Windpocken ist der Hautausschlag. Er beginnt mit dem Auftreten vieler kleiner roter Flecken, die schließlich den ganzen Körper bedecken. Aus ihnen entwickeln sich Wasserbläschen, die nach zwei Tagen austrocknen und verschorfen. Der Schorf löst sich nach einigen Tagen ab.

Windpocken werden beim Kontakt mit vom Virus befallenen Kindern übertragen. Kinder können sich jedoch auch bei einem an Gürtelrose erkrankten Erwachsenen anstecken (bei beiden Krankheiten handelt es sich um dasselbe Herpes-Zoster-Virus).

Die Ansteckung kann einen Tag vor dem Auftreten des Hautausschlags bis eine Woche nach dem Ablösen des Schorfs erfolgen.

Windpocken sind eine gutartige, natürlich ablaufende Krankheit. Bei Kindern treten keine Komplikationen auf. Außerdem sind Kinder, die die Windpocken schon gehabt haben, immun dagegen.

Bei körperlich geschwächten Erwachsenen kann das Virus jedoch unter Umständen wieder reaktiviert werden. Insbesondere bei älteren Menschen können sich Komplikationen ergeben.

Was Sie tun können

Die Behandlung der Windpocken beschränkt sich normalerweise darauf, die Übertragung zu verhindern und das Kratzen sowie eine Sekundärinfektion zu vermeiden.

Maßnahmen zur Verhinderung der Ansteckung

Da es sich bei den Windpocken um eine leicht übertragbare Krankheit handelt, sind mehrere Vorsichtsmaßnahmen erforderlich:

- Der Patient muß sich von Kindern und Erwachsenen, die noch nie an Windpocken erkrankt sind, fernhalten. Die anderen haben in der Regel nichts zu befürchten.
- Der Patient soll sich möglichst oft die Hände waschen.
- Laken und Kleider müssen täglich gewechselt werden.

Maßnahmen zur Verhinderung des Kratzens

Während des Auftretens des Hautausschlags muß das Kratzen unterlassen werden, damit das Risiko einer Entzündung vermieden werden und die Haut schneller heilen kann. Andernfalls können Narben zurückbleiben.

Unglücklicherweise verursachen die Bläschen einen starken Juckreiz, weshalb es schwierig ist, Kinder am Kratzen zu hindern.

- Versprechen Sie ihnen zur Ermunterung kleine Geschenke.
- Schneiden Sie ihnen die Fingernägel sehr kurz.
- Suchen Sie bei einer Sekundärinfektion wegen übermäßigen Kratzens einen Arzt auf, damit er Antibiotika verschreibt.

Maßnahmen zur Linderung des Juckreizes

- Verwenden Sie beim Auftreten von Juckreiz oder Hautausschlägen eine Aloe-vera-Salbe. Im Gegensatz zu den üblichen Salben fördert diese außerdem die Wundheilung und die Regeneration der Zellen. Die Haut des an Windpocken Erkrankten findet also schneller zum normalen Aussehen zurück.
- Warme Bäder mit Natriumbikarbonat.
- Abwechselnd warme und kalte Umschläge.
- Unter der Rubrik *Röteln* sind die Akupressurpunkte aufgeführt, die Ihrem Kind helfen können.

Empfehlungen

- Überwachen Sie die Körpertemperatur. Sie bleibt normalerweise stabil oder steigt nur wenig an.
- Verabreichen Sie einem an Windpocken erkrankten Kind niemals Aspirin. Verschiedene Untersuchungen scheinen zu beweisen, daß die Einnahme

von Aspirin die Windpocken zum Reye-Syndrom, einer akuten Enzephalopathie, degenerieren läßt.

Schwerverheilende Wunden

Gewisse Wunden sind schwierig zu behandeln und heilen nur sehr langsam. Der Heilungsprozeß kann jedoch mit natürlichen Mitteln beschleunigt werden.

Was Sie tun können

Zucker als Wundermittel

Zur Behandlung schwer infizierter Wunden haben die Chirurgen ein altes Heilmittel wiederentdeckt, das bereits vor 4'000 Jahren auf den ägyptischen Schlachtfeldern verwendet wurde: Sie füllen die Wunden einfach mit Zucker! Ja, der gute alte, sonst so verschriene weiße Zucker genügt vollkommen.

Diese Methode wurde während Jahrhunderten praktiziert. Schließlich wurde sie aber von den Antibiotika verdrängt.

Doch selbst mit ultramodernen Medikamenten können Bakterien tief im Inneren der Wunde nicht immer neutralisiert werden. Manche Chirurgen waren deshalb begeistert, als sie entdeckten, daß das schwarze Schaf unter den Lebensmitteln ein hervorragendes Bakterizid ist.

Diese unglaubliche Geschichte wurde übrigens keineswegs von »Kurpfuschern« verbreitet, die sich nicht anders zu helfen wußten.

Seit fünf Jahren haben nämlich Ärzte aus ganz Europa in der medizinischen Fachzeitschrift *The Lancet* Berichte über Fälle publiziert, wo die Behandlung mit Zucker als einzige Methode zum Erfolg führte.

Besonders gut eignet sich diese Behandlung für Wunden, die bei längerer Bettlägerigkeit entstehen können, sowie für Schußwunden. Auch bei Operationen am offenen Herzen, wo die geringste Infektion verheerende Folgen haben kann, wurden gute Erfahrungen gemacht.

Heilpflanzen

Neben diesem erstaunlichen Heilmittel gibt es auch verschiedene Pflanzen, die selbst mit hartnäckigsten Wunden fertig werden:

Beinwell

Diese Pflanze ist sehr wirksam bei Wunden, Verletzungen, Knochenbrüchen usw.

Kochen Sie 200 g Beinwellwurzel in 1 Liter Wasser auf, lassen Sie den Absud 12 Stunden ziehen, und seihen Sie ihn. Tauchen Sie dann jede halbe Stunde einen Wattebausch hinein, und benetzen Sie die Wunde damit.

Wenn Sie die Behandlung für einige Stunden unterbrechen müssen, bedecken Sie die Wunde mit Ringelblumensalbe.

Sie können eine infizierte Wunde auch auswaschen, indem Sie vorsichtig etwas Beinwellabsud auf die Wunde gießen.

Wenn Sie keine frischen Pflanzen bekommen, dann verwenden Sie eine Beinwellsalbe. Gegenwärtig sind mehrere gute Marken im Handel erhältlich.

Wegerich

Diese gewöhnliche, unscheinbare Pflanze ist ein hervorragendes Mittel zur Unterstützung der Wundheilung. Sie vermag selbst hartnäckigste Wunden zu schließen. Der Wegerich wächst von Frühling bis Herbst, und die frische Pflanze ist am wirksamsten.

Nach dem Pflücken spülen Sie die Blätter gleich mit kaltem Wasser ab, zerdrücken sie mit einem Nudelholz oder zerreiben sie zwischen den Handflächen und bestreichen die Wunde damit. Erneuern Sie den Umschlag mehrmals täglich.

Sollte der Umschlag eine Hautreizung verursachen, entfernen Sie ihn, bestreichen die empfindliche Stelle mit Ringelblumensalbe und tragen einen neuen Umschlag aus frischem Wegerich auf. Diese Behandlung ist mühsam, hilft aber ausgezeichnet bei Wunden, die einfach nicht heilen wollen.

Wundstarrkrampf (Tetanus)

Wundstarrkrampf ist eine sehr ernsthafte Erkrankung, die sich in Form von Muskelkrämpfen und -zuckungen äußert. Besonders bei alten Menschen und Kindern kann Wundstarrkrampf zum Tode führen, wenn nicht innerhalb kürzester Zeit eine Behandlung einsetzt. Die Zahl der tödlichen Ausgänge bei Wundstarrkrampf liegt bei über 30 %.

In manchen Fällen kann mit einer Amputation das Schlimmste verhindert werden. Normalerweise hat der Erkrankte gute Überlebenschancen, wenn die ersten acht Tage ab Ausbruch der Krankheit vorüber sind.

Ursachen

Wundstarrkrampf ist eine Infektionskrankheit, die durch einen Bazillus ausgelöst wird. Dieser Bazillus kann mehrere Jahre bei extrem hohen oder niedrigen Temperaturen in Form einer inaktiven Spore überleben. Zu finden ist er vor allem in verseuchten oder mit tierischen oder menschlichen Exkrementen gedüngten Böden.

Der Bazillus wird im menschlichen Körper reaktiviert, vor allem in tiefen und unsauberen Wunden!

Was Sie tun können

Wenn Sie nicht geimpft sind und glauben, sich mit Tetanusbazillen infiziert zu haben, sollten Sie sich unverzüglich in ein Krankenhaus begeben.

Ein ungewöhnliches Mittel

Gegen Wundstarrkrampf gibt es ein Mittel, das in der Regel wenig Beachtung findet, sich aber als äußerst wirksam erwiesen hat. Es handelt sich um Magnesiumchlorid (sehen Sie in Ihrem Ratgeber »Die Hausapotheke« nach). Sie können Ihren Arzt also bitten, daß er Sie mit Magnesiumchlorid behandelt.

Falls er dies ablehnt und Sie der Diagnose ganz sicher sind, können Sie sich selbst dreimal täglich 10 cc Magnesiumchlorid intravenös verabreichen. Die Substanz ist in Form von Ampullen im Handel erhältlich. Natürlich müssen Sie wissen, wie man sich eine Injektion setzt. Aber das läßt sich lernen.

Akupressur

Ihr Nervensystem muß geschützt werden:
- Stimulieren Sie die Punkte Nr. 1, 26, 32, 34 und 37 auf dem Rücken und dem Kopf.
- Tonisieren Sie den Punkt Nr. 18, und sedieren Sie den Punkt Nr. 39.
- Drücken Sie gleichzeitig auf die Punkte Nr. 20 und 42 an den Händen und Füßen.

Sind Sie Diabetiker?

Bei Diabetikern ist die Behandlung infizierter Wunden oft schwieriger. Grund dafür ist in erster Linie ein schlechter Blutkreislauf. Deshalb kann eine kleine Schnittverletzung am Fuß bei Diabetikern rasch zum großen Problem werden. Kommt eine Infektion mit Wundstarrkrampf hinzu, ist die Katastrophe nicht weit.

Trinken Sie regelmäßig den Saft der **Aloe vera,** und behandeln Sie Wunden mit einer Aloe-vera-Salbe. Das wirkt wahre Wunder. Lesen Sie auch unter der Rubrik *Diabetes* nach.

Weitere Empfehlungen

- Mechaniker, Gärtner, Landwirte und Kinder gehören zu den sogenannten Risikogruppen. Mehr als andere Menschen laufen sie Gefahr, sich Schnittwunden zuzufügen. Daneben kommen sie sehr leicht mit (verseuchter oder gedüngter) Erde oder mit rostigem Eisen in Berührung.
- Wasserstoffsuperoxid schützt vor Wundstarrkrampf. Am besten mischen Sie die Substanz unter die Mittel, mit denen Sie Wunden reinigen. Wasserstoffsuperoxid ist in allen Apotheken erhältlich.

Diese Empfehlung gilt allgemein, richtet sich aber insbesondere an die genannten Risikogruppen.

- Wenn Sie »wildes« Camping lieben oder gern auf Abenteuerreisen gehen (Safari, Trekking usw.), sollten Sie unbedingt Magnesiumchlorid in Ihrer Reiseapotheke haben. Denn in solchen Situationen kommt es sehr schnell zu Verletzungen und Abschürfungen. Magnesiumchlorid kann in solchen Fällen lebensrettend sein. Daneben leistet diese Substanz auch in vielen anderen Notfällen und bei kleineren Übeln gute Dienste (lesen Sie hierzu in Ihrem Ratgeber »Die Hausapotheke« nach).

Z

Zahnfüllungen

Wie Sie vermutlich wissen, werden die klassischen Amalgamfüllungen wegen ihres Quecksilbergehalts je länger je mehr in Frage gestellt.

Zweifellos kennen Sie die toxische Wirkung von Quecksilber auf das Gehirn und somit auch auf das Verhalten. Alles weist darauf hin, daß Quecksilberspuren aus den Plomben in den Blutkreislauf geraten, und es ist gut möglich, daß diese Spuren die Toleranzgrenze des Organismus überschreiten!

Für eine immer größer werdende Zahl von Wissenschaftlern könnte diese Ansammlung von Quecksilber im Körper folgende Symptome verursachen: Müdigkeit, Depressionen, Zittern, Zerstreutheit, Kopfschmerzen, Herzfunktionsstörungen und Immunschwäche.

Im Rahmen einer Studie, die 1989 an der Universität Calgary in den Vereinigten Staaten durchgeführt wurde, erhielten tragende Schafe klassische Amalgamfüllungen. Spätere Untersuchungen bewiesen, daß Quecksilber in die Blutbahnen der Schafe gelangt war, welches wiederum von den Föten aufgenommen wurde.

Andere Studien hoben eine erstaunliche Besserung bei Personen hervor, die an Depressionen litten, bevor sie sich ihre Zahnfüllungen herausnehmen ließen.

Sollten Sie sich nun Ihre Plomben entfernen und durch neue Zahnfüllungen ersetzen lassen? Es ist noch zu früh, um Schlußfolgerungen zu ziehen. Dennoch ist es zweifellos bezeichnend, daß die schwedische Regierung ein Verbot für quecksilberhaltige Zahnfüllungen erlassen hat. Sprechen Sie zumindest mit Ihrem Zahnarzt darüber. Lassen Sie sich jedoch nicht alle Ihre Plomben herausnehmen. Bestehen Sie aber darauf, daß die neuen Zahnfüllungen kein Quecksilber enthalten. Das ist im Augenblick vermutlich die vernünftigste Lösung.

Zahnpflege

Zahnpflege ist nicht nur für Mundhygiene und Aussehen von Bedeutung.

In ihrem Buch »Ihre Ernährung nach Dr. Kousmine« verweisen Marion Kaplan und Dr. Alain Bondil auf französische Forscher, die eine Wechselbeziehung zwischen den Zähnen und den verschiedenen Körperorganen nachgewiesen haben. Über den sensitiven Ast des Trigeminus und die sympathischen Nervenknoten können die Zähne entfernt liegende entzündliche Reaktionen verursachen.

Die chronische Infektion schmerzunempfindlicher, weil abgestorbener Zähne oder ständig eiterndes Zahnfleisch vergiften den Organismus. Kleinste Spuren ununterbrochener mikrobieller Absonderungen bereiten den Nährboden für eine spätere Übersäuerung. In der Folge öffnet sich der Magenausgang vorzeitig, und die verfrühte Entleerung des Mageninhalts reizt den gesamten Verdauungskanal.

Das Säure-Basen-Ungleichgewicht der Verdauungswege begünstigt die Entwicklung von Mikroben. Noch schlimmer, die Zähne stehen am Beginn fast jeden Unwohlseins und sämtlicher allgemeinen Erkrankungen.

Abschließend schreiben die Autoren: *»So konnten durch die entsprechende Zahnpflege und die gleichzeitige notwendige Nahrungsumstellung deutliche Erleichterungen bei Asthma, Rheumatismus und sogar multipler Sklerose erreicht werden. Das ist nicht weiter erstaunlich, wenn man die Bedeutung der biologischen Zusammenhänge im Darmbereich für unsere Gesundheit kennt. Die Kenntnis dieses Zusammenhangs ist jedoch wichtig, da sich der Heilungsprozeß manchmal als sehr schwierig gestaltet, wenn der dentale Krankheitsherd nicht zum Verschwinden gebracht wird.«* (Robert Laffont, 1989)

- Hier das Rezept für das allerbeste ... aber zugleich auch schmutzigste Zahnpulver: Mischen Sie pflanzliche Kohle in Pulverform mit Meersalz, und putzen Sie Ihre Zähne mit dieser Mischung.
- Zur Stärkung des Zahnfleisches bürsten Sie es mit getrockneten und pulverisierten Salbei- oder Thymianblättern.
- Putzen Sie Ihre Zähne regelmäßig mit Heilerdepulver oder einer Mischung aus Heilerdepulver und pulverisierten Thymianblättern.
- Um Ihre Zähne weiß zu erhalten, putzen Sie sie einmal pro Woche mit Zitronensaft.

Hinweis

Allgemeine gesundheitliche Probleme, die durch Amalgam verursacht werden, finden Sie unter der Rubrik *Zahnfüllungen.*

Zahnprobleme

Sie wissen nur zu gut, wie wichtig es ist, Ihre Zähne zu pflegen: tägliches Reinigen mit Bürste und Zahnfaden, regelmäßige Untersuchungen usw.

Aber wissen Sie, wie Sie den Zustand Ihrer Zähne verbessern können? Oder wie würden Sie mit plötzlich auftauchenden Problemen fertig? Was würden Sie in einem Notfall tun, bis Sie zum Zahnarzt gehen können?

Was Sie tun können

Nachfolgend deshalb einige natürliche Heilmittel, mit denen Sie Ihre Zähne besser pflegen und geläufige Zahnprobleme behandeln können.

Mundpflege

Einige Vorbeugemaßnahmen tragen zu einer guten Gesundheit Ihrer Zähne bei:

- Essen Sie während der Saison **Heidelbeeren, Brombeeren** und **Orangen.** Die Brombeere und die Heidelbeere enthalten antibakterielle Wirkstoffe, die verhindern, daß sich Bakterien im Mundbereich vermehren. Die Orange beugt unter anderem Skorbut, Mineralienmangel und Infektionen vor.
- Spülen Sie Ihren Mund öfters mit einem Feigenabsud (60 bis 120 g pro Liter Wasser).

Zahnfleischentzündung

- Gegen Zahnfleischentzündung hilft dreimal tägliches Gurgeln mit Salbei. Dazu eignet sich ein Aufguß, eine Tinktur oder ätherisches Öl, das Sie in das Gurgelwasser geben.
- Spülen Sie den Mund mit Speiklavendel- oder Gewürznelkenhydrolat.

Freiliegende Zahnhälse

- Kauen Sie Meerrettich. Diese Wurzel stärkt das Zahnfleisch und ist bei freiliegenden Zahnhälsen sehr wirksam.
- Massieren Sie das Zahnfleisch regelmäßig mit reinem Olivenöl. Dies ist eine ausgezeichnete Behandlung bei freiliegenden Zahnhälsen.

Rasende Zahnschmerzen

Es gibt mehrere Pflanzen, die rasende Zahnschmerzen lindern können:

- Gurgeln Sie täglich mit einem Aufguß aus Maulbeerblättern. Er bekämpft nicht nur Zahnfleischentzündungen, sondern lindert auch starke Zahnschmerzen.
- Bestimmt haben Sie schon gehört, daß man eine Gewürznelke auf einen schmerzenden Zahn legen soll. Es handelt sich dabei nicht nur um ein Gerücht: Gewürznelken sind reich an Eugenol (Nelkenöl). Diese Substanz wird in der Zahnmedizin als Betäubungsmittel verwendet und ist in vielen Zahnspülungen enthalten.

Geben Sie also eine Gewürznelke oder 1 Tropfen ätherisches Öl auf den kranken Zahn. Sie werden eine leichte Betäubung und ein Nachlassen der Schmerzen feststellen. Gehen Sie mit dem Öl jedoch sparsam um, da es die Schleimhaut stark reizt.
- Erwärmen Sie eine Knoblauchzehe, und legen Sie die warme Zehe auf den schmerzenden Zahn.
- Das gekochte Fruchtfleisch der weißen Rübe lindert Nervenschmerzen an den Zähnen. Machen Sie lokale Umschläge mit dem noch warmen Fruchtfleisch.

Ätherische Öle

Massieren Sie Ihre Wange mit 1 Tropfen Speiklavendel- oder mit 1 Tropfen Rosmarin- (mit Kampfer) und 1 Tropfen Echtem Lavendelöl. Oder geben Sie 1 Tropfen Gewürznelkenöl auf ein Tüchlein, und legen Sie dieses auf den Zahn.

Akupressur

Auch mit Akupressur können Sie Ihre Schmerzen lindern. Darüber hinaus verbessern die vorgeschlagenen Techniken die Gesundheit der Zähne und des Zahnfleisches.
- Legen Sie die Hände flach vor sich hin, und stellen Sie sich vor, daß jede Hand eine Hälfte Ihres Mundes darstellt.
- Reihen Sie in Gedanken Ihre Zähne auf Ihren Fingern auf, von den Schneidezähnen auf den Daumen bis zu den Weisheitszähnen auf den kleinen Fingern.
- Massieren Sie den Finger, der den schmerzenden Zahn oder die schmerzende Stelle Ihres Mundes verkörpert, und zwar am äußersten Fingerglied zwischen dem Gelenk und der Nagelwurzel.
- Machen Sie dasselbe mit den Füßen und Zehen. Drücken Sie so kräftig, daß Sie den Schmerz gerade noch aushalten.

Sie werden von dem spektakulären Ergebnis überrascht sein. Diese Technik ist oft wirksamer als eine Schmerztablette.

Einige sehr nützliche Punkte befinden sich auch auf dem Gesicht:
- der Punkt Nr. 3.
- ein zweiter Punkt liegt 1 Daumenbreit vor dem Ohreingang in einer Vertiefung unter dem Knochen.
- ein dritter Punkt befindet sich am äußeren Winkel des unteren Kiefers, vor und unter dem Ohr.
- ein letzter Punkt liegt auf der Vorderseite des Gesichts, in der Mitte des Kinns.

Massieren Sie das Ohrläppchen mit dem abrundeten, hinteren Ende eines Bleistifts, mit Schwergewicht auf den schmerzenden Stellen. Sie können diese Stellen auch während der zahnärztlichen Behandlung massieren, indem Sie das Ohrläppchen zwischen Daumen und Zeigefinger nehmen.

Haben Sie Angst vor dem Zahnarzt?

- Wenn Sie Angst vor dem Zahnarzt haben, kann Akupressur ebenfalls helfen: Massieren Sie die Punkte Nr. 7 und 23.
- Nehmen Sie 20 Tropfen Baldriantinktur in etwas Wasser ein.

Hinweis

Über die Auswirkungen von Amalgamfüllungen auf die allgemeine Gesundheit informiert Sie die Rubrik *Zahnfüllungen*.

Zellulitis

Zellulitis gibt Ihrer Haut das Aussehen einer Orangenschale. **Frauen** bekommen Zellulitis auf den Hüften, den Schenkeln, den Fußknöcheln, dem Nacken, den Schultern und den Armen. **Männer** – jawohl, auch Männer können daran leiden – bekommen Zellulitis höchstens bis zur Taille.

Zellulitis ist ein eher harmloses Problem und zieht häufiger den Geist in Mitleidenschaft als den Körper. In diesem Sinne lohnt sich eine Behandlung. Früher oder später reagiert der Körper negativ auf Beeinträchtigungen des Bildes, das wir von ihm haben.

Doch Zellulitis kann Ihnen auch körperliches Leiden verursachen, wenn Sie sehr davon betroffen sind. Dann ist es unumgänglich, einen Facharzt aufzusuchen.

Übrigens sollten Sie wissen, daß Zellulitis häufig eine Folge falscher Ernährung und übermäßigen Stresses ist. Und das ist ein weiterer Grund, ihr gesteigerte Aufmerksamkeit zu schenken.

Was Sie tun können

Die folgenden Maßnahmen sind sowohl zur Vorbeugung als auch zur Behandlung von Zellulitis geeignet.

Ernährung

Vermeiden Sie insbesondere ein Übermaß an stärkehaltigen Nahrungsmitteln, Fetten und Salz, und verzichten Sie ganz auf chemisch behandelte Lebensmittel (industriell hergestellte Produkte mit verschiedenen Zusatzstoffen: Konservierungsmitteln, Farb- und Aromastoffen usw.).

Wenn Ihre Zellulitis auf eine Hormonstörung infolge eines Östrogenüberschusses zurückzuführen ist, nehmen Sie Vitamin B6 und C, Zink, Mangan, Magnesium, Molybdän (nach der Verschreibung eines Heilpraktikers).

Fasten

Ein mehrtägiges Fasten kann viel dazu beitragen, sich auf die Dauer von einer Zellulitis zu befreien. Wenn man nicht mit Wasser fasten möchte, tut es auch eine Obstsaft- oder Gemüsesaftkur. Selbstverständlich müssen Sie sich danach gesund ernähren, um den erreichten Zustand zu halten.

Bäder

Gegen Sie 1 Armvoll Blasentang in die Wanne. Beim Baden reiben Sie sich möglichst oft mit einer Handvoll Algen ab.

Kompresse

Legen Sie eine im Absud von Efeublättern (hedera helix) getränkte Kompresse auf. Geben Sie dazu 200 g Efeublätter in 1 Liter Wasser, das Sie 3 Stunden kochen lassen.

Einreibungen der Fettpolster mit:

- Efeuessig: 1 Handvoll Efeublätter in 1 Liter kochenden Essigs geben und 6 Stunden lang ziehen lassen;
- ätherischem Orangen- oder Verbenaöl (lippia citriodora). Mischen Sie das ätherische Öl im Verhältnis von 1:20 mit Süßmandelöl.

Warme Umschläge auf die Fettpolster mit:

- Efeublättern (hedera helix), denen Sie einige Tropfen Majoranessenz hinzufügen;
- Blasentang.

Sie können diese Pflanzen einzeln oder kombiniert anwenden. Wenn Sie den Umschlag die ganze Nacht über anlassen, ist die Behandlung noch wirksamer.

Ein bemerkenswertes Heilmittel

Um Zellulitis zu bekämpfen, benutzen immer mehr Kosmetikerinnen in Nordamerika Aloe-vera-Gelee mit Zutaten, die denen der gerade besprochenen Umschläge ziemlich ähnlich sind.

Wenn Sie sich ein solches Aloe-vera-Präparat nicht beschaffen können, ersetzen Sie es dadurch, daß Sie eine große Menge im Handel erhältlichen Aloe-vera-Gelees mit den angegebenen Zutaten (Efeublätter, Blasentang, einige Tropfen Majoranessenz) sowie mit Cayenne-Pfeffer vermischen. Wenn

Sie sich der Qualität des gekauften Extrakts nicht sicher sind, benutzen Sie Gelee aus frischen Blättern.

So sollten Sie vorgehen: Wählen Sie einen Augenblick des Tages, wo Sie nicht gestört werden. Streichen Sie großzügig bemessene Mengen Ihrer Mischung auf die zu behandelnden Stellen. Bedecken Sie sie anschließend mit Zellophanpapier, und bleiben Sie ungefähr eine Stunde liegen. Damit Ihnen diese lange Unbeweglichkeit nicht langweilig wird, hören Sie Musik, lesen oder machen einfach Ihren Mittagsschlaf. Wiederholen Sie die Behandlung jeden Tag, so oft wie nötig.

Aloe vera hat eine stark adstringierende Wirkung, deshalb kann sie übermäßige Wasser- und Giftansammlungen aus den Geweben eliminieren. Sie unterstützt auch die Zellerneuerung und die Vermehrung gesunder Zellen.

Bemerkung

Die vorgeschlagene Mischung kann die Haut manchmal stark erwärmen. Das ist kein Grund zur Beunruhigung, sondern ein Zeichen dafür, daß die Mischung ihre Wirkung entfaltet. Wenn die Empfindung zu unangenehm für Sie wird, verringern Sie den Anteil an Cayenne-Pfeffer.

Innerliche Anwendungen

Die erwähnten Behandlungen können Sie mit folgenden innerlichen Anwendungen verbinden:

- Lassen Sie 15 bis 20 g Blasentang in 1 Liter Wasser 5 Minuten kochen, und trinken Sie täglich 3 bis 4 Tassen dieses Absuds jeweils vor den Mahlzeiten.
- Nehmen Sie 2 bis 3 Tropfen ätherisches Majoran- (origanum majorana) oder Muskatellersalbeiöl (salvia sclarea) mit 1 Löffel Honig ein.

Wichtig!

Eine positive Geisteshaltung und eine dem Streß entgegengesetzte Lebensweise sind ebenfalls notwendig, um Sie vor Zellulitis zu schützen. Zellulitis ist das Ergebnis einer allgemeinen Vergiftung Ihres Organismus, bei der negatives Denken und Streß eine bedeutende Rolle spielen können.

Zeugungsunfähigkeit

Zeugungsunfähigkeit, d. h. das Unvermögen des Mannes, Kinder zu zeugen, darf nicht mit funktioneller Impotenz verwechselt werden (siehe *Impotenz).* Auch sehr »männliche« Männer können zeugungsunfähig sein. Bei 30 bis 40 % der kinderlosen Paare liegt die Unfruchtbarkeit beim Mann.

Früher war Kinderreichtum ein Zeichen für Männlichkeit. Man machte sich damals keine Gedanken um vorzeitigen Samenerguß oder die Befriedigung der Partnerin. Heute sind es gerade diese beiden Kriterien, die eine entscheidende Rolle bei der Definition der Männlichkeit spielen. Die Erektion allein reicht nicht mehr aus, sie muß auch lange genug dauern, um die Partnerin zu befriedigen.

Wenn Sie zeugungsunfähig sind und darunter leiden, befinden Sie sich in bester Gesellschaft. Gegenwärtig sind 25 % aller Männer im zeugungsfähigen Alter steril, und ihre Zahl steigt seit den 40er Jahren stetig an. Aus verschiedenen Gründen sinkt die im Sperma enthaltene Menge an Spermien.

Ursachen

Für diese Tatsache sind größtenteils der heutige Lebensstil und die Umweltprobleme verantwortlich. Die ständigen Streß- und Angstgefühle des modernen Menschen bringen das Drüsensystem durcheinander und beeinträchtigen dadurch die Spermaproduktion. Die übertrieben kopfgesteuerte Gesellschaft und ständiges Sitzen schwächen den Organismus, unsere Lebensführung wird immer unnatürlicher.

Dasselbe gilt auch für die moderne Ernährung. »Fast Food« und Lebensmittel, die immer weniger Vitamine und Spurenelemente enthalten, verschlechtern die Situation. Hinzu kommt der steigende Konsum von toxischen Substanzen wie Tabak, Alkohol, weichen oder harten Drogen, aber auch von Medikamenten.

Stark beeinträchtigen kann auch das Tragen zu enger Jeans oder Unterwäsche sowie zu häufiges heißes Baden, denn durch zu hohe Temperaturen werden Spermien abgetötet.

Was Sie tun können

Wenn Sie keine Kinder zeugen können oder sicher gehen möchten, Kinder zu bekommen, verlassen Sie sich auf Mutter Natur.

Das Geheimnis der alten Chinesen

Wußten Sie, daß sexuelle Überstimulation aufgrund zu häufiger Ejakulation auch zu einer Verarmung an Spermien führen kann?

In einem solchen Fall gewinnt die Weisheit der alten Chinesen wieder höchste Aktualität. Sollten Kinder gezeugt werden, rieten sie, den Samen einige Tage zurückzuhalten. So habe das Sperma dann mehr Lebenskraft, und die Kinder würden schöner und kräftiger.

Um sich eine schöne Nachkommenschaft zu sichern, gingen die Männer also so weit, daß sie mehrmals Geschlechtsverkehr hatten, ohne es zu einem Samenerguß kommen zu lassen – in unseren Zeiten der angeblichen sexuellen Befreiung wahrlich eine ungewöhnliche Praktik!

Intuitiv ahnten die Ärzte im alten China, daß das Sperma in der Samenblase nach drei Tagen am lebendigsten und fruchtbarsten ist, was moderne genetische Untersuchungen bestätigt haben. (Weitere Informationen hierzu können Sie dem vom Reuille Verlag herausgegebenen Buch »Das Tao der Sexualität« von Dr. Stephen T. Chang entnehmen).

Wenn Sie Ihre Zeugungsfähigkeit nach Art der Chinesen erhöhen möchten, lesen Sie in der Rubrik *vorzeitiger Samenerguß* einige Tricks nach, mit denen Sie den Samenerguß besser unter Kontrolle halten können.

Ernährung

Nehmen Sie natürliche und vitaminreiche Nahrungsmittel zu sich. Insbesondere Vitamin E wirkt sich positiv auf die Keimdrüsen aus. Besonders reich an Vitamin E sind Weizenkeime (oder Weizenkeimöl) sowie Sesamkörner, die Sie in Form von Sesambutter oder Sesammus (Tahini) zu sich nehmen können.

Heilpflanzen

Heilpflanzen wie **Ginseng** oder dessen sibirischer Verwandter **Eleutherokokkus** scheinen nicht nur bei der Behandlung von Impotenz, sondern auch von Unfruchtbarkeit empfehlenswert zu sein.

Japanische und russische Studien zeigten, daß Ginseng die Spermaproduktion erhöht. In russischen Krankenhäusern werden diese Pflanzen oft zur Behandlung von Unfruchtbarkeit eingesetzt. In den GUS-Staaten finden sie auch bei der Tierzucht Verwendung, um den Fortpflanzungstrieb anzuregen.

Wichtig!

Zusätzlich zu diesen Tips sollten Sie folgende grundsätzlichen Hinweise beachten:

- Tragen Sie bequeme Kleidung aus Naturfasern. Die Hoden sind außerhalb des Körpers gelegen, weil sie bei niedriger Temperatur (36 Grad Celsius) besser arbeiten. In synthetischer Unterwäsche oder enganliegenden Jeans steigt die Temperatur jedoch leicht auf 40 Grad Celsius an.
- Nehmen Sie kalte Sitzbäder, oder besprühen Sie die Hoden mit kaltem Wasser, um die Hormonproduktion und den Blutkreislauf anzuregen.
- Verweilen Sie nicht zu lange in einem heißen Bad. Wenn Sie auf heißes Baden oder Duschen nicht verzichten möchten, duschen Sie sich zum Abschluß kalt ab.
- Drogen, Medikamente und Alkohol können sich nicht nur negativ auf Ihre Zeugungsfähigkeit auswirken, sondern auch den genetischen Code Ihres Kindes beeinflussen. Daher sollten Sie die Einnahme solcher Substanzen bereits mehrere Monate vor der Zeugung so weit wie möglich einschränken.

Zootherapie

Kennen Sie das Wort »Zootherapie«? Nein? Dann suchen Sie es auch nicht in Wörterbüchern, da dieses Wort erst seit kurzer Zeit existiert. Der Begriff »Zootherapie« wurde 1984 vom Kanadischen Institut für Zootherapie geprägt (in den Vereinigten Staaten spricht man in diesem Zusammenhang von »Pet Therapy«). Die Zootherapie ist nicht etwa eine neue Methode, Menschen zu heilen, indem man sie auf einen Besuch in den Zoo schickt; das Heilverfahren besteht ganz einfach darin, Menschen mit Tieren zusammenzubringen.

Ohne Zweifel wurde die Zootherapie bereits vereinzelt seit Jahrhunderten praktiziert, und zwar auf intuitive Weise und Erfahrungswerten folgend.

Die Griechen im Zeitalter der Antike glaubten an die Heilwirkung des Speichels von Hunden und ließen diese an den Wunden von Verletzten lecken. Im 18. und 19. Jahrhundert wurden in England und Deutschland vereinzelte Experimente durchgeführt, bei denen Geistesgestörte und Epileptiker mit Hilfe von Tieren behandelt wurden.

Möchten Sie Heilung mit einem Aquarium erzielen?

Als wissenschaftlich fundierte Therapie ist die Zootherapie erstmals in den fünfziger Jahren in den Vereinigten Staaten angewandt worden, als immer häufiger experimentelle Beweise für das therapeutische Potential von Tieren gefunden wurden.

Die amerikanischen Forscher haben entdeckt, daß

- der Glaube der alten Griechen an die Heilwirkung des Hundespeichels begründet war;
- der Blutdruck eines Menschen, der zu einem Tier spricht oder es streichelt, in ganz wesentlichem Maße sinkt;
- die alleinige Anwesenheit eines Hundes in einem Ruheraum genügt, um den Blutdruck bei kranken Kindern zu senken;
- der Mensch beim Betrachten eines Aquariums in einen vollkommen entspannten, hypnoseähnlichen Zustand versetzt wird, weshalb es nützlich ist, Aquarien an den Orten aufzustellen, an denen häufig Streßsituationen durchlebt werden (Warteräume usw.);
- eine intensive Beziehung zu einem Tier sogar eine erhöhte Antikörperproduktion bewirkt und Depressionen oder Selbstmord verhindern kann.

Wie wird die Zootherapie angewandt?

Die Zootherapie wird im allgemeinen in Verbindung mit anderen, besser bekannten und spezialisierten Heilverfahren angewandt, so zum Beispiel mit der Ergotherapie bei körperlich behinderten Menschen oder mit psychiatrischen Behandlungen bei Geisteskrankheiten.

Gegenwärtig wird die Zootherapie hauptsächlich zur Behandlung autistischer oder schwer erziehbarer Kinder, körperlich oder geistig Behinderter, alter Menschen und Häftlingen angewandt. Spezialisten stellen ganz allgemein fest, daß die Anwesenheit eines Tieres:

- die Atmosphäre entspannt;
- die Beziehung zwischen Patient und Therapeut verbessert;
- dem Patienten Energie und Kraft gibt.

Der Erfolg ist verblüffend und in jedem Fall den Umstand wert, in diesen Institutionen kleine Tierparks zu unterhalten.

Bei autistischen Kindern bedeuten Tiere sowohl eine Tür zur Außenwelt als auch einen Auslöser für Gemütsbewegungen. **Es wird häufig beobachtet, daß Kinder, die sich weigern zu sprechen, die Sprache dann wiederfinden, wenn man sie mit Tieren in Kontakt bringt.**

Bei körperlich behinderten Menschen schafft das Zusammensein mit einem Tier während der Krankengymnastik eine spielerische Atmosphäre, in der sie sich entspannen und aus sich herausgehen können.

So berichtete Dr. Siouffi, Psychiater in einem Krankenhaus in Montreal, daß ein in seiner Entwicklung leicht zurückgebliebener Achtzehnjähriger gelernt hat, seinen Zorn und seine Ungeduld zu beherrschen, indem er mit Hunden spielte und lernte, ihnen Befehle zu geben. Alles verlief so, als würden ihm die Hunde einen Spiegel vorhalten, um sich seiner eigenen Impulsivität bewußt zu werden.

Sie müssen jedoch kein Spezialist sein, um von den Erfolgen der Zootherapie zu profitieren. Im folgenden erhalten Sie einige Hinweise, um die Prinzipien der Zootherapie besser verstehen und anwenden zu können.

Warum tut ein Tier Ihrem Kind gut?

Ein Kind, ob es nun Probleme hat oder nicht, profitiert möglicherweise am meisten von der Anwesenheit eines Tieres. Aufgrund seiner Verletzlichkeit und seiner Abhängigkeit von einer Welt, die es noch nicht vollkommen erobert hat, erkennt sich das Kind leicht selbst im Tier wieder. Daher fällt es ihm nicht schwer, eine einfühlsame Beziehung zu dem Tier aufzubauen. Dies um so mehr, da sich der Kontakt zwischen den beiden direkt und instinktiv ohne Benutzung der Sprache vollzieht.

Das Kind kann sich daher häufig leichter in der Gegenwart eines Tieres als eines Erwachsenen öffnen. Es spielt und drückt seine Gedanken und Gefühle ohne Furcht vor Strafe oder Beurteilung aus.

Die Anwesenheit eines Tieres ermöglicht es dem Kind also nicht nur, seine unbefriedigten Bedürfnisse zum Ausdruck zu bringen, sondern sie auch zu befriedigen: das Bedürfnis nach Liebe und Geliebtwerden.

Zudem bringt das Tier das Kind mit seiner körperlichen Spontaneität in Kontakt. Rennen, mit einem Tier spielen oder es streicheln helfen dem Kind, seine körperliche Geschicklichkeit und seinen Tastsinn zu entwickeln.

Auf der anderen Seite entdeckt ein Kind seinen Sinn für Verantwortung und fühlt sich unentbehrlich, wenn es die Pflege für ein Tier übernimmt. Daraus entsteht ein Gefühl von Sicherheit und Selbsterkennung, die das Kind der Wirklichkeit näherbringt und es ihm ermöglicht, leichter mit seinesgleichen umzugehen.

Ein normales, gesundes Kind praktiziert spontan eine Form der Zootherapie, wenn es im Familienalltag mit einem Tier zusammenlebt. Bei Kindern, die mit schweren Problemen wie Geisteskrankheit oder Körperbehinderung zu kämpfen haben, kann die Zootherapie eine große Hilfe im Rahmen einer disziplinübergreifenden, auf seinen speziellen Fall zugeschnittenen Behandlung darstellen.

Aber unabhängig davon, ob es sich um ein körperlich oder geistig behindertes oder um ein normales Kind handelt, dem ein längerer Krankenhausaufenthalt bevorsteht, das Tier ist und bleibt ein kostbarer Gefährte, der das Kind in seiner Einsamkeit, Langeweile und in seinem Streß ständig begleitet und ihm beisteht.

Dies ist Grund genug, um die Zootherapie in allen Krankenhäusern einzuführen. Leider stehen der Anwendung der Zootherapie noch einige Hindernisse im Weg: Probleme bezüglich der Verpflegung und Sauberhaltung der Tiere, die Furcht vor Infektionen.

Sollte jedoch einem Ihrer Kinder ein Krankenhausaufenthalt bevorstehen, drängen Sie darauf, daß es ein Tier – und sei es nur ein Vögelchen – in sein Zimmer bekommt. Das Tier wird Sie ersetzen, wenn Sie nicht da sind, und den Genesungsprozeß beschleunigen, indem es Ihrem Kind hilft, bei guter Laune zu bleiben.

Warum können auch Erwachsene von der Anwesenheit eines Tieres profitieren?

Wir wissen alle, wie sehr ein Hund einem Blinden nützlich sein kann und daß einige kleinwüchsige, gewandte und geschickte Affen eine wertvolle Hilfe für Schwerbehinderte sind. Denjenigen Patienten, die Krankengymnastik zur Rehabilitation betreiben müssen, kann das Zusammensein mit einem Tier den Übungen eine spielerische Dimension geben. Das Tier nimmt der Situation jeglichen Ernst und vermittelt seine Lebenskraft und Wendigkeit.

Der »normale« Erwachsene kann gleichermaßen vom Kontakt mit Tieren profitieren. Es besteht kein Zweifel daran, daß das Tier das Kind sucht, das in uns steckte, bevor die Gesellschaft uns vereinnahmt hat. Das Wiedererwecken Ihrer kindlichen Frische ist ein wichtiger Faktor für Ihre Gesundheit.

Ein gesundes Tier ist eine unerschöpfliche Quelle der Freude und Energie für die ganze Familie. Bei einem Todesfall kann ein vergnügter und energiegeladener Hund in bedeutendem Maße dazu beitragen, Ihnen den Schmerz zu erleichtern. Ebenso verhält es sich, wenn Sie an einer schweren Krankheit leiden. Man begegnet häufig desillusionierten alten Menschen, die die Freude am Leben wiederfinden, wenn man ihnen ein Tier anvertraut.

In den Vereinigten Staaten konnte beobachtet werden, daß verbitterte Sträflinge sichtlich zugänglicher wurden, wenn man ihnen ein Tier als Gefährten gab. Langfristig hat sich ihr Charakter wesentlich gebessert, und sie konnten schneller entlassen werden.

Ein Hund beispielsweise ist ein wundervoller Begleiter – und sei es nur als »Trainer« beim Jogging, der Ihnen ausdauerndes Laufen ermöglicht. Außerdem ist ein Spaziergang mit dem Hund ein Beitrag zur Gesundheit. Der Hund zwingt Sie, den Fuß vor die Tür zu setzen und an die frische Luft zu gehen. Der Hund erinnert Sie daran, daß Sie einen Körper haben, der anderen Gesetzen folgt als der Verstand.

Welches ist das geeignete Tier?

Der Hund ist der von amerikanischen Zootherapeuten am häufigsten eingesetzte »vierbeinige Therapeut«.

In Frankreich beginnt man, für die Therapie mit geistig und körperlich behinderten Patienten Pferde zu verwenden. Sowohl für Kinder als auch für Erwachsene ist das Pferd ein weiterer sehr beliebter »vierbeiniger Therapeut«. Diese Therapieform nennt man »**Pferdetherapie**«.

In Altersheimen und Haftanstalten bewirken aber auch Vögel Wunder.

Ebenso sind Fische bemerkenswerte Therapeuten. Die Amerikaner sind so sehr von der Wirkung streßabbauender Kräfte bei der Betrachtung eines Aquariums überzeugt, daß sie halbstündige Videofilme über das Alltagsleben von Fischen in einem Aquarium drehen und anschauen. Sie können die Fische umherschwimmen sehen und hören sogar, wenn sie Luftblasen erzeugen. Diese Videofilme wurden für jene Menschen gedreht, die nicht die Möglichkeit haben, ein Aquarium zu besitzen oder die sich nicht um die Pflege der Fische kümmern möchten.

Wenn Sie sich derartige Videofilme nicht besorgen können, drehen Sie selbst einen eigenen Film mit einer Videokamera oder bitten jemanden, für Sie das Aquarium Ihrer Träume zu filmen.

Unabhängig davon, welche Krankheit vorliegt, die Zootherapeuten weisen in jedem Fall darauf hin, wie wichtig es ist, das geeignete Tier nach folgenden Kriterien auszuwählen:

- Ist das Tier bei guter Gesundheit?
- Ist die Größe des Tieres für das Kind geeignet und reicht der Platz für ein solches Tier aus?
- Kann sich der Charakter des Tieres mit dem Charakter des Kindes in Einklang bringen lassen?
- Welche Rasse und welche Art ist unter Berücksichtigung Ihrer Bedürfnisse auszuwählen?

Dies sind nur einige der Fragen, die Sie sich stellen müssen, bevor Sie sich ein Tier anschaffen.

Zuckerersatzstoffe

Sie haben bestimmt schon oft gehört, daß es Ihnen nur zum Vorteil gereichen würde, den weißen Zucker aus Ihrer Ernährung zu streichen. Aber wodurch können Sie ihn ersetzen, wenn Sie das Bedürfnis haben, Ihr Leben etwas zu »versüßen«?

Die unerwünschten Wirkungen von Aspartam

Für viele ist Aspartam die eigentliche Alternative zu raffiniertem Zucker; ganz besonders für jene, die abnehmen möchten. Aspartam hat ebenso viele Kalorien wie weißer Zucker, nämlich 4 pro Gramm. Da es jedoch 200mal süßer ist, benötigen Sie wesentlich weniger davon.

Leider sammelt Aspartam heimlich Minuspunkte. Aspartam soll für Kopfschmerzen, Schwindelgefühle und epileptische Anfälle verantwortlich sein. In den USA sind mehr als 6'000 Fälle dieser Art der FDA *(Food and Drug Administration)* gemeldet worden.

Außerdem scheint Aspartam den Personen, die abnehmen möchten, überhaupt nicht zu helfen. In der Tat haben Untersuchungen gezeigt, daß Personen, die Zuckerersatzstoffe wie Aspartam verwenden, mehr zunehmen als jene, die keine verwenden. Das läßt sich dadurch erklären, daß Aspartam in Wirklichkeit appetitanregend wirkt.

Versuche mit Ratten legen zudem die Vermutung nahe, daß Aspartam auch Gehirntumore verursachen kann.

Welche Zuckerarten können Sie verwenden?

Bei genauerem Hinsehen erscheint es sinnvoll, auf natürliche Süßstoffe zurückzugreifen. Die bekanntesten sind **Melasse, Malzsirup, Reissirup, Ahornsirup, unraffinierter Rohrzucker** und natürlich **Honig.**

Wählen Sie nichtpasteurisierten Honig aus sonnenreichen und vor schäd lichen Umwelteinflüssen geschützten Regionen. Achten Sie darauf, daß e keine Konservierungsmittel oder künstliche Farb- und Aromastoffe enthält.

Der absolute Renner unter den natürlichen Süßstoffen könnte **Steviosid** werden. Dieser Extrakt aus den Blättern einer Tropenpflanze (Stevia rebaudiana) ist 300mal süßer als weißer Zucker. Ein einziger Teelöffel davon ersetzt eine volle Tasse Zucker. Darüber hinaus enthält er nur sehr wenige Kalorien (weniger als eine Kalorie pro 100 mg).

Steviosid ist eine grüne Substanz mit Lakritzengeschmack, die die erstaunliche Fähigkeit besitzt, den Zuckerspiegel im Blut zu regulieren. Steviosid genießt aufgrund seiner wohltuenden Wirkung auf die Bauchspeicheldrüse, die Leber und die Milz steigende Anerkennung. Demnach ist es auch nicht erstaunlich, daß immer mehr Heilpraktiker Steviosid empfehlen – und zwar nicht nur den Patienten, die unter Diabetes oder Hypoglykämie (vermindertem Blutzuckergehalt) leiden.

Allerdings müssen Sie sich an die grüne Farbe gewöhnen, die dieser Süßstoff Ihren Desserts verleiht. Diese Farbe kommt von den Fasern der Pflanze, doch gerade sie haben eine gesundheitsfördernde Wirkung.

Um den negativen Eigenschaften von weißem Zucker zu begegnen, können Sie allerdings auch den Anteil an vollwertigem Getreide und Hülsenfrüchten in Ihrer Ernährung erhöhen. Sie liefern dem Organismus Traubenzucker (Glukose), der kontinuierlich in den Stoffwechsel aufgenommen werden kann. So wird der Organismus nicht überlastet. Außerdem versorgen sie den Körper mit zahlreichen Vitaminen, Mineralien, Proteinen und Ballaststoffen.

Zuckerkrankheit (Diabetes)

Verschiedene Symptome weisen auf eine mögliche Erkrankung an Diabetes hin: übermäßiger Durst oder Hunger, schwache oder fehlende Regelblutungen bei der Frau, Gewichtsverlust, Blässe, Depressionen, übermäßige Harnausscheidung, Komplikationen bei selbst harmlosen Wunden (vor allem im Bereich der Füße), Lähmungserscheinungen in den Gliedmaßen, Juckreiz.

Diabetes bleibt trotz zahlreicher Forschungsarbeiten eine rätselhafte Krankheit. Zum gegenwärtigen Zeitpunkt unterscheidet die Medizin zwischen zwei Diabetesarten: dem Insulinmangeldiabetes (juveniler Diabetes oder Diabetes mellitus Typ I) und dem Gegenregulationsdiabetes (Altersdiabetes oder Diabetes mellitus Typ II).

In beiden Fällen besteht das Hauptproblem in einem Glukose-Überschuß im Blut, im Gegensatz zur Hypoglykämie, bei welcher der Blutzuckerspiegel ungewöhnlich tief ist. Der Grund für diesen Blutzuckerüberschuß schwankt je nach Art des Diabetes:

…Typ I oder Insulinmangeldiabetes

…or dem vierzigsten Lebensjahr auf, meistens jedoch bereits in der … Bei dieser Diabetesform bildet die Bauchspeicheldrüse zu wenig … Der Organismus kann daher den Blutzucker nicht verarbeiten.

…Insulinmangeldiabetes ist man von regelmäßigen Insulingaben abhän-…itlebens müssen synthetisches Insulin injiziert und eine strenge Diät …alten werden.

…iher führte diese Erkrankung häufig zum Tod. Heutzutage kann man gut … leben, sofern eine regelmäßige medizinische Kontrolle erfolgt und die …rechenden Anweisungen des Arztes befolgt werden.

…iese Art von Diabetes ist häufig genetisch bedingt. Allerdings besteht nur …Risiko von 5 bis 10 %, an Diabetes des Typs I zu erkranken, selbst wenn …naher Verwandter an dieser Krankheit leidet. Die Tatsache einer geneti-…en Veranlagung allein bedeutet also nicht, daß die Krankheit zum Ausbruch …mmt. Ein anderer, noch wenig erforschter Faktor spielt eine entscheidende …uslösefunktion. Einige Wissenschafter sind der Ansicht, es könnte sich um …n Virus handeln, welches das Immunsystem schwächt.

Diabetes Typ II oder Gegenregulationsdiabetes

Diese Diabetesform rührt nicht von einer ungenügenden Insulinproduktion her. Der hohe Blutzuckergehalt ist auf einen der beiden folgenden Faktoren zurückzuführen:

- das Insulin kann nur erschwert ins Blut gelangen;
- das Insulin kommt seiner Aufgabe der Assimilierung des Blutzuckers nur unzureichend nach.

Hier handelt es sich also nicht um einen Insulinmangel, sondern vielmehr um eine Fehlfunktion. Deshalb benötigen Personen, die an dieser Form des Diabetes erkrankt sind, zumeist keine Insulingaben. Die Krankheit kann mittels strenger Diät unter Kontrolle gehalten werden.

In den harmlosesten Fällen von Gegenregulationsdiabetes genügt die Reduzierung von Zucker bei der Nahrungsaufnahme, um den Zuckerspiegel auf normalem Niveau zu halten.

Der Gegenregulationsdiabetes ist häufig vererbt. Jeder dritte Diabeteskranke hat einen nahen Verwandten, der ebenfalls an Diabetes leidet!

Für gewöhnlich tritt diese Art Diabetes vorwiegend bei Menschen über vierzig auf, die gleichzeitig an Übergewicht leiden. Vor allem übergewichtige Frauen sind von dieser Krankheit betroffen.

Was Sie tun können

Diabetes ist im Prinzip unheilbar. Aber Sie können Ihre Befindlichkeit erheblich verbessern, wenn Sie sich an die Anweisungen Ihres Arztes halten und die folgenden Ratschläge beherzigen:

Ernährung

Diabetes zählt zu jenen Krankheiten, die durch eine gesunde Ernährung beeinflußt werden können. Bei manchen Patienten, die ihre Ernährungsgewohnheiten umgestellt haben, konnte der Glukosegehalt innerhalb weniger Wochen von 270 auf 125 gesenkt werden.

- Verzichten Sie auf jede Art von Zucker. Hüten Sie sich vor verstecktem Zucker (für deren Unterscheidung siehe *Hypoglykämie*). Machen Sie keine Kompromisse, wenn es um Ihr Kind geht. Seien Sie unnachgiebig, vor allem in der Pubertät, wenn der Rebellionsgeist und die leichte Beeinflußbarkeit Ihr Kind zu Dummheiten verleiten könnten.
- Der tägliche Genuß von zuckerarmem Gemüse wird Ihren Zustand sichtlich bessern. Kohl, Sellerie, Echter Bockshornklee (griechisches Heu), Kokosnuß, Gurkensaft, Bierhefe, Spargel, Artischocke, Kresse, Bohnen, Kopfsalat, Kartoffel, Schwarzwurzel und Zwiebel werden Diabeteskranken ebenso wie roher Sauerkrautsaft empfohlen.
- Insgesamt sollten Sie möglichst wenig Kohlenhydrate zu sich nehmen (stärkehaltige Speisen, Spaghetti, Kartoffeln und Reis). Essen Sie jedoch von Zeit zu Zeit kleine Portionen davon, um allzu extreme Schwankungen des Blutzuckerspiegels zu vermeiden.
- Halten Sie sich genau an die vom Arzt vorgegebenen Zeiten für Mahlzeiten und Imbisse.

Magnettherapie

Die tägliche Einnahme von 1 bis 2 Litern magnetisiertem Wasser kann die Bauchspeicheldrüse anregen. Dies geschieht jedoch nicht von heute auf morgen. Seien Sie ausdauernd.

Das Auflegen des Südpols eines großen Magneten im Bereich der Bauchspeicheldrüse über längere Zeit kann deren Funktion ebenfalls stärken. Wählen Sie dafür die Zeit Ihrer Nachmittagsruhe.

Nahrungsergänzungen

Lassen Sie sich von einem Arzt folgende Spurenelemente verschreiben: Zink, Kalium, Magnesium, Mangan, Chrom und Nickel.

Blutzuckersenkende Medikamente sind oxidierend und können langfristig Prostata- oder Blasenkrebs begünstigen. Beugen Sie diesem Problem mit den

Vitaminen A, B, C, E sowie den Spurenelementen Zink und Selen vor (nach Verschreibung des Arztes).

INTER 2 = Heilpflanzen

- **Heidelbeerblätter,** kurz vor Fruchtreife gepflückt, sind für ihre regulierende Wirkung auf die Bauchspeicheldrüse, die ja mit Diabetes in Verbindung gebracht wird, bekannt. Der in den Blättern enthaltene Wirkstoff senkt den Blutzuckerspiegel nachhaltig: manche Wissenschafter bezeichnen ihn sogar als »pflanzliches Insulin«.
  Lassen Sie 40 g Blätter in 1 Liter Wasser 5 Minuten lang kochen und anschließend 10 Minuten ziehen. Sie können bis zu 1 Liter täglich trinken.
- Machen Sie aus den gleichen Überlegungen jedes Jahr eine **Brennesselkur.** Bereiten Sie mit 30 bis 60 g Brennesselblättern pro Liter Wasser einen Aufguß zu. Trinken Sie einige Monate lang 3 Tassen täglich und den Rest des Jahres 1 Tasse täglich. Sie können im Frühjahr auch die jungen Triebe ernten und sie wie Spinat zubereiten. Die gesamte Pflanze hat eine blutzuckersenkende Wirkung.
- **Aloe-vera-Gelee** ist für diabetische Wunden besonders angezeigt (vor allem für die Füße). In dem Buch »La magie de l'Aloe vera« wird von einem Diabetiker berichtet, bei dem sich infolge einer kleineren Infektion am Fuß ein Brand entwickelt hatte. Der Arzt hatte bereits von Amputation gesprochen. Aber sein Patient begann, regelmäßig den Saft der Aloe vera zu trinken und Aloe-vera-Gelee auf die Wunde aufzutragen. Entgegen aller Erwartungen ging der Brand zurück, und die Wunde verheilte.
  Die positive Wirkung von Aloe vera rührt von der Fähigkeit dieser Pflanze, die Mikrozirkulation des Blutes zu fördern. Einige amerikanische Studien haben die bemerkenswerte Wirkung von Aloe vera zur Behandlung von diabetischen Wunden nachgewiesen.

Weitere Empfehlungen

- Vergewissern Sie sich, daß Ihre Insulindosis dem Blutzuckergehalt angemessen ist. Denken Sie daran, daß Sie bei großen körperlichen Anstrengungen mehr Zucker als gewöhnlich verbrennen und daher die Insulindosis verringern sollten.
- Denken Sie vor jedem noch so kleinen chirurgischen Eingriff daran, den Chirurgen oder Zahnarzt von Ihrem Diabetes in Kenntnis zu setzen, damit die entsprechenden Vorkehrungen getroffen werden können.
- Bei Diabetes ist die Blutzirkulation in den Füßen oft sehr schlecht. Die Infektion einer kleinen Schnittwunde kann rasch zu Komplikationen führen. Sie kann sich bis hin zu einem Hautgeschwür oder Brand verändern. Wie das erwähnte Beispiel zeigt, ist manchmal sogar eine Amputation notwendig, um das Leben des Patienten zu retten.

Behandeln Sie daher unverzüglich jede Schnittwunde und jeden Kratzer am Fuß. Sollte eine Wunde innerhalb von zwei Wochen nicht heilen, suchen Sie sofort einen Arzt auf.
Lassen Sie auch jedes Hautproblem wie eingewachsene Nägel oder Hühneraugen untersuchen. Als weitere Vorsichtsmaßnahme schneiden Sie Ihre Zehennägel nicht zu kurz.

- Tragen Sie nur bequeme Schuhe, die den Blutkreislauf nicht beeinträchtigen, auch wenn die Eleganz etwas darunter leidet. Tragen Sie auch keine zu engen Hosen.
- Meiden Sie übermäßigen Streß. Jede Form von Streß beeinflußt den Blutzuckerspiegel. Ein starker emotionaler Streß kann in manchen Fällen sogar einen latent vorhandenen Diabetes auslösen, und diabetische Reaktionen werden häufig durch Streß verstärkt.

• • • SAGIM • • •

Achevé d'imprimer en septembre 1997
sur rotative Variquik par l'imprimerie
SAGIM à Courtry (77)

Imprimé en France

Dépôt légal : septembre 1997
N° d'impression : 2423